LES

CONTRATS DE L'ÉTAT

PARIS. — IMPRIMERIE L. BAUDOIN ET C°, RUE CHRISTINE, 2.

LES

CONTRATS DE L'ÉTAT

TRAITÉ

COMPRENANT NOTAMMENT LES REGLES

EN MATIÈRE DE

Ventes domaniales, Ventes des coupes de bois de l'État,
Fournitures et Marchés,
Concessions de mines, Concessions sur les cours d'eau,
État des fonctionnaires, militaires et marins,
Pensions civiles, militaires et de la marine,
Récompenses nationales, Légion d'honneur, etc., etc.

PAR

E. PERRIQUET

AVOCAT AU CONSEIL D'ÉTAT ET A LA COUR DE CASSATION.

PARIS

IMPRIMERIE ET LIBRAIRIE GÉNÉRALE DE JURISPRUDENCE
MARCHAL, BILLARD et Cⁱᵉ, IMPRIMEURS-ÉDITEURS
LIBRAIRES DE LA COUR DE CASSATION
Place Dauphine, 27

—

1884

AVANT-PROPOS

L'État, chaque jour, est partie à une foule de conventions, qui interviennent sur tous les points du territoire et qui absorbent une notable partie de l'action administrative.

De ces conventions, quelques-unes sont régies par des lois spéciales. Ainsi en est-il des ventes de coupes de bois et des concessions de mines, de l'état des militaires et marins et des pensions. Pour d'autres, la jurisprudence a formé, en prenant comme point de départ les dispositions de lois diverses, un corps de doctrine plus ou moins complet. Pour d'autres enfin, les règles à suivre résultent d'arrêts épars, dont la recherche et la coordination restent quelquefois difficultueuses.

Il nous a semblé utile d'embrasser l'ensemble de ces matières dans un ordre suffisamment méthodique, qui devait être celui du Code civil.

Le contrat qui se présente le premier est la *Vente*, dont les règles diffèrent suivant qu'elle est faite par l'État ou à l'État, et suivant qu'elle a pour objet des immeubles ou des meubles.

La *Vente des immeubles de l'État* conduit à parler tout d'abord de l'ancienne *Inaliénabilité du Domaine* et de ses exceptions, relatives aux *Apanages* et aux *Domaines engagés*.

Autrefois principe général et fait pour tous les immeubles de l'État, l'Inaliénabilité est maintenant restreinte à une partie du Domaine national, à savoir le *Domaine public*. Mais cette partie est importante, surtout pour ceux qui, comme nous et contrairement à l'opinion d'auteurs considérables, estiment que les édifices publics sont compris dans le Domaine public.

A l'occasion de l'*Inaliénabilité moderne*, il était nécessaire de passer en revue certaines matières qui n'ont pas perdu leur intérêt, bien que cet intérêt soit devenu simplement historique : nous voulons dire les *Grandes masses de forêts*, le *Domaine de la Couronne*, le *Droit de Dévolution*, le *Domaine privé*, la *Liste civile* et le *Domaine extraordinaire*.

De plus, et avant de parler de la vente actuelle des immeubles de l'État, il fallait encore résumer les règles de l'ancienne *Vente nationale*, caractérisée par deux traits principaux : la validité de la vente de la chose d'autrui et la compétence administrative.

La *Vente domaniale*, toujours régie par les lois de la Révolution, a répudié la première de ces règles. Elle a conservé la seconde, exception au principe qui, dans les idées actuellement admises, attribue à l'autorité judiciaire le contentieux des contrats passés par l'État, sauf des exceptions nombreuses. Les lois et la jurisprudence relatives aux ventes domaniales ne sont, au surplus, que le droit commun, et laissent de côté les *Immeubles régis par des lois spéciales*.

A l'inverse de la vente des immeubles de l'État, la *Vente des meubles de l'État* rentre ordinairement dans le ressort de l'autorité judiciaire. Ceci n'est pas vrai seulement de la vente des objets mobiliers proprement dits, mais aussi de la *Vente des coupes des forêts* de l'État, principale application de la vente mobilière.

L'*Achat d'immeubles par l'État*, comme la vente dont nous venons de parler, n'est qu'un contrat de droit civil.

L'*Achat de meubles par l'État* a pour objet principal les *Marchés de fournitures* destinées aux services publics; marchés auxquels la jurisprudence du Conseil assimile, dans la limite marquée par la nature diverse des conventions, la généralité des *Marchés administratifs*, c'est-à-dire des marchés passés par les ministres dans l'intérêt des services publics. Ici, cette jurisprudence a tout fait. Elle a même récemment considéré le Conseil comme juge unique, et refusé de voir dans la décision du ministre autre chose qu'un acte de gestion; doctrine qui n'est pas au-dessus de toute critique.

Le *Partage* et la *Licitation* ne sont pas de nature à

donner lieu à de longs développements. Il en faut dire autant de l'*Échange*. Il y a là, en principe, croyons-nous, des contrats de droit civil.

Le *Louage de choses* donne lieu à des conventions de nature variée, suivant que l'État y intervient comme locateur ou locataire, et suivant qu'il s'agit d'immeubles ou de meubles ou encore des droits que le législateur a appelés incorporels. Ces conventions sont soumises, les unes à des lois spéciales, les autres au droit civil. Elles appartiennent ordinairement à la compétence des tribunaux.

La situation est toute différente à l'égard du *Louage d'ouvrage*. Le plus souvent, c'est l'État qui loue les services d'autrui. Qu'il s'agisse de marchés de travaux publics ou d'autres travaux, de personnes aux gages de l'État, de transports, ou même, pensons-nous, d'engagements militaires, la convention présente un caractère administratif, généralement reconnu par les lois spéciales ou par les arrêts qui ont suppléé au silence de ces lois.

L'État loue quelquefois aussi ses services, particulièrement pour les *Transports par la poste*. Les principales difficultés de ce sujet se rapportent à la responsabilité de l'État, dont l'appréciation est, dans le plus grand nombre des cas, attribuée à la juridiction administrative.

La *Concession* est presque toujours un contrat administratif.

Ce caractère apparaît même dans les *Concessions de propriété,* qui peuvent consister, bien que le cas se soit présenté rarement, dans l'abandon pur et simple d'un immeuble en toute propriété; qui ont eu pour application plus fréquente, à certaines époques, les concessions de biens usurpés, les concessions aux établissements charitables, aux fabriques, à l'Université, aux départements, arrondissements et communes, enfin, les affectations forestières; et qui, de nos jours, ne comprennent plus, avec certaines concessions aux villes, que celles des lais et relais de la mer.

Le caractère administratif appartient surtout aux *Concessions de travaux publics.* Qu'il s'agisse de chemins de fer ou de canaux, de ponts ou de marais, ces concessions ne sont, au fond, que de grands marchés de travaux publics, et suivent des règles analogues à celles de ces marchés, à part les conséquences de la substitution du concessionnaire à l'État. Faisons remarquer à ce sujet qu'à raison de son importance, la matière des travaux publics, comprenant et les marchés et les concessions, a été par nous détachée de l'ensemble et publiée en un traité spécial, auquel ont été ajoutées toutes les autres parties de la législation des travaux publics.

Les *Concessions de mines* présentent un caractère mixte. Le législateur aurait pu faire des mines une partie du Domaine public et en organiser l'exploitation sur les bases qui, depuis, ont été adoptées pour d'autres concessions. Il a jugé plus utile à l'intérêt général de les

abandonner à l'industrie particulière. Dans l'état de la
législation, qui ne saurait être modifié sans respect des
droits acquis, le Gouvernement est maître de la mine,
tant qu'elle n'est pas livrée à l'exploitation : au contraire, la concession en fait un objet de propriété
privée. Jusqu'à la concession, la matière appartient
généralement au droit administratif : après la concession, elle ne relève plus guère que du juge civil, et le
Gouvernement ne conserve sur la mine qu'un droit de
surveillance.

C'est une matière principalement administrative que
celle des *Concessions improprement dites.* Nous entendons
par là celles qui ont pour objet les choses du Domaine
public, particulièrement le rivage de la mer et les
rivières navigables, ou bien encore les rivières non
navigables. Aujourd'hui, les autorisations accordées sur
le rivage de la mer et les rivières navigables ne sont
que des permissions empreintes du caractère de révo-
cabilité. Celles qui se rapportent aux cours d'eau non
navigables ne] constituent que l'exercice du droit de
police des eaux. Il existe un nombre immense d'anciennes autorisations constitutives de droits acquis.
Nous avons brièvement indiqué les règles qui président
à la constitution, à la réglementation et à la suppression
des droits résultant de ces divers actes.

Le *Prêt*, le *Dépôt*, la *Transaction*, le *Cautionnement*,
le *Nantissement*, ne sont pas la source de difficultés fré-
quentes entre l'État et les particuliers. Il suffisait d'in-

diquer les principes généraux et la compétence, tantôt judiciaire et tantôt administrative.

Le *Mandat* exige de plus longs développements. Ce contrat est de droit civil en principe: les applications qui en sont faites par l'État nous conduisent et nous laissent en plein droit administratif.

C'est ainsi que les *Comptables de deniers publics,* pour le jugement de leurs comptes, relèvent de la Cour des comptes.

L'*Etat des fonctionnaires* n'existe que pour quelques catégories privilégiées. La généralité des titulaires de fonctions publiques reste plus ou moins complètement soumise à la discrétion du pouvoir.

En face de l'arbitraire auquel est abandonnée la position des fonctionnaires et employés, on ne saurait trop remarquer la fixité absolue conférée à l'*Etat des militaires et marins,* investis d'un droit sur leurs grades et même d'un droit à l'avancement pour les grades inférieurs; fixité dont les effets salutaires auraient pu engager les gouvernements à assurer la carrière de ceux qui servent l'État dans les emplois civils.

Un tel progrès n'a été réalisé qu'à l'égard des *Pensions.* Les *Pensions civiles,* comme les *Pensions militaires* et les *Pensions de la marine,* présentent une législation complète, soumise d'ailleurs, comme celle qui règle l'état des fonctionnaires, des militaires et des marins, à la compétence administrative.

Les *Actes à titre gratuit* occupent une place accessoire

parmi les conventions de l'État. Il n'en était pas moins utile de parler des *Récompenses nationales*, et de relever les circonstances dans lesquelles l'État donne ce qu'il n'est pas tenu de donner. La *Légion d'honneur* et la *Médaille militaire* en sont des exemples. Ici encore, comme dans plusieurs des situations qui viennent d'être parcourues, la compétence, qui serait judiciaire en principe, devient ordinairement administrative dans l'application.

A l'égard de chacun de ces sujets, nous avons invariablement suivi ce qui nous a paru être l'ordre logique des idées, ordre trop négligé, à notre sens, dans les œuvres législatives. La loi et les arrêts, cités toutes les fois que l'occasion s'en présente, c'est-à-dire à chaque pas, n'en sont pas moins la matière continuelle d'une discussion toujours pratique.

Une table faite avec soin peut, dans une certaine mesure, tant pour la compétence que pour le fond, servir de table de concordance entre les diverses contrats de l'État.

CONTRATS DE L'ÉTAT

TITRE PREMIER

VENTE

1. Division.

1. Le premier contrat dont nous ayons à nous occuper est la vente.

La vente est soumise à des règles tout à fait différentes, suivant qu'elle est consentie par l'État ou à l'État, et suivant qu'elle a pour objet des immeubles ou des meubles. Il nous faut donc étudier successivement la vente des immeubles de l'État ; la vente des meubles de l'État ; l'achat d'immeubles par l'État ; enfin, l'achat de meubles par l'État.

CHAPITRE Ier

VENTE DES IMMEUBLES DE L'ÉTAT

2. Ancien principe de l'inaliénabilité du Domaine.

3. Petits domaines.
4. Imprescriptibilité.
5. Exceptions au principe de l'inaliénabilité.
  Traités conclus avec les puissances étrangères.

1

2. La vente d'un immeuble appartenant à l'État suppose, comme première condition, que l'aliénation n'en soit pas prohibée par la loi. Dans quelle mesure cette aliénation est-elle permise ? La réponse a dû varier suivant les temps.

L'*Inaliénabilité du Domaine* était autrefois un des principes du droit public français. Ce principe s'y était introduit, tant comme frein à la prodigalité des princes que comme reconnaissance de la souveraineté nationale. Plusieurs fois proclamé et violé, il a été consacré, d'une manière définitive, sous François Ier et Charles IX, par l'édit du 30 juin 1539 et l'ordonnance de Moulins de 1566. L'art. 1er de cette ordonnance est ainsi conçu : « Le *Domaine de notre couronne* ne peut « être aliéné qu'en deux cas seulement, l'un pour « apanage des puînés mâles de la maison de France, « auquel cas y a retour à notre couronne par leur décès

« sans mâles, en pareil état et condition qu'était ledit
« domaine lors de la concession de l'apanage, nonob-
« stant toute disposition, possession, acte exprès ou
« taisible fait ou intervenu pendant l'apanage; l'autre
« pour l'aliénation à deniers comptans pour la néces-
« sité de la guerre, après lettres patentes pour ce dé-
« cernées et publiées en nos parlemens, auquel cas y
« a faculté de rachat perpétuel. »

L'inaliénabilité frappait, indifféremment, ce 'que
nous appelons aujourd'hui *Domaine de l'État* et ce que
nous appelons *Domaine public* : la distinction de ces
deux Domaines ne devait être admise que plus tard.

3. A la place de cette distinction, un second édit de
1566 en admettait une autre, celle des grands et des
petits domaines. L'inaliénabilité n'était faite que pour
les grands domaines, qui comprenaient principalement
les terres seigneuriales ayant haute, moyenne et basse
justice. Parmi les petits domaines, les anciens édits ci-
tent les prés, îles, ponts, marais, atterrissements, les
droits sur les rivières navigables, les canaux et eaux
mortes, les places des anciens remparts et fossés des
villes. L'édit de 1708 ajoute les moulins, fours, pres-
soirs, halles, maisons, boutiques, terres vaines et vagues, communes, landes, bruyères, pâtis, palus, étangs,
boqueteaux, bacs, péages, passages, droits de minage,
aunage, mesurage, poids, tabellionnage, etc... Cette
distinction a été reconnue par la jurisprudence moderne, particulièrement à l'égard des terres vaines et
vagues (Rej. civ., 21 mars 1838, D.38,1,166), et des
lais et relais de la mer (Req., 15 nov. 1842, D.43,1,
29; Rej. civ., 2 janv. 1844, D.44,1,79).

Sous un autre rapport, l'inaliénabilité se restreignait aux biens anciennement possédés par la Couronne, à ceux qui appartenaient au roi avant son avènement et avaient été, par suite d'une sorte de *capitis minutio*, transportés à sa personne nouvelle (Merlin, *Répert.*, v° *Dom. public*, p. 801 et suiv.); et aux biens conquis (Cass. civ., 2 juill. 1833, D.33,1,295). Quant aux biens acquis par le prince régnant, ils n'entraient dans le Domaine inaliénable que s'il y avait eu, soit déclaration expresse d'incorporation, soit incorporation tacite résultant d'une administration par les officiers du roi, continuée pendant dix ans (Ord. 1566; Req., 18 mai 1852, D.53,1,136; Rej. civ., 21 avr. 1857, D. 57,1,161; Merlin, *Rép.*, v° *Dom. public*, p. 842; V. *infrà*, n. 9 et 24).

4. L'inaliénabilité des grands domaines entraînait leur imprescriptibilité, tandis que les petits domaines étaient prescriptibles (Rej. civ., 2 janv. 1844, D.44, 1,79). Mais il ne paraît pas que cette inaliénabilité fît obstacle à l'acquisition, par la prescription, de simples servitudes sur le Domaine. Ce tempérament, qui serait destructif de l'inaliénabilité telle que nous la comprenons aujourd'hui (V. *infrà*, n. 12), n'était pas, plus que la faculté d'aliéner les petits domaines, de nature à faire revivre les dilapidations auxquelles les ordonnances avaient voulu mettre un terme (Req., 6 déc. 1864, D.65, 1,25; Troplong, *Prescription*, t. 1, p. 486).

5. Ainsi qu'on l'a vu plus haut (V. *suprà*, n. 2), l'ordonnance de 1566 permettait l'aliénation du Domaine : 1° pour fournir des apanages aux puînés des enfants de France; 2° pour les nécessités de la guerre. Disons de suite qu'un troisième cas d'aliénabilité résultait de la nécessité politique, lorsqu'un *Traité*, conclu de souverain à souverain, portait cession du Domaine à une puissance étrangère. Un tel acte sortant, par sa nature, de la classe des contrats ordinaires, n'était soumis qu'aux règles du droit des gens (Cass. civ., 2 mars 1835, D.36,1,149 ; Cass., ch. réun., 2 fév. 1842, D. 42,1,80).

6. Parlons de la première exception, c'est-à-dire des apanages.

Les *Apanages* avaient leur origine dans le partage du royaume entre les fils des rois, remplacé, sous la dynastie capétienne, par le principe de l'indivisibilité du royaume. Depuis cette époque, la couronne appartenant à l'aîné, les autres reçurent des apanages, embrassant souvent des provinces entières, et comprenant tout ensemble les droits utiles, féodaux et régaliens. Les apanages étaient réversibles à la Couronne, dont le droit de retour s'exerça suivant des règles de plus en plus rigoureuses. La transmissibilité du Domaine apanager, d'abord, était admise en faveur des filles et des collatéraux. Elle fut bientôt réservée aux héritiers directs, et finalement à ceux du sexe masculin. L'apanage s'éteignait, d'ailleurs, par l'avènement au trône du prince apanagiste et par la confiscation. Aussi n'y avait-il plus en 1789 que trois apanages : ceux du comte de Provence, du comte d'Artois et de la maison d'Orléans. Tous trois furent supprimés par les lois des 13 août et 22 novembre 1790, qui les remplacèrent par des rentes (L. 22 nov. 1790, art. 16 et 17).

Sous le premier Empire, les apanages réels sont rétablis par le sénatus-consulte du 30 janvier 1810 (art. 55 et suiv.).

La Restauration accepte d'abord la modification introduite en 1790. La loi du 8 novembre 1814, art. 23 et 24, déclare qu'il sera payé aux princes et princesses de la famille royale une somme de huit millions pour leur tenir lieu d'apanage. Après l'avènement de Charles X, la loi du 15 janvier 1825, art. 4, porte que les biens restitués à la branche d'Orléans, et provenant de l'apanage constitué à Monsieur, frère du roi Louis XIV, continueront à être possédés par le chef de la branche d'Orléans à titre d'apanage.

Lorsque Louis-Philippe est monté sur le trône, la loi du 2 mars 1832, réglant la liste civile du nouveau règne, a décidé que ces biens feraient retour à l'État (art. 4), et depuis ce jour les apanages réels ont cessé d'exister. L'art. 21 de la loi précitée disait bien qu'en cas d'insuffisance du domaine privé (V. *infrà*, n. 25), les dotations des filles et fils puînés du roi seraient réglées par des lois spéciales; mais aucun apanage réel n'a été établi, par application de cette loi, en faveur des enfants de Louis-Philippe.

Sous le second Empire, les apanages réels ont été formellement abandonnés. Aux termes du sénatus-consulte du 12 décembre 1852, art. 17, une dotation annuelle de quinze cent mille francs était affectée aux princes et princesses de la famille impériale.

7. On s'est demandé quelle était la nature du droit de l'apanagiste, et s'il y fallait voir un droit de propriété ou un droit d'usufruit. La Cour de cassation y a vu un droit de propriété (Req., 7 avr. 1836, D. 36, 1, 179). La constitution des apanages est, en effet, aux termes mêmes de l'ordonnance de 1566, une exception à la défense d'aliéner le Domaine. Mais cette propriété étant grevée d'un droit de retour, il est bien évident

que le Domaine apanagé n'était point susceptible d'aliénation opposable à l'État, comme l'a reconnu la jurisprudence (Cass. civ., 2 avr. 1839, D.39, 1,303; Rej. civ., 16 fév. 1853, D.53,1,88).

Des lettres patentes ayant autorisé l'aliénation, à certaines conditions, de biens appartenant au Domaine apanager, l'interprétation de ces actes n'a pu être donnée que par le Conseil d'État (13 janv. 1853, 26 nov. 1857, *Nolleval*; 9 déc. 1852, *Rolland de Courbonne*; V. sur l'interprétation des actes du chef de l'État, *infrà*, n. 257, 260, etc.).

8. La seconde exception au principe de l'inaliénabilité du Domaine était relative à « l'aliénation à de- « niers comptans, pour la nécessité de la guerre, après « lettres patentes pour ce décernées et publiées en « nos parlemens, auquel cas y a faculté de rachat per- « pétuel » (Ord. 1566, art. 1er). L'ordonnance ne défendait d'ailleurs ni l'échange, ni l'abandon de jouissance à prix d'argent, proprement appelé *Engagement*. Elle donna lieu à de grands abus, notamment à des donations déguisées sous la forme de ventes avec ou sans clause de retour.

Le législateur de 1790 se préoccupa de faire rentrer dans le Domaine national les propriétés qui en étaient sorties abusivement. La loi des 22 novembre–1er décembre 1790 déclara soumis au rachat perpétuel toutes aliénations et tous engagements postérieurs à 1566, comme aussi tous engagements antérieurs, mais contenant la clause de retour. La loi du 10 frimaire an II alla plus loin en révoquant, moyennant le simple remboursement de la finance versée, toutes aliénations et tous engagements postérieurs à 1566, ou même antérieurs et faits avec clause de retour. Les réclamations suscitées par ces mesures amenèrent, en quelque sorte à titre de transaction, la loi du 14 ventôse an VII.

9. Cette loi, bien que principalement faite en vue des engagements et aliénations à titre onéreux, régit pareillement les actes intervenus à titre gratuit (Cass., ch. réun., 16 déc. 1836, D.37,1,11). Elle confirme la révocation. Mais elle en excepte tout d'abord différentes aliénations énumérées dans son art. 5; par exemple, les échanges consommés légalement et sans fraude, les aliénations confirmées par décrets des assemblées nationales, etc... Il va de soi que la révocation ne porte que sur le Domaine véritablement inaliénable. Elle reste donc étrangère aux biens acquis au nom du roi, s'ils n'ont pas été expressément incorporés au Domaine de la Couronne ou administrés pendant dix ans par les officiers du roi (Rej. civ., 21 avr. 1857, D.57,1,161 ; V. *suprà*, n. 3 et *infrà*, n. 24).

D'un autre côté, la loi permet aux engagistes de devenir propriétaires incommutables en satisfaisant à cette double condition : payer en numéraire le quart de la valeur actuelle des immeubles, et remplir, dans un délai très bref, les formalités indiquées par ses art. 13 et suiv.; faute de quoi leur droit se résout en indemnité.

En ce qui concerne la somme à payer, la faculté d'acquérir la propriété moyennant le payement du quart ne concerne pas les futaies, qui ont été réservées par l'ordonnance de 1566 et n'ont pu être aliénées ni engagées en aucune façon : celui qui veut les conserver doit en payer la valeur totale (avis C. d'État, 12 flor. an XIII; Cass., ch. réun., 20 fév. 1851, D.51,1,54). Le quart dont il s'agit est le quart de la valeur au moment de l'expertise, et non en l'an VII (27 fév. 1852, *Séminaire de Carcassonne*).

Quant aux formalités et aux délais impartis pour les remplir, la déchéance a été considérée comme simplement comminatoire. Un grand nombre d'engagistes avaient négligé de se mettre en règle et se trouvaient indéfiniment exposés aux poursuites de l'administration : on a voulu faire cesser le discrédit qui résultait de là pour les propriétés. La loi du 12 mars 1820 a déclaré propriétaires incommutables tous ceux auxquels l'administration n'aurait pas, dans les trente ans à compter de la publication de la loi du 14 ventôse an VII, soit au 14 mars 1829, fait faire les significations indiquées par ses art. 7 et 8. Au commencement de 1829, la régie des Domaines s'est assuré une prolongation de délai par des significations faites à un nombre énorme d'engagistes réels ou présumés. Les poursuites n'ont été exercées que contre quelques-uns. Grâce au temps qui s'est encore écoulé depuis, et malgré les actes conservatoires auxquels il a été procédé, la matière des Domaines engagés n'a conservé qu'un intérêt historique.

10. En effet, le Domaine de l'État n'est plus inaliénable de nos jours (V. *infrà*, n° 33). Rien n'empêche les engagistes d'opposer à l'action de l'État la prescription de trente ans (art. 2227 C. civ.; Req., 25 fév. 1845, D.45, 1,107), et leurs acquéreurs de bonne foi la prescription de dix ou vingt ans (Req., 4 fév. 1835, D.35,1,143). L'administration ne saurait faire revivre l'action éteinte sous prétexte de rectifier une liquidation, par exemple en réclamant les trois quarts de la valeur d'une futaie à l'acquéreur à qui elle en a fait payer seulement le quart (23 mars 1854, *de Choiseul-Stainville*).

11. La compétence est ici régie en premier lieu par le droit commun (V. *infrà*, n. 51). Les questions de propriété sont du ressort des tribunaux judiciaires, lorsqu'elles sont agitées vis-à-vis de l'État comme lorsqu'elles s'élèvent entre particuliers (V. *infrà*, n. 54). Ainsi le déclare, au surplus, l'art. 27 de la loi du 14 ventôse an VII, prévoyant comme exemple le cas où l'engagiste contesterait la domanialité ou prétendrait se trouver dans une des exceptions admises par l'art. 5 de la même loi (24 fév. 1859, *Vilanova*).

La domanialité et l'applicabilité de la loi de ventôse une fois reconnues, l'acquéreur peut soutenir qu'il est devenu propriétaire en payant le quart et en remplissant les formalités prescrites. En ce cas, il ne s'agit plus que d'interpréter un arrêté de décompte, et la compétence appartient au préfet, sauf recours au Ministre et au Conseil d'État (Trib. confl., 7 nov. 1850, *de Rosières* ; V. *infrà*, n. 49, 257, 417).

Lorsque l'engagiste est devenu propriétaire incommutable en payant le quart, l'interprétation de l'acte préfectoral qui lui sert de titre est attribuée au conseil de préfecture (24 fév. 1859, *Vilanova*). Car l'art. 14 de la loi de ventôse porte qu'il est, sous tous les rapports, assimilé aux acquéreurs de biens nationaux, et le Conseil d'État voit ici une application de la compétence établie en matière de ventes nationales (V. *infrà*, n. 31, 51).

12. Nous arrivons à l'*Inaliénabilité moderne.*

Aujourd'hui, l'inaliénabilité est restreinte à l'une des deux parties du Domaine national. Elle frappe toujours le Domaine public (art. 538, C. civ.), mais elle reste étrangère au Domaine de l'État (L. 22 nov.-1er déc. 1790 ; V. *infrà*, n. 22, 33). Avant d'énumérer les objets sur lesquels elle porte, il est nécessaire de résumer les effets qui en résultent.

Ce que l'inaliénabilité rend impossible, ce n'est pas seulement l'aliénation proprement dite ; c'est toute concession de droits réels sur l'immeuble inaliénable. Ainsi, le propriétaire voisin d'un tel immeuble ne saurait acheter utilement la mitoyenneté du mur qui l'en sépare (Cass. civ., 5 déc. 1838, D.39,1,5) ; ni acquérir sur cet immeuble aucune servitude, aucun droit réel d'usufruit, usage, hypothèque, antichrèse, etc... Il n'en était pas ainsi avant 1789 (V. *suprà*, n° 4). Du moins, lorsqu'un immeuble est réuni au Domaine public à la suite d'une vente volontaire, rien ne s'oppose à ce que son vendeur stipule, dans l'acte de cession, une servitude sur cet immeuble, qui ne fait pas encore partie du Domaine public et y entrera grevé de la servitude (Req., 17 juill. 1849, D.49,1,315).

En vain l'on invoquerait, à l'appui d'un droit prétendu sur le Domaine public, la possession ou le long usage. L'inaliénabilité entraîne l'imprescriptibilité (art. 2226, C. civ.). Des communes riveraines de la mer ont réclamé l'attribution exclusive du goëmon qu'elles récoltaient sur le rivage depuis un temps immémorial. Leurs demandes ont été repoussées par le motif que leur possession n'avait pu fonder aucun droit (Req., 2 avr. 1842, D.42, 1,156 ; 14 déc. 1857, *com. de Taulé*).

Puisqu'un particulier ne peut avoir de droit sur le Domaine public, l'action possessoire contre l'État n'est pas recevable à raison des biens compris dans ce Domaine (Cass. civ., 23 août 1859, D.59,1,352 ; 18 déc. 1865, D.66,1,224 ; Req., 16 juill. 1872, D.74,1,79). Mais aucune raison ne s'oppose à ce que l'État réclame ces biens au possessoire comme au pétitoire (Cass. civ., 20 avr. 1863, D.63,1,189).

Entre particuliers, les biens du Domaine public peuvent faire l'objet d'une action possessoire. L'exception de domanialité et d'imprescriptibilité n'est opposable que par le Domaine public (Cass. civ. 23 août 1859, D.59,1,352 ; 18 déc. 1865, D.66,1,224 ; 26 juin 1852, *David*).

13. Il est impossible de confondre avec l'aliénation la simple affectation d'un bien à un service public, laquelle n'en altère pas le caractère domanial. Abandonnée d'abord aux ministres et aux préfets, cette affectation avait pour condition, d'après l'arrêté du 13 messidor an x, un arrêté des consuls, ensuite remplacé par une ordonnance royale. La loi de finances du 18 mai 1850, art. 4, exigea une loi. Le décret du 24 mars 1852 se contente d'un acte du chef du pouvoir exécutif (V. *infrà*, n. 278).

14. De nos jours, l'inaliénabilité est restreinte au Domaine public (V. *infrà*, n. 22, 33 et suiv.).

15. Les art. 538 à 541, Code civ., énumèrent les objets qui font partie du Domaine public.

Aux termes de l'art. 538, « les *chemins, routes* et « *rues à la charge de l'État*, les *fleuves et rivières navi-* « *gables ou flottables*, les rivages, lais et relais de la « mer, les *ports*, les *havres*, les *rades* et généralement « *toutes les portions du territoire français qui ne sont* « *pas susceptibles d'une propriété privée*, sont consi-

« dérés comme des dépendances du Domaine public ».
De cette énumération, il faut retrancher les lais et
relais de la mer, qui sont des propriétés privées de
l'État, et qui font partie du Domaine de l'État, non
du Domaine public (V. sur leur aliénation *infrà*,
n. 261).

L'art. 539 ajoute : « Tous les biens vacants et sans
« maître, et ceux des personnes qui décèdent sans hé-
« ritiers ou dont les successions sont abandonnées, ap-
« partiennent au Domaine public. » Il y a erreur évidente. Les biens dont il s'agit diffèrent bien moins
que les lais et relais de la mer, de ceux qui appartiennent aux particuliers. Le Code a encore confondu le
Domaine public et le Domaine de l'État.

L'art. 540 dit avec raison : « Les *portes, murs, fossés,*
« *remparts des places de guerre et des forteresses,* font
« aussi partie du Domaine public. »

L'art. 541 contient une nouvelle erreur : « *Il en est*
« *de même* des terrains, des fortifications et remparts
« des places qui ne sont plus places de guerre ; ils ap-
« partiennent à l'État s'ils n'ont été valablement alié-
« nés, ou si la propriété n'a pas été prescrite contre
« lui. » On sent bien qu'*il n'en est pas de même*, et que les
fortifications déclassées ne font plus partie du Domaine
public. La fin de l'article déclare, en effet, que ces
immeubles peuvent être aliénés et prescrits.

L'explication de ces erreurs est dans un fait signalé
suprà, n. 2. L'ancien droit considérait comme inaliénables, tout ensemble, les immeubles aujourd'hui compris dans le Domaine public et ceux qui font partie du
Domaine de l'État. La distinction du Domaine public et
du Domaine de l'État est moderne. Elle s'est introduite

dans notre droit après 1789, plus comme un fait que comme un principe, lorsque le pouvoir législatif a ordonné l'aliénation d'une partie du Domaine national (V. *infrà*, n. 22, 28 et suiv.). Elle était encore mal comprise au temps de la rédaction du Code civil.

En sens inverse, il y a lieu d'ajouter à l'énumération de ce Code divers immeubles analogues, par leur nature, à ceux qu'il indique, et rentrant dans la formule générale ainsi donnée par l'art. 538 : *toutes les portions du territoire français qui ne sont pas susceptibles d'une propriété privée.*

Ce sont d'abord les *chemins de fer* (L. 15 juill. 1841, art. 1er; 8 févr. 1851, *Comp. du Centre*, et dix-huit autres arrêts; 24 mai 1860, *Comp. d'Orléans*; Cass. civ., 15 mai 1861, D.61,1,225; V. *Traité des Travaux publics*, t. 2, n. 685) : c'est-à-dire les chemins d'intérêt général, ceux d'intérêt local appartenant aux départements et aux communes (L. 11 juin 1880, art. 11 ; *op. cit.* t. 2, n. 742). Ce sont ensuite les *canaux de navigation* (Cass. civ., 3 juill. 1854, D.54,1,230; 9 févr. 1847, *Chevalier*; Trib. confl. 3 avr. 1850, *Deherripon*; 5 nov. 1850, *de Béthune*; *op. cit.*, t. 2, n. 775); sauf exception pour ceux qui ont été formellement concédés en toute propriété (Req., 5 mars 1829, D.29,1,169; 22 avr. 1844, D.44,1,218; 7 nov. 1865, D.66,1,254; 11 nov. 1867, D.68,1,426; Rej. civ., 22 août 1837, D.37,1, 449; 30 déc. 1858, *Canal de Givors*; 10 avr. 1860, *Canal du Midi*; 19 mai 1864, *Canal du Lez*; *op. cit.*, t. 2, n. 776); sauf exception aussi pour les canaux construits par une personne autre que l'État et à ses frais, soit par exemple une ville (25 avr. 1868, *Ville de Paris c. Guillemet*; 21 juill. 1870, *Ville de Châlons-sur-*

Marne; *op. cit.*, t., 2, n. 760); mais non les canaux d'irrigation, au moins en général (Rej. civ., 1er août 1855, D.55,1,370; *op. cit.*, t. 2, n. 797). Ce sont encore les *ponts* (L. 14 flor. an x, art. 11; *op. cit.*, n. 812).

Les cours d'eau non navigables ne sont pas plus susceptibles d'aliénation que les rivières navigables, mais pour une autre raison. C'est que, d'après la jurisprudence, ils n'appartiennent à personne, et sont *res nullius* (Cass. civ., 10 juin 1846, D.46,1,177; 18 avr. 1866, *de Colmont*; V. *infrà*, n. 427, et *op. cit.*, t. 2, n. 1064).

16. Les *édifices publics* font-ils partie du Domaine public ou du Domaine de l'État? La question est fort discutée.

M. Troplong (*Prescription*, sur l'art. 2226) attache le privilège de l'inaliénabilité au caractère monumental de l'édifice. Le Louvre serait inaliénable, et tant de bâtiments employés aux services publics, qui ne sont que des maisons plus ou moins grandes, ne le seraient pas. Mais entre ces deux types, les intermédiaires sont innombrables. Impossible de dire à quoi l'on distinguera l'édifice monumental de celui qui ne l'est point. La distinction, d'ailleurs, ne trouve pas la moindre base dans la loi.

Nombre d'auteurs contestent, d'une manière générale et absolue, la domanialité publique des immeubles dont nous nous occupons. L'inaliénabilité, disent-ils, est une exception et doit être restreinte aux objets que la loi déclare inaliénables. La preuve que le Code civil ne range pas les édifices publics parmi les dépendances du Domaine public, c'est que l'art. 538 énumère simplement les *portions du territoire français* qui en font partie, et cite exclusivement, à titre d'exemples, des terrains non bâtis, à savoir les rues, routes, rivages de la mer, etc... Le Code exclut implicitement du Domaine public les édifices publics, puisque l'art. 540 y fait entrer les forteresses qui, sans cela, n'y seraient pas comprises. En définitive, la domanialité publique est subordonnée, par les termes et l'esprit de l'art. 538, à cette triple condition : que l'objet soit une portion du territoire français ; qu'il soit affecté à l'usage ou jouissance publique ; et qu'il ne soit pas susceptible de propriété privée. A aucun de ces points de vue, les édifices publics ne rentrent dans la définition de l'art. 538. Sans doute, il importe que les droits de l'État sur de tels objets restent à l'abri des envahissements et des abus. Ces droits trouveront des garanties suffisantes dans les formalités exigées pour l'aliénation des immeubles de l'État et dans l'art. 257, C. pén., qui punit sévèrement la destruction et la dégradation de ces immeubles. Au cas de nécessité, le droit d'expropriation est là pour faire rentrer l'État dans la possession des objets indispensables aux services publics (Ducrocq, *Édifices publics*; Macarel et Boulatignier, *Fortune publique*, t. 1, n. 67 ; Batbie, *Droit administratif*, t. 5, n. 308 ; Dareste, *Justice administrative*, p. 253 ; Laferrière, *Droit administratif*, t. 1, p. 255 ; Paris, 18 févr. 1854, D.54,2,178).

Ces raisons ne sont pas péremptoires. Rappelons les termes de l'art. 538 : « Les chemins, routes et rues à « la charge de l'État, les fleuves et rivières navigables « ou flottables, les rivages, lais et relais de la mer, les « ports, les havres, les rades, et généralement toutes « les portions du territoire français qui ne sont pas

« susceptibles d'une propriété privée, sont considérées
« comme des dépendances du Domaine public. » Nous
avons signalé, déjà, l'incorrection de cet article en ce
qui concerne les lais et relais de la mer ; comme celle
de l'article suivant (art. 539), qui range dans le Domaine public les biens vacants et sans maître et ceux
des personnes décédées sans héritiers ; comme enfin
les omissions commises par l'un et l'autre (V. le n. précité). En présence de textes aussi inexacts, l'argument *à contrario* n'est pas sûr, et rien ne paraît moins
établi que la première condition de la Domanialité publique, consistant en ce qu'il s'agirait nécessairement
de terrains non bâtis. D'ailleurs, est-ce que les terrains
bâtis ne sont pas des terrains et, par conséquent, des
portions du territoire français ?

Passons à la seconde condition : le Domaine public
ne comprendrait que des objets affectés à l'usage de
tous, et non pas seulement à un service public. Il nous
semble que cette dernière affectation n'est que la première s'exerçant d'une manière indirecte, et que tous
les Français usent des bâtiments affectés aux services
publics, par cela même que ces services fonctionnent
pour les besoins du public. Et le Code l'entend ainsi :
l'art. 540 énumère, parmi les dépendances du Domaine public, un objet aussi peu affecté que possible à
l'usage direct du public, à savoir les forteresses : ce
qui ne permet pas de soutenir que cette affectation directe soit une condition nécessaire de la domanialité
publique.

Enfin, troisième condition : les édifices publics ne
feraient pas partie du Domaine public, parce que
l'art. 540 exige *qu'il s'agisse d'objets non susceptibles de*

propriété privée. Telle est bien en effet la pensée de l'art. 540. Nous croyons même que là est sa pensée certaine et dominante. Et c'est pour cette raison, précisément, que les édifices publics sont à nos yeux une partie du Domaine public. Parmi ces édifices, il en est certainement qui ne sont pas susceptibles de propriété privée : citons les églises, les arsenaux, les palais, les musées. Mais il est impossible de dire à quel point la série des édifices publics pourra devenir susceptible de propriété privée, et, comme la nature aliénable ou inaliénable de tous est la même, force est bien de les considérer tous comme inaliénables.

Nous pensons donc que les édifices publics font partie du Domaine public, à supposer, bien entendu, qu'il y ait affectation générale et perpétuelle, ce qui exclut, particulièrement, les bâtiments qui n'appartiendraient pas à l'État (V. Gaudry, *Domaine*, t. 1, n. 269 ; Aubry et Rau, *Droit civil*, t. 2, § 169 ; Foucart, *Droit administratif*, t. 2, n. 801 ; Demolombe, t. 9, n. 458 et 460 ; Douai, 21 août 1866, D.66,5,434; Cazalens, *note*, D.77,2,161).

17. Notre opinion tire une utilité nouvelle de l'état de choses créé par le régime républicain et de ses conséquences à l'égard du Domaine public.

Sous le second Empire, comme sous les monarchies précédentes, la dotation immobilière de la Couronne comprenait un certain nombre de palais, châteaux, maisons, domaines et manufactures (palais des Tuileries, du Louvre, de l'Élysée et du Palais-Royal ; châteaux de Versailles, Marly, Saint-Cloud, Meudon, Saint-Germain, Compiègne, Rambouillet, Pau, Strasbourg, Villeneuve-l'Étang, Lamotte-Beuvron, La Grillière ; ma-

nufactures de Sèvres, des Gobelins et de Beauvais;
bois de Vincennes, Senard, Dourdan et Laigue). Ces
immeubles étaient inaliénables comme faisant partie
du Domaine de la Couronne (V. *infrà*, n. 23), et leur
inaliénabilité s'étendait aux collections d'objets d'art et
d'antiquité, contenus dans les musées.

La législation relative au Domaine de la Couronne a
été abolie. Les bâtiments de la Couronne ont été réunis
au ministère des finances, les manufactures au ministère du commerce, les musées au ministère de l'instruction publique (Décr. 5 sept. 1870). Les biens de la
liste civile ont fait retour au Domaine de l'État (Décr.
6 sept. 1870). Tous ces immeubles sont devenus aliénables, et avec eux tous les objets mobiliers contenus
dans les musées, s'ils n'étaient inaliénables que comme
partie de la Dotation de la Couronne.

Au contraire, si les palais, châteaux et manufactures
étaient, de plus, inaliénables comme édifices publics,
l'inaliénabilité les protège toujours, et, avec eux, tous
les objets contenus dans les palais, châteaux, manufactures et musées. L'art. 524, Code civ., déclarant immeubles par destination tous objets placés dans un immeuble
à perpétuelle demeure, s'y applique naturellement (V.
infrà, n. 65).

18. Il faut admettre du moins l'inaliénabilité des
églises. M. Batbie, qui émet l'opinion contraire, reconnaît que, dans l'ancien droit, les églises jouissaient
d'une inaliénabilité particulière, tenant probablement
à leur caractère de *res religiosæ* (t. 5, n. 312). Le con-
cordat du 26 messidor an IX, art. 12, déclare que « les
« églises métropolitaines, cathédrales, paroissiales et
« autres non aliénées, nécessaires au culte, seront re-

« mises à la disposition des évêques ». En présence des souvenirs de l'ancien droit, cette *remise* a eu certainement pour objet, non pas seulement une tradition matérielle, mais la restauration de l'ancien état de choses et l'affectation absolue des églises au culte. Les églises, en tant qu'églises, ne sont pas susceptibles de propriété privée, et rentrent ainsi dans les objets visés par l'art. 538 C. civ. (Cass. civ., 5 déc. 1838, D.39, 1,5; 7 nov. 1860, D.60,1,485; Req., 17 mars 1869, D.69,1,205).

19. Les *mines* ne peuvent être vendues par l'État. Ce n'est pas qu'elles fassent partie du Domaine public; elles sont susceptibles de propriété privée, et non affectées à l'usage public. Mais la loi du 20 avril 1810 règle les formes et les conditions spéciales auxquelles est concédé le droit de les exploiter. D'ailleurs, et avant tout, les mines non concédées n'appartiennent pas à l'État, au moins dans l'opinion que nous avons adoptée (V. *infrà*, n. 280 et suiv.).

20. Les biens entrent dans le Domaine public de deux manières. Les uns en font partie nécessairement, à raison de leur nature, qui répugne absolument à l'appropriation privée; par exemple, les rivages de la mer et les cours d'eau navigables; l'acte qui les range dans le Domaine public n'a qu'une portée déclarative du droit préexistant de l'État. Les autres, comme les dépendances des forteresses, les terrains transformés en routes ou en chemins de fer, sont distraits de la propriété privée pour une raison de nécessité ou d'utilité publique. Leur incorporation les fait changer de maître et résout les droits de leurs propriétaires en droit à indemnité.

21. Pour qu'un immeuble passe du Domaine public dans le Domaine privé de l'État, faut-il un acte exprès de l'autorité compétente?

L'affirmative est généralement admise (Macarel et Boulatignier, t. 1, n. 27; Dufour, t. 5, n. 265). Elle a été consacrée, à l'égard des remparts des places de guerre, par deux arrêts de la Cour de cassation (Cass. civ., 3 mars 1828, D.28,1,157; Ch. réun., 27 nov. 1835, D.36,1, 66). Elle est fondée sur la mobilité des besoins publics, qui exclut la possibilité de leur abandon définitif, et sur les lois spéciales qui, réglant les formalités du déclassement des routes et des places de guerre, par exemple, indiquent assez la persistance de la domanialité publique jusqu'au jour où ces formalités auront été remplies.

Cependant, la Cour de cassation a renoncé à tirer la conséquence de la règle ainsi posée à l'occasion d'un mur qui avait fait partie des fortifications de la ville de Valence en 1386, et que l'État avait absolument abandonné pendant quatre siècles (Req., 30 juill. 1839, D. 40,1,17). C'est ainsi qu'il a été jugé en matière de rues abandonnées (Req., 18 mars 1845, D.45,1,243) et d'églises vendues par l'État et employées à des usages privés (Cass. civ., 5 déc. 1838, D,39,1,5).

22. Au commencement de ce siècle, nous trouvons encore une autre inaliénabilité, celle des *grandes masses de forêts*.

On sait que le Domaine de l'État était autrefois inaliénable (*suprà*, n. 1 et suiv.). L'art. 8 du décret des 22 novembre-1er décembre 1790 consacrait une innovation considérable en disant : « Les domaines natio-« naux et les droits qui en dépendent sont et demeu-

« rent inaliénables sans le consentement et le concours
« de la nation ; mais *ils peuvent être vendus et aliénés* à
« titre perpétuel et incommutable, en vertu d'un dé-
« cret, etc. »... L'art. 12, confirmant plusieurs lois antérieures, ajoutait : « Les grandes masses de bois et
« forêts demeureront *exceptées de la vente* et aliénation
« des biens nationaux, *permise ou ordonnée* par le pré-
« sent décret et autres décrets antérieurs. » L'exception
ainsi apportée à la permission d'aliéner a été justement
entendue en ce sens que les grandes masses de forêts, à
raison de l'importance de leur conservation pour les
besoins et la sûreté du pays, étaient maintenues sous leur
ancien régime, l'inaliénabilité. Il a été décidé, d'ailleurs, qu'elles étaient restées imprescriptibles, en vertu
de l'art. 36, portant : « La prescription aura lieu à
« l'avenir pour les Domaines nationaux dont l'aliéna-
« tion est permise par les décrets de l'Assemblée natio-
« nale » ; et, enfin, que l'art. 2227 Code civ., soumet-
tant l'État aux mêmes prescriptions que les particuliers,
avait seulement en vue les immeubles prescriptibles, et
ne songeait pas à déroger à une loi spéciale (Cass. civ.,
17 juill. 1850, D.50,1,260 ; 27 juin 1854, D.55,1,
261 ; *contrà*, Batbie, t. 5, n. 25).

Quant à ce qu'il fallait entendre par *grandes masses*,
c'étaient les bois d'une contenance supérieure à cent
cinquante hectares, ou même ceux d'une contenance
moindre, s'ils étaient situés à moins d'un kilomètre
d'autres bois (L. 2 niv. an ɪv).

Cette exception au droit commun a été abrogée par
la loi de finances du 25 mars 1817, qui porte : Art 143 :
« Tous les bois de l'État sont affectés à la Caisse d'amor-
« tissement, à l'exception de la quantité nécessaire pour

« former un revenu net de quatre millions de rente,
« dont il sera disposé par le roi pour la dotation des
« établissements ecclésiastiques. » Art. 144 : « La por-
« tion réservée sera prise dans les grands corps de fo-
« rêts. » Art. 145 : « La Caisse d'amortissement ne
« pourra aliéner les bois affectés à la dotation qu'en
« vertu d'une loi. » Par là, la loi de 1817 a assimilé les
bois aux autres immeubles de l'État (mais **V.** *infrà*,
n. 36).

La prescriptibilité étant la conséquence de l'aliénabilité, les grandes masses de forêts sont devenues prescriptibles en même temps qu'aliénables (Cass. civ.,
27 juin 1854, D.55,1,261 ; Req., 9 avr. 1856, D.56,
1,187 ; *contrà*, Batbie, t. 5, n° 27).

Précédemment, la loi de finances du 23 septembre
1814 avait affecté au payement des obligations du
Trésor le produit de la vente de 300,000 hectares
de bois (art. 25, 1°). La loi du 25 mars 1817 a
autorisé la Caisse des dépôts et consignations à en
mettre en vente jusqu'à concurrence de 150,000 hectares. Plus tard, la loi du 25 mars 1831 a ordonné la
vente de bois jusqu'à concurrence de 4 millions de
revenu ; celle du 7 août 1850, jusqu'à .concurrence de
50 millions. Le décret du 22 janvier 1852, en même
temps qu'il révoquait la donation faite à ses enfants par
le roi Louis-Philippe (**V.** *infrà*, n° 24), ordonnait la
vente de 35 millions de bois. Enfin, à la suite de la
guerre de 1870-71, il a été question, devant l'Assemblée nationale, d'aliéner les bois de l'État pour faire
face aux difficultés financières du temps. Ce projet a
été abandonné (**V.** les règles spéciales à l'aliénation des
bois et forêts, *infrà*, n. 36, 57).

23. A une époque récente, l'inaliénabilité subsistait, en raison du motif qui avait dicté l'ordonnance de 1566, à l'égard des biens compris dans le *Domaine de la Couronne*.

Indépendamment de la somme annuelle accordée à chaque souverain. au commencement de son règne, et portant le nom de *Liste civile* (V. *infrà*, n. 26), il y avait lieu à fixation, dans les mêmes formes, de la *Dotation de la Couronne*, comprenant divers palais, châteaux, parcs, forêts, manufactures nationales, etc. (V. *suprà*, n. 17), et de plus les pierreries, objets d'art, meubles, etc.... placés dans ces monuments et dans l'hôtel du Garde-Meuble (Sén.-cons. 30 janv. 1810, art. 1 et 9 ; L. 8 nov. 1814, art. 3 et 4 ; L. 2 mars 1832, art. 2 et 5 ; Sén.-cons. 12 déc. 1852, art. 2).

Les biens composant la Dotation de la Couronne étaient inaliénables, imprescriptibles et non susceptibles d'être hypothéqués. Ils pouvaient être échangés en vertu d'un Sénatus-consulte sous le premier et le second Empire, et d'une loi sous la Restauration et le gouvernement de Juillet (Sén.-cons., 30 janv. 1810, art. 10 et 12 ; L. 8 nov. 1814, art. 9 et 11 ; L. 2 mars 1832, art. 8 et 9 ; Sén.-cons., 12 déc. 1852, art. 7 et 8).

L'inaliénabilité dont il s'agit a été effacée par le décret du 6 septembre 1870, portant que « les biens de « la Liste civile font retour au Domaine de l'État » (V. *suprà*, n. 17).

24. A l'occasion du Domaine de la Couronne, il est nécessaire de dire quelques mots du *droit de Dévolution*, du *Domaine privé* et de la *Liste civile*. Parlons d'abord du *droit de Dévolution*.

Dans les derniers temps de l'ancienne monarchie, la

personalité du roi était considérée comme absolument identifiée avec celle de l'État. Ce qui appartenait à l'État appartenait au roi ; et il s'ensuivait rationnellement que ce qui appartenait au roi appartenait à l'État. Longtemps contestée, cette conséquence avait été admise d'une manière absolue pour les biens possédés par le souverain lors de son avènement (Édit juill. 1607).

A l'égard des biens acquis par le souverain depuis qu'il était monté sur le trône, par acte à titre onéreux, succession, donation, etc.... les opinions étaient partagées. On inclinait généralement à penser que l'incorporation au Domaine de la Couronne ne résultait que d'une réunion expresse, ou d'une administration par les officiers ordinaires du Domaine continuée pendant dix ans (Ord. 1566 ; Merlin, *Rép.*, v° Domaine public, § 3 ; V. *suprà*, n° 3 et 9).

Le décret des 9-21 septembre 1790, malgré les modifications apportées au pouvoir royal, maintient le droit de Dévolution. Sous cette législation, sont incorporées au Domaine de la Couronne toutes les propriétés foncières du prince qui monte sur le trône et toutes celles qu'il acquiert pendant son règne. Une seule exception est admise à l'égard des acquisitions faites par le roi, *à titre singulier* et non en vertu des droits de la Couronne. Et encore, ces acquisitions se réunissent à la Couronne de plein droit, à la fin du règne, si le roi n'en a pas disposé.

Sous le premier Empire, le droit de Dévolution n'est pas admis. Les biens faisant partie du Domaine privé de l'empereur ne sont, en aucun temps ni sous aucun prétexte, réunis de plein droit au Domaine de l'État. La réunion ne peut s'en opérer qu'en vertu d'un Sénatus-consulte. Elle n'est pas présumée, même au cas d'administration, pendant un laps de temps quelconque, par les officiers du Domaine de l'État ou de la Couronne (Sén.-cons., 30 janv. 1810, art. 48 et 49).

Sous la Restauration, le droit de Dévolution est rétabli. La loi du 8 novembre 1814, art. 20 et 21, reproduit à peu près textuellement les art. 1 et 2 du décret des 9-21 septembre 1790.

Après 1830 et l'établissement de la monarchie contractuelle, le droit de Dévolution est logiquement répudié par la législation. « Le roi conserve la propriété « des biens qui lui appartenaient avant son avènement « au trône : ces biens et ceux qu'il acquerra à titre gra- « tuit ou onéreux pendant son règne, composeront son « domaine privé. » (L. 2 mars 1832, art. 22.)

Le 7 août 1830, Louis-Philippe avait fait donation universelle de ses biens, sauf réserve d'usufruit, à ses enfants, à l'exclusion de l'aîné de ses fils. A l'occasion de cet acte est intervenu le décret présidentiel du 22 janvier 1852, ordonnant restitution de ces biens au Domaine de l'État (V. *infrà*, nº 724). A la suite des mesures d'exécution auxquelles ce décret avait donné lieu, le tribunal de la Seine a été saisi d'une action en revendication et s'est déclaré compétent. Son jugement a été annulé, sur conflit, par arrêt du Conseil d'État du 18 juin 1852. Postérieurement, la loi du 21 décembre 1872 a abrogé les décrets du 22 janvier, et ordonné que ceux des biens meubles et immeubles, saisis en vertu desdits décrets et non encore aliénés, seraient rendus à leurs propriétaires, ainsi que les prix de vente non encore payés et les annuités d'actions non échues.

Le droit de Dévolution a été rétabli sous le second Empire. Les biens possédés par l'empereur à l'époque de son avènement sont réunis de plein droit à la dotation de la Couronne (Sén.-cons., 12 déc. 1852, art. 3). Ceux de son domaine privé font retour à l'État s'il n'en a pas disposé (art. 19).

25. Le *Domaine privé* se composait naturellement des biens auxquels ne s'appliquait pas le droit de Dévolution. Aux termes de la loi de 1814, comme de celle de 1790, il était réduit aux biens adventices, et, de plus, faisait retour à la Couronne à la fin du règne, sauf le droit du souverain d'en disposer librement jusqu'à cette époque. Ces règles ont été reproduites par le Sénatus-consulte du 12 décembre 1852 (art. 3, 18 et 19).

Le Sénatus-consulte du 30 janvier 1810 consacrait l'existence d'un Domaine privé, provenant de successions, donations ou acquisitions, conformément au droit civil (art. 31, 48 et 49). La loi du 2 mars 1832 y faisait entrer formellement les biens advenus au roi, soit avant, soit après son avènement (art. 22). Ni l'un ni l'autre de ces actes n'établit au profit de l'État un droit de réunion de plein droit à la fin du règne.

Le droit de disposition à titre gratuit du souverain n'était pas limité à la quotité disponible (Sén.-cons. 12 déc. 1852, art. 19). Cette règle était motivée par la crainte de voir, éventuellement, la part héréditaire des princes et princesses entrer, par suite de mariage, dans des familles étrangères, lorsque les lois des autres États ne leur reconnaîtraient en pareil cas qu'une dot.

D'un autre côté, le souverain était représenté en justice par un administrateur ou intendant, agissant en son propre nom.

26. On a vu plus haut ce qu'il fallait entendre par *Liste civile* (V. *suprà*, n. 26). Sauf les particularités qui viennent d'être indiquées, la Liste civile, comme le Domaine privé, était soumise aux règles du droit commun (Sén.-cons. 12 déc. 1852, art. 20).

Cependant, on s'était demandé à quelle compétence appartenaient les marchés passés avec la Liste civile. La compétence administrative, c'est-à-dire celle du ministre et du Conseil d'État (V. *infrà*, n. 161 et suiv.), était admise par MM. Macarel et Boulatignier (t. 1, n. 62), et Dufour (t. 5, n. 315). Elle a été consacrée par le Conseil (28 janv. 1865, *Pollet*) et implicitement reconnue par la Cour de cassation (Rej. civ., 3 janv. 1837, D.37,1,210). Le décret du 11 juin 1806, art. 14, porte en effet que le Conseil d'État connaîtra « de toutes « contestations ou demandes relatives soit aux marchés « passés avec nos ministres, *avec l'intendant de notre* « *maison, ou en leur nom...* ».

Nous croyons néanmoins que cette jurisprudence était mal fondée et que la Cour de cassation a reconnu la vérité dans un second arrêt (Rej. civ., 8 janv. 1855, D.55,1,9). Aux termes de la loi du 2 mars 1832, art. 27, les actions intéressant le Domaine de la Couronne et la Liste civile *seront instruites et jugées dans les formes ordinaires* (V. aussi Sén.-cons. 12 déc. 1852, art. 22). Un trop grand effort d'intelligence est nécessaire pour comprendre comment un procès peut être instruit et jugé dans les formes ordinaires, et en même temps se trouver instruit et jugé par le ministre, qui ne connaît aucune forme, et par le Conseil d'État qui est peut-être juge en premier et dernier ressort (V. *infrà*, n. 162), et qui, en tout cas, n'est soumis qu'à l'observation de règles particulières (V. *infrà*, n. 159 et suiv.). D'ailleurs, la compétence administrative n'avait ici de raison d'être qu'à raison des anciens principes, confondant le patrimoine du souverain dans celui de l'État, principe complètement abandonné en 1832. Les mots *formes ordinaires* ont dû par conséquent, dans la loi de 1832, se rapporter à la compétence, et le Sénatus-consulte de 1852 n'a pu les entendre différemment. Enfin, les fournitures de la Liste civile ne participaient en rien des exigences de célérité et autres raisons d'être de la compétence administrative; le retour au droit commun était assez favorable pour paraître suffisamment indiqué par les actes de 1832 et de 1852.

27. Jusqu'ici, nous avons indiqué les divers cas dans lesquels les immeubles de l'État sont ou ont été frappés d'inaliénabilité. Il faut maintenant, pour compléter cet ordre d'idées, dire quelques mots d'une partie du Domaine qui, au commencement du siècle, était plus facilement aliénable que le surplus : c'était le *Domaine extraordinaire.*

Le Domaine extraordinaire avait son origine dans les actes qui, sous le Consulat et l'Empire, établirent des camps de vétérans dans le Piémont et le duché de Juliers (L. 1er flor. an xi; arr. 26 prair. an xi), et créèrent des dotations en faveur de personnages considérables de l'époque (Décr. 30 mars et 5 juin 1806; Sén.-cons. 14 août 1806). Les biens affectés à ces établissements étaient une partie du domaine réuni par la conquête. Le Sénatus-consulte du 30 janvier 1810 déclara le Domaine extraordinaire composé des domaines et biens mobiliers que l'empereur acquérait par la guerre ou les traités (art. 20). Plus tard, y furent réunis, par cession à titre onéreux, les canaux d'Orléans et du Loing et la partie du canal du Midi qui appartenait à l'État (Décr. 21 mars 1808, 7 févr., 17 mai et 10 août 1809). Le décret du 20 novembre 1806, art. 4, y ajouta les propriétés des sujets anglais confisquées. Enfin, la loi du 12 janvier 1816 et l'ordonnance du 22 mai 1816, art. 4, y réunirent les biens confisqués sur la famille Bonaparte. Des actes postérieurs ordonnèrent la restitution des biens confisqués sur les sujets anglais (Traité de Paris, art. 9), et celle des biens des émigrés (L. 5 déc. 1814).

La pleine disposition du Domaine extraordinaire appartenait à l'empereur (Sén.-cons. 30 janv. 1810, art. 26). Ce domaine devait être employé : 1° à subvenir aux dépenses des armées ; 2° à récompenser les services militaires et les grands services rendus à l'État ; 3° à faire faire des travaux publics et à encourager les arts (art. 21).

Maintenue pendant quelque temps sous Louis XVIII, l'institution vit seulement modifier son but. L'ordonnance des · 22 mai–24 juin 1816 conserva le Domaine extraordinaire comme moyen de récompenser les services rendus à l'État et d'encourager les sciences et les arts. La disposition continua d'en appartenir au roi (art. 1 et 6).

Le Domaine extraordinaire a été réuni au Domaine de l'État par l'art. 95 de la loi de finances des 15–16 mai 1816, ajoutant que les dotations et majorats qui y étaient réversibles feraient retour au Domaine de l'État. Les pensions à la charge du Domaine extraordinaire, en tant qu'elles ont été conservées, ont donc été mises à la charge du Trésor public.

L'interprétation des actes constitutifs de dotation, comme l'appréciation de la validité de ces actes, ne peut être donnée que par le Conseil d'État (V. 29 janv. 1823, *Defermon*; 9 mai 1832, *Berlier*; 9 mai 1832, *Merlin*; V. *infrà*, n. 257, 260). Les questions de propriété entre les donataires et les tiers, en tant qu'elles sont à résoudre par application des règles du droit commun ou de titres privés, appartiennent à la compétence judiciaire, conformément aux principes généraux (Rej. civ., 23 mars 1824, *Dall.*, *Rép.*, v° *Comp. adm.*, n. 155, 1°; 20 févr. 1869, *de Forget*; V. *suprà*, n. 11, et *infrà*, n. 54).

28. Parlons maintenant des *Ventes nationales*, que personne ne confondra avec les *Ventes domaniales* (V. sur ces dernières, *infrà*, n. 32 et suiv.).

L'aliénabilité du Domaine de l'État, au moment où elle était établie, fut appliquée aux biens confisqués par les lois révolutionnaires. C'étaient principalement les biens du clergé, des fabriques, des hospices et des émigrés. La législation créée pour cette matière a laissé, dans notre droit actuel, des traces trop profondes pour qu'il soit possible de la passer sous silence.

Quant à la forme, les ventes devaient d'abord se faire aux enchères (L. 14-17 mai 1790, tit. III, art. 3 et 4). Divers actes législatifs permirent aussi la vente sur soumissions.

La mise en vente des biens dont il s'agit avait été dictée en grande partie par une pensée politique, celle d'associer le pays à la Révolution : aussi l'exécution en fût-elle poursuivie avec une persistance qui devait conduire à considérer les ventes comme à peu près absolument irrévocables. Plus tard, l'état de choses ainsi établi fut

VENTE DES IMMEUBLES DE L'ÉTAT.

consacré par l'art. 9 de la Charte du 4 juin 1814, déclarant les propriétés nationales inviolables comme les autres ; par la loi du 5 décembre 1814, ordonnant la restitution des biens non vendus, et par celle du 27 avril 1825, indemnisant les anciens propriétaires.

29. Aux termes des Constitutions du 5 fructidor an III, art. 374, et du 22 frimaire an VIII, art. 94, la vente légalement consommée, quelle que soit l'origine des biens, fait obstacle à la dépossession de l'acquéreur, sauf le droit réservé aux tiers de se faire indemniser par le Trésor public. En conséquence, toutes les fois qu'un immeuble, appartenant à une personne non comprise dans les catégories indiquées ci-dessus, a été, par erreur ou autrement, englobé dans une vente de biens nationaux, l'acquéreur est devenu propriétaire. A peine le véritable propriétaire a-t-il été admis à reprendre son immeuble lorsque la vente avait eu lieu au mépris d'une opposition formelle de sa part. Son droit a été résolu en une indemnité dont la liquidation a dû être demandée au ministre des finances (V. *infrà*, n. 49).

Il n'en était autrement que dans des cas exceptionnels, par exemple lorsque l'immeuble avait été déjà vendu nationalement une première fois. La validité de la seconde vente n'aurait pu que nuire au principe de l'irrévocabilité des ventes nationales. Le premier acquéreur a donc été admis à réclamer son bien (17 nov. 1819, *Saint-Réquier*), sauf au second à se faire indemniser par l'État (28 oct. 1829, *Bardet*).

Il semble qu'il y avait lieu de rechercher, du moins, si le bien vendu n'était pas inaliénable comme faisant partie du Domaine public. Même en ce cas, on en est venu à considérer la vente comme valable, et cela alors même que l'immeuble était réclamé par l'État (14 avr. 1831, *Malassis*). Cette décision est contraire aux arrêts antérieurs (22 déc. 1824, *Ollagnier* ; 22 juill. 1829, *Broux*). Sa doctrine ne serait évidemment pas admise aujourd'hui (concl. du com. du Gouv. sur 17 déc. 1857, *Richaud* ; V. *infrà*, n° 39).

Les biens étaient vendus francs de toutes redevances, prestations et hypothèques, la nation se chargeant du rachat de ces droits (L. 14-17 mai 1790, tit. 1er, art. 7 et 8). Les ventes n'étaient annulables, ni pour défaut de contenance (L. 25 juill. 1793, art. 23), ni pour lésion (L. 2 prair. an VII, art. 3). On est allé jusqu'à refuser à l'ancien propriétaire l'annulation pour dol et fraude, et à déclarer l'inscription de faux non recevable (16 fév. 1832, *Darmaing*) ; jusqu'à repousser toute réclamation fondée sur l'absence de signature des commissaires ou sur l'irrégularité des actes qui avaient consommé ou préparé la vente (17 nov. 1819, *Torcy* ; 23 janv. 1828, *Com. de Cordes et Lafitte*).

30. L'inviolabilité des ventes nationales devait avoir des limites, puisque les Constitutions du 5 fructidor an III et du 22 frimaire an VIII supposaient une vente *légalement consommée* (V. Cormenin, *Droit administratif*, t. 2, p. 528 et suiv.). Ainsi, la loi des 6-23 août 1790 défendait l'aliénation des grandes masses de forêts, c'est-à-dire des bois d'une contenance supérieure à cent cinquante hectares et des bois de contenance inférieure, mais situés à moins de mille mètres des premiers (V. *suprà*, n. 22). Les ventes de tels bois étaient donc nulles. La jurisprudence a cependant fini par les regarder comme valables (Cormenin, t. 2, p. 723).

31. Les ventes nationales, étant des contrats, ren-

traient, par leur nature, dans la compétence judiciaire
(V. *infrà*, n. 51). Mais l'importance politique attachée
à leur réalisation, les résistances qu'elles rencontraient
(on vit des tribunaux les casser en 1793), les firent
considérer comme des actes d'administration. Le Conseil d'État et la Cour de cassation s'accordèrent, dès le
premier moment, à annuler tous les jugements rendus
en cette matière par les tribunaux, et l'art. 4 de la loi
du 28 pluviôse an VIII ne fit que consacrer l'état de choses
admis, en disant, : « Le Conseil de préfecture pro-
« noncera.... sur le contentieux des domaines natio-
« naux. »

Malgré la généralité de ces termes, le contentieux se
partageait entre trois autorités. Les conseils de préfecture connaissaient de la validité, de l'interprétation et
des effets de la vente. De plus, la vente de la chose
d'autrui étant ici valable, et les droits du véritable propriétaire se résolvant en indemnité à la charge de l'État,
(V. *suprà*, n. 29), les actions en revendication leur
avaient été attribuées conformément à l'arrêté du Directoire du 2 nivôse an VI. Les tribunaux civils restaient
compétents pour l'application des titres anciens, de la
possession et des moyens du droit commun (V. *infrà*,
n. 55). Les questions de décompte, de liquidation et de
déchéance, appartenaient au préfet, sauf recours devant
le ministre et le Conseil d'État (Cormenin, t. 2, p. 483
et suiv.; V. *suprà*, n. 11, et *infrà*, n. 49).

Ces règles sont toujours appliquées (Trib. confl. 8
déc. 1877, *d'Orgeix*). Elles l'étaient indistinctement,
dans la période de liquidation des ventes nationales, à
tous les biens vendus par l'État, qu'il provinssent ou
non de confiscation. Aujourd'hui encore, d'après la

jurisprudence, le principe régit la vente actuelle des immeubles de l'État (V. *infrà*, n. 51 et suiv.).

32. Nous avons maintenant à étudier la *Vente domaniale*, c'est-à-dire la vente actuelle des immeubles de l'État. Il faut rechercher d'abord quelles conditions, tant de forme que de fond, président à l'existence et à la validité de ce contrat.

Première condition : La vente doit être consentie par le propriétaire. Ce n'est qu'à l'égard des biens confisqués que la vente de la chose d'autrui a été considérée comme valable (V. *suprà*, n. 29, et *infrà*, n. 39). A peine est-il nécessaire de faire remarquer qu'on doit tenir pour nulle et non avenue la vente faite, en temps d'invasion, par l'autorité étrangère : cependant, la jurisprudence a eu l'occasion de proclamer cette règle à l'égard des ventes de meubles (22 fév. 1821, *Cottavos*; Nancy, 3 août 1872, D. 72,2,229; V. *infrà*, n. 71).

33. L'*autorisation législative* est-elle nécessaire pour régulariser la vente? Il faut distinguer :

La loi des 22 novembre - 1er décembre 1790, qui a rendu le Domaine de l'État aliénable, exigeait cette intervention de la manière la plus absolue : « Les do-« maines nationaux et les droits qui en dépendent « sont et demeurent inaliénables *sans le consentement et* « *le concours de la nation*; mais ils peuvent être vendus « et aliénés à titre perpétuel et incommutable, *en vertu* « *d'un décret formel du Corps législatif*, sanctionné par « le roi, en observant les formalités prescrites pour la « validité de ces sortes d'aliénations. » (Art. 8; V. *suprà*, n. 22.) Il fallait donc une loi, et l'on a même soutenu qu'un décret-loi, comme ceux qui ont été rendus à certaines époques par le chef du pouvoir exécutif exerçant le pouvoir dictatorial à raison des circonstances, était insuffisant (Gaudry, *Domaine*, t. 3, n. 568).

Toutefois, l'usage contraire avait prévalu. Pendant la Révolution, la mise en vente de masses énormes de domaines nationaux, et l'importance attachée à la prompte mise en circulation de ces biens, avaient fait déroger à la règle ; diverses lois avaient délégué au Gouvernement le pouvoir d'autoriser la vente. Les lois des 15 et 16 floréal an x, particulièrement, n'étaient en aucune façon spéciales aux biens acquis par le Domaine en vertu de confiscations. Aussi l'Administration n'avait-elle cessé de procéder aux ventes en vertu de la seule autorisation du chef de l'État, et cette pratique était légale aux yeux de plusieurs jurisconsultes (V. Macarel et Boulatignier, t. 1, n. 73 ; Ducrocq, *Ventes domaniales*). On n'en soutenait pas moins que le principe de la loi de 1790, resté intact à l'egard de l'échange et de la concession (V. *infrà*, n. 196 et 256), constituait à proprement parler la condition de l'aliénabilité moderne du Domaine de l'État, et que ce principe fondamental n'avait pu être effacé par une abrogation tacite (Dufour, t. 5, p. 280).

34. En 1864, la question a été, d'une manière incidente, soulevée devant le Corps législatif. Le droit d'aliénation du Gouvernement ayant été contesté par une commission et maintenu par les ministres, la loi du 1er juin 1864 a tranché la difficulté par une transaction. Son art. 1er porte : « Continueront à être vendus « aux enchères publiques, dans les formes déterminées « par les lois des 15 et 16 floréal an x, 5 ventôse « an xii et 18 mai 1850, les immeubles domaniaux

« autres que ceux dont l'aliénation est régie par des
« lois spéciales. Toutefois, l'immeuble qui, en totalité,
« est d'une valeur estimative supérieure à un million,
« ne pourra être aliéné, même partiellement ou par
« lots, qu'en vertu d'une loi. » La règle nouvelle se
résume en cette idée : Si l'immeuble vaut plus d'un
million, une loi est nécessaire. S'il vaut un million ou
moins, le Gouvernement est maître de le vendre aux
enchères publiques.

Comment savoir si l'immeuble vaut ou ne vaut pas
plus d'un million ? La base d'appréciation, c'est la
valeur estimative, et non le prix de vente. Peu importe
donc que la chaleur des enchères élève le prix à un
chiffre supérieur à un million, du moment que l'estimation, à laquelle le Gouvernement doit procéder, et
pour l'exactitude de laquelle il faut bien s'en rapporter à lui, n'est pas supérieure à un million.

Quel est le sort des aliénations antérieures à la loi
de 1864 ? Les mots *continueront d'être vendus* impliquent la reconnaissance ou, en tant que de besoin, la
ratification de ces aliénations. On sent d'ailleurs que,
faite pour rétablir un principe, la loi n'a pas voulu
ébranler, mais consolider les acquisitions antérieures.

35. La loi du 1ᵉʳ juin 1864 déclare sa disposition
inapplicable à ceux des immeubles domaniaux dont
l'aliénation est régie par des lois spéciales. Peuvent
donc être aliénés sans l'intervention du législateur,
dans les cas fort rares où leur valeur dépasserait un
million : Les terrains expropriés, puis rétrocédés faute
d'avoir reçu la destination en vue de laquelle ils avaient
été expropriés (L. 3 mai 1841, art. 60 et suiv.; V. *infrà*,
n. 58); Les terrains expropriés sur l'État (même loi,

art. 13); Les terrains retranchés des voies publiques par suite d'alignement (L. 16 sept. 1807, art. 53; V. *infrà*, n. 59); Les portions de routes déclassées et lits de cours d'eau supprimés (L. 24 mai 1842, art. 2; V. *infrà*, n. 60 et 61); Les portions de routes, chemins et canaux rendus inutiles par un changement de tracé (L. 20 mai 1836, art. 4; V. *eod*).

A cette énumération, le rapport de M. de Voize, devant le Corps législatif, ajoutait les biens des personnes décédées sans héritiers, dont il paraissait considérer l'État comme provisoirement administrateur, et non propriétaire. Mais les droits de l'État sur de tels biens ne diffèrent en rien de ses droits sur les biens domaniaux ordinaires.

36. La loi de 1864 est étrangère aux forêts de l'État, régies également par des lois spéciales.

On soutient que ces lois spéciales sont le décret des 6-23 août 1790, exceptant de la vente ordonnée par lui les grandes masses de forêts, et les lois qui l'ont confirmé (V. *suprà*, n. 22, 30); une loi ne serait donc nécessaire que pour les bois d'une contenance supérieure à 150 hectares, ou situés à moins d'un kilomètre de bois contenant plus de 150 hectares (Batbie, t. 5, n. 24). Il nous paraît simplement résulter de ces textes que les bois d'une contenance inférieure à 150 hectares n'ont jamais participé de l'inaliénabilité, maintenue seulement pour les grandes masses de forêts. Quant au pouvoir d'aliéner, la question resterait discutable en présence de l'art. 8 du décret des 22 novembre-1er décembre 1790, que la loi de 1864 n'a entendu ni interpréter ni modifier. Mais la loi du 25 mars 1817 tranche la question dans le sens de la nécessité d'une loi d'autori-

sation, et dans le sens de l'intérêt public, certainement favorable à la conservation des forêts de l'État.
Son art. 1er affecte à la Caisse d'amortissement *tous les
bois de l'État*. L'art. 145 ajoute que la Caisse *ne pourra
aliéner les bois affectés à sa dotation qu'en vertu d'une loi*
(V. *suprà*, n. 22). Par ces dispositions, la loi de 1817
a formellement édicté, quant aux forêts, l'impossibilité
d'aliéner sans l'intervention du législateur (Ducrocq,
op. cit., n. 207 ; V. *infrà*, n. 57).

37. Nous arrivons aux *formes de la vente.*

Ces formes sont encore celles qui furent établies autrefois pour les biens nationaux. La loi de 1864 renvoie aux lois des 15 et 16 floréal an x et 5 ventôse
an xii, ainsi qu'à la loi du 18 mai 1850, simplement
modificative des délais de payement. En exécution de
ce dernier acte, le ministre des finances a rédigé, le
19 juillet 1850, un cahier des charges (V. Dall., *Rép.,*
v° *Vente administrative,* p. 496). Ce cahier, qui reçoit
de temps à autre des modifications, sert de modèle au
cahier rédigé pour chaque adjudication et approuvé
par le préfet.

38. La vente se fait aux enchères publiques (V. *infrà*, n. 72, 125), après estimation par expert, affiches et
publications. Il y est procédé, en présence d'un préposé
des Domaines, devant le préfet qui peut, en certains
cas, déléguer ses pouvoirs au sous-préfet ou au maire.
Les personnes notoirement insolvables en sont exclues.
Il peut être exigé caution de l'adjudicataire. Sont inca-
blics énumérés par l'art. 1596, C. civ. (V. *infrà*, n. 73).
pables d'enchérir, les administrateurs et officiers pu-
L'élection de command est admise, mais la déclaration
de command doit avoir lieu dans les trois jours (V. *infrà*,

n. 74). Il n'y a pas de surenchère. Les contestations qui s'élèveraient pendant les opérations sur la qualité et la solvabilité des enchérisseurs, la validité des enchères, l'admission d'une caution ou d'un command et autres incidents, sont décidés par le fonctionnaire qui préside à la vente (V. les lois et le cahier des charges précités; V. *infrà*, n. 77).

L'effet de l'adjudication peut être subordonné, par le cahier des charges, à l'approbation du ministre. L'acquéreur est, dans l'intervalle, à la discrétion de l'État, le ministre restant maître d'approuver ou de ne pas approuver (5 déc. 1837, *Ducros*; V. *infrà*, n. 119 et suiv.).

La sincérité des déclarations contenues au procès-verbal peut être contestée, mais seulement par la voie de l'inscription de faux (17 juill. 1822, *Arnould*; 22 janv. 1824, *Marande*). L'arrêt du 22 fév. 1832 (*Darmaing*), qui déclare l'inscription inadmissible, est relatif à un bien national confisqué, et la réclamation a été rejetée par application du principe de l'inviolabilité des ventes nationales (V. *suprà*, n. 29).

La vente pouvait aussi avoir lieu sur soumissions cachetées (Décr. 22 janv. 1852; Arr. min., 21 sept. 1853; Gaudry, t. 3, n. 569; Batbie, t. 5, n. 34). En pareil cas, l'Administration dépose sur le bureau un paquet cacheté, contenant le minimum du prix. Les personnes disposées à acquérir remettent ensuite leurs soumissions cachetées, indiquant les sommes offertes par elles, et l'adjudication est prononcée en faveur de la personne qui a offert le prix le plus élevé, pourvu que ce prix ne soit pas inférieur au minimum fixé par l'administration. Les termes de la loi du 1er juin

1864 paraissent avoir supprimé ce mode d'adjudication.

En ce qui concerne les bois, l'ordonnance du 7 oct. 1814 autorise la vente *au rabais*. Ici, la mise à prix, doublée d'abord, est diminuée progressivement jusqu'à ce qu'un adjudicataire ait dit : *Je prends.*

Enfin, et par la force des choses, la vente a lieu à l'amiable lorsque l'immeuble à aliéner ne peut convenir qu'à une seule personne. C'est en cette forme qu'ont lieu : la vente de la mitoyenneté d'un mur, consentie par application de l'art 661, C. civ.; la cession amiable d'un immeuble frappé d'expropriation publique (L. 3 mai 1841, art. 13); la cession, à un propriétaire riverain de la voie publique, de la parcelle retranchée de cette voie par l'effet d'un alignement (L. 16 sept. 1807, art. 53); la cession, au propriétaire riverain de la voie publique, de cette voie supprimée (L. 24 mai 1842, art. 2); enfin la rétrocession, à un propriétaire exproprié, de parcelles que l'Administration n'a pas utilisées (L. 3 mai 1841, art. 60). La vente, dans ces différents cas, n'en a pas moins lieu dans la forme administrative (V. *suprà*, n. 35; *infrà*, n. 57 et suiv.).

39. Quant à ses *effets généraux*, une différence capitale distingue la vente domaniale de l'ancienne vente de biens nationaux. On sait que la législation révolutionnaire considérait la vente de l'immeuble d'autrui comme valable, du moment qu'elle était faite par l'État (V. *suprà*, n. 29). Les motifs de cette règle anormale ont disparu depuis longtemps. Aujourd'hui, le principe de l'art. 1599, C. civ., est applicable aux ventes faites par l'État. Un arrêt de la Cour de cassation porte que « depuis la promulgation de la Charte constitutionnelle

« (de 1814), qui consacre l'inviolabilité des propriétés
« et ne permet même à l'État d'en exiger le sacrifice
« que pour cause d'intérêt public légalement constaté,
« l'État ne peut, pas plus que les particuliers, vendre
« le bien d'autrui » (Rej. civ., 26 déc. 1825, D. 26,1,
86; 16 juin 1824, *Chalret*).

40. La vente dont nous nous occupons purge toutes
les dettes et hypothèques existant sur l'immeuble vendu:
car, l'État étant toujours solvable, ces garanties reste-
raient sans utilité (L. 20 avr. 1790; L. 14 mai 1790, tit.
1, art. 7). Mais la propriété n'est définitivement fixée sur
la tête de l'adjudicataire que lorsqu'il a satisfait à toutes
ses obligations (Décr. 3 juill. 1791; C. des ch., art. 22).

41. Les obligations des parties sont indiquées au
cahier des charges. Parlons des plus importantes, en
commençant par les *obligations du vendeur*.

La première obligation du vendeur consiste dans la
délivrance (V. 14 nov. 1879, *Dumont*). Ici, l'adjudicataire n'entre en possession qu'après payement des droits
de timbre et d'enregistrement et du premier cinquième
du prix (L. 14 mai 1790, tit. 3, art. 5; C. des ch., art.
24). Tant qu'il n'a pas payé la totalité de ce prix, il lui
est interdit de faire aucun changement, coupe de bois,
démolition ou extraction du sol, à moins d'autorisation
du ministre des finances. Il a droit aux loyers et fermages à compter du jour de l'adjudication (C. des ch.,
art. 14).

Hors le cas de stipulation contraire, les confins ne
sont pas compris dans les objets vendus. La jurisprudence déduit les conséquences de cette règle (16 juill.
1857, *Jeannez*; 8 janv. 1863, *Raveneau*).

42. La seconde obligation de l'État, celle de garantie, est fort restreinte. L'immeuble est vendu tel qu'il se trouve au jour de l'adjudication, sans garantie ni des servitudes non déclarées, ni des dégradations, réparations ou erreurs dans la désignation. Il est vendu sans garantie de mesure, consistance et valeur (16 août 1862, *Laugé*; 1er août 1867, *Lesca*). Cette règle ne reçoit exception que pour erreur portant, tout à la fois, sur la désignation des tenants et aboutissants et sur la contenance annoncée ; dans cette hypothèse, la demande en résiliation ne peut être formée que dans les deux mois de l'adjudication. Il y a pareillement lieu à résiliation, si l'on a compris dans la vente un bien non susceptible d'être vendu. Toutefois, l'action en résiliation ne peut donner lieu à indemnité, sauf le cas de dégradation ou amélioration (V. sur l'obligation de garantie, L. 14 mai 1790, tit. 1, art. 7; L. 25 juill. 1793, sect. 4, art. 23 à 27 ; C. des ch., art. 11 et 13).

L'État, bien entendu, reste garant de son fait personnel, et tenu de restituer le prix au cas d'éviction (art. 1628 et 1629, C. civ.). Mais cette garantie ne saurait lui être opposée lorsque, au cas d'expropriation, par exemple, il ne fait qu'user, dans l'intérêt public, des pouvoirs à lui confiés pour la satisfaction de cet intérêt, sauf l'indemnité due à raison de l'expropriation ou autre fait analogue (29 nov. 1855, *Belle*).

43. Passons aux *obligations de l'acheteur*.

La principale se rapporte au payement du prix, qui doit s'effectuer par cinquièmes dans les délais indiqués par le cahier des charges. Les lois des 15 et 16 floréal an x, art. 2 et 8, et du 5 ventôse an xii, art. 106, fixaient elles-mêmes ces délais ; la loi du 18 mai 1850, art. 2, en a laissé la détermination au cahier des charges approuvé par le ministre pour chaque adjudication. Le premier cinquième est payable dans le mois à partir de l'adjudication, et les quatre autres cinquièmes d'année en année, à partir de l'expiration du premier terme, de manière que le prix soit totalement acquitté en quatre ans et deux mois. Une instruction du 14 juin 1854 avait réduit ce temps à deux ans, en fractionnant les payements par échéances de six mois en six mois ; une instruction postérieure du 10 novembre 1857 a rétabli les délais fixés par le cahier des charges. Si le prix n'excède pas cent francs, il doit être payé dans le mois de l'adjudication (C. des ch., art. 19).

L'acquéreur ne serait pas fondé à suspendre le payement de son prix, à raison de ce qu'il serait troublé ou aurait juste sujet de craindre d'être troublé par une action judiciaire. L'art. 1653, C. civ., déclare le payement obligatoire toutes les fois que le vendeur donne caution ; et l'État, qui est toujours solvable et dispensé de donner caution, se trouve naturellement satisfaire à l'art. 1653 (Dareste, *Justice administrative*, p. 309).

44. L'intérêt à 5 p. 100 est dû, à partir de l'échéance du premier cinquième, pour les quatre derniers cinquièmes, et même pour le premier, s'il n'a pas été payé (L. 5 vent. an XII, art. 106 ; C. des ch., art. 19). Dans le calcul de ces intérêts, les mois sont comptés pour trente jours, et, pour les fractions de mois, les jours sont comptés pour un trois-cent-soixantième de l'année (art. 21).

Les intérêts des intérêts se capitalisaient indéfiniment, aux termes de la loi du 30 août 1792, dont la disposition rigoureuse a été modifiée par celles des 15 floréal an X et 5 ventôse an XII, et par le décret

du 22 octobre 1808. Ce décret restreint la capitalisation aux sommes dues après chacune des cinq échéances, tant en capital qu'en intérêts. Cette capitalisation,
contraire à l'art. 1154, C. civ., peut–elle être invoquée
par l'Administration ? Le Conseil d'État a répondu affirmativement, pour le cas où le cahier des charges aurait
soumis l'acquéreur à la législation générale des ventes
de domaines nationaux, cette législation étant censée,
en pareil cas, être le contrat des parties (12 avr. 1832,
Adam). Or, l'art. 28 du cahier des charges porte encore
que « seront exécutées, dans toutes celles de leurs dis-
« positions qui ne renferment rien de contraire à ces
« clauses et conditions, les lois relatives à la vente des
« domaines nationaux ».

Du moins faut-il reconnaître, si cette formule suffit
à soumettre l'acquéreur à l'art. 2 du décret de 1808,
qu'elle lui permet d'invoquer les autres articles du
même décret ; particulièrement l'art. 4, portant que pour
les décomptes définitifs, c'est-à-dire dressés à l'occasion
du dernier terme, l'intérêt court seulement un mois
après la notification ; et les art. 5 et 6, déclarant que
vaudront comme décomptes définitifs, et les quittances
délivrées, dans le passé, pour solde ou dernier terme,
s'il n'est signifié un décompte avant l'expiration de six
ans à dater du 22 octobre 1808, et aussi les quittances
pour solde données à l'avenir, à défaut de signification
d'un décompte dans les six ans de la quittance (Dufour,
t. 5, n. 287 ; V. sur les décomptes, *infrà*, n. 49).

45. Si l'adjudicataire est en retard de payer son
prix, l'État peut exercer contre lui toutes poursuites
autorisées par le droit commun. Il peut aussi, dans le
même but, agir par voie de contrainte administrative.

Enfin, la loi établit en sa faveur, pour le cas où il préférerait exercer son droit résolutoire, une procédure particulière, celle de la déchéance.

46. Aux termes de la loi du 15 floréal an x, art. 8, l'acquéreur en retard est mis en demeure par une contrainte. S'il ne s'est libéré dans la quinzaine, sa déchéance peut être prononcée par le préfet, sauf l'approbation nécessaire du ministre des finances. Il n'y a pas lieu à folle enchère. Mais l'adjudicataire est tenu de payer, par forme de dommages-intérêts, une amende du dixième du prix de l'adjudication s'il n'a encore fait aucun payement, et du vingtième s'il a déjà délivré un ou plusieurs acomptes; le tout, sans préjudice de la restitution des fruits.

La déchéance, n'étant qu'une forme de l'action résolutoire, doit être, come elle, vis-à-vis des tiers du moins, subordonnée à la conservation du privilège de vendeur. La vente dont nous nous occupons rentre sous l'application de l'art. 1er de la loi du 23 mars 1855, ordonnant la transcription de tout acte entre-vifs translatif de propriété immobilière, et l'on ne voit pas dans quel but le législateur aurait laissé les acquéreurs de biens provenant de l'État exposés à une cause de résolution occulte (Gaudry, t. 3, n. 564). Aussi l'Administration se réserve-t-elle le droit de faire inscrire son privilège (C. des ch., art. 22).

L'arrêté de déchéance n'est mis a exécution qu'un mois après sa notification à l'acquéreur primitif, au détenteur, aux acquéreurs intermédiaires, s'ils sont connus, et aux créanciers inscrits ayant hypothèque sur l'immeuble, qui sont admis, pendant ce temps, à payer la somme exigible en capital, intérêts et frais. Les tiers qui effectuent le payement sont subrogés aux droits de l'État (Ord. 11 juin 1817, art. 4; C. des ch., art. 26).

47. Cet arrêté peut être annulé par le Conseil d'État si la déchéance a été appliquée contrairement au droit, par exemple au mépris d'un payement ou d'une compensation admissible (14 nov. 1821, *Soufflot*; 12 nov. 1823, *Billet*). Si elle l'a été justement, l'acquéreur n'a d'autre ressource pour éviter, soit la résiliation, soit l'amende, que la bonne volonté de l'Administration. L'art. 1244, Code civ., n'a pas d'application ici : le juge ne peut accorder aucun délai (V. *infrà*, n. 141).

48. L'amende ne saurait être exigée que dans le cas de déchéance, et non dans le cas de poursuites à fin de payement. Qu'on y voie une peine ou une évaluation de dommages-intérêts, l'acte qui la prononce est un acte de juridiction, et le pouvoir exercé par l'Administration ne lui est conféré, par la loi du 15 floréal an x, que dans l'hypothèse et comme conséquence de la déchéance. En dehors de cette situation, l'on ne voit pas où serait la base légale d'un tel pouvoir (Gaudry, t. 3, n. 556; V. Serrigny, n. 1364).

49. La libération définitive de l'acquéreur ne résulte pas des quittances délivrées par les receveurs : elle doit être établie par un décompte régulier, qui est dressé par le directeur des Domaines. Si l'acquéreur élève des difficultés, il y est statué par le préfet, sauf recours au ministre des finances (Décr. 4 therm. an xi, art. 1 et 4) et, la matière étant contentieuse, au Conseil d'État.

La rédaction des décomptes, appliquée d'abord aux biens nationaux, était alors une opération difficultueuse, puisqu'il y fallait faire entrer, non seulement des payements fractionnés, mais encore le calcul des intérêts et l'établissement du cours auquel avaient pu être acceptés les versements d'assignats et autres valeurs dépréciées. Aussi l'application du décret de thermidor avait-elle jeté le trouble dans la situation des acquéreurs. Pour remédier à cet inconvénient, le décret du 22 octobre 1808 établit une prescription de six ans en faveur de ceux qui, ayant reçu quittance pour solde ou dernier terme, n'auraient pas obtenu de décompte.

Un grand nombre d'acquéreurs n'avaient pas même de semblables quittances : la loi du 12 mars 1820 est venue déclarer que les mentions inscrites sur les registres des préposés des Domaines tiendraient lieu des quittances non représentées (art 1er). La même loi porte que, si la quittance pour solde ou dernier terme remonte à moins de six ans, ou si aucune quittance n'est représentée, le décompte définitif devra être signifié au 1er janvier 1822, passé lequel délai l'acquéreur sera libéré (art. 3 ; V. *suprà*, n. 44).

50. Parlons des *causes de résolution de la vente.*

L'inexécution des engagements de l'acquéreur est à peu près la seule cause qui puisse faire tomber la vente d'un immeuble de l'État. L'acquéreur n'a guère de chances d'être trompé. L'État prend ses précautions pour ne point l'être.

Cependant, les causes de rescision prévues par l'art. 1109, Code civ., sont trop nécessaires pour être absolument écartées. La vente est annulable pour erreur (11 juill. 1812, *Bazire*). Elle le serait *à fortiori*, s'il pouvait y avoir dol ou violence. Du moins ne saurait-il être question de rescision pour lésion des sept douzièmes. Cette rescision est inapplicable aux ventes qui doivent se faire par autorité de justice (art. 1684, C. civ.). Ici, les garanties prises contre la lésion sont encore bien plus sérieuses que dans les ventes par autorité de justice, et les lois spéciales ont entendu donner à la vente une fixité extraordinaire.

51. Nous arrivons à la *compétence*.

Jusqu'à ces derniers temps, les arrêts tendaient à admettre que tout acte fait par l'autorité administrative, comme puissance publique et en vue des services publics, appartenait à la compétence administrative, et que tout contrat consenti par l'État considéré comme propriétaire était du ressort des tribunaux civils (Cass. civ., 8 janv. 1861, D.61,1,116 ; Rej. civ., 28 mai 1866, D.66,1,302 ; Concl. de M. le com. du Gouv. Perret sur trib. confl., 25 janv. 1873, *Planque et Papelard*).

Aujourd'hui, il est admis que les difficultés soulevées par les contrats passés entre l'État et les particuliers rentrent dans la compétence judiciaire, à moins qu'un texte de loi n'en attribue la connaissance à la juridiction administrative, ou que le contrat, par sa nature, ait un caractère essentiellement administratif (Aucoc, *Conférences*, t. 1, p. 438 ; Concl. de M. le com. du Gouv. David sur 12 déc. 1874, *ville de Paris c. l'État*, et 18 mai 1877, *Banque de France* ; Trib. confl., 25 janv. 1873, *Damours* ; 25 juill. 1874, *hosp. de Vichy* ; 11 déc. 1880, *Grandin* ; Cass. civ., 16 août 1876, D.77,1,456 ; 10 déc. 1878, D.79,1,113 ; *Traité des travaux publics*, t. 1, n. 524 ; V. *infrà*, en ce qui concerne les concessions, n. 257, 260, etc.).

Cependant, les contestations relatives à la vente des immeubles de l'État n'ont cessé d'être attribuées à l'au-

torité administrative (24 déc. 1863, *Hesse*; 8 mars 1866,
Hottot; 9 mai 1867, *Damour*; 1er août 1867, *Lesca*;
27 avr. 1870, *Ardoisières Truffy*; Req., 26 janv. 1881,
D. 81,1,376; Trib. confl., 7 mars 1850, *Fioupou*;
1er mai 1875, *Tarbé des Sablons*; 24 juin 1876, *Bienfait*;
8 déc.1877, *d'Orgeix*). Cette jurisprudence est approuvée
par la plupart des auteurs (V. Macarel et Boulatignier,
t. 1, p. 178; Serrigny, *Organisation administrative*, t. 2,
n. 1003; Aucoc, *Conférences*, t. 1, n. 294).

52. On s'accorde à reconnaître qu'une telle attribution de compétence est contraire aux principes et ne
présente guère que des inconvénients. Ainsi qu'on le
verra bientôt, cette attribution se restreint à certains
points, tel que l'interprétation de la vente. « Dans la pra-
« tique, une contestation s'engage devant les tribunaux
« et rend l'interprétation de l'acte de vente nécessaire.
« Cette interprétation est demandée au conseil de pré-
« fecture, puis au Conseil d'État, qui, bien souvent, ne
« peuvent que reproduire littéralement, dans leurs ar-
« rêts, les termes de l'acte de vente. On revient devant
« le tribunal, et l'on reconnaît que l'interprétation est
« inutile et que le litige doit être tranché par l'appli-
« cation des moyens de droit commun, de la prescrip-
« tion, par exemple, application qui appartient au tri-
« bunal. » (Concl. de M. le com. du Gouv. Reverchon
sur Trib. confl., 1er mai 1875, *Tarbé des Sablons*,
Rec., p. 110; V. *infrà*, n. 55). Nous ne voyons pas,
au surplus, de raisons déterminantes pour écarter ici
l'application des principes généraux (Dufour, t. 5,
n. 289; Dalloz, *Rép.*, v° *Domaine de l'État*, n. 260).

Le texte invoqué par la jurisprudence est l'art. 4 de
la loi du 28 pluviôse an VIII, dont il faut rapprocher la

première loi qui ait réglé la vente des immeubles de
l'État, la loi des 23 et 28 octobre 1790. Cette loi, tit. 3,
art. 15, dit, comme chose évidente, que les difficultés
nées de ces actes seront jugées par les tribunaux.

La loi du 1er fructidor an III décrète que « toutes les
« pétitions et questions relatives à la validité ou nullité
« des adjudications de domaines nationaux ou réputés
« tels, sont exclusivement renvoyées au Comité des
« finances, section des finances. » La loi du 29 vendémiaire an IV porte : « Les possesseurs-acquéreurs de
« domaines nationaux, qui ont été troublés dans la
« jouissance de leurs acquisitions, soit par voie judi-
« ciaire, ou administrative, ou autrement, en jouiront
« provisoirement, jusqu'à ce qu'il ait été prononcé par
« les comités compétents sur la validité ou l'invalidité
« de la vente. » L'arrêté du 2 nivôse an VI proclame à
nouveau que « l'intérêt des citoyens n'est point lésé par
« l'attribution donnée aux administrations de juger
« seules la validité ou l'invalidité des ventes des do-
« maines nationaux ». Et c'est à la suite de ces actes
que l'art. 4 de la loi du 28 pluviôse an VIII vient dire :
« Le conseil de préfecture prononcera sur ... le con-
« tentieux des domaines nationaux. »

Il est impossible d'imaginer une loi plus politique et
plus exceptionnelle que le décret de fructidor, enlevant
aux tribunaux une de leurs attributions les plus natu-
relles pour en investir un comité de la Convention.
Si ce comité a statué, indistinctement, sur toutes les
contestations nées à l'occasion des ventes de biens de
l'État, sans distinguer entre les biens confisqués et les
autres, la règle n'en est que plus anormale : la loi de
pluviôse an VIII ne saurait facilement être entendue

comme ayant consacré un tel principe, mais comme ayant conservé, de la compétence administrative, ce qui était exigé par la nécessité politique.

Cette loi n'est pas un de ces textes soigneusement élaborés, devant lesquels on s'incline religieusement. Son art. 4, § 3, charge les conseils de préfecture de prononcer « sur les réclamations des particuliers qui se « plaindront de torts et dommages procédant du fait « des entrepreneurs, *et non du fait de l'Administration* ». Évidemment, ces mots excluent de la compétence des conseils de préfecture les torts et dommages du fait de l'administration. Le Conseil d'État n'en a pas moins reconnu, avec grande raison, que les dommages imputables à l'Administration doivent, *à fortiori*, être appréciés par les conseils de préfecture (V. *Traité des Travaux publics*, t. 2, n. 969). Si les expressions du § 4 exigent une rectification conforme à l'esprit de la loi, celles du § 3 peuvent être rectifiées de la même manière. Et l'on doit même se demander si cette rectification est nécessaire. On ne voit pas pourquoi les domaines *nationaux*, dont il parle, ne seraient pas les domaines nationaux dans le sens exclusif donné à cette expression par l'usage et aussi par le législateur. La Charte de 1814 déclare « toutes les propriétés invio- « lables, sans aucune exception de celles qu'on appelle « *nationales* » (art. 9), et n'entend certainement par là que les biens confisqués.

Ces vérités sont en quelque sorte implicitement reconnues par la jurisprudence, qui attribue à l'autorité judiciaire les contestations nées des baux des domaines de l'État (V. *infrà*, n. 209). La raison de cette règle, donnée presque au temps de la loi de pluviôse, c'est

« qu'un bail, simple acte de gestion, n'est pas un acte de
« juridiction administrative » (9 sept. 1806, *Gramme*).
En quoi la vente est-elle acte de juridiction?

Mais ce n'est pas seulement sous ce rapport que la
jurisprudence interroge l'esprit de la loi de pluviôse et
s'enquiert des nécessités actuelles. Elle attribue aux
tribunaux l'action des tiers invoquant des droits réels
sur l'immeuble vendu (V. *infrà*, n. 54). Cependant, la
loi de pluviôse ne fait aucune différence entre l'action
des tiers et les autres réclamations. Pourquoi distinguer
malgré elle? On croit justifier la distinction en disant :
Les lois de la Révolution avaient dû étendre la compétence administrative à l'action de l'ancien propriétaire
dépossédé, parce que la vente de la chose d'autrui était
déclarée valable par les art. 374 de la Constitution du
5 fructidor an III, et 94 de la Constitution de l'an VIII;
le droit du propriétaire se résolvait en créance d'indemnité contre l'État; l'arrêté du 2 nivôse an VI a justement déclaré que c'était essentiellement *chose administrative*, et attribué le litige à l'autorité administrative.
Postérieurement, « la Charte de 1814 a érigé en prin-
« cipe que toutes les propriétés sont inviolables (art. 9),
« que la confiscation est abolie (art. 66), et que l'État
« ne peut exiger le sacrifice d'une propriété que pour
« cause d'intérêt public et moyennant une indemnité
« préalable. On a dû conclure de là que l'exception
« faite au droit commun en faveur de l'État, à raison
« de circonstances tirées de nos bouleversements poli-
« tiques, ne doit plus subsister à l'avenir » (Serrigny,
t. 2, n. 1004). Tels sont en effet les motifs de l'arrêt du
27 fév. 1835 (*Touillet*).

Rien de plus juste que cette conclusion. Mais ne

démontre-t-elle pas précisément le contraire de ce qu'elle veut démontrer? Deux choses existent, qu'il n'est pas permis de confondre : le fond et la compétence. Or, l'art. 9 de la Charte de 1814 ne touche qu'au fond, quand il déclare toutes les propriétés inviolables. En ce qui concerne la compétence, l'art. 9 ne renferme aucune règle. Malgré la Charte de 1814, la garantie accordée n'a d'autre objet que le fond du droit. Sur quelle raison peut donc s'appuyer la jurisprudence, pour déclarer, comme elle le fait, que l'action de l'ancien propriétaire, redevenue action en revendication, appartient à l'autorité judiciaire? Sur les principes généraux de la compétence et sur l'esprit de la loi. Or, ces principes attribuent pareillement à cette autorité, et la revendication de l'ancien propriétaire dépossédé et l'action exercée par ou contre l'acquéreur. Quant à l'esprit de la loi, il est également vrai de dire, avec M. Serrigny, pour la seconde action comme pour la première, que « l'ex-« ception faite au droit commun en faveur de l'État, « en vertu de circonstances tirées de nos bouleverse-« ments politiques, ne doit plus subsister pour l'ave-« nir ».

53. Ces réserves faites, il nous faut examiner les conséquences tirées, par le Conseil d'État, de la règle qu'il a maintenue.

Faisons remarquer, d'abord, qu'il s'agit uniquement ici des ventes réalisées dans la forme administrative et non de celles qui sont passées devant notaire (22 janv. 1857, *min fin.*; V. cep. 9 déc. 1852, *Rolland de Courbonne*; V. *infrà*, n. 277).

D'un autre côté, la compétence des conseils de préfecture s'applique, non seulement à la vente du Domaine de l'État proprement dit, mais encore à celle des biens communaux, aliénés en vertu de la loi du 20 mars 1813. Aux termes de cette loi, étaient cédés à la Caisse d'amortissement les biens ruraux, maisons et usines appartenant aux communes (art. 1), sauf exception pour les bois, les biens communaux destinés à la jouissance en commun, les halles et marchés, les emplacements utiles à la salubrité et à l'agrément, et les édifices publics (art. 2). Les communes devaient recevoir une inscription de rente équivalente au revenu net de ces biens (art. 3), et les biens être vendus par la régie de l'Enregistrement, pour le prix en être versé à la Caisse d'amortissement, qui avait à fournir au Trésor une somme de deux cent trente-deux millions (art. 4 et 5). Les ventes avaient lieu dans la forme ordinaire des ventes des domaines de l'État. La compétence a été déclarée régie par la loi de pluviôse an VIII (22 oct. 1830, *Levasseur*), sauf les restrictions qui vont être indiquées pour les ventes domaniales en général.

54. Malgré les termes absolus de la loi de pluviôse, la compétence du conseil de préfecture est limitée sous deux rapports : celui de l'objet du litige et celui des moyens d'instruction.

Au point de vue de l'objet du litige, les questions réservées au conseil de préfecture se restreignent à la validité et à l'interprétation des ventes (26 avril 1860, *Gaudeau*). La question de savoir si l'adjudication devait être considérée comme valable ou comme nulle était seule réservée aux comités de la Convention par les lois du 1er fructidor an III et des 15 et 29 vendémiaire an IV (V. *suprà*, n. 52); le reste n'est venu qu'à titre de conséquence. Lors donc qu'il y a lieu d'examiner la régularité des actes, leur sincérité, la qualité des fonctionnaires, la question rentre au premier chef dans la compétence du conseil de préfecture (11 fév. 1820, *Piolle*). Mais l'attribution d'un tel litige est la simple application d'un principe régissant les contrats de l'État. Envisagés en la forme seulement, ces contrats sont considérés comme des actes administratifs. Il y aurait atteinte au principe de la séparation des pouvoirs administratif et judiciaire, si l'examen n'en était pas réservé à l'autorité administrative (V. *infrà*, n. 68, 79, 115, 212).

Rappelons, à ce sujet, certaines règles qui dominent toutes les matières. L'interprétation d'un acte de vente ou d'un acte quelconque ne saurait directement, *de plano*, être demandée à aucune juridiction. Sans doute, un administrateur est maître de répondre, par la voie gracieuse, à toute question qui lui est adressée. Un corps judiciaire n'est pas institué pour donner des consultations aux particuliers, mais seulement pour statuer sur les litiges qui lui sont régulièrement soumis (10 sept. 1864, *Heid*; 10 fév. 1869, *Lamotte*; 17 mars 1876, *Roche*; 24 nov. 1877, *Grange*). Seuls, les ministres peuvent, sans craindre une fin de non-recevoir, demander l'interprétation d'un acte au Conseil d'État avant d'engager un procès (12 mars 1875, *asile de Bailleul*; V. *infrà*, n. 276, 317; V. *Traité des Travaux publics*, t. 1, n. 552). Les conseils de préfecture n'ont donc pas à statuer sur l'interprétation d'un acte de vente nationale, si elle n'est demandée à l'occasion d'un litige engagé sur le sens ou la portée de cet acte.

Lorsque l'autorité judiciaire est régulièrement saisie, et qu'au cours de l'instance apparaît la nécessité d'une interprétation par voie administrative, le devoir du tribunal est, non de se dessaisir, mais de surseoir jusqu'à ce que l'interprétation soit obtenue, pour, ensuite, juger le fond.

Faisons remarquer, enfin, qu'il n'y a plus matière à interprétation, lorsque le litige est tranché par une décision ayant force de chose jugée (10 sept. 1864, *Heid*).

Au point de vue qui nous occupe, la compétence du conseil de préfecture embrasse l'interprétation des clauses de l'acte et de leur portée (Cass. civ., 28 août 1860, D. 60,1,389 ; 28 févr. 1877, D. 77,1,455), c'est-à-dire la détermination de l'objet vendu, des obligations respectives des parties, et des conséquences résultant de l'inexécution de ces obligations. Cette règle s'applique, par exemple, au point de savoir si la vente a été faite ou non avec garantie de contenance (9 avr. 1868, *Société des marbres de Caunes*) ; à l'action en diminution du prix pour déficit dans la contenance (12 janv. 1835, *Deleau* ; 28 fév. 1859, *Laugé*) ; à l'action en garantie d'éviction (25 mars 1830, *L'Horset* ; 1er août 1867, *Lesca* ; 24 juin 1876, *Bienfait*) ; à l'action en résolution du prix pour défaut de payement (3 mai 1845, *Balathier*) ; aux poursuites exercées contre les cautions (13 nov. 1835, *Musnier*).

La compétence administrative, en principe, reste étrangère aux questions de propriété et de droits réels. Le *tiers* qui revendique un immeuble en soutenant qu'il n'est qu'à lui, qu'il n'a jamais appartenu à l'État, et qu'il n'appartient donc pas à l'acquéreur de l'État, peut et doit, pourvu que la vente soit postérieure à la Charte de 1814, saisir les tribunaux (27 fév. 1835, *Touillet* ;

28 fév. 1859, *Laugé*; Rej. civ., 26 déc. 1825, D.26,1,
86; V. *infrà*, n. 269, 270, 276). Cette règle suppose
que le revendiquant est véritablement *un tiers*, et l'on
ne considère pas comme tiers la commune dont les
biens ont été vendus par la Caisse d'amortissement, en
vertu de la loi du 20 mars 1813 (V. *suprà*, nº 53). La
vente ayant été précédée d'une attribution à l'État, la
commune a été représentée par l'État; si donc elle
vient à demander la remise de son immeuble, rentré
dans le Domaine de l'État à la suite d'une déchéance
à défaut de payement, elle doit former son action
devant le conseil de préfecture (15 avr. 1846, *com.
de l'Isle-sur-Doubs*).

C'est devant les tribunaux que l'ancien propriétaire
doit réclamer, non seulement sa remise en possession,
mais encore les fruits perçus pendant l'indue jouissance
(30 juin 1824, *Guillot*).

Il faut assimiler à l'action en revendication celle qui
a pour objet un droit réel autre que la propriété, droit
existant d'ailleurs antérieurement à l'adjudication, par
exemple, un droit de vaine pâture (30 juin 1812, *Ba-
rouin*), ou une servitude réelle (23 juin 1819, *Gerdret*;
24 fév. 1825, *Tourteau*; 3 mars 1837, *com. de Fran-
chesse*; Rej. civ., 17 août 1857, D.57,1,324).

Les tribunaux connaissent également des modifications qui, postérieurement à l'adjudication, ont pu être
apportées, par les lois civiles et les titres du droit commun, à la situation de l'adjudicataire.

Seuls donc ils sont compétents pour apprécier, quant
à son sens et à ses effets, tout contrat consenti par
l'adjudicataire et suffisant pour rendre l'appréciation
de la vente inutile, comme serait une transaction con-

sentie par l'adjudicataire après l'adjudication (20 janv. 1819, *Caillat*), ou une contre-lettre rédigée entre lui et celui qui prétend à la propriété de l'immeuble (Cass. civ., 10 fév. 1829, D.29,1,141).

Seuls également ils doivent examiner si la prescription ne s'est pas accomplie, soit au profit du second de deux acquéreurs, qui sans cela se serait vu préférer le premier (13 juill. 1813, *Scherr*); soit au profit de tout détenteur justifiant, postérieurement à l'adjudication, d'une possession conforme à la loi civile (21 déc. 1837, *com. de Pimprez*). A plus forte raison, la circonstance que l'une des parties prétendrait avoir acheté un immeuble de l'État ne saurait faire obstacle à la compétence du juge de paix saisi de l'action possessoire (24 janv. 1027, *Baillif*). Même règle pour l'action en bornage (9 janv. 1828, *Natte*; 5 juin 1838, *Hévin*).

Enfin, il résulte des restrictions mêmes apportées par la jurisprudence à la compétence administrative, que l'autorité judiciaire est pleinement compétente à l'effet d'appliquer les actes de vente nationale, lorsque l'autorité administrative a examiné tout ce qui se rapporte à leur validité, à leur interprétation et à leurs effets, ou lorsque le sens en est clair et précis et ne peut donner lieu à aucune difficulté. Ce qui importe, à l'égard d'un tel contrat comme à l'égard d'un acte administratif, c'est de distinguer soigneusement l'application et l'interprétation (Cass. civ., 28 août 1860, D.60,1,389). C'est surtout de ne pas oublier qu'il ne saurait appartenir à un tribunal de déclarer clair et précis l'acte qui, en réalité, a besoin d'interprétation, et que la décision déclarant inutile une interprétation vraiment nécessaire serait, le cas échéant, cassée par la Cour su-

prême, ou annulée par le tribunal des conflits (4 juill.
1862, *hér. Lachau* ; V. *infrà*, n. 268).

Mais, du moment que l'acte est clair et précis, il
n'appartient qu'aux tribunaux d'en faire l'application
et d'en déduire les conséquences juridiques (19 mars
1863, *Parpaite* ; Req., 10 nov. 1875, D. 76,1,328 ;
5 avr. 1876, D. 78,1,11 ; 22 mai 1876, D. 77,1,64 ;
15 janv. 1879, D. 79,1,104 ; V. *infrà*, n. 268, 319).

55. La compétence administrative est limitée, sous
un second rapport, en ce qui concerne les moyens de
preuve et d'instruction. Si le conseil de préfecture
doit déterminer le sens et la portée de la vente, c'est
seulement en tant que la question peut être résolue par
l'examen des actes qui ont préparé ou consommé cette
vente.

Ceci comprend principalement le procès-verbal d'adjudication, et ensuite les procès-verbaux d'expertise,
rapports, affiches, plans et autres actes émanés des
agents administratifs (19 juill. 1837, *Boussac*). La compétence passe du conseil de préfecture au tribunal, dès
que l'acte d'adjudication est muet ou insuffisant et
qu'il y a nécessité d'interroger les titres privés, les
usages locaux ou les moyens du droit commun (10 déc.
1848, *d'Espinay* ; 26 mai 1866, *Étienne* ; Req., 17 déc.
1851, D.54,5,149 ; Rej. civ., 17 août 1857, D.57,1,324 ;
Req., 19 juin 1861, D. 62,1,461). De là cette conséquence, qu'aux tribunaux seuls il appartient de procéder à des mesures d'instruction telles que vérifications
des lieux, expertises et enquêtes (21 juin 1839, *min.
fin. c. Laurent*). Si l'interprétation de la vente exige,
tout ensemble, l'application des règles administratives
et celle du droit civil, le conseil de préfecture doit s'en

tenir à la première, et réserver la seconde aux tribunaux (20 janv. 1819, *Sauzet*).

Parmi les actes dont l'examen semblerait devoir être renvoyé aux tribunaux, figurent les baux antérieurs à la vente, qui ne sont pas des actes administratifs dont il y ait danger à abandonner l'appréciation aux tribunaux (V. *infrà*, n. 209). Le Conseil d'État avait d'abord décidé que la circonstance que le procès-verbal se réfère au bail ne le transforme pas en acte administratif (19 juill. 1837, *Degrave*). Depuis, il a adopté l'opinion contraire, à raison de ce que le bail *forme un des éléments de l'acte de vente* (12 juin 1835, *Archambault*), ou *fait corps avec ledit acte* (28 juin 1851, *com. de Pitres et de Romilly*).

En fait cependant, le Conseil d'État a admis qu'un Conseil de préfecture peut, sans excès de pouvoir, mentionner des actes étrangers à la vente et des faits résultant de l'instruction, pourvu que son interprétation soit uniquement fondée sur les actes administratifs qui ont préparé et consommé la vente (24 déc. 1844, *Roquelaine*); et même qu'il ne lui est pas interdit de faire procéder à une vérification de lieux pour reconnaître l'identité du terrain litigieux (14 mai 1852, *Fabre-Lichaire*).

En présence de ces restrictions, on sent combien est étroit le champ laissé à l'appréciation des conseils de préfecture, et l'on ne s'étonnera pas de voir leurs arrêtés reproduire souvent, pour toute interprétation, les termes des actes de vente.

56. Il importe peu que la question intéresse ou non le Domaine de l'État. La compétence du conseil de préfecture subsiste lorsque le litige est soulevé, par exemple, entre l'adjudicataire et son acquéreur. Le fondement de cette compétence est dans l'assimilation de la vente administrative à un acte administratif. Sa validité et son interprétation ne peuvent donc jamais émaner que du conseil de préfecture; mais ce conseil ne doit en être saisi qu'à titre de question préjudicielle (19 mars 1863, *Parpaite*; 26 mai 1866, *Étienne*).

Faisons remarquer qu'en cette matière, et lors même que l'État est l'une des parties en cause, il y a lieu de suivre les règles du C. proc. civ. relatives aux dépens, même devant le Conseil d'État. Ici s'applique l'art. 2 du décret du 2 novembre 1864, ainsi conçu : « Les « art. 130 et 131 du C. proc. civ. sont applicables « dans les contestations où l'Administration agit comme « représentant le Domaine de l'État, et dans celles qui « sont relatives, soit aux marchés de fournitures, soit « à l'exécution des travaux publics, aux cas prévus par « l'art. 4 de la loi du 28 pluviôse an VIII. »

57. Parlons maintenant des *immeubles régis par des lois spéciales*.

En premier lieu, nous trouvons ici les bois et forêts. On sait que jusqu'en 1817, les grandes masses de forêts sont restées inaliénables et imprescriptibles (V. *suprà*, n. 22), et qu'aujourd'hui encore une loi est toujours nécessaire pour en autoriser l'aliénation (*suprà*, n. 36).

Les règles à suivre pour la vente ont été fixées par une ordonnance du 7 octobre 1814, et ne s'éloignent pas sensiblement des règles admises pour les autres immeubles de l'État. La vente peut avoir lieu aux enchères, conformément à la loi du 16 brumaire an V, ou au rabais. A ces deux modes, un troisième a été ajouté par l'arrêté du 21 septembre 1852: l'adjudication sur soumissions cachetées. Un cahier des charges indique les conditions de la vente.

La compétence suit les règles qui viennent d'être indiquées pour les ventes domaniales (V. *suprà*, n. 51 et suiv.).

58. Viennent ensuite les immeubles expropriés sur l'État et non utilisés. Le propriétaire exproprié a sur ces terrains un droit de préemption (L. 3 mai 1841, art. 60), droit qui n'est cependant pas applicable aux terrains à l'égard desquels il aurait usé du droit de réquisition d'acquisition totale (art. 62).

Un avis publié et affiché dans les formes indiquées par l'art. 6 de la loi de 1841 fait connaître les terrains expropriés et non utilisés. L'ancien propriétaire, qui veut redevenir propriétaire, doit faire sa déclaration dans les trois mois. Le prix est fixé à l'amiable, et, si les parties ne tombent d'accord, par le jury. Dans le mois de cette fixation, l'ancien propriétaire doit passer le contrat de rachat et payer le prix. Le tout à peine de déchéance de son droit de préemption (L. 3 mai 1841, art. 61), auquel cas le terrain peut être aliéné dans les formes ordinaires.

La demande en rétrocession doit être accueillie, bien que l'Administration veuille employer les terrains à des travaux autres que ceux en vue desquels ils ont été expropriés (6 mars 1872, *Jaumes*). L'art. 61 confère le droit à la rétrocession « aux anciens propriétaires ou à « leurs ayants droit », ce qui ne comprend pas les acquéreurs non substitués aux droits des propriétaires expropriés (Paris, 29 avr. 1865, D. 67,1,247; Dijon, 17 juill. 1868, D. 68,2,204; *contrà*, Aucoc, t. 2, n. 349). Le jury compétent pour régler l'indemnité n'est pas tenu de prendre pour unique base de son évaluation l'étendue de la parcelle rétrocédée, comparée avec l'étendue totale du terrain exproprié. Il peut faire entrer en compte la situation de cette parcelle et toutes autres circonstances (Rej. civ., 2 mars 1868, D. 68,1,181).

La demande en rétrocession, comme toutes les questions qui se rattachent à l'expropriation publique, est du ressort du tribunal civil (30 juill. 1863, *Com. de Saint-Cyr ;* 24 juin 1868, *Jaumes*).

Mais le point de savoir si l'immeuble doit ou non recevoir la destination en vue de laquelle il a été exproprié est subordonné à l'appréciation de l'utilité publique : cette appréciation appartient à l'administration (Cass. civ., 3 déc. 1852, D.53,1,40; Req., 9 déc. 1861, D.62,1,303; 10 août 1862, *Bertrand ;* 24 juin 1868, *Jaumes*). Si la destination a été changée, ou si l'acte qui la proclame est irrégulier, le recours au Conseil d'État est ouvert (11 déc. 1871, *Ancelle ;* 6 mars 1872, *Jaumes ;* 29 juin 1877, *Courtin-Pierrard*).

59. Les terrains retranchés des routes nationales pour cause d'alignement peuvent être acquis par les riverains (L. 16 sept. 1807, art. 53).

Le prix était fixé, sous cette loi, par le conseil de préfecture; sous la loi du 8 mars 1810, par le tribunal. Il l'est aujourd'hui par le jury (Avis C. d'État, 1er avr. 1841 et 13 juin 1850; 27 janv. 1853, *Lecoq*).

Si le propriétaire riverain se refuse à acquérir la partie retranchée, l'administration est en droit de l'exproprier de l'ensemble de sa propriété (L. 16 sept. 1807, art. 53). Dans ce cas, comme dans le précédent, le prix est déterminé par le jury (V. les autorités citées ci-dessus).

L'administration a-t-elle aussi, lorsque le riverain ne veut pas acquérir la partie retranchée, le droit de la vendre à qui lui plaît? Cette faculté semble exclue par les termes de l'art. 53. Si l'administration devait conserver le droit d'aliéner dans les conditions ordinaires, à quoi bon lui conférer le droit d'expropriation totale? La faculté exorbitante qui lui est laissée trahit, de la part du législateur, la volonté de mettre obstacle à un morcellement exagéré et à l'existence de propriétés sans issue sur la voie publique.

La cession faite par l'État, conformément à l'art. 53, est un contrat du droit commun, dont l'étendue et les effets sont déterminés par les tribunaux (12 janv. 1854, *Duclos* ; 9 janv. 1868, *de Chastaignier* ; 23 janv. 1868, *Ouizille* ; 7 mars 1873, *Ducros* ; 27 avr. 1877, *Clergeaud* ; V. *suprà*, n. 51 ; V. Rej. civ., 25 nov. 1872, D.72,1,434).

60. Les portions de routes nationales abandonnées sont soumises à des règles analogues (L. 24 mai 1842).

Ces routes peuvent d'abord être simplement déclassées et rangées parmi les routes départementales et les chemins vicinaux. Même au cas de délaissement, il peut être réservé, sur leur emplacement, un chemin d'exploitation. A part ces restrictions, les propriétaires riverains sont mis en demeure d'acquérir, chacun en droit soi, les parcelles attenant à leurs propriétés, dans les formes tracées par l'art. 61 de la loi du 3 mai 1841 (art. 1 à 3). Ces formes ont été rappelées *suprà*, n. 58. Il va de soi que le terrain retranché n'est pas incorporé à la propriété riveraine à partir du moment où il est retranché, mais seulement à dater du jour de l'acquisition.

Du renvoi à la loi de 1841, formulé par la loi de 1842, on a justement conclu que le prix dû par le riverain doit, comme dans l'hypothèse à laquelle nous venons de nous référer, être fixé par le jury (Cass. civ., 11 août 1845, D.45,1,331).

Si les riverains refusent d'acquérir ou laissent passer les délais, l'administration peut aliéner les terrains dans les formes ordinaires, ou les échanger, conformément à l'art. 4 de la loi du 20 mai 1836, contre les terrains dont elle aurait besoin pour la construction de la route nouvelle (L. 1842, art. 3).

On sent que cet échange est favorable, pas toutefois autant que la situation du riverain, privé de son accès à la route. Aussi a-t-il été bien entendu, lors de la discussion de la loi, que la cession au riverain a le pas sur l'échange. Il s'agit donc bien d'un droit de préemption (V. Rapport à la Ch. des députés, Duvergier, *Coll. des Lois*, 1842, p. 116).

En ce qui concerne la compétence, le Conseil d'État voyait ici, autrefois, un acte administratif, que l'autorité administrative pouvait seule apprécier (17 juill. 1843, *Parent-Duchâtelet*; Trib. confl., 7 mars 1850, *Fioupou*). La nature du droit de préemption, le renvoi aux formes de la loi de 1841, écrit dans la loi de 1842, établissent une analogie complète entre les routes abandonnées et les terrains retranchés des routes à la suite d'un alignement. Il faut donc s'en tenir à la compétence judiciaire, et appliquer la jurisprudence indiquée ci-dessus, n. 59.

61. Les riverains des rivières mériteraient certainement la même faveur que ceux des routes, puisque l'ouverture d'un lit nouveau leur enlève un voisinage utile et agréable, pour y substituer un autre voisinage, peut-être gênant; mais la loi de 1842 ne parle que des routes.

Les ministres des finances et des travaux publics ont rendu, les 13 juillet 1837 et 2 octobre 1844, deux décisions portant que la loi de 1842 sera appliquée aux portions de rivières délaissées par suite de l'ouverture d'un nouveau lit.

Cette mesure administrative est parfaitement équitable. Mais une décision ministérielle ne saurait, contrairement à la loi, ni créer au profit des riverains un véritable droit, ni rendre légalement nécessaire l'observation des formes de la loi de 1841, ni surtout déroger aux règles sur la compétence (Ducrocq, *Ventes domaniales*, n. 274; Concl. de M. l'av. gén. Reverchon, D.77,1,154). La Cour de Dijon paraît cependant avoir considéré les arrêtés précités comme assimilant juridiquement les riverains des rivières à ceux des routes, et la Cour de cassation semblerait avoir admis ce point de vue (Req., 23 déc. 1873, *eod.*). Le Conseil d'État a trahi le sentiment contraire en évitant, pour ne pas troubler une pratique ancienne, de statuer sur la question (1er juin 1849, *Barrière*).

62. Aux termes de l'art. 661, Code civ., tout propriétaire joignant un mur peut le rendre mitoyen, en remboursant au maître du mur la moitié de sa valeur et la moitié de la valeur du sol. Cette règle s'applique nécessairement aux immeubles compris dans le Domaine de l'État, bien qu'elle reste étrangère aux dépendances du Domaine public, lesquelles sont inaliénables sous ce rapport comme sous tout autre (Cass. civ., 5 déc. 1838, D.39,1,5; V. *suprà*, n. 12).

La cession de la mitoyenneté ne peut être considérée que comme un contrat de droit civil, rentrant dans la compétence des tribunaux (V. *suprà*, n. 51). Il y a là un véritable droit d'expropriation pour cause d'utilité *privée*, le seul de cette nature qui soit admis à l'égard de l'État. En effet, il ne saurait être question, vis-à-vis de l'État, d'expropriation forcée, de saisie, ni d'hypothèque. L'État ne peut être considéré comme insolvable ni comme pouvant l'être, et des lois spéciales ont réglé les formalités imposées à tous ses créanciers pour obtenir le payement de ce qui leur est dû par lui.

Il n'est cependant pas sans intérêt de citer une déclaration de la Régie, du 8 novembre 1844, qui prescrit aux conservateurs, énonçant dans un certificat les anciens propriétaires d'un immeuble, de ne pas attester, comme chose trop inutile, que les biens ne sont pas grevés d'inscriptions du chef de l'État; et un arrêt de la Cour de cassation cassant, sur les réquisitions du procureur général, un jugement qui, après avoir relaxé le prévenu d'une contravention de voirie, l'autorisait à réclamer ses frais contre le Gouvernement, et en conséquence duquel un exécutoire avait été délivré contre le procureur du roi (Cass. crim., 11 mars 1825, D.25,1,264).

63. L'État peut certainement, comme un particulier, vendre des droits réels sur celles de ses propriétés qui ne font pas partie du Domaine public, et, par exemple, des servitudes. En pareil cas, la jurisprudence relative aux domaines nationaux est hors de cause, et la compétence appartient aux tribunaux (V. *suprà*, n. 51).

CHAPITRE II

VENTE DES MEUBLES DE L'ÉTAT

64. Droits analogues aux impôts. Droits sur le domaine public.
65. Objets contenus dans les magasins de l'État, etc.
66. Objets contenus dans les musées.
67. Formes de la vente.
68. Compétence.
69. Créances.
70. **Vente de coupes de bois.**
71. Autorisation.
    Formation du contrat.
72. Opérations préparatoires.
73. Personnes exclues. Associations contre la liberté des enchères.
74. Déclaration de command. Caution. Élection de domicile.
75. Voies d'exécution.
76. Compétence.
77. Fonctionnaire présidant l'adjudication.
78. Préfet.
79. Ministre.
80. Tribunaux.
81. *Obligations de l'adjudicataire.*
82. Permis d'exploiter.
83. Garde-vente.
84. Dépôt de l'empreinte du marteau.
85. Délits d'outre-passe et de coupe de réserves. Souchetage et recensement.
86. Peines du délit d'outre-passe.
87. Faits constitutifs de ce délit.
88. Délit de coupe de réserves. Faits constitutifs.
89. Application aux coupes jardinatoires.
90. Preuve.
91. Peines.
92. Restitution et dommages-intérêts.
93. Mode d'abatage. Nettoiement des coupes.
94. Interdiction de peler ou d'écorcer les arbres sur pied ;
95. D'établir des forges, fourneaux, loges ou ateliers ;

64. A l'égard des meubles comme à l'égard des immeubles, nous devons rechercher d'abord si l'État peut vendre tous ceux dont il est propriétaire.

L'inaliénabilité s'applique évidemment aux droits qui participent de la nature de l'impôt. Cette règle était reconnue sous l'ancienne monarchie ; le Domaine inaliénable comprenait les droits régaliens, tels qu'impôts et péages. Par exception, l'édit du mois d'août 1708 rangeait dans les petits domaines, à côté des immeubles de peu de valeur, les moins importants de ces droits, à savoir : les bacs, bateaux, péages, ponts, passages, droits de minage, mesurage, aunage, poids, greffes et tabellionnages. Ces droits étaient donc aliénables à perpétuité (V. *suprà*, n. 2).

C'est pour mettre fin à leur aliénabilité, et non pour en défendre la mise en ferme, que la loi des

22 novembre-1ᵉʳ décembre 1790 est venue dire,
art. 9 : « Les droits utiles et honorifiques, ci-devant
« appelés régaliens, et notamment ceux qui par-
« ticipent de la nature de l'impôt, comme droits
« d'aide et autres y joints, contrôle, insinuation, cen-
« tième denier, droit de nomination et de casualité
« des offices, amendes, confiscations, greffes, sceaux
« et tous autres droits semblables, ne sont point
« communicables ni cessibles, et toutes concessions
« de droits de ce genre, à quelque titre qu'elles aient
« été faites, sont nulles et en tout cas révoquées par le
« présent décret. »

Il faut donc tenir pour absolument inaliénables, non
seulement les impôts proprement dits, mais le droit
de déshérence, celui d'occupation des biens sans maître, celui de percevoir les amendes et celui de confiscation des objets qui ont été l'instrument ou le produit
d'un crime ou d'un délit.

L'inaliénabilité s'applique aussi, naturellement, aux
droits sur les immeubles inaliénables compris dans
le Domaine public, et à plus forte raison sur ceux qui ne
sont à personne. Sont donc inaliénables les droits de
bac ou bateau, de péage sur les ponts entretenus par
l'État, de pêche, chasse, ou autres sur les rivières navigables ou sur le rivage de la mer. Ce n'est pas à dire
que la perception de ces droits ne puisse avoir lieu par
voie de louage ou de concession (V. *infrà*, n. 214 et
suiv., 235 et suiv., 393 et suiv.).

65. L'aliénabilité des objets mobiliers appartenant
à l'État soulève des difficultés.

On peut considérer l'inaliénabilité comme implicitement établie, pour les armes de guerre, par la loi du

24 mai 1834, qui punit la détention de ces armes par les particuliers. L'art. 3 de cette loi est ainsi conçu : « Tout individu qui, sans y être légalement autorisé, « aura fabriqué ou confectionné, débité ou distribué « des armes de guerre, des cartouches et autres muni- « tions de guerre, ou sera détenteur d'armes de guerre, « cartouches ou munitions de guerre, ou d'un dépôt « d'armes quelconques, sera puni d'un emprisonne- « ment d'un mois à deux ans et d'une amende de seize à « mille francs. » (V. Décr. 4 sept. 1870 et L. 19 juin 1871.)

On peut, d'une manière plus générale, considérer comme inaliénables les objets désignés par l'art. 3 de la loi du 2 nivôse an IV. L'art. 1er de cette loi porte : « Le Directoire exécutif pourra disposer des objets de « commerce et du mobilier appartenant à la République, « par vente, engagement ou échange, de la manière « qu'il croira la plus prompte et la plus avantageuse à « la République; il en fera verser le produit à la tré- « sorerie nationale pour le service public. » Et l'art. 3 ajoute : « Sont exceptés des dispositions précédentes « les objets nécessaires aux besoins des armées de « terre et de mer, et autres parties du service public « déterminées par les lois. »

Ce texte n'est pas explicite, mais paraît se référer à une inaliénabilité nécessaire et préexistante, à laquelle il apporte une exception (Merlin, *Rép.*, v° *Domaine public*, n. 845). A ce point de vue, l'inaliénabilité pro- tégerait les objets et matières premières déposés dans les arsenaux et magasins des ministères de la guerre et de la marine, les matières confiées au ministre des finances pour la fabrication des poudres et des tabacs,

les navires de guerre, le mobilier, le matériel, les registres et les papiers des administrations, les livres des
bibliothèques et les archives nationales, etc.

66. Il y a pareillement difficulté pour les objets
d'art, de science et d'antiquité, tableaux, statues, etc.,
dont les collections constituent les musées, comme pour
les diamants, pierreries et meubles précieux appartenant autrefois au Domaine de la Couronne.

Sous la monarchie, ces objets étaient compris dans
la Dotation de la Couronne, au même titre que les
châteaux, palais et autres immeubles laissés à la disposition du souverain. Ils participaient, en conséquence,
de l'inaliénabilité de ce Domaine (Sén.-cons. 30 janv.
1810 ; Sén.-cons. 12 déc. 1852, art. 4 et 7 ; V. *suprà*
n. 23). On avait donc justement décidé qu'un tableau
sorti d'un musée ne pouvait être acquis par application
de l'art. 2279, Code civ., et de la maxime : « En fait
de meubles, possession vaut titre ». Car l'imprescriptibilité est une des conséquences de l'inaliénabilité
(Cass. civ., 10 août 1841, D.41,1,332; Orléans, 20 déc.
1880, D.82,2,89 ; V. *suprà*, n. 12).

Les immeubles et les meubles faisant partie du
Domaine de la Couronne ont été réunis au ministère
des finances par le décret du 6 septembre 1870; d'où
l'on serait tenté de conclure que les meubles sont
devenus aliénables.

Nous croyons cependant qu'ils sont restés inaliénables au moins pour la plus grande partie, à savoir pour
les objets contenus dans les musées, et tous autres
pouvant être considérés comme accessoires de l'immeuble qui les contient. Dans notre pensée, les édifices
publics font partie du Domaine public (*suprà*, n. 16 et

17). Or, l'art. 524, Code civ., déclare immeubles par destination tous objets mobiliers que leur propriétaire a placés sur un fonds pour le service et l'exploitation de ce fonds. On pourrait soutenir qu'ici, c'est plutôt l'immeuble qui est destiné au service des meubles que les meubles au service de l'immeuble. Ce serait oublier qu'un musée est autre chose qu'un immeuble ordinaire, que les collections sont une partie du musée, et que, dans la pensée qui les a réunis, leur union est indissoluble, comme celles des meubles et immeubles visés par l'art. 524 Code civ. (Paris, 3 janv. 1846, D.46,2,212 ; Lyon, 19 déc. 1873, D.76,2,89 ; Foucart, t. 2, n. 802 ; Aubry et Rau, t. 2, § 169, note 8).

67. Nous nous sommes occupé, jusqu'ici, des meubles dont la conservation importe aux services publics. En dehors de cette situation, l'État ne saurait avoir d'intérêt à conserver des objets mobiliers, et une loi spéciale n'est pas nécessaire pour en opérer l'aliénation.

La loi du 2 nivôse an iv a conféré au Gouvernement le droit de vendre les meubles de l'État, de la manière qui lui paraîtra la plus prompte et la plus avantageuse (V. *suprà*, n. 65). Les arrêtés des 22 brumaire et 23 nivôse an vi ont chargé les préposés des Domaines de procéder à cette vente sous l'autorité du ministre des finances. Les objets à vendre sont mis aux enchères par eux. Les commissaires-priseurs de Paris ont soutenu que leur ministère était indispensable pour ces ventes, et leur prétention a été admise par la Cour de Paris, comme résultant de la loi de leur institution, loi du 27 ventôse an ix, qui leur donne le *droit exclusif* de

faire les ventes mobilières. Cet arrêt a été cassé : la loi
du 27 ventôse n'a en vue que les ventes faites par les
particuliers, et non les ventes faites par l'État (Cass.
civ., 7 mai 1832, D.32,1,181),

Les conditions de la vente sont indiquées dans des
affiches apposées avant l'adjudication, et dans le procès-
verbal d'adjudication.

Des règles particulières ont été établies pour la vente
des objets mobiliers de la guerre, de la marine, des
autres ministères et des douanes (V. Gaudry, n. 589
et suiv.).

Notons une particularité relative à la vente des
chevaux de réforme. Par cela même qu'elle annonce
une vente de chevaux *de réforme*, l'administration fait
suffisamment connaître son intention de n'être pas
tenue à la garantie des vices rhédibitoires (art. 1643,
Code civ.). Dans l'usage, cependant, la clause de non-
garantie est insérée au cahier des charges.

68. Ce qu'il importe de fixer, c'est la compétence.
Ainsi que nous l'avons dit plus haut, c'est aux tribunaux qu'il appartient, en principe, de statuer sur les
litiges relatifs aux contrats de l'État (*suprà*, n. 51).
D'autre part, la loi du 28 pluviôse an VIII est, sans nul
doute, étrangère à la vente des meubles de l'État,
puisque ces meubles ne sont pas des *domaines* nationaux (Dufour, t. 5, n. 599). La compétence appartient
donc à l'autorité judiciaire (2 juill. 1875, *Maury*) ; à
moins qu'il ne s'agisse de la validité de l'opération administrative (V. *suprà*, n. 54, et *infrà*, n. 68, 115, 212).

La compétence judiciaire était également reconnue à
l'égard de la vente des rentes nationales (3 fév. 1819,
Hospice de Pamiers ; V. sur cette matière, aujourd'hui

épuisée, Macarel et Boulatignier, t. 1er, n. 174 et suiv.;
Gaudry, t. 2, n. 154, et Dalloz, *Rép.*, v° *Domaine de
l'État,* n. 60 et suiv., 239 et suiv.).

La règle reçoit exception, lorsque le contrat rentre
dans les marchés passés par les ministres pour le service de leurs départements respectifs (V. *infrà*, n. 161
et suiv.). Ces marchés, souvent appelés *marchés de fournitures,* sont ordinairement des achats. Ils comprennent aussi d'autres contrats, et, même, dans l'occasion,
des ventes. Ainsi, les contestations relatives à la vente
des fumiers d'un corps de cavalerie donnent lieu à une
décision du ministre de la guerre et à un recours devant
le Conseil d'État (21 mai 1840, *Gouffier* ; 10 août 1847,
Min. guerre c. Chabot). Ainsi encore, le Conseil d'État a
statué, après décision du ministre de l'agriculture et
du commerce, sur les contestations nées d'une vente
d'étalons, faite par l'État à un particulier (25 janv. 1878,
Du Châtel). Dans l'espèce, l'adjudication avait eu lieu
« aux conditions déterminées par l'Administration des
« haras, et notamment que les étalons seraient employés
« *dans la station concédée par l'État,* etc.... » Ces ventes
constituent des marchés administratifs.

69. Le droit commun et la compétence judiciaire
s'appliquent à la vente, faite par l'État, de créances
ou de valeurs mobilières. On ne saurait trouver rien de
contraire dans l'arrêt du 20 fév. 1869 (*Pinard*). Dans
l'espèce, le ministre des finances avait vendu à un syndicat de banquiers 174,000 obligations mexicaines,
remises au gouvernement français par le gouvernement
mexicain, à valoir tant sur la créance de 270 millions,
reconnue à la France par le traité de Miramar, que sur
une indemnité de 40 millions, due pour dommages

causés à nos nationaux. L'empereur Maximilien ayant été renversé, et la négociation des valeurs mexicaines étant devenue impossible, le syndicat demandait que le traité fût déclaré résilié pour cas de force majeure, et l'incompétence de l'autorité administrative était proposée à raison de ce qu'il s'agissait d'une vente. Le Conseil d'État s'est déclaré compétent, parce qu'il y avait là un marché passé par un ministre pour le service de son département (Décr. 11 juin 1806, art. 14.; V. *infrà*, n. 161).

70. Les *ventes de coupes de bois* suivent des règles particulières.

Ces règles ont trait aux formes et au fond du droit. Elles sont motivées par deux considérations : d'abord l'importance de l'exploitation, puisque les forêts de l'État représentent un capital d'un milliard environ ; ensuite l'influence que cette exploitation peut exercer sur le fonds, car des coupes abusives équivaudraient en certains cas à la destruction de la forêt.

71. Occupons-nous d'abord de la *formation du contrat*.

L'autorisation du législateur n'est jamais le préalable nécessaire de la vente d'une coupe. Un avis du Conseil d'État du 5 janvier 1837 déclarait qu'une loi devrait intervenir pour rendre possible l'adjudication *sur soumission* ; et ce mode de vente était contraire, en effet, à l'ancien art. 25, Code for., lequel supposait une vente aux enchères. La loi du 4 mai 1837, art. 2, modifiant l'art. 26 de ce code, porte : « Les divers modes d'adju-« dication seront déterminés par une ordonnance « royale : ces adjudications auront toujours lieu avec « publicité et libre concurrence. »

Une garantie spéciale est cependant exigée pour les coupes extraordinaires. L'aménagement de toute forêt (c'est-à-dire sa division en coupes successives et le réglement de l'étendue et de l'âge de chaque coupe annuelle) est réglé par décret du chef de l'État (art. 15, Code for.). Les coupes conformes à l'aménagement sont appelées coupes ordinaires. Pour y procéder, il suffit d'un état d'assiette, approuvé par le directeur général (Ord. 10 mars 1831, art. 1). Au contraire, l'art. 16, Code for., porte : « Il ne pourra être fait dans les bois « de l'État aucune coupe extraordinaire quelconque, « ni aucune coupe de quarts en réserve ou de massifs « réservés par l'aménagement pour croître en futaie, « sans une ordonnance spéciale du roi... Cette ordon- « nance spéciale sera insérée au *Bulletin des lois* ». Et „l'ordonnance réglementaire du 1er août 1827 explique ce texte dans son art. 71 : « Seront considérées comme « coupes extraordinaires, et ne pourront en consé- « quence être effectuées qu'en vertu de nos ordonnances « spéciales, celles qui intervertiraient l'ordre établi par « l'aménagement ou par l'usage observé dans les forêts « dont l'aménagement n'aurait pu encore être réglé, « toutes les coupes par anticipation, et celle des bois ou « portions de bois mis en réserve pour croître en futaie, « et dont le terme d'exploitation n'aurait pas été fixé « par l'ordonnance d'aménagement. »

La distinction qui vient d'être indiquée n'est pas nécessaire au soutien d'un arrêt de Nancy, déclarant nulle la vente, faite par le commandant d'un corps alle- mand pendant la guerre de 1870-71, d'arbres anciens réservés lors des coupes annuelles. « Le principe que « *l'occupatio bellica* ne constitue pas un titre complet à

« la propriété ou à la souveraineté du territoire envahi,
« a pour conséquence nécessaire que le vainqueur ne
« peut disposer définitivement des biens immeubles
« qui font partie du Domaine de l'État ennemi; seule-
« ment, étant substitué provisoirement au souverain
« dépossédé, il a le droit de disposer, à titre provisoire,
« des fruits et des revenus qu'il aura pu saisir » (Heffter,
Droit international de l'Europe, p. 133). La vente était
donc sans effet possible, comme faite *a non domino*
(Nancy, 3 août 1872, D. 72,2,229; V. dans une hypothèse analogue, 23 oct. 1816, *Nicolas Jean*, et *suprà*,
n. 32).

72. On n'a pas à s'occuper ici des opérations préparatoires qui doivent précéder l'adjudication, à savoir
l'arpentage et la délimitation, le balivage et le martelage, l'estimation, la rédaction et l'envoi des procès-
verbaux. A la suite de ces opérations, le cahier des
charges est déposé au secrétariat de l'autorité administrative (Ord. régl., art. 83). Ce cahier des charges contient les clauses et conditions générales. Toutes ses
dispositions sont de rigueur (Ord. régl., art. 82). Il
constitue, avec le Code for. et, subsidiairement, avec
les règles du droit commun sur la vente, la loi de l'adjudication. Des affiches sont apposées dans les formes
et les lieux indiqués par l'art. 84 de l'ordonnance.

Ainsi que nous avons eu déjà l'occasion de le dire,
la vente ne peut avoir lieu que par adjudication publique (art. 17, Code for.; V. *suprà*, n. 38). « Toute
« vente faite autrement que par adjudication publique
« sera considérée comme vente clandestine, et déclarée
« nulle. Les fonctionnaires et agents qui auraient
« ordonné ou effectué la vente seront condamnés soli-

« dairement à une amende de trois mille francs au
« moins, et de six mille francs au plus, et l'acquéreur
« sera puni d'une amende égale à la valeur des bois
« vendus » (art. 18). La vente doit, de plus, « être
« annoncée, au moins quinze jours d'avance, par des
« affiches apposées dans le chef-lieu du département,
« dans le lieu de la vente, dans la commune de la situa-
« tion des bois, et dans les communes environnantes »
(art. 17). En conséquence, « sera annulée, quoique
« faite par adjudication publique, toute vente qui
« n'aura point été précédée des publications et affiches
« prescrites par l'art. 17, ou qui aura été effectuée dans
« d'autres lieux ou à un autre jour que ceux qui auront
« été indiqués par les affiches ou les procès-verbaux
« de remise de vente. Les fonctionnaires ou agents qui
« auraient contrevenu à ces dispositions seront con-
« damnés solidairement à une amende de mille à trois
« mille francs ; et une amende pareille sera prononcée
« contre les adjudicataires, *en cas de complicité* »
(art. 19). Dans le silence de la loi, l'inobservation de la
formalité en ce qui concerne l'heure ne saurait avoir de
tels effets (Dufour, t. 5, n. 86); sauf cependant le cas
où il y aurait fraude autorisant, sinon l'application de
la peine, du moins l'annulation de l'adjudication (Cass.
crim., 22 avr. 1837, D. 37, 1, 516 ; V. *infrà*, n. 217).

L'adjudication a lieu, soit aux enchères, soit au
rabais, soit sur soumissions cachetées (art. 26, Code for.;
Ord. 26 nov. 1836). Il y est procédé au chef-lieu de
l'arrondissement, par devant le préfet ou le sous-préfet.
Lorsque l'évaluation de la coupe ne dépasse pas 500 fr.,
le préfet peut autoriser l'adjudication au chef-lieu d'une
des communes voisines et sous la présidence du maire.

En tous cas, l'adjudication a lieu en présence des agents
forestiers et des receveurs chargés du recouvrement des
produits (art. 86, Ord. régl.). Une exception a été introduite à l'égard des bois châblis et de délit et des coupes
exploitées par économie pour être vendues en détail et
par lots : les coupes peuvent être adjugées au chef-lieu
du canton, ou dans les communes voisines de la forêt
(Ord. 20 mai 1837). Les formalités sont, du reste, les
mêmes, si l'objet de l'adjudication excède 500 fr. Dans
le cas contraire, il n'y a ni affiche au chef-lieu du département, ni dépôt de l'expédition du cahier des charges
au secrétariat de la préfecture (V. Ord. régl., art. 83).

L'art. 25, Code for., supprime la surenchère, qui
était permise avant 1837 et qui, établie dans l'intérêt
de l'administration, tournait souvent à son préjudice
(V. *suprà*, n. 38). Tantôt elle donnait aux marchands
le temps et l'occasion de se coaliser; tantôt elle amenait
l'acquéreur, par suite d'une surenchère que son auteur
n'avait pas prise au sérieux, à souscrire des engagements exagérés qu'il restait impuissant à remplir. Aussi,
la loi du 4 mai 1837, en même temps qu'elle laisse à
l'administration toute liberté pour choisir le mode
d'adjudication, écarte la surenchère et déclare l'adjudication définitive (nouvel art. 25, Code for.).

73. L'art. 1596, Code civ., reçoit en cette matière
une extension toute particulière (V. *suprà*, n. 38). Aux
termes de l'art. 21, Code for., «ne pourront prendre
« part aux ventes, ni par eux-mêmes, ni par personnes
« interposées, directement ou indirectement, soit
« comme parties principales, soit comme associés ou
« cautions : 1° Les agents et gardes forestiers et les
« agents forestiers de la marine, *dans toute l'étendue de la*

« *république* ; les fonctionnaires chargés de présider ou
« de concourir aux ventes, et les receveurs du produit
« des coupes, *dans toute l'étendue du territoire où ils*
« *exercent leurs fonctions* ; en cas de contravention, ils
« seront punis d'une amende qui ne pourra ni excéder
« le quart, ni être moindre du douzième du montant
« de l'adjudication, et ils seront en outre passibles de
« l'emprisonnement et de l'interdiction qui sont pro-
« noncés par l'art. 175, Code pén. ; 2° les parents et
« alliés en ligne directe, les frères et beaux-frères,
« oncles et neveux des agents et gardes forestiers et
« des agents forestiers de la marine, *dans toute l'étendue*
« *du territoire pour lequel ces agents ou gardes sont com-*
« *missionnés* : en cas de contravention, ils seront punis
« d'une amende égale à celle qui est prononcée par le
« paragraphe précédent ; 3° les conseillers de préfec-
« ture, les juges, officiers du ministère public et gref-
« fiers des tribunaux de première instance, *dans tout*
« *l'arrondissement de leur ressort* ; en cas de contraven-
« tion, ils seront passibles de tous dommages-intérêts,
« s'il y a lieu. Toute adjudication qui serait faite en
« contravention aux dispositions du présent article
« sera déclarée nulle. »

On voit, en lisant ce texte, que les nullités et pénalités édictées par lui restent subordonnées à certaines
distinctions relatives à la qualité de parent ou d'allié, à
la ligne directe ou collatérale, au territoire où se font
les coupes. Les nullités et les pénalités ne s'étendant
point, ces distinctions doivent être observées à la lettre.
Elles ne s'appliqueraient pas cependant à l'action en
dommages-intérêts qui, fondée sur l'art. 1382, Code civ.,
peut être exercée toutes les fois que le droit commun

l'autorise. Ajoutons que les personnes énumérées par l'art. 21 ne peuvent être certificateurs de cautions, lorsque les certificateurs sont soumis aux mêmes engagements que les cautions (Meaume, *Commentaire du Code forestier*, n. 117).

Les prohibitions de l'art. 21 ont été tempérées par l'art. 32 de l'ordonnance du 1er août 1827, permettant aux agents et gardes, qui seraient en même temps propriétaires ou fermiers d'usines, de faire leurs approvisionnements *dans une conservation autre que celle où ils exercent leur emploi*; ce qui ne fait que les assimiler, sous ce rapport, aux deux autres catégories de personnes visées par l'art. 21. D'autre part, il est admis, comme résultant de la loi, que l'art. 21 ne s'applique pas aux personnes qu'il désigne, au cas où se rencontre cette double condition : d'abord, qu'il s'agisse uniquement du bois nécessaire à leur consommation personnelle et à celle de leur maison ; ensuite, que ce bois n'ait pas été délivré par fraude résultant d'une complaisance coupable, ou d'une adjudication dans l'intérêt d'incapables ou par personnes interposées (paroles de M. de Martignac à la Ch. des pairs).

L'art. 22 porte : « Toute association secrète ou ma-« nœuvre entre les marchands de bois ou autres, ten-« dant à nuire aux enchères, à les troubler ou à obte-« nir les bois à plus bas prix, donnera lieu à l'applica-« tion des peines portées par l'art. 412, Code pén., « indépendamment de tous les dommages-intérêts ; et, « si l'adjudication a été faite au profit de l'association « secrète ou des auteurs desdites manœuvres, elle sera « déclarée nulle. » Il ne s'agit ici que des associations tendant à nuire aux enchères, et nullement des sociétés formées dans un but légitime, par exemple, entre plusieurs personnes dont aucune n'aurait des capitaux suffisants pour se rendre individuellement adjudicataire. L'utilité de telles associations est incontestable, et le Code for. en admet l'existence (V. notamment art. 28 et 32 ; V. *infrà*, n. 75, 84, 121).

74. La déclaration de command est permise avec tous ses effets, à la condition qu'elle sera acceptée aussitôt après l'adjudication et séance tenante (art. 23, Code for. ; V. *suprà*, n. 38). Autrement, elle ne constitue qu'une cession (Req., 14 juin 1836, D.36,1,393).

L'adjudicataire doit fournir les cautions exigées par le cahier des charges, et cela dans le délai prescrit. A défaut, la déchéance est prononcée contre lui par arrêté du préfet. Il est procédé, dans les formes prescrites ci-dessus, à une nouvelle adjudication de la coupe à la folle enchère de l'adjudicataire, qui reste tenu de la différence entre son prix et celui de la revente, et ne peut réclamer l'excédent, s'il y en a (art. 24, Code for.).

L'adjudicataire doit, au moment de l'adjudication, élire domicile dans le lieu de l'adjudication ; faute de quoi, tous actes postérieurs lui seront valablement signifiés au secrétariat de la sous-préfecture (art. 27, Code for.). Malgré les termes absolus de cette disposition, une décision ministérielle du 26 avril 1820 en restreignait la portée aux actes relatifs aux intérêts civils nés de l'adjudication, à l'exclusion des poursuites à raison des délits. Déjà rejetée par la Cour de cassation sous l'ordonnance de 1669 (Cass. crim., 5 juill. 1828, D.28,1,316), cette distinction l'a encore été sous le Code for. (Cass. crim., 28 septembre 1833, D.34, 1,56 ; 29 juin 1844, D.44,1,367).

75. Le procès-verbal d'adjudication emporte exécution parée contre les adjudicataires, leurs associés et cautions, tant pour le prix principal que pour les accessoires et frais (art. 28, Code for.).

Le même art. 28 déclare contraignables par corps les adjudicataires, leurs associés et cautions. Cette disposition se trouve abrogée par la loi du 22 juillet 1867, supprimant la contrainte par corps en matière civile, comme celle de l'art. 24, qui déclare contraignable par corps l'adjudicataire déchu faute de fournir les cautions exigées par le cahier des charges. Mais la contrainte par corps a été conservée en matière criminelle, correctionnelle et de simple police. Elle subsiste donc pour les condamnations prononcées à raison de délits forestiers.

Une circulaire du ministre des finances du 3 novembre 1833 prescrivait aux receveurs généraux de ne pas prendre d'inscriptions hypothécaires, « attendu « qu'il n'y a pas hypothèque ». Nous n'en croyons pas moins, à raison des principes généraux en matière de marchés administratifs, que le procès-verbal d'adjudication emporte hypothèque si une hypothèque y est stipulée (V. *infrà*, n. 134, 205).

Enfin l'administration peut, tant qu'elle n'est pas payée et que les bois vendus restent dans le lieu d'exploitation, exercer le privilège établi, par l'art. 2102-4°, C. civ., au profit du vendeur d'objets mobiliers, et cela, alors même que l'adjudicataire aurait cédé son marché à un autre (Req., 14 juin 1836, D.36,1,393; V. *infrà*, n. 216).

76. Nous arrivons aux règles de compétence.

Une adjudication de coupes de bois est un contrat,

et, d'ailleurs, l'État n'y intervient qu'à titre de propriétaire. Les contestations qui s'y rapportent rentrent donc, par leur nature, dans le ressort des tribunaux civils (V. *suprà*, n. 51). Telle est la règle, confirmée par plusieurs exceptions qu'il faut d'abord examiner (V. *infrà*, n. 219 et 220).

77. L'art. 20, Code for., porte : « Toutes les con-
« testations qui pourront s'élever pendant les opéra-
« tions d'adjudication, soit sur la validité desdites
« opérations, soit sur la solvabilité de ceux qui auront
« fait des offres ou de leurs cautions, seront décidées
« immédiatement par le fonctionnaire qui présidera la
« séance d'adjudication. » (V. *suprà*, n. 38.) En tran-
chant les contestations qui peuvent s'élever, soit entre l'État et les adjudicataires, soit entre les adjudicataires, ce fonctionnaire président fait œuvre de juge. Les motifs de cette compétence exceptionnelle ont été donnés devant la Chambre des pairs par M. de Martignac : « Il est en toute matière des nécessités auxquelles
« la force des choses oblige à se soumettre dans la
« pratique. En matière d'adjudication et d'enchère,
« tout est urgent, tout doit être prompt et définitif. Le
« devoir de l'administration est de ne confier qu'à
« des fonctionnaires qui présentent des garanties suffi-
« santes une mission aussi délicate ; mais une fois ce
« devoir rempli, il faut bien s'en remettre à la pru-
« dence et à l'intégrité du fonctionnaire choisi pour
« tout ce qui est relatif à l'adjudication en elle-même. »
Ce point de vue admis, la décision du président doit être tenue pour définitive et sans recours (12 avr. 1855, *Leclerc*).

78. D'un autre côté, l'art. 24, Code for., charge le

préfet, seul, de prononcer la déchéance contre l'adjudicataire qui n'a pas fourni, dans le délai prescrit, les cautions exigées par le cahier des charges. Cette décision nous paraît susceptible de recours, par la voie administrative, devant le ministre des finances, et au cas d'excès de pouvoir, devant le Conseil d'État, le tout conformément aux principes généraux (V. *suprà*, n. 47).

79. La jurisprudence réserve encore à l'autorité administrative les contestations sur la validité de l'adjudication, lorsque cette validité dépend de l'observation ou de l'inobservation des formes. Dans une espèce où la demande en nullité se fondait sur ce que les affiches n'avaient point été apposées quinze jours avant l'adjudication, conformément à l'art. 17, C. for., le Conseil d'État a été saisi par voie de conflit, et l'on a soutenu qu'il n'y avait pas lieu de distinguer entre les nullités tenant au fond et les nullités tenant à la forme (Foucart, t. 2, n. 870). Le ministre de l'intérieur ajoutait : Le tribunal civil est juge incontesté de la validité du contrat. Or, l'apposition des affiches, simple formalité préalable, n'a pas plus d'importance au point de vue administratif que l'adjudication même, et l'on ne voit ni pourquoi l'on refuserait aux tribunaux le droit d'examiner si elle a eu lieu, ni en quoi cet examen troublerait l'action administrative. Cette manière de voir a été rejetée par ce motif, que le fait à vérifier constituait un acte administratif et une condition de forme de l'adjudication. La jurisprudence considère comme actes administratifs les contrats administratifs envisagés au point de vue de leur forme (V. *suprà*, n. 54, 68, 79, et *infrà*, n. 115, 212). L'autorité administrative seule pouvait donc vérifier si les formalités avaient été observées (25 mars 1852, *Com. de Péron*).

Mais quelle autorité administrative ? On a dit : C'est le conseil de préfecture, car ce conseil est appelé à statuer sur la possibilité et la défensabilité des bois et forêts (art. 65 et 67, C. for.); sur la nécessité de droits d'usage dont le rachat est requis (art. 64); sur l'opportunité des conversions en bois ou des aménagements de pâturages (art. 90, § 4). Ces appréciations sont de l'office de l'administrateur plus que de celui du juge, et permettent de soutenir que la compétence du conseil de préfecture est de règle générale en matière forestière (V. Dufour, t. 5, n. 95). On peut ajouter que l'induction tirée des articles précités est singulièrement corroborée par l'ancien art. 26, qui chargeait les conseils de préfecture de statuer sur la validité des surenchères et par l'art. 50, qui leur donne compétence pour réformer les procès-verbaux de réarpentage et de récolement (V. *infrà*, n. 109). Si l'art. 26 a été abrogé par la loi du 4 mai 1837, l'abrogation a eu pour unique but de supprimer la surenchère, et le législateur de 1837 n'a certainement pas eu l'idée d'étendre les pouvoirs du ministre en matière contentieuse. L'art. 50 subsiste toujours. Quoi qu'il en soit, le Conseil d'État a décidé que « s'il ne peut appartenir qu'à l'autorité adminis- « trative de prononcer sur cette contestation, cepen- « dant aucune disposition législative n'en a attribué la « connaissance aux tribunaux de préfecture » (16 fév. 1854, *Castillon*). Le juge de droit commun, en matière administrative, n'est pas le conseil de préfecture, mais le ministre.

A ce sujet, nous devons signaler un récent arrêt du

Conseil d'État, qui semble reconnaître à ce conseil le pouvoir de statuer directement sur la validité des actes administratifs (28 avril 1882, *Ville de Cannes*).

80. A part ces exceptions, les ventes de bois de l'État rentrent dans le droit commun : leur interprétation et leurs effets sont déterminés par les tribunaux civils. Bien avant la promulgation du Code for., on lit dans un arrêt du Conseil que, « depuis la suppression « des grandes maîtrises des eaux et forêts, les tribu- « naux ordinaires ont été seuls appelés à prononcer « sur toutes les contestations relatives à la coupe et à « la vente des bois, et qu'il n'existe aucune loi qui en « ait attribué exclusivement la connaissance à l'auto- « rité administrative » (11 déc. 1814, *Baudoin*). Cette doctrine a été confirmée depuis (28 février 1828, *Guisse*).

Il appartient donc aux tribunaux de prononcer la nullité de l'adjudication, lorsque se rencontre cette double condition, que la nullité tient au fond et non à la forme, ce qui écarte la compétence du ministre, et qu'elle est demandée après l'adjudication, ce qui écarte la compétence du président du bureau. Ainsi en est-il au cas d'interposition de personnes découverte après les opérations. La nullité peut alors être déclarée par le tribunal correctionnel, saisi de la poursuite à fin d'application des peines portées par la loi (Cass. crim., 22 avr. 1837, D.37,1,516). Elle pourrrait l'être aussi bien par le tribunal civil, en vertu de sa compétence générale (Colmar, 14 août 1840, D.41,2,222).

81. Parlons des *obligations de l'adjudicataire*.

L'exploitation des bois est subordonnée à diverses conditions, imposées à l'adjudicataire dans le but de prévenir l'abatage d'arbres non compris dans la vente, et la dévastation de la forêt.

L'adjudicataire doit : obtenir un permis d'exploiter ; faire agréer un garde-vente ; déposer l'empreinte de son marteau ; s'abstenir d'outre-passe et de coupe de réserves, ce qui le déterminera, s'il est prudent, à demander le souchetage et le recensement ; se conformer au mode d'abatage et de nettoiement réglé par le cahier des charges ; s'abstenir d'écorcer les arbres sur pied et d'établir des fosses à charbon et autres ateliers, à moins d'autorisation ; s'abstenir d'allumer du feu en dehors de ces ateliers, de déposer dans la vente des bois étrangers, de faire travailler avant le lever et après le coucher du soleil ; exécuter les travaux ordonnés par le cahier des charges ; faire la traite des bois par les chemins qui lui sont désignés ; se conformer aux délais de coupe et de vidange ; enfin répondre des délits commis dans la vente. L'inexécution de la plupart de ces obligations, aujourd'hui comme sous l'ordonnance de 1669, est érigée en délits punis par le C. for., qui est sévèrement interprété par la jurisprudence.

82. Avant de commencer l'exploitation, l'adjudicataire doit se munir du permis d'exploiter, garantissant qu'il a fourni ses cautions et rempli ses autres obligations préalables ; permis écrit et délivré par l'agent forestier local, inspecteur, sous-inspecteur ou garde général (art. 30, C. for.). La remise du permis d'exploiter, qui constitue en réalité la délivrance de la chose vendue, est obligatoire pour l'administration. Son refus motiverait une demande de dommages-intérêts devant le tribunal.

La sanction de cette règle est dans l'art. 30 : L'adjudicataire exploitant sans permis est poursuivi comme délinquant ; le délit est puni d'amende et même de prison par les art. 192 et suiv. Rappelons qu'aux termes d'un récent arrêt de la Cour de cassation, ces peines ont été justement appliquées à ceux qui, ayant acquis des autorités allemandes, pendant la guerre de 1870-71, des coupes de bois de l'État, les ont exploitées sans l'autorisation des agents français, restés seule autorité forestière légitime du pays (Nancy, 27 juill. 1872, D.72,2,185 ; V. *suprà*, n. 71). Le permis est tellement nécessaire, que la condamnation serait prononcée malgré le versement total du prix de l'adjudication (Cass. crim., 14 avr. 1837, Dall., *Rép.*, v° *Forêts*, n. 1116), et même malgré l'autorisation verbale de l'administration (Cass. crim., 17 mai 1833. Dall., *eod.*, n. 1115).

Disons à ce sujet que le principe du non-cumul des peines s'applique, en matière forestière, à la peine de l'emprisonnement. Il ne reçoit d'exception qu'à l'égard des amendes, qui sont en cette matière la base de la fixation des dommages-intérêts, et participent, dans une certaine mesure, du caractère des réparations civiles (Cass. crim., 21 nov. 1878. D.79,1,386 ; *contrà*, Nancy, 26 août 1862, D.63,2,40 ; 27 août 1872, D.72, 2,186).

83. L'adjudicataire doit faire agréer par l'agent forestier local, et assermenter devant le juge de paix, un garde-vente autorisé à dresser des procès-verbaux, tant dans la vente qu'à l'ouïe de la cognée, c'est-à-dire jusqu'à 250 mètres des limites de la coupe (art. 31, C. for.). Ce n'est pas à dire qu'à défaut de garde-vente,

l'adjudicataire soit déchargé de la responsabilité des
délits commis dans sa coupe; au contraire, il y a pour
lui impossibilité d'obtenir la décharge de cette responsabilité (Cass. crim., 24 déc. 1813, Dall., *eod.*,
n. 1123).

Le garde-vente ne peut être choisi ni parmi les associés, ni parmi les cautions de l'adjudicataire (Rej.
crim., 7 nov. 1817, Dall., *eod.*, n. 1298; 5 déc. 1834,
D.35,1,240). Ses procès-verbaux font foi jusqu'à
preuve contraire (Cass. crim., 4 févr. 1841, Dall., *eod.*,
n. 1297). Ils sont soumis aux mêmes formalités que
ceux des gardes forestiers (art. 31), mais nullement à
celles des procès-verbaux de récolement (V. *infrà*,
n. 108), par exemple à la présence de l'adjudicataire
(Cass. crim., 21 sept. 1837, Dall., *eod.*, n. 1319). Ils
doivent indiquer le nom du délinquant, ou justifier de
diligences faites pour le découvrir (Rej. crim., 14 mai
1829, 17 août 1833, Dall., *eod.*, n. 1305 et 1306;
Cass. crim., 11 avr. 1840, D.40,1,412; 28 fév. 1852,
D.52,1,96). L'omission commise à cet égard ne saurait
être réparée que par un acte dressé dans la même
forme, et non par un acte extrajudiciaire auquel la loi
n'ajoute pas la même confiance (Cass. crim., 16 mai
1840, Dall., *eod.*, n. 1308). L'acte doit être remis à
l'agent forestier dans les cinq jours, non de sa rédaction, mais du délit (Rej. crim., 14 août 1840, Dall.,
eod., n. 1304).

84. L'adjudicataire est tenu, à peine de cent francs
d'amende, de déposer chez l'agent forestier local et au
greffe du tribunal de l'arrondissement l'empreinte du
marteau destiné à marquer les arbres et bois de sa
vente. Il lui est défendu, sous peine d'une amende de

cinq cents francs, de marquer de ce marteau des bois
autres que ceux de la vente, ou d'avoir plus d'un marteau pour la même vente (art. 32, C. for.). Cette peine
est appliquée aux associés de l'adjudicataire si, pour
distinguer leurs lots ·particuliers, ils marquent d'un
marteau autre que celui dont parle l'art. 32, les bois
non encore enlevés de la forêt (Cass. crim., 24 juin
1837, D.37,1,530; Cass., ch. réun., 8 avr. 1839,
D.39,1,333). Mais il leur est permis d'apposer l'empreinte d'un tel marteau à côté de celle du marteau de
l'adjudication (Meaume, t. 1, n. 163).

85. La loi a érigé en délits l'outre-passe ou abatage d'arbres en dehors de la vente, et la coupe de
réserves ou arbres réservés. Avant d'en parler, il est
nécessaire de faire connaître les mesures qui, prises à
la requête de l'adjudicataire, le déchargent de la responsabilité des faits antérieurs à son exploitation.

Le *souchetage* est la reconnaissance des délits qui ont
été commis, c'est-à-dire des arbres qui ont été coupés
avant l'adjudication, dans la vente ou à l'ouïe de la
cognée. L'adjudicataire, intéressé à cette constatation,
peut exiger qu'il y soit procédé contradictoirement avec
lui dans le mois de l'adjudication (Ord. régl., art. 93).
A défaut, il « est présumé avoir reconnu qu'aucun
« délit n'existait dans sa vente, ni à l'ouïe de la cognée,
« et devient responsable de tous ceux qui peuvent
« être ultérieurement constatés, sans que l'adminis-
« tration soit obligée d'établir qu'ils ont été commis
« depuis la délivrance du permis d'exploiter » (Cass.
crim., 31 mai 1833, D.33,1,370; 15 nov. 1833,
D.34,1,57; 8 mai 1835, D.35,1,290; 18 mai 1838,
D.38,1,462). Aucune preuve contraire n'est admise,

et les délits véritablement antérieurs au permis d'exploiter ne donnent lieu, de la part de l'adjudicataire, qu'à une réclamation par la voie gracieuse.

Le Conseil d'État a reconnu de plus à l'adjudicataire le droit d'exiger *le recensement*, c'est-à-dire la reconnaissance, non plus des arbres coupés, mais des arbres réservés (14 fév. 1838, *Min. fin. c. Adam*). Il est procédé contradictoirement à cette vérification du procès-verbal de balivage et martelage ; mais l'adjudicataire en paye les frais s'il n'y a pas de déficit.

86. L'art. 29, Code for., prévoit le délit d'*outre-passe* qui résulte, soit de ce que l'adjudicataire a modifié l'assiette de la coupe, soit de ce qu'il a *jardiné*, c'est-à-dire abattu des arbres en dehors de la vente.

La gravité de la peine est subordonnée à la distinction suivante : Si les bois coupés ne sont pas de meilleure nature ou qualité, ou plus âgés que les bois vendus, la peine consiste dans « une amende égale au « triple de la valeur des bois non compris dans l'adjudi- « cation, sans préjudice de la restitution de ces mêmes « bois ou de leur valeur ; si les bois sont de meilleure « nature ou qualité, ou plus âgés que ceux de la vente, « l'adjudicataire payera l'amende comme pour bois coupé « en délit », c'est-à-dire conformément à un tarif annexé à l'art. 192, Code for., « et une somme double à titre « de dommages-intérêts », soit en tout le triple de la valeur fixée par le tarif. A plus forte raison, faut-il ajouter, comme au premier cas : sans préjudice de la restitution de ces bois ou de leur valeur.

Ces amendes doivent, de plus, être élevées au double, par application de l'art. 201, C. for., lorsque le délit a été commis la nuit, ou que les arbres ont été coupés à l'aide d'une scie (Cass. crim., 26 déc. 1833, Dall., *eod.*, n. 1165).

De la comparaison des deux paragraphes de l'art. 29, il ressort que l'adjudicataire n'est pas nécessairement condamné à payer des dommages-intérêts, lorsque les bois coupés ne sont pas de meilleure nature ou qualité que ceux de la vente. Ici s'applique l'art. 198, C. for., qui s'en rapporte à l'appréciation du juge (Rej. crim., 6 mars 1834, Dall., *eod.*, n. 1163; V. cep. Cass. crim., 23 juill. 1842, D.42,1,416). Au contraire, s'ils sont de meilleure nature ou qualité, ou plus âgés, les dommages-intérêts sont toujours dus, mais les éléments de l'évaluation se trouvent invariablement fixés par l'art. 29 (V. *infrà*, n. 92, 93, 94, 101).

87. Il semble que les peines de l'art. 29 impliquent nécessairement un fait d'outre-passe commis avec intention. Le texte est favorable à cette manière de voir : l'art. 29, en disant : *Il n'y sera ajouté aucun arbre ni portion de bois, sous quelque prétexte que ce soit,* paraît supposer que le prétexte a servi, non à excuser le déplacement, mais à déplacer, et que le déplacement est ainsi raisonné. Peu importe dès lors que l'art. 203 interdise aux tribunaux de réduire et à plus forte raison de ne pas appliquer une peine qui n'est pas faite pour le cas dont il s'agit (Curasson, *Code forestier*, t. 1, p. 198).

Mais la jurisprudence n'admet pas cette manière de voir. Elle applique ici le principe général consacré par elle à l'égard des délits forestiers, à savoir que la bonne foi ne peut excuser le délit (V. *infrà*, n. 88, 90, 93; Cass. crim., 6 sept. 1850, D.50,5,239; V. sous l'ord. 1669, Cass. crim., 23 juin 1827, D.27,1,435; 1er mai 1829, D.29,1,234).

88. Les art. 33 et 34, Code for., sont relatifs aux arbres de réserve. La désignation de ces arbres a pour but de pourvoir tant au repeuplement de la forêt qu'à l'abri nécessaire aux jeunes arbres. Elle se fait de deux manières, suivant le mode d'exploitation adopté.

Lorsqu'une coupe est exploitée *par contenance* ou, comme disait l'ordonnance de 1669, *à tire aire*, l'administration désigne spécialement chacun des arbres qui doivent être conservés, et ce, soit par l'empreinte du marteau de l'État, soit par tout autre moyen : c'est à ce mode d'exploitation que se rapportent les termes des art. 33 et 34. Nous verrons néanmoins que la jurisprudence applique ces articles aux coupes *jardinatoires, jardinées* ou au *furetage*, lesquelles, en sens inverse des coupes par contenance, procèdent par l'abatage des arbres marqués, et cette fois marqués *en délivrance*.

Revenons aux coupes par contenance. L'art. 33 s'y applique littéralement : « L'adjudicataire sera tenu de « respecter tous les arbres marqués *ou désignés* pour « rester en réserve, quelle que soit leur qualification, « lors même que le nombre en excéderait celui qui est « porté au procès-verbal de martelage, et sans que « l'on puisse admettre, en compensation d'arbres « coupés en contravention, d'autres arbres non ré- « servés, que l'adjudicataire avait laissés sur pied. »

Marqués *ou désignés :* la défense s'applique non seulement aux arbres marqués du marteau de l'État ou d'un autre signe convenu, mais aussi bien à ceux qui seraient désignés soit par le cahier des charges, soit par tout autre acte dont il aurait été donné connaissance à l'adjudicataire. Ainsi en est-il lorsque ces actes

réservent les arbres de telle dimension ou de telle essence (Cass. crim., 10 mars 1836 ; Rej. crim., 18 juin 1842, Dall., *Rép.*, v° *Forêts*, n. 1175 et 1324).

Tous les arbres marqués ou désignés : dès lors, il importe peu que l'acte d'adjudication ne réserve qu'un nombre d'arbres inférieur à celui qui est porté au procès-verbal de martelage. L'énonciation de ce procès-verbal prévaut sur celle de l'acte d'adjudication (Cass. crim., 28 fév. 1846, D.46,1,93). Peu importe également que l'abatage ou arrachage d'arbres réservés par l'adjudicataire ait été constaté par procès-verbal, ou que l'absence de ces arbres résulte simplement de la comparaison du procès-verbal de martelage et du procès-verbal de récolement. L'adjudicataire doit représenter tous les arbres réservés, et les art. 45 et 46, Cod. for., le rendent responsable de ceux qui manquent (Cass. crim., 12 mai 1832, D.32,1,259).

Sans que l'on puisse admettre, en compensation d'arbres coupés en contravention, d'autres arbres non réservés que l'adjudicataire aurait laissés sur pied : car il ne saurait lui appartenir de modifier l'aménagement. Peu importe encore, pour la même raison, que les arbres laissés sur pied soient supérieurs en nombre ou en valeur aux arbres abattus à tort (Cass. crim., 23 nov. 1844, D.45, 1,37 ; Cass. crim., 24 mai 1849, D.49,5,201 ; Orléans, 11 fév. 1850, D.50,2,189).

L'adjudicataire ne serait pas reçu davantage à s'excuser sur sa bonne foi (Cass. crim., 1er mai 1829, D.29,1,234 ; V. *suprà*, n. 87, et *infrà*, n. 90, 93), ni à invoquer les nécessités de l'exploitation ; à dire, par exemple, qu'il s'est trouvé dans la nécessité d'abattre des arbres réservés pour pouvoir exploiter ceux qui lui avaient été vendus, et qu'il les a laissés dans la forêt (Cass. crim., 19 sept. 1832, D.33,1,71), ou qu'il n'a pas excédé le nombre des arbres délivrés (Cass. crim., 28 mars 1840, Dall., *Rép.*, v° *Forêts*, n. 1180).

Du moins faut-il, pour l'application de l'art. 33, qu'il y ait faute ou délit de l'adjudicataire. Or, il n'existe ni délit ni faute à l'égard des dommages résultant du fait même de l'exploitation ; ainsi, du fait que des arbres réservés ont été endommagés par la chute des arbres de la vente. Ici, l'indemnité n'est due qu'en vertu de l'acte d'adjudication. Cette indemnité ne doit être réclamée que devant les tribunaux civils (Rej. crim., 12 avr. 1822, Sir.22,1,328), et l'on a toujours reconnu à l'administration le droit de transiger, à l'avance et dans le cahier des charges, sur le règlement à intervenir (Cass. crim., 10 nov. 1847, D.47,1,359 ; V. *infrà*, n. 106).

89. Les coupes jardinatoires ne paraissent pas soumises aux défenses portées par l'art. 33 ; car cet article se borne à imposer l'obligation de respecter les arbres *marqués ou désignés pour demeurer en réserve*, et l'ordonnance réglementaire porte que, « dans les coupes qui « s'exploitent en jardinant ou par pieds d'arbres, le « marteau royal sera appliqué aux arbres à abattre » (art. 80). Aussi la Cour de cassation a hésité. Elle a jugé, d'abord, qu'il y a simplement en pareil cas contravention au cahier des charges et à l'art. 37, Code for., mais non coupe de réserves (Cass. crim., 18 juin 1830, D.30,1,304 ; 15 mars 1833, D.33,1,206); ensuite, que les termes de l'art. 33 sont bien faits pour la situation dont il s'agit, car « dans les coupes de la « première espèce (coupes par contenance), c'est la

« marque qui désigne les arbres destinés à demeurer
« en réserve, tandis que dans les coupes de la seconde
« espèce (coupes dites jardinatoires), cette marque
« indique au contraire, à l'adjudicataire, les arbres
« qu'il peut abattre, et *l'absence de l'empreinte lui désigne*
« *ceux qu'il doit respecter* » (Cass. crim., 27 avr. 1833,
D.33,1,352 ; 17 mai 1834, D.34,1,447). Finalement,
elle a consacré cette dernière opinion (Cass. crim.,
12 nov. 1841, D.42,1,107 ; 15 mars 1850, D.50,
1,301).

90. Du moins l'adjudicataire est-il admis, à défaut
de représentation de l'empreinte sur les arbres coupés,
à prouver qu'elle y existait au moment où ces arbres
ont été abattus ?

La Cour de cassation a décidé que la représentation
de l'empreinte était une preuve spéciale et non susceptible d'être suppléée (Cass. crim., 12 juin 1840, D.40,
1,427 ; 29 juin 1843, D.43,4,243). En vain la Cour
de Besançon a résisté en disant que la preuve offerte
par l'adjudicataire « n'a rien de contraire à la foi due
« aux procès-verbaux forestiers, qui constatent la non-
« existence de la marque au moment où ils sont
« rédigés, puisqu'elle suppose la vérité de ces procès-
« verbaux et qu'elle tend à prouver, non qu'elle exis-
« tait lors de leur rédaction, mais qu'elle a existé
« antérieurement ; qu'il y aurait du danger à laisser
« l'adjudicataire, pas le refus absolu de la preuve, sans
« défense contre les actes d'imprudence ou de mal-
« veillance qu'il n'aurait pu prévenir » (21 nov. 1842,
14 avr. 1842 ; V. Meaume, t. 1, n. 170). La Cour de
cassation a persisté dans sa jurisprudence et déclaré
« qu'il serait contraire aux principes du droit forestier,

« qui excluent l'examen des questions intentionnelles
« et l'excuse de bonne foi (V. *suprà*, n. 87 et 88, et
« *infrà*, n. 93), de substituer, par de pures raisons
« d'équité, dont l'administration peut seule être juge,
« à une preuve matérielle et authentique de délivrance
« formellement exigée par le cahier des charges, une
« preuve par témoins qui a toujours ses dangers et qui
« priverait, notamment dans ce cas, l'administration
« de tout moyen de vérifier si l'empreinte que les
« témoins disaient avoir vue sur la souche était bien
« celle de son marteau » (Cass. crim., 15 août 1853,
D.53,5,238). Cependant, dans une affaire plus récente,
où le procès-verbal de récolement constatait que la
coupe comprenait seulement cinq chênes, que cinq
chênes seulement avaient été coupés, qu'il n'y avait pas
de délit et que l'empreinte manquait sur bien des
chênes, la Cour a reconnu que, s'il y avait infraction
au cahier des charges, il n'y avait pas coupe de réserves (Rej. crim., 24 fév. 1854, D.54,1,103).

L'adjudicataire est donc, sous ce rapport, à la discrétion de l'administration. Mais il y aurait abus à exiger
de lui la représentation de l'empreinte, lorsqu'il
invoque la destruction de cette empreinte causée par
un accident, et que le fait est reconnu par l'administration elle-même (Rej. crim., 8 juill. 1837; 24 janv.
1846, Dall., *Rép.*, v° *Forêts*, n. 1182).

91. L'art. 34 détermine ainsi les peines de l'abatage d'arbres de réserve : « Les amendes encourues
« par les adjudicataires, en vertu de l'article précé-
« dent, pour abatage au déficit d'arbres réservés,
« seront du tiers en sus de celles qui sont déterminées
« par l'art. 192, toutes les fois que l'essence et la cir-

« conférence des arbres pourront être constatées. Si,
« à raison de l'enlèvement des arbres et de leurs sou-
« ches, ou de toute autre circonstance, il y a impossibi-
« lité de constater l'essence et la dimension des arbres,
« l'amende ne pourra être moindre de cinquante francs,
« ni excéder deux cents francs. »

Ainsi, l'adjudicataire est, d'abord, passible d'une
amende qui est calculée d'après le tarif annexé à
l'art. 192, avec augmentation d'un tiers toutes les fois
que *l'essence et la circonférence* de l'arbre peuvent être
constatées. S'il y a impossibilité de les constater,
l'amende ne peut être moindre de cinquante francs ni
supérieure à deux cents francs (art. 34, §§ 1 et 2); et
les juges ne sauraient suppléer à cette constatation à
l'aide de renseignements fournis par la preuve testimo-
niale (Cass. crim., 2 oct. 1847, D.47,4,266).

L'impossibilité donnant lieu à l'application du premier paragraphe de l'art. 31 existe toutes les fois qu'on
n'a pu constater que l'essence sans la circonférence,
et réciproquement. Il en est ainsi, que cette impossibilité dérive de l'enlèvement des arbres ou d'un motif
quelconque, comme la confusion de ces arbres avec les
arbres légalement abattus (Cass. crim., 23 mars 1837,
Dall., *Rép.*, v° *Forêts*, n. 1199). Mais il faut, dans tous
les cas, que l'impossibilité soit constatée par le procès-
verbal, sans quoi il n'y aurait plus qu'un délit forestier
ordinaire, puni par les art. 192 et 193 (Cass. crim.,
20 mars 1830, D.30,1,175; 15 nov. 1833, Dall., *eod.*,
n. 1201).

Si le procès-verbal était insuffisant pour établir l'impossibilité, l'administration pourrait la prouver par
témoins, conformément à l'art. 175, Code for.; mais le

tribunal ne saurait être tenu d'ordonner cette preuve d'office (Cass. crim., 7 mai 1841, D.41,1,404). De son côté, l'adjudicataire pourrait établir la *possibilité*, malgré le procès-verbal dans lequel un garde aurait déclaré qu'il lui a été impossible de voir. Car la possibilité n'est ici qu'un fait relatif : de ce qu'un garde n'a pu voir l'empreinte, il ne résulte pas qu'un autre ne pourrait la découvrir, et la déclaration du premier, encore qu'elle fasse foi, n'est pas contraire à celle du second (Meaume, t. 1, n. 179).

Quant à l'amende de cinquante à deux cents francs, elle est applicable à chaque arbre enlevé ; autrement, cette restitution deviendrait illusoire dès que les arbres enlevés seraient d'une certaine grosseur (Cass. crim., 4 août 1838, D.38,1,473).

92. L'art. 34 ajoute : « Dans tous les cas, il y aura « lieu à la restitution des arbres, ou, s'ils ne peuvent « être représentés, de leur valeur, qui sera estimée à « une somme égale à l'amende encourue. » Et enfin : « sans préjudice des dommages-intérêts ».

Sur ce dernier alinéa s'élève une question longtemps controversée : L'adjudicataire doit-il, dans tous les cas, être condamné à payer des dommages-intérêts ? La négative a été jugée par les Cours de Bourges, Metz, Besançon, Nancy et Montpellier (V. Meaume, t. 1, n. 181). « L'idée de dommages-intérêts, disait M. l'av. « gén. Flandin, est corrélative de celle d'un préjudice « éprouvé ; et pour que des dommages-intérêts fussent « dus sans la constatation d'un préjudice, il faudrait « un texte bien exprès, bien explicite, ce que n'offre « pas la rédaction de l'art. 34 » (Concl., sous Poitiers, 24 janv. 1846, D.46,2,55.) La doctrine contraire n'en a pas moins été consacrée par de nombreux arrêts. La Cour de cassation considère que la coupe de réserves est un obstacle au repeuplement et une cause de dommage nécessaire ; que la situatien de l'adjudicataire donne à ses délits un caractère spécial et exige une répression sévère, et que l'on ne comprendrait pas que l'enlèvement d'arbres toujours choisis parmi les plus utiles et les mieux venants ne fût pas toujours passible de dommages-intérêts, lorsque ces dommages sont nécessairement prononcés pour des délits moins préjudiciables et plus excusables (Cass. crim., 23 juill. 1842, D.42,1,416 ; 23 nov. 1844, D.45,1,37 ; 23 août 1845, D.45,1,374 ; 26 mai 1848, D.48,1,199 ; 24 mai 1849, D.49,5,201 ; 18 juin 1851, D.51,5,274 ; 28 nov. 1851, D.51,5,275 ; 30 juin 1853, D.53,5, 235). Du moins n'y a-t-il pas lieu à dommages-intérêts, s'il n'en est pas demandé par l'administration (Meaume, *loc. cit.* ; V. *suprà*, n. 86, et *infrà*, n. 93, 94, 101).

Reste à déterminer le minimum des dommages-intérêts en présence de l'art. 202, Code for., où il est dit : « Dans tous les cas où il y aura lieu à adjuger « des dommages-intérêts, ils ne pourront être infé- « rieurs à *l'amende simple* prononcée par le jugement. » L'amende fixée par l'art. 34 à la valeur indiquée par le tarif de l'art. 192, et augmentée d'un tiers, est-elle en ce sens une amende simple ? La jurisprudence répond affirmativement : Une amende simple, c'est « une « amende dont la quotité est indépendante des cir- « constances de la récidive, de la nuit et de l'usage de « la scie » (Cass. crim., 17 mai 1834, Sir.34,1,582 ; 21 juill. 1838, Sir.39,1,543).

93. L'art. 37 punit d'une amende de cinquante à

cinq cents francs « toute contravention aux clauses et
« conditions du cahier des charges, relativement au
« mode d'abatage des arbres et au nettoiement des
« coupes, sans préjudice des dommages-intérêts ».

Cet article s'applique aux clauses qui prescrivent
d'avertir les agents forestiers que des arbres ont été
brisés par accidents de force majeure (Cass. crim.,
1er fév. 1851, D.52,5,284 ; Rej. crim., 3 janv. 1852,
D.52,5,285) ; ou de représenter l'empreinte du marteau
de l'État sur les étocs (Cass. crim., 15 mars 1833,
D.33,1,206) ; ou d'exploiter les coupes *à tire aire*,
c'est-à-dire de suite, sans intervalle, en allant toujours
en avant et sans laisser aucun arbre en arrière, au lieu
de fureter et jardiner, ce qui serait préjudiciable à la
forêt (Cass., ch. réun., 6 juill. 1837, D.37,1,531) ; à la
clause qui défend d'arracher les arbres au lieu de les
couper (Cass. crim., 25 juin 1825, D.25,1,398) ; à celle
qui ordonne de relever et façonner les ramiers (Cass.
crim., 12 fév. 1830, D.30,1,126 ; Cass., ch. réun.,
15 juin 1833, D.33,1,252 ; Cass. crim., 20 nov. 1834,
D.35,1,74).

Il punit, aussi bien que la mauvaise exécution des
opérations d'abatage et de nettoiement, *l'inexécution* des
opérations de nettoiement dans les délais fixés par le
cahier des charges (mêmes arrêts).

Il ne s'applique pas à la clause défendant l'introduction dans la coupe, même pour les besoins de l'exploitation, d'animaux non muselés, parce que le délit dont il
s'agit se rapporte, non au nettoiement de la coupe, mais,
ce qui est tout différent, à la vidange, et se trouve ainsi
frappé, non par l'art. 37, mais par l'art. 199 (Cass.
crim., 20 août 1829, Sir.29,1,380 ; 26 mars 1830,

D.30,1,184 ; 1ᵉʳ oct. 1846, D.46,4,302), et en certains cas par l'art. 147 (Meaume, t. 1, n. 198).

Enfin, il est fait, indifféremment, pour les clauses générales et pour les clauses particulières et locales (Rej. crim., 27 fév. 1836, Dall., *Rép.*, vᵒ *Forêts*, n. 1236).

L'art. 37 est rendu applicable par le seul fait de la contravention. Peu importe dès lors que l'adjudicataire soit de bonne foi (Cass. crim., 29 mai 1835, D.35,1, 358 ; V. *suprà*, n. 87, 88, 89, 90).

Il y aurait abus à prononcer autant d'amendes qu'il se trouverait d'arbres mal coupés ou de places mal nettoyées (Dupin, *Code forestier*, sur l'art. 37). Le nombre des amendes est donc limité par celui des coupes ou, au moins, des vices d'exploitation constatés pour chaque coupe (Meaume, t. 1, n. 196).

A l'inverse de ce que nous avons vu dans d'autres cas (V. *suprà*, n. 86, 92, et *infrà*, n. 94, 101), la condamnation aux dommages-intérêts n'est pas indispensable ici. L'arrêt du 23 juillet 1842 (D.42,1,416) cite pourtant l'art. 37 parmi ceux qui rendent cette condamnation nécessaire : il y a là une erreur, démontrée tant par la considération qu'un vice d'exploitation peut n'avoir causé aucun dommage, que par les explications données à la Chambre des députés par M. Favard de Langlade, rapporteur de la commission. Ce point a été reconnu par plusieurs décisions, et notamment par un arrêt de la Cour de Bourges qui, deux ans auparavant, avait pris à la lettre le considérant de l'arrêt du 23 août 1842 (Meaume, t. 1, n. 197 ; Bourges, 21 oct. 1854, et aut. cit.).

94. L'art. 36 interdit aux adjudicataires, « à moins

« que le procès-verbal d'adjudication n'en contienne
« l'autorisation expresse, de peler ou d'écorcer sur
« pied aucun des bois de leurs ventes, sous peine de
« cinquante à cinq cents francs d'amende ». C'est
que l'écorcement, qui se fait en temps de sève et
retarde la vidange, est nuisible à la forêt. Cette défense
comprend le fait d'écuisser ou éclater les arbres (Cass.
crim., 25 mars 1811, Sir.11,1,373). Elle ne s'étend
point aux arbres abattus.

« Il y aura lieu, ajoute l'art. 36, à la saisie des écorces
« et bois écorcés, comme garantie des dommages-
« intérêts, dont le montant ne pourra être inférieur à
« la valeur des arbres indûment pelés ou écorcés. »
Le minimum ainsi indiqué pour l'allocation des dommages-intérêts montre qu'ils sont obligatoires (V. *suprà*
ñ. 86, 92, 93, et *infrà*, n. 101).

95. Si l'adjudicataire demande à établir des fosses
ou fourneaux pour le charbon, des loges et ateliers, les
gardes forestiers « indiqueront par écrit les lieux où il
« pourra être établi des fours et fourneaux, etc.... »
(art. 38, Code for.).

D'où cette conséquence que, en cas de refus, l'adjudicataire peut recourir à leurs supérieurs hiérarchiques,
et même, si c'est un droit qui lui est dénié, réclamer
devant le tribunal civil l'interprétation ou l'exécution
du cahier des charges. Mais les tribunaux ne peuvent
contraindre l'administration à faire ce qu'elle ne veut
pas, et le recours formé devant eux par l'adjudicataire n'aboutit qu'à une allocation de dommages-
intérêts.

Le défaut d'autorisation donne lieu à une amende de
cinquante francs pour chaque fosse, fourneau, loge

ou atelier. L'autorisation doit être donnée par écrit
(art. 38). L'amende est donc prononcée, bien qu'il y
ait eu autorisation verbale (Cass. crim., 24 mai 1834,
D.34,1,383), et, à plus forte raison, bien que l'adjudicataire invoque, pour excuse, la nécessité de faire de
tels établissements et le silence des gardes (Cass. civ.,
16 juill. 1846, D.46,4,305).

96. « Il est défendu à tous adjudicataires, leurs
« facteurs et ouvriers, d'allumer du feu ailleurs que
« dans leurs loges et ateliers, à peine d'une amende de
« dix à cent francs, sans préjudice de la réparation du
« dommage qui pourrait résulter de cette contraven-
« tion. » (Art. 42.) Il en est ainsi même au cas où,
l'adjudicataire ayant pris les plus grandes précautions,
l'incendie n'aurait été que la conséquence d'un cas
fortuit. A défaut de la cause déterminante, la cause
première, la contravention à l'art. 42, reste toujours
imputable à l'adjudicataire (Cass. crim., 16 mars 1833,
D.33,1,208).

97. « Les adjudicataires ne pourront déposer dans
« leurs ventes d'autres bois que ceux qui en provien-
« dront, sous peine d'une amende de cent à mille
« francs. » (Art. 43.) Cette disposition a pour but de
rendre plus difficiles les vols qui pourraient avoir lieu
dans les ventes voisines.

98. « Les adjudicataires ne pourront effectuer
« aucune coupe ni enlèvement de bois avant le lever ni
« après le coucher du soleil, à peine de cent francs
« d'amende. » (Art. 35, Code for.)

Cette interdiction, d'une application difficile, tend à
mettre obstacle au travail dans les forêts aux heures où
les délits sont le plus faciles à commettre. Elle porte

même sur le fait de charger des voitures (Cass. crim., 26 mars 1830, D.30,1,184).

99. « A défaut, par les adjudicataires, d'exécuter, « dans les délais fixés par le cahier des charges, les tra- « vaux que ce cahier leur impose..., ces travaux seront « exécutés à leurs frais, à la diligence des agents fores- « tiers et sur l'autorisation du préfet, qui arrêtera « ensuite le mémoire des frais et le rendra exécutoire « contre les adjudicataires pour le payement. » (Art. 41.) Ces mesures sont prises administrativement et sans recours.

L'application de l'art. 41, à ce point de vue, ne fait pas obstacle à celle de l'art. 37, qui punit toute contra- vention aux clauses du cahier des charges relatives au nettoiement des coupes (V. *suprà*, n. 93 ; Cass. crim., 20 nov. 1834, Dall., *Rép.*, v° *Forêts*, n. 1227).

100. « La traite des bois se fera *par les chemins* « *désignés* au cahier des charges, sous peine, contre ceux « *qui en pratiqueraient de nouveaux*, d'une amende dont « le minimum sera de cinquante francs et le maximum « de deux cents francs, outre les dommages-intérêts. » (Art. 39 ; V., sur les dommages-intérêts, *suprà*, n. 86, 92, 93, 94.)

Malgré ces expressions : *qui en pratiqueraient de nou- veaux*, l'art. 39 est appliqué à tous les adjudicataires qui font la traite par des chemins non désignés par le cahier des charges, ces chemins fussent-ils préexistants. Les mots : *doit se faire par les chemins désignés*, sont enten- dus comme les expliquant en ce sens (Cass. crim., 13 août 1852, D.52,5,287). A plus forte raison, ne sauraient échapper à l'art. 39 ceux qui s'écarteraient des chemins désignés, sans en pratiquer de nouveaux, en cheminant à travers la coupe (Cass. crim., 3 nov. 1832; 5 déc. 1833, Dall. *Rép.*, v° *Forêts*, n. 1257; 4 juill. 1839, D.39,1,409; 14 juin 1844, Sir.44,1,829; 16 mai 1840, D.40,1,416). En vain l'adjudicataire dirait que les chemins désignés sont impraticables, et invoquerait la loi du 6 oct. 1791, tit. 2, art. 41, autorisant les voyageurs à passer sur les propriétés riveraines des chemins publics, lorsque ces chemins sont impraticables. A supposer que cet article soit fait pour les chemins qui traversent les forêts, il ne l'est pas pour les chemins de desserte, et l'adjudicataire n'a qu'à demander à l'administration les moyens de passer (mêmes arrêts). Au surplus, et du moment qu'un procès-verbal constate que les prévenus ont été trouvés en faux chemin, le juge ne saurait, sauf le cas d'inscription de faux, les admettre à prouver qu'ils étaient bien dans un chemin désigné par le cahier des charges (Cass. crim., 18 déc. 1829, Dall., *Rép.*, v° *Forêts*, n. 1260).

L'adjudicataire dont les voitures n'auraient pas suivi un chemin désigné échapperait cependant aux pénalités de l'art. 39, si le cahier des charges ne désignait aucun chemin; mais il retomberait sous l'application de l'art. 147 : « Ceux dont les voitures, bestiaux, ani-
« maux de charge ou de monture, se sont trouvés dans
« les forêts, hors des routes et des chemins ordinaires,
« seront condamnés, savoir : par chaque voiture, à une
« amende de dix francs pour les bois de dix ans et
« au-dessous, et de vingt francs pour les bois au-
« dessous de cet âge; par chaque tête ou espèce de
« bestiaux non attelés, aux amendes fixées pour délit
« de pâturage par l'art. 199; le tout sans préjudice des

« dommages-intérêts. » (Cass. crim., 18 déc. 1829, Dall., *eod.*, n. 1260.)

101. « La coupe des bois et la vidange des ventes « seront faites dans les délais fixés par le cahier des « charges, à moins que les adjudicataires n'aient « obtenu de l'administration forestière une proroga- « tion de délai ; à peine d'une amende de cinquante « à cinq cents francs, et, en outre, des dommages- « intérêts, dont le montant ne pourra être inférieur à « la valeur estimative des bois restés sur pied ou gisant « sur les coupes. » (Art. 40.)

Aucun doute possible sur le moment auquel est terminée la coupe. Quant à *la vidange*, et malgré l'induction contraire qui semblerait résulter de ces mots, *vidange des ventes*, elle n'est censée opérée que lorsque le bois a été emporté, non seulement de la vente, mais du sol forestier (Cass. crim., 27 mai 1854, D.54,1,424). Il y a là, d'ailleurs, deux opérations et deux délais : par conséquent, la prorogation du délai de vidange n'entraîne pas la prorogation du délai d'abatage (Rej. crim., 17 nov. 1865, D.66,1,95).

La prorogation de délai devait d'abord émaner du directeur général (Ord. régl., art. 96). Les conservateurs ont reçu le pouvoir de l'accorder, d'abord en tant qu'il s'agirait seulement de quinze jours pour la coupe et de deux mois pour la vidange (Ord. 4 déc. 1844, art. 1, § 4); et enfin d'une manière absolue (L. 31 mai 1850).

Cette prorogation ne saurait être accordée par l'autorité judiciaire, qui, en conséquence, ne peut admettre les excuses de l'adjudicataire, soit qu'il invoque l'impossibilité (Cass. crim., 5 mars 1840, Dall., *Rép.*, v° *Forêts*, n. 319); soit qu'il impute le retard à la négligence d'un fonctionnaire, par exemple, d'un agent-voyer avec qui il avait besoin de s'entendre pour la fixation des limites précises du chemin (Rej. crim., 28 avr. 1848, D.49,1,246); soit qu'il allègue un ancien usage (Cass. crim., 24 déc. 1841), Dall., *eod.*, n. 1271); ou une demande adressée à l'administration et restée sans réponse (Cass. crim., 10 juin 1847, D.47,4,268).

Au point de vue qui nous occupe, on n'a pas à s'inquiéter du but de l'exploitation, et à rechercher si la vente a été faite en conséquence de l'aménagement de la forêt, ou simplement pour ouvrir un chemin (Cass. crim., 22 juill. 1837; 18 sept. 1840, Dall., *Rép.*, v° *Forêts*, n. 1275 et 1276).

A l'égard des dommages-intérêts se présente encore la question de savoir s'ils sont obligatoires (V. *suprà*, n. 86, 92, 93, 94). Deux arrêts de Besançon et de Nancy l'ont nié par ce motif, que le dommage ne paraît pas nécessaire (V. Meaume, t. 1, n. 210). Mais l'affirmative, conforme à l'esprit de la jurisprudence, trouve un appui dans les termes de l'art. 40, et a été admise par les considérants de l'arrêt, déjà cité plusieurs fois, du 23 juill. 1842 (Cass. crim., D.42,1,416).

L'art. 40 ajoute : « Il y aura lieu à saisie de ces bois, « à titre de garantie pour les dommages-intérêts. »

102. « Les adjudicataires, à dater du permis d'ex-« ploiter, et jusqu'à ce qu'ils aient obtenu leur « décharge, sont responsables de tout délit forestier « commis dans leurs ventes et à l'ouïe de la cognée, si « leurs facteurs ou gardes-ventes n'en font leurs rap-« ports, lesquels doivent être remis à l'agent forestier « dans le délai de cinq jours. » (Art. 45.)

L'art. 46 applique spécialement cette responsabilité aux faits des employés de l'adjudicataire : « Les adju-
« dicataires et leurs cautions sont responsables et con-
« traignables par corps au payement des amendes et
« restitutions encourues pour délits et contraventions
« commis, soit dans la vente, soit à l'ouïe de la cognée,
« par les facteurs, garde-ventes, ouvriers, bûcherons,
« voituriers et tous autres employés par les adjudica-
« taires. »

L'adjudicataire est responsable, parce que la forêt lui est en quelque sorte confiée par la force des choses, et que les délits y sont présumés commis par lui ou par ses ouvriers. Dès lors, cette responsabilité embrasse non seulement les faits imputables à l'adjudicataire et à ses ouvriers, mais aussi ceux des personnes étrangères. La loi lui réserve seulement le moyen de s'exonérer de ces derniers. Nous reviendrons tout à l'heure sur ce point.

Faisons d'abord remarquer qu'il n'y a pas lieu de distinguer entre les délits postérieurs au permis d'exploiter et les délits antérieurs. A l'égard de ceux-ci, il ne tenait qu'à l'adjudicataire de se mettre à l'abri de toute recherche en faisant procéder au souchetage, et au besoin au recensement (V. *suprà*, n. 85). Il est présumé avoir reconnu, en recevant le permis, qu'il n'existait aucun délit (Cass. crim., 31 mai 1833, 8 mai 1835, Dall., *Rép.*, v° *Forêts*, n. 1140; 15 nov. 1833, Sir.34,1,765; 18 mai 1838, D.38,1,468).

Il n'y a pas lieu de distinguer davantage entre les restitutions et dommages-intérêts, d'une part, et, d'autre part, les amendes, pour considérer ces dernières comme étrangères à un commettant, simplement responsable

8

du fait d'autrui : le droit commun ni l'art. 206, Code
for., ne sont invocables par l'adjudicataire, directement
responsable de son fait et de celui de ses préposés,
lesquels, « placés sur les lieux mêmes, et tenus d'y sur-
« veiller les délits, sont présumés par la loi les avoir
« commis, si cette présomption n'est pas écartée par le
« moyen que la loi ouvre elle-même dans ledit art. 45.»
(Cass. crim., 16 nov. 1833, D.34,1,58; 20 sept.1832;
15 juill. 1842 ; Cass., ch. réun., 23 avril 1836, Dall.,
Rép., v° Forêts, n. 1291 et 1292).

La jurisprudence repousse également toutes autres
distinctions sans base dans la loi, et tirées soit de ce
que la vente est séparée par des terrains cultivés du
bois compris dans l'ouïe de la cognée (Cass. crim.,
25 juill. 1828); soit de ce qu'il s'agit d'une adjudication de châblis (Rej. crim., 17 juin 1842), ou d'une
coupe jardinatoire dont la surveillance est plus difficile
que celle d'une coupe par contenance (Cass. crim.,
10 août 1821 ; Nancy, 13 janv. 1847); soit de ce que
l'administration elle-même a introduit des ouvriers
dans la vente afin d'y faire exécuter des travaux (Cass.
crim., 2 nov. 1810 ; 20 août 1819 ; V. pour tous ces
arrêts : Dall. Rép. eod., n. 1294, 1295, 1126).

103. L'adjudicataire n'a qu'un moyen de sauvegarder sa responsabilité : c'est de remettre à l'agent
forestier, dans les cinq jours, un procès-verbal régulier, dressé par son garde-vente (art. 45 ; Cass. crim.,
11 sept. 1847, D.47,4,266). Il ne lui serait utile ni
de faire à cet agent une déclaration circonstanciée,
mais verbale (Cass. crim., 24 juin 1837, Dall., Rép.
eod., n. 1300; 3 fév. 1848, D. 49,1,80); ni de dresser
lui-même un procès-verbal, s'il avait obtenu la dispense

-d'établir un garde-vente, car cette dispense ne pouvait lui être accordée qu'à ses risques et périls (Cass. crim., 25 nov. 1852, D.53,5,234).

La jurisprudence ne lui permet pas même d'invoquer, pour démontrer que le délit a été commis par un étranger, le procès-verbal dressé par un agent forestier (Cass. crim., 14 mai 1829, D.29,1,242); et cela, même au cas où le fait, tel qu'un incendie, serait puni par la loi pénale : « cette interprétation est conforme à l'es-« prit de la loi forestière et au but qu'elle se propose, « d'intéresser l'adjudicataire, par la crainte d'une « sévère répression, à surveiller et à protéger plus « efficacement la forêt, et à prévenir, dans un court « délai, l'administration, des dégâts qui y sont commis « par des tiers » (Cass. crim., 10 janv. 1852, D.52,1,60; 8 juill. 1853, D. 53,1,320.) S'il n'y a pas là exagé-ration, il faut au moins reconnaître que le rapport du garde-vente ne devient pas sans valeur, comme une Cour l'a jugé, par cela seul que l'agent forestier lui-même a dressé procès-verbal avant le garde-vente (Cass. crim., 11 avr. 1840, D.40,1,412).

104. A la différence de l'adjudicataire, rendu responsable de tous délits par l'art. 45, la caution n'est expressément déclarée responsable par l'art. 46 que de ceux des employés et ouvriers. Mais la jurisprudence n'admet, sous ce rapport, vu l'identité des raisons de décider, aucune différence entre la situation de l'adjudicataire et celle de la caution (Cass. crim., 16 nov. 1833, D. 34,1,58).

L'un et l'autre sont à ce point de vue contraignables par corps (art. 46 ; V. *suprà*, n. 75).

105. Ordinairement, les délits sont découverts et

poursuivis lors du récolement (V. *infrà*, n. 106). Cependant, si, dans le cours de l'exploitation ou de la vidange, des procès-verbaux sont dressés, il peut y être donné suite sans attendre l'époque du récolement (art. 44). Du reste, l'existence d'un procès-verbal, sur lequel il a été statué, ne peut jamais empêcher la poursuite de faits qui n'avaient pas servi de matière à ce procès-verbal (art. 46; Cass. crim., 21 mai 1836; 9 fév. 1839, Dall. *Rép.*, v° *Forêts*, n. 1323 et 1328; 17 juill. 1846, D.46,4,312). Le choix ainsi laissé à l'administration, entre la poursuite immédiate et la poursuite après le récolement, lui appartient au cas de simple déficit comme au cas d'abatage de réserves (Cass. crim., 18 juin 1842, Sir.51,2,269, note).

L'art. 44 ne s'oppose pas à ce qu'un sursis soit demandé par l'adjudicataire et accordé par le tribunal s'il juge à propos de surseoir (Besançon, 16 mai 1834; Meaume, t. 1, n. 223).

106. Le droit de transiger a été expressément reconnu à l'administration forestière par la loi du 18 juin 1859, modificative de l'art. 159, Code for. Ce droit est plus ou moins étendu suivant cette distinction : « L'administration des forêts est autorisée à transiger, « avant jugement définitif, sur la poursuite des délits « et des contraventions en matière forestière commis « dans les bois soumis au régime forestier. Après « jugement définitif, la transaction ne peut porter que « sur les peines et réparations pécuniaires » (V. Rég. d'adm. publ., 21 déc. 1859; Arr. min. fin., 31 janv. 1860 ; V. *infrà*, n. 462).

La raison de la différence, c'est qu'il ne peut appartenir à une administration financière, mais seulement au chef de l'État exerçant le droit de grâce, de supprimer les conséquences d'une condamnation qui n'est pas simplement pécuniaire.

107. Arrivons aux *obligations de l'État.*

Le Code for. paraît ne s'occuper que des obligations de l'adjudicataire. C'est que des précautions minutieuses étaient commandées par la situation spéciale de celui qui est forcément constitué gardien de la forêt et qui pourrait en compromettre l'avenir par son dol ou sa négligence. L'État n'en contracte pas moins, en premier lieu, l'obligation de délivrance. Nous savons qu'il exécute cette obligation en remettant à l'adjudicataire le permis d'exploiter (V. *suprà,* n. 82).

L'État doit de plus garantir la chose vendue. Ses obligations à cet égard sont précisées par le cahier des charges. Ici encore, la compétence est judiciaire (Cass. civ., 12 août 1844, D.44,1,303). Le Conseil d'État a jugé que, tenu de garantir l'utile exploitation des coupes par lui vendues,. l'État peut être actionné devant les tribunaux à raison d'un incendie qui a consumé ces coupes et qui est imputé à ses agents (25 fév. 1864, *Rouault* ; V. *suprà,* n. 80).

Avant l'exploitation, l'adjudicataire peut exiger le souchetage et le recensement (V. *suprà,* n. 85). Après l'exploitation, il a droit à ce qu'il soit procédé au réarpentage et au récolement, préliminaires indispensables de sa décharge. Le réarpentage a pour but la détermination de l'étendue de forêt réellement exploitée par l'adjudicataire, et n'est donc fait que pour les coupes par contenance. Le récolement, qui s'applique et à ces coupes et aux coupes jardinatoires, a pour objet la vérification de l'exploitation et la constatation des délits.

« Il sera procédé au réarpentage et au récolement de
« chaque vente dans les trois mois qui suivront le jour
« de l'expiration des délais accordés pour la vidange
« des coupes » (art. 47.) Les mois sont à compter
d'après le calendrier grégorien, et le délai est franc,
c'est-à-dire pris en dehors du *dies a quo* et du *dies ad
quem.*

La nécessité, pour l'administration, de procéder à
ces opérations dans le délai de l'art. 47, n'est pas
directement sanctionnée par la loi. Mais l'adjudicataire
a grand intérêt à ce que le délai soit observé; car sa
responsabilité ne cesse régulièrement que par la décharge d'exploitation, laquelle n'est accordée qu'après
le récolement. « A l'expiration des délais fixés par
« l'art, 50, et si l'administration n'a élevé aucune
« contestation, le préfet délivrera à l'adjudicataire la
« décharge d'exploitation » (art. 51). Si donc le délai
de trois mois s'est écoulé sans réarpentage et récolement, il faut que l'adjudicataire ait les moyens d'obtenir sa décharge. « Ces trois mois écoulés, les adjudi-
« cataires pourront mettre en demeure l'administration
« par acte extrajudiciaire signifié à l'agent forestier
« local; et si, dans le mois après la signification de
« cet acte, l'administration n'a pas procédé au réar-
« pentage et au récolement, l'adjudicataire demeurera
« libéré » (art. 47).

La signification d'un acte extrajudiciaire est de
rigueur. Elle ne saurait être suppléée par aucun équivalent ni par aucun acte, même par un jugement, bien
qu'elle résulte de la signification de ce jugement (Cass.
crim., 19 juin 1840, D.40,1,283).

Quant à l'agent forestier, nous avons eu déjà l'occasion de le dire, c'est un garde général ou agent supérieur (V. *suprà*, n. 82).

108. Le réarpentage et le récolement doivent être contradictoires. « L'adjudicataire ou son cessionnaire « sera tenu d'assister au récolement, et il lui sera « signifié à cet effet, au moins dix jours d'avance, un « acte contenant l'indication des jours où se feront le « réarpentage et le récolement » (art. 48). L'indication de l'heure n'est donc pas nécessaire (V. Meaume, t. 1, n. 241, et *suprà*, n. 72). Mais l'adjudicataire dûment appelé est censé présent : l'art. 48 ajoute immédiatement : « faute par lui de se trouver sur les lieux ou de « s'y faire représenter, les procès-verbaux de réarpen- « tage et de récolement seront réputés contradictoires » (Cass. crim. 14 janv. 1836, Dall., *Rép.* v° *Forêts*, n. 1375).

Le réarpentage doit être fait par un agent autre que celui qui a fait l'arpentage (Ord. régl., art. 97), et la violation de cette prescription emporte nullité de l'opération, à moins que l'adjudicataire ou son représentant n'y ait assisté sans protestation. Du reste, « les adjudi- « cataires auront le droit d'appeler un arpenteur de « leur choix pour assister aux opérations du réarpen- « tage; à défaut par eux d'user de ce droit, les procès- « verbaux de réarpentage n'en seront pas moins réputés « contradictoires » (art. 49 Code for.). S'il résulte de l'arpentage un excédent ou un manque de mesure, le compte est modifié; mais on n'applique pas la déchéance à défaut d'action dans l'année (Cass. civ., 3 nov. 1842, Dall., *Rép.* v° *Forêts*, n. 994).

Aux termes de l'art. 52, « les arpenteurs seront pas- « sibles de tous dommages-intérêts par suite des

« erreurs qu'ils auront commises, lorsqu'il en résultera
« une différence d'un vingtième de l'étendue de là
« coupe ». Cet article ne saurait être invoqué que par
l'État, et non par les adjudicataires : ceux-ci peuvent
seulement se prévaloir, au cas de dommage prouvé,
des art. 1382 et 1383 Code civ. (Rej. civ. 31 août 1841,
D. 41, 1, 357).

Quant au récolement, les agents qui ont fait le balivage et le martelage n'en sont pas exclus. L'ordonnance
réglementaire, art. 98, veut seulement qu'il y soit procédé par deux agents, et le Conseil d'État a refusé de
voir dans l'oubli de cette règle une cause de nullité
(17 mai 1833, *Ferras*). Il n'est pas nécessaire que le
procès-verbal soit signé par l'adjudicataire ou constate
son refus de signer (Rej. crim., 7 janv. 1808), sauf le
droit à lui réservé en pareil cas de demander une nouvelle vérification (Rej. crim., 11 avr. 1811); ni qu'il
soit affirmé, puisque l'art. 166 Code for. dispense les
agents forestiers de cette formalité, imposée seulement
aux simples gardes (Rej. crim., 7 janv. 1808); ni qu'il
soit enregistré dans les quatre jours, conformément à
l'art. 170 Code for., car ce n'est pas un procès-verbal
dans le sens des lois criminelles, mais un acte administratif (17 mai 1833, *Ferras*; Cass. crim., 26 sept.
1833, Dall. *Rép.* v° *Forêts*, n. 1367, 1368 et 1370); à
moins cependant qu'il ne constate un délit, auquel cas
l'art. 170 reprend son application.

109. L'art. 50 indique la voie de réformation ouverte contre les procès-verbaux de réarpentage et de
récolement. « Dans le délai d'un mois après la clôture
« des opérations, l'administration et l'adjudicataire
« pourront requérir l'annulation du procès-verbal pour

« défaut de forme ou pour fausse énonciation. Ils se
« pourvoiront à cet effet devant le conseil de pré-
« fecture, qui statuera. »

Il y a défaut de formes, par exemple, si le procès-
verbal n'est pas signé par les agents ; si, étant dressé
en l'absence de l'adjudicataire, il n'est pas daté ; si
l'opération a été, sans qu'on ait prévenu l'adjudicataire
de ce changement, effectuée un jour autre que le jour
fixé pour l'adjudication. De même, si la citation n'indique pas la date à laquelle elle a été remise ; si elle a
été remise par un individu sans caractère légal ; si elle
ne contient pas l'indication de la personne à laquelle la
copie a été laissée, etc... La nullité tenant à l'irrégularité de la citation est couverte par la présence de l'adjudicataire (Meaume, t. 1, n. 244).

110. Quant aux fausses énonciations, on soutient
qu'il faut seulement entendre par là les énonciations
inexactes relatives au résultat des opérations, comme
les erreurs sur la contenance ou sur le nombre des
pieds d'arbres réservés, mais non celles qui se rapportent à des faits matériels, comme l'indication du jour
et de l'heure, la présence de l'adjudicataire, les déclarations faites par lui. Sous l'ordonnance de 1669, le
procès-verbal de récolement faisait foi jusqu'à inscription de faux (Cass. crim. 14 déc. 1810, Dall., *Rép.*
v° *Forêts*, n. 1366) ; et l'on demande pourquoi l'administration serait privée de cette garantie (Meaume, t. 1,
n. 247).

Il nous paraît que ce sytème est celui qui a été présenté par le ministre des finances devant le Conseil
d'État, et condamné par l'arrêt du 6 août 1840, (*Min.
fin. c. Papinot*). L'ancienne jurisprudence a été abrogée,

puisque le procès-verbal faisait foi jusqu'à inscription de faux, même du simple déficit et des vices d'exploitation (Arr. préc., 14 déc. 1810). En donnant aux seuls conseils de préfecture le pouvoir de réformer les actes qu'on s'accorde à considérer comme des actes administratifs, et ce pour vices de forme et *fausses énonciations*, l'art. 50 a suffisamment indiqué la volonté de supprimer l'inscription de faux. Et tel est certainement le sens dans lequel l'art. 50 a été entendu par l'arrêt de 1840, reconnaissant que cet article appelle le conseil de préfecture à statuer « sans lui imposer aucune forme spéciale de « procéder dans le cas où la fausse énonciation serait « alléguée », et par les décisions de la Cour suprême (Cass. crim., 6 mars 1834, D.34,1,190; 21 sept. 1850, D.51,1,60).

111. Faute d'avoir été formée devant le conseil de préfecture dans le mois, l'action ouverte par l'art. 50 est éteinte et ne peut être reproduite devant le tribunal correctionnel (Cass. crim., 26 sept. 1839; 27 juin 1840, Dall. *Rép.* v° *Forêts*, n. 1370). Il en est de même lorsque l'action, intentée dans les délais, a été rejetée, et qu'il y a ainsi chose jugée.

Les opérations visées par l'art. 50 ne peuvent être que contradictoires (Arr. préc., 26 sept. 1839); l'adjudicataire ne saurait être déchu du droit d'attaquer un réarpentage ou un récolement qu'il ignore (Cass. civ., 14 janv. 1836, *eod.*, n. 1375). Il peut donc, même après le mois, opposer aux poursuites son ignorance des opérations et demander un sursis pour agir devant le conseil de préfecture (Besançon, 2 mars 1840; Grenoble, 5 juill. 1834, cités par Meaume, t. 1, n. 244).

112. Pour éclairer sa religion, le conseil de préfecture a pouvoir d'ordonner une expertise, une visite des lieux, etc... Le ministre des finances l'ayant contesté, le Conseil d'État a répondu « qu'en appelant le conseil « de préfecture à statuer, sans lui imposer aucune forme « spéciale de procéder dans le cas où la fausse énon- « ciation serait alléguée, l'article précité a laissé à ce « conseil la faculté de choisir et d'employer les moyens « d'instruction les plus propres à l'éclairer » (6 août 1840, *Min. fin. c. Papinot*; V. *suprà*, n. 110).

Que peut faire le conseil de préfecture? Il peut, ou rejeter la demande en réformation; ou, s'il juge les énonciations inexactes, les modifier, sans cependant ordonner un nouveau récolement; ou enfin, s'il y a vice de forme, annuler le procès-verbal (même arrêt).

L'art. 50 précise les conséquences de cette annulation : « En cas d'annulation du procès-verbal, l'admi- « nistration pourra, dans le mois qui suivra, y faire « suppléer par un nouveau procès-verbal. »

113. L'adjudicataire a droit d'obtenir sa décharge d'exploitation, lorsque l'administration a laissé passer les délais de l'art. 50 sans élever aucune contestation, soit devant le conseil de préfecture, soit devant les tribunaux civils ou correctionnels (art. 51). Il a le même droit, si des contestations ont été élevées et tranchées par une décision définitive. La cour de Nancy a justement décidé que l'art. 50 ne donne pas à l'adjudicataire sa décharge, mais le droit de l'obtenir. Sa responsabilité court jusqu'à ce que le préfet ait délivré cette décharge, ou que l'adjudicataire ait fait rendre par le tribunal un jugement en tenant lieu (Nancy, 5 mars 1862, D.62,2,60).

La prescription est régie par l'art. 185 Code for. :

« Les actions en réparation de délits et contraventions
« se prescrivent par trois mois, à compter du jour où
« les délits ou contraventions ont été constatés, lorsque
« les prévenus sont désignés dans les procès-verbaux.
« Dans le cas contraire, le délai de prescription est de
« six mois, à compter du même jour, sans préjudice, à
« l'égard des adjudicataires et entrepreneurs des
« coupes, des dispositions contenues aux articles 45,
« 47, 50, 51 et 82 de la présente loi. » Le jour de la
constatation est le jour de la clôture et non celui de
l'ouverture du procès-verbal (Cass. crim., 31 août
1850, D.50,5,364).

CHAPITRE III

ACHAT D'IMMEUBLES PAR L'ÉTAT

114. Règles du fond.
115. Compétence.

114. L'achat des immeubles par l'État n'est pas,
comme leur vente, directement subordonné à l'autorisation législative. Mais le pouvoir du Gouvernement, à
l'égard de l'achat, se trouve en définitive plus resserré
qu'à l'égard de la vente, puisque pour cette dernière,
il peut, en général, s'exercer librement jusqu'à la
valeur d'un million (V. *suprà*, n. 33), tandis que pour
l'achat, il n'existe que dans la limite des crédits régulièrement ouverts.

L'acquisition d'un immeuble pour l'État doit être
approuvée par le préfet, si le prix est inférieur à 25,000

francs (Décr., 25 mars 1852, tableau D, 10°, lettre *a*);
par le président de la République, s'il est supérieur
(L. 8 mars 1810, art. 3).

Quant aux formes, le contrat est passé, devant le
préfet, entre le vendeur et le directeur des Domaines
(L. 8 mars 1810, art. 12). Seules, les acquisitions pour
compte du ministère des cultes sont ordinairement
faites devant notaire.

La transcription est aussi nécessaire pour les ventes
à l'État que pour les ventes entre particuliers, puisque,
jusqu'à la transcription, le contrat n'est pas opposable
aux tiers (L. 23 mars 1855). Une circulaire du ministre
des travaux publics, du 24 août 1863, invite les préfets, avant de délivrer le mandat de payement relatif au
prix, à requérir du conservateur des hypothèques un
état des inscriptions.

L'achat d'un immeuble est un contrat de droit civil,
assujetti, pour le fond, aux règles du droit commun,
sauf cependant en ce qui concerne les voies d'exécution contre l'État (9 mai 1841, *Bernard-Chertemps*). Il
ne peut s'agir de saisie ni d'exécution vis-à-vis de
l'État; le payement de ses dettes est exclusivement régi
par les lois et règlements administratifs.

115. La compétence est judiciaire (V. *suprà*, n. 51;
trib. confl., 15 mars 1850, *Ajasson de Grandsagne*;
C. d'État, 21 juill. 1876, *Min. fin.* et *mar. c. Ville de
Brest*).

Les tribunaux ont donc seuls pouvoir d'interpréter
la vente et d'en déterminer les effets, comme s'il s'agissait d'un acte notarié (Req. 17 juill. 1849, D. 49,1,
315; trib. confl. 15 mars 1850, *Ajasson de Grandsagne*;
15 juill. 1874, *Hospices de Vichy*; V. *suprà*, n. 53);

même de prononcer contre l'État une condamnation en dommages-intérêts (Trib. confl., 30 nov. 1850, *Laporte*).

A l'autorité administrative seule il appartient d'apprécier la régularité de l'acte et de dire, par exemple, si l'approbation de l'autorité supérieure, à laquelle était subordonnée la vente, a été obtenue (trib. confl., 15 mars 1850, *Ajasson de Grandsagne*; V. *suprà*, n. 54, 68, 79, 115, 212); à l'autorité administrative, c'est-à-dire à l'autorité dont l'acte est émané, à l'autorité supérieure, s'il en existe une, et enfin au Conseil d'État au contentieux. L'administration seule est compétente à l'égard des actes nécessaires pour procurer au vendeur le payement de son prix (V. le n. préc.).

CHAPITRE IV

ACHAT DE MEUBLES PAR L'ÉTAT

116. L'achat des objets mobiliers destinés aux services de l'État constitue la partie la plus importante des marchés appelés souvent *marchés de fournitures,* et plus justement *marchés administratifs.* Ces marchés comprennent, non seulement l'achat des objets de consommation et autres nécessaires aux services de l'État, mais d'autres contrats, tels que louages d'ouvrage et de transport, assurances, etc... et jusqu'à des ventes (V. *suprà,* n. 68 et 69).

117. Pour qu'un achat soit soumis aux règles des marchés de l'État, il faut qu'il soit intervenu pour le compte de l'État. Les événements de 1870-71 ont fourni deux applications remarquables de cette règle.

La première se rapporte aux contrats passés par les préfets pour l'habillement et l'équipement des gardes nationaux mobilisés. Un décret du 22 octobre 1870 portait que ces gardes nationaux seraient équipés et soldés par l'État au moyen des contingents fournis par les départements et les communes. La loi du 11 septembre 1871 a déchargé les départements et communes de la dépense qui leur avait été ainsi imposée. Les marchés pour l'habillement et l'équipement des gardes nationaux mobilisés se rapportaient à la défense nationale, c'est-à-dire au premier des intérêts de l'État, et la force majeure était trop évidente pour qu'on s'attachât à la manière dont ils avaient été contractés. Ils ont donc été considérés comme passés pour le service et pour le compte de l'État (21 oct. 1871, *Delhopital*; Cass. crim., 12 janv. 1872, D. 72,1,153; Douai, 2 avr. 1873, D. 74,2,12).

En sens inverse, le fournisseur qui a traité avec les agents d'une insurrection ne saurait, après le rétablissement du gouvernement régulier, exiger l'exécution de son contrat comme passé avec un pouvoir de fait. Il a agi à ses risques et périls, et le gouvernement, qui ne reconnaît aucune existence légale à ce pouvoir, n'en saurait reconnaître davantage à ses actes, et doit seulement au fournisseur ce dont l'État ne peut s'enrichir à ses dépens, à savoir la valeur des marchandises ou denrées trouvées en magasin (14 févr. 1873, *Cibille*; 31 janv. 1874, *Bruneau*; 6 fév. 1874, *Association des ouvriers tailleurs*; 25 mai 1877, *Thimel*; V. sur une question analogue, Req., 27 nov. 1872, D. 73,1,203).

118. *Formation du marché.*

En principe, les marchés sont passés par les ministres

ou, sauf leur approbation, par les fonctionnaires délégués par eux (4 fév. 1876, *Ville de Marseille*).

C'est ce qui résulte de l'art 12 de la loi de finances
du 31 janvier 1833, portant : « Une ordonnance royale
« réglera les formalités à suivre à l'avenir dans tous
« les marchés passés au nom du Gouvernement; » de
l'ordonnance du 4 décembre 1836, des art. 68 à 81
du décret du 31 mai 1862, et enfin du décret du 18
novembre 1882, qui abroge ces dispositions réglementaires (art. 29). L'art. 17 du décret de 1882 porte :
« Sauf les exceptions spécialement autorisées ou résul-
« tant des dispositions particulières à certains services,
« les adjudications et réadjudications sont subordonnées
« à l'approbation du ministre et ne sont valables et
« définitives qu'après cette approbation. Les exceptions
« spécialement autorisées doivent être relatées dans le
« cahier des charges. » L'art. 19 ajoute : « Les marchés
« de gré à gré sont passés par les ministres ou par les
« fonctionnaires qu'ils ont délégués à cet effet. » Les
marchés destinés à assurer un service dans toute l'étendue du territoire, comme ceux des subsistances ou des
bois de la marine, sont passés par le ministre dans le
département duquel est compris le service. Les marchés qui se rapportent à un service local, par exemple,
au service particulier d'un port, sont passés par le chef
de ce service ou autres fonctionnaires délégués, sauf
approbation du ministre.

La nécessité de l'autorisation est une conséquence
de la responsabilité ministérielle : elle reçoit cependant
diverses exceptions. Ainsi, les marchés pour le service
des ports, lorsque la dépense n'excède pas quatre
cents francs, sont arrêtés par les préposés ou officiers

commis par les conseils d'administration (Ord. 17 déc.
1828, art. 78). Les marchés pour fournitures de pain
aux troupes sont approuvés, au nom du ministre, par
le président de la commission, et, en cas de protestation, par l'intendant divisionnaire (Ord. 11 nov. 1844;
Inst. min. guerre, 4 nov. 1853; V. en matière de travaux publics, *Traité des travaux publics*, t. 1, n. 83, 97
et suiv.).

119. L'approbation du ministre doit être *expresse*
(21 mai 1867, *Véniard*), ce qui ne veut pas dire formelle. Elle ne saurait être remplacée par les circonstances qui ont pu donner à penser au traitant que son
marché était devenu définitif (20 juill. 1854, *Olivet*;
4 juill. 1872, *Martin*) : mais il suffit, croyons-nous,
qu'elle résulte avec évidence des actes de l'administration.

L'approbation ministérielle étant une condition du
marché, il n'y a pas situation égale dans le temps qui
sépare le marché de l'approbation. Le fournisseur est
lié, tandis que l'État ne l'est pas (V. *infrà*, n. 201).

120. D'un autre côté, le droit, pour le ministre,
d'accorder son approbation ou de la refuser est, en principe, absolu; à lui seul il appartient d'apprécier les
circonstances qui le déterminent à agréer un fournisseur ou à ne pas l'agréer. Ce droit, cependant, est
limité sous divers rapports.

Sans doute, le ministre est maître d'approuver un
marché. Mais, toute adjudication a pour base un cahier
des charges, dont les dispositions sont obligatoires
pour l'administration. Si donc « un adjudicataire de
« fournitures ne peut obliger le ministre compétent à
« approuver l'adjudication qui aurait été prononcée à

« son profit, il n'en a pas moins qualité pour se pour-
« voir contre toute décision ministérielle qui validerait
« une adjudication au profit de son concurrent, en
« violation des clauses du cahier des charges » (26 juill.
1851, *Martin*; 8 sept. 1861, *Durouchoux*; 7 déc. 1870,
Plon; 26 janv. 1877, *Toinet*).

Sans doute encore, le ministre est maître de refuser
son approbation, et son refus ne saurait, ni être déféré
au Conseil d'État (6 déc. 1844, *Cardon*, 4 juill. 1872,
Martin), ni motiver une demande en dommages-intérêts
(14 déc. 1837, *Dabbadie*). Le fournisseur, cependant,
ne saurait être tenu de rester indéfiniment à la discrétion du ministre. La notification tardive du refus d'approbation peut donc, si elle a été cause d'un préjudice
sérieux, fonder de sa part une demande d'indemnité
(29 juin 1870, *Dufoure*). C'est ainsi qu'il a été accordé
indemnité à une compagnie qui, après avoir préparé,
d'après les instructions du ministre de la marine, les
plans, projets et études préliminaires pour la construction de silos dans les ports de Brest et de Cherbourg,
avait reçu avis que la conclusion du marché était
ajournée indéfiniment (10 juin 1868, *Société Doyère*).
Allons plus loin. Si la décision définitive se fait attendre
trop longtemps, le fournisseur peut demander, par la
voie contentieuse, que le marché soit déclaré non-
avenu, ou qu'un délai soit imparti au ministre pour
faire connaître son autorisation ou son refus.

Sans doute enfin, le ministre est parfaitement libre
de donner une approbation conditionnelle et d'approuver le marché en le modifiant. Mais le concours des
volontés, indispensable à l'existence de toute convention, n'existe plus. Une convention nouvelle a été subs-

tituée à la première, et l'adhésion du traitant, seule, peut la convertir en marché définitif (V. *Traité des travaux publics*, t. 1, n. 83, 97 et suiv.).

121. Jusqu'ici, nous nous sommes occupé surtout du consentement de l'État. Il va de soi que le marché doit aussi constater le consentement du fournisseur. A ce point de vue, il est nécessaire de bien distinguer le fournisseur et les autres personnes qui, ayant un intérêt dans son entreprise, voudraient se faire considérer comme fournisseurs, afin d'avoir une action directe contre l'Etat et d'être payées malgré l'insolvabilité du fournisseur principal. Incontestablement, l'action n'est ouverte contre l'Etat qu'à celui qui a figuré en son nom dans le marché. Celui qui a traité avec le fournisseur ne peut invoquer aucun droit personnel (22 août 1834, *Puech*; 11 fév. 1836, *Damaschino*). Il ne saurait davantage intervenir dans le débat pendant entre l'État et le fournisseur (14 fév. 1861, *Defaucamberge*); ni enfin être actionné par l'État.

La règle changerait si le cessionnaire des droits du fournisseur avait été agréé comme substitué en cette qualité (18 déc. 1862, *Bonnafous*), substitution qui se réalise ordinairement par la remise du service (16 août 1841, *Chégaray*); mais non s'il avait été simplement agréé comme sous-traitant. Les cahiers de charges réservent généralement au ministre le droit d'agréer ou de refuser les sous-traitants : on ne peut voir là qu'une précaution prise dans l'intérêt du service, et dont l'usage n'implique aucun engagement (Dufour, t. 6, n. 312; V. *Traité des travaux publics*, t. 1, n. 136 et suiv.).

122. Il n'en importe pas moins, dans certains cas, de distinguer, parmi les intéressés, ceux qui peuvent se dire sous-traitants, c'est-à-dire cessionnaires à leurs risques et périls de tout ou partie du marché, ou, si l'on veut, substitués aux droits du fournisseur, quoique non agréés en cette qualité par le Gouvernement.

Le décret du 12 décembre 1806 a établi un privilège en faveur des sous-traitants du ministère de la guerre, ce qui comprend ceux de l'Hôtel des Invalides (Rej. civ., 20 fév. 1828, D. 28,1,138), et s'étend à ceux du ministère de la marine, mais non à ceux des autres ministères (Req. 18 mai 1831, Dall. *Rép.*, v° *Priv.*, n. 398).

Appliquant littéralement les termes de ce décret, la jurisprudence reconnaît le privilège à « tout sous-trai-« tant, préposé ou agent », mais le refuse aux simples livranciers (Rej. civ., 3 janv. 1882, Dall., *Rép.*, v° *Priv.*, n. 527).

Le décret porte que ce privilège aura son effet « tant « sur les fonds que le Gouvernement pourrait redevoir « aux entrepreneurs pour leurs fournitures que sur le « cautionnement » ; et la Cour de cassation, malgré la règle que les privilèges sont de droit étroit et les termes nullement formels qui viennent d'être cités, fait porter celui-ci sur le prix de toutes les fournitures dues, et non pas seulement sur celui de la fourniture à laquelle se rapporte le sous-traité (Rej. civ., 10 mars 1818, Dall. *Rép.*, v° *Priv.*, n. 522 ; Rej. civ., 20 fév. 1828, D. 28,1,138), ce qui prête sérieusement à la critique (V. Dufour, t. 6, n. 314 ; Périer, *Marchés de fournitures*, n. 176).

Ce privilège s'exerce au moyen de la remise des pièces au commissaire ordonnateur de la division militaire, qui délivre en échange un bordereau (Décr.,

12 déc. 1806, art. 1). Cette remise peut être directement faite au Trésor (Cass. civ., 12 mars 1822, Dall. *Rép.*, v° *Priv.*, n. 525). Elle doit avoir lieu dans les six mois du trimestre où la dépense a été faite et vaut opposition, sans préjudicier aux droits du Trésor (même décr., art. 2).

123. Les formalités des marchés avaient été successivement réglées par l'ordonnance du 4 décembre 1836 et les art. 68 à 81 du décret du 31 mai 1862. Le décret du 18 novembre 1882 a abrogé ces dispositions. Il s'applique, ainsi qu'à toutes autres fournitures, et sauf le cas de force majeure, à celles des matériaux nécessaires à l'exécution des travaux publics en régie (art. 23).

Comme l'ordonnance de 1836 et le décret de 1862, le décret de 1882 pose ce principe : « Les marchés de « travaux, fournitures ou transports au compte de « l'État, sont faits avec concurrence et publicité, sauf « les exceptions mentionnées à l'art. 18 ci-après. »

L'art. 18 porte : « Il peut être passé des marchés de « gré à gré : 1° pour les fournitures, transports et tra- « vaux dont la dépense totale n'excède pas vingt mille « francs ou, s'il s'agit d'un marché passé pour plusieurs « années, dont la dépense annuelle n'excède pas cinq mille « francs ; 2° pour toute espèce de fournitures, de trans- « ports ou de travaux, lorsque les circonstances exigent « que les opérations soient tenues secrètes ; ces marchés « doivent préalablement avoir été autorisés par le Pré- « sident de la République, sur un rapport spécial du « ministre compétent ; 3° pour les objets dont la fabri- « cation est exclusivement attribuée à des porteurs de « brevets d'invention ; 4° pour les objets qui n'auraient

« qu'un possesseur unique : 5° pour les ouvrages et
« objets d'art et de précision dont l'exécution ne peut
« être confiée qu'à des artistes ou industriels éprouvés ;
« 6° pour les travaux, exploitations et fournitures qui ne
« sont faits qu'à titre d'essai ou d'étude ; 7° pour les
« travaux que des nécessités de sécurité publique em-
« pêchent de faire exécuter par voie d'adjudication ;
« 8° pour les objets, matières ou denrées qui, à raison
« de leur nature particulière et de la spécialité de l'em-
« ploi auquel ils sont destinés, doivent être achetés et
« choisis au lieu de production ; 9° pour les fournitures,
« transports ou travaux qui n'ont été l'objet d'aucune
« offre aux adjudications, ou à l'égard desquels il n'a
« été proposé que des prix inacceptables ; toutefois,
« lorsque l'administration a cru devoir arrêter et faire
« connaître un maximum de prix, elle ne doit pas dé-
« passer ce maximum ; 10° pour les fournitures, trans-
« ports ou travaux qui, dans les cas d'urgence évidente
« amenée par des circonstances imprévues, ne peuvent
« pas subir les délais des adjudications ; 11° pour les
« fournitures, transports ou travaux que l'administra-
« tion doit faire exécuter aux lieu et place des adjudi-
« cataires défaillants et à leurs risques et périls ;
« 12° pour les affrétements et pour les assurances
« sur les chargements qui s'ensuivent ; 13° pour les
« transports confiés aux administrations des chemins
« de fer ; 14° pour les achats de tabacs et de salpêtres
« indigènes, dont le mode est réglé par une législa-
« tion spéciale ; 15° pour les transports des fonds du
« Trésor. »

124. Quelle est la sanction de cette règle ?

Une première opinion veut que tout marché passé

de gré à gré, quand il devait être l'objet d'une adjudication, soit frappé d'une nullité d'ordre public opposable par tous les intéressés (Christophle, *Traité des
Travaux publics*, t. 1, n. 151 ; 22 fév. 1845, *Giraud*).

Dans une autre opinion, la nullité ne peut être prononcée que dans l'intérêt de l'État (Périer, *Marchés
de fournitures*, n. 31 ; Aucoc, *Conférences*, t. 2, n. 640;
4 juill. 1873, *Lefort*).

La jurisprudence a pu décider, croyons-nous, que
les formalités indiquées ci-dessus sont des règles d'ordre
intérieur et d'administration et que le contrat doit être
respecté par le ministre (28 fév. 1834, *Méjan* ; 18 mai
1877, *Dalloz*), comme par le fournisseur (4 juill. 1873,
Lefort). La responsabilité ministérielle garantit suffisamment les intérêts de l'État, et le fournisseur qui a
traité avec le ministre est fondé à considérer son contrat comme sérieux (Dufour, t. 6, n. 298 ; V. *Traité
des travaux publics*, t. 1, n. 65 ; V. aussi *infrà*, n. 207
et 218).

125. Comment se font les adjudications?

Toute adjudication doit être précédée de publica-
cations. « L'avis des adjudications à passer est publié,
« sauf les cas d'urgence, au moins vingt jours à l'avance,
« par la voie des affiches et par tous les moyens ordi-
« naires de publicité. Cet avis fait connaître : 1° le lieu
« où l'on peut prendre connaissance du cahier des
« charges; 2° les autorités chargées de procéder à l'ad-
« judication; 3° le lieu, le jour et l'heure fixés pour
« l'adjudication. Il est procédé à l'adjudication en
« séance publique. » (Décr., 18 nov. 1882, art. 2.)

Il n'est pas possible de refuser au ministre le pouvoir de modifier le cahier des charges. Mais ce pouvoir

n'appartient pas au fonctionnaire qui préside l'adjudication (20 janv. 1859, *Lion* ; 11 déc. 1874, *Legrand*).

« Les soumissions, placées sous enveloppes cache-
« tées, sont remises en séance publique. Toutefois, les
« cahiers des charges peuvent autoriser ou prescrire
« l'envoi des soumissions par lettres recommandées, ou
« leur dépôt dans une boîte à ce destinée ; ils fixent le
« délai pour cet envoi ou pour ce dépôt. » (V. *Traité
des travaux publics*, t. 1, n. 74.) « Lorsqu'un maximum
« de prix ou un minimum de rabais a été arrêté d'avance
« par le ministre ou par le fonctionnaire qu'il a délé-
« gué, le montant de ce maximum ou de ce minimum
« est indiqué dans un pli cacheté déposé sur le bureau
« à l'ouverture de la séance. Les plis renfermant les
« soumissions sont ouverts en présence du public : il
« en est donné lecture à haute voix. » (Décr. 18 nov.
1882, art. 13.)

« Les résultats de chaque adjudication sont constatés
« par un procès-verbal relatant toutes les circonstances
« de l'opération. » (art. 15.)

126. Bien que la concurrence soit admise en principe, il n'est pas permis à tous de se porter adjudicataires.

Aux termes de l'art. 19 du décret du 31 mai 1862,
« il est interdit aux comptables de prendre intérêt dans
« les adjudications, marchés, fournitures et travaux
« concernant les services de recette ou de dépense
« qu'ils effectuent ».

L'art. 3 du décret de 1882 ajoute : « Les adjudica-
« tions publiques relatives à des fournitures, travaux,
« transports, exploitations ou fabrications qui ne peu-
« vent être, sans inconvénient, livrées à une concurrence

« illimitée, sont soumises à des restrictions permettant
« de n'admettre que les soumissions qui émanent de
« personnes reconnues capables par l'administration,
« au vu des titres exigés par le cahier des charges et
« préalablement à l'ouverture des plis renfermant les
« soumissions. »

A ces exclusions, il faut ajouter celle qui frappe tous
concurrents ne présentant pas les garanties de mora-
lité et de solvabilité exigées par les règlements. Mais
il n'y aurait pas vraiment concurrence, si l'administration pouvait éliminer préalablement tout soumissionnaire qui lui déplairait (Périer, n. 30).

Le Conseil d'État a cependant été saisi plus d'une
fois du recours formé par un fournisseur contre l'acte
par lequel un ministre ordonnait de ne jamais l'admettre aux adjudications. Ce recours a été rejeté
comme ayant pour objet de simples instructions, données
par un supérieur à son inférieur et ne pouvant créer
une incapacité au préjudice du réclamant (16 août 1859,
Didier; 8 fév. 1864, *Corre*). Si telle est la raison de
décider, il y a lieu d'annuler l'acte faisant application
de l'instruction au fournisseur, c'est-à-dire l'adjudication tranchée à son exclusion (14 déc. 1837, *Dabbadie*).
Mais on ne doit pas oublier que toute adjudication reste
subordonnée à l'approbation ministérielle (V. *suprà*,
n. 118), ce qui, en définitive, laisse le dernier mot à
l'administration, toutes les fois qu'elle a des motifs
d'exclusion sérieux.

127. « Dans le cas où plusieurs soumissionnaires
« offriraient le même prix et où ce prix serait le plus
« bas de ceux qui sont portés dans les soumissions, il
« est procédé, séance tenante, à une réadjudication,

« soit sur de nouvelles soumissions, soit à l'extinction
« des feux, entre ces soumissionnaires seulement. Si les
« soumissionnaires se refusaient à faire de nouvelles
« offres, ou si les prix demandés ne différaient pas
« encore, le sort en déciderait. » (Décr., 1882, art. 14;
V. *Traité des travaux publics*, t. 1, n. 81.)

« Il peut être fixé par le cahier des charges un délai
« pour recevoir des offres de rabais sur le prix de l'ad-
« judication. Si, pendant ce délai, qui ne doit pas dé-
« passer vingt jours, il est fait une ou plusieurs offres
« de rabais d'au moins dix pour cent, il est procédé à une
« réadjudication entre le premier adjudicataire et l'au-
« teur ou les auteurs des offres de rabais, pourvu qu'ils
« aient, préalablement à leurs offres, satisfait aux con-
« ditions imposées par le cahier des charges pour pou-
« voir se présenter aux adjudications. » (Décr. 1882,
art. 16.)

Il y a nullité de la réadjudication faite au mépris d'une
adjudication régulière. Cette nullité est couverte si le
soumissionnaire, qui prétend être devenu adjudicataire, prend part à la réadjudication sans protestations
ni réserves (25 juin 1857, *Motheau*; 7 sept. 1870, *Plon*).

128. L'art. 412, Code pén., punit les atteintes
portées à la liberté des enchères. Cet article s'applique
évidemment aux adjudications de fournitures de l'État.
Est donc passible d'un emprisonnement de quinze jours
à trois mois et d'une amende de cent à cinq mille francs,
quiconque entrave ou trouble la liberté des enchères
ou des soumissions par voies de fait, violences ou me-
naces. Sont passibles des mêmes peines ceux qui
écartent les surenchérisseurs par dons ou promesses
(V. *Traité des travaux publics*, t. 1, n. 105).

129. « Les marchés de gré à gré sont passés par les
« ministres ou par les fonctionnaires qu'ils ont délé-
« gués à cet effet. Ils ont lieu : 1° soit sur un engage-
« ment souscrit à la suite du cahier des charges ; 2° soit
« sur une soumission souscrite par celui qui propose de
« traiter ; 3° soit sur correspondance, suivant les usages
« du commerce. Tout marché de gré à gré doit rappe-
« ler celui des paragraphes de l'article précédent dont
« il est fait application. Les marchés passés par les
« délégués du ministre sont subordonnés à son appro-
« bation, si ce n'est en cas de force majeure ou sauf les
« dispositions particulières à certains services et les
« exceptions spécialement autorisées. Les cas de force
« majeure ou les autorisations spéciales doivent être
« relatés dans lesdits marchés. Les dispositions des
« art. 4 à 12 du présent décret sont applicables aux
« garanties stipulées dans les marchés de gré à gré. »
(Décr., 1882, art. 19 ; V. les art. 4 à 12, *infrà*, n. 133
et suiv.)

Aux termes de l'art. 22 du même décret, « il peut
« être suppléé aux marchés écrits par des achats sur
« simple facture, pour les objets qui doivent être livrés
« immédiatement, quand la valeur de chacun de ces
« achats n'excède pas quinze cents francs. La dispense
« de marché s'étend aux travaux ou transports dont la
« valeur présumée n'excède pas quinze cents francs et
« qui peuvent être exécutés sur simple mémoire. »

130. *Effets généraux du marché.*

Nous avons terminé ce qui se rapporte à la formation
du marché. Examinons les effets qui en résultent :
d'abord les effets généraux, puis les obligations respectives des parties.

Les effets généraux du marché, comme les obligations respectives du fournisseur et de l'État, sont déterminés par le cahier des charges qui, d'ordinaire, entre dans les plus grands détails; subsidiairement, par les règles du Code civil sur la vente, admises d'une manière générale par la jurisprudence du Conseil d'État. Il est à peine nécessaire de faire observer que le cahier des charges ne saurait, après l'adjudication, être modifié sous aucun rapport par l'administration, et que les circulaires ou instructions ministérielles contraires à ce cahier des charges ne changent en rien la position du fournisseur. Le recours formé contre de tels actes serait inutile et non recevable (7 janv. 1868, *Laffitte*).

Il peut arriver que l'expédition du cahier des charges délivrée au fournisseur ne soit pas conforme à l'original conservé par l'administration. En ce cas, c'est l'expédition qui fait foi du contrat; à supposer, bien entendu, qu'elle soit émanée de l'administration et régulièrement signée, et que, d'ailleurs, le fournisseur n'ait eu connaissance, ni de l'original, ni d'une expédition semblable à l'original (2 mai 1861, *Dato*).

131. Le premier effet du contrat se rapporte à la transmission de la propriété, et à celle des risques, qui en est la conséquence. Ce point est un de ceux que le cahier des charges ne manque guère de fixer clairement Dans le silence de cet acte, il doit être tranché d'après les règles du droit civil.

Lorsque l'objet de la vente est déterminé, nous pensons que l'art. 1583, Cod. civ., s'applique dans le silence du cahier des charges, et que la propriété est transmise au moment de la vente.

Mais les marchés de fournitures se rapportent ordinairement à des objets se vendant au poids, au compte
ou à la mesure. La jurisprudence leur fait application
de l'art. 1585, Cod. civ., en décidant que les risques
passent à la charge de l'État seulement au temps de
la livraison réelle ou de la prise en charge (4 août 1866,
Dufils; 21 mars 1873, *Blin et Fontaine*; 8 août 1872,
Strauss; 25 juill. 1873, *Bonnet*). Le fournisseur n'est
pas déchargé de ces risques par la circonstance que
l'administration a stipulé la remise des objets achetés
en un lieu déterminé et a délivré au fournisseur, pour
leur transport, des réquisitions ou ordres de l'autorité
militaire (29 nov. 1872, *Trottier*; 21 mars 1873, *Blin
et Fontaine*).

En sens inverse, le fournisseur, qui a transmis la
propriété et les risques, ne reprend pas ces risques par
cela seul qu'il se charge ensuite de transporter les
objets vendus pour le compte de l'État (31 mai 1855,
Le Boyer; 8 août 1872, *Strauss*).

132. *Obligations du fournisseur.*

Ordinairement, les fournisseurs sont astreints, par
le cahier des charges, à effectuer, dès avant l'adjudication, un dépôt de numéraire ou de valeurs, destiné à
garantir le caractère sérieux de leurs soumissions. Le
cahier des charges peut stipuler que ce dépôt sera
acquis à l'État dans telle et telle hypothèse. Il en est
ainsi, d'après le cahier des charges de la marine, par
exemple, lorsque l'adjudicataire refuse de signer le
procès-verbal d'adjudication (5 juill. 1855, *Blanc*), ou
lorsqu'il ne réalise pas son cautionnement définitif
(28 janv. 1864, *Bouchet*; V. le n. suiv.).

133. Ordinairement aussi, l'adjudicataire est astreint

à fournir un cautionnement pour l'exécution du marché. Le décret du 18 novembre 1882 indique la nature et l'importance de cette garantie.

« Les cahiers des charges déterminent l'importance
« des garanties pécuniaires à produire : par les sou-
« missionnaires, à titre de cautionnements provi-
« soires, pour être admis aux adjudications; par les
« adjudicataires, à titre de cautionnements définitifs,
« pour répondre de leurs engagements. Les cahiers
« des charges peuvent, s'il y a lieu, dispenser de l'obli-
« gation de déposer un cautionnement provisoire ou
« définitif. Ils peuvent disposer que le cautionnement,
« réalisé avant l'adjudication, à titre provisoire, ser-
« vira de cautionnement définitif. Les cahiers des
« charges déterminent les autres garanties, telles que
« cautions personnelles et solidaires, affectations hy-
« pothécaires, dépôt de matières dans les magasins de
« l'État, qui peuvent être demandées, à titre excep-
« tionnel, aux fournisseurs et entrepreneurs, pour
« assurer l'exécution de leurs engagements. Ils déter-
« minent l'action que l'administration peut exercer
« sur ces garanties. » (art. 4.) « Les garanties pécu-
« niaires peuvent consister, au choix des soumission-
« naires et adjudicataires : 1° en numéraire, 2° en
« rentes sur l'État et valeurs du Trésor au porteur,
« 3° en rentes sur l'État nominatives ou mixtes. Les
« valeurs du Trésor transmissibles par voie d'endos-
« sement, endossées en blanc, sont considérées comme
« valeurs au porteur. Après la réalisation du caution-
« nement, aucun changement ne peut être apporté à
« sa composition, sauf le cas prévu à l'art. 9. » (art. 5.)
« La valeur en capital des rentes à affecter aux cau-

« tionnements est calculée : « pour les cautionnements
« provisoires, au cours moyen du jour de la veille
« du dépôt; pour les cautionnements définitifs, au
« cours moyen du jour de l'approbation de l'adjudi-
« cation. Les bons du Trésor à l'échéance d'un an
« ou de moins d'un an sont acceptés pour le montant
« de leur valeur en capital et intérêts. Les autres
« valeurs déposées pour cautionnement sont calculées
« d'après le dernier cours publié au *Journal officiel* »
(art. 6).

Les articles suivants du même décret règlent le mode
de réalisation du cautionnement :

« Les cautionnements, quelle qu'en soit la nature,
« sont reçus par la Caisse des dépôts et consignations
« ou par ses préposés; ils sont soumis aux règlements
« spéciaux à cet établissement. Les oppositions sur les
« cautionnements provisoires ou définitifs doivent
« avoir lieu entre les mains du comptable qui a reçu
« lesdits cautionnements. Toutes autres oppositions
« sont nulles et non avenues » (art. 7). « Lorsque le
« cautionnement consiste en rentes nominatives, le
« titulaire de l'inscription de rente souscrit une décla-
« ration d'affectation de la rente et donne à la Caisse
« des dépôts et consignations un pouvoir irrévocable,
« à l'effet de l'aliéner, s'il y a lieu. L'affectation de la
« rente au cautionnement définitif est mentionnée au
« grand-livre de la dette publique » (art. 8).

« Lorsque des rentes ou valeurs affectées à un cau-
« tionnement donnent lieu à un remboursement par
« le Trésor, la somme remboursée est touchée par la
« Caisse des dépôts et consignations, et cette somme
« demeure affectée au cautionnement, jusqu'à due

10

« concurrence, à moins que le cautionnement ne soit
« reconstitué en valeurs semblables » (art. 9).

En ce qui concerne la restitution, « la Caisse des
« dépôts et consignations restitue les cautionnements
« provisoires au vu de la mainlevée donnée par le
« fonctionnaire chargé de l'adjudication, ou d'office
« aussitôt après la réalisation du cautionnement défi-
« nitif de l'adjudicataire. Les cautionnements définitifs
« ne peuvent être restitués en totalité ou en partie qu'en
« vertu d'une mainlevée donnée par le ministre ou le
« fonctionnaire délégué à cet effet » (art. 10).

« Sont acquis à l'État, d'après le mode déterminé à
« l'article suivant, les cautionnements provisoires des
« soumissionnaires qui, déclarés adjudicataires, n'ont
« pas réalisé leurs cautionnements définitifs dans les
« délais fixés par les cahiers des charges » (art. 11).

« L'application des cautionnements définitifs à
« l'extinction des débets liquidés par les ministres
« compétents a lieu aux poursuites et diligences de
« l'agent judiciaire du Trésor public, en vertu d'une
« contrainte délivrée par le ministre des finances »
(art. 12).

L'acquisition à l'État du cautionnement peut, d'après
le cahier des charges, être la conséquence de la résiliation. Le cautionnement est alors acquis à l'État,
sans que le fournisseur soit admis à soutenir que la
somme excède le préjudice causé (28 janv. 1853, *Marcin*; V. *Traité des travaux publics*, t. 1, n. 89 et suiv.)

134. La loi du 4 mars 1793, art. 3, confère à
l'État une hypothèque sur les biens des fournisseurs et
de leurs cautions, hypothèque qui date du jour de
l'acceptation du marché. Bien que le Code civil ne

mentionne pas cette hypothèque, les arrêts n'ont pas hésité à en reconnaître l'existence. Sans doute, la loi du 2 brumaire an VII a aboli l'ancien principe attachant l'hypothèque aux actes des notaires, auxquels la loi de 1793 assimilait les actes administratifs. Mais la loi de brumaire et le Code civil, lois générales et lois civiles, ne peuvent être considérés comme ayant abrogé, sans s'en expliquer, une loi spéciale et une loi de droit public (Cass. civ., 12 janv. 1835, D.35,1,87 ; 3 mai 1843, D.43,1,267 ; Rej. civ., 9 juin 1847, D.53,1, 306 ; V. *Traité des travaux publics*, t. 1, n. 96).

L'hypothèque dont il s'agit n'est pas légale, mais conventionnelle. La loi de 1793 s'exprime ainsi : « Quoique les marchés avec les fournisseurs soient « passés par des actes sous signature privée, la nation « aura néanmoins hypothèque sur les immeubles ap- « partenant aux fournisseurs..... »

Et la Cour de cassation a dit en conséquence : « Attendu que les lois anciennes faisaient résulter « l'hypothèque des actes notariés ; que cette hypothèque « était conventionnelle, en ce sens que là concession « du droit hypothécaire était sous-entendue et réputée « écrite dans l'acte notarié constitutif d'une obliga- « tion ; attendu que le décret du 4 mars 1793 a eu pour « but de donner aux marchés passés avec les ministres « par des actes sous seings privés la même force et « le même effet que l'ancienne législation attribuait « aux actes notariés ; qu'ainsi, de ces marchés résulte « une hypothèque conventionnelle, en ce sens que la « constitution d'hypothèque est sous-entendue et ré- « putée écrite dans lesdits marchés » (Rej. civ., 9 juin 1847, D.53,1,306).

Du caractère conventionnel de l'hypothèque, il faut conclure d'abord qu'elle est assujettie à l'inscription, comme l'intérêt général le demande et comme le supposent au surplus les arrêts précités; mais l'inscription donne satisfaction suffisante à la loi en faisant connaître, à défaut d'une évaluation de la créance, le montant du prix d'adjudication (Arr. préc., 12 janv. 1835). Il en faut conclure également que, si elle frappe tous les biens présents du fournisseur, elle reste étrangère à ceux qu'il acquiert postérieurement à l'acceptation de son marché.

135. Les art. 430 à 433, Cod. pén., punissent les délits des fournisseurs *des armées de terre et de mer*. Le projet du Code pénal ne faisait aucune distinction et frappait ceux de tous les ministères, même des départements et des communes. Comme on en fit justement l'observation, celui qui a fait manquer la construction d'un édifice communal, ou mis en retard une fourniture de bureau, sera naturellement l'objet d'une poursuite civile; sa négligence ne mérite pas de mettre en mouvement l'action publique.

L'art. 430 est ainsi conçu : « Tous individus char-« gés, comme membres de compagnie ou individuel-« lement, de fournitures, d'entreprises ou régies pour « le compte des armées de terre et de mer, qui, sans « y avoir été contraints par une force majeure, auront « fait manquer le service dont ils sont chargés, seront « punis de la peine de la réclusion et d'une amende « qui ne pourra excéder le quart des dommages-inté-« rêts ni être au-dessous de cinq cents francs; le tout « sans préjudice de peines plus fortes en cas d'intel « ligence avec l'ennemi. »

Cet article ne distingue pas suivant que les fournitures ont été faites en temps de guerre ou en temps de paix. On n'en a pas moins soutenu que l'état de guerre justifiait seul, à l'égard des fournisseurs, l'application de la loi pénale. Cette restriction ne pouvait être admise. En paix comme en guerre, une armée est un instrument de guerre et doit être toujours prête pour la guerre. Toute inexactitude dans le service, même commise en temps de paix, peut avoir des suites en temps de guerre, et doit être appréciée en conséquence. Évidente sous Napoléon Ier, perdue de vue sous les régimes postérieurs, cette vérité ne sera plus contestée aujourd'hui (Cass. crim., 17 fév. 1848).

136. Le Code pén. prévoit trois faits distincts :

1° Celui des fournisseurs qui ont fait manquer le service (art. 430). Est à l'abri de la peine, d'après les termes mêmes de cet article, le fournisseur qui a été *contraint par une force majeure :* ce qui suppose, pour l'applicabilité de la loi pénale, que l'auteur du manquement l'a causé volontairement ou a commis, tout au moins, une faute lourde. Au fournisseur qui a fait manquer le service, l'art. 431 assimile son agent pour le cas où ce dernier serait l'auteur du manquement : « Lorsque la cessation du service proviendra du fait « des agents des fournisseurs, ces agents seront con- « damnés aux peines portées par le précédent article. « Les fournisseurs et les agents seront également con- « damnés lorsque les uns et les autres auront parti- « cipé au crime. » L'agent n'est pas couvert par l'ordre du fournisseur, à supposer, bien entendu, qu'il ait compris les suites possibles de son action (Chauveau et Helie, t. 6, n. 2512).

L'acte de celui qui a fait manquer le service est un crime, puni de la réclusion et d'une amende qui ne peut être, ni inférieure à cinq cents francs, ni supérieure au quart des dommages-intérêts (art. 430).

L'art. 432 punit la participation prise au crime par des fonctionnaires : « Si des fonctionnaires publics ou « des agents préposés ou salariés du Gouvernement ont « aidé les coupables à faire manquer le service, ils se- « ront punis de la peine des travaux forcés à temps, « sans préjudice de peines plus fortes en cas d'intelli- « gence avec l'ennemi. »

2° Celui du fournisseur qui a *retardé* la livraison ou les travaux *par sa négligence*, ce qui ne saurait évidemment laisser en dehors de la répression l'auteur volontaire du retard, non atteint par les art. 430 et 431. « Quoique le service n'ait pas manqué, si, par négli- « gence, les livraisons et les travaux ont été retardés, « ou s'il y a eu fraude sur la nature, la qualité ou la « quantité des travaux ou mains-d'œuvre ou des « choses fournies, les coupables seront punis d'un « emprisonnement de six mois au moins et de cinq « ans au plus, et d'une amende qui ne pourra excéder « le quart des dommages-intérêts, ni être moindre de « cent francs » (art. 433).

3° Enfin, et ainsi qu'on vient de le voir, le même art. 433 punit des mêmes peines « la fraude sur la na- « ture, la qualité ou la quantité des travaux ou mains- « d'œuvre ou des choses fournies. »

Chacun de ces trois faits, prévus par les art. 430 à 433, donne lieu à l'application d'une amende *qui ne peut excéder le quart des dommages-intérêts*. S'il y a plusieurs accusés condamnés solidairement à la réparation

du dommage, « cette solidarité ne peut avoir pour ré-
« sultat de faire calculer l'amende à prononcer contre
« chacun d'eux sur la totalité du préjudice, puisque,
« aux termes de l'art. 1213, Cod. civ., la dette solidaire
« se divise de plein droit entre les débiteurs, qui n'en
« sont tenus entre eux que chacun pour sa part et por-
« tion » (Cass. crim., 2 avr. 1874, D.75,1,141).

137. L'art. 433, Code pén., formule encore cette
règle générale : « La poursuite ne pourra être faite
« que sur la dénonciation du Gouvernement. » On sent
assez qu'en pareille matière, le Gouvernement seul
peut apprécier la gravité du fait reproché et la convenance des poursuites. Mais, qu'est-ce au juste que *le
Gouvernement?* Le ministre. L'intervention du chef de
l'État n'est pas nécessaire, et celle d'un préfet serait
insuffisante. Le préalable dont il s'agit « rentre dans les
« attributions du ministre, chef suprême de son admi-
« nistration, en qui se personnifie le Gouvernement
« pour les actes dépendant de son ministère, et qui seul
« est en position d'apprécier à tous les points de vue
« les besoins du service de son département et de
« reconnaître si la poursuite peut être introduite sans
« danger » (Cass. crim., 13 juill. 1860, D.60,1,262).

Le ministre compétent pour dénoncer le délit est
celui au département duquel se rapporte le service
confié au fournisseur : ordinairement, le ministre de la
guerre ou celui de la marine. Pour les fournitures relatives à l'équipement et à l'armement des gardes nationaux mobilisés, confiées aux préfets par le décret du
22 oct. 1870, c'était le ministre de l'intérieur (Cass.
crim., 12 janv. 1872, D.72,1,153; 14 fév. 1873, D.
73,1,495; V. *suprà*, n. 117).

138. De ce que le droit de dénonciation appartient au Gouvernement, il ne résulte pas qu'il lui appartienne aussi de constater le fait matériel du manquement, du retard ou de la fraude : la réserve faite en sa faveur ne va pas si loin et n'a pas de raison d'être si étendue (Chauveau et Helie, t. 6, n. 2515). Les juges conservent donc ici leurs attributions de droit commun. Ils n'ont qu'à constater, d'une part, l'infraction au contrat; d'autre part, l'intention délictueuse qui l'a accompagnée, et, en cela, ils n'interprètent nullement un acte administratif (Crim. rej., 14 fév. 1873, D.73, 1,495).

139. Le fournisseur supporte ordinairement les frais accessoires du marché. « Les droits de timbre et « d'enregistrement auxquels donnent lieu les marchés, « soit par adjudication, soit de gré à gré, sont à la « charge de ceux qui contractent avec l'État. Les frais « de publicité restent à la charge de l'administration » (Décr., 18 nov. 1882, art. 21 ; mais V. *infrà*, n. 148; V. *Traité des travaux publics*, t. 1, n. 127, 204 et suiv.).

140. Comme tout vendeur, le fournisseur est soumis à l'obligation de délivrance.

Ici se place une clause de style : celle qui réserve à l'administration elle-même la vérification et l'appréciation des objets livrés, c'est-à-dire le droit de rejeter toute fourniture qui ne lui paraîtrait pas remplir les conditions du cahier des charges. En pareil cas, le fournisseur reste à la discrétion de l'administration. Il n'est pas reçu à soutenir que la vérification a été mal faite, et à demander qu'il y soit procédé à nouveau par experts ou commission (15 nov. 1851, *Sorel*; Dufour, t. 6, n. 318).

Prenons garde d'aller trop loin! L'arrêt précité porte qu'*il résulte de l'instruction* que les huiles présentées par le sieur Sorel ne remplissent pas les conditions de siccité requises par le marché. Que la clause soit entendue comme refusant au fournisseur le droit de demander une vérification par experts, rien de mieux. Mais les parties ne peuvent être censées avoir voulu refuser au Conseil d'État le contrôle de la vérification, même en ce qui concerne les formes et le mode de procéder (9 avr. 1873, *Delhopital*; 20 févr. 1874, *Bourgeois*). Une fourniture ne doit pas être refusée par cela seul qu'elle n'est pas absolument conforme aux conditions stipulées, s'il est facile de lui donner cette conformité à l'aide de légères modifications (27 août 1854, *Duvoir*).

141. Le fournisseur ne doit pas seulement livrer des objets conformes aux exigences du cahier des charges : il faut de plus qu'il les livre dans les délais fixés. En matière administrative, il ne saurait être question du droit, reconnu au juge par l'art. 1184, Cod. civ., d'accorder un délai pour la délivrance. Ici, la délivrance à jour fixe est de rigueur, et même assurée par des dispositions particulières.

142. La première de ces dispositions est la clause pénale stipulée pour le cas de retard, et consistant, le plus souvent, dans une retenue de tant pour cent sur le prix d'adjudication, quelquefois dans la saisie du cautionnement. Nous ne parlons pas en ce moment de la résiliation qui peut aussi, d'après les stipulations du cahier des charges, être la conséquence d'un simple retard (V. *infrà*, n. 152).

La clause pénale s'interprète de la manière la plus

stricte, en ce sens d'abord, qu'elle ne suppose pas nécessairement l'existence d'un préjudice éprouvé par
l'État, et, à plus forte raison, qu'il n'y a pas lieu d'examiner si le montant de la retenue est ou non supérieur
au préjudice (2 août 1838, *Hermil;* 20 janv. 1853,
Marcin). Ceci n'a rien d'étonnant, si l'on songe que
l'inexécution des obligations du fournisseur, à l'égard
des services de la guerre et de la marine, est dans certains cas un délit, et même un crime (V. *suprà*, n. 135
et suiv.).

143. Faut-il admettre avec M. Dufour (t. 6,
n. 316), que la force majeure ne puisse jamais dispenser
le fournisseur de l'inexécution de ses obligations? Nous
n'en croyons rien. Parmi les faits allégués comme
constitutifs de force majeure, il y a des nuances qu'il
faut soigneusement distinguer.

Qu'un fournisseur, pour excuser son retard, invoque
la rareté et la cherté excessive des denrées ou du
transport, les pertes considérables auxquelles il n'a pas
voulu s'exposer, il n'y a là ni impossibilité, ni force
majeure. L'administration, précisément, a soumissionné le service pour n'avoir pas à s'occuper de difficultés de ce genre; le fournisseur les a prises à son
compte et ne saurait s'en faire une excuse.

Allons plus loin. Il est possible que le fournisseur,
ayant devant lui le chemin libre et le temps largement
suffisant, se soit trop préoccupé d'économiser les frais
d'achat, de fabrication ou de transport, et, qu'ayant
combiné ses moyens pour arriver juste au moment fixé,
il voie son navire arrêté par un coup de vent ou ses
voitures embourbées par suite d'un orage. C'est un cas
de force majeure; mais un homme actif et prudent

n'aurait ni attendu au dernier jour ni compté sur le beau temps. Il se serait mis en avance; il aurait trouvé la mer calme ou les routes en bon état. Ici encore, l'administration sera le plus souvent fondée à dire que le fournisseur pouvait éviter de se heurter à la force majeure, et qu'il ne saurait en rejeter les conséquences sur l'État.

Supposons maintenant que les fournitures soient détruites en chemin par un incendie, arrêtées en temps de guerre par l'encombrement des chemins de fer ou l'invasion d'une armée ennemie, et cela, quand le fournisseur a mis en œuvre toute la prudence, toute la diligence qu'on pouvait lui demander. Le retard, ou même le manquement, est imputable à la force majeure, et rien qu'à la force majeure. On conçoit qu'une clause spéciale pourrait en quelque sorte constituer le fournisseur assureur de l'État et lui imposer, moyennant tel avantage déterminé, la responsabilité de tel accident, également déterminé. A part ce cas exceptionnel, il est impossible que le fournisseur soit puni du retard causé par la force majeure (12 juill. 1864, *Terrin;* 11 mai 1870, *Postel;* 15 nov. 1872, *Lamblé;* 13 juin 1873, *de San et Dietz;* 6 fev. 1874, *Rivière;* 8 mai 1874, *Faist;* Périer, n. 187). Cette jurisprudence ne consacre pas une innovation. On peut consulter les anciens arrêts (1er nov. 1837, *Roby;* 28 mars 1838, *Darblay;* 2 août 1838, *Hermil;* 27 janv. 1843, *Martin*). Dans toutes ces espèces, nous voyons le fournisseur arrêté par des difficultés, des impossibilités, si l'on veut; mais les unes et les autres ne sont nullement exclusives de faute ou d'imprudence commises, soit dans l'exécution, soit dans la conclusion du marché, et suffisent dès lors pour engager sa responsabilité.

En tout cas, il ne saurait être question d'appliquer la clause pénale lorsque le retard est, en fin de compte, imputable à l'administration : lorsque, par exemple, le retard apporté aux payements a mis le traitant dans l'impossibilité de faire les achats nécessaires (13 juin 1873, *de San et Dietz* ; V., sur la force majeure, *Traité des travaux publics*, t. 1, n. 267 et suiv.).

144. Une mise en demeure, nous le verrons plus loin, est nécessaire pour que la résiliation puisse être prononcée contre le fournisseur en cas d'inexécution du contrat (V. *infrà*, n. 153). La jurisprudence paraît admettre que ce préalable est aussi, conformément à l'art. 1230, Code civ., la condition *sine quâ non* de l'application de la clause pénale. Mais la mise en demeure résulte suffisamment des plaintes consignées dans les lettres du ministre (13 janv. 1853, *Teschoueyre*).

145. Indépendamment de la clause pénale, le cahier des charges réserve le plus souvent à l'administration la faculté de pourvoir au service au moyen d'une régie ou d'un marché d'urgence, et ce aux risques et périls du fournisseur. Cette faculté a besoin d'être stipulée : elle n'est pas de droit (22 mai 1874, *Contour* ; V. *Traité des travaux publics*, t. 1, n. 278 et suiv.).

A la différence de la clause pénale, la clause dont il s'agit donne lieu à des mesures de l'office de l'administrateur. Le ministre peut seul, en temps utile, ordonner le nécessaire pour faire fonctionner un service en souffrance.

La réclamation du fournisseur ne saurait avoir d'autre résultat que l'allocation d'une indemnité, dans l'hypothèse où il aurait été dépossédé à tort.

Si la mise en régie ou le marché d'urgence a été légalement motivé par l'inexécution du cahier des charges, le fournisseur doit en subir les conséquences. Et d'abord, il ne saurait critiquer la forme dans laquelle a été passé le marché d'urgence : les circonstances qui ont donné lieu à ce marché, son nom même, indiquent assez que le ministre n'a plus à s'inquiéter que des nécessités de l'intérêt public et reste libre de choisir entre l'adjudication, le marché de gré à gré et la régie (17 nov. 1824, *Bénard* ; 13 nov. 1874, *Giret*). Il est juste que le marché. enlevé à l'entrepreneur par sa faute, ne soit pas pour lui la source d'un bénéfice, et que l'économie pouvant en résulter diminue d'autant les dépenses de l'État (22 juin 1825, *Gaillard*). On reconnaît enfin que le fournisseur doit accepter sans réclamation l'organisation donnée au service et les opérations faites pour son compte (Dufour, *eod.*). Nous croyons cependant qu'il ne faut rien exagérer, et qu'il y aurait lieu d'admettre le recours du fournisseur au cas d'abus évident (4 déc. 1822, *Vidal*). Le nouveau fournisseur n'est pas créancier de l'ancien, mais créancier direct de l'État (16 janv. 1822, *Varaigne*).

146. *Obligations de l'État.*

La principale obligation de l'État, comme de tout acheteur, consiste à payer le prix au jour et au lieu indiqués par le marché.

Le prix est, naturellement, celui qui a été fixé par le cahier des charges ou par tout acte modificatif du traité. Un tel acte ne peut émaner que du ministre ou des fonctionnaires délégués pour traiter à sa place (V. *suprà*, n. 118). Les modifications consenties par un officier comptable, par exemple, n'ont aucune valeur

(31 janv. 1873, *Favrichon*; 11 déc. 1874, *Legrand*;
24 nov. 1876, *Langlade*).

S'il n'a pas été fixé, le prix ne peut être que le prix
courant du commerce (23 fév. 1820, *Périel*; 28 août
1827, *Thuret*; 8 fév. 1831, *Vanlerberghe*; 23 mars 1870,
Klein). Ces derniers arrêts sont relatifs aux fournitures supplémentaires à l'égard desquelles aucun prix
n'a été indiqué et qui doivent être considérées comme
formant l'objet d'un marché nouveau, à moins cependant qu'elles ne soient prévues dans le marché et ne
soient à considérer comme devant être faites au prix de
ce marché (16 fév. 1825, *Everling*).

L'art. 20 du décret du 18 novembre 1882 porte :
« A l'égard des ouvrages d'art et de précision dont le
« prix ne peut être fixé qu'après l'entière exécution du
« travail, une clause spéciale du marché détermine les
« bases d'après lesquelles le prix sera liquidé ultérieu-
« rement. »

147. Le prix du marché peut subir une diminution
si la fourniture n'est pas conforme au type convenu
(9 avr. 1873, *Delhopital*; 20 fév. 1874, *Bourgeois*; V.
Traité des travaux publics, t. 1, n. 163); ou si, à défaut de type pouvant servir de terme de comparaison,
elle est reconnue de mauvaise qualité. Mais peu importe la bonne ou mauvaise qualité, du moment qu'il
y a conformité parfaite avec le type (mêmes arrêts).

Le prix ne saurait être diminué à raison des circonstances qui peuvent avoir augmenté les bénéfices du
fournisseur. Ce dernier supporte, comme éléments du
prix de sa fourniture, les droits d'octroi (27 nov. 1874,
Letellier). Si, pour une raison ou une autre, ces droits
ne lui sont pas réclamés, l'État ne peut faire faire au-

cune déduction de ce chef (même arrêt). Il en est autrement lorsqu'ils ont été positivement compris dans le marché comme éléments du prix et dès lors placés en dehors de l'aléa. Le fournisseur, qui ne les paye pas, ne doit pas se les faire rembourser (26 déc. 1873, *de Schlick*).

148. Le prix du marché doit, en sens inverse, être augmenté à raison des faits donnant lieu à des dépenses que, d'après les termes ou l'esprit du cahier des charges, le fournisseur n'avait pas à supporter.

Ainsi, l'enregistrement du marché est à la charge du traitant (*suprà*, n. 139). Supposons cependant que le cahier des charges n'ait prévu qu'un droit fixe. Condamné par l'autorité judiciaire au payement du droit proportionnel, le fournisseur ne peut souffrir d'une erreur imputable à l'État, et l'État moins encore s'en enrichir : le fournisseur est fondé à réclamer la différence (13 juill. 1870, *Laffitte*). Il en est de même toutes les fois que l'administration a aggravé les difficultés ou les dépenses imposées au traitant ; par exemple, en lui donnant l'ordre de ravitailler une colonne expéditionnaire dans des conditions imprévues (13 juill. 1864, *Josserand*), ou dans une localité autre que celle qui était indiquée au marché (11 juill. 1873, *Demolin*) ; en levant, avant l'expiration du marché, le camp de mobilisés dont il avait soumissionné l'approvisionnement (20 juin 1873, *Escalle*) ; ou bien en augmentant la garnison des places pour lesquelles les fournitures sont plus coûteuses, et en diminuant celles des places pour lesquelles elles le sont moins (16 juin 1876, *Moutte*; V. *Traité des travaux publics*, t. 1, n. 174, 235 et suiv., 243 et suiv.).

149. Le fournisseur ne saurait réclamer une augmentation de prix à raison des circonstances qui ont pu rendre son marché moins avantageux qu'il n'espérait, pas plus qu'il ne pourrait subir une diminution dans le cas contraire. Les circonstances dont il s'agit, favorables ou défavorables, constituent l'aléa du commerce et ont dû entrer dans les prévisions des parties (28 janv. 1858, *Médan;* 25 av. 1873, *Godillot;* V. *Traité des travaux publics*, t. 1, n. 235 et suiv.).

Si l'on doit, en principe, reconnaître qu'aucune des parties ne doit à l'autre l'assurance de la force majeure, il en est différemment lorsque le fournisseur se trouve placé dans une situation absolument étrangère aux prévisions du marché (20 av. 1877, *Wittersheim;* V. encore sur la force majeure, *suprà*, n. 143).

Il faut, d'ailleurs, prendre garde de confondre le cas de force majeure avec la volonté de l'une des parties. Au premier rang des cas de force majeure, on range le fait du prince. Quand l'État est partie au contrat, son fait change de caractère et engage sa responsabilité. Aussi a-t-il été jugé, en matière de transports, qu'une augmentation de prix était due à raison d'une ordonnance royale prescrivant l'emploi exclusif de navires français pour les communications entre la France et l'Algérie (7 av. 1846, *Bazille*). De même, l'élévation des tarifs d'octroi donne lieu à une augmentation de prix, lorsqu'elle est autorisée par décret du chef de l'État postérieurement à la conclusion du marché (17 janv. 1867, *Boulingre*). Le contraire avait d'abord été jugé (22 juin 1836, *Thoureau*).

Nous trouvons encore un arrêt du 19 mai 1865 (*Mony de Montmort*) déniant tout droit à indemnité à l'industriel qui avait traité avec le ministre de la guerre pour l'établissement d'une école de natation à l'usage de la garnison de Paris, et s'était vu refuser par le ministre de l'intérieur la permission de stationnement nécessaire. L'État n'est cependant qu'une personne, et ne peut se dédoubler en autant de mandants qu'il a de mandataires. Le fait de chacun de ces mandataires est le fait du mandant et ne saurait, parce que le marché a été passé avec un autre mandataire, être tenu pour étranger au mandant. Du moins, le fournisseur n'a pas droit à indemnité à raison du renchérissement des denrées, causé par les acquisitions de l'administration pour un service étranger à son marché. L'État, en contractant, est resté absolument libre de passer tous autres marchés (18 nov. 1852, *Moitessier*; 16 juill. 1857, *Dubourg*; 26 déc. 1879, *Dreyfus*; V. *Traité des travaux publics*, t. 1, n. 238; t. 2, n. 623).

Au surplus, un grand nombre de cahiers des charges mettent au compte de l'État les cas de force majeure, sinon pour le tout, du moins en partie. Dans cette situation, les termes du cahier, définissant les événements dont l'État prend les conséquences à sa charge, doivent être interprétés restrictivement (4 août 1870, *Carrafang*; V. *Traité des travaux publics*, t. 1, n. 266).

150. Les sommes dues aux fournisseurs peuvent être productives d'intérêts. Mais l'intérêt légal n'est que de 5, et non de 6 p. 100 (6 fév. 1831, *Moreau*; 14 sept. 1852, *Genevois*). Le Conseil refuse de voir dans la matière des fournitures une matière commerciale. Cependant, il a reconnu que l'intérêt devait nécessairement être calculé à 6 p. 100, lorsqu'il s'agissait d'évaluer le tort causé par la négligence de l'administration au fournisseur mis dans l'impossibilité de disposer de ses

capitaux (5 fév. 1875, *Escalle*). Ceci supppose, d'ailleurs, que le prix doive être payé en France. S'il doit
l'être en pays étranger, le taux légal est celui du lieu du
payement (25 juill. 1863, *Radovitz;* 21 juill. 1870,
Bernard; 8 août 1872, *Strauss*).

Les intérêts ne sont dus qu'à partir de la demande,
conformément à l'art. 1153, Code civ. (25 juill. 1863,
Radovitz; 13 juill. 1864, *Josserand*). Ils sont dus par
cela seul qu'ils ont été demandés, lors même qu'il y
aurait eu liquidation et que le manque de crédits aurait
seul fait obstacle au payement (7 déc. 1870, *Souber-
bielle*).

On applique également cette autre disposition de
l'art. 1153, Code civ. : « Dans les obligations qui se
« bornent au payement d'une certaine somme, les dom-
« mages-intérêts résultant du retard dans l'exécution
« ne consistent jamais que dans la condamnation aux
« intérêts fixés par la loi. » Les retards occasionnés
par la liquidation ne peuvent donner lieu à d'autres dommages-intérêts que les intérêts des sommes allouées
(25 juill. 1863, *Radovitz*).

151. Le prix doit être payé au jour et au lieu fixés.
En principe, il ne peut l'être d'avance (Décr. 31 mai
1862, art. 10). Par exception, le ministre de l'instruction publique a été autorisé, pour la construction des
instruments astronomiques, à faire des avances jusqu'à
concurrence du tiers du prix (Décr. 23 sept. 1876).

152. *Causes de résolution du marché.*

Il était impossible de ne pas appliquer aux marchés de l'État la condition résolutoire, toujours et
naturellement sous—entendue dans les contrats synal-
lagmatiques pour le cas où l'une des parties ne satis-

ferait pas à son engagement (art. 1184, Code civ. ;
V. *Traité des travaux publics*. t. 1, n. 309 et suiv.).
Parlons d'abord de la condition résolutoire invoquée
par l'État.

Les cahiers de charges ne manquent pas de déterminer, d'une manière précise, la nature et la gravité de
l'inexécution des engagements du fournisseur autorisant le ministre à prononcer la résiliation. Il n'y a donc
pas lieu, comme en matière civile, d'apprécier l'importance de l'inexécution : c'est au cahier des charges de
l'adjudication que l'on doit se référer.

153. L'art. 1184, Code civ., n'admet pas que la
résiliation ait lieu de plein droit, et veut qu'elle soit
prononcée par le juge ; il permet au juge d'accorder
un délai suivant les circonstances. Ces règles ne sont
pas applicables aux marchés administratifs.

Mais la résiliation doit être précédée d'une mise en
demeure préalable (V. *suprà*, n. 144), ce qui ne s'entend que sauf une observation.

Dans certaines circonstances, la livraison à jour dit,
par la force des choses, est une condition essentielle
du marché, de telle sorte que la fourniture en retard
devient à peu près inutile. Ainsi en était-il, quelques
jours avant le siège de Paris, des approvisionnements
de farines destinées à nourrir la population après l'investissement. Ainsi encore, à la fin du siège, des lots
de costumes qui devaient servir à la mise en campagne
de la garde nationale. Des farines ont été livrées après
l'investissement, des uniformes après l'approbation
donnée par l'Assemblée nationale aux préliminaires de
paix ; le tout, bien entendu, après l'expiration des délais fixés pour la livraison. Le Conseil a décidé qu'en

pareil cas il ne pouvait être question de mise en demeure, et que le ministre de la guerre avait justement refusé les fournitures (19 juill. 1872, *Leconte-Dupond*; 22 janv. 1872, *Lion et Savary*; V. encore, 13 déc. 1872, *Beck*).

Ainsi encore, à l'occasion d'un marché pour le travail des prisons, il a déclaré régulière la résiliation prononcée par le ministre contre un adjudicataire, à qui son cahier des charges défendait de prendre un associé et qui exploitait avec un associé depuis plus de quatre ans (11 août 1864, *Guillemin*). Même dans les principes du droit civil, le débiteur est en demeure par la seule échéance du terme, lorsque l'obligation ne pouvait être exécutée que pendant un certain temps qu'il a laissé passer (art. 1146, C. civ). Ce que le Conseil admet de plus, c'est que la résiliation a lieu de plein droit.

A part ces situations exceptionnelles, la jurisprudence proclame la nécessité de la mise en demeure, et déclare mal fondée la résiliation prononcée par le ministre sans que ce préliminaire ait été rempli (26 août 1860, *Pinsard*; 9 mai 1873, *Garnot*; 11 juill. 1873, *Vergnon*; 8 août 1873, *Robert*; 20 fév. 1874, *Rouvière*). De plus, elle n'admet pas facilement qu'un léger retard motive la résiliation, s'il n'a causé aucun préjudice (3 juin 1872, *Fontanel*; 20 fév. 1874, *Rouvière*).

154. On voit, par ce qui vient d'être dit, que la résiliation prononcée par le ministre ne fait pas obstacle au recours du fournisseur. L'urgence pouvant, du reste, nécessiter le remplacement de ce dernier, et le ministre ne manquant pas d'y procéder sans délai, le recours n'aura, le plus souvent, d'autre effet utile que l'allocation de dommages-intérêts, et le fournisseur

devra conclure subsidiairement à une telle allocation
(Dufour, t. 6, n. 319). Cependant, nous trouvons des
arrêts renvoyant le fournisseur devant le ministre,
pour y être procédé à la fixation de son indemnité,
« soit à raison de l'inexécution du marché, soit, au
« cas où le ministre aimerait mieux procéder à son
« exécution, à raison du préjudice que les retards dans
« cette exécution ont pu causer aux requérants » (8 août
« 1873, *Robert*); et même, lorsqu'il ne s'agit que d'une
livraison refusée à cause d'un léger retard, annulant la
résiliation et renvoyant les fournisseurs « devant le mi-
« nistre de la guerre, pour qu'il soit procédé à la ré-
« ception de leur fourniture et à la liquidation, s'il y
« a lieu, des sommes qui leur seront dues pour ladite
« fourniture » (20 fév. 1874, *Rouvière;* V. 20 fév. 1874,
Bourgeois; 12 mars 1880; *Dubreuil*).

Ces décisions ne se justifient que par des circonstances exceptionnelles. Le Conseil ne saurait, dans la
rigueur des principes du droit administratif, maintenir
un marché dont le ministre a prononcé la résiliation.
Il est admis, au contraire, que le ministre peut résilier,
à sa volonté, tout marché conclu au nom de l'État, sauf
à régler les conséquences de cette résiliation (7 août
1874, *Hotchkiss;* V. *Traité des travaux publics*, t. 1,
n. 325 et suiv.).

155. La jurisprudence allait autrefois plus loin et
lui reconnaissait le droit de résilier en indemnisant
seulement le fournisseur de ses pertes, sans rien lui
accorder pour privation de bénéfices (19 janv. 1836,
22 janv. 1840, *Méjan*). Un grand nombre d'arrêts ont
fait application de cette règle aux marchés pour le travail dans les prisons, marchés résiliés par un décret du

24 mars 1848, qui avait suspendu ce travail (14 mai 1852, *Wallut*; 18 mars 1858, *Thiboust*). Cette règle était mauvaise, car le commerce ne saurait vivre sans bénéfices. Il se peut qu'un fournisseur soit lésé dans ses intérêts, même ruiné par suite de l'inexécution de ses obligations, ou d'un cas de force majeure; il n'est pas admissible que le fait de l'État lui fasse la même situation. Une telle perspective ne pourrait qu'éloigner les fournisseurs les plus sérieux, et nuire aux intérêts de l'État.

Aujourd'hui, la jurisprudence applique à tous les marchés administratifs le principe établi pour le louage d'ouvrage par l'art. 1794, Code civ. : « Le maître peut « résilier, par sa seule volonté, le marché à forfait, « quoique l'ouvrage soit déjà commencé, en dédom- « mageant l'entrepreneur de toutes ses dépenses, de « tous ses travaux et de tout ce qu'il aurait pu gagner « dans cette entreprise » (20 juin 1873, *Lageste*; 9 août « 1873, *Garnot*; 7 août 1874, *Hotchkiss*; 12 fév. 1875, *Sparre*; V. *Traité des travaux publics*, t. 1, n. 325 et suiv.). Les termes de l'art. 1794 excluent le préjudice étranger à l'inexécution de l'entreprise.

156. Le cahier des charges peut prévoir la résiliation par la seule volonté du ministre, et disposer qu'elle ne donnera pas lieu à indemnité. Cette clause doit être renfermée dans son objet spécial, si elle s'applique uniquement à la résiliation prononcée en vue de tel cas déterminé (27 fév. 1874, *Hulin*).

157. Le fournisseur est en droit de demander la résiliation dans toute hypothèse où cette faculté lui a été réservée par le cahier des charges (17 mars 1864, *Paul Dupont*). Il peut, aussi bien que le ministre, invoquer l'art. 1184, Code civ., lorsque l'administration, par son fait, l'a mis hors d'état d'exécuter ses obligations (27 fév. 1874, *Hulin*), ou, d'une manière générale, a gravement manqué à ses engagements. Il peut enfin invoquer la force majeure, qui anéantit de plein droit le marché quand elle en rend l'exécution irréalisable. Tel était, en général, le sort des marchés conclus en 1870 pour l'approvisionnement des places de Paris, Strasbourg, etc..., et dont l'investissement a rendu la réalisation impossible (15 nov. 1872, *Lamblé*; 8 mai 1874, *Faist*; V. encore 18 mars 1858, *Sensine*; V. *suprà*, n. 143 et 149).

Mais la force majeure ne peut être invoquée par le débiteur qui a eu le tort de s'y exposer. Art. 1302, Code civ. : « Lorsque le corps certain et déterminé, qui était « l'objet de l'obligation, vient à périr, est mis hors du « commerce, ou se perd de manière qu'on en ignore « absolument l'existence, l'obligation est éteinte si la « chose a péri ou a été perdue *sans la faute* du débiteur, « et avant qu'il fût en demeure. » Aussi, les fournisseurs dont nous parlions à l'instant sont-ils restés engagés, quand ils avaient pu prévoir l'investissement (19 juill. 1872, *Leconte-Dupond*; V. *suprà*, n. 143).

En dehors de cette hypothèse exceptionnelle, la situation des parties est égale ; aucune des deux n'a rien à demander à l'autre, et il ne saurait être question d'indemnité si le cahier des charges ne contient quelque stipulation en ce sens (V. Rej. civ., 8 janv. 1855, D. 55, 1, 9).

158. Seul également, le cahier des charges peut faire que le marché de fournitures, quand il constitue une vente proprement dite, soit résilié par le décès du

fournisseur. Art. 1795, Code civ. : « Le contrat de
« *louage d'ouvrage* est dissous par la mort de l'ouvrier,
« de l'architecte ou entrepreneur. » Cette disposition
vise exclusivement le louage d'ouvrage, et n'est pas
susceptible d'extension à d'autres contrats.

159. *Compétence.*

Avant d'aborder ce sujet, il est nécessaire de dire
qu'en matière administrative, les juridictions sont
d'ordre public, et que l'incompétence *ratione materiæ* peut être opposée devant toutes les juridictions
(V. *Traité des travaux publics*, t. 1, n. 548 à 550).
C'est ainsi que le cahier des charges, déclarant sans
appel la décision du sous-intendant militaire en cas
de difficultés dans la réception des denrées fournies,
ne fait pas obstacle à la réclamation du fournisseur
devant le ministre et le Conseil d'État (24 mars 1882,
Hertz).

160. Depuis longtemps, le Conseil d'État a déclaré
nulle la clause d'un marché de fournitures portant que
les contestations seront soumises à des arbitres (17
nov. 1824, *Ouvrard*; 17 août 1825, *Boyer*). L'art. 1004,
Code proc. civ., interdit de compromettre sur les contestations sujettes à communication au ministère public,
lesquelles comprennent les causes intéressant l'État
(art. 83). D'ailleurs, la convention d'arbitrage doit indiquer l'objet du litige et les noms des arbitres (art.
1006), ce qui a conduit la Cour de cassation à déclarer
nulle la clause compromissoire sur les difficultés à
venir (Cass. civ., 2 déc. 1844, D.45,1,40). Le premier
de ces motifs suffirait à faire annuler ici le compromis,
fût-il formé au moment du litige et portât-il désignation des arbitres.

161. Dans l'ancien droit, les contestations en matière de fournitures étaient ordinairement évoquées par le Conseil d'État et renvoyées à une commission de ce conseil.

La loi du 4 mars 1793 porte : « Les fournisseurs qui « n'ont pas rempli leurs engagements seront pour- « suivis devant le tribunal de leur domicile. » Jamais, on l'a dit justement, les services ne furent plus mal faits, ni les fournisseurs plus mal payés. Il y aurait cependant exagération à mettre exclusivement ce résultat à la charge d'une organisation défectueuse de la compétence. Comme le fait justement observer M. Dareste (p. 323), la loi de 1793 est spéciale aux actions de l'État contre les fournisseurs, et laisse à la compétence administrative les actions des fournisseurs contre l'État.

Bientôt, les arrêtés des 8 et 9 fructidor an VI, art. 10, soumettent à l'administration centrale du département de la Seine tous les différends relatifs aux marchés de la guerre et de la marine. Aux termes de la loi du 12 vendémiaire an VIII, les fournisseurs doivent remettre aux divers ministres leurs comptes appuyés de pièces justificatives (art. 1er). Les ministres sont tenus d'arrêter les comptes des agents comptables dans les trois mois au plus tard de leur remise (art. 4). La loi du 13 frimaire an VIII autorise les commissaires de la trésorerie nationale « à prendre des arrêtés exécutoires « provisoirement contre les entrepreneurs, fournis- « seurs, soumissionnaires et agents quelconques. » L'arrêté du 18 ventôse an VIII porte également que « le « ministre des finances, comme spécialement chargé « de l'administration du Trésor public, est autorisé à « prendre tous arrêtés nécessaires et exécutoires par

« provision contre les comptables, entrepreneurs, four-
« nisseurs, etc. ». Enfin, le décret du 11 juin 1806,
art. 14, n. 2, est ainsi conçu : « Le Conseil d'État con-
« naîtra... de toutes contestations ou demandes rela-
« tives, soit aux marchés passés avec nos ministres,
« avec l'intendant de notre maison, ou en leur nom,
« soit aux travaux ou fournitures faits pour le service
« de leurs départements respectifs, pour notre service
« personnel ou celui de nos maisons. »

Évidemment, il résulte du décret de 1806 que le
Conseil d'État est compétent en matière de fournitures,
sauf la question de savoir s'il est juge en premier ou
en dernier ressort.

162. Non moins évidemment, il y aurait méprise à
lire, dans ce seul texte, l'attribution aux ministres de
la compétence en premier ressort. Il n'en a pas moins
été généralement admis, jusque dans ces derniers
temps, que les ministres étaient juges de premier ressort
en matière de fournitures.

A l'appui de cette manière de voir, on disait en résumé : Le droit administratif, comme le droit civil,
établit ordinairement un double degré de juridiction.
Si le décret de 1806, spécial au Conseil d'État, se
borne à établir la compétence supérieure de ce conseil,
la compétence ministérielle n'en est pas moins clairement indiquée par les lois du 12 vendémiaire et du
13 frimaire an VIII, et par l'arrêté du 18 ventôse an VIII.
Les principes du droit, et surtout de la compétence
administrative, étaient alors trop confus pour qu'on
puisse demander aux actes législatifs du temps le
langage exact et les déclarations expresses usitées de
nos jours. Mais tout montre que les ministres sont

bien chargés de statuer comme juges. Leurs décisions, comme les jugements, sont exécutoires et emportent hypothèque. Elles ne peuvent être attaquées plus de trois mois après leur notification, et ont ainsi force de chose jugée. Elles ne permettent pas au ministre de revenir sur la décision qu'il a prise.

Cette manière de voir a dicté toute une série de lois, de décrets et d'avis du Conseil d'État, qui reconnaissent au ministre un véritable pouvoir de décision (V. notamment, en matière de pensions, Avis C. d'Ét., 11 janv. 1808; en matière de prises maritimes, Arr. 6 germ. an VIII, art. 16; en matière de comptabilité, Avis C. d'Ét., 20 juill. 1808, art. 6; Ord. 19 nov. 1826, art. 2; Décr. 31 mai 1862, art. 329; en matière de domaines nationaux, Décr. 23 fév. 1811; en matière de droits d'entrée sur les boissons, L. 28 avr. 1816, art. 22; en matière de mines, L. 27 avr. 1838, art. 6; V. encore L. 18 mai 1840, sur la répartition de l'indemnité d'Haïti; 8 juill. 1851 sur le service postal dans la Méditerranée; 28 mai 1858, sur l'achèvement des grandes voies de communication de Paris; V. enfin Avis C. d'État 16-25 thermidor an XII, déclarant que les condamnations et contraintes émanées des administrateurs emportent hypothèque, parce que ces administrateurs *sont de véritables juges*).

163. Cependant, l'opinion contraire est admise par la jurisprudence récente du Conseil d'État (V. Concl. de M. le com. du Gouv., Gomel sur 20 fév. 1880, *Carrière*). Elle s'applique en matière de pensions, de liquidation des dettes de l'État, et dans tous les cas où la réclamation d'une créance contre l'État est poursuivie devant le ministre et le Conseil d'État. Soutenue par M. Bouchené-Lefer (*Revue pratique*, 1863, p. 354), elle a été développée avec une grande autorité par M. Aucoc (*Conférences*, t. 1, n. 332 et suiv.). Dans ce système, on fait observer d'abord que la nécessité d'un double degré de juridiction ne résulte d'aucune loi administrative. Si les décisions ministérielles ressemblent aux jugements en ce qu'elles sont exécutoires et emportent hypothèque ; si même l'avis du Conseil d'État du 16 thermidor an XII motive cet effet productif d'hypothèque sur la considération que les administrateurs sont de véritables juges, l'assimilation ne prouve rien et le motif est erroné : car les receveurs de l'enregistrement, des douanes, etc...., délivrent aussi des contraintes exécutoires et ne sont pas des juges. Si les décisions ministérielles ne peuvent être attaquées que dans un délai de trois mois, cette nouvelle assimilation ne prouve rien encore ; car les rôles des contributions directes ne sont également attaquables que dans les trois mois et ne constituent pas des jugements. Si la décision du ministre ne peut être rétractée, cette règle lui est commune avec les rôles des contributions directes. Bien souvent, des pourvois sont formés à tort contre des décisions ministérielles portant refus de payement par l'État ou injonction de payer à l'État, et considérées à tort comme des jugements ; ces pourvois sont déclarés non recevables : ils n'eussent pas été formés si l'on eût proclamé cette doctrine, qu'une décision ministérielle n'est pas un jugement quand elle ne prononce pas sur un véritable litige. Enfin, comment admettre que le ministre soit juge quand il est déjà partie et qu'il n'est pas possible de lui laisser ce double rôle sans entretenir les préjugés contre la juridiction administrative ?

164. Cette opinion compte pour peu de chose tous les textes antérieurs et postérieurs au décret du 11 juin 1806, qui ont tant de fois proclamé la compétence des ministres, pour statuer, pour décider, pour juger. Comment, d'ailleurs, peut-on dire que leurs décisions n'ont pas le caractère de jugements?

Est-ce que ce caractère a été induit uniquement des textes contestés? Ou de la nécessité d'obtenir d'abord une décision du ministre pour la déférer au Conseil d'État? Ou de l'hypothèque qu'elle emporte? Ou de l'autorité de chose jugée qu'elle produit à défaut de recours dans les trois mois de la notification? Il est bien clair que c'est l'ensemble de ces circonstances qui a déterminé l'opinion longtemps admise par les législateurs et les gouvernements; et que si, par conséquent, les décisions ministérielles ont, dans chacune, un point commun avec quelque acte ne constituant pas un jugement, il n'y a pas lieu d'en conclure qu'elles ne sont pas pour cela des jugements.

Passons condamnation, si la doctrine nouvelle offre aux justiciables des satisfactions qui lui aient été refusées par l'ancienne. Mais où voit-on rien de semblable? N'est-ce pas précisément le contraire? En admettant que la décision ministérielle portant, par exemple, refus du prix réclamé pour une fourniture, ne constitue pas un jugement; en admettant que le Conseil d'État soit juge en premier et dernier ressort, la partie pourra-t-elle lui présenter sa réclamation *de plano?* Non. Il faut, quand même, obtenir une décision du ministre et réclamer, devant le Conseil d'État, contre cette décision. Une demande nouvelle pourra-t-elle être formée? Non encore.

Au moins, le justiciable va-t-il trouver des garanties nouvelles dans la suppression d'une juridiction où l'État était juge et partie ? Il en découvrirait sans peine, si cette juridiction était remplacée par une juridiction organisée conformément au droit commun. Mais lui offre-t-on un avantage en substituant à un préalable judiciaire, quoique insuffisamment organisé, un préalable administratif ? Il est bien évident que la partie, toujours mal armée au début de la lutte en face d'une administration toujours prête, est, autant et plus que n'importe quel plaideur, intéressée à la conservation du double degré de juridiction, et n'a qu'une chose à souhaiter : c'est qu'on ajoute au premier degré les garanties élémentaires du droit de la défense.

Croit-on, enfin, éviter des pourvois inutiles, en proclamant qu'une décision ministérielle n'est pas un jugement, lorsqu'elle ne prononce ni sur un débat entre deux parties, ni sur la réclamation dirigée contre l'acte d'une autorité supérieure ? La règle n'est pas de nature à jeter sur la question une complète lumière, et le renversement des idées admises n'a jamais été fait pour tarir la source des procès.

Quant aux inconvénients résultant, pour l'équité et pour la juridiction administrative, de ce que le ministre serait juge et partie, ces inconvénients sont purement théoriques : la partie ne peut que perdre à la conversion d'un préalable judiciaire en préalable administratif : elle ne saurait gagner qu'à son organisation meilleure. C'est que l'existence d'un double degré de juridiction est une garantie contre les oublis et les surprises. C'est que ce double degré, pour n'être prescrit par aucune loi administrative, n'en est pas moins, à

raison de la supériorité des moyens de l'État, plus nécessaire encore qu'en matière civile. Et ceci nous amène
à l'intérêt de la juridiction administrative.

Le maintien de cette juridiction est, aux yeux des
personnes qui ont vu fonctionner de près le Conseil
d'État, une nécessité d'ordre public. Pour cette raison
précisément, nous croyons que la suppression du double
degré de juridiction en matière administrative, même
restreinte à certaines matières, ne peut qu'être fâ-
cheuse et présente un inconvénient auquel on n'a pas
songé. Il est admis qu'il n'y a pas de bonne justice
sans appel. N'est-il pas à craindre que la transforma-
tion du Conseil d'État en tribunal de premier et de
dernier ressort n'apparaisse aux yeux de bien des
personnes comme un acte de simplification et de
centralisation excessive, bien peu fait pour rappeler
l'organisation judiciaire ?

Que les ministres soient ici juges ou administrateurs, l'examen préalable des contestations en matière
de fournitures leur a été sagement attribué. La matière exige une célérité plus grande et une compétence plus spéciale encore que celle des travaux publics,
confiée aux conseils de préfecture; l'attribution de la
compétence à ceux-ci aurait nécessité la dispersion
dans les préfectures des pièces dont les ministres sont
dépositaires et doivent se dessaisir le moins possible.
Quant à la compétence judiciaire, l'expérience de 1793
ne saurait être perdue ; les débats sur les comptes, in-
terminables avec la procédure civile, auraient entravé
tous les services.

165. *Forme des réclamations.*

Si l'on admettait que les ministres sont ici des juges,

il serait rationnel d'introduire dans la procédure quelques formes rudimentaires, auxquelles il n'y a qu'à renoncer s'ils ne sont pas juges : c'est le profit le plus clair de la nouvelle doctrine. En fait, le ministre statue, soit sur pétition du fournisseur, soit même d'office, sur rapport des agents de l'administration, et souvent sans mettre la partie en demeure de se défendre. L'instruction est abandonnée à la direction de l'autorité.

166. Qu'elles soient ou non des jugements, les décisions ministérielles ont force exécutoire (L. 12 vendém. et 13 frim.; Arrêté 18 vent. an VIII). Elles produisent hypothèque (Avis C. d'État, 25 therm. an XII). On peut voir là, pour la force exécutoire, une conséquence du principe de la séparation des pouvoirs, ne permettant pas que le pouvoir administratif demande la sanction de ses actes à l'autorité civile. Quant à l'hypothèque, l'avis du Conseil d'État précité déclare que les administrateurs sont de véritables juges. Il est vrai, du reste, que les actes de certains administrateurs emportent hypothèque (V. *suprà*, n. 163).

167. Le ministre peut-il revenir sur sa décision? Évidemment, il ne saurait la rétracter s'il en est résulté un droit acquis, et, par exemple, refuser à un fournisseur le prix qu'il aurait reconnu lui être dû (3 déc. 1863, *Villa*). En dehors de ce cas, il semblerait que la rétractation est impossible ou possible suivant qu'il y a ou non jugement (V. Dufour, t. 1, n. 19; mais V. *suprà*, n. 163).

168. Le ministre peut-il se pourvoir contre sa décision?

L'affirmative est soutenue même à l'égard des décisions considérées comme jugements, par le motif que le ministre, partie, n'est pas déchu de ses droits par le fait du ministre juge. M. Dufour (t. 1, n. 190) restreint cette faculté au cas de découverte de pièces décisives. En effet, il nous semble que, de toute manière, la volonté exprimée par le ministre implique acquiescement ou convention, que sa réclamation est aussi défavorable que possible, et qu'elle ne doit pas être accueillie, à moins de dol ou d'erreur grave et excusable.

169. Le fournisseur non comparant, à qui la décision ministérielle a donné tort, est-il en droit d'y former opposition ?

Si la décision constitue un jugement, le droit d'opposition est certain. Si l'on n'y doit voir qu'un acte de gestion, il ne saurait être question de rien de semblable. L'opposition a été d'abord admise et même considérée comme nécessaire (18 fév., 26 mars 1814, *Rey*; 26 fév. 1823, *Mouton*; 22 août 1839, *Giblain*; 18 fév. 1864, *Moutte*; 27 déc. 1865, *Lamaury*). Elle a été rejetée par des arrêts plus récents (21 mai 1852, *Comp. de filtrage*; 10 déc. 1857, *Martin*; 4 fév. 1858, *Frèche*; 2 mai 1861, *Lejeune*; 23 janv. 1874, *Fauchet*; c. de M. le com. du Gouv. Gomel, Rec., 1880, p. 187).

La tierce opposition doit suivre les mêmes règles.

L'opposition et la tierce opposition, à les supposer admissibles, seraient recevables jusqu'à l'exécution, la loi ne les ayant renfermées dans aucun délai (Dufour, t. 1, n. 187).

170. Il faut prévoir le cas où le ministre refuserait, ou plutôt négligerait de statuer. L'absence de décision élève un obstacle devant le recours au Conseil d'État; car ce recours doit être accompagné de la copie en forme de la décision attaquée.

Le décret du 2 novembre 1864 a voulu parer à cette difficulté. Art. 5 : « Les ministres font délivrer, aux « parties intéressées qui le demandent, un récépissé « constatant la date de la réception et de l'enregistre- « ment, au ministère, de leurs réclamations. » Art. 7. « Lorsque les ministres statuent sur des recours contre « les décisions d'autorités qui leur sont subordonnées, « leur décision doit intervenir dans le délai de quatre « mois à dater de la réception de la réclamation au « ministère. Si des pièces sont produites ultérieure- « ment par le réclamant, le délai ne court qu'à dater « de la réception de ces pièces. Après l'expiration de « ce délai, s'il n'est intervenu aucune décision, les « parties peuvent considérer leur réclamation comme « rejetée et se pourvoir devant le Conseil d'État. »

Ce décret suppose un recours formé devant le mi- nistre contre la décision d'autorités qui lui sont su- bordonnées (19 juill. 1872, *Drouard*), ce qui n'est pas notre cas; et, de plus, statuant comme juge (11 av. 1869, *Pélissier*), et la dernière jurisprudence le consi- dère ici comme faisant acte de gestion (V. *suprà*, n. 163). Le recours doit cependant être possible.

Dans une affaire électorale, un candidat non élu, n'ayant pu obtenir ni la communication des listes émar- gées, ni un refus formel, avait renouvelé sa réclamation par acte d'huissier et considéré le silence du préfet comme un refus de communication, qu'il attaquait de- vant le Conseil d'État pour excès de pouvoir. Le Con- seil a déclaré le recours non recevable à un autre point de vue (23 janv. 1864, *Anglade*). Mais, a dit M. le com- missaire du Gouvernement, Robert, « nous n'avons pas « l'intention de critiquer l'expédient auquel le sieur

« Anglade a eu recours pour s'ouvrir les portes du
« Conseil d'État. Les autorités administratives doivent
« répondre aux demandes dont elles sont saisies. Les
« intéressés ont droit à une solution, qu'elle soit fa-
« vorable ou non à leurs prétentions ; l'incertitude est
« pour eux et pour la marche générale des affaires une
« cause de trouble et de malaise, et, d'ailleurs, il ne
« saurait appartenir à une autorité inférieure de mettre
« obstacle, par son silence, à l'exercice des droits de
« recours que la loi ouvre aux parties devant l'autorité
« supérieure. » Dans une pareille situation, et dès que
le refus de répondre est vraisemblable, le Conseil d'État
ordonne la communication au ministre, en l'invitant à
produire les pièces nécessaires (V. 11 janv. 1866, *Cha-
banne* ; 10 fév. 1869, *Broutin*).

171. *Recours devant le Conseil d'État.*

Quel que soit son caractère, la décision du ministre
peut être l'objet d'un recours au Conseil d'État, lequel
doit être formé par le ministère d'un avocat au Conseil,
dans les trois mois de la notification de la décision. La
jurisprudence applique ici l'art. 11 du décret du 22 juill.
1806 : « Le recours au Conseil contre la décision d'une
« autorité qui y ressortit ne sera pas recevable après
« trois mois du jour où cette décision aura été noti-
« fiée. » On a fait observer que, la décision pouvant
n'être qu'un acte de gestion, le mot *recours* devrait être
remplacé par le mot *réclamation*. Rien de plus rationnel,
en effet, que cette modification du décret de 1806 pour
le mettre en harmonie avec la nouvelle doctrine.

Si la décision ministérielle est un acte de gestion et
non un jugement, on ne voit pas qu'il y ait lieu d'examiner, au point de vue du recours, si cette décision

est contradictoire ou par défaut. Si l'on y voyait un jugement, le recours devrait être considéré comme non recevable tant que la voie de l'opposition resterait ouverte. Mais il est souvent difficile de dire si une décision ministérielle est contradictoire ou par défaut. Le délai pour former opposition reste ouvert, en matière administrative, jusqu'à l'exécution, tandis que le délai du recours au Conseil d'État expire après trois mois de la notification. Dans le doute donc, il serait plus prudent, même à ce point de vue, de former appel et de conserver ainsi la faculté de revenir devant le ministre au cas où la décision ne serait pas considérée comme contradictoire (Dufour, t. 1, n. 188).

Il n'a jamais pu être question d'attaquer une décision ministérielle par voie de requête civile, ce recours n'étant ouvert que contre les décisions en dernier ressort (art. 480, Cod. proc. civ.; 4 mai 1835, *Michelet*).

En tout cas, il est impossible de voir une décision distincte, faisant courir de nouveaux délais, dans la décision purement confirmative d'une décision précédente à l'égard de laquelle les délais sont expirés (20 juill. 1877, *de Mattos*); expiration qui suppose, avant tout, une décision régulièrement notifiée à la partie (9 mai 1873, *Garnot*; 18 juin 1875, *Roumagne*; 24 nov. 1876, *Langlade*).

On peut enfin se demander si la partie est recevable à former devant le Conseil d'État une demande nouvelle, non encore soumise au ministre. La négative est conforme aux principes, si la décision ministérielle est un jugement (19 déc. 1838, *Delandine*). Dans le cas contraire, la même règle sera toujours admise (24 janv. 1879, *Bonnot* ; V. sur la procédure, *Traité des travaux publics*, t. 1, n. 576 et suiv.).

172. Il importe maintenant de déterminer l'étendue de la compétence administrative. A cet égard, l'art. 12 du décret du 11 juin 1806 laisse peu de doutes ; il parle des *marchés passés avec les ministres*, et des *travaux et fournitures faits pour le service de leurs départements respectifs*. On n'a donc pas à s'inquiéter de la forme de la convention, mais simplement à se demander si l'engagement du ministre est pris au nom de l'État et dans le but de pourvoir à un service public (Dufour, t. 6, n. 306).

173. En ce qui concerne la nature du contrat, nous n'oublions pas qu'il s'agit ici des achats de meubles faits au nom de l'État. Il n'en est pas moins nécessaire de dire que la compétence établie par l'art. 12 du décret du 11 juin 1806 a été appliquée à des conventions de toute espèce, par exemple, à la vente des fumiers d'un corps de cavalerie (V. *suprà*, n. 68 ; 31 mai 1840, *Gouffier* ; 10 août 1847, *min. guerre c. Chabot*) ; à la vente d'obligations mexicaines, considérée, à raison des circonstances, comme une opération de trésorerie (V. *suprà*, n. 69) ; à la fourniture de l'eau nécessaire à un camp (13 juill. 1877, *Durieux*) ; à l'engagement de la caution d'un fournisseur (6 mars 1846, *Castinel*) ; au contrat d'assurances (10 août 1837, *Garavini*) ; à la prise en location, par un fournisseur de fourrages, d'un bâtiment de l'État destiné à les emmagasiner (29 nov. 1851, *Lucq-Rosa*) ; au louage de transports (19 déc. 1868, *Comp. transatlantique* ; 25 mai 1870, *Comp. transatlantique* ; 20 déc. 1872, *Valéry*) ; au louage d'ouvrage, par exemple, au service de l'infirmerie pour les chevaux de cavalerie (19 déc. 1838, *Delandine*) ; aux marchés pour la confection de plans (21 déc. 1850,

Gadoin); au traité par lequel un particulier s'engage à élever de jeunes détenus dans un établissement privé (1er déc. 1876, *Cère*, etc...; V. *Traité des travaux publics*, t. 1, n. 4).

174. Ainsi, et en résumé, il faut considérer comme rentrant dans la compétence du Conseil d'État, statuant sur décision du ministre, les achats de meubles faits pour le compte de l'État, achats auxquels sont assimilés, sous ce rapport, tous les marchés passés au nom de l'État dans l'intérêt des services publics. Le tout à supposer que le contrat ait été passé par le ministre ou en son nom et dans l'intérêt des services publics. En dehors de ces conditions, la compétence appartient aux tribunaux (V. *suprà*, n. 51, 68, 115; Avis min. fin. sur 2 mai 1873, *Min. fin. c. Barliac*).

Le principe reçoit diverses exceptions.

L'arrêté du 19 thermidor an ix chargeait les préfets de prononcer sur les contestations relatives aux fournitures faites aux régies du Gouvernement. Le système des régies a été supprimé, et avec lui la compétence des préfets, qui peuvent prendre seulement des décisions provisoires ne faisant jamais obstacle à la réclamation à former devant le ministre (Dufour, t. 6, n. 314; Serrigny, t. 3, n. 329).

Il en est, sous ce rapport, des décisions des intendants militaires comme de celles des préfets. M. Serrigny se demande cependant si les intendants n'ont pas qualité pour statuer définitivement sur les marchés d'urgence, en vertu de l'art. 172 du règlement du ministère de la guerre du 21 décembre 1823 (t. 3, n. 1328). Cet article porte que l'intendant *prononce définitivement*; mais il n'y a pas là, à nos yeux, une exclu-

sion du pouvoir du ministre assez expresse pour autoriser une dérogation au principe.

On cite, à titre d'exception, le décret du 22 avril 1812,
donnant compétence au conseil de préfecture au sujet
des effets d'habillement, équipement et harnachement,
refusés par les majors (Dufour, t. 6, n. 309; Périer,
n. 100). Cette compétence, aujourd'hui, semblerait
bien extraordinaire. Nous pensons qu'elle a été abrogée
par l'ordonnance du 10 mai 1844, art. 19 et suiv.
(Dareste, p. 325; Serrigny, t. 3, n. 1319).

175. Les marchés de travaux publics, constituant
des louages d'ouvrage, ont été attribués aux conseils de
préfecture par l'art. 4 de la loi du 28 pluviôse an VIII
(V. infrà, n. 229, et *Traité des travaux publics*, t. 1,
n. 524 et suiv.). Les marchés pour la fourniture de
matériaux destinés aux travaux publics sont des ventes
(V. décr. 18 nov. 1882, art. 23), et rentrent, en principe, dans la compétence établie pour la vente. Mais
les fournisseurs de matériaux sont souvent chargés de
travaux ou réparations, et pour ce motif, considérés
comme entrepreneurs de travaux publics (V. 16 avr.
1851, *Brouilliet*; 3 juill. 1852, *Mercier*; 7 mars
1861, *Thiac*; 24 avr. 1862, *Delpeyrou*; 30 juill. 1863,
Manté).

Il est nécessaire de faire ressortir la différence qui
sépare une fourniture d'un travail public. La question
se présente fréquemment à l'égard des communes, dont
les travaux publics donnent lieu à la compétence des
conseils de préfecture, et les fournitures à celle des tribunaux civils. Ici, la vente d'une pompe à incendie ou
d'une horloge est une fourniture (8 juin 1850, *Com.
d'Etais*; 28 fév. 1859, *Delpy*; 3 janv. 1873, *Ville de*

Champagnole) : celle d'une cloche est un travail public
(13 juin 1860, *Com. de Rigny*; 9 janv. 1867, *Dencausse*;
26 déc. 1867, *Goussel*). Pourquoi? Parce que la mise
en place de la cloche suppose un travail sérieux, qui ne
se rencontre pas dans la pose de l'horloge, et encore
moins dans le transport de la pompe. Un travail accessoire et relativement peu important ne saurait transformer une fourniture en travail public (Trib. confl., 7 mai
1881, *Pérot*; V. *Traité des travaux publics*, t. 1, n. 2 et
suiv.).

176. Aux termes d'une jurisprudence constante,
les marchés relatifs, tout à la fois, aux fournitures à
faire dans les prisons et au travail des détenus, sont
assimilés aux entreprises ayant pour unique objet le
travail des détenus, et attribués à la compétence des
conseils de préfecture (5 août 1868, *Vidal*; 14 fév.
1873, *Vilorgeux*; 1er mai 1874, *Hyrvoix*). Cette règle est
fondée sur la circonstance que les entrepreneurs sont
ordinairement chargés des réparations à faire aux prisons. Elle ne s'en est pas moins introduite à l'occasion
de simples fournisseurs de pain et de toile (27 mai
1816, *Levacher-Duplessis*; 3 mai 1839, *Selles*). Il est vrai
qu'aujourd'hui la simple fourniture à une prison rentre
dans la compétence ministérielle (17 janv. 1867, *Boulingre*). Nous avons exprimé ailleurs nos critiques
(*Traité des travaux publics*, t. 1, n. 5).

177. Les contestations qui s'élèvent entre les
fournisseurs et leurs sous-traitants, n'intéressant en rien
l'État, restent dans le ressort de l'autorité judiciaire
(22 août 1834, *Puech*; 8 fév. 1866, *Transports généraux
de la guerre*) c'est-à-dire des tribunaux de commerce
(Req. 10 fév. 1836, D.36,1,174).

Les contestations relatives aux privilèges sont jugées par les tribunaux civils (14 août 1852, *Leleu*).

178. L'État peut, en cette matière, être condamné à supporter les dépens et les frais d'expertise, par application des art. 130 et 131, Code proc. civ., et du décret du 2 novembre 1864 (V. *suprà*, n. 56; 7 fév. 1873, *Veyret*; 3 juin 1873, *Fontanel*; 13 mars 1874, *Jaffeux*). Au contraire, l'État, pouvant défendre sans frais, ne saurait faire condamner son adversaire aux dépens (10 janv. 1873, *Girard*; 17 avr. 1874, *Raffugeau*).

179. *Liquidation.*

On appelle liquidation l'opération consistant à reconnaître l'existence et la quotité des créances réclamées contre l'État, et particulièrement à écarter celles qui sont frappées de déchéances spéciales par les lois administratives.

La liquidation ne doit pas être confondue avec le jugement : c'est un préalable distinct, spécial aux dettes de l'État. Pour remédier aux désordres de l'ancienne administration financière, la loi du 17 juillet 1790 « décrète, comme principe constitutionnel, que « nulle créance sur le Trésor public ne peut être admise « parmi les dettes de l'État qu'en vertu d'un décret de « l'Assemblée nationale, sanctionné par le roi » (art. 1). La loi du 28 avril 1816, art. 13, modifie la compétence en décidant que les formes de la liquidation seront réglées par le chef de l'État. En exécution de cette loi ont été rendus, notamment, l'ordonnance du 31 mai 1838, art. 19, et le décret réglementaire du 31 mai 1862, art. 62, qui portent : « Aucune créance ne peut être « liquidée à la charge du Trésor que par l'un des mi-

« nistres ou ses délégués. » Chacun des ministres liquide les dépenses afférentes au service de son département. Le ministre des finances a, de plus, compétence pour les dépenses qui ne se rattachent à aucun service spécial et pour celles qui, se rapportant à un service clos, se trouvent appartenir à l'arriéré. Enfin, le Conseil d'État statue, s'il y a recours contre la décision du ministre.

180. En fait, la liquidation prend en quelque sorte la place du jugement ou se confond avec lui dans certaines circonstances : d'abord, lorsque le juge en premier ressort est un ministre, auquel cas les questions relatives au jugement et à la liquidation sont tranchées en même temps ; ensuite, lorsque l'intervention du ministre se produit nécessairement avant celle du juge, ce qui s'applique aux marchés de fournitures, dans l'opinion qui assigne aux décisions du ministre le caractère d'un simple acte de gestion ; enfin, lorsqu'il n'y a pas contestation judiciaire, ainsi qu'il peut toujours arriver en toutes matières, et ainsi qu'il arrive d'ordinaire pour le traitement des fonctionnaires publics.

La liquidation n'en est pas moins absolument distincte du jugement, et la chose jugée résultant d'une décision judiciaire, qu'elle émane de l'autorité civile ou de l'autorité administrative, ne saurait faire obstacle à la liquidation et particulièrement à l'application des déchéances spéciales à l'État, qui en font le principal intérêt (28 mai 1866, *liquidateurs Mirès*). A plus forte raison la liquidation ne peut-elle être entravée ou rendue inutile par les arrêtés de compte ou autres actes émanés d'ordonnateurs secondaires (10 mars 1859, *Bonnefoy ;* 27 juill. 1859, *Royer ;* 16 août 1860, *Baur-*

din), ni même par le payement (20 mars 1838, *Dar-blay*).

181. Les créanciers d'un fournisseur peuvent-ils exercer ses droits contre l'État, conformément à l'art. 1166, Code civ. ?

L'affirmative ne paraît pas douteuse, lorsque les créanciers ont été subrogés par justice à ses droits, (9 août 1870, *Ramon Zorilla*). Même en l'absence de subrogation, la faculté dont il s'agit a été admise par des arrêts anciens (22 déc. 1824, *Boquet* ; 12 janv. 1825, *Gauche*). Plus récemment, elle a été refusée (24 janv. 1834, *Senat* ; Arr. préc., 9 août 1870 ; Dufour, t. 1, n. 358 ; *contrà*, Périer, n. 244). Nous pensons qu'il faut distinguer :

Si les créanciers veulent simplement exercer les actions que leur débiteur refuse ou néglige d'exercer, et ce dans le but de conserver son patrimoine et de prévenir les déchéances, l'action est certainement admise par la jurisprudence des tribunaux (Rej. civ., 23 janv. 1849, D.49,1,42 ; Req., 2 juill. 1851, D.52,1,20 ; Rej. civ., 26 juill. 1854, D.54,1,303). Elle l'a été spécialement à l'égard des créanciers d'un fournisseur (Req. 1er avr. 1828, D.28,1,200). Dans une matière où il y a tant de déchéances, le droit administratif ne saurait exiger, à l'égard d'une action conservatoire, des formalités jugées superflues par la loi civile.

La jurisprudence du Conseil d'État s'applique rationnellement au cas où les créanciers veulent se faire attribuer ce qui est dû à leur débiteur. Ici, la recevabilité de leur action serait au moins contestable devant les tribunaux (Arr. préc.; Aubry et Rau, t. 4, p. 312, note 11). Et l'on peut remarquer que, dans l'espèce de l'arrêt du 9 août 1870, l'action tendait à obtenir non pas la déclaration du droit du débiteur, mais *le payement* au créancier de ce qui était dû à ce dernier.

182. Les créanciers d'un fournisseur sont-ils recevables à intervenir devant le Conseil d'État?

La jurisprudence a répondu affirmativement (13 août 1850, *Bénier*); puis négativement (5 avr. 1851, *Héroul*; 11 août 1864, *Chalard*). Nous ne voyons pas la raison de ce revirement, contraire à la jurisprudence générale du Conseil. Sans doute, l'art. 466, Code proc. civ., porte : « Aucune intervention ne sera reçue (en appel), « si ce n'est de la part de ceux qui auraient droit de « former tierce opposition. » Mais l'art. 466 n'est pas en général appliqué par le Conseil d'État, qui ne paraît pas se considérer ici comme juge d'appel (V. *suprà*, n. 163), et qui voit dans l'intérêt à agir la condition suffisante d'une intervention (Arr. préc. ; 27 fév. 1852, *Ch. de fer de Saint-Étienne*; Dufour, t. 2, n. 357).

183. Les créances des fournisseurs sont, comme toutes les créances contre l'État, soumises à la déchéance quinquennale lorsque, n'ayant pas été acquittées avant la clôture des crédits de l'exercice auquel elles appartiennent, elles n'ont pu être liquidées, ordonnancées et payées dans un délai de cinq ans à partir de l'ouverture de l'exercice pour les créanciers domiciliés en Europe, et de six ans pour les autres (L. 29 janv. 1831, art. 9). Cette déchéance n'est applicable qu'aux véritables créances, et non à l'obligation de rendre les cautionnements, qui ne cessent pas d'appartenir aux déposants (art. 16). Elle frappe les intérêts des cautionnements (4 mai 1854, *Largey*), comme tous autres accessoires des créances.

Une créance appartient à un exercice lorsqu'il y a eu droit acquis pendant cet exercice. Le jugement qui reconnaît une créance rétroagit à l'époque où la créance est née (25 fév. 1881, *Raveaud*). Les créances éventuelles ne constituent droit acquis que du jour de l'événement de la condition (12 janv. 1854, *Birckel*).

La déchéance est interrompue par la demande judiciaire, seulement si elle est formée devant un juge compétent (9 mars 1854, *Com. d'Essoye*; 12 mars 1880, *de Plazanet*), ou par la demande adressée à l'administration (29 mars 1860, *Bonfils*; 9 juin 1876, *Quéret*).

Elle ne frappe pas les créanciers dont le payement n'a pu avoir lieu dans les délais par le fait de l'administration ou par suite de pourvois formés devant le Conseil d'État (L. 29 janv. 1831, art. 10).

Jusqu'à ces derniers temps, l'application de la déchéance a été réservée au ministre, sauf appel au Conseil d'Etat (4 fév. 1858, *Hubaine*; 28 mai 1862, *Roumagoux*), et le ministre, la prononçant comme administrateur et non comme juge, a été considéré comme pouvant y renoncer (29 août 1867, *Calvo*; 22 août 1879, *Esquino*). Un récent arrêt paraît cependant n'y voir qu'une prescription ordinaire (28 mai 1880, *Min. trav. pub. C. Delrieu*; V. *Traité des travaux publics*, t. 1, n. 426 et suiv.).

184. Quant aux déchéances spéciales à la matière des marchés administratifs, nous avons déjà parlé de celle qui est établie, à l'égard du privilège des sous-traitants, par l'art. 3 du décret du 12 décembre 1806 (V. *suprà*, n. 122).

Le décret du 19 avril 1806, art. 1, porte : « Dans « chacun des marchés ou traités qui seront passés à

« l'avenir par nos différents ministres, il sera déter-
« miné, par une clause expresse, une époque fixe pour
« la remise des pièces constatant les fournitures faites
« à l'État en vertu dudit marché ou traité. » L'art. 2
ajoute : « Toute pièce qui n'aura pas été déposée dans
« les bureaux des ministres respectifs avant l'époque
« de rigueur déterminée par le marché ou traité, sera
« considérée comme non avenue et ne pourra, sous au-
« cun prétexte, être admise en liquidation, soit en fa-
« veur du traitant, soit en faveur de ses cessionnaires
« ou sous-traitants. » Cette clause est rigoureusement
appliquée par la jurisprudence (V. 10 janv. 1867,
Méliton ; 18 août 1868, *Boussavit* ; 24 juin 1881,
Courtin).

185. La réception des fournitures est établie par
des pièces justificatives régulières ou, à défaut, par des
procès-verbaux dressés par les autorités locales (Dufour, t. 6, n. 325). En principe, le ministre lui-même
ne saurait dispenser le fournisseur des obligations qui
lui sont, sous ce rapport, imposées par le cahier des
charges ou par les règlements (7 avr. 1835, *Schœn-
grune*).

Cette règle reçoit nécessairement exception au cas de
force majeure, et, d'une manière générale, lorsque les
circonstances n'ont pas permis que les dépenses fussent
régulièrement constatées (20 nov. 1845, *Sarlande* ;
7 juill. 1870, *Heit* ; 29 juin 1870, *Esquino*).

186. Le compte arrêté entre le ministre et le fournisseur est soumis à l'application de l'art. 541, Code
proc. civ., ainsi conçu : « Il ne sera procédé à la revi-
« sion d'aucun compte, sauf aux parties, s'il y a erreurs,
« omissions, faux ou doubles emplois, à en former

« leurs demandes devant les mêmes juges. » Le ministre ne peut donc reviser, ni le fournisseur attaquer la liquidation opérée par le premier et acceptée par le second, si ce n'est dans les cas prévus par l'art. 541 (4 août 1866, *Dufils*; 2 mars 1870, *Bonhomme*). A ces causes de revision, il faut ajouter la fraude (27 août 1854, *Lauriol*; 8 fév. 1866, *Transports généraux de la guerre*).

187. De simples irrégularités ne suffiraient pas (V. cette dernière décision), et encore moins une erreur commise dans l'interprétation de la loi (8 fév. 1863, *Villa*). Les causes légales de revision seraient même inadmissibles à l'égard des chefs du compte pris isolément, si les parties avaient entendu faire une cote mal taillée et régler en bloc tous les détails du service (1ᵉʳ août 1838, *Roche*).

On va quelquefois plus loin en fixant un délai, passé lequel il ne pourra plus y avoir lieu à revision, même pour erreur matérielle, omission, faux ou double emploi. Un tel délai est établi en matière de subsistances militaires (Règl. 1ᵉʳ sept. 1827, art. 676; Règl. 26 mai 1866, art. 879). Ce délai est de trois mois, et la jurisprudence l'applique à la rigueur (6 mai 1856, *Dary*).

188. La liquidation peut être attaquée devant le Conseil d'État, conformément aux règles générales. Le pourvoi doit être formé dans les trois mois de la notification. Il est non recevable, si le fournisseur a acquiescé à la décision du ministre ou reçu son payement sans faire des protestations et réserves (7 mars 1834, *Vanlerberghe*; 13 juill. 1864, *Josserand*).

189. *Achats spéciaux.*

Le monopole des tabacs a été établi dans un but fiscal par le décret du 29 décembre 1810, et successivement prorogé par une suite de lois. Aux termes de ces actes législatifs, la culture du tabac est subordonnée à la permission de l'administration. Les récoltes sont représentées à la régie, qui achète les quantités dont l'exportation n'est pas autorisée ; le prix en est fixé administrativement par le ministre, sans recours (L. 12 fév. 1835, art. 4). D'un autre côté, la récolte de chaque cultivateur de tabac donne lieu à un décompte établi par l'administration des contributions indirectes. Le cultivateur peut réclamer contre ce décompte, dans le mois, devant le conseil de préfecture (L. 28 avr. 1816, art. 201). Quant aux tabacs étrangers, l'État se les procure par voie de marchés.

190. L'ordonnance de 1515 avait attribué au ministère de la marine le droit de faire choisir et marteler, même dans les bois des particuliers, les arbres propres aux constructions navales. Il y avait là un droit de préemption au profit de l'État (V. Jousselin, *Servitudes d'utilité publique*, t. 1, p. 170). Ce droit fut vivement attaqué, lors de la discussion du Code for., comme portant à la propriété privée une atteinte insuffisamment justifiée. L'art. 124 de ce code a déclaré qu'il ne serait conservé que pendant dix ans à dater de sa promulgation.

Le Code for. consacrait un autre droit de préemption pour l'endigage du Rhin, sur les bois des particuliers situés dans un rayon de 5 kilomètres, au cas d'insuffisance des bois de l'État et des communes (art. 136 et suiv.).

191. Les lois sur les douanes reconnaissent à l'État

un droit de préemption sur les marchandises déclarées à la douane pour un prix que l'administration croit sensiblement inférieur à leur valeur réelle.

Ce droit s'exerce au profit du Trésor pour la valeur déclarée et le dixième en sus (LL. 4 flor. an IV; 21 avr. 1818; 27 juill. 1822; Arr. min. 25 juin 1827; Ord. 8 juill. 1834). Il n'a pour objet que les marchandises donnant lieu à un droit sur la valeur. La valeur est celle des marchandises au lieu où elles sont présentées à la douane.

Les contestations, en cette matière, appartiennent aux tribunaux (L. 14 fruct. an III, art. 10; L. 9 flor. an VII, tit. 4, art. 6).

CHAPITRE V

PARTAGE ET LICITATION

192. *Partage.*

Le partage des biens indivis entre l'État et les particuliers est un contrat de droit commun, auquel l'État n'intervient qu'à titre de propriétaire, et qui, incontestablement, est régi par le Code civ. et soumis à la compétence des tribunaux (V. *suprà*, n. 51, 68, 69, 76; et *infrà*, n. 198, 209, 219, 224, 286).

193. Il appartient à l'autorité judiciaire de connaître

de l'action en partage et de liquider, comme étant comprises dans cette action, les sommes que les copropriétaires pourraient se devoir par suite de la jouissance indivise : il lui suffit de réserver à l'autorité administrative l'application des déchéances spéciales à l'État (V. notamment *suprà*, n. 183), et les difficultés relatives à la régularité ou à la portée des actes administratifs produits (14 sept. 1852, *Hér. de Luscan* ; V. *suprà,* n. 51, 54, 68, 79, 115 ; et *infrà*, n. 212, 257, 260, 317).

Il appartient pareillement aux tribunaux de résoudre, comme question de pur droit civil, le point de savoir si l'immeuble est commodément partageable ou s'il est nécessaire de procéder à la licitation (18 juin 1852, *Hér. d'Orléans*).

194. L'action en partage peut-elle être intentée, indifféremment, par l'État ou par son copropriétaire?

M. Gaudry la réserve exclusivement à l'État. Car l'art. 149 de l'ordonnance du 1er août 1827, complément du Code for., porte : « Notre ministre des « finances décidera s'il a lieu de provoquer le par- « tage » ; il ne suppose pas que le propriétaire puisse le provoquer. D'ailleurs, le partage peut rendre la licitation nécessaire, et le domaine de l'État ne saurait être aliéné contre la volonté du Gouvernement, ni même contre celle du législateur (t. 2, n. 533).

Nous ne saurions accepter cette opinion. Le pouvoir d'aliéner appartient au Gouvernement en bien des cas où le législateur n'a pas à intervenir (V. *suprà*, n. 33 et suiv., 58 et suiv.). L'art. 815, Code civ., est une loi, qui ne saurait recevoir exception en vertu d'une simple ordonnance; loi d'ailleurs générale et, jusqu'à un certain point, d'intérêt public ; loi faite pour les biens

privés de l'État comme pour ceux des particuliers.
Enfin, la nécessité d'une loi pour l'aliénation des biens
de l'État ne fait pas que ces biens soient inaliénables ;
elle ne touche qu'à la capacité du vendeur ; et la cessation de l'indivision, assez favorable pour remplacer le
consentement du copropriétaire de l'État, peut tout aussi
bien remplacer le consentement des représentants de
l'État (Arr. préc., 14 sept. 1852).

195. *Licitation.*

Si, comme le dit cet arrêt, l'action doit être *intentée*
et suivie conformément au droit commun, la licitation,
quand elle est reconnue nécessaire, ne s'en fait pas
moins dans une forme particulière, celle des ventes des
biens de l'État (V. *suprà*, n. 37 et suiv.); le copropriétaire de l'État devient seulement son créancier pour la
moitié du prix de vente (L. 15 flor. an x, art. 10 ;
L. 5 vent. an xii, art. 112).

On a soutenu que ces dispositions légales, comme
celles qui déclaraient valable la vente du bien d'autrui,
étaient abrogées par la Charte de 1814, déclarant toutes
les propriétés inviolables (V. *suprà*, n. 52). L'objec-
tion tombe à faux. La loi de floréal ne porte pas atteinte
au droit du copropriétaire de l'État ; elle n'a d'autre but
que le maintien, dans l'intérêt de l'État, d'une situation privilégiée, situation qui, en définitive, profite à
son copropriétaire (26 août 1824, *Roguin*).

TITRE II

ÉCHANGE

196. Les règles en matière d'échange diffèrent suivant qu'il s'agit de meubles ou d'immeubles.

Échange des immeubles.

Cet échange ne peut être réalisé qu'en vertu d'une loi. Le décret des 22 novembre-1er décembre 1790, art. 8, exige formellement une loi pour l'aliénation des immeubles de l'État (V. *suprà*, n. 33 et *infrà*, n. 256), et l'échange est un acte d'aliénation au même titre que la vente. Peu importent les exceptions apportées au principe en ce qui concerne la vente (V. *suprà*, n. 34 et suiv.; 57 et suiv.). Jamais les actes spéciaux émanés des pouvoirs législatif ou exécutif, ni même l'usage, n'ont permis de soutenir que le législateur a délégué au Gouvernement son droit de consentir l'échange (6 mars 1835, *Dép. de la Dordogne;* 12 juill. 1836, *De Wagram*).

Ce principe recevait, sous le régime impérial, exception à l'égard du Domaine de la Couronne. Les biens compris dans ce Domaine étaient inaliénables (V. *suprà*, n. 23). Ils pouvaient être échangés en vertu d'un Sénatus-consulte (V. *eod.*).

Une seconde exception subsiste. Lorsque le tracé d'une route est modifié, les terrains dépendant de l'ancienne route et devenus inutiles peuvent être échangés contre les terrains nécessaires à l'ouverture de la nouvelle route. L'acte d'échange doit être approuvé par le ministre des finances (L. 20 mai 1836, art. 4; L. 24 mai 1842, art. 3). Cette approbation est, aujourd'hui, donnée par le préfet (Décr. 25 mars 1852, art. 3, tabl. C, 6°). L'échange n'a rien d'obligatoire; la loi dit : *pourront être cédés..... à titre d'échange.*

L'exception dont il s'agit a été implicitement confirmée par la loi du 1er juin 1864, sur la vente des immeubles domaniaux (V. *suprà*, n. 33 et suiv.). Le rapport de M. de Voize l'atteste, et l'art. 1er de la loi de 1864 en restreint la disposition aux immeubles « autres « que ceux dont l'aliénation est régie par des lois spé- « ciales ».

197. Les formalités préalables à l'échange ont été réglées par l'ordonnance du 12 décembre 1827. La demande est adressée au ministre des finances, communiquée aux agents des Domaines, et, s'il s'agit de bois, à ceux des forêts. Il est procédé à une estimation par experts, après quoi les pièces sont soumises à l'examen des administrations indiquées ci-dessus, puis du Conseil d'État, section des finances. L'acte est ensuite passé par le ministre des finances. Le coéchangiste n'entre en jouissance qu'après la loi rendue.

En tout ceci, on suppose un échange demandé par un propriétaire qui veut contracter avec l'État. Si c'est l'État qui veut faire un échange, les mêmes formalités s'appliquent, *mutatis mutandis.*

198. Les actions en revendication et autres, exercées par des tiers relativement aux immeubles compris dans les lois approbatives d'échange, rentrent dans la compétence des tribunaux. Cette vérité est admise même en matière de ventes domaniales (Ord. 1827, art. 12; V. *suprà*, n. 11, 54, et *infrà*, n. 269, 305).

199. Nous estimons que les tribunaux civils doivent également connaître des contestations nées entre l'État et le coéchangiste. Que l'administration se réserve l'appréciation des actes qui ont précédé l'échange, rien de plus naturel : ces actes sont des actes administratifs. Mais il n'est pas possible de voir dans un échange, fût-il consenti au nom de l'État, fût-il homologué par le législateur, autre chose qu'un contrat, et nous avons vu qu'un tel acte est apprécié par l'autorité judiciaire, à moins qu'il ne présente un caractère essentiellement administratif ou ne soit formellement réservé à la compétence administrative (V. *suprà*, n. 51, 76, 115).

Ces conditions ne se rencontrent pas ici. L'immeuble dont il s'agit était possédé par l'État comme il aurait été possédé par un particulier. L'État l'a aliéné comme un particulier aurait pu l'aliéner. Le contrat n'a qu'un caractère purement civil. D'autre part, il est impossible de conclure à la compétence administrative en s'appuyant sur l'art. 4 de la loi du 28 pluviôse an viii. L'échange n'a jamais pu être considéré comme un moyen de faire entrer les biens nationaux dans la circulation, et la compétence du conseil de préfecture ne se comprend pas, quand l'acte à interpréter est un décret homologué par le législateur. Les arrêts contraires à notre sentiment n'ont pas consacré cette compétence.

Notre manière de voir est celle de la jurisprudence civile (Req. 19 fév. 1840, D.40,1,337 ; Rej. civ., 30 juin 1841, D.41,1,276). Elle a été reconnue par le Conseil (6 nov. 1822, *Rambourg*), qui, postérieurement, a admis sa propre compétence (12 juill. 1836, *De Wagram* ; 23 avr. 1837, *Com. de Prétin* ; V. aussi 12 mars 1853, *De Wagram*).

200. Passons aux règles du fond.

Si, comme nous le pensons, les tribunaux sont compétents, ils ne manqueront pas d'appliquer ici les règles établies pour l'échange par les art. 1702 et suiv. Code civ., c'est-à-dire les règles de la vente, sauf les modifications spécifiées par ces articles (Rej. civ., 30 juin 1841, D.41,1,276). Dans le cas où une soulte aurait été stipulée, le non-payement de cette soulte donnerait lieu à l'exercice de l'action résolutoire et du privilège de vendeur.

Au contraire, la jurisprudence administrative pourrait appliquer les règles établies en matière de ventes nationales (V. *suprà*, n. 39 et suiv.), et particulièrement la déchéance au cas d'inexécution des obligations du coéchangiste (Gaudry, t. 3, n. 580). Cependant, le Conseil d'État a admis ici la règle de l'art. 1705, Code civ., qui permet à l'échangiste évincé d'opter entre la restitution de son bien et une indemnité de compensation (12 juill. 1836, *De Wagram*).

201. Quelle est la situation des parties entre le décret et la loi d'autorisation ?

D'après l'arrêt du 12 juillet 1836 (*De Wagram*), l'échange provisoire ne peut être attaqué par les parties qui y ont concouru. L'État ne saurait cependant être

lié avant le consentement du législateur, qui seul a
pouvoir de l'engager (V. 6 juill. 1825, *De Wagram*).
Quant au coéchangiste, on ne voit aucune disposition qui permette de le considérer comme obligé seul, et
de dire que la loi à intervenir est une simple condition et produit effet rétroactif. Telle est la situation en
matière de marchés administratifs, parce que cette matière est régie par les ordonnances et décrets, non par
la loi, et qu'aux termes du décret de 1882, les marchés
administratifs restent subordonnés à l'approbation ministérielle (V. *suprà*, n. 119). En matière d'échange, la
loi ne donne pas une approbation, mais un consentement. Par conséquent, les actes administratifs antérieurs ne sont que des actes préparatoires, et ne lient
ni l'une ni l'autre des parties (20 janv. 1820, *De Ville-
deuil*).

202. *Échange des objets mobiliers.*

La loi du 2 nivôse an IV permet au Gouvernement
d'échanger, comme de vendre, les objets mobiliers
appartenant à l'État, de la manière qu'il croira la plus
prompte et la plus avantageuse (art. 2). Les principes
et l'assimilation à la vente conduisent à admettre ici la
compétence judiciaire et les règles du Code civ. (V. *suprà*, n. 51, 199).

TITRE III

LOUAGE

CHAPITRE Ier

LOUAGE DE CHOSES

203. État locateur.
  Immeubles.
204. Forme des baux.
205. Hypothèque.
206. Conditions prescrites par la loi.
207. Conséquences de leur omission.
208. Exécution.
209. Compétence des tribunaux.
210. Exceptions. Baux des eaux minérales.
211. Baux liés à un marché administratif.
212. Appréciation de la validité des baux.
213. *Meubles.*
214. *Droits incorporels.*
  Administration des agents de l'État.
215. Exceptions.
216. Droit de pêche fluviale.
217. Formes de l'adjudication.
218. Règles du fond.
219. Compétence.
220. Droit de chasse.
221. Droits de glandée, panage et paisson.
222. Pêche maritime.
223. *Biens du Domaine public.*
224. Compétence.
225. Péages.

203. Nous devons envisager ici, successivement, l'*État locateur* des choses qui lui appartiennent, et l'*État locataire* des choses d'autrui.

Parlons de l'*État locateur*.

Le contrat peut avoir pour objet, d'abord, la location des *immeubles de l'État*.

Tandis que l'aliénation des biens domaniaux est l'exception, leur mise en ferme est la règle ; l'administration ne peut régir ces biens par elle-même ; elle doit les affermer (L. 23-28 oct.-5 nov. 1790, tit. 2, art. 1). On a craint avec raison les abus et les inconvénients d'une gestion compliquée de détails. La loi de 1790 est étrangère aux forêts, qui comportent un mode d'exploitation particulier au moyen de la vente annuelle des produits (V. *suprà*, n. 70 et suiv.).

204. Les baux interviennent dans une forme spéciale ; ils sont passés à la diligence de l'administration des Domaines et aux enchères, devant le sous-préfet du lieu de la situation des biens ou le maire délégué par lui (même loi, art. 13). La location peut, au besoin, se faire à l'amiable, sauf l'approbation du ministre des finances ou du préfet en conseil de préfecture, suivant que le prix annuel du bail excède ou non cinq cents francs (Décr., 25 mars 1852, tableau C, 2°).

205. Aux termes de la loi de 1790, art. 14, ces actes emportaient hypothèque et exécution parée. La règle ainsi consacrée à l'égard de l'hypothèque était simplement l'application du principe autrefois admis;

et consistant à faire résulter l'hypothèque légale de la seule authenticité des actes. La loi du 11 brumaire an VII a aboli l'ancien régime hypothécaire, et le Code civ., art. 2121, ne reconnaît à l'État d'hypothèque légale que sur les biens des comptables; d'où l'on a justement conclu que l'hypothèque de l'art. 14 est à considérer comme abrogée (Troplong, *Hypothèques*, n. 505 *bis*).

Du moins, n'est-il pas permis à l'administration d'insérer dans l'acte une constitution d'hypothèque *conventionnelle?* L'auteur précité le nie, en s'appuyant sur l'art. 2127 Code civ., qui subordonne la validité de cette constitution à l'assistance d'un notaire. Il y a là une erreur certaine. Si le Code a supprimé l'hypothèque légale comme conséquence de l'authenticité, il n'a pas supprimé l'authenticité des actes reçus dans les formes de la loi de 1790. Dès lors, il est conforme aux principes, à la loi qui considère l'assistance du sous-préfet comme équivalente à celle d'un notaire, enfin aux convenances et aux nécessités administratives, que l'hypothèque puisse être ainsi stipulée sans le concours d'un notaire. Mais ce ne peut être qu'une hypothèque conventionnelle et dès lors soumise aux règles du Code civ. sur la spécialité, l'inscription, le rang, etc... (Cass. civ., 12 janv. 1835, D. 35, 1, 87; Serrigny, t. 2, n. 1074; V. *suprà*, n. 4, 38, 46, 72).

206. La loi de 1790 indique les principales conditions des baux. Leur durée est de trois, six ou neuf ans pour les biens corporels, les seuls dont il s'agisse ici (art. 15). Par dérogation à la règle aujourd'hui consacrée par l'art. 1743, Code civ., le fermier doit, en cas d'aliénation, supporter l'expulsion sans indemnité,

quand il a terminé la période de trois ans commen-
cée (art. 15). Par dérogation à l'art. 1769, Code civ.,
il ne peut prétendre à aucune indemnité ou diminution
du prix de son bail, même pour stérilité, inondation,
grêle, gelée ou autres cas fortuits (L. 1790, art. 19).
Quant au surplus, et à part les stipulations spéciales à
chaque adjudication, ses droits et ses obligations sont
généralement déterminés par le Code civ. Entre l'État
et son locataire, il y a donc lieu d'appliquer, au cas
d'incendie, les règles sur la responsabilité et les effets
de la force majeure, indiqués par l'art. 1733, Code civ.
(V. 20 nov. 1851, *Lucq-Rosa*).

207. La loi de 1790 peut n'avoir pas été observée.

Il ne paraît pas douteux, d'une part, que l'omission
des stipulations relatives à la durée des baux emporte
application des art. 1429, 1430 et 1718, Code civ.;
d'autre part, que le bail consenti par un fonctionnaire
sans pouvoir soit absolument nul. Reste l'hypothèse
d'une simple violation des formes. Dans une telle situation, l'acte consenti au nom d'une commune est considéré comme simplement annulable sur la demande de
la commune seule (Cass. civ., 16 nov. 1836, D.36,1,
157). Cette jurisprudence est applicable aux baux de
l'État (Duvergier, *Louage*, t. 3, n. 136; Gaudry, t. 2,
n. 506; Dalloz, *Rép.*, v° *Louage administratif*, n. 14;
V. *infrà*, n. 218 et *suprà*, n. 124).

208. Relativement à l'exécution, l'État dispose des
mêmes moyens que les particuliers. On vient de voir
que le bail produit exécution parée, et, s'il y a eu
stipulation en ce sens, hypothèque conventionnelle. De
plus, le directeur des Domaines peut décerner contre
le débiteur de loyers et fermages échus une contrainte,

qui est visée par le président du tribunal civil et exécutée sans autre formalité (L. 19 août 1791, art. 4 ; V. *suprà*, n. 46). D'ailleurs, l'adjudicataire est tenu de fournir une caution solvable, faute de quoi il est procédé à un nouveau bail à sa folle enchère (L. 23-28 oct.-5 nov. 1790, tit. 2, art. 21).

209. La compétence en matière de baux de biens de l'État diffère profondément de la compétence en matière de vente.

Il est vrai qu'au lendemain de la Révolution, le Conseil d'État considérait toutes les contestations relatives aux biens de l'État comme appartenant au contentieux des Domaines nationaux : c'était l'application littérale de la loi du 28 pluviôse an VIII, art. 3 (V. *suprà*, n. 51 et suiv.). Bientôt on a reconnu que la compétence des conseils de préfecture avait été dictée par un motif politique, la nécessité de protéger les ventes nationales : motif absolument étranger aux baux. Depuis cette époque, la jurisprudence a déclaré les tribunaux seuls compétents, en principe, pour connaître du sens et de l'exécution des baux administratifs (23 juill. 1823, *Renard* ; 24 fév. 1853, *Bertoglio*). La loi du 15 avril 1829, sur la pêche fluviale, est venue confirmer ce point de vue, en attribuant formellement aux tribunaux le jugement des contestations entre l'administration et l'adjudicataire relativement *à l'interprétation et l'exécution des baux et adjudications* (art. 4). Le pouvoir de l'autorité judiciaire ne fait plus question aujourd'hui, (20 nov. 1840, *Min. marine, c. Michel* ; 14 août 1865, *Dubourg* (V. *infrà*, n. 219, 220, 224, 226).

210. Quoi qu'en ait pensé M. Tarbé de Vauxclairs (*Dict. des trav. publics*, v° *Bail administratif*), il n'y a lieu de faire exception, au profit de la compétence administrative, ni pour les baux des herbages des fortifications, ni pour ceux des coupes de roseaux dans les fossés des places de guerre et dans les portions de rivières qui leur servent de fossés, ni encore moins pour les baux de pêche dans ces rivières (Macarel et Boulatignier, t. 1, n. 78). Une attribution expresse peut seule établir une dérogation au droit commun.

Tel est, d'après la jurisprudence, le cas des baux des établissements d'eaux minérales appartenant à l'État. L'arrêté consulaire du 3 floréal an viii, art. 2, porte : « A défaut de payement duprix du bail ou d'exécution « des clauses y contenues, le bail pourra être résilié « par le conseil de préfecture. » La date de cet arrêté montre sous l'influence de quelles idées il a été rendu. On ajoute qu'il s'agit bien moins de recevoir une somme d'argent que d'assurer un service public (Serrigny, t. 2, n. 1081); raison qui n'a pu dicter l'arrêté de floréal, puisqu'il est spécial aux rares établissements qui appartiennent à l'État, et inapplicable à ceux des communes (14 déc. 1882, *Hosp. de Bagnères*). La règle n'en est pas moins observée (20 juin 1861, *Morel*; Dufour, t. 2, n. 278). Quant au fond, les règles des baux des établissements d'eaux minérales sont déterminées par l'arrêté du 3 floréal an viii.

211. Les tribunaux cessent d'être compétents, si le bail n'est que l'accessoire d'un contrat réservé à la compétence administrative. Supposons un marché passé avec un fournisseur et mettant à sa disposition un bâtiment de l'État, à charge d'en répondre comme locataire et aux termes du droit commun. Les difficultés soulevées par un incendie, relativement à la responsabilité du fournisseur, se rapportent en fin de compte à un marché de fournitures et sont déférées à l'examen du ministre et du Conseil d'État (29 nov. 1851, *Lucq-Rosa*; V. *suprà*, n. 159 et suiv.).

. En cette matière pas plus qu'en aucune autre, le contrat ne peut déroger à la compétence *ratione materiæ* (V. *suprà*, n. 159). L'ancienne jurisprudence du Conseil d'État admettait cependant ici comme valable la stipulation que les difficultés seraient portées devant le conseil de préfecture (V. Dall., *Rép.*, v° *Compétence*, n. 36), et cette stipulation se retrouve dans des baux récents (14 août 1865, *Dubourg*).

212. Du moins, le tribunal ne saurait, à raison du principe de la séparation des pouvoirs, apprécier la régularité et la validité de l'acte (V. *suprà*, n. 79 ; V. cep. 12 janv. 1870, *Morel*).

Cette question n'est pas du ressort du conseil de préfecture, quoi qu'en aient dit Merlin, sous l'empire des anciennes idées, et M. Troplong sur la foi de Merlin (*Louage*, n. 72). Ce conseil ne possède aucune compétence à l'égard des baux administratifs autres que ceux des eaux minérales ; car sa compétence est exceptionnelle, et la loi de pluviôse ne lui attribue que le contentieux des ventes nationales. L'appréciation appartient au ministre. De plus, la matière étant contentieuse, il y a lieu à recours devant le Conseil d'État (V. en matière de baux de droits de pesage et mesurage consentis par les communes, 17 mai 1851, *Doumas*; V. aussi *suprà*, n. 79).

213. *Location des meubles de l'État.*

L'État n'a guère occasion de se faire locateur d'objets mobiliers. Le cas échéant, il faudrait appliquer le Code civ. et la compétence judiciaire (V. les n. préc., et *suprà*, n. 51).

214. Nous arrivons au louage de ce qu'on appelle improprement les *Droits incorporels de l'État*, c'est-à-dire au louage ayant pour effet, non de mettre les immeubles de l'État à la pleine disposition du locataire, mais simplement d'y autoriser l'exercice de certains droits déterminés.

Il va de soi que tous les droits sont incorporels et que, en sens inverse, tout droit mis en ferme par l'État doit procurer au fermier la possession de choses ayant un corps. La loi des 9-20 mars 1791 n'en a pas moins posé en principe la distinction des droits corporels et des droits incorporels. Tandis que les premiers sont affermés, les seconds sont en général perçus, régis et administrés pour le compte de la nation (art. 1er), à l'exception de ceux dont la perception donnerait lieu à de trop grandes difficultés (art. 6).

215. Les droits auxquels s'applique cet art. 6, ou du moins ceux qui subsistent après les changements survenus depuis 1789, sont notamment ceux-ci : droit de pêche fluviale, et, peut-être en certains cas, droit de pêche maritime ; droit de chasse ; droit de bacs et bateaux de passage ; droit de navigation et de péage sur les rivières navigables et les canaux ; droit de péage sur les ponts ; droit de péage pour la correction des rampes sur les routes (Macarel et Boulatignier, t. 1, p. 304). On peut ajouter les droits de glandée, panage et paisson dans les forêts domaniales, de péage sur les chemins de fer, et certains droits susceptibles d'être exercés sur les voies publiques ou sur le rivage de la mer.

216. Le droit de pêche appartient à l'État dans les fleuves, rivières, canaux et contre-fossés navigables ou flottables avec bateaux, trains ou radeaux (L. 15 avr. 1829, art. 1), ce qui exclut les petites rivières simplement flottables à bûches perdues (Rej. crim., 22 août 1823, Dalloz, *Rép.*, v° *Pêche fluviale*, n. 15). La question est douteuse à l'égard des droits de pêche concédés antérieurement à 1566 ; deux arrêts de la Cour de cassation ont jugé, l'un qu'ils ont été conservés, l'autre qu'ils ont été abolis par la loi de 1829 (Req., 9 nov. 1836, D.37,1,28; 15 janv. 1861, D.61,1,174; V. Dalloz, *Rép.*, *eod.*, n. 32 et suiv.; V. *infrà*, n. 399).

Les règles à suivre pour l'exploitation de la pêche fluviale sont déterminées par la loi du 15 avril 1829, dont les art. 12 à 22 sont à peu près la reproduction textuelle des art. 18 à 28 du Code for. (V. *suprà*, n. 72 et suiv.), et dont les art. 10, 14, 16, 19, 20 et 21, relatifs aux adjudications, ont été modifiés par une loi du 6 juin 1840.

La pêche est exploitée soit par voie d'adjudication, soit, quand on ne trouve pas d'adjudicataire, par concession de licences à prix d'argent (L. 1829, art, 10; L. 6 juin 1840). Les formes de l'adjudication sont réglées par un acte du chef de l'État (L. 1829, art. 20; L. 6 juin 1840). C'est l'ordonnance du 28 octobre 1840.

217. L'adjudication doit, à peine de nullité, être annoncée par des affiches apposées au moins quinze jours d'avance dans les communes environnantes (L. 1829, art. 11). Il y a nullité de l'adjudication effectuée dans d'autres lieux, à d'autres jours, *et même à une autre heure* que l'heure indiquée sur les affiches (art.

13; V. art. 19, C. for., *suprà*, n. 72). On admet généralement que l'inobservation de ces formes, introduites
dans le seul intérêt de l'État, ne peut être invoquée
par son adversaire (V. *suprà*, n. 207, 124).

L'article 15 énumère les personnes incapables de
prendre part aux adjudications. L'art. 16 prohibe les
associations secrètes ou manœuvres formées dans le
but de nuire aux adjudications. L'art. 17 règle ce qui
a trait aux déclarations de command. L'art. 19 admettait la faculté de surenchère, qui a été supprimée par la
loi du 6 juin 1840. L'art. 21 exige une élection de domicile, à défaut de laquelle les actes sont valablement
signifiés à l'adjudicataire au secrétariat de la sous-préfecture. L'art. 22 confère au procès-verbal d'adjudication la force d'exécution parée (V. sur tous ces
points, en matière de vente de coupes de bois, *suprà*,
n. 72 et suiv.).

218. Les obligations des parties sont énumérées
par le cahier des charges dont les dispositions seraient,
en tant que de besoin, complétées par celles du Code
civ. De même qu'en matière de vente de coupes de
bois, les infractions à ce cahier sont généralement
érigées en délits (V. *suprà*, n. 81 et suiv.). Les
art. 23 et suiv. de la loi du 15 avril 1829 énumèrent
ces délits et en déterminent les conséquences pénales.

219. Les règles de compétence sont identiques à
celles qui régissent les ventes de coupes de bois (V. *suprà*, n. 76 et suiv.).

Aux termes de l'art. 4 de la loi du 15 avril 1829, «les
« contestations entre l'administration et les adjudica-
« taires de la pêche, relatives à l'interprétation et à
« l'exécution des conditions des baux et adjudications,

« et toutes celles qui s'élèveraient entre l'adminis-
« tration et ses ayants cause, et des tiers intéressés
« à raison de leurs droits et de leurs propriétés, seront
« portées devant les tribunaux », c'est-à-dire les tribunaux civils (Trib. confl., 29 mars 1851, *Dutour*; C.
d'État, 19 fév. 1868, *Portalupi*; 12 janv. 1870, *Morel*).
Ceci s'applique, par exemple, à l'action en résiliation
intentée par le fermier pour troubles apportés à sa jouissance, ces troubles fussent-ils causés par l'exécution de
travaux publics (Trib. confl., 11 déc. 1875, *Maison-
nabe*; V. *suprà*, n. 212 et *infrà*, n. 229).

Lorsque l'adjudicataire est poursuivi à raison d'un
délit résultant d'une infraction à la loi de 1829, la
poursuite est dirigée devant le tribunal correctionnel.
Il en est ainsi, particulièrement, du sous-fermier qui a
négligé de se faire agréer par l'administration et de se
munir d'un permis (Cass. crim., 18 juill. 1846, D.46,
4,393; V. *suprà*, n. 82).

Dans un cas particulier, les contestations sont tranchées par le sous-préfet. Il s'agit de celles qui s'élèvent, pendant les opérations, sur leur validité ou sur
la solvabilité de ceux qui ont fait des offres ou de
leurs cautions; elles sont décidées par le fonctionnaire
qui préside la séance (L. 1829, art. 14; L. 6 juin 1840;
V. *suprà*, n. 38, 77).

La loi du 31 mai 1865, autorisant certaines mesures
prohibitives ou restrictives de la pêche, porte que les
indemnités dues aux propriétaires riverains seront réglées par le conseil de préfecture, après expertise (art. 8;
1er mars 1878, *Min. trav. pub. c. Ladougue*).

220. Des principes analogues régissent la location
du droit de chasse.

La loi de finances du 21 avril 1832, art. 5, portait que le droit de chasse dans les forêts de l'État serait mis en adjudication, et une ordonnance du 24 juillet de la même année, rendue en exécution de cette loi, renvoyait la fixation des conditions à un cahier des charges, qui a été arrêté par le ministre des finances, le 20 juillet 1833. Dans l'intervalle, on a remarqué que la mise en location de la chasse offrait en certains cas des inconvénients. La loi de finances du 14 avril 1833, art. 5, décide que le droit de chasse *pourra* (et non *devra*) être affermé (V. Ord. 20 juin 1845). Le droit de chasse dans les propriétés rurales ne peut être loué que dans les mêmes conditions.

En l'absence de texte, il y a lieu d'appliquer ici les règles de compétence établies pour la pêche fluviale (Cass. crim., 7 janv. 1853, D.53,1,66; Rej. crim., 13 mai 1853, D.53.5,73; V. *suprà*, n. 219, 76 et suiv.).

221. Des principes semblables s'appliquent encore aux adjudications de glandée, panage et paisson dans les forêts de l'État, assimilées aux ventes de coupes de bois (Code for., art. 53 et suiv.). Notons à ce sujet la loi du 18 juin 1859, ajoutant aux amendes prononcées contre les adjudicataires qui ont ramassé ou enlevé les fruits ou productions des forêts, un emprisonnement de trois jours au plus.

222. En ce qui concerne la pêche maritime, un arrêté du 9 germinal an ix reconnaissait à l'administration le droit de passer des baux pour l'établissement, à proximité du rivage de la mer, de madragues ou filets à pêcher le thon; le Conseil a décidé que les contestations nées de ces actes appartenaient à l'autorité judiciaire comme relatives à l'exécution d'un bail à ferme

(18 sept. 1813, *Prud'hommes pêcheurs de Saint-Nazaire*).

Bien que les madragues ne soient pas établies sur le rivage, mais en mer, nous pensons qu'il n'y avait pas là matière à bail, mais à permission donnée au point de vue de la liberté de la navigation. C'est, au surplus, ce qui résulte du décret du 9 janv. 1852, art. 2, subordonnant la création de tout établissement de pêcherie, sur le rivage, le long des côtes et dans toutes les eaux salées, à une autorisation révocable du ministre de la marine. Les autorisations données en vertu de l'arrêté de germinal ont été reconnues révocables au gré du ministre (10 août 1847, *Rohan-Rochefort*; V. le n. suiv.; V. *infrà*, n. 394 et suiv.).

223. L'État peut-il louer les choses du Domaine public? En principe, cette question ne saurait être résolue que par une distinction (V. art. 538, 714, C. civ).

Sans nul doute, la location est possible, si elle peut s'exercer en respectant l'usage public. Ainsi en est-il au cas où l'État, au lieu de percevoir lui-même les droits qu'il lui appartient d'imposer à l'occasion de cet usage, en confie la perception à un fermier: ce qui s'applique ou peut s'appliquer aux chemins de fer, aux canaux de navigation, aux ponts, aux bacs et bateaux de passage, aux corrections de rampes sur les routes. Ainsi en est-il également lorsque les facultés cédées par lui à quelques-uns peuvent se concilier avec l'usage de tous : ce qui est vrai de la location de places et lieux de stationnement sur les voies publiques, les ports, les rives des fleuves et le rivage de la mer; et surtout lorsque ces facultés constituent un mode de jouissance normal et régulier d'un immeuble néanmoins rangé parmi les choses du Domaine public, comme le droit de couper les herbes des talus des fortifications ou des francs-bords des canaux, le droit de pêche, etc...

Au contraire, la location serait illégale et abusive, si elle consistait à transformer en monopole le droit, reconnu par la loi à tous, d'user du Domaine public. Cette règle a été appliquée aux baux de portion du rivage de la mer, conférant le droit exclusif d'y établir des cabanes de baigneurs ou de faire payer un cachet à quiconque voudrait s'y baigner.

L'administration avait soutenu l'opinion contraire; elle se fondait sur l'art. 41 de la loi du 16 septembre 1807, qui lui permet de concéder les lais et relais de la mer, et sur les art. 7 de la loi du 11 frimaire an VII et 31 de la loi du 18 juillet 1837, qui rangent dans les recettes communales le produit de la location des places et lieux de stationnement sur les rivières, ports et autres lieux publics (Gay, *Propriété des rivages de la mer;* V. *infrà,* n. 261 et suiv.).

C'était oublier que les rivages de la mer sont formellement rangés par l'art. 538, Code civ., au nombre des choses du Domaine public; que l'art. 41 de la loi du 16 septembre 1807 vise les lais et relais et s'occupe uniquement du Domaine de l'État, essentiellement aliénable. C'était oublier de plus que les droits de stationnement et autres analogues ne sont pas exclusifs de l'usage public. Aussi la Cour de cassation, tout en déclarant obligatoires les arrêtés municipaux rendus pour désigner des places aux diverses entreprises dans l'intérêt du bon ordre, a refusé la sanction légale à ceux qui partageaient le rivage entre elles à un point de vue autre que celui de la police (Rej. crim., 18 sept. 1828, D, 28, 1, 420). Le Conseil d'État a annulé, pour

excès de pouvoir, et l'arrêté du maire de Trouville,
imposant à tous les baigneurs l'obligation d'acquitter
une taxe au profit d'un établissement de bains (19 mai
1858; *Vernes*), et la décision du ministre des finances,
louant à la ville de Boulogne la portion de plage où
se prennent habituellement les bains (30 avr. 1863,
Ville de Boulogne; V. Serrigny, *Revue critique*, 1871-2,
p. 441; Concl. de M. le comm. du Gouver. Robert,
Rec. 1863, p. 404). La Cour de cassation a déclaré nulle
la location, faite par l'État à la ville de Langrune, d'une
partie de la plage située devant cette ville (Rej. civ.,
7 juill. 1869, D.70,1,9). Ces décisions sont contre-
dites par un arrêt du 8 avril 1852 (*Com. de Pornic*),
dont la doctrine ne paraît pas acceptable à cet égard.
Elles doivent, suivant nous, être approuvées, parce
qu'une partie quelconque du rivage ou d'une plage,
aussi bien que la plage entière, est une portion du Domaine public et résiste par sa nature à toute appropriation individuelle (V. *suprà*, n. 12, 13).

Ceci n'est plus, en ce qui concerne le Domaine public maritime, qu'une règle théorique. Il appartient
au législateur d'apporter une exception aux principes
du droit. Et la loi de finances du 20 décembre 1872 a
introduit celle que l'administration réclamait. Son art. 2
fait figurer parmi les locations autorisées au profit
de l'État les « redevances à titre d'occupation tempo-
« raire ou de location des plages et de toutes autres
« dépendances du Domaine maritime » (V. *infrà*,
n. 397).

224. L'autorité compétente pour connaître des contestations relatives aux baux du Domaine public est,
pensons-nous, l'autorité judiciaire (V. *suprà*, n. 209);

d'autant mieux que l'État, louant une plage comme inutile à l'exercice de la puissance publique et utile au seul point de vue de la jouissance privée, n'est pas l'État puissance publique, mais l'État propriétaire (Rej. civ., 7 juill. 1869, D.70,1,9).

L'idée contraire n'a pas été admise par l'arrêt du 8 avril 1852 (*Com. de Pornic*) ; cet arrêt, rendu en matière de droits de stationnement, porte que « ces droits « ne peuvent être établis qu'en vertu d'autorisations « données par l'administration supérieure, sous les « conditions qu'elle détermine et en vertu des tarifs « qu'elle approuve ; que dès lors, s'il s'élève entre « l'administration et une commune des contestations « sur le point de savoir si la location a été autorisée et « à quelles conditions elle l'a été, l'autorité judiciaire « ne pourrait connaître de ces contestations sans s'im-« miscer dans des opérations administratives. » Cette argumentation, si elle s'appliquait au bail, s'appliquerait à tous les baux administratifs, qui n'en sont pas moins soumis à la compétence judiciaire (V. *suprà*, n. 209, 219). Elle n'est applicable qu'à l'autorisation de passer le bail, et la contestation tranchée entre l'État et la commune avait pour cause unique le défaut d'autorisation (V. *suprà*, n. 222, et *infrà*, n. 227).

225. Les péages relatifs aux ponts, rivières, canaux, chemins de fer, bacs et bateaux, etc...., ne font pas, en pratique, l'objet de louages de choses, mais de concessions et de louages d'ouvrage (V. *infrà*, n. 235 et suiv., et *Traité des travaux publics*, t. 2, n. 635 à 821).

226. Plaçons-nous maintenant dans l'hypothèse de *l'État locataire*.

Et supposons d'abord l'État locataire d'un *Immeuble*.

Autrefois, on voyait dans le contrat un véritable acte administratif, soumis à la juridiction du ministre (V. Blanche, *Dictionnaire d'administration*, v° *Baux administratifs*). Aujourd'hui, le louage dont il s'agit est reconnu contrat de droit privé, régi par le droit civil et rentrant dans la compétence judicaire (V. *suprà*, n. 209, 79). Cette règle s'applique aux immeubles loués pour l'installation des services publics, par exemple, aux maisons affectées au service militaire (18 janv. 1855, *Bourgoin*); à celui de la gendarmerie (30 avr. 1868, *Richard*; Req., 8 nov. 1859, D. 59,1,446); à l'administration de la marine (8 juin 1854, *Saurin*; V. en sens divers, pour le cas de réquisition d'un immeuble, 11 janv. 1873, *Péju*; 30 avr. 1875, *Société des Deux-Cirques*; 10 nov. 1876, *Bourgeois*; 25 mars 1881, *Comp. la Providence*). Si donc l'immeuble vient à être incendié, et que l'État se trouve actionné comme locataire ou sous-locataire, en vertu du droit commun ou même spécialement de l'art. 1733, C. civ., et de la présomption de faute établie par cet article, sa responsabilité doit être appréciée par l'autorité judiciaire (Trib. confl., 23 mai 1851, *Lapeyre*; Req. ,14 nov. 1853, D. 54,1, 56).

227. La question change de face au cas fréquent où l'État n'occupe pas les lieux en vertu d'un bail directement fait avec le propriétaire, et où une ville, après avoir loué l'immeuble, le met gratuitement à la disposition du ministre.

Au point de vue de la compétence, il importe peu qu'il y ait eu bail entre le propriétaire et la ville; l'État n'est tenu qu'en vertu d'un arrangement particulier qui offre tous les caractères d'un acte administratif, et sa responsabilité ne peut être appréciée par l'autorité judiciaire (5 mars 1852, *Comp.* le *Phénix* ; req. 14 nov. 1853. D. 54,1,56 ; V. *suprà*, n. 224).

Au fond, le Conseil d'État refuse d'appliquer ici l'article 1733, dans lequel il voit une disposition exorbitante du droit commun : en effet, cet article refuse au locataire la faculté de démontrer que l'incendie n'a pas pas été allumé par lui ou qu'il a été causé par une circonstance autre que celles y indiquées. Le Conseil admet la responsabilité de l'État comme résultant du décret du 8 juill. 1791, tit. 5, art. 10, aux termes duquel « les troupes seront responsables des bâtiments qu'elles «occuperont, ainsi que des écuries qui leur seront « fournies pour les chevaux. » Par suite, il exige du propriétaire la preuve positive que le feu a été mis par la troupe, ou du moins « que l'incendie ne peut être « attribué à une cause autre que la faute ou la négli- «gence de la troupe » (1864, *Comp. la Paternelle* ; 7 juill. 1853, *Comp. le Phénix*).

228. Nous avons peu de chose à dire de l'*État locataire de meubles*.

De ce qui vient d'être exposé à l'égard des immeubles, il faut conclure que, si l'État était locataire de meubles, il y aurait lieu à l'application du Code civil et de la compétence judiciaire.

CHAPITE II

LOUAGE D'OUVRAGE

229. État louant les services d'autrui.
    Marchés de travaux publics.
230. Autres travaux.
231. *Personnes aux gages de l'État.*
232. *Engagement militaire.*
233. *Transports.*
234. Transports maritimes.
235. *Bacs et bateaux.*
236. Droits réservés aux particuliers.
237. Adjudication. Soumission directe.
238. Cahier des charges.
239. Liquidation de plus-values et moins-values.
240. Compétence.
241. État louant ses services.
    Transports par la poste.
242. Obligations de l'État. Secret des correspondances.
243. Responsabilité. Lettres simples et objets assimilés.
244. Lettres recommandées. Lettres chargées avec déclaration de
   valeur.
245. Envois d'argent à découvert.
246. Recouvrement des factures, etc.
247. Responsabilité du fait des employés.
248. Objets non réclamés.
249. Compétence. Application des tarifs.
250. Action en responsabilité. Compétence judiciaire.
251. Compétence administrative.
252. Action contre les employés.
253. *Télégraphie privée.*

229. Nous devons envisager ici, successivement, l'État *louant les services d'autrui* et l'État *louant ses propres services.*

Parlons d'abord de l'État louant les services d'autrui.

Le louage d'ouvrage pour le compte de l'État comprend, en premier lieu, le marché de travaux publics. Mais il s'en faut que tout louage d'ouvrage soit un marché de travaux publics.

D'une part, les travaux exécutés pour le compte de l'État ne sont des travaux publics qu'à certaines conditions. Il faut qu'il y ait véritablement exécution d'un travail pour le compte de l'État, et non vente d'une chose toute faite, auquel cas il y aurait marché de fournitures (V. *suprà*, n. 116 et suiv.). Il faut que le travail présente une analogie suffisante avec ceux dont parle l'art. 4 de la loi du 28 pluviôse an VIII (Trib. confl., 17 mai 1873, *Michallard*). Il faut que le travail se rapporte directement aux services publics (21 août 1845, *Lagrange*; 2 mai 1873, *Min. fin. c. Barliac*). Le travail exécuté pour l'État en dehors de ces circonstances n'est pas un travail public (V. *Traité des travaux publics*, t. 1, n. 2 et suiv.).

D'un autre côté, l'application du contrat de louage aux travaux publics ne suppose pas nécessairement l'emploi d'un marché. A côté des travaux confiés à des entrepreneurs se placent ceux qui s'exécutent en régie par le moyen d'ouvriers travaillant à la tâche ou à la journée (*op. cit.*, t. 1, n. 602 et suiv.).

La compétence relative aux marchés de travaux publics, comme aux travaux exécutés à la tâche ou à la journée, est indistinctement attribuée aux conseils de préfecture par l'art. 4 de la loi du 28 pluviôse an VIII. Nous ne pouvons, à cet égard, comme en ce qui touche au fond du droit, que renvoyer à l'ouvrage cité.

230. En dehors des cas où il y a travail public, le louage d'ouvrage, étant un contrat, est régi par le droit

civil et la compétence judiciaire (**V.** 2 mai 1873, *Min.*
fin. c. Barliac; **V.** *suprà*, n. 209; **V.** aussi, n. 173).

231. La règle reçoit exception à l'égard des marchés administratifs, et particulièrement en ce qui concerne les *ouvriers, serviteurs et autres personnes aux gages*
de l'État. Nous parlerons des fonctionnaires et employés
à l'occasion du mandat (**V.** *infrà*, n. 481 et suiv.). Quant
aux personnes dont il s'agit ici, la matière est assimilable à celle des marchés administratifs (**V.** *suprà*, n. 159
et suiv.). Il y aurait, d'ailleurs, atteinte au principe de
la séparation des pouvoirs, si les tribunaux pouvaient
régler les relations de l'État avec ses agents (Dareste,
p. 341; **V.** aussi 4 avr. 1879, *Guérin*; 11 mars 1881,
Lanciaux). Ces arrêts déclarent le ministre compétent
pour statuer sur l'indemnité réclamée par un ouvrier
blessé en travaillant dans les ateliers de l'État. Mais
leur doctrine semble moins une application des règles
du louage d'ouvrage que des règles admises à l'égard
de la responsabilité de l'État (**V.** 8 mai 1874, *Blanco*;
20 nov. 1874, *Zeig*; et *infrà*, n. 251).

232. Le *contrat d'engagement militaire* est régi par
la loi du 27 juillet 1872, art. 46 et suiv., et par le décret réglementaire du 30 nov. 1872. Il est contracté
devant le maire du chef-lieu de canton, dans les formes
prescrites par les art. 34 et suivants du Code civ. (L.
1872, art. 50). Les rengagements, ainsi que les engagements des jeunes gens libérés après un an de service,
sont contractés devant les intendants militaires (art. 52).

Les tribunaux civils sont compétents pour statuer
sur la plupart des questions préjudicielles auxquelles
peuvent donner lieu les contestations relatives à la validité de l'engagement; par exemple, celles de nationalité

(26 juill. 1855, *Magne*); d'état civil (27 nov. 1856, *Simoni*); de domicile (12 déc. 1873, *Vidal*; 17 juill. 1874, *Jacquet*; 19 janv. 1877, *Gilles*); celle de savoir si l'engagé a véritablement subi une condamnation (Cass. civ., 10 déc. 1878, D.79,1,113).

La Cour de cassation paraît même avoir décidé, par ce dernier arrêt, que les tribunaux sont absolument juges de la question de validité de l'engagement. M. l'avocat général Desjardins, dans ses conclusions (*loc. cit.*), a soutenu qu'il n'existe pas, à proprement parler, de contrat administratif. Nous ne saurions partager cette manière de voir.

La compétence judiciaire, à l'égard des contrats auxquels l'État est partie, n'a jamais été admise que sous réserve, autrefois, du principe que l'autorité administrative peut seule constituer l'État débiteur; plus récemment, des conséquences du principe de la séparation des pouvoirs (V. *suprà*, n. 161, et *infrà*, n. 251). La doctrine des conclusions précitées doit, à notre avis, être restreinte aux administrations autres que celles de l'État. En ce qui concerne l'État, un contrat est un contrat administratif et donne lieu à la compétence administrative, lorsque l'État y intervient pour exercer directement les pouvoirs constituant la puissance publique. Nous parlerons plus loin des concessions (V. *infrà*, n. 255 et suiv.). Entre l'État et les fonctionnaires et employés qui le servent, il est bien impossible de nier l'existence d'un lien contractuel. Malgré la forme plus ou moins solennelle que revêt un acte de nomination, il y a là, avant tout, *duorum consensus in idem placitum*. En cette situation, la compétence administrative s'impose, par cela seul qu'il existe une compétence administrative (V. le n. précédent et *infrà*, n. 509). Entre l'État et les engagés militaires, la situation est identique, et la compétence doit être la même. Le juge est donc le ministre, sauf appel au Conseil d'État (Chauveau, *Compétence administrative*, t. 2, n. 254 ; Dalloz, *Rép.*, v° *Compétence administrative*, n. 17 ; Duvergier, *Coll. des lois*, t. 32, p. 278 ; V. les arrêts du Conseil cités plus haut, et 19 janv. 1877, *Vérité* ; V. le n. précédent, et *suprà*, n. 79).

233. Parlons maintenant des *transports pour le compte de l'État*.

Une grande partie des transports de l'État se fait par chemins de fer. Les conditions de ces transports ne donnent pas lieu à un contrat distinct. Elles sont réglées d'avance, avec chaque compagnie, par le cahier des charges de sa concession, et la compétence appartient au conseil de préfecture (7 mars et 6 juin 1873, *Ch. de fer de l'Est* ; V. *Traité des travaux publics*, t. 2, n. 677 ; V. *suprà*, n. 229).

Les autres transports suivent les règles des marchés administratifs (V. *suprà*, n. 116 et suiv.).

234. Les *transports maritimes* les plus importants, par exemple ceux du service des postes, sont faits par des compagnies en vertu de traités sanctionnés par des lois (V. L. 4 juillet 1868 et 2 août 1875, *Messageries maritimes* ; L. 26 juill. 1868 et 22 janv. 1874, *Comp. transatlantique*, etc.).

Le plus souvent, ces traités stipulent que les contestations entre l'État et le concessionnaire seront tranchées par le ministre, sauf recours au Conseil d'État. Dans le silence du traité, cette règle serait encore à suivre. Ici s'applique l'art. 14 du décret de 1806, aux termes duquel le Conseil d'État connaît des marchés passés avec les ministres ou en leur nom. L'intervention du législateur ne peut enlever au traité son caractère de marché administratif (19 déc. 1868, *Comp. transatlantique*; 20 déc. 1872, *Valéry*; Trib. confl., 1ᵉʳ fév. 1873, *Administration des postes*; V. *suprà*, n. 159 et suiv.).

En pareil cas, la juridiction administrative interprète largement sa compétence, en décidant, par exemple, que, ayant pouvoir d'apprécier la responsabilité du concessionnaire d'après son traité, elle peut, par voie de conséquence, décider si ce traité l'autorise à invoquer l'art. 216, Cod. com., autorisant le transporteur à se libérer par l'abandon du navire et du fret (20 déc. 1872, *Valéry*; Trib. confl., 1ᵉʳ déc. 1873, *Valéry*). En sens inverse, la compétence serait judiciaire pour tout litige à résoudre uniquement d'après la loi et en dehors du traité. C'est ce qui a été jugé pour l'action en règlement d'avaries communes entre l'État et les autres chargeurs, action qui, en effet, n'a pas son origine dans le contrat d'affrétement, mais dans les seules dispositions de la loi (Cass. civ., 28 août 1866, D.66,1,486).

Au fond, les tribunaux appliqueraient entre l'État et le transporteur, à défaut des stipulations des parties, les dispositions du Code de commerce. Le Conseil d'État admet cette application en général, mais non sans de grandes hésitations. De cela seul que les contestations relatives aux avaries du matériel transporté donnent lieu à la compétence administrative, il a conclu à l'inapplicabilité de l'art. 436, Cod. com., déclarant nulles les protestations et réclamations non suivies d'une signification dans les vingt-quatre heures et d'une demande en justice dans le mois (19 déc. 1868, *Comp.*

transatlantique). Il n'admet pas à se libérer, par l'abandon du navire et du fret, la compagnie concessionnaire tenue directement et personnellement en vertu de son contrat et non pas simplement obligée par le fait du capitaine (8 mai 1874, *Valéry*; V. Paris, 9 juill. 1872, D.74,2,193). Mais le transporteur peut, sans nul doute, se décharger en prouvant qu'il y a eu force majeure (20 déc. 1872, *Valéry*).

Des règles analogues régissent les traités relatifs au transport des accusés, prévenus et condamnés, aux convois militaires, etc... Il y a encore là des marchés administratifs donnant lieu à une décision du ministre sauf recours au Conseil d'État, et, si le cahier des charges est muet, à l'application du droit commun, dans la mesure où il est admis par le Conseil (V. *suprà*, n° 116 et suiv.).

235. *Bacs et bateaux.*

On s'accorde à assimiler complétement aux marchés de travaux publics les baux relatifs aux bacs et bateaux, servant à mettre en communication les routes et chemins publics.

Les droits de bacs et passages d'eau, qui appartenaient aux seigneurs, avaient été, par l'ordonnance de 1669, réunis au Domaine de la Couronne sauf réserve des droits antérieurs à 1566 (V. *infrà*, n. 399). Conservés provisoirement par la loi du 15 mars 1790, tit. 2, art. 15, ils furent abolis par la loi du 25 août 1792, qui permit à tout citoyen d'établir des bacs et bateaux sous les loyers et rétributions fixés par les directoires de département (art. 9). L'événement ne tarda pas à montrer qu'un service public ne pouvait fonctionner sérieusement dans de telles conditions; et la loi du 6 fri-

maire an VII, pour faire cesser l'arbitraire et les vexa-
tions qui s'étaient produits, abolit d'urgence le régime
créé par la loi de 1792 et ordonna la prise de possession, au nom de l'État, et la mise en ferme des bacs et
bateaux, dans les formes prescrites pour la location des
domaines nationaux (art. 1, 7 et 25).

La loi ne 1792 ne faisait aucune distinction entre les
rivières navigables et les rivières non navigables. La loi
du 6 frimaire an VII, au contraire, ne parle que des
rivières navigables, et l'on peut soutenir que le droit
de bacs et bateaux n'a pas été rendu à l'État en ce qui
concerne les rivières non navigables (Rej. civ., 9 juill.
1851, D.51,1,222). Cependant, la loi de frimaire nous
paraît avoir une portée plus large. Elle proclame, dans
son préambule, la nécessité de protéger « la sûreté per-
« sonnelle des citoyens, le maintien du bon ordre et la
« police ». Ces considérations s'appliquent à tous les
cours d'eau, du moment qu'il y a nécessité de compléter,
à leur rencontre, les voies de communication publique,
et il est permis de croire qu'en visant les rivières *navigables*, la loi de frimaire a voulu désigner toutes les
rivières traversées par un bac ou bateau (V. L. 14 floréal an X, art. 9). Aussi le Conseil d'État considère
tout bac et bateau reliant les tronçons d'une voie publique comme une continuation de cette voie et comme
une portion du Domaine public, régie par la loi de frimaire (Avis 2 avr. 1829, cité par Dufour, t. 3, n. 39;
11 fév. 1836, *De Chevreuse*; Daviel, t. 2, n. 553).

Les bacs et bateaux appartiennent pour partie aux
départements; la loi du 10 août 1871 donne aux conseils généraux le pouvoir de statuer définitivement sur
« l'établissement et l'entretien des bacs et passages

« d'eau sur les routes et chemins à charge du dépar-
« tement » (art. 46, § 13).

236. La loi de frimaire ne fait pas obstacle à l'existence de bateaux « non employés à un passage commun,
« mais établis pour le seul usage d'un particulier ou
« pour l'exploitation d'une propriété circonscrite par
« les eaux » (art. 8), non plus qu'à celle de barques
servant à la pêche et à la marine marchande (art. 9).
Un meunier peut donc se servir librement d'un bateau
pour le service de son moulin (15 nov. 1826, *Got*);
l'entrepreneur d'un travail public, pour le passage de
ses ouvriers (7 fév. 1834, *Bijon*; 25 sept. 1834, *Gau-
thier*). Mais le propriétaire d'une île n'a pas le droit
d'établir un bateau pour y amener les fermiers et ouvriers qui viennent l'exploiter, si le transport se fait
moyennant rétribution (11 fév. 1836, *De Chevreuse*).

Les bateaux employés à un passage non commun
sont cependant assujettis à une formalité : on ne peut
les conserver ou les établir « qu'après avoir fait vérifier
« leur destination et fait constater qu'ils ne peuvent
« nuire à la navigation » (L. 6 frim. an vii, art. 8).
L'autorisation est donnée par le préfet (Décr. 25 mars
1852, tabl. D, 9°), et le fait de passer sans autorisation
est constitutif de contravention (Cass. crim., 18 juill.
1857, D.57,1,383).

L'autorisation n'est cependant nécessaire qu'aux bateaux de passage et non à ceux de pêche et d'agrément
(L. 6 frim. an vii, art. 8 et 9), distinction souvent difficile à reconnaître (V. Arr. préc. 18 juill. 1857).

Elle ne concerne que les bateaux sur rivières navigables. Les bateaux sur rivières non navigables ne peuvent nuire à la navigation et ne rentrent donc pas dans

les prévisions de l'art. 8. Cette restriction va de soi dans
la doctrine de la Cour suprême, qui considère la loi de
frimaire comme uniquement faite pour les rivières navigables (Rej. civ., 9 juill. 1851, D.51,1,222). Elle est
admise par le Conseil d'État comme tempérament et à
raison de cette idée, que l'application de la loi de frimaire aux rivières non navigables est commandée par
les principes et non par le texte de cette loi (Avis préc.
2 avr. 1829).

237. Les droits à percevoir sur les bacs et bateaux
doivent être mis en adjudication publique, suivant les
formes prescrites pour la location des domaines natio- .
naux (L. 6 frim. an VII, art. 25 ; V. *suprà*, n. 204).
Après une tentative restée sans effet, il est procédé à la
location par voie de soumission directe (Circ. min. trav.
pub., 31 août 1852).

238. Les conditions de l'adjudication sont fixées
par un cahier des charges, qui stipule notamment l'entretien du matériel en bon état et laisse au compte du
fermier les cas de force majeure, en lui refusant toute
indemnité pour événements imprévus et suppression du
passage avant l'expiration du bail (C. des ch., 17 déc.
1868, art. 6, 13, 9 et 10). Le préfet peut résilier le bail
au cas d'inexécution des conditions (art. 8). — Le fermier a droit à la résiliation s'il est établi un nouveau
bac ou un pont dans l'étendue du *port de bac*, c'est-à-dire
à une distance fixée, dans le silence du cahier, à 500 mètres en amont et 500 mètres en aval du bac (art 10
et 16 ; V. *Traité des travaux publics*, t. 2, n. 810).

Le cahier des charges détermine encore les conditions dans lesquelles le passage doit s'effectuer. Le
tarif est fixé par un décret dans la forme des règlements

d'administration publique (L. 14 flor. an x, art. 10),
sauf le cas où le bac appartient au département (V. *suprà*, n. 235).

La loi de frimaire exempte certaines personnes : juges,
administrateurs, militaires, etc. (art. 50). Toutes celles
qui ne sont pas expressément exemptées par le cahier
des charges ou la loi de frimaire doivent payer les droits
(Cass. crim., 16 mai 1861, D. 61,1,237). L'adjudicataire peut poursuivre seulement les personnes qui traversent la rivière dans les limites du port de bac, ou
qui ont commis un fait de concurrence frauduleuse
(Cass. crim., 18 fév. 1856, D. 56,1,57).

239. L'expiration du bail donne lieu à la liquidation de la plus-value ou moins-value du matériel, à laquelle il est procédé par le préfet (Décr. 25 mars 1852,
tableau D, 9°), sauf réclamation devant le conseil de
préfecture.

240. Passons à la compétence.

Il ne saurait être question de recours contre les actes
qui établissent les bacs ou fixent les tarifs.

Entre l'administration et les fermiers, la compétence
a fait l'objet de difficultés et de variations dont l'exposé
a été présenté par M. Boulatignier (*Dict. d'Administration*, v° *Baux administratifs*). Dès le principe, on
pensa que les contestations relatives à l'exécution du
bail se rapportaient à un travail et à un service public;
qu'elles intéressaient même la grande voirie lorsque
le bac se trouvait sur le prolongement d'une grande
route; que la loi de frimaire, précisément, n'avait réuni
les droits de bacs et bateaux au Domaine que comme
intéressant un service public abandonné à tort aux particuliers (V. préambule et art. 35); et qu'enfin, divers

articles de cette loi, notamment les art. 35, 40 et 70, en confiaient l'exécution à l'administration (V. *suprà*, n. 209, 219, 224).

Postérieurement, le Conseil d'État a modifié sa jurisprudence; il a continué à réserver aux conseils de préfecture les demandes formées par les fermiers à fin d'indemnité (2 août 1826, *Gellibert*; 6 sept. 1826, *Dufour*; 11 juill. 1830, *Matignon*). Il a renvoyé aux tribunaux civils les questions étrangères à l'établissement et à la sûreté du passage (22 oct. 1830, *Matignon*; 25 avr. 1834, *Ancel*; 9 août 1836, *Salers*; V. Rej. civ., 6 août 1829, D.29,1.322).

Cette distinction est complètement abandonnée aujourd'hui. Le Conseil en est revenu à sa première doctrine (26 janvier 1850, *Cartier*; 15 mars 1878, *Min. trav. publ. c. Société de la Vieille-Montagne*; Trib. confl., 7 nov. 1850, *Perriat*). Il applique la compétence du conseil de préfecture aux évaluations de plus-value ou de moins-value (7 mai 1852, *Paturot*).

L'autorité judiciaire ne connaît plus que des difficultés entre le fermier et les tiers sur l'application du tarif (6 frimaire an vii, art. 56 à 61). Le juge compétent est le juge de paix (art. 56).

241. Après l'État *louant les services d'autrui*, il faut envisager l'État *louant ses services à autrui*.

Transports par la poste.

L'État se fait quelquefois entrepreneur de transports, par exemple à l'égard des objets confiés à la poste.

En ce qui concerne les lettres et aussi, dans la plupart des cas, les imprimés, il est en possession d'un monopole. Ce monopole a été établi, tout à la fois, dans l'intérêt du Gouvernement, qui ne saurait confier sa correspondance à une entreprise particulière; dans l'intérêt du public, qui trouve avantage à user du service établi par l'État; enfin dans l'intérêt du fisc, à qui le monopole des transports postaux procure un revenu important. La législation des postes a été réglée par diverses lois, qui ont successivement modifié les rapports de l'administration avec le public (LL. 24 juill. 1793, 5 nivôse an v, 4 juin 1859, 24 août 1871 et 25 janv. 1873).

Les conditions dans lesquelles se produit le contrat ne sont pas de nature à faire naître de nombreuses obligations. Celles de l'expéditeur se bornent à payer les taxes. Inutile d'ajouter qu'il est tenu de s'abstenir des faits érigés en contravention par les lois.

242. L'administration doit scrupuleusement conserver *le secret et l'inviolabilité des correspondances* (Décr. 10-14 août 1790; 26-29 août 1790, art. 2; 10-20 juill. 1791). Cette obligation ne saurait faire obstacle au pouvoir de saisir les correspondances ourdies pour porter atteinte à la paix publique, à la propriété et à la sûreté des citoyens, correspondances qui sont privées de la protection de la loi: ce pouvoir est confié aux juges d'instruction par les art. 35 à 37, 87 à 90, Code instr. crim., et reconnu au préfet de police et aux préfets (Rej. ch. réun., 21 nov. 1853, D. 53,1,279). La même obligation s'oppose, d'une manière absolue, à la saisie-arrêt qu'un créancier voudrait faire, entre les mains de l'administration des postes, de la lettre adressée à son débiteur, cette lettre contînt-elle des valeurs et fût-elle ouverte par suite d'une circonstance quelconque (Ord. référé prés. trib. Seine, 13 sept. 1872, D. 73,3,80; 13 mars 1874, *Talfer*). Elle est, d'ailleurs, générale et s'applique aux cartes postales (Déc. min. fin. 15 fév. 1873, D. 74,3,87). L'oubli qui en serait fait mettrait en jeu la responsabilité de l'État (13 mars 1874, *Talfer*).

243. Envisageons spécialement la *responsabilité de l'État*. Il faut distinguer entre les divers modes de transport usités.

Quant aux *lettres simples*, quant aux paquets et imprimés transportés aux conditions du tarif ordinaire, aucune indemnité n'est due en cas de perte (L. 5 nivôse an v, art. 14). Nous aurons à examiner, pour cette hypothèse comme pour la suivante, les conséquences du détournement opéré par les employés de l'administration (V. *infrà*, n. 247).

244. Après les lettres simples et objets assimilés viennent les *lettres et objets recommandés* qui, sans être assujettis à aucun mode spécial de fermeture, sont déposés aux guichets des bureaux de poste, soumis au payement d'un droit fixe, et délivrés contre reçu au destinataire ou à son fondé de pouvoir (L. 25 janv. 1873, art. 1 à 7). Les lettres et objets recommandés ont pris, dans la législation, la place des lettres et objets chargés sans déclaration de valeur.

Aux termes de l'art. 14 de la loi du 5 nivôse an v, la perte de ces derniers donnait lieu à une indemnité de cinquante livres. La loi du 25 janv. 1873 porte : « L'administration des postes n'est tenue à aucune in-« demnité, soit pour détérioration, soit pour spoliation « des objets recommandés. La perte, sauf le cas de force « majeure, donnera seule droit, au profit du destinataire, « à une indemnité de vingt-cinq francs ». (art. 4; V. *infrà*, n. 247).

On peut se demander ce qu'il faut entendre ici par *force majeure*; nous l'examinerons sous le n. suivant.

L'indemnité est limitée à 25 francs, lors même que la perte proviendrait de l'inobservation des règlements ou d'un vol commis par un employé de l'administration (21 janv. 1876, *Bodin*; V. dans des situations analogues, 2 juill. 1851, *Legat*; 14 sept. 1852, *Prenel*; 29 mars 1853, *Cailleau*; 24 juin 1868, *Lefèvre*; V. aussi Trib. confl., 4 juill. 1874, *Marchioni*).

Pour obtenir une complète garantie, l'expéditeur doit recourir au *chargement avec déclaration de valeur*, admis d'abord pour les lettres (L. 4 juin 1859, art. 1), et étendu à tous les objets précieux, anciennes *valeurs cotées* (L. 25 janv. 1873, art. 8). Indépendamment des conditions matérielles spécialement exigées pour la fermeture des lettres ou boîtes, l'expéditeur paye un droit fixe et un droit proportionnel à la valeur (L. 1859, art. 4; L. 1873, art. 8). La fraude qui serait commise par lui dans sa déclaration donnerait lieu à une condamnation d'un mois à un an de prison et de seize à cinq cents francs d'amende (L. 1859, art. 5); elle suffirait à décharger l'État de ses obligations.

Ces obligations consistent à remettre la lettre intacte au destinataire, qui peut en vérifier l'état extérieur avant de donner reçu (V. Rapport sur la loi de 1859, Duvergier, *Coll. des lois*, p. 212). L'administration est responsable des valeurs insérées dans les lettres et boîtes jusqu'à un maximum, fixé d'abord à deux mille francs (L. 4 juin 1859, art. 3), et depuis élevé à dix mille francs (L. 25 janv. 1873, art. 10). Elle est déchargée par le reçu du destinataire ou de son fondé de pouvoir (L. 1873, art. 3).

Cette décharge suppose que les agents de l'administration ont rempli les formalités à eux imposées, et qu'ils n'ont pas, en certifiant des vérifications non faites, induit le destinataire en erreur (Rej. civ., 11 nov. 1878, D. 78,1,465). Elle suppose, de plus, qu'il y a eu remise de la lettre dans son intégrité. La Cour de cassation a cru devoir juger qu'une différence constatée entre le poids d'une lettre remise à la poste et le poids de la même lettre remise au destinataire ne faisait pas obstacle à cette déclaration du juge du fait, que la lettre avait été remise dans son intégrité (Req., 5 fév. 1873, D. 73,1,193).

On verra plus loin que l'autorité judiciaire est, par exception, compétente à l'égard des chargements avec déclaration de valeur (V. *infrà*, n. 250). La Cour de cassation a justement décidé en cette matière, ce que nous considérons comme absolument vrai, que la force majeure, faisant cesser la responsabilité de l'administration, ne s'entend pas seulement du vol à main armée, mais de tout événement qu'on n'a pu prévenir ni prévoir, et auquel il a été impossible de résister. Le rapporteur de la loi de 1859 a dit le contraire ; mais les termes d'un rapport ne sauraient prévaloir sur les principes et sur le texte formel de la loi (Rej. civ., 26 déc. 1866, D.67,1,28 ; V. Agen, 27 juin 1882, D.83, 2,132).

245. L'État se charge encore des *envois d'argent à découvert*, c'est-à-dire remis à ses employés contre mandat payable au destinataire. Ici, sa responsabilité est absolue, d'autant mieux que l'objet reçu doit être considéré comme chose fongible ; la perte et le vol ne concernent pas l'expéditeur, créancier d'une somme et non propriétaire d'une valeur (L. 24-30 juill. 1793, art. 37; L. 5 niv. an v, art. 15; 12 juill. 1851, *Legat*). Mais l'État est déchargé par le payement conforme aux règlements : en vain l'ayant droit soutiendrait que la remise a été faite à un autre, si ces règlements ont été observés (24 juin 1868, *Lefèvre*).

246. La loi du 5 avril 1879 autorise le Gouvernement à faire effectuer par le service des postes le *recouvrement des quittances*, factures, billets, traites et valeurs dont le montant n'excède pas 500 fr. (art. 1er). Ce maximum a été élevé à 2,000 fr. (L. 19 juin 1882). En cas de perte de la lettre contenant les valeurs, ou des valeurs elles-mêmes, la responsabilité de l'État ne peut dépasser la somme de cinquante francs. En cas de perte des sommes encaissées par les facteurs, elle comprend le remboursement intégral de ces sommes (L. 5 avril 1879, art. 7).

La loi du 17 juillet 1880 étend ces dispositions aux valeurs soumises au protêt. L'administration n'assume aucune responsabilité pour le cas où la présentation à domicile ou la remise de l'effet à l'officier ministériel n'auraient pas eu lieu en temps utile (art. 3).

247. Parlons de la responsabilité des soustractions.

Autrefois on s'est demandé, en thèse générale, si l'État était responsable des soustractions commises par les employés des postes, et l'affirmative a été admise par la Cour de cassation. L'art. 1382, Cod. civ., disait-elle, est applicable à l'État comme aux particuliers et ne reçoit aucune dérogation des lois du 6 messid. an IV, art. 7, et du 5 nivôse an v, art. 14. Ces lois déclarent l'administration non responsable des lettres simples, et restreignent à 50 francs sa responsabilité pour les lettres chargées, mais seulement en cas de *perte*. Or, dans l'usage et dans la langue du droit, la soustraction frauduleuse est autre chose qu'une perte (Cass. crim., 12 janv. 1849, D.49,1,39; Paris, 6 août 1850, D.50, 2,183; Req., 12 mai 1851, D.51,1,139). Le Conseil d'État répondait que « les lois susvisées, en déterminant « les conséquences du cas de perte quant à la respon- « sabilité de l'administration, n'ont fait aucune dis- « tinction eu égard aux circonstances qui auraient pu « causer ou accompagner la perte » : réponse quelque peu subtile en apparence, et cependant peut-être con- forme à la réalité ; car il est invraisemblable que le législateur n'ait pas vu dans le détournement une des causes de la perte des correspondances, et n'y ait pas songé en parlant de perte. On ajoutait que l'art. 1382, Cod. civ., n'était pas fait pour l'État et devait, en tout cas, s'effacer devant une loi spéciale, réglant sa res- ponsabilité en vue d'une situation particulière (12 juill. 1851, *Legat;* 14 sept. 1852, *Prenel;* 27 mars 1853, *Cailleau*).

Aujourd'hui, le système de la Cour de cassation est consacré, pour les lettres et valeurs déclarées, par la loi du 4 juin 1859, art. 3, qui porte : « L'administration « est responsable, sauf le cas de perte par force ma- « jeure » (V. *suprà*, n. 244). Au contraire, l'art. 4 de la loi du 25 janvier 1873, relatif aux lettres et objets recommandés (V. *eod.*) décide qu'aucune indemnité n'est due soit pour détérioration, soit pour spoliation : règle applicable à tous les objets et lettres non déclarés, à l'égard desquels l'administration ne perçoit pas le droit proportionnel, constituant une sorte de prime d'assu- rance.

248. Aux diverses situations qui viennent d'être examinées, il faut appliquer cette règle générale : Sont acquises à l'État toutes les sommes remises aux caisses des postes et non réclamées dans les cinq années à partir du versement (L. 31 janv. 1833, art. 1er ; L. 15 juill. 1882, art. 1er), comme toutes valeurs qui, trouvées dans les boîtes et aux guichets, n'ont pas été remises à destination (L. 5 mai 1855, art. 17); et cette autre, que les sommes perçues en trop par l'administration ne produisent pas d'intérêts, même à partir de la demande, les taxes postales, comme les autres impôts, ne pouvant être augmentées ni diminuées que par une loi formelle (Cass. civ., 27 avr. 1863, D.63,1,166).

249. Nous arrivons à la *Compétence*.

La loi du 26 août 1790, art. 3, renvoyait à l'autorité judiciaire toutes les contestations entre le public et l'administration des postes, précédemment réservées aux intendants. Cette règle gouverne encore les *réclamations relatives aux tarifs* de perception, comme se rapportant à une entreprise de transport et à un impôt indirect. Le juge est le juge de paix ou le tribunal civil, lorsqu'il y a réclamation à fin de payement ou de restitution de droits; le tribunal correctionnel, lorsque l'administration se plaint d'une contravention. La compétence judiciaire comprend les questions relatives aux franchises postales (16 janv. 1874, *Évêque de Rodez*).

250. La règle est différente à l'égard des *actions en responsabilité* dirigées contre l'État.

Sans doute, en ce qui concerne les lettres contenant des valeurs déclarées, auxquelles le législateur a entendu donner des garanties spéciales, la compétence judiciaire est formellement proclamée par la loi du 4 juin

1859, art. 3. Et cette compétence existe à l'égard des dommages-intérêts réclamés pour retard dans la remise des lettres, comme de l'indemnité due au cas de perte; car l'art. 3 ne distingue pas, et l'on ne voit pas de raison de distinguer (23 mars 1870, *Conflit de la Haute-Garonne*).

251. Mais il n'y a là qu'une exception. En principe, l'action en responsabilité dirigée contre l'État, à raison de la perte d'un objet remis à la poste, doit être portée devant le juge administratif de droit commun, c'est-à-dire devant le ministre des finances et le Conseil d'État (V. *suprà*, n. 79). La question a été débattue entre la Cour de cassation et le Conseil d'État, non seulement dans les termes spéciaux où nous venons de la poser, mais comme question générale et embrassant tous les cas d'application de la responsabilité de l'État à l'égard des faits de ses agents.

Cette question a été tout d'abord tranchée dans le sens de la compétence administrative par le Conseil d'État, se fondant, d'une part, sur les lois des 16-24 août 1790 et 16 fructidor an III, qui interdisent aux juges, de « troubler de quelque manière que ce soit les opéra- « tions des corps administratifs... »; de connaître des « actes d'administration, de quelque espèce qu'ils « soient » (V. *infrà*, n. 260); d'autre part, sur les lois relatives à la liquidation de la dette publique, notamment sur la loi du 24 août 1793, dont les art. 82 et suiv. réservent à l'autorité administrative les contestations relatives à la liquidation des dettes de l'État. Ses arrêts ont décidé qu'à l'autorité administrative seule il appartient de statuer sur l'action en responsabilité fondée sur le détournement d'une lettre (9 fév.

1847, *Legat*; 9 déc. 1852, *Syndics Poulet*), ou sur le retard apporté à sa remise (8 août 1844, *Dupart*).

Au contraire, la Cour de cassation a posé en principe que les art. 1382 et suiv., Cod. civ., sont applicables sans exception à tout fait dommageable et illégal, à celui d'un préposé de l'État comme à celui de toute autre personne; qu'aucune loi ne soustrait à la compétence judiciaire les administrations publiques autorisées à exploiter des entreprises de transport; et que, s'il est interdit aux tribunaux de se livrer à l'examen des actes administratifs, il leur est permis d'apprécier les faits constituant une exécution plus ou moins intelligente ou prudente de ces actes (Req., 30 janv. 1843, D.43,1, 96; Cass. civ., 1er avr. 1845, D.45,1,261). On ajoutait que les lois sur la liquidation n'ont rien à faire ici. Autre chose est la déclaration, autre chose la liquidation de la dette (V. *suprà*, n. 179): si le droit de liquidation impliquait la compétence administrative, il n'y aurait plus de compétence judiciaire à l'égard des dettes de l'État, qui sont toutes sujettes à liquidation.

Le premier tribunal des conflits a adopté la doctrine du Conseil d'État (Trib. confl., 20 mai 1850, *Manoury*; 17 juill. 1850, *Letellier*; 7 avr. 1851, *Cailleau*). Il s'est fondé sur cette idée, que l'appréciation de la demande en dommages-intérêts formée contre l'État dépend du point de savoir si le fait imputé a été commis par l'agent dans l'exercice de ses fonctions, et, par suite, implique nécessairement l'appréciation des règlements administratifs, appréciation interdite aux tribunaux.

La Cour de cassation a répondu qu'il appartient aux tribunaux de faire application aux agents de l'administration, et des règles du droit commun, et des règles qui leur sont particulières, encore qu'ils n'aient pas le pouvoir de les interpréter (Rej. civ., 19 déc. 1854, D.55,1,38).

Le Conseil d'État a maintenu sa manière de voir. Sans abandonner les raisons tirées des lois sur la liquidation des dettes de l'État, il a insisté sur les conséquences du principe de la séparation des pouvoirs, qui réserve nécessairement à l'autorité administrative le droit de régler les conditions des services publics et d'apprécier suivant leurs exigences variables la responsabilité des agents de l'État (6 déc. 1855, *Rotschild*; 20 fév. 1858, *Carcassonne*; 6 août 1861, *Dekeister*; V. 1er juin 1861, *Baudry*; 21 janv. 1871, *Thomé*).

Telle est, en fin de compte, la doctrine consacrée par le nouveau tribunal des conflits. Comme l'a justement dit M. le com. du Gouv. David, la loi des 16-24 août 1790, en défendant aux tribunaux de troubler les opérations des corps administratifs, a voulu non seulement leur interdire d'annuler les actes émanés de ces corps, mais aussi d'en paralyser l'exécution en statuant sur les réclamations qu'ils peuvent soulever. La règle se justifie par cette considération que l'État n'agit pas volontairement, mais nécessairement, en raison des exigences de l'intérêt général, et que, de plus, il est obligé d'agir par l'intermédiaire de nombreux agents, que personne n'est absolument libre de guider ni de choisir, et dont le fonctionnement ne peut être justement apprécié par des personnes étrangères à l'administration (Trib. confl., 8 fév. 1873, *Blanco*; 31 juill. 1875, *Renaux*; 29 mai 1875, *Ramel*; 20 mai 1882, *De Divonne*; Cass. civ., 4 avril 1876, trois arrêts, D. 77,1,69). Elle a été spécialement appliquée à la responsabilité de l'administration des postes (Trib. Seine, 13 déc. 1873, D.74,5,120; Trib. confl., 4 juill. 1874, *Marchioni;* 18 mars 1876, *Bory;* C. d'État, 21 janv. 1876, *Bodin*).

252. Cette jurisprudence est étrangère aux actions formées personnellement contre les agents de l'administration, à l'exclusion de l'État (20 mai 1850, *Manoury;* 29 mars 1853, *de Merlhiac ;* 6 déc. 1855, *Gloxin;* 10 sept. 1855, *Saint-Sèbe;* Trib. confl., 7 juin 1873, *Godart*).

253. *Télégraphie privée.*

Le transport des dépêches télégraphiques donne lieu aux mêmes relations de droit que celui des lettres et paquets confiés à la poste.

Mais la situation est simplifiée par l'art. 6 de la loi du 29 novembre 1850, portant que « l'État n'est soumis à « aucune responsabilité à raison du service de la cor- « respondance privée. »

On peut se demander si l'irresponsabilité de l'État embrasse, avec le dommage causé par les irrégularités du service, celui qui résulterait des délits ou quasi-délits des agents. L'affirmative est conforme aux termes généraux de la loi, et serait certainement proclamée, conformément à la jurisprudence relative aux transports de la poste (V. *suprà,* n. 243 et suiv.). Car le tribunal des conflits et le Conseil d'État s'accordent à reconnaître ici la compétence administrative (6 déc. 1855, *Gloxin;* 20 janv. 1871, *Thomé;* 7 juin 1873, *Godart*).

TITRE IV

CONCESSION

254. Division. Concession de travaux publics.

254. Le mot *concession* est un terme général servant à désigner divers contrats d'intérêt public, qui rappellent tantôt la vente, tantôt le louage, tantôt la donation, et qui ont pour trait commun, soit l'abandon de biens appartenant à l'État ou laissés à la disposition du Gouvernement, soit au moins la substitution à certains droits de l'État. Il s'applique, improprement, à des situations où il y a simple permission plutôt que contrat.

Les concessions de l'État paraissent se rapporter à trois types principaux.

En premier lieu viennent les concessions de propriété ou de droits réels, qui se rapprochent, suivant les cas, de la vente ou de la donation, et par lesquelles un immeuble du Domaine de l'État est abandonné à un particulier ou à un établissement public, soit gratuitement, soit à titre onéreux, mais à des conditions qui ne constituent pas un véritable équivalent. Parmi ces concessions, nous trouvons celles qui ont été faites aux départements et aux établissements publics; aux détenteurs de biens usurpés; à d'autres particuliers; celles des lais et relais de la mer.

Viennent en second lieu les concessions de travaux publics, par lesquelles une personne est chargée d'un travail et se trouve, pour sa rémunération, substituée au droit de percevoir un prix de transport, un péage ou une indemnité de plus-value. Ce sont les concessions de chemins de fer, de canaux, de ponts à péage, auxquelles on peut assimiler celles de marais.

Les concessions de mines tiennent, tout à la fois, des concessions de propriété et des concessions de travaux publics.

Viennent en troisième lieu, les concessions improprement nommées de ce nom, et consistant simplement en une permission, indispensable à ceux qui veulent user d'un bien du domaine public ou d'une chose *nullius*, comme les concessions sur le rivage de la mer et sur les rivières navigables ou non navigables.

L'ordre logique des idées nous amènerait à parler successivement des concessions de propriété, des concessions de travaux publics et des concessions improprement dites. En ce qui concerne cependant les concessions de travaux publics, nous renverrons à notre *Traité des travaux publics* (t. 2, n. 610 et suiv.).

CHAPITRE Ier

CONCESSION DE PROPRIÉTÉ

255. *Concession de pure propriété.*
256. Formes.
257. Compétence.
258. *Concession de biens usurpés.*
259. Formalités.
260. Compétence. Principe de la séparation des pouvoirs. Interprétation des actes du chef de l'État.

255. *Concession de propriété ou de droits réels.*

On ne conçoit guère la concession en toute propriété, sur le sol français, de biens susceptibles de revenus, dont la vente serait avantageuse pour le Trésor. De telles concessions ont eu lieu, cependant, lorsqu'elles étaient réclamées par l'intérêt public, et que des circonstances particulières ne permettaient pas de recourir à la vente.

Il faut citer comme exemple la concession, faite aux habitants de la commune d'Esserts et du hameau de Charbonnières, dans le département de l'Yonne, des terres de l'ancienne abbaye de Régny. Ces terres leur avaient été concédées avant 1789, pour deux ou trois vies et moyennant une légère redevance; elles avaient été défrichées par eux; la redevance s'était trouvée abolie comme féodale; la prétention des habitants à la propriété avait été repoussée par l'administration, qui leur avait accordé des baux emphytéotiques. Les terrains n'en avaient pas moins été considérés comme leur appartenant, avaient été bâtis et avaient fait l'objet de transactions loyales qu'une vente aux enchères aurait bouleversées. Dans ces circonstances, deux lois des 22 mars 1806 et 21 avril 1832 leur en ont concédé la propriété sur estimation contradictoire (V. Macarel et Boulatignier, t. 1, n. 74).

256. En principe, une telle concession ne peut résulter que d'une loi. Ici s'applique, mieux encore qu'en matière de vente et d'échange, l'art. 8 de la loi des 22 nov.–1er déc. 1790, aux termes duquel « les « domaines nationaux et les droits qui en dépendent « sont et demeurent inaliénables sans le concours et « le consentement de la nation » (V. *suprà*, n. 33 et 196). Il en est ainsi même depuis la loi du 1er juin 1864, et sans distinction entre les immeubles valant plus ou moins d'un million (V. *suprà*, n. 34). Cette loi ne consacre de délégation au profit du Gouvernement que pour la vente aux enchères, présentant des garanties que n'offre aucun autre mode d'aliénation.

257. Il ne semble pas douteux que la juridiction administrative ait seule compétence pour statuer sur la validité et l'interprétation d'une concession de propriété. Un tel acte a sa raison d'être dans des considérations de l'ordre administratif et même politique, considérations que le Gouvernement peut seul apprécier, et auxquelles le pouvoir judiciaire est et doit rester étranger. Son caractère n'est pas modifié par l'intervention du pouvoir législatif, uniquement exigée à raison de l'importance de la mesure (29 déc. 1845, *de*

Nazelles ; V. *suprà,* n. 199, 234). C'est le cas d'appliquer la règle *Ejusdem interpretari, cujus condere,* et de réserver à l'autorité administrative l'interprétation et l'examen de la validité de ses actes (V. *suprà,* n. 54). L'autorité administrative, c'est le Conseil d'État (V. *infrà,* n. 260, 267, 270, 271, 276, 277, 278, 312, 317, 417).

258. *Concession de biens usurpés.*

La loi du 20 mai 1836, art. 1 et 2, permettait au Gouvernement de concéder aux détenteurs, dans certains cas, les biens domaniaux qu'ils avaient usurpés. Ce genre de concession, tout à fait anormal, était dicté par des considérations d'intérêt public. Le législateur n'a jamais pu songer à donner une prime à l'usurpation ; il se trouvait en présence de possessions déjà anciennes, qui avaient servi de base à des arrangements et à des partages de famille. La crainte des procès et des troubles auxquels aurait donné lieu l'exercice rigoureux des droits de l'État l'a déterminé à permettre une transaction avec les usurpateurs.

Aux termes de l'art. 1er, « le Gouvernement est « autorisé à concéder aux détenteurs, sur estimation « contradictoire et aux conditions qu'il aura réglées, les « terrains dont l'État n'est pas en possession et qu'il « serait fondé à revendiquer comme ayant été usurpés « sur les rives des forêts domaniales antérieurement « à la publication de la présente loi. Les enclaves sont « formellement exceptées de la présente disposition. »

Art. 2 : « La faculté accordée au Gouvernement par « l'article précédent ne pourra être exercée que pen- « dant dix ans ; elle s'étendra aux usurpations commises « sur la partie du domaine de l'État étrangère au sol

« forestier, pour tous les terrains dont la contenance
« n'excéderait pas cinq hectares. »

La concession ne pouvait être faite qu'au détenteur
et sur estimation. Le pouvoir de concession n'était délégué que pour dix ans. Enfin, le Gouvernement devait présenter aux Chambres, tous les ans, un état des
concessions accordées (art. 3).

La délégation résultant de la loi de 1836 a été
prorogée pour dix ans par la loi du 10 juin 1847, qui
a ajouté aux conditions prescrites en déclarant la concession inapplicable aux terrains forestiers dépassant cinq hectares, à moins qu'ils ne fussent possédés par des communautés d'habitants, et aux terrains
d'une contenance de plus de dix ares sis dans les villes
dont la population agglomérée dépasserait cinq mille
habitants.

259. Les formalités préalables à la concession ont été
réglées par l'ordonnance du 14 décembre 1837. Aux
termes de la loi du 20 mai 1836, la concession était
consentie par le Gouvernement. Le décret du 25 mars
1852, art. 3, tableau C, 4°, a délégué le pouvoir de
concession au préfet pour le cas où le prix n'excéderait
pas deux mille francs. S'il dépassait ce chiffre, l'ordonnance de 1837 restait applicable et exigeait l'approbation du ministre des finances. Le refus de concession,
d'après la même ordonnance, était prononcé par le préfet, sauf recours au ministre. Le décret de 1852 ne dé-
centralisant que le pouvoir de concession, le refus d'autorisation ne pouvait être prononcé définitivement que
par le ministre (Dufour, t. 1, n. 261). La prolongation
de délai accordée par la loi de 1847 est expirée depuis
longtemps : les nouvelles concessions de biens usurpés

ne sauraient plus émaner que de la loi (Ducrocq, *Ventes domaniales*, n. 281).

260. Dans ce cas, comme dans le précédent (V. *suprà*, n. 257), l'interprétation et l'examen de la validité de l'acte de concession ne peuvent être demandés qu'à l'autorité administrative. Il est bien certain que l'acte est un contrat, et cependant, il n'est pas possible de n'y voir qu'un contrat. Si le Gouvernement a abandonné le bien usurpé à son possesseur, ce n'est pas uniquement pour toucher l'estimation du bien usurpé. C'est aussi, c'est surtout pour obtenir un résultat utile à l'intérêt public et constituant pour partie l'avantage de cet abandon. L'acte est donc un acte administratif en même temps qu'un contrat, et dès lors il faut lui appliquer le principe de la séparation des pouvoirs, c'est-à-dire la défense faite aux tribunaux de connaître des actes d'administration (V. *infrà*, n. 232).

Rappelons les deux textes, si souvent cités, qui ont formulé cette défense :

Loi du 16-24 août 1790, tit. 2, art. 13 : « Les fonc-« tions judiciaires sont distinctes et demeureront tou-« jours séparées des fonctions administratives. Les « juges ne pourront, à peine de forfaiture, troubler, « de quelque manière que ce soit, les opérations des « corps administratifs, ni citer devant eux les adminis-« trateurs pour raison de leurs fonctions. »

Loi du 16 fructidor an III : « La Convention natio-« nale, après avoir entendu son comité des finances, « décrète qu'elle annulle toutes procédures et juge-« ments intervenus, dans les tribunaux judiciaires, « contre les membres des corps administratifs et comi-« tés de surveillance, sur réclamation d'objets saisis,

« de taxes révolutionnaires et d'autres actes d'adminis-
« tration émanés desdites autorités pour l'exécution des
« lois et arrêtés des représentants du peuple en mission,
« ou sur répétition des sommes et effets versés au Tré-
« sor public. Défenses itératives sont faites aux tribu-
« naux de connaître des actes d'administration, de
« quelque espèce qu'ils soient, aux peines de droit,
« sauf aux réclamants à se pourvoir devant le comité
« des finances pour leur être fait droit, s'il y a lieu, en
« exécution des lois, et notamment de celle du 13 fri-
« maire dernier. »

Entre les autorités administratives, la seule compétente à l'effet d'interpréter et d'apprécier les actes du
chef de l'État, c'est le Conseil d'État qui, à cet égard, a
toujours été considéré comme représentant le chef de
l'État. Cette attribution a été implicitement consacrée
par la loi du 24 mai 1872, art. 8.

La règle reçoit exception à l'égard des concessions
de travaux publics. Ces concessions ne sont, au fond,
que de grandes entreprises de travaux publics. Elles
sont régies par la loi du 28 pluviôse an VIII, comme
marchés de travaux publics.

La même règle est inapplicable aux tarifs de droits
de péage et de transport, parce que ces droits sont assimilés par les lois aux contributions indirectes, et que
les contestations relatives à ces contributions appartiennent essentiellement à l'autorité judiciaire (*Traité
des travaux publics*, t. 2, n. 629, 651, 719).

Elle n'en domine pas moins la matière de l'interprétation des actes du chef de l'État (V. *suprà*, n. 257, et
infrà, n. 267, 270, 271, 276, 277, 278, 312, 317,
417).

261. *Concessions de lais et relais*.

Aux termes de l'art. 41 de la loi du 16 septembre 1807, « le Gouvernement concédera, aux conditions « qu'il aura réglées, les marais, lais et relais de la « mer, le droit d'endiguage, les accrues, atterrissements « et alluvions des fleuves, rivières et torrents, quant « à ceux de ces objets qui forment propriété publique « et domaniale. »

Dans l'ancien droit, les biens dont il s'agit étaient rangés dans les petits domaines et échappaient, comme tels, à la règle de l'inaliénabilité (2e édit. de 1566; Req., 18 mai 1830, D.30,1, 250; 15 nov. 1842, D. 43,1,29; Rej. civ., 2 janv. 1844, D.44,1,79; V. *suprà*, n. 2). Il a été soutenu, cependant, que les lais et relais de la mer non encore concédés faisaient, sous le droit intermédiaire, et font encore partie du domaine public, et telle est, en effet, la disposition de l'art. 538, Cod. civ. (Gaudry, t. 3, n. 573). Mais, on l'a justement fait remarquer, le législateur de 1790 n'avait pas, et les rédacteurs du Code civil n'ont eu que d'une manière imparfaite la notion de ce qui distingue le Domaine de l'État et le Domaine public. Le premier a confondu ces deux sortes de biens qui, avant lui, n'en faisaient qu'une, et l'art. 538 porte encore la trace de cette confusion (V. *suprà*, n. 15). Les mots *qui ne sont pas susceptibles de propriété privée*, appliqués par cet article aux choses du Domaine public, en marquent précisément le caractère et excluent les lais et relais de la mer, aptes à l'appropriation privée au même titre que les alluvions formées dans le lit des fleuves.

Les lais et relais de la mer sont donc, comme les autres immeubles énumérés par l'art. 41 de la

loi de 1807, des biens aliénables et prescriptibles
(Cass. civ., 3 nov. 1824, Sir.25, 1,62 ; 14 déc. 1857,
Mosselmann).

262. Les créments futurs, c'est-à-dire les lais et
relais non encore formés, peuvent être concédés aussi
bien que les lais et relais. Si le rivage de la mer, que
ces créments couvriront un jour, est inaliénable comme
partie du domaine public, il n'en est pas ainsi des créments considérés isolément, comme choses futures, et
pouvant, d'après l'art. 1130, Cod. civ., être l'objet
d'une obligation. L'art. 41 de la loi de 1807 autorise la
concession du droit d'endiguage. L'ancien droit était
en ce sens, et la Cour de cassation a dit justement : « Ce
« serait contrarier toutes les règles d'une bonne admi-
« nistration publique que de refuser au Gouvernement
« le pouvoir d'accorder à des particuliers, sous des
« conditions à déterminer par lui, les lais et relais fu-
« turs, et d'autoriser ainsi des travaux qui, en conqué-
« rant des terres sur la mer et en les assainissant, les
« mettent en état d'être livrées à la culture, au grand
« avantage des concessionnaires, du pays et du Trésor
« public » (Req., 15 nov. 1842, D. 43,1,29 ; Cass.
civ., 21 juin 1859, D.59,1,252 ; Req., 28 déc. 1864,
D.65,1,139).

263. Aux créments futurs, fallait-il assimiler les îles
à naître dans les rivières navigables ? L'hésitation était
permise, et les mêmes raisons de droit pouvaient être
invoquées dans une certaine mesure. On ne saurait
cependant faire valoir ici, comme à l'égard des créments futurs, les termes de la loi de 1807, qui permet
de concéder le droit d'endiguage. La concession a été
jugée trop peu favorable et trop peu conforme aux

règles d'une bonne administration pour être déclarée régulière (Rej. civ., 14 janv. 1843, D.43,1,109).

264. Le pouvoir de concession des lais et relais, conféré au Gouvernement par la loi du 16 septembre 1807, ne fait pas obstacle à son droit de les vendre aux enchères. En fait, et depuis le commencement du siècle, ce dernier mode d'aliénation a été employé de préférence. Une loi a même été proposée en 1835, pour supprimer le pouvoir de concession; adoptée par la Chambre des députés, elle a été rejetée par la Chambre des pairs, et l'art. 41 de la loi de 1807 a été conservé pour les raisons qui l'avaient fait promulguer. On s'est dit que souvent l'acquisition ne convient qu'aux riverains, qu'elle nécessite parfois des travaux considérables, et qu'en de telles circonstances la mise aux enchères serait contraire à l'intérêt public. Nous n'en croyons pas moins que le pouvoir du Gouvernement, à l'égard des biens dont il s'agit, comprenait, dès avant la loi du 1er juin 1864, le droit de les vendre aux enchères, et qu'il n'a pas cessé de le comprendre depuis cette loi (Ducrocq, *Ventes domaniales*, n. 231 et 232).

265. Le règlement des conditions des concessions, abandonné au Gouvernement par la loi de 1807, a été déterminé par une ordonnance du 29 septembre 1825, qui prescrit de longues formalités : demande au ministre des travaux publics, levée de plans et description des terrains, enquête administrative, avis des autorités intéressées et examen du Conseil d'État. Alors intervient un décret du président de la République, qui statue sur la demande. Les actes administratifs antérieurs au décret ne sont que des actes préparatoires; le décret de concession est le seul titre du concessionnaire.

266. Les personnes qui croient avoir des droits sur les terrains concédés peuvent donc former opposition à ce décret devant le Conseil d'État, mais non attaquer les actes administratifs antérieurs. Ces actes n'étant que des actes préparatoires, le décret de concession seul est susceptible de recours (23 mai 1834, *Comm. de Vallandry;* V. 9 déc. 1842, *Schneider*). Le recours n'est pas davantage ouvert contre la décision ministérielle portant refus de concession (V. *infrà*, n. 414).

267. A qui appartient-il d'interpréter et d'apprécier les décrets de concession rendus en exécution de l'art. 41 de la loi de 1807?

La Cour de cassation a proclamé la compétence civile. Dans une espèce où il s'agissait de régler la préférence entre deux concessionnaires successifs des mêmes relais, elle a dit « que, lorsque le Gouvernement, auto- « risé par une loi, concède une partie du domaine pu- « blic ou du domaine de l'État, il ne figure pas dans « l'acte comme pouvoir administratif procurant l'exécu- « tion des lois par des règlements ou des décisions, « mais qu'il stipule comme représentant l'État proprié- « taire et aliénant, par une convention du droit civil, « une partie de son domaine ; que cet acte n'est pas « un acte d'autorité, mais un contrat formé par le con- « cours des deux volontés ; que les questions de pro- « priété auxquelles donnent lieu les rapports de cet acte « avec les droits des tiers sont de la compétence exclu- « sive des tribunaux » (Cass. civ., 2 mai 1848, D.48, 1,85).

Nous adhérerions à cette manière de voir, s'il s'agis-sait de la vente d'un immeuble de l'État (V. *supra*, n. 52). Mais la concession n'est pas une vente, bien

qu'elle soit certainement un contrat. C'est un contrat
sui generis, spécial au droit administratif et dominé par
l'intérêt public (V. *suprà*, n. 232, 257, 260). Celle
dont il s'agit ici, particulièrement, a sa raison d'être
étrangère à toutes considérations d'intérêt particulier
et, au contraire, empruntée principalement aux actes
administratifs nécessaires pour procurer et maintenir
aux relais leur nouveau caractère de propriété privée.
Ici donc s'appliquent les observations présentées *suprà*,
n. 260. A l'autorité administrative seule il appartient
d'interpréter l'acte, d'examiner si les conditions de la
concession ont été remplies, et de dire si le concessionnaire est devenu propriétaire (Trib. confl., 1er juill.
1850, *De Gouvello;* V. C. d'Ét., 17 déc. 1847, *De Gal-
lifet;* 31 mai 1851, *Duhamel;* Dufour, t. 5, n. 306). A
l'autorité administrative, c'est-à-dire au Conseil d'État,
puisque l'acte de concession est un décret du chef de
l'État (V. *suprà*, n. 257, 260, et *infrà*, n. 267, 270,
271, 276, 277, 278, 312, 317, 417).

268. Les tribunaux civils n'en restent pas moins
compétents à l'égard des litiges concernant la propriété
du bien concédé. Ils peuvent et doivent appliquer l'acte
de concession, s'il est clair. Il ne leur est pas permis
d'usurper les attributions de l'autorité administrative
en déclarant clair un acte ambigu et en prétendant
l'appliquer, quand ils ne font que l'interpréter (Cass.
civ., 27 fév. 1855, D.55,1,295 ; V. *suprà*, n. 54). Lorsqu'une instance relative à la propriété nécessite l'interprétation ou l'appréciation de l'acte de concession,
ils doivent surseoir jusqu'à ce que cette interprétation ou cette appréciation ait été formulée par l'autorité
compétente. Ils doivent surseoir seulement ; ils mécon-

naîtraient la loi de leurs attributions si, dans une telle situation, ils allaient jusqu'à se dessaisir (Cass. civ., 24 août 1857, D.57,1,321 ; V. *suprà*, n. 54).

269. Quant au propriétaire dont l'immeuble a fait l'objet d'une concession, il est toujours fondé à le revendiquer dans les formes ordinaires (V. *suprà*, n. 54, et *infrà*, n. 270, 276).

270. *Concession aux établissements charitables.*

La loi du 23 messidor an II, exagérant le principe de l'unité nationale, avait transformé l'exercice de la bienfaisance publique en dette de l'État, et réuni aux biens de l'État les propriétés des établissements de bienfaisance. Ces établissements ont ensuite été réintégrés dans leurs droits (L. 16 vendém. an v). Quant aux biens vendus dans l'intervalle, l'art. 6 de cette dernière loi a décidé qu'ils leur seraient remplacés en biens nationaux de même valeur. La jurisprudence a déclaré que l'attribution de ces biens constitue une concession à titre gratuit, d'où cette conséquence principale, que l'éviction postérieure ne saurait ouvrir d'action en garantie contre l'État (11 avr. 1834, *Hosp. d'Avranches ;* 15 juin 1842, *Hosp. de Strasbourg*).

Cette attribution n'a eu lieu que sauf les droits des tiers, qui peuvent les faire valoir devant les tribunaux civils (25 mars 1835, *Maron ;* 30 juin 1846, *État c. Royaux ;* V. *suprà*, n. 54 et 269, et *infrà*, n. 276).

L'interprétation et l'appréciation de la concession appartiennent à l'autorité administrative (Arrêts précités ; 8 juin 1842, *Hosp. de Cherbourg*), c'est-à-dire au Conseil d'État (V. *suprà*, n. 257, 260, 267, et *infrà*, n. 271, 276, 277, 278, 312, 317, 417).

271. *Concession aux fabriques.*

Le même principe est applicable aux biens des fabriques, confisqués sous la Révolution (L. 13 brum. an II), et dont la remise a été ordonnée par les art. 1 et 2 de l'arrêté du 7 thermidor an XI. Le Conseil d'État voit dans leur attribution une concession à titre gratuit, dont l'interprétation lui appartient exclusivement (26 déc. 1827, *Fabrique de Saint-Vincent;* 2 juill. 1828, *Bascher-Lenfant;* 29 mai 1856, *Église d'Octeville;* 23 mars 1867, *Com. de Monoblet; contrà,* Req., 6 déc. 1836, D.37.1,79; V. *suprà,* n. 257, 260, 267, 270, et *infrà,* n. 276, 277, 278, 312, 317, 417.

Il s'ensuit que les anciennes dettes des fabriques, étant devenues dettes de l'État, ont cessé de grever les biens des fabriques (4 nov. 1835, *Miroird*).

272. *Concession à l'Université. Concession aux départements, arrondissements et communes.*

Nous avons maintenant à parler des concessions résultant des décrets du 11 décembre 1808 et du 9 avril 1811. Ces deux actes étaient évidemment inconstitutionnels. Ils n'en sont pas moins considérés comme obligatoires, faute d'avoir été déférés au Sénat conformément à la Constitution de l'an VIII.

Aux termes du décret du 11 décembre 1808, « tous « les biens, meubles et immeubles et rentes ayant appartenu au ci-devant Prytanée français, aux universités, académies et collèges, tant de l'ancien que « du nouveau territoire de l'Empire, et qui ne sont « point aliénés ou qui ne sont point définitivement « affectés par un décret spécial à un autre service public, sont *donnés* à l'Université impériale ». L'État étant devenu, par suite des lois du 15 mars et du 7 août 1850, l'ayant cause de l'Université, le décret de 1808 ne présenterait plus aujourd'hui d'intérêt pratique, s'il n'était nécessaire d'en combiner les dispositions avec celles du décret de 1811.

Le décret du 9 avril 1811 porte, art. 1er : « Nous « concédons gratuitement aux départements, arrondis- « sements ou communes, la pleine propriété des édi- « fices et bâtiments nationaux actuellement occupés « pour le service de l'administration, des Cours et tri- « bunaux et de l'instruction publique. » L'art. 2 ajoute que la remise des bâtiments sera faite par l'administra- tion des Domaines aux préfets, sous-préfets et maires. L'art. 3, que la concession aura lieu à la charge, par les départements, arrondissements et communes, d'ac- quitter la contribution foncière et de supporter les grosses et menues réparations. Dans cette dernière dis- position est le véritable motif de la concession, malgré le préambule du décret, qui affirme la volonté d'épar- gner aux départements, etc...., la dépense d'acquisi- tion des édifices et le remboursement des sommes avan- cées pour les réparations.

273. Quels sont, précisément, les édifices concédés par le décret de 1811 aux départements, arrondisse- ments et communes ?

Les expressions de l'art. 1er, *actuellement occupés*, disent clairement que la concession a pour unique objet les immeubles réellement affectés aux services dont il s'agit, à la date du décret de concession (27 ma 1846, *Dép. de la Vienne*). Il faut, de plus, que ces ser- vices soient bien ceux de l'administration, des Cours et tribunaux, ou de l'instruction publique : ce qui com- prend le casernement de la gendarmerie (31 août 1837, *Dép. de Seine-et-Oise*), mais non l'établissement d'un séminaire diocésain (27 mai 1846, *Dép. de la Vienne*), ou d'un dépôt de mendicité (26 août 1831, *Min. Int.*; 26 mai 1845, *Dép. de la Vienne*).

La concession n'a pu embrasser des immeubles inaliénables, comme ceux qui faisaient partie du Domaine de la Couronne (19 août 1835, *Préfet de Seine-et-Oise;* V. *suprà*, n. 23). Elle comprenait cependant ceux qui, ayant fait partie de ce Domaine, avaient été réunis au Domaine de l'État sans distraction postérieure (4 juill. 1837, *Dép. de Seine-et-Oise*).

274. Mais le décret de 1811 porte concession aux départements, arrondissements et communes, des édifices occupés pour le service.... *de l'instruction publique.* Le décret de 1808 a déjà concédé à l'Université tous les biens du Prytanée, des universités, académies et collèges. Prises à la lettre, les deux concessions présentent une contradiction évidente. Faut-il admettre que la *donation* de 1808 ait été révoquée par la *concession* de 1811? Cette manière de voir est invraisemblable, à raison du peu de temps écoulé entre l'un et l'autre acte et du silence gardé par le décret de 1811.

La Cour de cassation a dit que « le but unique du « législateur ayant été d'assurer le service de l'instruc- « tion publique, d'après ses besoins et notamment « d'après sa durée, il n'a point, par la première de ces « dispositions, dessaisi l'État en faveur de l'Université « de la propriété des biens y énoncés; mais il ne lui « en a fait qu'une application et une affectation collec- « tive, et en principe, de manière que l'État conserve- « rait toujours la propriété de ces biens, tandis que « leur possession et leur jouissance appartiendraient « entièrement et exclusivement à l'Université, tant

« qu'elle les aurait appliqués et affectés aux même ser-
« vice » (Req., 6 mai 1844, D.44,1,233).

De son côté, l'administration a proposé une autre
distinction, entre les édifices ayant appartenu anciennement aux corporations enseignantes et ceux d'origine purement domaniale. Les premiers seuls ayant
été donnés à l'Université, les autres auraient pu être
attribués aux départements, etc.... Cette distinction
paraît plus rationnelle. Elle est conforme aux termes du
décret de 1808, et, jusqu'à un certain point, se concilie
avec le décret de 1811 dont les visas et considérants
n'ont trait qu'aux bâtiments occupés par les corps *administratifs et judiciaires*, et dont le dispositif seul ajoute
les bâtiments occupés par le service de l'instruction
publique (4 mai 1843, *Ville de Bar-le-Duc*; 27 mai 1847,
Ville de Gray; 1er déc. 1853, *Ville de Bordeaux*; 7 déc.
1854, *Ville d'Aire*; 17 janv. 1868, *Ville de Paris*).

275. L'art. 2 du décret de 1811 ordonne la *remise
de la propriété*, par l'administration des Domaines, aux
départements, arrondissements et communes. Il est
admis que cette remise a été nécessaire pour transférer
la propriété de l'édifice concédé (Cass. civ., 7 avr.
1840, D.40,1,144). Elle est restée inutile quand l'édifice se trouvait d'avance en la possession du concessionnaire (6 juin 1830, *Ville de Laon*; 24 janv. 1834,
Min. comm.; 26 août 1842, *De Rohan-Rochefort*).

En sens inverse, la remise faite en conséquence d'une
fausse application de la loi ne saurait être considérée
comme un titre translatif de propriété (27 mai 1846,
Dép. de la Vienne).

276. L'interprétation et l'appréciation des concessions résultant des décrets de 1808 et de 1811 ne

saurait appartenir qu'au Conseil d'État. Ici se présentent d'abord les raisons générales indiquées ci-dessus (V. *suprà*, n. 257, 260, 267, 270, 271, et *infrà*, n. 277, 312, 317, 417). D'ailleurs, il n'est pas possible de perdre de vue qu'au fond de ces actes, on trouve une affectation des biens du Domaine de l'État aux services publics, ce qui imprime de plus fort à la concession le caractère d'un acte administratif (V. *infrà*, n. 278).

La Cour de cassation avait d'abord implicitement affirmé la compétence judiciaire en interprétant les concessions qui lui étaient soumises (Cass. civ., 7 avr. 1840, D. 40,1,144; Req., 6 mai 1844, D. 44,1,233). Postérieurement, elle a reconnu la compétence administrative (Cass. civ., 24 juin 1851, D. 51,1,196; V. en ce sens les arrêts ci-dessus cités du Conseil d'État; V. encore Trib. confl., 12 déc. 1874, *Ville de Paris c. l'État*, et concl. de M. le com. du Gouv. David).

Rappelons que le recours en interprétation n'est rerevable qu'en présence d'une décision judiciaire ou administrative rendant cette interprétation nécessaire (2 déc. 1853, *Dép. de la Charente*), à moins cependant qu'elle ne soit demandée au nom de l'État par un ministre (1er déc. 1853, *Ville de Bordeaux;* V. *suprà*, n. 54, et *infrà*, n. 318).

Ajoutons enfin que la concession ne fait jamais obstacle à l'action en revendication, exercée devant les tribunaux civils et fondée sur les moyens du droit commun (14 fév. 1834, *Séminaire d'Évreux;* 7 déc. 1854, *Ville d'Aire;* Macarel et Boulatignier, t. 1, p. 185; V. *suprà*, n. 54, 269, 270).

277. *Concessions aux villes.*

Dans d'autres circonstances, le législateur a accordé

des concessions aux villes, à charge de créer des établissements publics, constructions, embellissements, etc...
(V. L. 31 mai 1834, portant abandon à la ville de Paris de la place de la Révolution ; L. 7 mai 1836, portant abandon à la ville de Paris de l'ancienne salle de l'Opéra; L. 8 juill. 1852, concédant à la ville de Paris le bois de Boulogne, etc....).

En pareil cas encore, et bien qu'il y ait loi et contrat, le caractère administratif de l'acte est trop évident pour qu'il puisse être interprété par un autre juge que le Conseil d'État (V. *suprà*, n. 257, 260, 267, 270, 271, 276, et *infrà*, n. 278, 312, 317, 417). L'autorité judiciaire a été cependant déclarée compétente pour apprécier la cession à titre gratuit à la ville de Paris de ses barrières et mur d'enceinte, faite en vertu de la loi du 29 ventôse an XII, parce que cette cession avait été réalisée par acte notarié, indiquant la volonté de suivre les règles du droit commun (22 janv. 1857, *Min. fin.*; V. *suprà*, n. 53).

278. *Affectation aux services publics.*

On ne doit pas confondre avec les concessions domaniales les simples affectations à un service public, lesquelles peuvent être consenties à des départements, à des communes, et même à des établissements particuliers, mais toujours dans un but d'utilité publique. Ces concessions, aujourd'hui rares, se sont produites fréquemment sous le Consulat et le premier Empire, alors qu'un grand nombre d'édifices réunis au Domaine de l'État étaient restés sans destination.

L'affectation exige un acte du Gouvernement, rendu sur l'avis du ministre des finances (Arr. 13 mess. an X, art. 5; Ord. 18 juin 1833).

Elle ne porte que sur la jouissance, et laisse intact le droit de propriété de l'État (13 janv. 1847, *Min. fin.*; 29 juill. 1847, *Dép. du Haut-Rhin et du Bas-Rhin*; 12 mars 1875, *Asile des aliénés de Bailleul*; 12 juill. 1878, *Dép. de l'Allier*).

Comme tout acte de pure faveur, elle est essentiellement révocable (6 déc. 1836, *Commission du monument du duc de Berry*; V. concl. de M. le com. du Gouv. Gomel sur 29 juin 1883, *Archevêque de Sens*).

En tout cas, l'interprétation d'un tel acte ne peut être donnée que par le Conseil d'État (13 janv. 1847, *Min. fin.*; Arrêts précités; Trib. confl., 22 déc. 1880, *De Dreux-Brézé*; V. *suprà*, n. 257, 260, 267, 270, 271, 276, 277, 278, et *infrà*, n. 312, 317, 417).

279. *Affectations forestières.*

On appelle encore affectation le droit de prendre annuellement dans les forêts de l'État, moyennant une rétribution minime, une quantité déterminée de bois pour les besoins d'un établissement industriel et même quelquefois pour ceux d'une commune. Les affectations de ce genre n'ont été créées que dans les provinces d'Alsace, de Lorraine et des Trois-Évêchés, et dans certaines forêts des Pyrénées, non par pure faveur, mais dans le but de favoriser la création d'établissements industriels, forges, salines, verreries, scieries, etc. Elles ne s'en sont pas moins trouvées, dans bien des cas, contrevenir aux ordonnances de 1566, 1579 et 1669, qui prohibaient l'aliénation, non seulement du fonds, mais encore des fruits du Domaine de l'État.

On ne doit pas confondre ces affectations avec les droits d'usage. Elles s'en séparent en ce qu'elles ont pour objet un assignat déterminé, pour but ordinaire les besoins d'une industrie, et pour origine une concession relativement récente ; tandis que les usages sont généralement subordonnés dans leur exercice à des exigences variables, établis pour des besoins personnels ou domestiques, et que leur établissement, on l'a dit de la manière la plus exacte, se perd dans la nuit des temps (V. Nancy, 11 févr. 1833, Dalloz, *Rép.*, v° *Forêts*, n. 1630). Aussi, bien qu'il soit favorable dans une certaine mesure, le droit d'affectation a été considéré comme destiné à permettre à ces établissements de surmonter les premières difficultés, et nullement à leur servir de dotation irrévocable (Troplong, *Prescription*, n. 408). Telle est l'idée qui a dicté les dispositions nécessaires pour en opérer graduellement la suppression.

Antérieurement à la promulgation du Code for., les affectations étaient considérées comme révocables, et plusieurs ont été en effet révoquées. Le Code for. a mis fin, d'une manière définitive, à toutes celles qui n'étaient pas régulièrement établies. Art. 58 : « Les « affectations de coupes de bois ou délivrances, soit « par stères, soit par pieds d'arbres, qui ont été con- « cédées à des communes, à des établissements indus- « triels ou à des particuliers, nonobstant les prohibi- « tions établies par les lois et ordonnances alors « existantes, continueront d'être exécutées jusqu'à « l'expiration du terme fixé par les actes de conces- « sion, s'il ne s'étend pas au delà du 1er septembre 1837. « Les affectations faites au préjudice des mêmes prohi- « bitions, soit à perpétuité, soit sans indication de « termes ou à des termes plus éloignés que le 1er sep-

« tembre 1837, cesseront à cette époque d'avoir aucun
« effet. » Cette révocation ne porte que sur les affectations entendues dans le sens qui vient d'être indiqué,
et non sur celles qui constituent de véritables droits
d'usage (Rej. civ., 24 janv. 1837, D.37,1,232). L'art. 58
n'a donc pas atteint la concession qui, tout en présentant les caractères d'une affectation, serait cependant
appuyée sur des titres valables et, par exemple, tiendrait lieu de droits appartenant de toute ancienneté à
une commune (Rej. civ., 22 déc. 1835, D.36,1,32).

Quant aux concessionnaires d'affectations régulières,
le C. for. les a mis en demeure de faire valoir leurs
droits à bref délai. L'art. 58 continue en ces termes :
« Les concessionnaires de ces dernières affectations
« qui prétendraient que leur titre n'est pas atteint par
« les prohibitions ci-dessus rappelées et qu'il leur
« confère des droits irrévocables, devront, pour y faire
« statuer, se pourvoir devant les tribunaux dans
« l'année qui suivra la promulgation de la présente loi,
« sous peine de déchéance. Si leur prétention est
« rejetée, ils jouiront néanmoins des effets de la con-
« cession jusqu'au terme fixé par le second para-
« graphe du présent article. Dans le cas où leur titre
« serait reconnu valable par les tribunaux, le Gouver-
« nement, quelles que soient la nature et la durée de
« l'affectation, aura la faculté d'en affranchir les forêts
« de l'État moyennant un cantonnement qui sera réglé
« de gré à gré, ou, en cas de contestation, par les tri-
« bunaux, pour tout le temps que devait durer la con-
« cession. L'action en cantonnement ne pourra pas
« être exercée par les concessionnaires. »

Les droits dont il s'agit devaient résulter, à l'exclusion de la possession, d'une concession irrévocable et antérieure à l'établissement du principe de l'inaliénabilité du Domaine, c'est-à-dire à 1566 pour les provinces réunies à la France avant 1566; et pour les provinces réunies postérieurement, d'une concession antérieure à l'époque de leur réunion et à la date à laquelle le Domaine y serait devenu inaliénable (Rej. civ., 8 fév. 1836, D,36,1,101; Rej., ch. réun., 13 fév. 1841, D.41,1,122). Mais l'acte primordial pouvait être suppléé par des titres recognitifs (Même arrêt).

Par exception aux règles de la prescription, l'art. 59 porte : « Les affectations faites pour le service d'une « usine cesseront en entier, de plein droit et sans « retour, si le roulement de l'usine est arrêté pendant « deux années consécutives, sauf les cas d'une force « majeure duement constatée. »

L'art. 60 ajoute : « A l'avenir, il ne sera fait dans « les bois de l'État aucune affectation ou concession « de la nature de celles dont il est question dans les « deux articles précédents. »

La jurisprudence a soumis les affectations aux règles imposées par le Code for. aux adjudicataires de coupes, et particulièrement à la responsabilité de l'art. 46 (Cass. crim., 26 juin 1835, D.36,1,403 ; V. *suprà*, n. 70 et suiv.).

Seule, l'autorité judiciaire est compétente pour statuer tant sur les droits résultant du titre de concession que sur les exceptions invoquées au nom de l'État (Art. 58; 11 fév. 1829, *De Chastenay-Lanty*; 14 fév. 1837, *Cabarrus*).

CHAPITRE II

CONCESSION DE MINES

280. *Principes généraux et ancien droit.*

L'idée qui sert de base à la législation des mines, c'est que le droit de les exploiter émane du Gouvernement. Ce principe s'est développé peu à peu, à mesure que les exploitations ont pris plus d'importance et que s'est fait sentir davantage la nécessité de les soumettre aux exigences de l'intérêt public.

Les ordonnances avaient d'abord reconnu le droit d'exploitation au propriétaire du sol, en réservant au roi le dixième du produit. Plus tard, elles subordonnèrent ce droit à l'autorisation du Gouvernement et permirent au roi de le conférer à un tiers, à l'exclusion du propriétaire, et sauf indemnité à celui-ci (Ord. sept. 1471). Enfin, la royauté procéda purement et simplement par voie de monopole, ordinairement concédé aux grands seigneurs sur des provinces entières ou même sur toutes les mines du royaume (Ord. 30 sept. 1548; Éd. fév. 1722). On ne voit pas bien à qui appartenaient alors les mines non concédées.

Ce système présentait moins de garanties encore que l'abandon des mines à la propriété privée : aussi, l'on tenta d'en revenir à ce mode primitif d'exploitation, du moins en ce qui concerniat les mines de houille (Arr. Cons. 13 mai 1698). Cette fois encore, on n'arriva qu'au désordre et à l'impuissance; la liberté illimitée de l'exploitation fut supprimée en même temps que le monopole établi par l'édit de 1722 (Éd. janv. 1744; Arr. 15 janv. 1741).

281. La Constituante voulut organiser cette législation confuse. Avant tout, il fallait dire à qui appartenaient les mines non concédées. Quatre systèmes ont été soutenus : Le premier et le plus ancien reconnaît le droit du propriétaire du sol : il est fondé sur les lois romaines et sur cette conception absolue du droit de propriété, plus tard formulée par l'art. 552, Code civ. : « La propriété du sol emporte la propriété du dessus « et du dessous. » Le second attribue la mine au premier occupant : il a été défendu par Turgot, qui le croyait conforme à l'équité et favorable à l'industrie. Le troisième, basé sur les idées admises en dernier lieu par l'ancienne monarchie, y voit une portion du Domaine de l'État. Le quatrième, plus conforme à la réalité et donnant aussi bien satisfaction à l'intérêt général, la considère comme chose *nullius*.

On s'accorda à reconnaître que les mines sont un élément de la prospérité publique trop considérable pour être abandonné, soit à la propriété privée, qui n'a pu les frapper de son empreinte avant qu'elles fussent découvertes, soit à l'industrie du premier occupant, qui établirait des exploitations concurrentes et désordonnées.

Le droit de l'État, non propriétaire, mais gouvernement, fut consacré en théorie par l'art. 1er de la loi des 12-28 juillet 1791, ainsi conçu : « Les mines et « minières, tant métalliques que non métalliques, « ainsi que les bitumes, charbons de terre ou de pierre « et pyrites, *sont à la disposition de la nation*, en ce sens « seulement que ces substances ne pourront être « exploitées que de son consentement et sous sa sur- « veillance, à la charge d'indemniser, d'après les « règles qui seront prescrites, les propriétaires de la « surface, qui jouiront en outre de celles de ces mines « qui pourront être exploitées, ou à tranchée ouverte, « ou avec fosse et lumière, jusqu'à cent pieds de pro-

« fondeur seulement. » L'art. 3 ajoute : « Les proprié-
« taires de la surface auront toujours la préférence et
« la liberté d'exploiter les mines qui pourraient se
« trouver dans leurs fonds, et la permission ne pourra
« leur en être refusée, lorsqu'ils la demanderont. »
Aux termes de l'art. 8, « toute concession ou permis-
« sion d'exploiter une mine sera accordée par le
« département, sur l'avis du directoire du district
« dans l'étendue duquel elle se trouvera située, et
« ladite permission ou concession ne sera exécutée
« qu'après avoir été approuvée par le roi..... » Mais,
dit l'art. 10 : « nulle concession ne pourra être accor-
« dée qu'auparavant le propriétaire de la surface n'ait
« été requis de s'expliquer dans le délai de six mois,
« s'il entend ou non procéder à l'exploitation, aux
« mêmes clauses et conditions imposées aux conces-
« sionnaires.... Dans le cas d'acceptation par le pro-
« priétaire de la surface, il aura la préférence, pourvu
« toutefois que sa propriété, seule ou réunie à celle de
« ses associés, soit d'une étendue propre à former une
« exploitation. Auront aussi la préférence sur tous
« autres, excepté les propriétaires, les entrepreneurs
« qui auront découvert les mines, en vertu de permis-
« sion à eux accordée par l'ancienne administration,
« en se conformant aux dispositions contenues au pré-
« sent décret. »

En résumé, la loi de 1791 consacre le droit de disposition du chef de l'État; mais elle reconnaît au propriétaire de la surface un droit de préférence à la
concession. Après lui, la préférence appartient à l'inventeur de la mine. Enfin, et en toute hypothèse, la loi
réserve au propriétaire du sol le droit d'exploitation

jusqu'à cent pieds de profondeur. Le pouvoir de concession du Gouvernement est donc presque paralysé par les droits de préférence du propriétaire et de l'inventeur. La loi de 1791 n'est qu'une transaction entre les divers systèmes.

Faisons remarquer que cette loi maintient dans leurs concessions les concessionnaires exploitant des mines découvertes par eux ou leurs cédants, mais non les concessionnaires exploitant des mines découvertes et prcédemment exploitées par des propriétaires. Les concessions maintenues sont réduites, quant à l'étendue, à six lieues carrées; quant à la durée, à cinquante ans à partir de la promulgation de la loi (art. 4; V. *infrà*, n. 385 et suiv.).

282. La controverse relative à la propriété des mines non concédées n'a pas été tranchée par le Code civ. L'art. 552 dit : « La propriété du sol emporte la « propriété du dessus et du dessous. Le propriétaire « peut faire au-dessus toutes les plantations et con- « structions qu'il jugera à propos, sauf les exceptions « établies au titre des *servitudes ou services fonciers*. Il « peut faire au-dessous toutes les constructions et « fouilles qu'il jugera à propos, et tirer de ces fouilles « tous les produits qu'elles peuvent fournir, *sauf les* « *modifications résultant des lois et règlements relatifs aux* « *mines*, et des lois et règlements de police. »

283. La loi du 21 avril 1810, qui régit aujourd'hui la matière, présente à ce sujet les dispositions les plus contradictoires. Plusieurs de ses articles semblent reconnaître le droit du propriétaire sur les mines non concédées. La loi débute par cette déclaration : « Les « mines ne peuvent être exploitées qu'en vertu d'un

« acte de concession délibéré en Conseil d'État »
(art. 5). Elle ajoute aussitôt : « Cet acte règle les
« droits des propriétaires de la surface sur le produit
« des mines concédées » (art. 6). Un peu plus loin,
elle dit encore : « L'acte de concession fait après l'ac-
« complissement des formalités prescrites purge, en
« faveur du concessionnaire, tous les droits des pro-
« priétaires de la surface... » (art. 17). L'hypothèque
acquise sur la surface s'étend au droit du propriétaire
sur les produits (art. 18). La concession seule distingue la propriété de la mine de celle de la surface
(art. 19).

Ces articles ont été ainsi rédigés pour donner satisfaction à Napoléon Ier. Dans son rapport du 26 octobre 1808, Fourcroy présentait au Conseil d'État le
projet de la loi de 1810, formulant le principe que la
propriété des mines n'appartient à personne et que les
mines doivent, pour le bien de tous, être concédées par
le Gouvernement. Il invoquait l'exemple de toutes les
législations européennes. A cette manière de voir,
l'Empereur répondit immédiatement : « Le principe
« est que la mine fait partie de la propriété de la sur-
« face : elle ne peut cependant être exploitée qu'en
« vertu d'un acte du souverain. » De là les articles
qui, dans la loi de 1810, paraissent supposer que le
propriétaire du sol est propriétaire de la mine non concédée (V. Req., 3 fév. 1857, D.57,1,193; Cass. civ.,
21 déc. 1858, D.59,1,25).

Nous croyons cependant que telle n'est pas la véritable pensée de la loi.

Sans doute, la lecture des travaux préparatoires
indique la volonté de Napoléon. Mais il s'agit de savoir

18

ce que le législateur a voulu faire et ce qu'il a fait. La puissance exercée par l'Empereur n'entraîne pas cette conséquence, que sa manière de voir ait été celle du pouvoir législatif de 1810, ni, encore moins, que celui-là soit propriétaire, qui n'est pas investi des attributs essentiels de la propriété. Le point de vue qui semble avoir été celui de Napoléon diffère profondément du point de vue auquel se sont placés le Conseil d'État pour préparer la loi et le Corps législatif pour la voter. La reconnaissance de la propriété du propriétaire de la surface, que l'Empereur voulait écrire en tête de la loi, n'y a pas été écrite, et le législateur s'est tiré de la difficulté par un faux-fuyant. Nous avons fait connaître la doctrine du Conseil d'État, d'après Fourcroy. Celle du Corps législatif est identique, ainsi qu'il résulte du rapport de Stanislas de Girardin :

« A qui la propriété des mines doit-elle appartenir ?
« L'opinion de votre commission, Messieurs, est qu'elle
« doit appartenir à l'État. Elle présume que le projet
« l'eût dit nettement s'il eût précédé le Code civil. Le
« déclarer positivement eût été blesser une de ses dis-
« positions fondamentales..... Prononcer que les
« mines sont des propriétés domaniales, c'eût été
« annuler l'art. 552, et non le modifier. Cette modifi-
« cation offrait un problème difficile à résoudre : il a
« été résolu de la manière la plus satisfaisante, puis-
« qu'elle est la plus utile à l'intérêt de la société ; il l'a
« dit en déclarant que les mines ne peuvent être
« exploitées qu'en vertu d'un acte de concession déli-
« béré en Conseil d'État ; mais cet acte réglera les
« droits des propriétaires de la surface sur le produit
« des mines concédées. Cette reconnaissance formelle

« des droits des propriétaires est une modification qui
« concilie le Code civil et le projet. »

En d'autres termes, la loi ne veut pas déclarer que la
mine est à l'État. Mais elle entend que le chef de l'État,
seul, puisse en disposer. Quant au propriétaire du sol,
elle lui reconnaît un droit qu'elle ne définit pas, et qui,
lors de la concession, est transformé en redevance
réglée par l'acte de concession. Or, « la propriété est
« le droit de jouir et disposer des choses de la ma-
« nière la plus absolue, pourvu qu'on n'en fasse pas
« un usage prohibé par les lois ou par les règlements »
(art. 544, Code civ.). Le propriétaire du sol n'a, sur
la mine, le droit de jouir et de disposer, ni de la manière la plus absolue, ni d'une manière quelconque.
Il n'a que le droit de recherche. Si respectable que
soit sa situation et quelques ménagements qu'elle
commande, il n'est pas propriétaire, puisqu'il n'a rien
des attributs essentiels de la propriété. Et comme la
loi n'a voulu attribuer la mine ni à l'État, ni à personne, il faut conclure de tout cela qu'elle est chose
nullius (V. Cass. civ., 7 août 1839, D.39,1,311).

284. Il importe d'établir en quels cas l'extraction
des substances enfouies dans le sol doit faire l'objet
d'une concession.

La loi de 1810 distingue les mines, les minières et
les carrières. Art. 1er : « Les masses de substances mi-
« nérales ou fossiles renfermées dans le sein de la terre
« ou existant à la surface sont classées, *relativement aux*
« *règles de l'exploitation* de chacune d'elles, sous les trois
« qualifications de mines, minières et carrières. » En
présence de cette division et des mots *relativement aux*
règles de l'exploitation, qui semblent mis là pour l'expli-

quer, on serait porté à croire que ce qui différencie les mines des minières et carrières, c'est le mode d'exploitation, et qu'ainsi, l'exploitation de la même substance exige ou non une concession, suivant qu'elle a lieu par puits et galeries ou qu'elle se fait à découvert. On commettrait une grave erreur.

Ce qui caractérise la mine, c'est la nature de la substance à extraire. Les mots *relativement aux règles de l'exploitation* se réfèrent, non à la cause de la classification, mais à ses effets. S'il en était autrement, la même mine serait, dans l'occasion, concessible ou non concessible, suivant qu'on voudrait l'exploiter à ciel ouvert ou par puits et galeries; car il est des gîtes qui peuvent s'exploiter des deux manières.

Sans doute, les minerais de fer dits d'alluvion, les terres pyriteuses propres à être converties en sulfate de fer et les terres alumineuses constituent, comme nous l'expliquerons à l'instant, de simples minières non soumises à la nécessité d'une concession quand elles s'exploitent à ciel ouvert (L. 1810, art. 69); mais cette exception, dictée par des considérations spéciales, ne peut que confirmer la règle (Ord. 10 oct. 1839; 22 août 1833, *Galland*; *Ann. des Mines*, 3ᵉ série, t. XVI, p. 738). Ajoutons que les carrières peuvent s'exploiter par galeries, et ne sont pas, à raison d'une telle exploitation, soumises à la législation des mines.

Cette manière de voir est pleinement confirmée par les art. 2, 3 et 4 de la loi de 1810, énumérant successivement les substances dont l'exploitation constitue soit une mine, soit une minière, soit une carrière. Art. 2 : « *Seront considérées comme mines* celles connues « pour contenir en filons, en couches ou en amas, de

« l'or, de l'argent, du platine, du mercure, du plomb,
« *du fer en filons ou couches*, du cuivre, de l'étain, du
« zinc, de la calamine, du bismuth, du cobalt, de l'ar-
« senic, du manganèse, de l'antimoine, du molybdène,
« de la plombagine, *ou autres matières métalliques*, du
« soufre, du charbon de terre ou de pierre, du bois
« fossile, des bitumes, de l'alun et des *sulfates à base*
« *métallique.* » Art. 3 : « Les *minières* comprennent
« les minerais de fer dits d'alluvion, les terres pyri-
« teuses propres à être converties en sulfate de fer, les
« terres alumineuses et les tourbes. » Art. 4 : « Les
« *carrières* renferment les ardoises, les grès, pierres à
« bâtir et autres, les marbres, granits, pierres à chaux,
« pierres à plâtre, les pouzzolanes, le trass, les basaltes,
« les laves, les marnes, craies, sables, pierres à fusil,
« argiles, kaolin, terres à foulon, terres à poterie, les
« substances terreuses et les cailloux de toute nature,
« les terres pyriteuses regardées comme engrais, le
« tout exploité à ciel ouvert ou avec des galeries sou-
« terraines. »

De ces articles, il faut rapprocher ceux qui déterminent, en principe, les conditions d'exploitation des
mines, minières et carrières. « Les mines ne pourront
« être exploitées qu'en vertu d'un acte de concession
« délibéré en Conseil d'État » (L. 1810, art. 5). Les
minières peuvent l'être en vertu d'une simple permission (art. 57). Les carrières, en vertu d'une simple
déclaration au maire (art. 81 ; L. 27 juill. 1880), sauf
la surveillance de l'administration si elles sont exploitées par galeries souterraines (art. 82).

Comme on vient de l'entrevoir, la règle reçoit exception à l'égard des mines de fer et de quelques autres.

D'une part : « les propriétaires ou maîtres de forges ou
« d'usines exploitant les minerais de fer d'alluvion ne
« pourront, dans cette exploitation, pousser des travaux
« réguliers par des galeries souterraines sans avoir ob-
« tenu une concession » (L. 1810, art. 68) : ainsi, les
minerais de fer d'alluvion, constituant de simples minières tant qu'ils sont exploités à ciel ouvert, deviennent des mines aussitôt que leur exploitation nécessite
des travaux souterrains. En sens inverse, les minerais
de fer en filons ou en couches deviennent de simples
minières en dehors des cas prévus par l'art. 69, conçu
en ces termes : « Il ne pourra être accordé aucune con-
« cession pour minerais d'alluvion ou pour des mines
« en filons et couches que dans les cas suivants : 1° si
« l'explotation à ciel ouvert cesse d'être possible et si
« l'établissement de puits, galeries et travaux d'art est né-
« cessaire ; 2° si l'exploitation, quoique possible encore,
« doit durer peu d'années et rendre ensuite impossible
« l'exploitation avec puits et galeries » (V. les art. 2 et 3).

285. Les mots de l'art. 2 de la loi de 1810, *ou autres matières métalliques, sulfates à base métallique*, ont
évidemment une portée générale ; l'exploitation de tout
métal est subordonnée à l'obtention d'une concession
(V. cep. le n. précédent). De même, une concession est
nécessaire pour l'exploitation des mines de sel gemme
(L. 17 juin 1840 ; V. *infrà*, n. 392).

Il est des substances qui ne rentrent dans aucune des
trois énumérations formulées, pour les mines par l'art.
2, pour les minières par l'art. 3, pour les carrières par
l'art. 4. Faut-il dire que toute substance non rangée
dans les minières ou carrières constitue une mine et
que son exploitation exige une concession?

Ainsi l'avait décidé la Cour de cassation pour les mines de sel gemme, dont la situation légale a été depuis fixée par la loi du 17 juin 1840 (V. *infrà*, n. 392). À l'appui de cette manière de voir, on soutient que « les « dispositions purement énonciatives de l'art. 2 de la « loi de 1810 n'ont rien qui déroge, soit à l'art. 1er, « soit à la généralité de la règle prescrite par l'art. 5 « pour l'exploitation des mines, et qu'on ne peut établir « d'exception là où la loi n'en a pas établi » (Cass. crim., 8 sept. 1832, D.32,1,407; V. le n. précédent).

Ces textes sont étrangers à la question. L'art. 1er se borne à diviser les masses de substances en trois classes et renvoie aux articles suivants quant à la détermination de ce qui concerne chaque classe. L'art. 5 exige une concession pour les mines et ne tranche en rien le point de savoir ce que c'est qu'une mine. Il faut décider que, le législateur de 1810 ayant entendu faire une loi applicable à toutes les substances, il y a lieu de procéder par assimilation aux plus analogues.

286. Reste à indiquer l'autorité compétente pour dire si telle substance déterminée constitue une mine, ou bien une minière ou carrière. C'est l'autorité judiciaire, si la question est soulevée par un débat sur la propriété, soit à l'occasion d'une contravention, comme dans l'affaire jugée par l'arrêt précité du 8 septembre 1832, soit lorsque le propriétaire du sol forme opposition à une demande et concession et soutient qu'il y existe seulement une minière ou carrière; car il y a encore là une question de propriété (V. *infrà*, n. 305). Au contraire, la décision ne peut appartenir qu'à l'administration quand il s'agit uniquement de savoir si la concession sollicitée sera; en l'absence de toute

considération de droits des tiers, accordée ou refusée
par le chef de l'État (V. *infrà*, n. 308).

287. *Droit de recherche.*

On ne comprend pas qu'une mine soit concédée avant
la constatation, non seulement d'un gisement superfi-
ciel, mais de couches assez puissantes pour donner lieu
à une exploitation sérieuse. D'où la nécessité de travaux de recherche, préliminaire obligé de toute demande
en concession.

A qui appartient le droit de recherche? La loi de
1810 répond : Art. 10 : « Nul ne peut faire des recher-
« ches pour découvrir des mines, enfoncer des sondes
« ou tarières sur un terrain qui ne lui appartient pas,
« que *du consentement du propriétaire de la surface ou*
« *avec l'autorisation du Gouvernement,* donnée après avoir
« consulté l'administration des mines, à la charge d'une
« préalable indemnité envers le propriétaire, et après
« qu'il aura été entendu. » L'art. 11, modifié par la
loi du 27 juillet 1880, prohibe les permissions de
recherches dans les enclos murés, cours et jardins, et
dans un rayon de 50 mètres des habitations et des terrains contenus dans les clôtures murées y attenantes
(V. *infrà*, n. 290 et suiv.). L'art. 12 ajoute : « Le pro-
« priétaire pourra faire des recherches, sans formalité
« préalable, dans les lieux réservés par le précédent ar-
« ticle comme dans les autres parties de sa propriété ;
« mais il sera obligé d'obtenir une concession avant d'y
« établir une exploitation. Dans aucun cas, les recher-
« ches ne pourront être autorisées dans un terrain con-
« cédé. »

Ainsi, le droit de recherche appartient d'abord au
propriétaire de la surface. Il peut l'exercer sans auto-

risation, tant que la recherche ne dégénère pas en exploitation, ce qui constituerait une contravention assimilée aux contraventions de voirie et de police (L. 1810, art. 93), poursuivie devant le tribunal de police correctionnelle (art. 95) et punie d'une amende de cent à cinq cents francs, double en cas de récidive, et de prison (art. 96). Ajoutons que les travaux de recherche, comme ceux d'exploitation, restent soumis à la surveillance exercée par les ingénieurs dans l'intérêt de la police administrative et de la sûreté publiqne, conformément aux art. 47 et 50 (V. *infrà*, n. 373 et suiv.).

Le droit de recherche peut être cédé, et la cession est opposable à celui qui se rend ensuite acquéreur du terrain; car le droit de recherche est un droit réel immobilier (Req., 16 juin 1856, D. 56, 1, 421). Les tribunaux sont compétents pour statuer sur les difficultés nées des conventions autorisant l'explorateur à extraire du minerai moyennant une redevance (Trib. confl., 15 mars 1873, *Gillier* ; Paris, 22 mars 1879, D. 80, 2, 45).

288. Le droit de recherche peut encore être conféré à un tiers par l'autorisation du Gouvernement, c'est-à-dire du Président de la République. Il y a là une conséquence nécessaire du pouvoir de concession, pouvoir dont le propriétaire ne saurait paralyser l'exercice en refusant de faire des recherches et de céder aux tiers le droit d'en faire. Il s'ensuit que l'autorisation du Gouvernement peut intervenir même après que le propriétaire du sol a commencé des recherches de son côté. Autrement, il ne tiendrait qu'à ce dernier de rendre toute concession impossible, en dirigeant ses recherches de manière à ne rien découvrir.

L'autorisation est subordonnée à cette triple condition : que l'administration des mines soit consultée, que le propriétaire du sol soit entendu, et qu'il reçoive une indemnité préalable (L. 1810, art. 10).

289. Enfin, l'art. 12 porte : « Dans aucun cas, les « recherches ne pourront être autorisées dans un ter- « rain déjà concédé. » Ceci doit s'entendre exclusive- ment des recherches relatives à la substance qui a fait l'objet de la première concession. A l'égard des autres substances, une nouvelle concession sur le même ter- rain est toujours possible, et les recherches doivent être possibles aussi. Ajoutons que la lettre de l'art. 12, et surtout son esprit, repoussent toute distinction entre les recherches du propriétaire et celles d'un permis- sionnaire du Gouvernement.

290. Aux termes du nouvel article 11 de la loi, « nulle permission de recherches ni concession de « mines ne pourra, sans le consentement du proprié- « taire de la surface, donner le droit de faire des son- « dages, d'ouvrir des puits ou galeries, ni d'établir des « machines, ateliers ou magasins dans les enclos murés, « cours et jardins. Les puits et galeries ne peuvent être « ouverts dans un rayon de 50 mètres des habitations « et des terrains compris dans les clôtures murées y « attenantes, sans le consentement des propriétaires de « ces habitations ».

Ce texte, applicable non seulement aux travaux de recherche, mais à ceux des concessionnaires (V. *infrà*, n. 328), est le résultat de la modification apportée par la loi du 27 juillet 1880 à l'ancien art. 11, ainsi conçu : « Nulle permission de recherches ni concession de « mines ne pourra, sans le consentement formel du « propriétaire de la surface, donner le droit de faire

« des sondes et d'ouvrir des puits ou galeries, ni celui
« d'établir des machines ou magasins dans les enclos
« murés, ni dans les terrains attenant aux habitations
« ou clôtures murées, dans la distance de 100 mètres
« desdites clôtures ou des habitations. »

On voit que la prohibition, faite uniquement pour
assurer la jouissance tranquille du propriétaire, ne
porte que sur les travaux affectant la surface du sol, et
non sur les galeries qui, dans le cours des recherches,
seraient prolongées au-dessous des habitations et enclos murés, à une profondeur suffisante pour n'en pas
compromettre la solidité.

291. Sous la loi de 1810, on avait soutenu que
l'interdiction des travaux ne s'appliquait aux cours et
jardins qu'en tant qu'ils constituaient des enclos murés
(Liége, 16 janv. 1851). La loi de 1880 parle des enclos
murés, cours et jardins, ce qui comprend les cours et
jardins non clos.

Sous la loi de 1810, les clôtures murées, comme les
habitations elles-mêmes, étaient entourées d'une zone
de protection. Cette zone ne protège plus que les habitations et les clôtures murées y attenantes.

De même, l'interdiction prononcée pour cette zone
comprenait les sondages et l'établissement de machines,
ateliers et magasins, c'est-à-dire des travaux que toutes
personnes non concessionnaires de mines restaient
libres de faire à proximité des habitations. Elle a été
justement restreinte à l'ouverture des puits et galeries.

La zone de protection a été réduite de 100 à
50 mètres.

Sous la loi de 1810, on se demandait quel était le
propriétaire dont le consentement permettait l'exécu-

tion des travaux dans cette zone. La Cour de cassation répondait que c'était exclusivement le propriétaire
des habitations, lors même que le terrain attenant ap-
partiendrait à un autre (Cass., ch. réun., 19 mai 1856,
D. 56,1,209; Req., 31 mai 1859, D. 59,1,413). Le
nouvel art. 11 confirme cette interprétation, fondée par
les arrêts précités « sur le respect dû à la paix et à la
« liberté du domicile. »

Il faut conclure de là que, si le propriétaire du sol
n'est pas propriétaire de la maison, la prohibition produit ses effets à l'égard des travaux de recherche autorisés par le propriétaire du sol, aussi bien qu'à l'égard
des travaux effectués avec l'autorisation du Gouvernement (Cass. civ., 1er août 1843, D.43,1,346).

Le propriétaire du sol ne pourrait, en bâtissant à
moins de 50 mètres, faire supprimer des travaux régulièrement entrepris : la loi n'a pas voulu laisser à sa discrétion ceux qui font les recherches. En sens inverse, une
permission de recherches ne saurait priver de la protection de l'art. 11 les habitations qui seraient postérieurement établies à plus de 50 mètres, et dont on
voudrait rapprocher les travaux (Req., 31 mai 1859,
D. 59,1,413; Rapport de M. Pâris au Sénat, séance du
4 fév. 1879).

La prohibition s'applique, lors même que le point où
l'on veut établir les travaux est séparé des habitations
et clôtures par une grande route (Cass. civ., 28 juill.
1852, D.53,1,107; Cass., ch. réun., 19 mai 1856, D.
56,1,209).

On voit par les arrêts précités que l'autorité judiciaire connaît des oppositions fondées sur l'art. 11
(art. 15). Son pouvoir est reconnu par le Conseil d'État

(5 avr. 1826, *Jovin*; 18 fév. 1816, *Ponelle*; 17 janv.
1867, *Mines de Terre-Noire*).

292. Les recherches ne peuvent avoir lieu qu'après
le payement d'une indemnité *préalable* (L. 1810, art. 10;
V. pour l'indemnité due à raison des travaux des concessionnaires, *infrà*, n. 334). Le mot *préalable* s'entend
en ce sens, que l'indemnité doit être payée avant le
commencement des travaux; le décret autorisant ces
travaux peut précéder le règlement de l'indemnité.

Les bases de cette indemnité sont déterminées par
l'art. 43, qui réglemente pareillement les rapports du
propriétaire du sol avec le concessionnaire de la mine.
Nous nous en occuperons à cette occasion (V. *infrà*,
n. 332 et suiv.).

Le plus souvent, l'indemnité est réglée à l'amiable :
l'interprétation et l'exécution de la convention ainsi
intervenue ne peuvent appartenir qu'aux tribunaux civils
(5 juin 1826, *Jovin*; Trib. confl., 15 mars 1873, *Gillier*), comme le règlement de celle qui serait due pour
des travaux exécutés sans autorisation et constituant de
simples voies de fait (16 avr. 1841, *De l'Espine*). Au
contraire, l'autorisation administrative donne compétence au conseil de préfecture pour apprécier les dommages causés par les travaux exécutés postérieurement
à cette autorisation et antérieurement à la concession
intervenue plus tard (L. 1810, art. 46; 18 fév. 1846,
Ponelle; 12 août 1854, *De Grimaldi*; V. *infrà*, n. 335,
339, 341; V. *Traité des travaux publics*, t. 2, n. 968
et suiv.).

293. La demande en autorisation de recherches doit
donner satisfaction à l'art. 10 de la loi de 1810. Les
formes en ont été indiquées par l'instruction ministé-

rielle du 3 août 1841. Elle consiste dans une pétition
sur papier timbré, adressée au préfet et faisant connaître
d'une manière précise l'objet de la recherche, la désignation du terrain et les noms et domiciles du propriétaire
de ce terrain. Dans l'usage, on joint à ces pièces un plan
dressé à l'échelle de un à dix mille, comme pour les
demandes en concession, plus un extrait du rôle des
contributions du pétitionnaire, extrait indispensable
pour montrer qu'il offre des garanties pécunaires suffisantes, et, dans le même but, quand il s'agit d'une société, son acte constitutif. La demande est communiquée aux propriétaires et adressée, avec l'avis de l'autorité locale et celui des ingénieurs, au ministre des
travaux publics, qui consulte le Conseil des mines et
prépare un projet de décret. Ce projet est soumis à la
section des travaux publics, puis à l'assemblée générale du Conseil d'État, et, s'il y a lieu, signé par le chef
de l'État (V. les formes des demandes en concession,
infrà, n. 298 et suiv.).

294. Le décret qui intervient n'est évidemment
susceptible d'aucun recours quand il refuse l'autorisation demandée : car le pétitionnaire ne peut faire valoir
rien qui ressemble à un droit (V. quant au refus de
concession, *infrà*, n. 308 et suiv.).

Au contraire, le décret accordant l'autorisation de
recherches peut être frappé d'opposition devant le
Conseil d'État par le propriétaire du sol, si, contrairement à l'art. 10, il n'a pas été entendu ou au moins
appelé à fournir ses observations dans l'instruction
(V. *suprà*, n. 293). L'interprétation de ce décret appartient au Conseil d'Etat (V. *infrà*, n. 317), son exécution
à fins civiles aux tribunaux civils (V. *suprà*, n. 54, 268,

et *infrà*, n. 319), et le jugement des faits constitutifs de contravention aux tribunaux correctionnels (L. 1810, art. 93 et suiv).

295. L'autorisation est accordée pour un temps que le Gouvernement fixe à son gré, ordinairement un an. Elle peut être renouvelée. Mais le renouvellement est une autorisation nouvelle, subordonnée à l'observation des mêmes formalités que l'autorisation première. L'autorisation est stipulée révocable au cas d'inexécution des conditions prescrites. Il n'est pas douteux qu'à défaut de stipulation, l'administration puisse invoquer la condition résolutoire tacite (art. 1184, Cod. civ.).

Les travaux de recherche, comme ceux d'exploitation d'une concession, sont soumis aux mesures de surveillance édictées par les lois de 1810 et 1880 (V. *infrà*, n. 373 et suiv.).

296. Une des principales difficultés de la matière se rapporte à l'attribution des produits de l'exploration.

On soutient que l'explorateur a droit à ces produits, au moins quand il est propriétaire; car l'art. 552, Cod. civ., lui permet *de pratiquer des fouilles dans son héritage et d'en tirer tous les produits qu'elles peuvent fournir*, sauf les modifications résultant des lois et règlements relatifs aux mines : et ces lois, en même temps qu'elles lui interdisent l'exploitation, lui permettent la recherche. On répond à la prétention de l'explorateur que ses droits sont limités à l'objet spécial de sa permission, c'est-à-dire à la recherche (Dufour, t. 6, n. 611); à celle du propriétaire, que la faculté de vendre les produits de ses recherches ferait revivre la disposition de la loi de 1791, qui lui permettait l'exploitation jusqu'à une profondeur de cent pieds (Dupont,

Traité de la législation des mines, t. 1, p. 71 ; *Contrà*, Bury, *Traité de la législation des mines*, t. 1, n. 298).

Le Conseil a donc posé ce principe, opposable à l'un comme à l'autre, que le pouvoir de concession emporte pour le Gouvernement celui de régler les droits sur les produits, même résultant de simples recherches (16 avr. 1841, *De l'Espine*; 9 juin 1842, *De Castellane*; 23 nov. 1849, *Hér. Coulomb*). En fait, le Gouvernement autorise l'explorateur à vendre ces produits, toutes les fois qu'il n'y voit pas d'inconvénient.

La négation du droit de l'explorateur est fondée sur ce que les produits de l'exploration doivent être assimilés aux produits de l'exploitation. Or, le propriétaire a sur ces derniers un droit qui est réglé par le Gouvernement (L. 1810, art. 6). De là on conclut que le Gouvernement, après avoir autorisé l'explorateur à vendre le produits de l'exploration, doit régler le droit du propriétaire sur ces produits (Mêmes arrêts). Ce droit est ordinairement fixé de manière à laisser au propriétaire du sol un avantage plus sérieux que la redevance à lui accordée sur les produits de l'exploitation (V. *infrà*, n. 320 et suiv.). C'est généralement une part, un vingtième, par exemple, du produit brut.

297. La vente des produits des recherches, comme la vente des produits de l'exploitation d'une concession, « n'est pas considérée comme un commerce et « n'est pas sujette à la patente ; elle est seulement sou- « mise à des redevances déterminées par la loi » (9 juin 1842, *Bonnet* et *Desmartins*; V. *infrà*, n. 353 et suiv.). D'ordinaire, le Gouvernement s'abstient de réclamer ces redevances, pour ne pas donner à la permission de recherches l'apparence d'une concession.

298. *Demandes en concession.*

« Tout Français ou tout étranger, naturalisé ou non
« en France, agissant isolément ou en société, a le droit
« de demander et peut obtenir, s'il y a lieu, une con-
« cession de mines » (L. 1810, art. 13). « L'individu
« ou la société doit justifier des facultés nécessaires
« pour entreprendre et conduire les travaux, et des
« moyens de satisfaire aux redevances et indemnités
« qui lui seront imposées par l'acte de concession »
(art. 14).

« La demande en concession sera faite par voie de
« simple pétition adressée au préfet, qui sera tenu de
« la faire enregistrer à sa date sur un registre particu-
« lier et d'ordonner les publications et affiches dans
« les dix jours » (art. 22). Aux termes de l'instruction
ministérielle du 3 août 1810, cette pétition doit faire
connaître les nom, prénoms et domicile du demandeur, la désignation précise du lieu de la mine, la nature du minerai à extraire, l'état dans lequel les produits
seront livrés au commerce, les lieux d'où l'on tirera les
bois et combustibles nécessaires, l'étendue de la concession demandée, les indemnités offertes aux propriétaires de terrains, et, s'il y a lieu, à l'inventeur, la soumission au mode d'exploitation déterminé par le Gouvernement. On doit joindre à ces pièces un plan de la
surface au dix-millième, faisant connaître la disposition
des substances à exploiter, et un extrait du rôle des
impositions constatant la cote des demandeurs, ou, s'il
s'agit d'une société, un acte de notoriété attestant que
ses membres réunissent les qualités nécessaires pour
exécuter les travaux et satisfaire aux indemnités. Cette
pétition, étant destinée à être affichée, n'indique pas les

motifs particuliers qui peuvent militer en faveur de la concession sollicitée. Ces motifs, s'il en existe, sont exposés dans un mémoire séparé.

299. La demande est enregistrée, à sa date, sur un registre particulier tenu à la préfecture (L. 1810, art. 22). L'art. 25 ajoute : « Le secrétaire général de la « préfecture délivrera au requérant un extrait certifié « de l'enregistrement de la demande en concession. » Ce certificat a pour but d'établir le point de départ des délais de l'instruction et de constater la priorité de demande qui peut, sinon constituer un droit, du moins devenir un motif de préférence (V. *infrà*, n. 303).

300. Aux termes de l'art. 22, le préfet est tenu d'ordonner les affiches et publications dans les dix jours: il y a là, ce semble, une prescription impérative. Une circulaire ministérielle du 31 octobre 1837 n'en avait pas moins décidé qu'avant d'ordonner les publications, l'administration devrait s'assurer de l'existence d'un gîte concessible. La loi de 1810, disait-on, et particulièrement l'art. 23 (V. *infrà*), ordonnant les publications dans le chef-lieu de l'arrondissement où la mine est située, subordonnent ces publications à la démonstration de l'existence d'une mine. Il y a, d'ailleurs, inconvénient à donner, par des publications inutiles, crédit à ces entreprises sans caractère sérieux qui n'ont d'autre résultat que de compromettre les intérêts des tiers. Ce système est encore admis en Belgique (Bury, t. 1, n. 131).

On y a reconnu des inconvénients graves. Les publications étant abandonnées au pouvoir discrétionnaire de l'administration, « il suffit qu'une demande en con-« cession soit affichée pour qu'à l'instant le public croie

« que l'existence d'un gîte utilement exploitable est
« certaine, que l'octroi de la concession est assuré...
« C'est ainsi qu'on a vu trop souvent, sur la foi des
« affiches, s'organiser des sociétés sur une vaste échelle,
« et plus tard, la concession étant refusée, les action-
« naires imputer à tort à l'administration l'erreur dans
« laquelle ils s'étaient laissé entraîner. Frappée de ces
« conséquences regrettables, l'administration a reconnu
« qu'il convenait de renoncer aux errements admis en
« 1837 et de revenir au système pur et simple de la
« loi de 1810, c'est-à-dire à l'affichage sans examen
« des demandes en concession de mines » (Circ. min.
trav. pub., 10 déc. 1863, D.64,3,43).

L'art. 23 de la loi de 1810 portait : « Les affiches
« auront lieu pendant quatre mois, dans le chef-lieu
« du département, dans celui de l'arrondissement où
« la mine est située, dans le lieu du domicile du deman-
« deur, et dans toutes les communes dans le territoire
« desquelles la concession peut s'étendre ; elles seront
« insérées dans les journaux du département. » La loi
du 27 juillet 1880 a modifié cette disposition, principalement en réduisant le temps de l'affichage à deux
mois et en ajoutant à l'insertion dans les journaux du
département une insertion au *Journal officiel* : « L'affi-
« chage aura lieu pendant deux mois aux chefs-lieux
« du département et de l'arrondissement où la mine est
« située, dans la commune où le demandeur est domi-
« cilié, et dans toutes les communes sur le territoire
« desquelles la concession peut s'étendre ; les affiches
« seront insérées deux fois, et à un mois d'intervalle,
« dans les journaux de département et dans le *Journal*
« *officiel.* »

L'art. 24 ajoute : « Les publications des demandes
« en concession de mines auront lieu devant la porte
« de la maison commune et des églises paroissiales ou
« consistoriales, à la diligence des maires, à l'issue de
« l'office, un jour de dimanche, et au moins une fois
« par mois pendant la durée des affiches. Les maires
« seront tenus de certifier ces publications. »

L'affichage et les publications sont exigés à peine de
nullité de l'acte de concession (V. *infrà*, n. 314).

301. « A l'expiration du délai des affiches et publi-
« cations, et sur la preuve de l'accomplissement des
« formalités portées aux articles précédents, dans le
« mois qui suivra, au plus tard, le préfet du départe-
« ment, sur l'avis de l'ingénieur des mines, et après
« avoir pris des informations sur les droits et les fa-
« cultés des demandeurs, donnera son avis et le trans-
« mettra au ministre de l'intérieur » (L. 1810, art. 27;
V. Décr. 18 nov. 1810, art. 23). La nécessité de l'envoi
du dossier au ministre dans le mois est une règle dépourvue de sanction.

Un dernier avis, celui du conseil de préfecture, est
demandé lorsqu'il y a désaccord entre le demandeur
en concession et les propriétaires du sol au sujet de la
redevance sur le produit (Instr. 3 août 1810; V. *infrà*,
n. 320 et suiv.).

302. *Oppositions*.

La demande en concession, une fois formée, peut
donner lieu à des oppositions et à des demandes en
concurrence, les unes et les autres prévues par l'art. 26
de la loi de 1810 (V. *infrà*, n. 304).

On appelle opposition l'acte d'une personne qui
s'oppose à ce que la concession soit accordée, ou à ce

qu'elle soit accordée autrement que sous certaines conditions. Parmi les opposants possibles, il faut citer le concessionnaire ou prétendu tel, soutenant que le périmètre de la concession nouvelle entame sa propre concession, ou se plaignant du tort que cette concession va faire à la sienne ; le propriétaire du sol, demandant que des précautions soient prises pour la sûreté de ses constructions, ou que des conditions soient imposées pour le payement de la redevance à lui due et des indemnités auxquelles donnera lieu l'exploitation ; enfin l'inventeur, réclamant une indemnité pour sa découverte et ses travaux.

303. *Demandes en concurrence.*

On appelle demande en concurrence la demande d'une concession déjà sollicitée par un premier demandeur. Comme nous l'avons déjà dit, la priorité de demande n'est pas une cause légale de préférence ; c'est simplement une considération dont le Gouvernement tient le compte qui lui paraît convenable (V. *suprà,* n. 299). Il en est de la priorité de demande comme de la qualité d'inventeur, qui mérite un encouragement ; de celle de demandeur en extension de périmètre, qui peut être favorable suivant les cas ; de celle de propriétaire du sol, toujours respectable par elle-même et simplifiant les questions d'indemnités et de redevances. La capacité et la solvabilité sont aussi des titres. L'intérêt public domine ces diverses considérations.

304. Les demandes en concurrence sont, jusqu'à un certain point, une espèce particulière d'opposition. Aussi la procédure en est-elle, sous divers rapports, assimilée à celle des oppositions.

L'art. 26 de la loi de 1810 était ainsi conçu : « Les

« demandes en concurrence et les oppositions qui y
« seront formées seront admises devant le préfet jus-
« qu'au dernier jour du quatrième mois à compter de
« la date de l'affiche. Elles seront notifiées par actes
« extrajudiciaires à la préfecture du département, où
« elles seront enregistrées sur le registre indiqué à
« l'art. 22. Les oppositions seront notifiées aux par-
« ties intéressées, et le registre sera ouvert à tous ceux
« qui en demanderont communication. » La loi du
27 juillet 1880 a mis cette disposition d'accord avec le
nouvel art. 23 (V. *suprà*, n. 300). Le nouvel art. 26
porte : « Les oppositions et demandes en concurrence
« seront admises devant le préfet jusqu'au dernier jour
« du second mois à compter de la date de l'affiche.
« Elles seront notifiées, par actes extrajudiciaires, à la
« préfecture du département, où elles seront enregis-
« trées sur le registre indiqué à l'art. 22. Elles seront
« également notifiées aux parties intéressées, et le
« registre sera ouvert à tous ceux qui en demanderont
« communication. »

L'art. 28, al. 2, de la loi de 1810 ajoute une prolongation au délai de l'art. 26 : « Jusqu'à l'émission du
« décret, toute opposition sera admissible devant le
« ministre de l'intérieur ou le secrétaire général du
« Conseil d'État ; dans ce dernier cas, elle aura lieu par
« une requête signée et présentée par un avocat au
« Conseil, comme il est pratiqué pour les affaires con-
« tentieuses ; et, dans tous les cas, elle sera notifiée
« aux parties intéressées. » L'affaire n'est pas contentieuse, mais seulement assimilée sous ce rapport aux
affaires contentieuses, afin que la marche n'en soit pas
entravée sans raison.

305. « Si l'opposition est motivée sur la propriété
« de la mine, acquise par concession ou autrement, les
« parties seront renvoyées devant les tribunaux et cours
« (L. 1810, art. 28, 3°; V. *infrà*, n. 311).

Il ne saurait être question de renvoi lorsque, toute
considération de propriété à part, le Gouvernement
croit devoir rejeter la demande : une instance devant
les tribunaux ne serait alors que l'occasion de frais
inutiles. Mais nous ne voyons pas pourquoi les parties,
si elles le jugent à propos, ne saisiraient pas directement les tribunaux : l'attribution de compétence est
écrite dans la loi, et l'art. 28, prescrivant le renvoi dans
telle situation déterminée, ne subordonne l'action judiciaire à aucun préalable.

Il n'appartient qu'au Conseil d'État d'interpréter
l'acte de concession invoqué comme titre de propriété
(8 avr. 1865, *Mines d'Anzin* ; V. cep. Req., 22 avril
1853, D.53,1,332 ; V. *infrà*, n. 317 ; V. *suprà*, n. 257,
260, etc.).

306. Les demandes en concurrence sont recevables
devant le préfet, dans la forme et dans le délai des
oppositions (V. *suprà*, n. 304). Elles doivent être notifiées aux parties intéressées (L. 1810, art. 26). La notification est pour la demande en concurrence, comme
les publications pour la demande en concession, une
formalité substantielle : si la concession était accordée
au demandeur en concurrence sans que le demandeur
en concession eût connu la demande en concurrence, le
décret pourrait être attaqué devant le Conseil d'État
V. *suprà*, n. 298, et *infrà*, n. 314).

307. Les demandes en concurrence sont-elles recevables jusqu'au décret de concession ?

L'art. 28, par ses termes, admet uniquement les oppositions (V. *suprà*, n. 304). Les travaux préparatoires de la loi n'ont rien d'explicite, et l'on peut se demander s'il est nécessaire de retarder l'instruction à raison d'une demande tardive. La raison de décider est dans l'intérêt public, exigeant que la concession soit déterminée par l'offre des meilleures garanties. Il n'est pas possible de reconnaître un droit de priorité à celui qui a fait sa demande dans les deux mois des affiches (V. *suprà*, n. 303). Du moins, une instruction nouvelle est nécessaire, puisqu'il n'y a plus d'inscription au registre (V. *suprà*, n. 304). Le Gouvernement peut écarter la demande *de plano ;* car la procédure ne doit pas devenir interminable (Avis C. d'État 3 mai 1837, *Ann. des Mines*, 3ᵉ série, t. 11, p. 661).

308. Le dossier étant arrivé au ministère, l'affaire est étudiée dans les bureaux et soumise au Conseil général des mines. Lorsque ce Conseil a donné son avis, un projet de décret est préparé et soumis à l'examen de la section des travaux publics, puis de l'assemblée générale du Conseil d'État. Enfin, le chef de l'État apprécie souverainement les motifs de la concession ou du refus. La loi de 1810 porte : Art. 28, 1º : « Il sera « définitivement statué sur la demande en concession « par un décret délibéré en Conseil d'État. » Art. 16, 1º : « Le Gouvernement juge des motifs ou considéra- « tions d'après lesquels la préférence doit être accordée « aux divers demandeurs en concession, qu'ils soient « propriétaires de la surface, inventeurs ou autres. »

Sous ce rapport, il n'y a pas lieu de distinguer entre la concession et le refus de concession. L'art. 28 porte indistinctement qu'il *sera statué sur la demande par un décret délibéré en Conseil d'État.* Tous les articles précédents, et particulièrement l'art. 22 (V. *suprà*, n. 298), montrent que le législateur a voulu, dans une matière aussi importante, offrir aux intéressés des garanties spéciales. Si la question est tranchée par un acte du pouvoir discrétionnaire, il y a là une raison de plus pour observer strictement les formes prescrites par la loi, non seulement quant à l'instruction, la publicité et les facilités données aux réclamations, mais encore en ce qui concerne l'examen définitif par le Conseil d'État.

Cette doctrine est contraire à une longue pratique : jusqu'à ces derniers temps, le refus de concession était ordinairement prononcé par une simple décision du ministre. Elle n'en a pas moins été proclamée par plusieurs arrêts du Conseil portant annulation, pour excès de pouvoir, de décisions ministérielles qui avaient rejeté des demandes en concession. Le refus de concession, comme la concession elle-même, ne peut donc résulter que d'un décret du Président de la République, délibéré en Conseil d'État (24 janv. 1872, *Astier;* 10 mars 1876, *Zégut ;* 23 mars 1877, *Mérijot*).

309. *Décret de concession.*

Le décret de concession doit, pour devenir obligatoire vis-à-vis des tiers, être inséré au *Bulletin des lois.* C'est l'application du principe général posé, pour les actes du Gouvernement qui intéressent le public, par l'avis du Conseil d'État du 25 prairial an XIII. L'instruction du 3 août 1810 veut, de plus, que le décret soit notifié au concessionnaire, publié et affiché dans les communes où s'étend la concession : ces dernières formalités ne sont pas indispensables.

310. Parlons des énonciations que doit contenir le décret de concession.

« L'étendue de la concession sera déterminée par
« l'acte de concession : elle sera limitée par des points
« fixes, pris à la surface du sol et passant par des
« plans verticaux, menés de cette surface dans l'inté-
« rieur de la terre à une profondeur indéfinie, à moins
« que les circonstances et les localités ne nécessitent
« un autre mode de limitation » (L. 1810, art. 29).
On a dit ci-dessus que plusieurs concessions peuvent
être accordées l'une au-dessus de l'autre (V. *suprà*,
n. 289). De plus, l'acte de concession règle les droits
du propriétaire de la surface sur le produit de la mine
(art. 6 ; V. *infrà*, n. 320 et suiv.) et l'indemnité due à
l'inventeur (art. 16 ; V. *infrà*, n. 338 et 339).

L'instruction de 1810 complète ces indications.

Le décret doit faire connaître les nom, prénoms,
qualités et domicile du concessionnaire. Faisons remarquer, à ce sujet, que ce décret est nul et non avenu
s'il a été rendu après le décès du concessionnaire, car
il n'a pu créer aucun droit en faveur d'une personne
non existante ; l'usage est alors qu'un second décret
rapporte le premier (Ord. 15 oct. 1830 et 16 janv. 1840,
Ann. des Mines, 3e série, t. 17, p. 682 et 701). Si l'un
seulement de plusieurs associés est décédé, nous pensons que la question doit être résolue dans le sens de
l'invalidité ou de la validité, suivant que la considération de l'associé décédé a été ou non déterminante au
point de vue de l'octroi de la concession. Il y a lieu,
sous ce rapport, à interprétation du décret par le Conseil
d'État. Il y a lieu à interprétation semblable, si le décret
paraît avoir commis une erreur, par exemple en oubliant

le nom de l'un des concessionnaires (14 fév. 1813, *Lurat-Vitalis*; V. *infrà*, n. 317).

Le décret indique la nature et la situation de l'objet concédé, l'étendue et les limites de la concession. A ce double point de vue encore, l'erreur ou l'incertitude ne peuvent tomber que devant une interprétation donnée par le Conseil d'État.

Le décret règle enfin les indemnités et redevances à payer, le mode d'exploitation à suivre, etc.... Nous nous occuperons bientôt de ces différents points.

311. Le décret « donne la propriété perpétuelle « de la mine, laquelle est dès lors disponible et trans- « missible comme tous autres biens, et dont on ne « peut être exproprié que dans les cas et selon les « formes prescrites pour les autres propriétés, confor- « mément au Code civ. et au Code proc. civ. » (L. 1810, art. 7). Il appartient donc à l'autorité judiciaire de sta- tuer sur les questions relatives à cette propriété.

« Du moment où une mine sera concédée, même au « propriétaire de la surface, cette propriété sera dis- « tinguée de celle de la surface et désormais consi- « dérée comme propriété nouvelle, sur laquelle de « nouvelles hypothèques pourront être assises, sans « préjudice de celles qui auraient été ou seraient « prises sur la surface et la redevance, comme il est « dit à l'article précédent (V. l'art. 18, *infrà*, n. 323). « Si la concession est faite au propriétaire de la surface, « ladite redevance sera évaluée pour l'exécution dudit « article » (art. 19).

La mine est immeuble, ainsi que les travaux qui y sont établis à demeure, les agrès, outils et ustensiles servant à l'exploitation et les chevaux exclusivement attachés aux travaux intérieurs (art. 8 et 9). Elle peut être affectée par privilège à ceux qui ont fourni des fonds pour les recherches ou pour les travaux de construction ou confection des machines nécessaires à son exploitation (art. 20). Elle peut être frappée d'hypothèque et de privilège (art. 21).

312. *Recours.*

La concession, nous l'avons déjà dit, est un contrat essentiellement administratif (V. *suprà*, n. 257, 260, 267, 270, 271, 276, 305, et *infrà*, n. 317, 417). Cette vérité s'applique à la concession de mines comme à toute autre; car le chef de l'Etat, créant en quelque sorte et attribuant une propriété nouvelle, ne doit se laisser guider que par la considération de l'intérêt public (art. 16 ; V. *suprà*, n. 308, 303). La conséquence, c'est que la réformation et l'interprétation de cet acte sont réservées à l'autorité administrative; seule, son application appartient aux tribunaux. Parlons d'abord des voies de recours.

Le propriétaire de la surface ne saurait, à ce seul titre, contester l'acte de concession. Sa qualité ne lui donne aucun droit à la concession, et le Gouvernement doit régler les droits des propriétaires, quels qu'ils soient (art. 6 ; V. *suprà*, n. 303, et *infrà*, n. 322).

313. Le concessionnaire antérieur, dont le périmètre est entamé par la concession nouvelle, c'est-à-dire dont la propriété est transférée à un autre, pourrait former opposition si le décret avait été rendu au mépris des formalités légales (V. le n. suiv.). En dehors de cette situation, la jurisprudence lui refuse la faculté d'exercer un recours par la voie contentieuse devant le Conseil d'État (26 août 1818 et 23 août 1820,

Lurat-Vitalis). C'est ce que nous ne saurions comprendre.

En vain on invoque les mesures prises pour appeler les tiers dans l'instruction administrative; l'art. 28, ordonnant le sursis pour attendre la décision des tribunaux (V. *suprà*, n. 305), et supposant ainsi que les oppositions ont été tranchées par le décret de concession; la faute commise par les tiers qui auraient pu former opposition (V. *suprà*, n. 302); le caractère réglementaire du décret; enfin l'art. 17 de la loi de 1810, ainsi conçu : « L'acte de concession, fait après « l'accomplissement des formalités prescrites, purge, « en faveur du concessionnaire, tous les droits des « propriétaires de la surface et des inventeurs ou de « leurs ayants droit, chacun dans leur ordre, après « qu'ils auront été entendus ou appelés légalement, « ainsi qu'il sera ci-après réglé » (Dufour, t. 6, n. 644).

Les garanties offertes par la délibération du Conseil d'État sont considérables : mais il n'en est pas qui puissent remplacer, pour un propriétaire menacé de perdre sa propriété, un jugement rendu sur débat contradictoire et en audience publique. La loi de 1810 ne formule aucune dérogation à ce principe : au contraire, elle reconnaît implicitement qu'il est applicable. L'art. 7, définissant la propriété de la mine, déclare qu' « on ne peut être exproprié que dans les cas et « selon les formes prescrites pour les autres propriétés, « conformément au Code civ. et au Code proc. civ. » Il n'admet aucune réserve en faveur de l'autorité administrative, qu'elle statue par voie de concession ou de tout autre manière. D'autre part, aucun lien n'existe entre l'idée de sursis pour attendre les décisions des tribunaux et celle d'opposition à former devant la juridiction administrative. L'art. 17, portant que l'acte de concession régulier purge les droits des propriétaires de la surface, des inventeurs et de leurs ayants droit, vise exclusivement des droits sans analogie avec le droit concédé : il est étranger aux concessionnaires antérieurs. L'acte de concession présente bien, dans son cahier des charges, les traits d'un acte réglementaire ; mais qu'y a-t-il de réglementaire dans la disposition attribuant le bien de Pierre à Paul? En Belgique, la partie lésée peut réclamer devant les tribunaux (Bury, t. 1, p. 274).

314. Le recours devant le Conseil est cependant ouvert au concessionnaire antérieur, s'il n'a été ni entendu ni appelé (4 mars 1809, *David ;* 21 février 1814, *Deschuytener ;* 13 mai 1818, *Liotard*). Au surplus, l'art. 17 ne subordonne pas seulement l'effet de l'acte de concession, vis-à-vis des personnes qu'il indique, à la condition qu'elles aient été appelées et entendues. Il vise l'acte *fait après l'accomplissement des formalités prescrites.* On doit donc considérer comme exigées à peine de nullité les formalités qui peuvent être tenues pour substantielles (V. *suprà,* n. 300 et suiv.). Leur omission motive une opposition devant le Conseil d'État au contentieux (Dufour, t. 6, n. 645).

315. L'opposition et la tierce opposition sont ouvertes, quand ils n'ont été ni entendus ni appelés ou quand il y a eu oubli des formalités substantielles, non seulement au concessionnaire antérieur, et aussi, croyons-nous, au demandeur en concession qui voit la concession accordée à un demandeur en concurrence et au demandeur en concurrence qui voit la concession accordée à un autre (V. *suprà*, n. 120), mais au propriétaire de la surface et à l'inventeur. Le Conseil l'a décidé pour l'inventeur (18 mars 1843, *Fabre*). Le droit du propriétaire est analogue (V. *suprà*, n. 313).

On sent la différence qui sépare, en ce qui concerne les résultats possibles du recours, la situation de ces deux personnes et celle des autres. Celles-ci peuvent obtenir l'annulation du décret et la rétractation de la concession. Le recours du propriétaire et de l'inventeur ne saurait aboutir qu'à l'insertion, dans ce décret, des dispositions nécessaires pour sauvegarder leurs droits.

316. Si le décret de concession cause un préjudice aux tiers par suite d'une erreur, il paraît admis que ces tiers, fussent-ils lésés dans leur propriété, ont pour unique ressource le recours par la voie administrative, ainsi organisé par l'art. 40 du décret du 22 juill. 1806 : « Lorsqu'une partie se croira lésée dans ses droits ou « sa propriété par l'effet d'une décision de notre Con- « seil d'État, rendue en matière non contentieuse, elle « pourra nous présenter une requête pour, sur le rap- « port qui nous en sera fait, être l'affaire renvoyée, « s'il y a lieu, soit à une section du Conseil d'État, « soit à une commission. » Il a été décidé que cette voie était seule ouverte à un ancien concessionnaire, dont le périmètre avait été entamé par une concession nouvelle (26 août 1818 et 23 août 1820, *Lurat-Vitalis ;* 20 juill. 1836, *Hér. Peyret ;* Dufour, t. 2, n. 253 ; t. 6, n. 646 ; Dupont, t. 1, p. 219 ; Bury, t. 1, n. 273).

Cependant, la seconde concession est un titre de propriété, et ce titre est définitif : comment peut-il être révoqué par un nouveau décret, rendu dans la forme de l'art. 40 du décret de 1806, c'est-à-dire dans une forme administrative? On conçoit que cette décision gracieuse puisse donner ou rendre à celui-ci : mais comment peut-elle dépouiller celui-là et lui enlever ce qui est sa propriété? Nous aurions plutôt compris qu'en pareille situation, la réformation de l'erreur fût poursuivie par la voie contentieuse, sous forme de demande en interprétation, comme elle a été poursuivie et obtenue dans une autre affaire (14 fév. 1813, *Lurat–Vitalis*). Car le décret portant interprétation est simplement déclaratif des droits consacrés par le décret interprété, et ne révoque pas ce qui est irrévocable.

317. *Interprétation et application.*

L'interprétation d'un acte de concession ne peut être donnée que par le Conseil d'État. Car les actes du chef de l'État ne sont interprétés que par le Conseil (V. *suprà*, n. 257, 260, 267, 270, 271, 276, 277, 294, 305, 312, et *infrà*, n. 343, 347, 417); c'est en matière de travaux publics seulement que le pouvoir d'interprétation est reconnu aux tribunaux administratifs (*Traité des travaux publics*, t. 1, n. 532; t. 2, n. 629; 16 août 1856, *Mines des Rays;* 18 fév. 1864, *Mines d'Unieux;* 8 avril 1865, *Mines d'Anzin;* 12 déc. 1868, *Comp. gén. des asphaltes;* Trib. confl. 28 fév. 1880, *Mines de Fillols*). Cette compétence s'applique aux anciens actes de concession (Cass. civ. 7 juin 1869, D. 69,1,301 ; Trib. confl. 24 nov. 1877, *Hér. Grange*), et au cahier des charges d'une concession (Rej. 19 nov. 1861, D. 61,1,486).

L'autorité judiciaire devient compétente, si les dispositions à interpréter ont été insérées dans une convention privée et ont ainsi perdu leur caractère administratif (Rej. civ. 21 juin 1853, D. 53,1,286; V. *suprà*, n. 289, 292, et *infrà*, n. 322).

318. En général, l'interprétation d'un acte administratif n'est donnée aux parties qu'en présence d'une décision judiciaire constatant sa nécessité, bien que, par exception, le Conseil d'État ne la refuse pas aux ministres (V. *suprà*, n. 54, 276). Il en est ainsi en matière de mines (3 mai 1839, *Tessier;* 18 fév. 1864, *Mines d'Unieux;* 22 mars 1866, *Mines d'Unieux*). Mais le Conseil considère comme équivalant à une telle décision le procès-verbal, dressé par les ingénieurs, des opérations préliminaires de bornage de deux concessions, quand il constate l'existence d'une contestation et que l'administration reconnaît la nécessité de l'interprétation (5 août 1868, *Comp. des mines de la Porchère*).

319. Quant à l'application du décret et du cahier des charges, elle appartient aux tribunaux, compétents pour appliquer les contrats et actes administratifs (V. *suprà*, n. 54, 268, et *infrà*, n. 343; Rej. civ., 19 nov. 1861, D.61,1,486). Nous supposons, bien entendu, que l'acte de concession ne présente aucune ambiguité. Si quelque doute était possible, le tribunal devrait surseoir jusqu'à l'interprétation du Conseil d'État (1er juin 1843, *Fulchiron*).

320. *Rapports avec le propriétaire de la surface.*

On sait que l'acte de concession purge tous les droits réels existant sur la mine (L. 1810, art. 17; V. *suprà*, n. 313). Est donc nulle d'ordre public la convention passée entre le propriétaire du sol et les futurs concessionnaires, et par laquelle le premier s'est réservé un droit d'exploitation quelconque (Cass. civ., 7 août 1877, D.78.1,25). Serait également nulle la convention ayant le même objet, et intervenue postérieurement à la concession (V. *infrà*, n. 364 et suiv.).

Le propriétaire du sol a cependant un droit sur la mine. Aux termes de l'art. 6 de la loi de 1810, l'acte de concession « règle les droits des propriétaires de la « surface sur le produit des mines concédées ». Il y a là une innovation ; la législation antérieure à 1791 ne reconnaissait aucun droit semblable au propriétaire du sol, et la loi de 1791, ainsi qu'il a été dit plus haut, ne lui réservait qu'un droit de préférence pour l'obtention de la concession (V. *suprà*, n. 281 ; Req., 2 fév. 1858, D.58,1,203).

L'origine du droit ainsi reconnu au propriétaire de la surface s'explique différemment, suivant les divers systèmes qui ont été soutenus à l'égard de la propriété des mines non concédées (V. *suprà*, n. 283). Pour ceux qui considèrent le propriétaire du sol comme propriétaire de la mine non concédée (V. Req., 1er fév. 1841, D. 41,1,97 ; Cass. civ., 21 déc. 1858, D. 59,1,25), la redevance est l'équivalent et en quelque sorte le prix de sa propriété (Req., 3 fév. 1857, D.57,1,193). On n'y voit qu'un hommage à un droit presque nominal. si l'on croit, avec nous, que le propriétaire du sol n'est pas véritablement propriétaire de la mine non concédée (V. dans cet ordre d'idées, Cass. civ. 7 août 1839, D.39,1,311 ; 4 juin 1844, D.44,1,258 ; 9 juin 1842 et 23 nov. 1849, *Hér. Coulomb*).

321. En quoi consistent les droits du propriétaire de la surface ?

L'art. 42 de la loi de 1810 portait : « Le droit ac- « cordé par l'art. 6 de la présente loi aux propriétaires « de la surface sera réglé à une somme déterminée par « l'acte de concession. » Et l'on se demandait s'il n'y avait pas contradiction entre cet article et l'art. 6, ce dernier parlant d'un droit sur le produit, et l'autre d'une somme déterminée.

A nos yeux, l'art. 42 ne contenait qu'un renvoi, comme l'indique le rapport de Stanislas de Girardin, disant : « L'art. 42 du projet, *qui explique l'art.* 6, porte « que le droit attribué au propriétaire, etc... » Les mots : *somme déterminée par l'acte de concession,* laissaient au Gouvernement toute latitude pour déterminer les droits du propriétaire et pour prendre comme base, soit le produit de la mine, soit le nombre d'hectares contenu dans le périmètre.

En fait, il est des contrées, le département de la Loire, par exemple, où des exploitations multiples avaient été entreprises par les propriétaires et autorisées par un arrêt du Conseil de 1744 : ces exploitations avaient été affermées moyennant de fortes redevances, procurant aux propriétaires du sol un revenu important. Ailleurs, et le plus souvent, l'ouverture d'une mine a été un événement tout à fait imprévu, et la redevance une subvention à laquelle le propriétaire ne s'attendait pas. Au premier cas, le Gouvernement suivait l'usage en imposant une redevance sérieuse, de dix pour cent du produit, par exemple. Au second, il fixait la redevance à un taux minime, comme celui de dix centimes par hectare.

La nécessité de ménager les intérêts des exploitants, liés à ceux de la consommation publique, tout en respectant des espérances légitimes, donnait la raison de cette manière d'agir.

La loi du 27 juillet 1880 est venue la consacrer en modifiant ainsi les termes de l'art. 42 : « Le droit ac- « cordé par l'art. 6 de la présente loi au propriétaire

« de la surface sera réglé sous la forme fixée par l'acte
« de concession. »

322. La redevance est fixée par le Gouvernement dans l'acte de concession. Comme on l'a dit et
répété dans la discussion de la loi de 1810, l'acte de
concession crée une propriété nouvelle, d'où suit qu'il
appartient au chef de l'État, seul, de déterminer les
conditions d'existence de cette propriété.

Une autre conséquence a été tirée de la même idée :
c'est qu'il n'appartient pas aux particuliers d'éluder
le règlement du chef de l'État, et qu'il y a nullité de
la convention passée entre le concessionnaire et le
propriétaire du sol, et constituant, en définitive, une
vente indirecte de la mine (1er juin 1843, 24 juin 1846,
Fulchiron; 5 nov. 1851, *Vincent ;* Paris, 22 mars 1879,
D. 80,2,45). D'ailleurs, a fait observer la Cour de cassation, l'acte de concession purge tous les droits des
propriétaires de la surface (art. 17), et suffit à faire
tomber la convention, en tant qu'acte producteur de
droits réels (Req. 15 avr. 1868, D. 68,1,218.)

Ce raisonnement, peut-on dire, ne prouve rien parce
qu'il prouve trop. Il est permis de se demander si l'art. 6
a voulu imposer un règlement aux parties ou simplement faire celui qu'elles auraient négligé d'établir (Rej.
civ., 3 janv. 1853, D.53,1,133). Ajoutons que, pour
mettre le règlement du chef de l'État au-dessus des
conventions privées, il faudrait proscrire non seulement
celles qui sont antérieures à ce règlement, mais encore
celles qui sont postérieures ; enfin, qu'en Belgique,
toutes ces conventions sont libres, et que les choses n'en
vont pas plus mal (Bury, t. 1, n. 452).

Quoi qu'il en soit, depuis 1842, tous les actes de con-

cession déclarent nulles les conventions antérieures au
règlement du chef de l'État.

La règle est étrangère aux concessions accordées
avant la loi de 1810 ; car cette loi ne pouvait les atteindre
sans produire un effet rétroactif. Elle ne touche pas
davantage aux conventions postérieures à l'acte de concession ; l'art. 17 leur reste évidemment inapplicable,
puisqu'elles interviennent après fixation des droits réciproques du concessionnaire et du propriétaire de la
surface. Ces conventions ne sont que des conventions
privées ordinaires, dont l'interprétation appartient au
juge civil (Req., 21 juin 1853, D.53,1,33 ; V. *suprà*,
n. 317, et *infrà*, n. 334, 339). Elles ne sauraient modifier la redevance considérée comme droit réel (V. le
n. suiv.). Aux termes de l'art. 17, l'acte de concession
purge la propriété de la mine de tous les droits du
propriétaire du sol, et ce dernier est sans qualité pour
grever cette propriété de nouveaux droits.

323. Tant qu'il n'y a pas convention contraire, la
redevance ne se sépare pas de la surface (L. 1810, art.
18) : « La valeur des droits résultant en faveur du pro-
« priétaire de la surface, en vertu de l'art. 6 de la
« présente loi, demeurera réunie à la valeur de ladite
« surface et sera affectée avec elle aux hypothèques
« prises par les créanciers du propriétaire. » Dans
cette situation, la redevance est un bien immeuble,
susceptible d'hypothèque, d'expropriation, de saisie
immobilière, etc...

La redevance peut être séparée de la propriété de la
surface, si le propriétaire de la surface consent à cette
séparation (19 avr. 1859, *Marsais* ; Cass. civ., 13 nov.
1848, D.48,1,245). En ce cas, il n'est plus possible de

dire, avec un arrêt (Lyon, 29 déc. 1846, D.47,2,52), qu'elle est une portion de la propriété du sol. C'est le droit d'en percevoir un produit, c'est-à-dire un objet mobilier, saisissable seulement dans les formes réglées pour les rentes (Cass. civ., 13 nov. 1848, D.48,1,245 ; Rej. civ., 24 juill. 1850, D. 50,1,262), et pour lequel ne sont faites ni les lois sur les hypothèques, ni la loi sur l'expropriation.

La fixation de la redevance ne donne pas lieu à la perception d'un droit d'enregistrement (Req., 8 nov. 1827, D.28,1,15 ; Rej. civ., 26 mai 1834, D.34,1, 337).

La redevance est-elle soumise à la prescription quin-quennale ? La Cour de cassation considère comme seules régies par l'art. 2277, Cod. civ., les prestations ayant un caractère de fixité et de périodicité : ce qui exclut, par exemple, les parts contributives des assurés dans les sociétés d'assurances mutuelles (Cass. civ., 17 mars 1856, D.56,1,99) ; ce qui, conséquemment, exclut les redevances, quand elles consistent en une somme pro-portionnelle aux produits de la mine (Req., 11 juin 1877, D.77,1,427). Cette règle est inapplicable aux redevances consistant en une somme annuelle fixe.

324. Sous la loi de 1810, le concessionnaire était fondé à occuper les terrains nécessaires aux travaux de la mine. Son droit résultait virtuellement des art. 43 et 44 de cette loi, réglant l'indemnité due à raison de cette occupation (V. *infrà*, n. 332). Ces articles ont été remplacés par l'art. 43 de la loi du 27 juillet 1880, qui proclame le droit du concessionnaire (V. *infrà*, n. 326). On·verra que le nouvel art. 44 est spécial aux voies de communication (V. *eod.*).

325. Sous la loi de 1810, on se demandait si l'occupation du concessionnaire n'exigeait pas une autorisation du préfet.

L'affirmative était conforme aux principes admis en matière de travaux publics (V. *Traité des travaux publics*, t. 2, n. 1107 et suiv., 1152). Elle était, de plus, fondée sur une double considération : la propriété a besoin d'être garantie, au moins, par l'intervention administrative ; d'ailleurs, cette intervention est nécessaire pour prévenir des conflits fâcheux (7 mai 1863, *Sauzéas ;* 14 avr. 1864, *Denier ;* 20 fév. 1868, *Boucaud ;* 23 fév. 1870, *Hospices d'Angers*). Cependant, quelques arrêts semblaient tenir l'autorisation pour inutile, et relevaient cette circonstance, que le concessionnaire « puisait le droit d'occupation dans l'acte même « de concession » (9 juill. 1875, *Seillière ;* 16 nov. 1877, *De Forbin d'Oppède*). Suivant nous, l'acte de concession ne pouvait conférer d'autres droits que ceux dont l'exercice est autorisé par la loi. Et les art. 43 et 44, reconnaissant implicitement le droit d'occupation sans en régler l'exercice, se référaient aux principes généraux.

Le nouvel art. 43 consacre cette manière de voir. Il veut que les propriétaires soient appelés à présenter leurs observations préalablement à l'arrêté. La notification de l'autorisation paraît nécessaire (Montpellier, 9 fév. 1882, D.83,2,140 ; V. *Traité des travaux publics*, t. 2, n. 1107).

Le même art. 43 indique les objets de l'occupation. Peu importe qu'il s'agisse de l'exploitation proprement dite de la mine, de la préparation métallique des minerais, du lavage des combustibles ou de l'établissement de routes ou chemins de fer ne modifiant pas le relief du sol (V. les n. suiv.).

326. Les art. 43 et 44 régissent particulièrement les chemins nécessaires à l'exploitation.

Le concessionnaire peut sans nul doute, en cas d'enclave, réclamer le bénéfice du droit commun, c'est-à-dire de l'art. 682, Cod. civ. Mais le passage ainsi obtenu sera toujours insuffisant en présence des restrictions admises par ce droit commun, restrictions dont l'application appartient à l'autorité judiciaire. Les nécessités de l'exploitation d'une mine exigent le passage le plus court et le plus commode ; les anciens édits et ordonnances et, plus tard, les art. 21 et suiv. de la loi de 1791, reconnaissaient au concessionnaire le droit de l'obtenir : le silence de la loi de 1810 pouvait-il s'entendre dans le sens de la confirmation de cette règle ? Ce n'est pas tout. A moins qu'un chemin de fer ne traverse le périmètre de la concession, il est absolument nécessaire que l'exploitation soit reliée à la voie ferrée ou au canal le plus proche, et les prétentions des propriétaires voisins peuvent créer une véritable impossibilité de fait à l'ouverture des chemins indispensables.

L'intérêt public était en cause, et le Conseil d'État avait obvié à une partie de ces inconvénients. D'après sa jurisprudence, la nécessité d'un passage était appréciée par l'administration, c'est-à-dire par le préfet, sauf recours au ministre (3 déc. 1846, *Fogle* ; 22 août 1853, *Galland* ; 7 mai 1863, *Sauzéas* ; 14 avr. 1864, *Denier*). Leur décision n'admettait de recours au Conseil d'État que pour excès de pouvoir. L'excès de pouvoir apparaissait dans la décision ministérielle autorisant un travail pour lequel la loi exigeait l'intervention d'une autorité plus élevée, par exemple l'établissement d'un chemin de fer (20 fév. 1868, *Boucaud*), et surtout d'un chemin de fer en dehors du périmètre de la concession (8 mars 1851, *Dehaynin*; Sén.-cons. 25 déc. 1852; L. 27 juill. 1870; V. *Traité des travaux publics*, t. 1, n. 28 et 29) : car les art. 43 et 44 n'étaient faits que pour ce périmètre. Mais on considérait comme légale l'autorisation de créer, toujours dans ce périmètre, un chemin de fer avec rails à faible écartement et wagons traînés par des chevaux, un tel travail ne donnant lieu qu'à des terrassements analogues à ceux d'un simple chemin de charroi (23 fév. 1870, *Hospices d'Angers*; 9 juill. 1875, *Seillière*; 15 juin 1877, *Béhague*; 16 nov. 1877, *Forbin d'Oppède*). Tout cela était insuffisant.

Le nouvel art. 43 porte : « Le concessionnaire peut « être autorisé, par arrêté préfectoral, pris après que « les propriétaires auront été mis à même de présenter « leurs observations, à occuper, dans le périmètre de « sa concession, les terrains nécessaires à l'exploitation « de sa mine, à la préparation métallique des minerais « et au lavage des combustibles, l'établissement des « routes ou celui des chemins de fer ne modifiant pas « le relief du sol. »

Quant au surplus, le nouvel article 44 ajoute : « Un décret rendu en Conseil d'État peut déclarer « d'utilité publique les canaux et les chemins de fer « modifiant le relief du sol, à exécuter dans l'intérieur « du périmètre, ainsi que les canaux, les chemins de « fer, les routes nécessaires à la mine, et les travaux de « secours, tels que puits et galeries, destinés à faciliter « l'aérage et l'écoulement des eaux, à exécuter en de-

« hors du périmètre. Les voies de communication
« créées en dehors du périmètre pourront être affectées
« à l'usage du public dans les conditions établies par le
« cahier des charges. Dans le cas prévu par le présent
« article, les dispositions de la loi du 3 mai 1841, re-
« latives à la dépossession des terrains et au règlement
« des indemnités, seront observées. »

327. On voit que l'expropriation n'est pas appliquée seulement à la création des voies de communication, mais à celle des travaux de secours, tels que puits
et galeries. La nécessité de procurer l'aérage et l'écoulement des eaux des mines, comme celle de donner à
l'exploitation les voies de communication nécessaires,
est assimilée aux objets d'utilité publique.

328. Ici revient la prohibition de l'art. 11 de la
loi de 1810, relative aux travaux exécutés, sans le consentement formel du propriétaire, dans les enclos murés,
cours et jardins, et dans les terrains attenant aux habitations. Cet article régit indistinctement les travaux de
recherche et ceux d'exploitation, comme l'indiquent ses
termes : « Nulle permission de recherches ni conces-
« sion de mines ne pourra, etc... » (Cass. civ., 21 avril
1823, Dall., *Rép.*, v° *Mines*, n. 156). L'art. 11 a été
examiné à l'occasion des travaux de recherche, *suprà*,
n. 290 et 291.

329. Les habitations et clôtures murées sont exclusivement protégées contre les travaux affectant la surface
du sol. Quant aux travaux souterrains, le concessionnaire peut les pousser au-dessous des habitations, au-
dessous ou au-dessus d'autres exploitations, et dans
leur voisinage immédiat. L'art. 15 de la loi de 1810 lui
reconnaît le droit de le faire, en l'astreignant à donner

caution : « Il doit aussi, le cas arrivant de travaux à
« faire sous des maisons ou lieux d'habitation, sous
« d'autres exploitations ou dans leur voisinage immé-
« diat, donner caution de payer toute indemnité en cas
« d'accident ; les demandes ou oppositions des inté-
« ressés seront, en ce cas, portées devant nos tribu-
« naux et cours. »

L'art. 15 ne distingue pas entre les lieux habités
avant, et les lieux habités seulement après la concession
(V., quant aux travaux de recherche, Cass. civ., 18 juill.
1837, D.37,1,441, et *suprà*, n. 291).

Que les lieux soient habités avant ou après, les habitants sont fondés, en cas de danger, à s'adresser au
préfet, qui peut prendre les mesures nécessaires (art.
50 de la loi de 1810, modifié par la loi de 1880; V. *infrà*,
n. 373).

Le préfet ne veille qu'à la sécurité *publique*. Restent
les mesures à prendre dans l'intérêt de telle ou telle
propriété privée. Ni l'art. 15, ni l'art. 50, ne dérogent
à la règle qui confie à la juridiction civile le règlement
des intérêts privés : les mesures nécessaires à ce point de
vue sont prescrites par le tribunal (Req., 23 avr. 1850,
D.50,1,150 ; 17 juin 1857, D.57,1,275 ; 15 mai 1861,
D.61,1,329).

330. Quels faits donnent lieu à indemnité ? Ce sont,
d'une manière générale, les dommages causés par l'exploitation à la propriété de la surface.

Peu importe, d'abord, que les travaux aient ou non été
conduits suivant les règles de l'art. On dirait en vain
que les dommages-intérêts supposent une faute (art.
1382, C. civ.). Il ne s'agit pas de dommages-intérêts,
mais d'indemnité. Avant tout, la loi de 1810 impose au

concessionnaire l'obligation de soutenir le toit de la mine : c'est une obligation naturelle, perpétuelle et absolue, en dehors de laquelle la constitution de sa propriété ne se conçoit pas, et dont il ne peut s'exonérer sous aucun prétexte (Req., 20 juill. 1842, D.42,1,396 ; 16 nov. 1852, D.53,1,189 ; 3 fév. 1857, D.57,1,193).

Peu importe que les constructions endommagées soient postérieures à la concession. La concession n'a pas enlevé au propriétaire du sol le droit de bâtir, puisque ce droit n'a été ni vendu par lui, ni payé par le concessionnaire. Ce droit subsiste, et l'atteinte qui lui est portée demande une réparation (Req., 3 fév. 1857, D.57,1,193 ; V. le n. précédent, et *infrà*, n. 337).

La responsabilité du concessionnaire protège le sol au cas de fissures et d'éboulements, comme elle protège les constructions (Req., 23 avril 1850, D. 50,1,150). Elle l'oblige à réparer les dégâts causés par les eaux que l'exploitation de la mine fait surgir du sein de la terre et se répandre sur la surface, en dedans ou même en dehors du périmètre de la concession (Req., 9 janv. 1856, D.56,1,55).

331. Incontestablement aussi, le concessionnaire doit indemnité au propriétaire du sol, quand il a tari la source qui arrosait ce sol par des travaux exécutés *au-dessous*. L'art. 552, Cod. civ., réserve les effets des lois sur les mines ; et les obligations réciproques établies entre le propriétaire de la mine et le propriétaire de la surface, par les art. 6, 10, 11, 15, 43 et 45 de la loi de 1810, sont les mêmes en ce qui concerne l'écroulement des maisons et la suppression des eaux courantes (Req., 4 janv. 1841, D., 41,1,65 ; 20 juill. 1842, D.42,1,396 ; 8 juin 1869, D.70,1,147).

Le concessionnaire doit-il également indemnité lorsque ses travaux ont intercepté les eaux qui jaillissaient sur la propriété d'un fonds *voisin?*

La négative a été admise par la Cour de cassation (Req., 12 août 1872, D. 72,1,369 ; Nîmes, 14 janvier 1873, D., 74,2,245 ; 27 fév. 1878, D. 79,2,61 ; Dijon, 18 fév. 1879, D. 81,2,88 ; Riom, 21 fév. 1881, D. 81, 2,133). La faculté d'user des eaux qui se trouvent dans un fonds, a-t-on dit, est un avantage accidentel, dont le propriétaire peut être privé par le fait de tout propriétaire voisin. Or, le propriétaire d'une mine jouit des mêmes prérogatives qu'un propriétaire ordinaire, sauf les exceptions indiquées par la loi. Ces exceptions, c'est-à-dire les obligations mises à sa charge par la loi de 1810, se rapportent uniquement à ses relations avec lepropriétaire de la surface située au-dessus de la mine. Elles ne touchent pas à ses rapports avec les propriétaires voisins. Sans doute, l'art. 15 exige qu'il donne caution pour les travaux à faire sous les habitations ou exploitations et dans leur voisinage immédiat. Mais cette dérogation aux règles ordinaires n'a trait qu'au cautionnement et non à la responsabilité.

Cette jurisprudence nous inspire plus que des doutes. Qu'un propriétaire soit privé de sa source par le fait du propriétaire voisin, c'est la conséquence nécessaire de l'art. 552, Code civ., aux termes duquel le propriétaire du sol est propriétaire du dessus et du dessous ; conséquence déjà rigoureuse, mais admise à raison du droit absolu du propriétaire du sol, des souvenirs du droit romain, et du peu de danger que la règle de l'art. 552 fait courir à l'agriculture. Bien différents sont les résultats de l'exploitation d'une mine ; elle peut supprimer les eaux de tout un canton, et l'on se demanderait au besoin si la propriété du dessus et du dessous autorise à modifier le régime d'un domaine au point de modifier celui des terres voisines et de les stériliser : *Summum jus, summa injuria*. Mais le propriétaire de la mine n'est propriétaire ni du dessus ni du dessous. Il l'est si peu, que le Gouvernement reste libre d'accorder une seconde concession dans le même périmètre, pourvu qu'elle ait un autre objet (V. *suprà*, n. 310). Les travaux de cette concession pourront passer au-dessus et au-dessous de la sienne. L'art 552, Cod. civ., est donc hors de cause, et il n'est pas permis au concessionnaire de conclure, de sa qualité de propriétaire de la mine, au droit de détourner les eaux des voisins. Fût-il même propriétaire du sol, ce n'est pas comme propriétaire du sol, c'est comme concessionnaire qu'il exploiterait la mine ; sa qualité de propriétaire ne changerait rien à la question ; et les art. 15 et 45 de la loi de 1810 montrent que le concessionnaire est responsable du dommage causé aux voisins par ses travaux (Cour de cassation belge, civ. rej., 30 mai 1872, D.74,2,241 ; Rapport de M. le conseiller Rau, et note de M. Labbé, Sir.72,1,353 ; Bury, t. 1, n. 270).

Notre doctrine vient d'être consacrée par le Conseil d'État pour le cas, bien moins favorable aux voisins, de percement d'un tunnel par une compagnie *propriétaire du sol* : « Considérant, que le travail exécuté « par la compagnie.... a consisté dans l'ouverture, « non de simples tranchées, mais d'un tunnel à travers « des terrains dont le tréfonds a été acquis à cet effet « par voie d'expropriation par la compagnie ; que ce « travail, à raison de sa nature et de son importance,

« n'est pas de ceux auxquels s'applique l'art. 552 du
« Code civil, et qui ne peuvent donner ouverture à
« aucun droit à indemnité, comme constituant un
« usage normal du droit de propriété ; que les dom-
« mages causés par ledit travail sont, au contraire,
« de ceux que les lois ci-dessus visées du 28 pluviôse
« an VIII et 16 sept. 1807 ont eus en vue en ouvrant,
« aux parties qui se plaignent de torts et dommages
« causés par des travaux publics, une action en indem-
« nité devant l'autorité administrative » (11 mai 1883,
Chamboredon ; V. *Rec.*, p. 479, concl. de M. le com. du
Gouv. Levavasseur de Précourt ; *Traité des travaux publics*, t. 2, n. 891 et 892).

332. La loi de 1810 avait déterminé les bases de
l'indemnité due au propriétaire de la surface. Art. 43 :
« Les propriétaires de mines sont tenus de payer les
« indemnités dues au propriétaire de la surface sur le
« terrain duquel ils établiront leurs travaux. Si les
« travaux entrepris par les explorateurs ou par les pro-
« priétaires de mines ne sont que passagers, et si le
« sol où ils ont été faits peut être mis en culture au
« bout d'un an comme il l'était auparavant, l'indemnité
« sera réglée au double de ce qu'aurait produit net le
« terrain endommagé. » Art. 44 : « Lorsque l'occupation
« des terrains pour la recherche ou les travaux des
« mines prive les propriétaires du sol de la jouissance
du revenu au delà du temps d'une année, ou lorsque,
après les travaux, les terrains ne sont plus propres à
la culture, on peut exiger des propriétaires des mines
l'acquisition des terrains à l'usage de l'exploitation.
Si le propriétaire de la surface le requiert, les pièces
de terre trop endommagées ou dégradées sur une

« trop grande partie de leur surface devront être ache-
« tées en totalité par le propriétaire de la mine. L'éva-
« luation du prix sera faite, quant au mode, suivant les
« règles établies par la loi du **16** septembre **1807** sur
« le desséchement des marais, etc..., titre XI ; mais le
« terrain à acquérir sera toujours estimé au double
« de la valeur qu'il avait avant l'exploitation de la
« mine. »

Ce texte est à peu près reproduit par le nouvel art. 43
(L. 27 juill. 1880), dont nous avons déjà cité la première partie, relative au pouvoir d'autorisation du préfet (V. *suprà*, n. 326) :

« Si les travaux entrepris par le concessionnaire, ou
« par un explorateur muni du permis de recherches
« mentionné à l'art. 10, ne sont que passagers, et si le
« sol où ils ont eu lieu peut être mis en culture, au
« bout d'un an, comme il l'était auparavant, l'indem-
« nité sera réglée à une somme double du produit net
« du terrain endommagé. Lorsque l'occupation ainsi
« faite prive le propriétaire de la jouissance du sol pen-
« dant plus d'une année, ou lorsque, après l'exécution
« des travaux, les terrains occupés ne sont plus propres
« à la culture, les propriétaires peuvent exiger du
« concessionnaire ou de l'explorateur l'acquisition du
« sol. La pièce de terre trop endommagée ou dégradée
« sur une trop grande partie de sa surface doit être
« achetée en totalité si le propriétaire l'exige. »

333. Le nouvel art. 43 ajoute : « Le terrain à ac-
« quérir sera toujours estimé au double de la valeur
« qu'il avait *avant l'occupation*. » L'ancien texte disait :
avant l'exploitation, et ce mot *exploitation* donnait lieu à
des difficultés que le législateur a supprimées en substi-

tuant au fait de l'exploitation le fait autrement précis de l'occupation.

L'estimation au double a pour but de remplacer par un forfait l'évaluation du préjudice éprouvé en dehors de la dépossession réalisée.

L'obligation de payer le double du dommage causé, ou d'acquérir l'immeuble au double de sa valeur, n'est imposée au concessionnaire que lorsque ce dommage provient d'un fait d'occupation, et nullement lorsqu'il est la conséquence des travaux intérieurs de la mine.

La Cour de cassation avait d'abord repoussé cette distinction, par le motif que les art. 43 et et 44 statuaient en termes absolus; que, dans un cas comme dans l'autre, il y avait dépossession ou privation de jouissance équivalant à dépossession; et que, le résultat étant le même, l'indemnité devait être la même (Req., 23 avril 1850, D.50,1,150; 22 déc. 1852, D.53,1,93; Cass. civ., 2 déc. 1857, D. 57,1,434; 17 juill. 1860, D. 60,1,321). C'était restreindre l'examen de la question au seul point de vue du propriétaire du sol, et oublier que la responsabilité du concessionnaire ne doit pas être appréciée sans considération des faits qui y ont donné lieu. L'occupation est, de sa part, un acte volontaire, profitable à ses intérêts et dérivant d'un droit exorbitant; il est juste d'assurer au propriétaire, à titre de compensation de cette occupation, une indemnité extraordinaire. En sens inverse, le dommage causé par les travaux souterrains n'est qu'un fait involontaire, imputable tout au plus à une faute non compliquée de dol, et, le plus souvent, simple résultat d'un accident survenu malgré l'observation des règles de l'art et la surveillance des ingénieurs : l'équité ne réclame alors, au profit du propriétaire du sol, que la réparation du préjudice éprouvé. Les art. 43 et 44, d'ailleurs, quand ils parlaient de travaux passagers, de terrains pouvant être remis en culture au bout d'un an, etc..., se référaient naturellement à l'occupation de la surface (Cass. ch. réun., 23 juill. 1862, D.62,1,257; Cass. civ., 4 août 1863, D. 63,1,352; 18 nov. 1863, D.63,1,445).

Cette manière de voir est consacrée par le nouvel art. 43 : « Les dispositions des §§ 2 et 3, relatives au « mode de calcul de l'indemnité due au cas d'occupa- « tion ou d'acquisition des terrains, ne sont pas appli- « cables aux autres dommages causés à la propriété « par les travaux de recherche ou d'exploitation; la « réparation de ces dommages reste soumise au droit « commun

Au surplus, le concessionnaire achetant le terrain à l'amiable peut l'acheter au double du prix sans que la convention ait rien d'illicite (Req., 31 mars 1802, D.62,1,243).

334. L'indemnité au double ne se confond évidemment, ni avec la redevance tréfoncière (Req., 3 fév. 1857, D.57,1,193; V. *infrà*, n. 320 et suiv.), ni avec l'indemnité déjà due, au cas d'acquisition en vertu de l'art. 43, pour la jouissance antérieure (Req., 8 août 1839, D.39,1,360). Elle est indépendante des dommages-intérêts qui peuvent être dus soit pour occupation violente et illégale (Req., 8 nov. 1854, D.54,1,425), soit pour faits imputables aux nécessités ou à la mauvaise direction de l'exploitation (Rej. civ., 15 nov. 1869, D.70,1,17; 14 juill. 1875, D.75,1,349; V. Req., 15 mai 1861, D.61,1,329), soit même, au cas d'acqui-

sition, pour dépréciation de valeur et diminution de
jouissance du surplus (Rej. civ., 14 juill. 1875, D.75,
1,349; Lyon, 14 mars 1877, D. 79,2,5); ce qui ne
peut comprendre une diminution simplement éventuelle
(Rej. civ., 15 nov. 1869, D.70,1,17). Elle doit être
fixée d'après la valeur au moment des faits dommageables, sans égard au prix d'acquisition (Req., 22 déc.
1852, D.53,1,93; 7 avr. 1868, D.68,1,217; V. encore
Nancy, 3 août 1877, D.80,2,39).

Rien ne s'oppose à ce que le concessionnaire règle
avec le propriétaire du sol les conséquences dommageables d'une exploitation normale, ou même stipule
qu'il ne sera pas responsable de cette exploitation (V.
suprà, n. 322, et *infrà*, n. 338). Mais la convention
serait nulle, comme contraire à l'ordre public, si elle
l'exonérait, à l'avance, de la responsabilité de ses fautes
(Rej. civ., 18 juin 1879, D.79,1,337).

L'indemnité doit-elle être préalable, comme l'indemnité en matière d'expropriation et comme l'indemnité due par l'explorateur (L. 1810, art. 10; V. *suprà*,
n. 292)? L'analogie de la situation du concessionnaire
et de celle de l'explorateur permettrait de le croire.
Mais l'art. 43 ne parle pas d'indemnité préalable, et les
simples dommages ne donnent pas lieu, d'ordinaire, à
indemnité préalable (Douai, 12 mai 1857, D.57,2,153;
Montpellier, 9 fév. 1882, D.83,2,139; C. de cass. belge,
31 mai 1836, Dall., *Rép.*, v° *Mines*, n. 322; *Contrà*,
Bourges, 20 avr. 1831, D.31,2,248; V. *Traité des travaux publics*, t. 2, n. 948).

335. « Les contestations relatives aux indemnités
« réclamées par les propriétaires du sol aux conces-
« sionnaires de mines, en vertu du présent article, se-

« ront soumises aux tribunaux civils » (L. 27 juill. 1880, art. 43).

L'ancien art. 44 portait que l'évaluation aurait lieu conformément aux règles de la loi du 16 sept. 1807 : l'art. 56 de cette dernière loi confie cette opération au conseil de préfecture, après examen de trois experts nommés, l'un par le propriétaire, l'autre par le concessionnaire, et le tiers expert par le préfet, sur avis du contrôleur et du directeur des contributions directes. On s'accordait à voir là une inadvertance du législateur qui, après avoir établi la compétence administrative dans la première rédaction de la loi, avait modifié sa pensée première en restreignant cette compétence aux travaux *antérieurs* à la concession, et avait négligé de mettre l'art. 44 en accord avec son système définitif. En effet, l'art. 86 s'exprime ainsi : « Toutes les ques- « tions d'indemnité à payer par les propriétaires de « mines, à raison des recherches ou *travaux antérieurs* « à l'acte de concession, seront décidées conformément « à l'art. 4 de la loi du 28 pluviôse an VIII. » Il ne s'agit ici que des travaux *antérieurs*. Quant au surplus, l'art. 87 porte : « Dans tous les cas prévus par la présente loi « et autres naissant des circonstances où il y aura lieu « à expertise, les dispositions du titre 14 du Code « proc. civ., art. 303 à 323, seront observées. » L'art. 89 : « Le procureur impérial sera toujours entendu, et « donnera ses conclusions sur le rapport des experts. » Et la Cour de cassation avait pu dire : « Ce serait une « chose tout à fait contraire aux idées reçues en légis- « lation, en jurisprudence, en économie politique, de « faire nommer un tiers expert par le préfet entre deux « particuliers, de permettre au préfet, dans tous les

« cas, de faire faire une nouvelle expertise, et de faire
« régler entre particuliers, par le conseil de préfecture,
« une indemnité en argent à raison de l'expropriation
« d'un immeuble » (Req. 8 août 1839, D.39,1,360).
La loi de 1880 est formelle.

La compétence du conseil de préfecture est donc
réservée aux indemnités pour travaux exécutés antérieurement à la concession, en vertu d'autorisations administratives, c'est-à-dire pour simples dommages assimilables et assimilés à ceux qui résultent de travaux
publics (18 fév. 1846, *Ponelle*; 5 fév. 1846, *Fogle*; 12 août
1854, *De Grimaldi*; V. *suprà*, n. 292, et *infrà*, n. 339,
341; V. *Traité des travaux publics*, t. 2, n. 968 et suiv.).

Les tribunaux civils sont ici les tribunaux de première instance. Il ne saurait être question, en cette
matière, de saisir le juge de paix d'une action pour
dommage aux champs. La compétence exclusive du tribunal de première instance résulte, sinon du texte, du
moins de l'esprit de la loi, qui n'a pu confier à un juge
unique et amovible les questions soulevées par un conflit entre la propriété du sol et la propriété de la mine,
et même entre l'intérêt public et l'intérêt privé. Elle
ressort aussi du renvoi, écrit dans l'art. 87 de la loi
de 1810, aux règles du C. proc. civ. sur les expertises,
comme de l'art. 89, exigeant l'audition du ministère
public (Dijon, 28 janv. et 21 août 1856, D.57,2,6;
Req., 14 janv. 1857, D.57,1,154).

336. On a vu que les minerais de fer d'alluvion
constituent des minières ou des mines, suivant qu'ils
sont ou non susceptibles d'exploitation à ciel ouvert
(V. *suprà*, n. 284). La réserve, au profit des propriétaires du sol, des minerais en filons ou en couches si-

tués près de la surface, résulte suffisamment de l'art. 69
de la loi de 1810, même dans le silence de l'acte de
concession (6 déc. 1866, *Marie; Contrà*, 13 août 1850,
Comp. des houillères de l'Aveyron).

L'art. 59 de la même loi portait : « Le propriétaire
« du fonds sur lequel il y a du minerai de fer d'allu-
« vion est tenu d'exploiter en quantité suffisante pour
« fournir, autant que faire se pourra, aux besoins des
« usines établies dans le voisinage avec autorisation
« légale : en ce cas, il ne sera assujetti qu'à en faire la
« déclaration au préfet du département. » Et l'art. 70
ajoutait : « En cas de concession, le concession-
« naire sera tenu toujours : 1° de fournir aux usines,
« qui s'approvisionnaient de minerai sur les lieux
« compris en la concession, la quantité nécessaire à
« leur exploitation, au prix qui sera porté au cahier
« des charges ou qui sera fixé par l'administration;
« 2° d'indemniser les propriétaires au profit desquels
« l'exploitation avait lieu, dans la proportion du
« revenu qu'ils en tiraient. »

La loi du 9 mai 1866, modifiant la législation sur les
minières en abrogeant les art. 59 et suiv. de la loi de
1810, a pareillement abrogé, en ce qui concerne les
concessionnaires, le § 1er de l'art. 70. La loi du
27 juillet 1880 a remplacé le second par le nouvel
art. 70, ainsi conçu : « Lorsque le ministre des travaux
« publics, après la concession d'une mine de fer, in-
« terdit aux propriétaires de minières de continuer
« une exploitation qui ne pourrait se prolonger sans
« rendre ensuite impossible l'exploitation avec puits et
« galeries régulières, le concessionnaire de la mine est
« tenu d'indemniser les propriétaires des minières

« dans la proportion du revenu net qu'ils en tiraient.
« Un décret rendu au Conseil d'État peut, alors même
« que les minières sont exploitables à ciel ouvert ou
« n'ont pas encore été exploitées, autoriser la réunion
« des minières à une mine, sur la demande du conces-
« sionnaire. Dans ce cas, le concessionnaire de la mine
« doit indemniser le propriétaire de la minière par
« une redevance équivalente au revenu net que ce
« propriétaire aurait pu tirer de l'exploitation, et qui
« sera fixée par les tribunaux civils. » Par là, le législateur a obvié aux difficultés résultant fréquemment, en
Algérie surtout, de l'existence d'une minière au-dessus
d'une mine concédée.

337. De son côté, le propriétaire de la surface est
astreint à certaines obligations envers le concessionnaire.

Évidemment, d'abord, sa responsabilité serait engagée, s'il faisait des travaux dans l'unique intention de
gêner l'exploitation de la mine. La mine a droit à la
protection de la loi, et le voisinage des deux propriétés
suffit à imposer à chacune des deux l'obligation de respecter l'autre.

Supposons maintenant des travaux conformes à l'intérêt du propriétaire du sol. Ce dernier est-il astreint
à faire le nécessaire pour prévenir le dommage que cau-
serait à la mine l'infiltration des eaux ou toute autre
circonstance analogue? La Cour de cassation semblerait l'avoir déclaré dans les motifs d'un arrêt : « At-
« tendu que, si, nonobstant la concession de la mine,
« les droits inhérents à la propriété de la surface res-
« tent entiers, conformément à l'art. 544, Cod. civ., il
« ne s'ensuit pas que le propriétaire de la surface ait le

« droit de pratiquer des travaux nuisibles à l'exploi-
« tation dans l'étendue de son périmètre » (Cass., ch.
réun., 3 mars 1841, D.41,1,164; Angers, 5 mars 1847,
Sir.47,2,276).

Cette proposition n'est-elle pas trop absolue? « Si
« telle était la conséquence d'une concession de mine,
« qu'elle imposât le *statu quo* à la superficie, il n'en
« résulterait pas seulement un dommage privé par l'in-
« terdiction aux particuliers de bâtir, mais tout le pé-
« rimètre, souvent très étendu, d'une concession de
« mine, serait frappé de la même interdiction. Les
« habitations ne pourraient plus se multiplier et s'ag-
« glomérer; on défendrait de construire une église,
« parce que le clocher chargerait trop la mine; d'éta-
« blir des cimetières pour y ensevelir les morts, parce
« qu'il faudrait creuser le terrain: l'État serait des-
« titué du droit de sillonner ce territoire par des routes
« nouvelles; ce serait, en un mot, le désert imposé
« dans tout le périmètre de la concession » (Concl. de
M. le proc. gén. Dupin, D.41,1,164; V. *suprà*, n. 330).

Il est juste d'admettre que le propriétaire du sol
ne doit pas indemnité, quand il ne fait qu'un travail
conforme à la destination de sa propriété, et que ce
travail est exécuté conformément aux règles de l'art
(Lyon, 9 janv. 1845, D.47,2, 26). Et cette manière de
voir n'a rien de contraire à l'arrêt des chambres réunies.
Ce qu'a jugé la Cour, c'est qu'il est dû indemnité au
concessionnaire de la mine, lorsque l'administration en
interdit l'exploitation aux abords d'un chemin de fer,
établi postérieurement à la concession, souterraine-
ment ou même à ciel ouvert (V. encore Cass. civ.,
18 juill. 1837, D.37,1,441; Rej. civ., 3 janv. 1853,

D. 53,1,133). Un travail semblable n'a rien de commun avec l'exploitation ou l'usage normal du sol, et nous ne nous étonnons pas qu'il ait été considéré comme un véritable fait d'éviction, profitant au chemin de fer et donnant lieu à indemnité (V. 14 avr. 1864, *Marin;* 15 juin 1864, *Mines de Combes;* V. *Traité des travaux publics,* t. 2, n. 921).

338. *Obligations envers l'inventeur.*

L'inventeur de la mine a ses droits. « En cas que « l'inventeur n'obtienne pas la concession d'une mine, « il aura droit à une indemnité de la part du conces- « sionnaire ; elle sera réglée par l'acte de concession » (L. 1810, art. 16). Cette indemnité est indépendante de celle qui peut lui être due, à titre d'explorateur, pour les travaux faits en cette dernière qualité (V. *infrà,* n. 340). On n'y peut voir que la récompense du ser- vice rendu par l'invention de la mine, le dédom- magement du bénéfice que la concession lui aurait pro- curé. La cession par l'inventeur, moyennant un prix, de ses droits sur la mine, porte en tant que de besoin sur cette indemnité et n'est donc pas dépourvue de base légale (Req., 3 mars 1879, D.79,1,430).

339. L'indemnité due à l'inventeur « sera réglée « par l'acte de concession » (art. 16). Elle peut sans doute aussi l'être à l'amiable, pourvu que l'acte de con- cession ne s'y oppose pas. Aucun compte n'est à tenir des considérations qui ont dicté la solution contraire en ce qui concerne la redevance due au propriétaire du sol, laquelle intéresse la propriété de la mine (Lyon, 14 juin 1865, D.66.2.142 ; V. *suprà,* n. 322).

L'inventeur peut-il exercer un recours contre l'acte de concession qui ne lui accorde pas d'indemnité ou ne lui en accorde qu'une insuffisante? Le Conseil l'assimile au propriétaire du sol et au concessionnaire antérieur (V. *suprà*, n. 314 et 315). Le recours au contentieux lui est ouvert s'il n'a été ni appelé ni entendu dans la procédure qui a précédé l'acte de concession (18 mars 1843, *Fabre*).

La demande en payement de son indemnité doit être intentée devant le tribunal civil. Sans doute, l'art. 46 porte que *toutes les questions d'indemnité* à raison des *recherches ou travaux antérieurs à la concession* seront *décidées* conformément à l'art. 4 de la loi de pluviôse. Mais il s'agit ici d'invention, non de recherches ou travaux ; il n'y a plus de question à décider, puisque l'indemnité est réglée ; la compétence entre le concessionnaire et l'inventeur n'est pas indiquée par l'art. 46, puisqu'elle l'est par l'art. 16 ; et, du moment que l'indemnité a été réglée par le chef de l'État, l'intervention du conseil de préfecture n'a plus de raison d'être (Dufour, t. 6, n. 655 ; V. *suprà*, n. 335, 292, 341).

Si l'acte de concession a réglé l'indemnité, la question de savoir quelle indemnité est due *aux termes de l'acte de concession* doit, comme nécessitant l'interprétation de cet acte, être renvoyée au Conseil d'État au contentieux (Cass. civ., 7 juin 1869, D.69,1,302). Au contraire, la convention privée intervenue à ce sujet dans le silence de l'acte de concession serait légalement interprétée par le tribunal (V. *suprà*, n. 317).

340. *Obligations envers l'explorateur.*

En dehors de l'indemnité relative à l'invention de la mine, une indemnité est due pour les travaux d'exploration dont le concessionnaire a tiré profit. Cette application de l'action *de in rem verso* est admise par l'art. 46

de la loi de 1810, confiant au conseil de préfecture les questions d'indemnité à raison des *recherches et travaux antérieurs* à l'acte de concession. Elle peut, le cas échéant, être invoquée par l'inventeur.

Le fondement de cette action est l'avantage obtenu par le concessionnaire, qui ne peut profiter de ces recherches et travaux sans en rembourser la dépense à leur auteur. Aussi comprend-elle tout d'abord les travaux utilisés par l'exploitation ; puis ceux qui ont conduit à la découverte du gîte ; ceux qui, sans avoir conduit à la découverte du gîte ni avoir été utilisés par l'exploitation, ont fourni des renseignements utiles sur la constitution du sol, les allures et les dispositions du gîte, ou ont été reconnus applicables à la poursuite d'une bonne exploitation (13 mars 1856, *Comp. des mines de la Calaminière* ; 3 fév. 1859, *Delbos* ; 28 juill. 1866, *la Douaisienne* ; 10 janv. 1867, *Mines de Meurchin* ; 11 mai 1872, *forges d'Aubenas*). Mais il n'y a lieu, ni à indemnité pour frais d'expériences et d'exploitation provisoire, prix d'achat ou de location des terrains sur lesquels les fouilles ont été exécutées, ni à reprise des outils ayant servi à l'exploitation (3 fév. 1859, *Delbos*).

L'explorateur peut réclamer son indemnité, non seulement au concessionnaire primitif, mais encore à la compagnie à laquelle celui-ci a fait apport de sa concession (4 févr. 1858, *Comp. des houillères de Rive-de-Gier*).

341. La nature spéciale des difficultés relatives à l'indemnité de l'explorateur montre pourquoi le litige a été attribué au conseil de préfecture, sauf appel au Conseil d'État (V. *suprà*, n. 292, 335, 339). Peu importe, à ce point de vue, que l'explorateur soit ou non propriétaire (13 mars 1856, *Comp. des mines de la Calaminière*).

342. Le conseil de préfecture aura toujours des renseignements à demander aux hommes de l'art. En principe, l'expertise, comme toute expertise en matière de mines, doit avoir lieu conformément aux règles du Code proc. civ. (L. 1810, art. 87). La procédure est donc nulle si, par exemple, les parties n'ont pas assisté aux opérations des experts et n'ont pas été régulièrement mises en demeure d'y assister (24 juill. 1835, *Bazouin*). Elle est régulière si ces même parties, quoique non averties, ont assisté à l'expertise. En tout cas, le conseil de préfecture ne fait que se conformer à l'esprit de la loi de 1810 en choisissant ces experts parmi les ingénieurs des mines ou des ponts et chaussées (22 mars 1866, *de Bardies*). L'art. 88 de cette loi porte : « Les experts seront pris parmi les hommes « notables et expérimentés dans le fait des mines et de « leurs travaux. » Rien, d'ailleurs, n'empêche le conseil de préfecture, après l'expertise, de recourir aux moyens d'information qui lui paraîtraient encore nécessaires, et, notamment, de demander des renseignements aux ingénieurs des mines du département (26 déc. 1867, *Comp. d'Aix-Noulette*). Mais il ne faudrait pas que le supplément d'informations constituât une expertise nouvelle et non contradictoire (V. *Traité des travaux publics*, t. 1, n. 569).

343. *Rapports entre concessionnaires.*

Ces rapports ont trait, en premier lieu, à la détermination des périmètres des concessions voisines. Cette détermination, ordinairement, ressort de l'examen des actes de concession et soulève une question d'interprétation de ces actes, du ressort du Conseil d'État au

contentieux (16 août 1841, *Lurat-Vitalis ;* Req., 3 mai
1843, D.43,1,427 ; Trib. confl., 28 fév. 1880, *Mines
de Fillols ;* V. *suprà,* n. 317), sauf le pouvoir, reconnu
aux tribunaux civils, d'appliquer ces actes et de prononcer toutes condamnations en dommages-intérêts
pour indue possession et exploitation (Arrêt précité du
3 mai 1843 ; V. *suprà,* n. 319).

La question d'interprétation étant mise de côté, les
litiges relatifs à la propriété des mines, entre concessionnaires ou autres, sont du ressort des tribunaux
civils, comme les questions de propriété en général.
(Req., 11 fév. 1857, D.57,1,258). L'art. 56 de la loi de
1810 dit formellement : « A l'égard des contestations
« qui auraient lieu entre des exploitants voisins, elles
« seront jugées par les tribunaux et cours » (V. *suprà,*
n. 305, 311).

344. Entre concessionnaires voisins ou exploitant
dans le même périmètre des matières différentes, il
s'élève des questions de dommage et d'indemnité.

L'art. 45 de la loi de 1810 règle les difficultés relatives à l'écoulement des eaux : « Lorsque, par l'effet du
« voisinage ou pour toute autre cause, les travaux de
« l'exploitation d'une mine occasionnent des dommages
« à l'exploitation d'une autre mine à raison des eaux
« qui pénètrent dans cette dernière en plus grande
« quantité ; — lorsque, d'un autre côté, ces mêmes
« travaux produisent un effet contraire et tendent à
« évacuer tout ou partie des eaux d'une autre mine,
« il y aura lieu à indemnité d'une mine en faveur de
« l'autre ; le règlement s'en fera par expert. »

La première hypothèse prévue se rapporte au dommage causé à une mine par l'écoulement des eaux, que

l'exploitation de l'autre a rendu plus considérable.
L'art. 45 de la loi de 1810 entend-il déroger à l'art. 1382,
Code civ.? Faut-il dire que le concessionnaire de la première mine est responsable du préjudice par lui causé à
à l'autre *sans sa faute*?

La négative est soutenue par ce motif, notamment,
que la première partie de l'art. 45 serait une transi-
tion plutôt qu'une règle et n'aurait d'autre objet que
d'amener la seconde; que, d'ailleurs, ni son texte
ni les travaux préparatoires n'indiqueraient expressément une dérogation à l'art. 1382 (Dufour, t. 7, n. 20).

Nous préférons l'opinion contraire, admise par la
jurisprudence belge (Bury, t. 2, n. 757). Elle se fonde
précisément sur ce que l'art. 45, d'un bout à l'autre,
est une exception au droit commun; sur les mots :
par l'effet du voisinage, ou pour toute autre cause,.....
occasionnent, rattachant expressément l'indemnité à cette
seule circonstance, que l'une des exploitations aggrave
les charges de l'autre; sur ces autres mots : *mêmes*
travaux;..... indemnité d'une mine en faveur de l'autre,
impliquant l'idée d'une charge inhérente à l'exploitation
plutôt que d'un quasi-délit. Ajoutons que l'art. 1382,
Code civ., avec sa portée restrictive, peut régler sans
inconvénient des rapports accidentels : entre deux mines
voisines ou superposées, lorsque le mode d'exploitation
de l'une peut amener l'inondation de l'autre ou son
asséchement, il existe une relation nécessaire et permanente qui rend l'entente indispensable, et qui transfor-
merait en iniquité la règle trop égoïste de l'art. 1382.
Le législateur de 1838 a obéi à cette nécessité, quand
il a promulgué la loi sur les asséchements, dont nous
parlerons tout à l'heure (V. *infrà*, n. 348). La loi de

1810 a suivi la même idée en accordant, par son art. 45, l'action *de in rem verso* au concessionnaire dont les travaux évacuent la mine contiguë (V. le n. suiv.). Comment donc admettre que l'art. 45, malgré le sens naturel, général et compréhensif de ses termes, consacre purement et simplement le principe qu'il n'y a pas dommages-intérêts sans faute (Req., 18 juin 1883, D.83,1,413)?

Peu importe que la mine ait cessé d'être exploitée, puisque l'écoulement dommageable des eaux est toujours la conséquence de son exploitation (Même arrêt).

La loi n'oblige pas les concessionnaires à maintenir entre eux un massif de protection, encore qu'il puisse être exigé par l'administration (Lyon, 1ᵉʳ mars 1882, sous l'arrêt précité; V. *infrà*, n. 373 et suiv.).

345. Ce qui vient d'être dit s'applique exclusivement au préjudice causé par l'écoulement des eaux. Tout autre dommage est régi par l'art. 1382, C. civ.

La perspective de tout dommage permet au concessionnaire menacé de demander caution au concessionnaire voisin, en vertu de l'art. 15 (V. *suprà*, n. 329).

346. La seconde partie de l'art. 45 ouvre une action en *indemnité* à la mine qui a procuré l'évacuation d'une autre mine. Le mot *indemnité* donnerait à penser que l'action est subordonnée à un dommage éprouvé. L'esprit de la loi (V. *suprà*, n. 344), et ces autres expressions de l'art. 45 : *lorsque ces mêmes travaux produisent un effet contraire*, autorisent à croire que le service rendu est la seule condition de l'indemnité.

347. L'indemnité est réglée par le tribunal civil : car son règlement n'a d'autre objet que les obligations réciproques de deux exploitants voisins (art. 56;

V. *suprà*, n. 343). Cette manière de voir est confirmée par ces mots de l'art. 45 : *le règlement s'en fera par experts*. En matière de mines, l'expertise a lieu conformément aux règles du C. proc. civ. (L. 1810, art. 87), et ces règles supposent, à moins d'indication contraire, la compétence du tribunal civil (V. *suprà*, n. 335). L'interprétation des actes de concession, si elle est nécessaire, est demandée au Conseil d'État, et un sursis doit être ordonné à cet effet (15 sept. 1848, *Comp. des Mines d'Anzin ;* 8 avril 1865, *Mines d'Anzin ;* V. *suprà*, n. 317 et 343).

348. Parlons des travaux d'asséchement.

« Lorsque plusieurs mines situées dans des con-
« cessions différentes seront atteintes ou menacées
« d'une inondation commune, qui sera de nature à
« compromettre leur existence, la sûreté publique ou
« les besoins des consommateurs, le Gouvernement
« *pourra obliger* les concessionnaires de ces mines à
« exécuter en commun et à leurs frais, les travaux né-
« cessaires, soit pour assécher tout ou partie des mines
« inondées, soit pour arrêter les progrès de l'inonda-
« tion » (L. 27 avril 1838, art. 1).

La loi a pu conférer au Gouvernement un pouvoir discrétionnaire à l'effet de proclamer la nécessité des travaux. Du moins, « l'application de cette mesure sera
« précédée d'une enquête administrative, à laquelle
« tous les intéressés seront appelés, et dont les formes
« seront déterminées par un règlement d'administra-
« tion publique » (L. 1838, art. 1 ; V. Ord. 23 mai 1841).
L'enquête est une formalité substantielle, dont l'oubli vicierait les mesures d'application (V. *suprà*, n. 314).

Il ne saurait appartenir à l'autorité administrative

d'obliger, à son gré, tels ou tels concessionnaires à faire et à payer les travaux. « Le ministre *décidera*, « d'après l'enquête, *quelles sont les concessions* inondées « ou menacées d'inondation qui doivent opérer à frais « communs les travaux d'assèchement. Cette décision « sera notifiée administrativement aux concessionnaires « intéressés. Le recours contre cette décision ne sera « pas suspensif » (L. 1838, art. 2). Il y a donc là une décision contentieuse, et l'appel est ouvert devant le Conseil d'État.

349. La gestion des intérêts communs est confiée à un syndicat de trois à cinq membres. « Le nombre des « syndics, le mode de convocation et de délibération « de l'assemblée générale, seront *réglés* par un arrêté « du préfet » (L. 1838, art. 2). Ici, pas de recours contentieux, mais simplement recours au ministre, supérieur hiérarchique du préfet.

Le même art. 2 réglemente la tenue des assemblées générales : « La délibération *ne sera valide* qu'autant « que les membres présents surpasseraient en nombre « le tiers des concessions, et qu'ils représenteraient « entre eux plus de la moitié des voix attribuées à la « totalité des concessions comprises dans le syndicat. » La nullité est absolue, comme l'indiquent et les mots : *ne sera valide*, et l'insuffisance de la décision prise par une minorité trop infime.

Le nombre de voix attribué à chaque concessionnaire est proportionnel à l'importance de sa concession, « déterminée d'après le montant des redevances pro-« portionnelles acquittées par les mines en activité « d'exploitation pendant les trois dernières années « d'exploitation, ou par les mines inondées pendant

« les trois années qui auront précédé celle où l'inon-
« dation aura envahi les mines » (L. 1838, art. 2;
V. *infrà*, n. 353 et suiv.).

La violation de cette prescription ne peut être invoquée que par le concessionnaire privé des voix auxquelles il avait droit. On doit également voir une nullité relative dans celle qui, sans aucun doute, résulterait
de ce qu'un concessionnaire n'aurait été ni présent à la
délibération, ni régulièrement appelé.

Qui statuera sur ces nullités? Le préfet, sauf le recours de droit devant le ministre et, la matière étant
contentieuse, devant le Conseil d'État (Dufour, t. 7,
n. 28).

350. L'art. 3 règle le fonctionnement du syndicat.

Un acte du chef de l'État, « rendu dans la forme des
« règlements d'administration publique et après que
« les syndics auront été appelés à faire connaître leurs
« propositions et les intéressés leurs observations, dé-
« terminera l'organisation définitive et les attributions
« du syndicat, les bases de la répartition, soit provi-
« soire, soit définitive, de la dépense entre les conces-
« sionnaires intéressés, et la forme dans laquelle il
« sera rendu compte des recettes et des dépenses. Un
« arrêté ministériel déterminera, sur la proposition
« des syndics, le système et le mode d'exécution et
« d'entretien des travaux d'épuisement, ainsi que les
« époques périodiques où les taxes devront être ac-
« quittées par les concessionnaires. Si le ministre juge
« nécessaire de modifier la proposition du syndicat,
« le syndicat sera de nouveau entendu. Il lui sera fixé
« un délai pour produire ses observations » (L. 1838,
art. 3).

En tout ceci, le chef de l'État et le ministre font acte l'administration. Néanmoins, le recours au Conseil l'État serait certainement ouvert, si le chef de l'État ivait statué sans que les syndics, et de plus, au premier cas, sans que les intéressés eussent été entendus ou appelés. Il en serait de même, si le décret d'organisation ivait été rendu sans avoir été soumis à la délibération du Conseil d'État (V. *suprà*, n. 314).

351. L'art. 4 de la loi de 1838 prévoit l'abstention les concessionnaires et même du syndicat élu par eux : « Si l'assemblée générale, dûment convoquée, ne « se réunit pas ou si elle ne nomme point le nombre « de syndics fixé par l'arrêté du préfet, le ministre, « sur la proposition de ce dernier, instituera d'office « une commission composée de trois à cinq personnes, « qui sera investie de l'autorité et des attributions des « syndics. » De même, « si les syndics ne mettent « point à exécution les travaux d'asséchement, ou s'ils « contreviennent au mode d'exécution ou d'entretien « réglé par l'arrêté ministériel, le ministre, après que « la contravention aura été constatée, les syndics « préalablement appelés, et après qu'ils auront été mis « en demeure, pourra, sur la proposition du préfet, « suspendre les syndics de leurs fonctions et leur sub- « stituer un nombre égal de commissaires. »

M. Dufour estime que, si cette dernière décision a été prise injustement ou irrégulièrement, les syndics peuvent former un recours devant le Conseil d'État t. 7, n. 33). Nous pensons que le recours serait pos- ible, dans les mêmes circonstances, contre tout arrêté portant institution d'une commission.

352. Les taxes sont recouvrables dans la forme des

contributions directes; les rôles de recouvrement sont dressés par les syndics et rendus exécutoires par le préfet. Il s'ensuit naturellement que la compétence à l'égard des réclamations contre la fixation des quote-parts des concessionnaires appartient aux conseils de préfecture (L. 1838, art. 5; V. *infrà*, n. 361).

Cet article établit en faveur des syndicats une autre assimilation : les réclamations relatives à leurs travaux sont jugées comme en matière de travaux publics (V. *suprà*, n. 229.

353. *Redevances dues à l'État*.

« Les propriétaires de mines sont tenus de payer à « l'État une redevance fixe et une redevance propor-« tionnelle au produit de l'extraction » (L. 1810, art. 33). On reconnaît généralement que ces redevances sont des impôts. La Cour de cassation a cependant jugé que la redevance fixe n'était pas une contribution directe et ne pouvait compter pour la formation du cens électoral, à raison de ce qu'elle était déterminée par la loi de 1810 d'après des éléments invariables, et non soumise aux mutations annuelles du budget (Req., 14 juin 1830, D.30,1,290).

354. En réalité, les redevances dues à l'État sont l'équivalent de la patente. « L'exploitation des mines « n'est pas considérée comme un commerce, et n'est « pas sujette à patente » (L. 1810, art. 32).

Le Conseil d'État décide en conséquence que la vente des produits, restant inséparable de l'exploitation de la mine, n'est pas sujette à patente. Peu importe que le concessionnaire ne se contente pas de vendre sur le carreau de la mine et possède un ou plusieurs entrepôts (31 mai 1859, *Charray*); qu'il convertisse ses charbons en coke (21 janv. 1847, *Comp. des mines de Chaney*), ou en agglomérés (30 avril 1863, *Mines de Blanzy*; mais V. en sens contraire, 7 mai 1880, *Min. fin. c. Mines de la Grand'Combe*); et même qu'il y ait association pour cette exploitation et cette vente (7 juin 1836, *Mines de Boussagues*). L'exemption s'applique aux produits des travaux de recherche (9 juin 1842, *Bonnet et Desmartins;* V. *suprà*, n. 287 et suiv., 297). Elle est uniquement motivée par cette raison, que les concessionnaires français payent à l'État, pour leur exploitation, la redevance établie par la loi de 1810. Elle ne peut être invoquée par l'exploitant étranger qui possède un établissement fixe en France (10 août 1844, *Levainville;* 24 juill. 1872, *Mines du Bois-du-Luc*).

Les concessionnaires de mines restent soumis, pour les bâtiments d'exploitation comme pour le sol, à la contribution foncière (26 sept. 1871, *Denier*). Leur exploitation, ne constituant en aucune façon un établissement public, ne saurait être frappée de la taxe des biens de mainmorte (7 juin 1851, *Comp. des mines de Douchy*).

355. « La redevance fixe sera annuelle et réglée « d'après l'étendue de l'extraction. Elle sera de dix francs « par kilomètre carré » (L. 1810, art. 34; V. Décr. 6 mai 1811, art. 1 et suiv.). Elle est considérée comme une charge pesant non sur les produits, mais sur la propriété. En conséquence, elle reste due tant que la concession subsiste, et lors même que l'exploitation serait abandonnée (15 juill. 1853, *Giraud;* 6 fév. 1874, *Berthounieu*). Si plusieurs concessions ont été accordées sous la même surface, la redevance fixe n'est pas répartie entre elles. Il est dû autant de redevances qu'il y a de concessions; les travaux préparatoires sont formels en ce sens.

L'administration a dressé, pour servir de matrice des rôles de la redevance fixe, un tableau de toutes les mines concédées dans chaque département (Décr. 6 mai 1811, art. 1). Ce tableau énonce le nom et la désignation de chaque mine, sa situation, les noms, professions et demeures des concessionnaires, la désignation et la date du titre de concession, l'étendue de la concession et la somme à percevoir (art. 2). Il est rectifié chaque année (art. 10).

356. « La redevance proportionnelle sera *une con-* « *tribution annuelle*, à laquelle les mines seront assu- « jetties *sur leurs produits* » (L. 1810, art. 34). « La « redevance proportionnelle sera réglée chaque année, « par le budget de l'État, comme les autres contribu- « tions publiques : toutefois, elle ne pourra jamais s'é- « lever au-dessus de 5 p. 100 du *produit net* » (art. 35). « Il sera imposé en sus un décime pour franc, lequel « formera un fonds de non-valeurs, à la disposition du « ministre de l'intérieur pour dégrèvement en faveur « des propriétaires de mines qui éprouveront des « pertes ou accidents » (art. 36).

L'établissement de l'assiette de la redevance proportionnelle rend nécessaire la détermination du *produit net* de chaque mine. Les règles à suivre ont été posées par le décret du 6 mai 1811.

Il est dressé pour chaque mine un *état d'exploitation*, comprenant deux parties : 1° la partie descriptive ; 2° la proposition de l'évaluation du produit net imposable (Décr. 1811, art. 17). Cet état est établi par le *comité de proposition*, composé de l'ingénieur des mines du département, des maires et adjoints des communes sur lesquelles s'étendent les concessions, et des deux répar-titeurs communaux les plus imposés. Les concession-naires ou leurs agents doivent avoir été préalablement entendus (art. 18). Ils peuvent faire une *déclaration* du produit net, qui est mentionnée au tableau si elle dif-fère de l'évaluation proposée (art. 19). Ensuite, l'ingé-nieur prépare la *matrice de rôle*, qu'il adresse au préfet, et que celui-ci soumet au *comité d'évaluation*, composé du préfet, de deux membres du conseil gé-néral nommés par lui, du directeur des contributions, de l'ingénieur, et de deux des principaux propriétaires de mines, dans les départements où il y a un nombre d'exploitants suffisant (art. 23 et 24). Ce comité déter-mine les évaluations définitives du produit net et arrête les états et matrices (art. 25).

357. Il faut d'abord fixer le produit *brut*, dont en-suite on déduira les dépenses, afin d'obtenir le produit net.

La fixation du produit brut était d'abord déterminée par la vente de la substance sur le carreau de la mine (Circ. 4 juin 1849; 21 juill. 1853, *Comp. des mines de Ronchamps*). Postérieurement, il a été admis, sur la de-mande des exploitants, que l'on prendrait pour base les prix sur les lieux mêmes où les ventes se seraient opé-rées, sauf toutefois le cas où il s'agirait de ventes à l'étranger (Instr. 6 déc. 1860; V. 26 août 1858, *Comp. des houillères de l'Aveyron*; 7 juin 1859, *Mines de Cublac*; 19 juill. 1878, *Schneider*). Pour les substances qui ne sont pas vendues en nature, mais soumises à un trai-tement métallurgique par les exploitants eux-mêmes, la fixation du produit net résulte de l'estimation qui est faite de ces substances (4 juin 1839, *De Broglie* ; Circ. 4 juin 1849).

D'un autre côté, les quantités servant de base au calcul étaient les quantités *extraites* pendant l'année (Circ. 4 juin 1849). Conformément à la demande des exposants, l'administration a consenti à y substituer les quantités *vendues* pendant l'année (Instr. 6 déc. 1860). Mais le Conseil d'État paraît avoir maintenu la première interprétation (29 juin 1866, *Mines de Saint-Georges* ; 7 mai 1880, *Min. fin. c. Comp. des mines de Grand'Combe* ; 4 juin 1880, *Chagot* ; 9 juill. 1880, *Min. fin. c. Comp. de Saint-Gobain* ; 3 déc. 1880, *Min. fin. c. Comp. du gaz et des hauts-fourneaux de Marseille*).

358. Quant aux déductions à effectuer sur le produit brut, elles ont été fixées successivement par trois circulaires des 12 avril 1849, 1er décembre 1850 et 6 décembre 1860, qui ont adopté une interprétation de moins en moins rigoureuse pour les exploitants. Les dépenses admissibles ont été classées dans l'ordre suivant :

A. — *Salaires d'ouvriers.* — Sous cet article, le Conseil d'État admettait les gratifications ayant pour objet de compléter le traitement d'employés, mais non les rémunérations accidentelles et variables, accordées par exemple à titre d'encouragement (7 mai 1857, *Mines d'Anzin*), ou à l'occasion de la fête de la patronne des mineurs (13 janv. 1859, *Comp. des mines d'Anzin*). La circulaire du 6 décembre 1860 accepte ces dépenses en déduction. Il faut y assimiler les dépenses de construction de maisons d'ouvriers, lorsque les conditions de la location peuvent être considérées comme constituant une augmentation de salaire (27 juill. et 29 déc. 1859,

Comp. des mines de Vicoigne; 9 janv. 1874, *Min. fin.
c. Mines de Blanzy*). Les frais de construction et d'entretien des maisons d'école destinées aux enfants des
ouvriers étaient d'abord rejetés (7 mai 1857, 13 janv.
1869, *Mines d'Anzin*). La déduction est acceptée par
l'instruction du 6 décembre 1860 et consacrée par le
Conseil d'État, ainsi que celle de la chapelle annexée et
même de la maison de l'ecclésiastique qui donne aux
enfants l'enseignement religieux (9 janv. 1874, *Min.
fin. c. Mines de Blanzy*).

B.—Achat et entretien de chevaux servant à l'exploitation.

C. — Entretien de tous les travaux souterrains de la
mine, puits, galeries et ouvrages d'art.

D.—Mise en action et entretien de moteurs, machines
et appareils (machines d'extraction, appareils pour la
descente et la remonte des ouvriers, machines d'épuisement, appareils d'aérage).

E. — Entretien des bâtiments d'exploitation.

F. —Entretien et renouvellement de l'outillage proprement dit.

G.—Entretien de voies de communication, soit entre
les différents centres d'exploitation de la mine, soit
entre ces centres d'exploitation et les lieux où s'opère
la vente des produits, lorsque les voies de communication font partie intégrante de la mine, c'est-à-dire lorsqu'il n'y a pas de différence entre le prix de la substance
minérale sur le puits ou galerie d'extraction et le prix
de cette substance rendue à la gare, de telle sorte qu'on
puisse dire que c'est réellement à la gare que se trouve
le carreau de la mine. L'instruction du 6 décembre
1860 admet d'une manière absolue les dépenses de

subventions pour dégradations de chemins vicinaux, que le Conseil d'État acceptait pour le transport des matériaux nécessaires à l'exploitation, mais non pour celui des matières extraites (7 mai 1857, 13 janv. 1859, *Mines d'Anzin*; 29 déc. 1849, *Comp. des mines de Vicoigne*).

H. — Premier établissement de puits, galeries et ouvrages d'art.

I. — Premier établissement de machines, appareils et moteurs.

K. — Premier établissement de bâtiments d'exploitation. A titre d'exemple, citons la construction d'une usine destinée à façonner les menus charbons en briques, sous le nom d'agglomérés (30 avr. 1863, *Mines de Blanzy*; 17 fév. 1865, *Mines d'Anzin*).

L. — Premier établissement des voies de communication dont il est question à l'art. G ci-dessus.

M. — Frais de bureau qui ont lieu au siège de l'exploitation, mais en les réduisant à ceux qui sont strictement nécessaires pour la marche de l'entreprise. Ici l'instruction du 6 décembre 1860 admet « les frais de « transport, d'entrepôt et de vente, encore bien que « le lieu où s'opérera la vente ne soit pas relié à la mine « par des voies qui en dépendent immédiatement ». Les frais de transport étaient, en effet, rejetés par le Conseil (27 juill. 1859, *Comp. des mines d'Anzin*). La déduction est admise aujourd'hui (10 sept. 1864, *Mines de Karésas*). Il faut comprendre dans les frais de bureau les frais de gérance, sans distinguer entre les traitements fixes et les primes variables allouées sur le montant des produits (3 août 1877, *Chagot*); les frais généraux et d'administration afférents au siège social, en

tant qu'ils se rapportent à l'exploitation de la mine
(Même arrêt). L'instruction ajoute : « les pertes de
« place, les frais généraux de voyage », que le Conseil
« n'admettait pas » (16 juin 1853, *Comp. des mines de
la Loire;* 7 mai 1857, 13 janv. 1859, *Mines d'Anzin*).
Enfin, « les indemnités tréfoncières, soit en argent,
« soit en nature, que les actes de concession obligent
« les concessionnaires à payer aux propriétaires de la
« surface, en vertu des art. 6 et 42 de la loi de 1810. »
La jurisprudence était contraire (23 juill. 1857, *Mines
de la Loire*).

Dans le cas d'acquisition payable en plusieurs termes, chaque terme doit être imputé sur les charges de
l'année dans laquelle il est payé (3 août 1877, *Chagot*).

Parmi les dépenses dont la déduction n'est pas admise, il faut citer les intérêts d'emprunts, les annuités
d'amortissement des capitaux engagés dans l'entreprise
et les intérêts du fonds de roulement (16 juin 1853, *Comp.
des mines de la Loire;* 27 mai 1857, *Comp. de Lhorme*);
les frais de gérance d'une société en commandite (21 mai
1862, *Tisserandot*); les frais du conseil de surveillance
de la société; la redevance fixe (4 juin 1880, *Chagot*);
les contributions (9 juill. 1880, *Min. fin. c. Comp. de
Saint-Gobain*).

Il est bien entendu qu'on doit considérer exclusivement l'objet et le fait de la dépense, et non rechercher
si elle est exagérée (27 déc. 1865, *Mines de Presle*).

359. La redevance est déterminée, pour chaque
année, d'après les résultats de l'exploitation de l'année
précédente, et, pour la première année seulement, d'a-
près le revenu de l'exercice courant (Circ. 12 avr. 1849;
5 déc. 1879, *Comp. de la Vieille-Montagne;* 26 déc. 1879,

Min. fin. c. Mines d'Aniche; 4 juin 1880, *Chagot*). Dans l'établissement du revenu de chaque année, on ne tient pas compte du déficit antérieur qui a pu faire que, pour l'année précédente, la mine ne fût pas imposée (Circ. 12 avr. 1849). Les concessions formant des propriétés distinctes, la redevance s'établit séparément pour chaque concession, la même personne en possédât-elle plusieurs. On ne tient pas compte du prix auquel une mine peut être affermée, si ce n'est au cas d'abonnement (V. le n. suivant; Circ. 12 avr. 1849). Le concessionnaire doit, enfin, payer les frais de perception réglés par le ministre des finances (4 juin 1880, *Chagot*).

Dans le système du décret du 6 mai 1811, le comité d'évaluation était chargé de déterminer l'évaluation *définitive* du produit net imposable, et d'arrêter les états et matrices de rôles (art. 25). On a craint que la composition de ce conseil ne donnât pas une garantie suffisante aux intérêts de l'État, et l'art. 1er du décret du 11 février 1874 a ainsi modifié cet art. 25 : « En cas de « désaccord sur l'appréciation du produit net impo- « sable, entre le comité d'évaluation institué par le « décret du 6 mai 1811 et l'ingénieur des mines ou le « directeur des contributions directes, il est statué par « le préfet, sur avis motivé du directeur des contribu- « tions directes. Si le préfet n'adopte pas les conclu- « sions du directeur des contributions directes, il en « est référé au ministre des travaux publics, qui statue « après s'être concerté avec le ministre des finances. »

Cette nouvelle attribution de compétence suppose un désaccord entre le comité et l'ingénieur ou le directeur *présents à la délibération.* Ces fonctionnaires sont, en cela, investis d'une mission absolument personnelle, et la désapprobation de l'ingénieur en chef, par exemple, lorsque l'ingénieur ordinaire présent à la délibération a partagé l'avis du comité, ne saurait donner lieu à la compétence du préfet ni du ministre (15 nov. 1878, *Min. fin. c. Mokta-el-Hadid*).

360. Aux termes de l'art. 35 de la loi de 1810, « il « pourra être fait un abonnement pour ceux des pro- « priétaires de mines qui le demanderont. » Les conditions de l'abonnement ont été réglées par le décret du 6 mai 1811, successivement modifié par ceux des 30 juin 1860, 27 juin 1866 et 11 février 1874.

L'abonnement est réglé pour cinq ans (Décr. 30 juin 1860, art. 1er). Ce décret prenait pour base le produit net moyen des deux dernières années antérieures, et, d'après le Conseil d'État, l'abonnement ne pouvait être refusé par le motif que l'une de ces deux années n'avait pas donné de produit net; il suffisait que l'autre eût donné un bénéfice pour qu'une moyenne fût établie sur les deux (7 août 1863, *Mines de l'Argentière*; 7 août 1863, *Mines de Sarthe-et-Mayenne*; 28 août 1865, *Forges de Châtillon*; 11 janv. 1866, *Mines des Moquets*). Le décret du 27 juin 1866, art. 1, porte que l'abonnement sera réglé « sur le produit net moyen des cinq dernières « années pour lesquelles l'impôt à la redevance aura « été régulièrement établi. Il ne sera pas tenu compte, « dans lesdites cinq dernières années, de celles qui « n'auront pas donné de produit net. L'abonnement, « fixé comme il est dit au paragraphe précédent, sera « maintenu pendant une durée de cinq ans. »

Les formes de l'abonnement sont indiquées par les décrets précités, et l'abonnement est accordé, suivant son importance, par le préfet, par le ministre, ou par un décret rendu en Conseil d'État. L'abonnement peut toujours être refusé, mais seulement par une décision du ministre des travaux publics prise de concert avec le ministre des finances, après avis du conseil général des mines et des sections réunies des travaux publics et des finances du Conseil d'État (Décr. 11 fév. 1874, art. 2). La violation de ces formes donnerait ouverture au recours pour excès de pouvoir.

Les règles ainsi déterminées pour l'admission des soumissions d'abonnement ne sont que des dispositions de procédure et d'instruction. Les demandes pendantes à la date du décret de 1874 se sont donc trouvées soumises aux dispositions de ce décret (2 juin 1876, *Société de Commentry-Fourchambault* ; 23 juin 1876, *Comp. de Châtillon et Commentry*).

361. Les redevances fixes, redevances proportionnelles et abonnements sont assimilés, pour la perception, à la contribution foncière (L. 1810, art. 37 ; 29 mai 1874, *Bousquet*). Elles sont recouvrées au moyen de rôles dressés par le directeur des contributions directes (Décr. 6 mai 1811, art. 33 et 41) ; et la mise en recouvrement du rôle pour une année peut n'avoir lieu que dans le cours de l'année suivante (11 juill. 1853, *Giraud*).

L'assimilation s'étend, comme toujours, au jugement des réclamations, qui sont portées devant le conseil de préfecture et, en appel, devant le Conseil d'État. La demande en décharge et réduction est non recevable si elle n'est accompagnée, devant le conseil de préfecture, de la quittance des termes échus (15 juill. 1853, *Dupont* ; 26 janv. 1854, *De Wendel :* V. *suprà*, n. 352).

Le ministre des finances seul, et non le ministre des travaux publics, a qualité pour déférer au Conseil d'État la décision du conseil de préfecture (8 juin 1877, *Min. des trav. publ. c. Schneider*).

362. L'art. 36 de la loi de 1810 admet le dégrèvement, par voie administrative, des concessionnaires qui ont éprouvé des pertes et accidents. L'instruction est réglée par les art. 54 à 56 du décret du 6 mai 1811, et aboutit à la distribution du fonds de non-valeurs entre les contribuables dont les réclamations ont été reconnues fondées (art. 57).

363. De plus, l'art. 38 de la loi de 1810 permet au Gouvernement d'accorder, par l'acte de concession ou par décret postérieur, la remise de la redevance proportionnelle pour le tout ou partie, soit à titre d'encouragement motivé par la difficulté des travaux, soit à titre de dédommagement pour accidents de force majeure (V. comme application, Décr. 17 nov. 1860, *Comp. d'Escoupont*; 9 janv. 1861, *Comp. de Désert*).

Le refus de remise à titre gracieux, comme celui d'une part au fonds de non-valeurs, ne saurait donner lieu à aucun recours.

364. *Division et réunion des exploitations.*

Lorsqu'une mine appartient à une société ou à plusieurs personnes, soit en vertu de l'acte de concession, soit en conséquence d'une transmission par hérédité, vente, etc..., l'indivision dans la propriété donne lieu de craindre pour l'unité d'exploitation. La loi du 27 avril 1838, art. 7, soumet, en pareil cas, les concessionnaires ou la société à une double justification, subordonnée cependant à la réquisition du préfet (V. Instr. 29 déc. 1838).

Ils doivent : 1° « Justifier qu'il est pourvu, par une
« convention spéciale, à ce que les travaux d'exploita-
« tion soient soumis à une direction unique et coor-
« donnés dans l'intérêt commun. » Cette convention
est un contrat de droit civil qui, au cas de difficulté
entre les parties, serait apprécié par les tribunaux.
2° « Désigner, par une déclaration authentique faite au
« secrétariat de la préfecture, celui des concession-
« naires ou tout autre individu qu'ils auront pourvu
« des pouvoirs nécessaires pour assister aux assemblées
« générales, pour recevoir toutes notifications et signi-
« fications ; en général, pour les représenter vis-à-vis
« de l'administration, tant en demandant qu'en défen-
« dant. » Cette personne prend le nom de *correspondant*. La désignation du correspondant est un acte de
gestion de la chose indivise qui, à défaut d'accord des
copropriétaires, ne saurait émaner que du tribunal civil
(Lyon, 17 juin 1835).

L'art. 7 ajoute une sanction : « Faute par les con-
« cessionnaires d'avoir fait, dans le délai qui leur aura
« été assigné, la justification requise par le § 1ᵉʳ du
« présent article, ou d'exécuter les clauses de leurs
« conventions qui auraient pour objet d'assurer l'unité
« de la concession, la suspension de tout ou partie
« des travaux pourra être prononcée par un arrêté du
« préfet, sauf recours au ministre et, s'il y a lieu, au
« Conseil d'État par la voie contentieuse, sans préju-
« dice, d'ailleurs, de l'application des art. 93 et suiv.
« de la loi du 21 avril 1810 », relatifs à la poursuite
des contraventions ; V. *suprà*, n°. 287).

365. Au cas de vente ou partage, l'art. 7 de la loi
de 1838 n'a d'autre objet que l'exécution de la loi de

1810, dont l'art. 7 porte : « Une mine ne peut être
« vendue par lots ou partagée sans une autorisation
« préalable du Gouvernement, donnée dans les mêmes
« formes que la concession. »

On doit suivre ici les règles applicables aux demandes
en concession, moins cependant celles qui sont destinées à sauvegarder les droits des tiers, complètement
désintéressés à l'égard d'une demande en division
(Instr. 3 août 1810). Il ne peut donc être statué sur la
demande en division, au cas de refus comme au cas
d'autorisation (V. *suprà*, n. 308), que par *décret* délibéré en Conseil d'État et assujetti aux mêmes règles
que les décrets de concession (V. *suprà*, n. 298 et suiv.).
Mais le concessionnaire n'a pas de droit à faire valoir,
et ne saurait attaquer par la voie contentieuse le décret
portant refus, et rendu dans les formes des décrets de
concession (V. *suprà*, n. 308).

Le moyen tiré de la violation de l'art. 7 de la loi de
1810 est d'ordre public. Il peut être invoqué par tous
les concessionnaires et proposé pour la première fois
devant la Cour de cassation (Cass. civ., 4 juin 1844,
D. 44,1,258). Cependant, le rétablissement de l'exploitation collective pour l'avenir satisfait à toutes les exigences de la loi, et il n'existe aucun motif pour annuler,
dans le passé, la perception divise des produits, bien
qu'elle ait eu lieu en vertu d'une exploitation frac-
tionnée (Req., 10 avril 1854, D. 55,1,210). De son
côté, le Gouvernement, dont l'autorisation était indispensable et n'a pas été accordée, reste toujours maître
d'interdire toute exploitation opérée contrairement à la
règle de l'indivisibilité des concessions. Et tout cela,
quelles qu'aient été la durée de l'état de choses illicite

et la tolérance de l'administration (Colmar , 23 mai 1863, D.63,2,113).

366. Le motif qui a dicté l'art. 7 de la loi de 1810, c'est que « l'exploitation d'un gîte minéral, pour être « bien conduite, doit être effectuée avec ensemble, « par des travaux coordonnés entre eux suivant les « règles de l'art. Morceler le gîte serait souvent com- « promettre son existence. Des extractions partielles et « indépendantes les unes des autres pourraient avoir « des résultats funestes » (De Cheppe, *Annales des Mines*, 3e série, t. 8, p. 586).

Cette vérité a d'abord été méconnue par la Cour de cassation, qui a tenu pour valable la convention par laquelle les titulaires d'une concession unique divisent perpétuellement entre eux la jouissance et l'exploitation de leur droit (Req., 4 juill. 1833, D.33, 1,265; *contrà*, Req., 7 juin 1830, D.30,1,279). De même, la Cour a eu à se demander si le concessionnaire, qui ne saurait morceler sa propriété sans autorisation, pouvait l'amodier séparément. L'affirmative résultait de l'arrêt précité du 4 juillet 1833. Elle a été formelle- ment consacrée par un autre arrêt invoquant, et le silence de l'art. 7, et cette considération « que les ga- « ranties, soit en faveur du Gouvernement, soit en « faveur des propriétaires de la superficie, sont les « mêmes, puisque la propriété et la responsabilité « reposent toujours sur la tête des concessionnaires « primitifs » (Req., 20 déc. 1837, D.38,1,5).

Mais l'opinion contraire l'a emporté, « attendu que « l'amodiation ou le louage d'une mine concédée, s'ap- « pliquant à des choses fongibles et qui se consomment « par l'usage, à des substances qui ne peuvent se repro-

« duire, constituent une aliénation et, par conséquent,
« une aliénation partielle lorsque le louage ou l'amo-
« diation ne porte point sur la totalité de la conces-
« sion; que, d'ailleurs, le but de l'art. 7 précité de la
« loi du 21 avril 1810 a été d'empêcher la division de
« l'exploitation, division qui résulterait des baux par-
« tiels » (Cass. civ., 4 juin 1844, D.44,1,258 ; 26 nov.
1845, D.46,1,20; V. Req., 3 mars 1843, D.43,1,
193).

Le principe ainsi consacré demeure étranger aux conventions qui ne fractionnent ni la propriété ni l'exploitation, comme celles qui fixent la part de chaque concessionnaire dans la propriété et dans les produits d'une
concession indivise (Cass. civ., 18 avril 1853, D.55,
1,209; Req., 10 avril 1854, D.55,1,210), ou dans
le produit de la licitation commune (Cass. civ., 19 fév.
1850, D.50,1,181 ; V. encore Rej. civ., 29 janv. 1866,
D.66,1,63). Il ne touche pas davantage au jugement
ordonnant la licitation, quand il y est déclaré qu'elle
s'opérera sans fractionnement de la concession (Rej.
civ., 18 nov. 1867, D.67,1,450; Req., 21 avril 1857,
D.57,1,190; Paris, 27 fév. 1857, Sir.58,2,570).

367. Si le morcellement des mines a ses dangers,
leur réunion a les siens : la concentration de plusieurs
concessions dans les mêmes mains, permettrait aux
exploitants d'étouffer la concurrence et d'élever les prix
à un taux excessif.

Il faut rechercher si la loi de 1810 a subordonné
cette réunion à l'autorisation du Gouvernement. L'art. 31
porte : « Plusieurs concessions pourront être réunies
« entre les mains du même concessionnaire, soit comme
« individu, soit comme représentant une compagnie,

« mais à la charge de tenir en activité l'exploitation de
« chaque concession. » Cet article doit être rapproché
de l'art. 7, déclarant la propriété des mines libre et
transmissible comme celle de tous les autres biens, et
indiquant, comme seule exception, la nécessité d'une
autorisation du Gouvernement pour le partage ou la
vente par lots (V. *suprà*, n. 365). Le sens naturel de
l'art. 31 est que la réunion des concessions reste facultative pour les concessionnaires, à la seule condition de
maintenir les différentes exploitations.

Cependant, on a dit : La réunion des concessions est
contraire à l'esprit de la loi et à l'intérêt général.
L'art. 31 se trouve placé à la section 1re du tit. 4, ainsi
intitulée : *De l'obtention des concessions*, laquelle est
exclusivement consacrée à l'instruction des demandes
en concession. Dès lors, les mots : *pourront être réunies*,
ne signifient pas que les propriétaires seront libres de
faire la réunion, mais que le Gouvernement aura la faculté de l'accorder. Et ce point de vue est confirmé par
les mots qui suivent : *entre les mains du même concessionnaire* (et non *du même propriétiare*), mots prouvant que
l'art. 31 se réfère uniquement à une réunion s'opérant
entre les mains d'un concessionnaire primitif et en
vertu d'une seconde concession (Dupont, t. 1, p. 402).

Ce système ingénieux est, à notre avis, contraire à
l'impression qu'on éprouve en lisant les art. 7 et 31,
et tombe devant l'observation suivante : Dans l'art. 7,
comme dans l'art. 31, le droit du concessionnaire,
droit de propriété d'abord, droit de réunion ensuite,
est formellement subordonné à une condition unique :
là, celle de ne pas diviser sans autorisation; ici, celle de
maintenir les exploitations en activité. Si le législateur

a songé, pour le second cas, comme pour le premier, à exiger l'autorisation du Gouvernement, comment ne l'a-t-il pas dit? Comment a-t-il gardé le silence sur le point capital pour ne s'occuper que de l'accessoire? La Cour de cassation a jugé en conséquence qu'un acte social, intervenu en 1845, avait pu réunir valablement plusieurs concessions sans autorisation du Gouvernement (Rej. civ., 1er juin 1859, D.59,1,244).

La nécessité de l'autorisation a été formulée par un décret du 23 octobre 1852, ainsi conçu : Art. 1er. « Défense est faite à tout concessionnaire de mines, de « quelque nature qu'elles soient, de réunir sa ou ses « concessions à d'autres concessions de même nature, « par association ou acquisition ou de toute autre manière, sans l'autorisation du Gouvernement.» Art. 2. « Tous actes de réunion, opérés en opposition à l'article « précédent, seront en conséquence considérés comme « nuls et non avenus et pourront donner lieu au retrait « des concessions, sans préjudice des poursuites que les « concessionnaires des mines réunies pourraient avoir « encourues en vertu des art. 414 et 419 du Code pénal » (V. Circ. min. 20 nov. 1852, D.53,3,7).

Ce décret est-il légal? Dans l'espèce qui lui était soumise, la Cour a écarté l'influence de sa disposition comme ne pouvant avoir d'effet rétroactif. Si cependant le décret a restreint, dans les mains des concessionnaires de mines, les prérogatives découlant de leur propriété d'après la loi de 1810, force est de reconnaître qu'il a réglé une matière législative et qu'il l'a réglée contrairement à la loi.

368. L'autorisation, en tant qu'elle est nécessaire, exige un acte du Gouvernement, c'est-à-dire un décret du Président de la République. L'analogie des demandes en réunion avec les demandes en division et en concession conduit à penser que, dans le cas présent comme dans les deux autres, le refus, aussi bien que l'autorisation, doit résulter d'un décret rendu après délibération du Conseil d'État (V. *suprà*, n. 308, 365). Il ne s'agit toujours que d'un acte du pouvoir gracieux, non susceptible de recours par la voie contentieuse.

369. *Surveillance administrative.*

Les concessions de mines sont soumises à la surveillance du Gouvernement sous un double rapport : celui de la police et celui de la bonne exploitation. Les travaux des mines intéressent évidemment la sécurité publique à raison de leurs conséquences possibles relativement à la conservation de la surface, à la solidité des constructions et à la vie des mineurs. La propriété des mines, érigée en propriété spéciale dans l'intérêt de la richesse publique, ne saurait être abandonnée à l'industrie privée sans garantie d'une exploitation sérieuse.

C'est à ce double droit de surveillance que se rattache l'ordonnance du 18 avril 1842, obligeant tout concessionnaire de mine à élire un domicile et à le faire connaître par déclaration adressée au préfet du département où la mine est située. En cas de transfert de la propriété, à quelque titre que ce soit, tout nouveau propriétaire est soumis à la même obligation (V. pour le cas où la mine appartient à plusieurs personnes, *suprà*, n. 364).

370. Le droit de surveillance *de la production* avait été indiqué plutôt qu'organisé par la loi de 1810. Aux termes de l'art. 48, les ingénieurs des mines « obser- « veront la manière dont l'exploitation se fera, soit

« pour éclairer les propriétaires sur ses inconvénients
« ou son amélioration, soit pour avertir l'administra-
« tion des vices, abus ou dangers qui s'y trouveraient. »
L'art. 49 ajoute : « Si l'exploitation est restreinte ou
« suspendue de manière à inquiéter la sûreté publique
« ou les besoins des consommateurs, les préfets, après
« avoir entendu les propriétaires, en rendront compte
« au ministre de l'intérieur, pour y être pourvu ainsi
« qu'il appartiendra. »

Incontestablement, l'art. 48 reconnaît aux ingénieurs
des mines le droit d'inspecter les travaux au point de
vue, non seulement de la police, mais encore de la
bonne exploitation, et de donner des conseils aux exploitants. Ceux-ci enfreindraient leurs obligations en refusant de souffrir cette inspection et de recevoir ces conseils. Rien cependant ne les oblige à s'y conformer.

371. Il résulte également de l'art. 49 que, dans
le cas de restriction ou de suspension de l'exploitation,
de nature à inquiéter les besoins des consommateurs,
il appartient à l'administration de prendre des mesures.
Quelles mesures? La loi de 1810 ne le dit pas. En fait,
l'administration voyait dans le défaut d'exploitation une
inexécution du contrat, et lisait dans l'art. 49 le droit,
pour le chef de l'État, de prononcer la révocation de la
concession (Instr. 3 août 1810). C'est ainsi que les
choses se passent aujourd'hui encore en Belgique, où cet
art. 49 régit toujours seul la matière, et où, d'ailleurs,
l'administration et la jurisprudence ne s'accordent pas
sur son application (Bury, t. 1, n. 285 et suiv.).

Chez nous, le droit de révocation a été consacré et
régularisé par la loi du 27 avril 1838 (art. 10 ; V. *infrà*,
n. 381).

Le Gouvernement peut toujours stipuler, dans l'acte de concession, telle obligation qu'il juge nécessaire au développement de la production, et même ajouter que son oubli autorisera la révocation. Le concessionnaire qui a accepté cette situation doit en subir les conséquences (16 nov. 1850, *Comp. de Lhorme*).

372. Le Gouvernement ne trouve pas dans la loi le pouvoir d'imposer au concessionnaire les mesures nécessaires à l'augmentation de la production. En 1851, le ministre des travaux publics avait prescrit à la Compagnie de l'Aveyron d'augmenter sa production de manière à satisfaire à la consommation d'une usine. Cette décision a été annulée malgré l'avis du Conseil général des mines (10 juin 1857, *Comp. des Forges d'Aubin*). Le ministre ne saurait davantage prescrire au concessionnaire de vendre dans telles ou telles conditions, par exemple de livrer les houilles moyennant un prix fixé par experts (Même arrêt), ou bien à prix égal et sans tour de faveur (Lyon, 3 juill. 1873, D.74,2,195 ; Req., 24 nov. 1874, D.76,1,135).

L'excès de pouvoir serait évident surtout si le ministre, ne s'en tenant pas à une injonction, prononçait la révocation de la concession en dehors des hypothèses prévues, soit par l'art. 46 de la loi de 1810, soit par l'acte de concession (28 juill. 1852, *Péron*; V. *infrà*, n. 381).

Au surplus, le droit du concessionnaire étant un droit de propriété, l'exercice n'en peut être restreint que conformément à la loi, et les tribunaux civils ont le pouvoir de rechercher si l'acte préfectoral ou ministériel, opposé en pareil cas par un usinier, est légal et obligatoire (Req., 24 nov. 1874, D.76,1,135).

373. Passons à la surveillance *de police.*

La loi de 1810 porte : « Les ingénieurs des mines « exerceront, sous les ordres du ministre de l'intérieur « et des préfets, une surveillance de police pour la « conservation des édifices et la sûreté du sol » (art. 47).

« Si l'exploitation compromet la sûreté publique, la « conservation des puits, la solidité des travaux, la « sûreté des ouvriers mineurs ou des habitations de la « surface, il y sera pourvu par le préfet, ainsi qu'il est « pratiqué en matière de grande voirie, et selon les « lois » (art. 50). Par là, la loi de 1810 se réfère à celle du 29 floréal an x, ordonnant la constatation des contraventions par procès-verbaux (art. 2), autorisant le sous-préfet à ordonner par provision, sauf recours au préfet, ce que de droit pour faire cesser les dommages (art. 3), et donnant compétence au conseil de préfecture pour statuer définitivement (art. 4).

La loi du 27 juillet 1880 a, sous divers rapports, modifié cet art. 50 : « Si les travaux de recherche ou « d'exploitation d'une mine sont de nature à compro- « mettre la sécurité publique, la conservation de la « mine, la sûreté des ouvriers mineurs, *la conservation* « *des voies de communication,* celle *des eaux minérales,* la « solidité des habitations, *l'usage des sources qui ali-* « *mentent des villes, villages, hameaux et établissements* « *publics,* il y sera pourvu *par le préfet.* » Ce texte est applicable aux travaux de recherche comme aux travaux d'exploitation (V. *suprà,* n. 287 et suiv.). Aux objets de la surveillance administrative, il ajoute plusieurs objets nouveaux, en donnant aux préfets le pouvoir d'empêcher que les travaux ne compromettent la con-

servation des voies de communication, des eaux minérales et des sources alimentant les villes, villages, hameaux et établissements publics. On sait que, d'après la
jurisprudence civile, les concessionnaires ne sont pas
responsables du tarissement des sources occasionné par
leurs travaux en dehors du périmètre de leur concession : doctrine qui ne nous paraît pas conforme à l'esprit
de la loi de 1810, et qui n'est pas la conséquence nécessaire des principes du droit civil (V. *suprà*, n. 331).
Enfin, il dégage le préfet de l'observation de la loi du
29 floréal an x, et lui permet de statuer seul.

Le pouvoir du préfet peut s'exercer à raison des dangers résultant de la proximité d'un chemin de fer : en
ce cas, le dommage a pour première cause le travail
public, non la mesure de police que ce travail a rendu
nécessaire, et, par suite, il est dû indemnité au concessionnaire de la mine (V. *Traité des travaux publics*, t. 2,
n. 921 et 980).

Ici s'appliquait aussi l'art. 49, rapporté plus haut, et
sur lequel nous aurons à revenir (V. *suprà*, n. 370, et
infrà, n. 379 et suiv.).

374. L'insuffisance de la loi de 1810 apparut en
présence de graves accidents, qui éclatèrent en 1812
dans les mines des environs de Liège, alors partie de
l'Empire français. Pour y remédier, fut rendu le décret
du 3 janvier 1813, plus tard complété par la loi du
27 avril 1838 (V. *suprà*, n. 348, 364) et par l'ordonnance
du 26 mars 1843, modifiée par le décret du 25 septembre 1882. Ces textes édictent différentes mesures,
dont les unes sont de simples mesures de précaution,
prescrites pour toujours et pour toutes les mines ; d'autres sont à prendre dès qu'un danger est prévu ; d'au-

tres, en prévision d'un danger imminent; d'autres enfin, en présence d'un accident arrivé.

Quant aux mesures de pure précaution, le décret de 1813 ordonne la tenue, sur chaque mine, d'un registre et d'un plan constatant l'état journalier des travaux, afin qu'il soit facile, au cas d'accident, de rechercher les ouvriers (art. 6).

L'art. 6 du décret du 25 septembre 1882 ajoute : « Il sera procédé ainsi qu'il est dit aux art. 3, 4 et 5 « ci-dessus (V. le n. suiv.) à l'égard de tout conces- « sionnaire qui négligerait de tenir sur ses exploita- « tions le registre et le plan d'avancement journalier des « travaux, qui n'entretiendrait pas constamment sur ses « établissements les médicaments et autres moyens de « secours, qui n'adresserait pas au préfet, dans les dé- « lais fixés, les plans des travaux souterrains et autres « plans prescrits par le cahier des charges, qui pré- « senterait des plans qui seraient reconnus inexacts ou « incomplets par les ingénieurs des mines. »

Les ingénieurs doivent viser ces plans et visiter les exploitations qui exigent une surveillance particulière. Les concessionnaires sont tenus de leur faciliter l'ac-complissement de cette mission (Décr. 1813, art. 23 et 24). Il est défendu aux concessionnaires d'abandonner une exploitation, ou même une portion ou un étage d'exploitation, sans que l'ingénieur en ait fait la visite et dressé un procès-verbal constatant les causes qui peuvent nécessiter l'abandon (art. 8 et 9). Ces prescrip-tions, comme toutes celles du décret de 1813, sont sanctionnées par l'art. 31 de ce décret, portant que les contraventions aux dispositions de police ci-des-sus seront jugées et punies conformément au titre 10 de la loi de 1810 (V. L. 1810, art. 93 et suiv., *suprà*, n. 287, 364).

De ces dispositions, il faut rapprocher les art. G et H du cahier des charges annexé à la circulaire du 8 octobre 1843, défendant l'ouverture d'un nouveau champ d'exploitation sans autorisation du préfet ; l'art. 8 de la loi du 27 avril 1838, permettant au préfet de suspendre tout ou partie de l'exploitation, sauf recours au ministre et au Conseil d'État, lorsque des travaux d'exploitation ont été ouverts en contravention aux lois et règlements ; enfin, l'art. 7 du décret de 1813, aux termes duquel la fermeture des exploitations, lorsqu'elles sont parvenues à un état de vétusté et de délabrement qui peut compromettre la vie des hommes et lorsqu'il n'est pas possible de les réparer convenablement, doit, sur avis des ingénieurs, du préfet et de trois experts, être ordonnée par le ministre, sauf recours au Conseil d'État.

375. En second lieu, les mesures à prendre *en prévision d'un accident possible* sont indiquées par les art. 1er à 5 de l'ordonnance de 1843, modificative du décret de 1813, et modifiée elle-même par le décret du 25 septembre 1882. Art. 1er : « Dans les cas prévus par l'art. 50 « de la loi du 21 avril 1810, modifié par la loi du « 27 juillet 1880, et généralement lorsque, pour une « cause quelconque, les travaux de recherche ou d'ex- « ploitation d'une mine seront de nature à compro- « mettre la sécurité publique, la conservation de la « mine, la sûreté des ouvriers mineurs, la conservation « des voies de communication, celle des eaux miné- « rales, la solidité des habitations, l'usage des sources « qui alimentent les villes, villages, hameaux et éta-

« blissements publics, les explorateurs ou les conces-
« sionnaires seront tenus d'en donner immédiatement
« avis à l'ingénieur des mines et au maire de la com-
« mune dans laquelle la recherche ou l'exploitation sera
« située. »

Cette obligation suppose un danger prévu. Elle
n'existe pas par cela seul que, par exemple, le travail
est repris dans un chantier momentanément abandonné
par suite de la manifestation du feu grisou (Rej. crim.,
26 avril 1862, D.64,5,246). Mais elle se renouvelle
toutes les fois qu'il survient dans l'état de la mine un
changement notable, et nécessite alors une nouvelle
notification (Lyon, 30 janv. 1857, D.58,2,84). Disons
à ce sujet que, comme le décret de 1813, l'ordonnance
de 1843 attache à ses prescriptions la sanction des
peines correctionnelles prononcées par l'art. 96 de la loi
de 1810 (V. le n. précédent).

« Le préfet, après avoir entendu l'explorateur ou le
« concessionnaire, ordonnera telles dispositions qu'il
« appartiendra » (Décr. 25 sept. 1882, art. 3). Si l'explorateur ou le concessionnaire n'obtempère à l'arrêté
qui lui est notifié, il y est pourvu à ses frais (art. 4). En
ce cas, les frais de confection et autres sont réglés par
le préfet et le recouvrement en est opéré comme en
matière de grande voirie. Les réclamations contre le
règlement de ces frais sont portées devant le conseil de
préfecture, sauf recours devant le Conseil d'État (Ord.
1843, art. 5).

Le droit, pour le concessionnaire, de contester l'utilité de la dépense, ne paraît pas douteux en présence
de ce texte, et d'une considération qui vient à l'appui :
c'est que l'ordonnance de 1843 a supprimé le recours

ouvert, par l'art. 4 du décret de 1813, contre l'arrêté préfectoral ordonnant l'exécution des travaux.

376. La troisième catégorie de mesures se rapporte au *danger imminent*.

Le pouvoir de les ordonner a été conféré, par le décret de 1813, aux ingénieurs qui, en principe, n'ont pas le droit d'agir eux-mêmes, mais uniquement celui de faire des propositions au préfet. L'ingénieur « fera, sous sa responsabilité, les réquisitions néces- « saires aux autorités locales, pour qu'il y soit pourvu « sur-le-champ, d'après les dispositions qu'il jugera « convenables, ainsi qu'il est pratiqué en matière de « voirie lors du péril imminent de la chute d'un édi- « fice » (Décr. 1813, art. 5; Ord. 1843, art. 2). La responsabilité de l'ingénieur ne serait engagée que dans le cas de mauvaise foi. Quant à la nécessité de donner avis à l'autorité, quant au règlement des dépenses, il y a lieu de suivre les règles établies en vue du danger non imminent. (V. le n. précédent).

377. Enfin, le décret de 1813 prévoit les *accidents arrivés*, occasionnant mort d'homme ou blessures gra- ves, ou compromettant la sûreté des travaux des mines, des propriétés de la surface, ou l'approvisionnement des consommateurs. Il doit en être aussitôt donné connaissance au maire de la commune et à l'ingé- nieur; en cas d'absence, au conducteur (art. 11 et 12). Procès-verbal est dressé et les travaux nécessaires sont exécutés par les ordres de l'ingénieur et des auto- rités locales (art. 13 et 14). Comme dans les hypo- thèses précédentes, l'oubli des prescriptions de la loi est puni conformément à l'art. 31 du décret de 1813 (V. *suprà*, n. 374).

378. L'art. 22 ajoute que, si un accident a occasionné la perte ou mutilation d'ouvriers, *faute de s'être conformé à ce qui est prescrit par le présent règlement*, les exploitants, propriétaires et directeurs pourront être poursuivis par application des art. 319 et 320, Code pén., prévoyant l'homicide et les blessures involontaires, indépendamment des dommages-intérêts. Cette disposition ne déroge pas au droit commun, et ne permet pas au concessionnaire de se soustraire à la responsabilité d'une négligence ou d'une maladresse par le motif *qu'il s'est conformé aux règlements* (Rej. crim., 20 avr. 1855, D.55,1,267; 31 mars 1865, D.65,1,399).

379. *Résolution de la concession.*

La loi de 1810 n'avait pas expressément formulé la possibilité du retrait des concessions. Mais l'administration invoquait, pour prononcer la déchéance, l'art. 49 (V. *suprà*, n. 370). Le principe a été posé et appliqué à trois situations différentes par la loi du 27 avril 1838.

Les art. 1 à 4 de cette dernière loi organisent les mesures à prendre lorsque plusieurs mines sont menacées d'inondation, soit pour les assécher, soit pour arrêter les progrès de l'inondation (V. *suprà*, n. 348 et suiv.). L'art. 5 règle la répartition et le payement des dépenses. L'art. 6 ajoute : « A défaut de payement dans « le délai de deux mois à dater de la sommation qui « aura été faite, la mine sera réputée abandonnée; le « ministre pourra prononcer le retrait de la concession, sauf le recours au Chef de l'État en son Conseil d'État par la voie contentieuse. La décision du « ministre sera notifiée aux concessionnaires déchus, « publiée et affichée à la diligence du préfet... A l'expiration du délai de recours ou, en cas de recours,

« après la notification de l'ordonnance confirmative de
« la décision du ministre, il sera procédé publique-
« ment, par voie administrative, à l'adjudication de la
« mine abandonnée. Les concurrents seront tenus de
« justifier des facultés suffisantes pour satisfaire aux
« conditions imposées par le cahier des charges. Celui
« des concurrents qui aura fait l'offre la plus favorable
« sera déclaré concessionnaire, et le prix de l'adjudi-
« cation, déduction faite des sommes avancées par
« l'État, appartiendra au concessionnaire déchu ou à
« ses ayants droit. Ce prix, s'il y a lieu, sera distribué
« judiciairement et par ordre d'hypothèque. Le con-
« cessionnaire déchu pourra, jusqu'au jour de l'adju-
« dication, arrêter les effets de la dépossession en
« payant toutes les taxes arriérées et en consignant la
« somme qui sera jugée nécessaire pour sa quote-part
« dans les travaux qui resteront encore à exécuter. »

En général, tout actionnaire, tout créancier de la
société concessionnaire, peut arrêter les effets de la
déchéance en consignant la somme exigée, pourvu
que le concessionnaire ne s'oppose pas à cette intervention et ne déclare pas, par exemple, avoir plus d'intérêt à toucher le prix d'adjudication (26 mai 1876,
Lebreton-Dulier).

380. L'art. 9 de la loi de 1838 établit une seconde
application du retrait : « Dans tous les cas où les lois
« et règlements sur les mines autorisent l'administra-
« tion à faire exécuter des travaux dans les mines aux
« frais des concessionnaires, le défaut de payement de
« la part de ceux-ci donnera lieu contre eux à l'ap-
« plication des dispositions de l'art. 6 de la présente
« loi. »

381. Une troisième application du retrait transforme en règle positive la vague menace formulée, par l'art. 49 de la loi de 1810, à l'égard des exploitations restreintes ou suspendues de manière à inquiéter la sûreté publique ou les besoins des consommateurs (V. *suprà*, n. 370 et 373). « Dans tous les cas prévus par l'art. 49 « de la loi du 21 avril 1810, le retrait de la concession « et l'adjudication de la mine ne pourront avoir lieu « que suivant les formes prescrites par le même art. 6 « de la présente loi » (L. 27 avr. 1838, art. 10).

382. Enfin, il ne faut point oublier le décret du 23 octobre 1852, défendant de réunir plusieurs concessions sans autorisation du Gouvernement. L'art. 2 de ce décret porte que les actes de réunion non autorisés seront nuls et non avenus, et *pourront donner lieu au retrait des concessions* (V. *suprà*, n. 367).

Il ne faut point oublier, non plus, que la loi n'a pas d'effet rétroactif (art. 2, Cod. civ.; Rej. civ., 1er juin 1859, D.59,1,244).

383. D'après tout ce qui vient d'être dit, le retrait des concessions, considéré dans ses effets, est une expropriation pour cause d'utilité publique, bien plus qu'une déchéance pure et simple. Le concessionnaire, qui pouvait en arrêter les effets tant qu'il n'y avait pas eu adjudication, conserve le prix obtenu. Et cette règle, posée dans l'hypothèse de l'art. 6 de la loi de 1838 (V. *suprà*, n. 379), est certainement faite aussi pour le retrait prononcé conformément aux art. 9 et 10 (V. *suprà*, n. 380 et 381), comme pour celui dont parle le décret du 23 octobre 1852 (V. le n. préc.). Car le concessionnaire d'une mine en est propriétaire (V. *suprà*, n. 311).

On croira sans peine que le Gouvernement ne décide

pas à la légère la révocation d'une concession consti-
tutive de propriété. Il n'a pas, d'ailleurs, le droit
arbitraire de priver le concessionnaire de sa concession en la mettant en adjudication. La révocation
est prononcée sauf recours au Conseil d'État, qui
peut la mettre à néant. Ce pouvoir de la juridiction
administrative en matière de déchéance est admis
pour les concessions de travaux publics (V. *Traité
des travaux publics*, t. 2, n. 627, 725, 790). A plus
forte raison devait-il être reconnu à l'égard de concessions qui confèrent un droit de propriété (12 déc.
1868, *Comp. des Asphaltes*; Cass. civ., 17 mars 1873,
D.73,1,471).

Il y a plus : le recours au Conseil d'État est suspensif ici, bien qu'il ne le soit pas ordinairement. Le délai
même du recours est suspensif. La décision ministérielle prononçant la déchéance donne lieu à l'adjudication de la mine. Mais il n'est procédé à cette adjudication
qu' « à l'expiration du délai de recours, ou, en cas de
« recours, après la notification du décret confirmatif
« de la décision du ministre » (L. 27 avr. 1838,
art. 6 ; V. *suprà*, n. 379).

384. Il nous reste à parler de la renonciation. Le
propriétaire d'une concession onéreuse peut-il y renoncer, c'est-à-dire se décharger de ses obligations et
de sa propriété?

En Belgique, où la question dépend exclusivement,
comme chez nous, de l'interprétation de la loi de 1810,
la négative est universellement admise. Car la concession est un contrat, et le concessionnaire est tenu envers l'État (Bury, t. 2, n. 1279 et suiv.).

En France, on applique la circulaire ministérielle du

30 novembre 1834, organisant une procédure analogue à celle des demandes en concession. Le concessionnaire doit justifier que la mine est libre d'hypothèques. Des publications sont faites. Les intéressés sont admis à faire opposition. Il est statué par décret en Conseil d'État (5 fév. 1826, *Jovin*). Enfin, si l'exploitation est cédée moyennant un prix, ce prix est versé au concessionnaire.

385. *Questions transitoires.*

La loi de 1810 règle les concessions antérieures à sa promulgation.

Nous avons résumé ci-dessus le système organisé par la loi du 12 juillet 1791 (V. *suprà*, n. 281). Cette loi elle-même avait dû fixer le régime des concessions antérieures à 1791. Elle avait distingué deux situations : celle des concessionnaires exploitant des mines découvertes par eux ou par leurs cédants, et celles des concessionnaires exploitant des mines découvertes et précédemment exploitées par des propriétaires.

De ces concessions, les premières présentaient toutes les apparences d'un titre légitime ; la loi, accordant à leurs possesseurs tous les droits reconnus aux concessionnaires, déclarait les concessions valables pour cinquante ans, sauf une limitation applicable au territoire concédé : « Les concessionnaires actuels ou leurs ces-
« sionnaires, qui ont découvert les mines qu'ils exploi-
« tent, seront maintenus jusqu'au terme de leur con-
« cession, qui ne pourra excéder cinquante années à
« compter du jour de la publication du présent décret.
« En conséquence, les propriétaires de la surface, sous
« prétexte d'aucune des dispositions contenues aux
« art. 1ᵉʳ, 2 et 3, ne pourront troubler les concession-

« naires actuels dans la jouissance des concessions,
« lesquelles subsisteront dans toute leur étendue si
« elles n'excèdent ¡pas celle qui sera fixée par l'article
« suivant; et, dans le cas où elles excéderaient cette
« étendue, elles y seront réduites par les directoires
« des départements en retranchant, sur la désignation
« des concessionnaires, les parties les moins essen-
« tielles aux exploitations » (art. 4). « L'étendue de
« chaque concession sera réglée, suivant les localités et
« la nature des mines, par les départements, sur l'avis
« des directoires de district; mais elle ne pourra ex-
« céder six lieues carrées. La lieue qui servira de me-
« sure sera celle de vingt–cinq au degré, de 2,282
« toises » (art. 5).

Quant aux concessions accordées sur des mines précédemment exploitées par des propriétaires, la loi
présumait qu'elles avaient eu pour cause ces actes de
spoliation par lesquels l'ancienne monarchie avait compromis l'exploitation minérale : les concessionnaires
étaient, sauf exception, déclarés déchus, et les mines
rendues à leurs propriétaires. « Les concessionnaires
« dont la concession a eu pour objet des mines décou-
« vertes et exploitées par des propriétaires, seront dé-
« chus de leur concession à moins qu'il n'y ait eu, de
« la part desdits propriétaires, consentement libre,
« légal et par écrit, formellement confirmatif de la con-
« cession; sans quoi lesdites mines retourneront aux
« propriétaires qui les exploitaient avant lesdites con-
« cessions, à la charge par ces derniers de rembourser
« de gré à gré ou à dire d'experts, aux concession-
« naires actuels, la valeur des ouvrages ou travaux
« dont ils profiteront » (art. 6).

386. Passons aux concessions accordées en vertu de la loi de 1791.

Elles étaient consenties par le roi pour cinquante ans et ne pouvaient excéder six lieues carrées ; les propriétaires du sol avaient un droit de préférence pour les obtenir, et, en tout cas, la loi leur réservait le droit d'exploiter jusqu'à une profondeur de cent pieds (V. *suprà*, n. 281). La loi de 1810 a amélioré la situation des concessionnaires sous un double rapport.

Dans une pensée d'unité, elle a assimilé leur propriété à celle des concessionnaires postérieurs à 1810. Les concessions sont devenues perpétuelles : « Les concessionnaires antérieurs à la présente loi « deviendront, du jour de sa publication, propriétaires « incommutables, sans aucune formalité préalable « d'affiches, vérification de terrain ou autres prélimi- « naires, à la charge seulement d'exécuter, s'il y en a, « les conventions faites avec les propriétaires de la « surface, et sans que ceux-ci puissent se prévaloir « des art. 6 et 42 » (L. 1810, art. 51 ; V. *suprà*, n. 320 et suiv.). Il suit de là que les associations formées entre ces concessionnaires et les tiers sont également perpétuelles, lorsque les actes indiquent la volonté de lier le sort des associations à celui des concessions (Req., 7 juill. 1852, D.52,1,236).

D'un autre côté, le droit reconnu aux propriétaires, d'exploiter jusqu'à cent pieds de profondeur, a été supprimé en faveur des concessionnaires anciens comme des nouveaux concessionnaires, à moins que l'exercice n'en ait été régularisé avant 1810 (19 juill. 1843, *Heudebert* ; 22 août 1853, *Galland*).

387. Le caractère de perpétuité ne saurait s'appli-

quer aux concessions ayant pour objet des substances
concessibles autrefois et inconcessibles aujourd'hui,
comme les terres pyriteuses ou vitrioliques, que la loi
de 1810 a rangées parmi les minières (V. *suprà*, n. 284).
La perpétuité accordée aux anciennes concessions, dans
le seul but d'unifier la législation, irait contre son but
si elle aboutissait à prolonger un état de choses contraire au droit commun, à l'intérêt des propriétaires du
sol et à l'équité (De Cheppe, *Annales des Mines*, 3ᵉ série,
t. 12, p. 635).

388. Le bénéfice de l'art. 51 ne peut être invoqué
que par les *concessionnaires antérieurs à la présente loi*,
opposés par cet article aux *exploitants de mines qui n'ont
pas exécuté la loi de* 1791. Quels sont donc les *concessionnaires antérieurs à la loi de* 1810 ?

Ce sont d'abord ceux qui ont obtenu des concessions,
entre 1791 et 1810, en se conformant à la loi de 1791.
Ce sont ensuite ceux qui, ayant obtenu des concessions
avant 1791, les ont fait régulariser conformément aux
art. 4 et 6 de cette loi (V. L. 1791, art. 26, et *suprà*,
n. 385). Ce point ressort de l'art. 53 de la loi de 1810
(V. le n. suiv.) qui, précisément, aux *concessionnaires antérieurs à la présente loi* de l'art. 51, oppose *les exploitants
de mines qui n'ont pas exécuté la loi de* 1791 *et qui n'ont
pas fait fixer, conformément à cette loi, les limites de leur
concession*.

389. Restent les exploitants désignés comme il
vient d'être dit par l'art. 53. La loi de 1810 ne les
reconnaît pas comme concessionnaires, mais elle leur
accorde le droit de le devenir : « Quant aux exploitants
« de mines qui n'ont pas exécuté la loi de 1791 et qui
« n'ont pas fait fixer, conformément à cette loi, les

« limites de leurs concessions, ils obtiendront les con-
« cessions de leurs exploitations actuelles, conformé-
« ment à la présente loi ; à l'effet de quoi les limites de
« leurs concessions seront fixées sur leurs demandes
« ou à la diligence des préfets, à la charge seulement
« d'exécuter les conventions faites avec les proprié-
« taires de la surface, et sans que ceux-ci puissent se
« prévaloir des art. 6 et 42 de la présente loi » (Art. 53;
V. *suprà*, n. 320 et suiv.).

Sans doute, il appartient au Gouvernement de déli-
miter les concessions. Mais l'art. 53 reconnaît aux concessionnaires un droit acquis en raison de leur possession. Dès lors, la concession qui leur est due, et qui a
tous les caractères d'une délimitation, ne peut être
refusée, quel que soit le temps écoulé depuis 1791.

390. La délimitation est faite par le chef de l'État.
Si des difficultés s'élèvent entre l'administration et les
exploitants, il semble que leur appréciation appartienne
au contentieux administratif. Cependant, l'art. 56
porte : « Les difficultés qui s'élèveraient entre l'admi-
« nistration et les exploitants, relativement à la déli-
« mitation des mines, seront décidées par l'acte de
« concession » (19 juill. 1826, *Min. int.*; 5 déc. 1833,
Min. du commerce).

Du moins, l'art. 56 ne parle que des difficultés soulevées *relativement à la délimitation*, et ne peut donc être
étendu à d'autres contestations.

391. Vis-à-vis des propriétaires du sol, les concessionnaires antérieurs à 1810, comme les exploitants
autorisés à faire fixer les limites de leurs concessions,
ne sont obligés qu'en vertu des conventions intervenues. Les propriétaires ne sont pas fondés à invoquer,

pour obtenir la fixation d'une redevance, les art. 6 et 42 de la loi de 1810 (L. 1810, art. 51 et 53 ; 22 août 1853, *Galland;* Req., 2 fév. 1858, D.58,1,203).

La compétence est réglée par l'art. 55 : « En cas « d'usages locaux, ou d'anciennes lois qui donneraient « lieu à la décision de cas extraordinaires, les cas qui « se présenteront seront décidés par les actes de con- « cession ou par les jugements de nos cours et tribu- « naux, selon les droits résultant, pour les parties, des « usages établis, des prescriptions légalement acquises « ou des conventions réciproques. » L'acte de conces-sion interprétera les actes administratifs; les tribunaux apprécieront les actes et moyens du droit commun (V. *suprà*, n. 51, 54, 287, 292, 305, 317, 322).

« A l'égard des contestations qui auraient lieu entre « des exploitants voisins, elles seront jugées par les « tribunaux et cours » (L. 1810, art. 56 ; V. *suprà*, n. 343, 347).

Vis-à-vis de l'État, les obligations des concession-naires, quant aux impôts et redevances, ne diffèrent pas de celles des concessionnaires nouveaux (art. 52 et 54 ; V. *suprà*, n. 353 et suiv. ; V. comme application, Cour de cass. belge, 2 fév. 1865, D.65,2,79).

392. *Mines de sel.*

L'exploitation des mines de sel, comme des sources et puits d'eau salée, est assimilée à l'exploitation des autres mines. La question a cependant fait difficulté, bien que la Cour de cassation ait déclaré la loi du 21 avril 1810 applicable aux mines de sel (Cass. civ., 8 sept. 1832, D.32,1,407 ; V. *suprà*, n. 285), et que le Conseil d'État ait refusé d'assujettir à la patente les sources et puits d'eau salée, comme étant susceptibles de

concession (17 avr. 1834, *Parmentier;* V. *suprà*, n. 354).
La loi du 17 juin 1840 a réglé la matière.

Les exploitations dont il s'agit ne peuvent avoir lieu
qu'en vertu d'une concession accordée par décret délibéré en Conseil d'État (L. 17 juin 1840, art. 1er). « Les
« concessions seront faites de préférence aux proprié-
« taires des établissements existants » (art. 3).

« Les lois et règlements généraux sur les mines sont
« applicables aux exploitations des mines de sel. Un
« règlement d'administration publique déterminera,
« selon la nature des concessions, les conditions aux-
« quelles l'exploitation sera soumise. Le même règle-
« ment déterminera aussi les formes des enquêtes qui
« devront précéder les concessions de sources ou de
« puits d'eau salée » (art. 2). Ce règlement est l'ordonnance du 7 août 1841 (V. les obligations particulières imposées aux concessionnaires par les art. 5 et
suiv. de la loi de 1840).

« Seront applicables à ces concessions les disposi-
« tions des titres 5 et 10 de la loi du 21 avril 1810 »
(art. 2). Le titre 5 est relatif à la surveillance de l'administration ; le titre 10 à la police et à la juridiction.

L'art. 4 limite l'étendue des concessions : « Les con-
« cessions ne pourront excéder vingt kilomètres carrés
« s'il s'agit d'une mine de sel, et un kilomètre carré
« pour l'exploitation d'une source ou d'un puits d'eau
« salée. »

« Aucune redevance proportionnelle ne sera exigée
« au nom de l'État » (art. 4). Le sel est soumis à un
impôt spécial.

CHAPITRE III.

CONCESSION IMPROPREMENT DITE.

393. Après avoir parcouru les diverses applications du contrat de concession, il est nécessaire de passer rapidement en revue certaines permissions ou autorisations qui, aujourd'hui, n'ont de la concession que le nom, bien qu'il en ait été différemment à une époque plus ou moins reculée. Ces concessions improprement dites portent sur des objets qui ne sont pas susceptibles de propriété privée, objets dont, cependant, un usage privatif peut seul utiliser certains avantages.

394. *Concession sur les rivages de la mer.*

Les rivages de la mer sont une portion du domaine public (art. 538, Code civ.; V. *suprà*, n. 15). Ils restent par conséquent inaliénables et ne peuvent, à moins d'une disposition contraire de la loi, faire l'objet que d'autorisations précaires et révocables sans indemnité (V. *suprà*, n. 12).

Ce principe est applicable aux établissements de pêche, formés de filets et de roseaux, qu'on appelle madragues et bourdigues. Aux termes de l'ordonnance de 1681, liv. 5, tit. 4, art. 1er, ces établissements ne pouvaient être formés qu'avec l'autorisation du roi. L'arrêté du 9 germ. an IX a confirmé l'ordonnance, en exigeant seulement l'autorisation du Ministre de la marine (art. 1 et 2).

Le décret du 9 janv. 1852 confirme cette exigence : « Aucun établissement de pêcherie, de quelque nature « qu'il soit ; aucun parc, soit à huîtres, soit à moules ; « aucun dépôt de coquillages, ne peuvent être formés « sur le rivage de la mer, le long des côtes, ni dans la « partie des fleuves, rivières, étangs et canaux où les « eaux sont salées, sans une autorisation spéciale, « délivrée par le Ministre de la marine » (art. 2). L'art. 24 abroge tous lois et règlements contraires au décret de 1852 (V. Décrets d'exécution du 4 juill. 1853).

Une semblable autorisation étant essentiellement précaire, sa révocation ne peut donner lieu à indemnité.

395. Le Conseil d'État, toutefois, a réservé la question à l'égard de révocations portant sur des autorisations anciennes (10 août 1847, *de Rohan-Rochefort;* 14 mai 1858, *Vidal*). On verra plus loin qu'en matière de rivières navigables, la révocation ouvre un droit à indemnité en divers cas, particulièrement lorsque l'autorisation est antérieure à 1566, c'est-à-dire à la reconnaissance de l'inaliénabilité du Domaine (V. *suprà*, n. 2 et suiv., et *infrà*, n. 399). Il paraît juste de rai-

sonner ici par analogie. Et cette manière de voir est
consacrée par l'édit de 1710, confirmant les propriétaires des établissements dans leur possession, moyennant redevance (Req., 6 fév. 1860, D.60,1,156; V.
cep. Rapport de M. le cons. Hardoin, *eod.*).

396. Antérieurement au décret de 1852, (V. *suprà*,
n. 394), la Cour de cassation avait proclamé le pouvoir de
suppression à l'égard de tous les établissements dans lesquels il entrait de la pierre ou du bois, et qui n'étaient pas
antérieurs à l'ordonnance de 1544 (Cass. crim., 26 juill.
1851, D.51,5,178; Cass. ch. réun., 25 mai 1853, D.54,
1,47). Plus récemment, elle l'a déclaré applicable à tous
les établissements alimentés par les eaux de la mer et
retenant, au profit de leurs propriétaires, le poisson apporté par la marée haute (Rej. crim., 19 juill. 1856,
D.60,1,244).

397. De tout ce qui vient d'être dit, il faut conclure
qu'en principe, et d'après les règles du droit civil, l'u-
sage des rivages de la mer ne peut faire aujourd'hui
l'objet d'un contrat (V. l'exception résultant de la loi
du 20 décembre 1872, *suprà*, n. 223).

398. *Concession sur les cours d'eau navigables.*

Les cours d'eau, tant navigables que non navigables,
peuvent faire l'objet d'autorisations ou de concessions
qui sont ou ont été, en certains cas, constitutives de
droits. Nous avons examiné cette matière au point de vue
des atteintes portées par l'État aux droits des particuliers (*Traité des travaux publics*, t. 2, n. 1036 et suiv.).
Il est indispensable d'en résumer ici les principes généraux à un point de vue différent, celui de l'établissement de ces droits. Parlons d'abord des cours d'eau
navigables ou flottables.

Les cours d'eau navigables ou flottables font partie du Domaine public (art. 538, Cod. civ.), et, par conséquent, il ne saurait être question, en ce qui les concerne, d'abandon de propriété ou de jouissance. Les concessions consenties de nos jours sur ces cours d'eau ne sont pas des contrats générateurs de droits, mais de simples permissions, données à titre précaire et révocables sans indemnité (V. *suprà*, n. 12, et les n. précéd.)

399. Il n'en a pas été toujours ainsi. La domanialité des rivières navigables n'a été proclamée que par l'ordonnance de 1669, tit. 27, art. 42. Elle existe cependant depuis l'ordonnance de Moulins, de 1566, qui a déclaré le Domaine de la Couronne inaliénable pour l'avenir (V. *suprà*, n. 2). Les concessions antérieures à 1566 sont considérées comme ayant créé des droits (9 avr. 1863, *Couturier*; 15 fév. 1866, *Fresneau*; 20 janv. 1882, *Bellanger*; Rej. civ., 17 août 1857, D. 57,1,332), pourvu que la construction, comme la concession, soit antérieure à 1566 (23 août 1845, *Rambaud*; 7 mars 1861, *Ser.*). La preuve exigée de l'usinier peut résulter non seulement du titre originaire, mais encore de simples actes énonciatifs (10 mars 1846, *De Boisset*; 10 mars 1848, *Faucheux*).

Les ventes nationales sont constitutives de droits au profit des usiniers (6 janv. 1853, *Leblanc-Davau*; 16 déc. 1858, *Viard*; 27 juill. 1859, *Ducos-Bertrand*). Le Conseil d'État exigeait autrefois que la vente contînt assignation d'une force déterminée (13 fév. 1846, *Poullet*; 28 mai 1852, *Ramière*); ce qu'il ne demande plus aujourd'hui (27 juill. 1859, *Ducos-Bertrand*).

Il faut assimiler à ces concessions les autorisations accordées moyennant un prix *en capital*. Une redevance n'est pas un prix (Avis du min. trav. pub. 14 janv. 1839, sur *Paris et Martin*).

Dans ces trois situations, la jurisprudence annule comme entaché d'excès de pouvoir l'arrêté préfectoral qui, pour soumettre à des conditions l'usage d'une chute d'eau, accorde une autorisation inutile (15 fév. 1866, *Fresneau*).

400. De nos jours, il est admis qu'aucun ouvrage susceptible d'embarrasser les eaux ou de les détourner de leur cours naturel ne peut être établi sur une rivière navigable sans l'autorisation de l'administration, seule maîtresse d'apprécier si cette autorisation est compatible avec l'intérêt public (L. 22 déc. 1789 — 1er janv. 1790, sect. 3, art. 2; instr. 12-20 août 1790; arr. 19 vent. an 6; instr. 19 therm. an 6).

401. La défense ne porte pas seulement sur les parties navigables des rivières, mais aussi sur leurs dérivations non navigables (9 août 1836, *Deprast*), sur leurs bras non navigables (25 juin 1868, *Millet*; 30 nov. 1877, *Dufaur*), et sur les canaux d'amenée qui conduisent l'eau aux usines (8 mars 1844, *Hirt*); car ce sont là des dépendances des rivières navigables. Elle ne va pas jusqu'aux cours d'eau qui alimentent les rivières navigables, puisque, ainsi comprise, elle embrasserait purement et simplement tous les cours d'eau.

402. Quant aux travaux soumis à la nécessité d'une autorisation, peu importe qu'ils aient pour objet une usine, une prise d'eau, une digue, etc. L'arrêté du 19 ventôse an VI vise : « 1° les ponts, chaussées, digues, « écluses, usines, moulins, plantations...; 2° les bâtar- « deaux, les pilotis, gords, pertuis, murs, amas de « pierres, terres, fascines, pêcheries, filets dormants et

« à mailles ferrées, réservoirs, engins permanents et
« tous autres empêchements nuisibles au cours de
« l'eau » (art. 1er).

L'ordonnance de 1669 ne prohibait que les travaux
de construction. « Nul, soit propriétaire, soit enga-
« giste, ne pourra *faire* bâtardeaux, moulins, etc... »
(art. 42). Et l'arrêté de ventôse dit aussi : « Il est en-
« joint aux administrations.... de veiller avec la plus
« sévère exactitude à ce qu'il ne soit *établi*, par la
« suite » etc... (art. 9). Mais les modifications apportées à un ouvrage existant peuvent produire des effets
équivalents ou analogues à ceux d'une construction
nouvelle. Aussi l'autorisation est-elle justement exigée
de celui qui veut changer une usine de place ou y faire
quelque *modification importante* (Instr. min. 19 therm.
an VI). Quant à ce qu'il faut entendre par *modification
importante,* c'est tout changement qui influe sur le régime du cours d'eau, comme l'addition d'un mécanisme
augmentant la dépense des eaux (17 août 1825, *Pinel;*
9 août 1836, *Deprast*), ou le remplacement d'une roue
suspendue au fil de l'eau par une roue avec barrage
(22 janv. 1824, *Clérisseau*).

403. Au contraire, l'autorisation n'est pas nécessaire pour les travaux de simple réparation qui, ne modifiant pas l'action de l'usine sur les eaux, restent en
dehors des prévisions de l'ordonnance de 1669 et de
l'arrêté de ventôse an VI (31 janv. 1838, *Min. trav. pub.
c. Dubourdieu;* 20 avr. 1839, *Fougas;* 24 mai 1851,
Leblanc). En fait, cependant, cette autorisation n'est
pas inutile. Le point de savoir si les travaux projetés
sont ou non de nature à influer sur le régime du cours
d'eau est souvent des plus délicats ; l'usinier qui le ré-

sout négativement peut se tromper, et, s'il n'est couvert par une autorisation, ne fait les modifications *qu'à ses risques et périls* (Mêmes arrêts).

Une autorisation nouvelle n'est pas nécessitée par les modifications apportées à l'industrie de l'usinier en ce qu'il substituerait la fabrication de tel produit à celle de tel autre. « En principe, disait M. le com. du « Gouv. Reverchon, et sauf les dispositions spéciales « qui concernent certains établissements, par exemple « les établissements insalubres, l'administration, lors- « qu'elle accorde une permission d'usine sur un cours « d'eau, ne réglemente que le régime et l'usage des « eaux; elle ne réglemente pas l'industrie » (29 nov. 1851, *Rouyer*).

Il n'y a pas lieu à autorisation pour les modifications apportées aux ouvrages même extérieurs, du moment qu'elles restent sans influence sur le régime du cours d'eau (28 juill. 1866, *Ulrich;* même date, *Schifferstein;* 18 juin 1874, *Gâtellier*). A plus forte raison en est-il ainsi lorsqu'il s'agit des ouvrages intérieurs (20 mai 1881, *Min. trav. pub. c. Chalot et Heurlier*).

404. La reconstruction d'une usine détruite, au point de vue qui nous occupe, est assimilée à une construction nouvelle, et non à une réparation; car l'autorisation donnée pour élever l'établissement n'a pas été donnée pour le réédifier en cas de ruine (19 déc. 1855, *Puzin*). La possession de l'usinier, si longue qu'elle soit, n'a pu lui faire acquérir des droits sur une chose appartenant au domaine public (19 mai 1835, *Miramont;* V. *suprà,* n. 12; V. le n. suiv.). Le Conseil d'État a même décidé, contrairement aux conclusions de M. le com. du Gouv. Vuitry, que la vente natio-

nale, titre de l'usinier, ne peut être invoquée, après la
ruine de l'établissement, comme équivalent d'une autorisation toujours nécessaire pour fixer, sous le rapport hydraulique, les conditions de son règlement
(V. *suprà*, n. 400). Au moins est-il nécessaire de
reconnaître à l'usinier le droit d'obtenir une indemnité (1er févr. 1851, *Baron*) comme dans tous les cas
où son établissement a un titre légal (V. *suprà*, n. 399,
et *infrà*, n. 421).

405. Faut-il encore assimiler à une construction
nouvelle la mise en mouvement d'une usine abandonnée ? Autrefois, on décidait ainsi pour les moulins qui
avaient cessé de tourner pendant dix ans (Daviel, t. 2,
n. 680). Cette règle est trop absolue, sans doute. N'oublions pas, cependant, que l'autorisation est nécessaire
pour une reconstruction comme pour les travaux constituant une modification intéressant le régime des eaux.
Elle l'est également, si celui qui a été autorisé à établir
une usine est resté assez longtemps sans user de l'autorisation pour que son inaction soit considérée comme
une inexécution des conditions à lui imposées (V. *in-*
frà, n. 416, 442).

406. Le droit à un établissement sur un cours d'eau
navigable ne peut résulter d'une longue possession : on
ne prescrit pas contre le Domaine public (11 fév. 1836,
Petot; 21 nov. 1839, *Betz;* Cass. civ., 6 déc. 1826,
D.27,1,84; V. *suprà*, n. 12 et 404).

407. Quelle est l'autorité compétente pour donner
l'autorisation?

L'arrêté du 19 ventôse an vi, art. 9, exigeait, sans
distinction, l'autorisation expresse du pouvoir exécutif.
Le décret du 25 mars 1852, tableau D, a transféré aux

préfets le pouvoir de statuer sur les objets suivants :
« 1° Autorisation, sur les cours d'eau navigables et
« flottables, des prises d'eau faites au moyen de ma-
« chines et qui, eu égard au volume du cours d'eau,
« n'auraient pas pour effet d'en altérer sensiblement
« le régime ; 2° autorisation des établissements tempo-
« raires sur lesdits cours d'eau, alors même qu'ils au-
« raient pour effet de modifier le régime ou le niveau
« des eaux ; fixation de la durée de la permission. »
Cette disposition est textuellement reproduite par le
décret du 13 avril 1861. Quant aux établissements non
visés par le décret de 1852, il faut toujours un acte du
chef de l'État (V. 8 mars 1866, *Trône*).

408. Quelle que soit la compétence, les formalités
à observer restent les mêmes.

Celui qui veut obtenir l'autorisation doit adresser au
préfet une pétition, dont les formes sont déterminées
par la circulaire du 25 octobre 1851. Le préfet prend
un arrêté ordonnant le dépôt de la demande à la mairie
de la commune où les travaux doivent être exécutés, et
fixant l'ouverture de l'enquête. Cet arrêté est affiché à
la porte principale de l'église et à celle de la mairie, et
publié le dimanche, sur la place publique, à son de
caisse ou de trompe. L'affiche doit demeurer exposée
pendant vingt jours, avec invitation aux intéressés de
déposer leurs observations à la mairie avant l'expiration des trois jours qui suivront l'expiration de ce
délai. Enfin, le maire dresse un procès-verbal, auquel
il joint les oppositions qui ont pu être déposées, ses
observations, et, s'il y a lieu, l'avis du conseil muni-
cipal (Instr. 19 therm. an VI ; Nadault de Buffon, *Usines*,
t. II, p. 477 et suiv. ; V. aussi, pour le cas où les tra-

vaux sont exécutés sur le territoire de deux ou plusieurs communes, Instr. 25 oct. 1851).

Ces formalités sont substantielles (18 nov. 1852, *Magnier* ; 28 nov. 1861, *Maréchal*). Dans cette dernière affaire, il n'avait été procédé à l'enquête que dans une commune, bien que le cours d'eau fût séparatif de cette commune et d'une autre. Le décret d'autorisation a été déféré au Conseil d'État par des riverains, habitants de la seconde commune, et annulé pour excès de pouvoir. Sans doute, les formalités omises n'étaient prescrites que par des instructions ministérielles, et l'acte d'un ministre n'est nullement obligatoire pour le chef de l'État. Mais la mise en demeure des intéressés au moyen d'une enquête est la sauvegarde nécessaire des droits privés, et les instructions ministérielles doivent être tenues pour déclaratives bien plutôt que pour créatrices de cette nécessité. N'oublions pas, d'ailleurs, qu'en l'an vi la limite était encore mal déterminée entre les compétences des divers pouvoirs publics, et que l'instruction du 19 thermidor peut, ici et à d'autres égards, être considérée comme ayant complété l'œuvre législative (Concl. de M. le com. du Gouv. Robert, 15 juin 1864, *Gaunard*).

409. Viennent ensuite les formalités constituant l'instruction administrative. L'ingénieur ordinaire de l'arrondissement procède à la visite des lieux, en présence des maires, des intéressés, qu'il doit faire avertir cinq jours d'avance, et des autres personnes dont il a jugé la présence utile. Il réunit les renseignements nécessaires pour constater l'état présent des lieux et les effets possibles des changements projetés, dresse un procès-verbal et rédige un rapport, que l'ingénieur en chef transmet au préfet avec son avis. Les pièces sont et demeurent déposées à la mairie pendant quinze jours, et, après un nouvel avis des ingénieurs, intervient la décision définitive qui doit être, suivant la distinction du décret du 25 mars 1852 (V. *suprà*, n. 407) tantôt un arrêté préfectoral et tantôt un décret rendu après délibération du Conseil d'État (Circ. 16 nov. 1834; Instr. min. 25 oct. 1851; Dufour, t. 4, n. 496 et suiv.).

Les formalités ayant trait à l'instruction administrative et à la seconde enquête sont-elles substantielles, comme celles qui se rapportent à la première enquête? Le doute vient de ce qu'il s'agit moins ici de l'observation de l'instruction du 19 thermidor an VI que d'actes ministériels récents. Le Conseil d'État a décidé que l'arrêté du préfet était inattaquable par un intéressé qui n'avait pas été appelé à la seconde enquête (31 mai 1851, *Fresnel*). Son arrêt n'en est pas moins motivé, entre autres considérations, sur celle-ci, « qu'enfin l'enquête ouverte ultérieurement sur les « propositions des ingénieurs a été annoncée et publiée « en la forme ordinaire. » Si cette seconde enquête n'était ainsi publiée, l'instruction du 9 thermidor an VI et les garanties dues aux intéressés ne seraient observées qu'en partie, la procédure ne serait pas régulière, et il y aurait lieu d'appliquer la doctrine des arrêts cités plus haut, des 18 octobre 1852 et 28 novembre 1861 (V. *suprà*, n. 408).

410. Il est nécessaire d'insister sur le principal intérêt qui motive les formalités retracées ci-dessus, c'est-à-dire sur l'intérêt des tiers. Quels sont ici les tiers?

Ce sont d'abord les personnes qui invoquent soit des

droits de propriété ou autres droits réels, soit des conventions privées ou des jugements, en un mot, des droits et actes du ressort des tribunaux civils, dont l'effet sera neutralisé par l'autorisation sollicitée : ainsi, le propriétaire du terrain sur lequel un autre propriétaire demande à construire une usine ou à appuyer un barrage, ou celui qui a obtenu du demandeur en autorisation l'engagement de ne faire aucun ouvrage préjudiciable à ses droits.

Ce sont ensuite ceux qui font valoir des droits du ressort de l'autorité administrative ; par exemple, l'usinier pourvu d'une autorisation, et dont la prise d'eau sera diminuée ou la roue noyée par les travaux exécutés en vertu de l'autorisation nouvelle.

Ce sont ceux qui éprouveront, par suite de cette autorisation, un dommage dans leurs biens, comme le riverain dont le pré se trouvera inondé par la surélévation des eaux.

Ce sont enfin ceux qui seront lésés dans leurs intérêts, leur commodité ou leur convenance, sans éprouver aucune atteinte à leurs droits, comme celui qui sollicite la même autorisation pour son compte, ou celui qui se plaint de l'insalubrité que l'établissement amènera dans les environs.

Toutes ces personnes peuvent former opposition. Tant qu'il s'agit uniquement d'observations à présenter, chacun est recevable à invoquer, à l'encontre de la demande, son droit, son intérêt, et même l'intérêt public. Libre d'accorder l'autorisation ou de la refuser, l'administration est libre de choisir les motifs de sa décision.

411. Quelles sont, parmi ces oppositions, celles qui doivent arrêter l'administration ?

Si l'on invoque, pour démontrer l'impossibilité légale de l'autorisation, des droits et titres du ressort de l'autorité judiciaire, il semble qu'il y ait lieu à sursis et à renvoi devant les tribunaux. Cependant, l'action de l'administration serait paralysée, s'il lui fallait s'arrêter en présence de la réclamation la moins sérieuse. Force est de lui reconnaître la faculté soit de surseoir, soit d'accorder l'autorisation en réservant les droits des tiers.

Si l'on fait valoir des droits du ressort de l'autorité administrative, on doit croire que l'autorisation intervenue au mépris de ces droits donne lieu à un recours contentieux devant le Conseil d'État. La règle contraire est néanmoins admise lorsque l'autorisation nouvelle est accordée par un décret en Conseil d'État. Dans cette situation, le Conseil ne fait nulle différence entre le recours invoquant un intérêt blessé et le recours fondé sur la lésion d'un droit (1er nov. 1837, *Tonaillon*). « C'est, dit M. Dufour, la conséquence du principe « que les décrets revêtus de la forme des règlements, « en même temps qu'ils consacrent des mesures de « pure administration, tranchent les questions juri- « diques du ressort de l'autorité administrative qui s'y « rattachent. Cette règle se recommande par la simpli- « cité et la célérité qu'elle assure à l'action administra- « tive » (T. 4, n. 510; t. 1, n. 109). Quels que soient ces avantages, nous ne comprenons pas qu'il puisse être statué sur des droits par une décision en forme administrative, même après délibération du Conseil d'État (Daviel, t. 1, n. 363; V. *suprà*, n. 313).

Au moins n'en est-il ainsi que des tiers appelés ou entendus dans l'instruction. Ceux qui ne l'ont pas été ne sauraient être déclarés non recevables (V. *suprà*, n. 408, 409).

La règle est inapplicable, d'ailleurs, lorsque l'autorisation a été donnée par le préfet. L'arrêté d'un préfet ne saurait, en aucun cas, être assimilé à une décision contentieuse.

Si l'on invoque simplement le préjudice que causera l'autorisation, l'administration n'est pas tenue de s'arrêter. Elle apprécie souverainement les exigences de l'intérêt public et, quant au surplus, réserve les droits des tiers.

412. Reste à dire ce que vaut, au point de vue de l'action à exercer devant les tribunaux, la réserve des droits des tiers, ordinairement formulée par les actes d'autorisation.

Sans doute, les tiers lésés peuvent demander une indemnité : mais leur droit ne s'arrête pas là. L'administration, répondant à une demande d'autorisation, a simplement le pouvoir de permettre ce qui n'est pas contraire à l'intérêt public ; elle n'entend ni ne peut entendre rien faire qui soit contraire aux droits privés. La réserve des droits des tiers signifie que les effets de l'autorisation ne devront pas être contraires à ces droits. Il appartient naturellement à l'autorité judiciaire de vérifier la contradiction. En ordonnant la destruction des travaux, elle ne s'oppose pas à l'acte administratif. Elle ne l'apprécie pas. Elle ne fait que l'appliquer, et cette application rentre dans ses pouvoirs (V. *suprà*, n. 54, 268, 294, 319).

Cette vérité avait été proclamée depuis longtemps par le Conseil d'État (22 juin 1825, *Wacheinheim* ; 12 avril 1829, *Canal du Midi*). Elle a été reconnue par nombre d'arrêts de la Cour de cassation, rendus en matière de cours d'eau non navigables (V. *infrà*, n. 434, 435).

Elle n'est cependant pas applicable aux simples dommages résultant, pour les riverains, de ce que la pente des eaux est devenue plus rapide ou de ce que les eaux ont reflué sur leurs terrains. Permettre aux tribunaux d'ordonner la cessation de la cause qui produit ces dommages, ce serait les charger de régler, entre les riverains et les usiniers, la hauteur à laquelle peuvent s'élever les retenues : ce qui est précisément, en cette matière, la principale attribution du pouvoir administratif. Aux termes de l'art. 2 du titre 2 de la loi des 28 sept.—6 oct. 1791, visé par l'arrêté du 19 vent. an vi, les propriétaires d'usines doivent « tenir les eaux « à une hauteur qui ne nuise à personne, et qui sera « fixée par l'administration du département, d'après « l'avis de l'administration du district. » Le tribunal civil n'exerce aucun pouvoir sur cette fixation et ne peut, si elle est dommageable, que déterminer l'indemnité due par l'usinier (18 juill. 1838, *Millet*; Req., 14 fév. 1833, D.33,1,138; V. *suprà*, n. 400).

413. L'acte d'autorisation peut, quand il émane du préfet, être déféré au ministre des travaux publics. En ce cas, une seconde instruction s'ouvre devant le ministre. Le même acte peut être attaqué devant le Conseil d'État pour excès de pouvoir, s'il y a eu violation des formes substantielles (V. *infrà*, n. 414, 417, 419).

Il ne saurait être question de recours quand l'autorisation résulte d'un décret rendu en Conseil d'État, pourvu qu'il y ait eu observation des formalités substantielles. Un tel acte tranche définitivement les questions contentieuses du ressort de l'autorité administrative

(V. *suprà*, n. 411, et *infrà*, n. 422). Il ne peut être déféré au Conseil d'État comme portant atteinte aux droits privés. La réserve des droits des tiers permet de dire qu'il n'a pas statué à leur égard (V. le n. précédent).

414. Le pétitionnaire qui se voit refuser l'autorisation sollicitée ne saurait évidemment se pourvoir devant le Conseil d'État par la voie contentieuse : car il n'avait aucun droit à obtenir cette autorisation. Il n'est pas reçu davantage à critiquer, par cette voie, les conditions auxquelles l'autorisation a pu lui être accordée : car il appartient à l'administration de mettre des conditions à la permission qu'elle accorde (8 avr. 1847, *Bouillant-Dupont*). Seule, l'inobservation des formalités substantielles constituerait un excès de pouvoir (V. *suprà*, n. 408, 409).

415. Le permissionnaire peut être astreint au payement d'une redevance : il est juste que l'usage du Domaine public ne soit pas cédé sans compensation. Cependant, la perception d'un revenu au profit de l'État n'est licite qu'en vertu de l'autorisation de la loi ; aussi avait-il été rendu, le 8 mai 1839, un Avis du Conseil d'État portant qu'il n'y avait pas lieu d'adopter divers projets d'ordonnances autorisant des établissements moyennant redevance. La loi du 16 juillet 1840 a inscrit parmi les revenus de l'État « les redevances « pour permission d'usines et prises d'eau temporaires, « toujours révocables sans indemnité, sur les canaux « et rivières navigables » (art. 8). Cette disposition est, tous les ans, reproduite par la loi de finances (V. *suprà*, n. 223).

416. Le permissionnaire est tenu de se conformer

rigoureusement aux conditions de son autorisation, lesquelles sont prescrites à peine de déchéance.

Un délai est fixé pour l'exécution des travaux. A l'expiration de ce délai, la visite en est faite par l'ingénieur, qui dresse un procès-verbal de récolement. Si des différences importantes et préjudiciables existent entre l'état de choses prescrit et l'état de choses réalisé, le permissionnaire est mis, par le préfet, en demeure de régulariser la situation. En cas de refus ou de négligence, le préfet ordonne la mise en chômage de l'usine et, au besoin, la destruction des ouvrages dommageables (Circ., 25 oct. 1851). Il appartient au Conseil d'État d'annuler cette décision, s'il reconnaît que les prescriptions de l'acte d'autorisation ont été observées (9 mai 1834, *Avignon;* 6 mai 1848, *Lecoat de Kervéguen*).

La construction d'un ouvrage non conforme à l'autorisation est, de plus, une contravention de grande voirie, dont l'auteur doit être condamné, par le conseil de préfecture, à la démolition et à l'amende (L. 29 floréal an x; 22 fév. 1850, *Sicard-Duval*). Il va de soi qu'à l'administration, seule chargée d'apprécier les exigences de l'intérêt public, et nullement au conseil de préfecture, il appartient d'ajourner cette démolition (6 mai 1836, *Pain*), et même de l'ajourner indéfiniment.

Le permissionnaire qui ne s'est pas conformé à son autorisation est assimilé à celui qui a élevé des ouvrages sans autorisation, ou encore à celui dont l'autorisation a été, postérieurement aux travaux, annulée sur la réclamation des tiers. Il a agi à ses risques et périls et supporte les suites de son imprudence (V. *suprà*, n. 411, et *infrà*, n. 433, 442).

417. L'interprétation de l'acte d'autorisation ne peut être donnée·que par l'autorité administrative (Cass. civ., 24 déc. 1864, D. 64, 1, 87). Ici s'applique la maxime : *Ejusdem interpretari, cujus condere,* combinée avec cette idée, que la matière est contentieuse. Si donc l'autorisation a été donnée par le préfet, l'interprétation est demandée au préfet, sauf recours au ministre et au Conseil d'État (V. *suprà*, n. 413, et *infrà*, n. 419). Si l'autorisation résulte d'un décret dans la forme des règlements d'administration publique, l'interprétation est demandée *de plano* au Conseil d'État (14 mai 1880, *Soria*; V. *suprà*, n. 317). Le Conseil ne procède à l'interprétation des actes du chef de l'État qu'en présence d'un litige déjà né (V. *suprà*, n. 54, 276, 318).

418. Quelles que soient la nature et la date des autorisations accordées, l'administration est toujours, sauf la question d'indemnité, maîtresse d'en prononcer la révocation et d'ordonner le chômage des usines, la modification des ouvrages ou même la suppression absolue des établissements (11 mai 1838, *Berteau*; 30 mai 1846, *de Boisset*). Elle peut aussi interdire les réparations confortatives. Ces règles ont été appliquées récemment à une partie des bateaux-lavoirs établis sur la Seine, à Paris (27 juill. 1870, *Tugault, Cretée, etc...*). En effet, les permissions proprement dites sont essentiellement précaires et révocables, par cela seul qu'elles ont pour objet les dépendances du Domaine public (V. *suprà*, n. 12, 394, 398). Même à l'égard des concessions antérieures à 1566, les titres privés n'ont été reconnus valables que sous la réserve des mesures nécessaires à la navigation, et le pouvoir de l'administration est illimité sous ce rapport (Arr. Cons., 26 juin 1677; L.

22 nov.–1er déc. 1790, art. 2 ; Req., 16 juin 1835, D. 35,1,305 ; Cass. civ., 21 mai 1855, D.55,1,310).

419. Les arrêtés pris à ce point de vue par les préfets peuvent être réformés par le ministre des travaux publics (23 déc. 1845, *Vivent* ; V. *suprà*, n. 413, 417). Ils ne sauraient être déférés au Conseil d'État (16 juill. 1842, *De Virieu* ; 27 juill. 1870, *Tugault, Cretée, etc...*; 20 janv. 1882, *Bellanger*).

420. Reste la question d'indemnité. En thèse générale, la suppression n'ouvre aucun droit à dédommagement, puisque le Domaine public est inaliénable et que les permissions d'y créer des établissements sont essentiellement précaires et révocables (19 mars 1840, *Conqueret* ; 8 déc. 1876, *Pommier* ; V. *suprà*, n. 12, 394, 398).

421. Cette règle ne reçoit exception que dans la situation ainsi prévue par l'art. 48 de la loi du 16 septembre 1807 : « Lorsque, pour exécuter un dessèche-« ment, l'ouverture d'une nouvelle navigation, un « pont, il sera question de supprimer des moulins et « autres usines, de les déplacer, modifier, ou de réduire « l'élévation de leurs eaux, la nécessité en sera constatée « par les ingénieurs des ponts et chaussées. Le prix de « l'estimation sera payé par l'État, lorsqu'il entre-« prend les travaux ; lorsqu'ils sont entrepris par les « concessionnaires, le prix de l'estimation sera payé « avant qu'ils puissent faire cesser le travail des mou-« lins et usines. Il sera d'abord examiné si l'établisse-« ment des moulins et usines est légal, ou si le titre « d'établissement ne soumet pas les propriétaires à voir « démolir leurs établissements sans indemnité, si l'uti-« lité publique le requiert. »

En matière de cours d'eau navigables et flottables, un établissement est légal dans trois cas : 1° Lorsque la permission, comme la construction, est antérieure à 1566 ; 2° lorsqu'elle résulte d'une vente nationale et que, d'après les termes de l'acte, l'État a entendu concéder une force motrice ; 3° lorsqu'elle a été accordée moyennant un prix *en capital* (V. *suprà*, n. 399, 404).

422. Aucune indemnité n'est due à raison des mesures ayant pour objet, non plus l'amélioration de la navigation, mais le règlement du niveau de la retenue et des voies d'écoulement, règlement nécessaire pour empêcher qu'un établissement ne nuise à d'autres établissements ou n'occasionne l'inondation des terrains environnants (9 déc. 1858, *Raffray;* 14 nov. 1879, *Min. trav. pub. c. de la Vigne;* 16 juill. 1880, *Leconte;* V. *infrà*, n. 438 et suiv.). Cette règle a été proclamée le plus souvent à l'occasion de cours d'eau non navigables ; les motifs des arrêts s'appliquent *à fortiori* aux rivières navigables (V. *infrà*, n. 443). L'intérêt en jeu est moins celui de l'État que celui des usiniers et propriétaires riverains, et l'on ne peut supposer que le Gouvernement, accordant l'autorisation d'user d'une chose du Domaine public, ait admis qu'elle pût nuire aux tiers. Aussi les travaux nécessités par la modification restent-ils à la charge de l'usinier (6 août 1839, *Roubo*).

Contre les abus possibles de la réglementation, ce dernier n'a d'autre garantie que les formalités prescrites par les lois et règlements. Ces formalités sont, pour un règlement d'eau, les mêmes que pour une autorisation. Quand elles n'ont pas été observées, le règlement doit être annulé par le Conseil d'État pour excès de pouvoir

(28 nov. 1861, *Maréchal*; 23 janv. 1874, *de Lavigne*;
V. *suprà*, n. 408 et suiv.).

423. L'administration a peu d'intérêt à écrire, dans
l'acte d'autorisation, une clause portant que sa révocation ne donnera pas lieu à indemnité. Cette clause n'est
que la consécration du droit commun; son utilité se
borne à faire connaître au permissionnaire la situation
qui lui est faite. On verra plus loin combien cette situation est différente en matière de cours d'eau non navigables (V. *infrà*, n. 444; V. pour les usines antérieures
à 1566, 20 janv. 1882, *Bellanger*, et le n. précédent).

424. Arrivons aux bases de l'indemnité.

La force motrice dont il est tenu compte à l'usinier
est seulement celle qu'il utilisait au moment où l'administration est venue l'en priver, et non toute celle que
pouvait fournir le volume d'eau concédé, s'il ne l'utilisait pas (28 juill. 1866, *Ulrich*; 9 janv. 1867, *Golden-*
berg; 21 fév. 1867, *Vincent*). Mais l'indemnité ne saurait être réduite à la force employée lors de la constitution
légale de l'usine, souvent à une époque antérieure à
1566; elle s'étend à la force utilisée, dans l'intervalle,
par le perfectionnement du mécanisme intérieur ou
même extérieur, du moment que les modifications ainsi
introduites restent sans action sur le cours de l'eau. On
sait qu'en pareil cas, le changement peut être fait sans
autorisation administrative (V. *suprà*, n. 403); la situation est donc régulière, et il y a lieu à indemnité
(28 juill. 1866, *Ulrich*; même date, *hér. Schifferstein*,
et Concl. de M. le com. du Gouv. Aucoc, Rec., p. 882;
19 juin 1874, *Gâtellier*; 20 mai 1881, *Min. trav. pub. c.*
Chalot et Heurlier; même date, *Baudoin*). Ces arrêts ont
été rendus à l'occasion de cours d'eau non navigables.

Mais la règle ne peut qu'être la même ici (V. *Traité des travaux publics*, t. 2, n. 1051 à 1053).

L'indemnité comprend la perte résultant d'un simple chômage (6 janv. 1853, *Leblanc d'Avau*; 14 janv. 1858, *Delaune*; 9 janv. 1867, *Goldenberg*; 28 déc. 1877, *Gignoux*; 24 janv. 1879, *Verne*; 15 juill. 1880, *Leconte*). Elle s'étend au préjudice souffert par l'usinier dans son industrie (13 juill. 1870, *Foulon*). Elle doit être diminuée de la plus-value que les travaux ont pu procurer à l'usine (14 janv. 1858, *Delaune*; 24 août 1858, *Bullot*; 20 mai 1881, *Min. trav. pub. c. Chalot et Heurlier*; *op. cit.*, t. 2, n. 1054 à 1056; 935 et suiv.).

L'indemnité peut n'être pas préalable. L'art. 56 de la loi de 1807 veut qu'elle le soit, sinon vis-à-vis de l'État, du moins vis-à-vis des concessionnaires. Mais il est généralement impossible d'évaluer le dommage à l'avance.

Les intérêts ne sont accordés que du jour de la demande (22 fév. 1851, *Tronchon*; 28 nov. 1851, *Rouyer*), bien qu'il s'agisse ici d'intérêts compensatoires, c'est-à-dire d'intérêts d'une somme allouée en réparation d'un préjudice, et non d'intérêts moratoires, dus à raison du retard apporté au payement d'une somme déterminée (V. art. 1153, Cod. civ.).

425. La compétence relative aux indemnités a été, au moins en ce qui concerne les établissements antérieurs à 1566, revendiquée par l'autorité judiciaire. L'art. 47 de la loi du 16 sept. 1807 renvoie aux tribunaux les questions de propriété soulevées par l'exécution de travaux publics, et l'art. 17 de l'édit de février 1566 porte que l'inaliénabilité du Domaine de la Couronne est établie seulement pour l'avenir. La dépossession de l'usinier aurait donc pour objet un droit de propriété, et l'appréciation de cet acte, engageant la question du fond, ne pourrait appartenir qu'aux tribunaux (Cass. civ., 21 mai 1855, D.55,1,310; V. aussi Cass. civ., 2 août 1865, D.65,1,257; Daviel, t. 1, n. 353 *bis*).

Le Conseil d'État, d'abord, a réservé à l'autorité administrative la question de légalité de l'établissement, comme impliquant l'examen de l'acte de concession, c'est-à-dire d'un acte administratif (15 mai 1837, *Majouvel;* 15 mai 1858, *Dumont;* 6 mars 1861, *Guérard-Deslauriers*), surtout au cas où cet acte, émanant de la puissance souveraine, ne peut être interprété que par le Conseil (V. *suprà,* n. 257, 260, 317, 417).

Quant au règlement de l'indemnité, il a été, dans le principe, abandonné aux tribunaux civils (10 juill. 1833, *Truffault;* 18 avril 1835, *Dietsch;* Rej. civ., 23 nov. 1836, D.37,1,14), à titre de question de propriété (V. *suprà,* n. 11, 54, 268, 276, 305); à supposer, bien entendu, qu'il s'agît d'une véritable privation de force motrice, constituant un dommage permanent : le chômage momentané n'a jamais pu être considéré que comme un dommage de la compétence du conseil de préfecture. Aujourd'hui, la jurisprudence assimile les dommages permanents aux dommages temporaires, et non plus à l'expropriation (*Traité des travaux publics,* t. 2, n. 878). En ce qui concerne la privation de force motrice, elle tient le conseil de préfecture pour compétent, quelle que soit l'origine du droit supprimé. Elle invoque, à l'appui de cette manière de voir, l'attribution générale à lui conférée en matière de travaux publics par l'art. 4 de la loi du 28 pluviôse an VIII, attribution à laquelle les lois des 8 mars 1810, 7 juillet 1833 et 3 mai 1841 n'ont dérogé que pour l'expropriation totale ou partielle ; attribution confirmée d'une manière absolue, en ce qui concerne les établissements sur les cours d'eau, par les art. 4 et suivants de l'arrêté du 19 ventôse an VI, chargeant les administrations départementales de vérifier la situation de ces établissements, et par la loi du 16 septembre 1807, notamment art. 48 et 57, confiant aux conseils de préfecture le règlement des indemnités dues pour suppression d'usines (Trib. confl., 28 nov. 1850, *Ser* ; C. d'Ét., 15 mai 1858, *Dumont* ; 27 fév. 1861, *Guérard des Lauriers* ; V. 28 mars 1866, *Usines de Saint-Maur* ; 30 avril 1868, *Ville de Paris c. Guillemet* ; 4 janv. 1882, *Bellanger*).

Lorsque la dépossession a pour objet, à la fois, les bâtiments de l'usine et la chute d'eau qui la fait tourner, la force motrice doit être considérée comme un accessoire des bâtiments, et l'indemnité totale être réglée par le jury (L. 3 mai 1841, art. 21 et suiv., et 39). En effet, il est de règle que le jury détermine, tout ensemble, le prix des immeubles expropriés et les indemnités pour dommages causés directement par l'expropriation (Cass. civ., 16 déc. 1862, D.63,1,254 ; 23 juin 1863, D.66,5,195 ; Rej. civ., 16 avril 1867, D. 67,1,392 ; 7 janv. 1864, *Ch. de fer de Mons à Hautmont* ; 18 fév. 1866, *Guyet* ; 8 mai 1869, *Riehl* ; 7 déc. 1870, *Varnier* ; *op. cit.*, t. 2, n. 995 et suiv.).

Cependant, le Conseil a jugé longtemps qu'il y avait lieu de diviser, et que le conseil de préfecture seul devait régler l'indemnité due pour force motrice (29 mai 1851, *Chevalier* ; 27 août 1857, *Marchand, Bodinier, Journeil*). L'opinion qui donne compétence entière au jury paraît définitivement admise aujourd'hui (V. 28 mai 1858, *Dumont*; 28 mars 1866, *Usines de Saint-Maur*; 30 avril 1868, *Ville de Paris c. Guillemet*; 9 juin 1876, *Ville de Paris c. Digonnet*).

L'art. 56 de la loi du 16 septembre 1807 exige que le conseil de préfecture, avant de statuer au fond sur la réclamation d'indemnité, ordonne une expertise contradictoire. L'observation de cette règle est nécessaire au cas de privation de force motrice (22 mars 1860, *Réthoré*; 4 avril 1861, *Douliez*; 21 juin 1866, *Usiniers de la Zorn*; V. *op. cit.*, t. 2, n. 1016 et suiv.).

426. Les prises d'eau pour l'irrigation, digues et autres ouvrages, sont généralement assujettis, tant au point de vue des autorisations que de la révocation de ces autorisations, aux mêmes règles que les concessions et permissions accordées dans l'intérêt des usines (V. *suprà*, n. 402).

427. *Concessions sur les cours d'eau non navigables.*

Le règlement de l'usage de ces cours d'eau est subordonné à la question de savoir à qui ils appartiennent. Sur ce point, quatre systèmes ont été soutenus. L'un attribue la propriété des cours d'eau non navigables à l'État; l'autre aux riverains; un troisième considère le lit comme étant aux riverains et le cours d'eau comme n'appartenant à personne. Le quatrième tient le lit et le cours d'eau pour choses *nullius* : il est consacré depuis plus de trente ans par la jurisprudence du Conseil d'État et de la Cour de cassation (Cass. civ., 10 juin 1846, D.46,1,177; 25 nov. 1858, D.59,1,18; 8 mars 1865, D.65,1,130; Req., 26 mai 1869, D.69,1,320; 17 déc. 1847, *Hér. Pinon*; 13 août 1851, *Hér. Rouxel*; 18 avril 1866, *de Colmont*).

428. Avant 1790, les cours d'eau non navigables appartenaient généralement aux seigneurs haut justiciers, qui ont pu en faire l'objet de concessions (Rej. civ., 9 août 1843, D.43,1,489; Cass. civ., 17 juill. 1866, D. 66,1,391). Aussi l'administration doit-elle s'abstenir de qualifier de permissionnaires les concessionnaires dont les titres sont antérieurs à 1789 (Circ. 15 juin 1878, D.82,3,107, note). En Savoie, les rivières et torrents ont été déclarés domaniaux dès 1678 (Chambéry, 22 fév. 1864, D.66,1,375), ou au moins dès 1729 (Req., 30 janv. 1866, *eod.*).

429. La règle aux termes de laquelle les cours d'eau non navigables sont *res nullius* ne s'applique pas aux *sources*, qui sont la propriété de ceux dans les fonds desquels elles émergent (art. 641, Cod. civ.), et auxquelles sont généralement assimilés les *étangs* et *ruisseaux* (3 déc. 1880, *Canal de Carpentras*). Il ne peut donc être question à leur égard de concession, de permission, ni de réglementation au point de vue de la police des eaux. L'administration n'a qu'un pouvoir en ce qui concerne les cours d'eau privés : celui de réglementation dans l'intérêt de la sûreté et de la salubrité publiques (27 déc. 1858, *Cornet d'Yseux*; 14 mars 1861, *Duleau*; 24 juin 1868, *De Rosambo*; V. *infrà*, n. 436).

430. De la règle posée, *suprà*, n. 427, le Conseil a tiré cette conséquence, que la pente des cours d'eau non navigables, n'étant pas susceptible de propriété, ne saurait être utilisée sans une autorisation administrative. Il a même décidé que cette autorisation peut porter, non seulement sur la pente comprise dans la propriété du riverain autorisé, mais encore sur celle qui existe en dehors de sa propriété (18 avr. 1866, *De Colmont*).

431. Une permission administrative est donc néces-saire à tout riverain d'un cours d'eau non navigable qui veut, soit y établir une usine, soit même y faire une prise d'eau pour l'irrigation de ses propriétés (Décr. 25 mars 1852, tableau D, 3° et 4°).

Le droit d'irrigation, cependant, est reconnu aux propriétaires riverains par l'art. 664, Code civ. Mais les lois des 12-20 octobre 1790 et 6 octobre 1791 chargent l'administration de conserver le libre cours des rivières même non navigables; et le Conseil en avait conclu que les prises d'eau d'irrigation restaient soumises à la nécessité d'une autorisation (20 mai 1843, *Bonneau*). Cette manière de voir a été consacrée par les décrets de décentralisation.

432. Les autorisations nécessaires pour l'établis-sement ou la modification d'usines et de prises d'eau sont données ici par les préfets sous la réserve des droits des tiers, sans distinction des établissements permanents ou temporaires (Décr. 25 mars 1852, tabl. D, 3° et 4°). L'instruction est la même que pour les établissements sur les rivières navigables (V. *suprà*, n. 408 et suiv.).

433. La décision du préfet peut toujours être dé-férée par la voie administrative au ministre des travaux publics, son supérieur hiérarchique (Décr. 25 mars 1852, art. 6). Elle peut aussi être attaquée devant le Conseil d'État, pour excès de pouvoir, par celui à qui l'autorisation a été refusée, comme par celui à qui elle a été accordée sous des conditions inconciliables avec ses prétentions, mais exclusivement dans le cas où les formalités requises par les lois et règlements n'ont pas été remplies (31 mai 1851, *Fresnel;* 2 août 1851, *Ville d'Elne;* 19 avr. 1855, *Scharff*): car cette décision n'est qu'un acte d'administration, et, si elle est régulière en la forme, ne saurait être considérée comme rendue en violation d'un droit.

Autre est son caractère à l'égard du tiers qui se voit enlever, par le fait de l'autorisation, le bénéfice d'une concession antérieure. Le principe est que la lésion d'un droit donne ouverture au recours contentieux. On conçoit qu'il souffre exception lorsque l'acte préjudiciable au concessionnaire est un règlement d'administration publique, assimilé sous ce rapport à une décision contentieuse (V. *suprà*, n. 413). L'autorisation du préfet n'a pas une telle valeur ; son arrêté est susceptible de recours au Conseil d'État (Mais V. *infrà*, n. 440).

434. Le tiers lésé, par l'autorisation, dans l'exercice de droits fondés sur des titres et moyens du droit commun, peut s'adresser aux tribunaux, qui ont le pouvoir de prescrire la suppression des travaux exécutés en vertu d'une simple autorisation. Par cette autorisation, donnée sous réserve des droits des tiers, l'administration n'ordonne pas ; elle se borne à déclarer que l'établissement n'est pas contraire aux intérêts généraux confiés à sa garde, et, quant aux droits privés, renvoie les parties à leurs juges naturels (18 nov. 1869, *Roquelaure* ; 4 fév. 1876, *Turcat* ; Cass. civ., 22 janv. 1868, D.68,1,197 ; Req., 14 mars 1870, D.70,1,330 ; 16 avr. 1873, D.73,1,376 ; 26 juin 1876, D.77,1, 227 ; 10 mars 1879, D.80,1,31 ; V. *suprà*, n. 412). Il suit de là que, les travaux étant détruits en vertu d'un jugement comme portant atteinte à des droits privés, il n'appartient pas à l'autorité administrative de les faire rétablir (4 fév. 1876, *Turcat*).

La règle n'est pas faite pour les travaux exécutés dans un intérêt collectif, en vertu d'un acte statuant par voie de disposition générale et réglementaire (V. *infrà*, n. 436). Elle est pareillement inapplicable aux dommages résultant de ce que la pente des eaux est rendue plus rapide, ou de ce que les eaux refluent sur les propriétés riveraines (V. *suprà*, n. 412).

435. Elle n'est qu'une application du principe qu'il appartient aux tribunaux de régler les contestations relatives à l'usage des eaux, quand elles ont pour objet la détermination des droits des parties et restent étrangères à la police des eaux (art. 644, 645, Code civ.).

436. Tout établissement sur un cours d'eau non navigable, quelle que soit sa situation légale, est soumis au pouvoir réglementaire de l'administration, agissant dans l'intérêt public. Une distinction reste nécessaire, suivant que ce pouvoir s'exerce dans l'intérêt de la sécurité ou de la salubrité publique, qu'il a pour but de conformer la direction des eaux à l'utilité générale, ou qu'il en est fait usage dans l'intérêt de la navigation.

Les mesures prises à ce dernier point de vue sont entachées d'excès de pouvoir, par cela seul qu'elles sont ordonnées sur des cours d'eau non navigables ni flottables ; car elles sont étrangères à la destination de ces cours d'eau (12 mai 1847, *Desgrottes*).

Les mesures édictées pour diriger les eaux en vue de l'intérêt général peuvent être régulières à l'égard de tous les cours d'eau non navigables, sans qu'il y ait à examiner si l'usine est antérieure ou postérieure à 1790 (3 juin 1881, *Pissevin ;* 16 déc. 1881, *Bernard de la Vernette*), moins les cours d'eau privés (V. *suprà*, n. 429). L'administration ne saurait, sans excès de

pouvoir, régler, c'est-à-dire diminuer les droits du propriétaire d'une source (27 déc. 1858, *Cornet d'Yseux;*
14 mars 1861, *Duleau;* 24 juin 1868, *De Rosambo*).

Quant aux mesures nécessitées par l'intérêt de la sécurité ou de la salubrité publique, c'est-à-dire destinées
à prévenir une inondation ou à supprimer une cause
d'infection, leur nature les rend applicables à tous cours
d'eau, sans aucune exception, même aux cours d'eau
privés (V. *eod.*).

437. Dans la pratique, les mesures relatives à la
police des eaux, c'est-à-dire à la répartition des eaux
dans l'intérêt général, sont prises en même temps que
les mesures de police proprement dite, par des actes
appelés règlements d'eau. Ces deux catégories de mesures ne suivent pas cependant les mêmes règles.

438. Les prescriptions de police proprement dite
diffèrent des autres en ce que les titres et droits des
parties n'y sauraient faire obstacle, et en ce qu'elles ne
sont pas susceptibles d'être attaquées par la voie contentieuse (14 août 1871, *Couillaud;* 3 juin 1881, *Pissevin;* V. n. 436), sauf la règle qui défend à l'administration d'employer pour un objet les pouvoirs à elle
conférés pour un autre (27 mai 1863, *Drillet de Lani-
gou;* 13 déc. 1866, *Coicaud;* 9 janv. 1868, *Archambauld;*
2 août 1870, *Bouchardon;* 29 nov. 1875, *Laumonnier-
Carriol, Pariset;* 3 déc. 1875, *Clairouin*).

Ces prescriptions, en principe, ne peuvent être formulées que par le chef de l'État ou les préfets (24 avr.
1865, *Chauveau;* 7 août 1874, *Laburthe;* 7 déc. 1877,
Bassecourt; Cass. crim., 17 mai 1862, D.64,5,108).
Les maires ne sauraient exercer un tel pouvoir s'il ne
leur est délégué (même arrêt), ou s'il n'y a urgence, et,

par exemple, nécessité de prévenir des fléaux calamiteux
(Cass. cr., 23 janv. 1858, D.58,1,144 ; 7 août 1862,
D.63,5,133 ; 23 mars 1865, D.65,1,398).

439. Le pouvoir de répartir les eaux pour le plus
grand intérêt de l'agriculture et de l'industrie appartient aux préfets (Décr. 25 mars 1852, tabl. D, 3°),
mais seulement lorsque la répartition s'opère de la manière prescrite par les règlements et les usages locaux
(Décr. 13 avr. 1861, art. 2 ; 26 déc. 1879, *Minarie*).

Quand il s'agit de modifier les règlements et usages
ou d'établir des règlements nouveaux, l'acte ne peut
émaner que du chef de l'État (27 mai 1868, *Rouyer* ;
24 juin 1870, *Bonvie* ; 26 janv. 1877, *Fritsch*). Il intervient ordinairement dans la forme des règlements d'administration publique.

L'instruction est soumise aux mêmes règles que celle
des demandes en autorisation (V. *suprà*, n. 432 et 408).

Il appartient à l'administration d'apprécier les réclamations qui lui sont soumises. En présence de titres
et de moyens du droit commun, elle doit ou surseoir afin d'attendre la décision de l'autorité judiciaire,
ou statuer en réservant les droits des tiers (V. *suprà*,
n. 432, 411).

440. Le règlement du préfet peut toujours être déféré au ministre (V. *suprà*, n. 413, 417, 419, 433).

Il peut être attaqué devant le Conseil d'État dans les
mêmes cas que l'acte d'autorisation (V. *suprà*, n. 433
et 413).

Il peut l'être encore, si le préfet ne s'est pas borné à
appliquer les anciens usages et règlements, et si, en réalité, il a fait un règlement nouveau (18 mars 1868,
Rival ; V. le n. précédent).

Il peut l'être enfin si le préfet, au lieu de se guider par des considérations d'intérêt général, a obéi à des motifs d'intérêt privé et a ainsi statué sur une contestation rentrant dans la compétence des tribunaux (V. *suprà*, n. 435). Cette règle a été fréquemment appliquée, tant en matière d'usines (13 avr. 1870, *Leroux*; 23 mars 1870, *Chalret-Durieu*; 26 fév. 1870, *Jouannès-Sourignière*; 13 mars 1872, *Latrige*; 4 déc. 1874, *Robelin*; 18 janv. 1878, *Villon*; 5 juill. 1878, *Barrier*), qu'en matière de prises d'eau d'irrigation (19 juin 1863, *De Conégliano*; 9 juin 1876, *Syndicat de Saint-Nicolas*).

Mais le ministre seul peut connaître du recours formé contre un refus de règlement (V. le n. précédent). A l'administration seule il appartient d'apprécier s'il y a lieu de faire ou de ne pas faire usage de ses pouvoirs (3 déc. 1864, *Lemoine*; 22 mars 1866, *Laffargue*).

Quant au recours contre les règlements d'administration publique, V. *suprà*, n. 411.

441. Le règlement pris régulièrement par le chef de l'État ou le préfet devient la loi des riverains, et le mode de jouissance qu'il a déterminé se substitue à celui qui existait auparavant (Req., 3 août 1863, D.64, 1,43). En vain donc on s'appuierait, pour se soustraire à ses effets, sur l'art. 644, Cod. civ., sur d'anciens titres, sur une prescription antérieure (Cass. cr., 1er juill. 1859, D.59,5,137; 16 fév. 1872, D.72, 1,384). On ne pourrait davantage invoquer un titre ou une prescription postérieure, le règlement étant rendu dans l'intérêt général (Cass. civ., 2 mars 1872, D.72,1,384; V. *suprà*, n. 435).

Les règlements d'eau ainsi définis ont une double sanction.

Comme règlements légalement faits par l'autorité administrative, ils sont protégés par l'art. 471, 15°, C. pén. (Rej. crim., 1er août 1862, D.63,1,153). Et la contravention existe, quels que soient les droits invoqués par le riverain, fussent-ils de nature à motiver un sursis de la part de la juridiction civile, si cette dernière eût été saisie (Cass. crim., 1er juill. 1859, D.59,5, 137).

Comme actes complémentaires de la loi et créateurs d'obligations, ils peuvent être invoqués devant le juge civil, à l'appui d'une demande en destruction des travaux et dommages-intérêts (Req., 26 juill. 1854, D.55, 1,338; 1er sept. 1858, *Magnin*; V. *suprà*, n. 435). Ce juge doit surseoir, s'il est nécessaire d'obtenir l'interprétation de l'acte administratif. Cette interprétation est demandée au préfet, sauf recours au ministre des travaux publics et au Conseil d'État, si le règlement est émané du préfet (6 fév. 1846, *Labbey*; 18 mai 1854, *Follet*; V. *suprà*, n. 440), et au Conseil d'État, si le règlement a été rendu par le chef de l'État (29 janv. 1841, *Payssé*; V. *suprà*, n. 317 et 417).

En tout cas, et à l'inverse des arrêtés portant simple autorisation (V. *suprà*, n. 434), les arrêtés réglant l'usage d'un cours d'eau sont absolument obligatoires pour les tribunaux. Pris dans l'intérêt général et non dans l'intérêt privé, ils contiennent des injonctions, non des autorisations. Les tribunaux ne peuvent donc ordonner la destruction des travaux exécutés en conséquence (Req., 13 nov. 1867, D.68,1,214; 11 mai 1868, D.68, 1,468; 2 mars 1869, D.71,1,280).

442. Toute autorisation peut être modifiée ou retirée, soit en vertu du pouvoir de police proprement dit, soit dans l'intérêt général de la bonne répartition des eaux. Contre l'abus de ces pouvoirs, le permissionnaire a les mêmes garanties qu'en matière de règlements d'eau (V. *suprà*, n. 440, 436).

L'autorisation peut encore être révoquée pour inexécution des conditions imposées au permissionnaire (3 déc. 1864, *Lemoine*; 19 mars 1868, *Champy*; 14 août 1871, *Couillaud*). Ceci comprend et les conditions expresses et les conditions tacites. La concession de la pente d'un cours d'eau n'est faite évidemment que sous la condition d'employer cette pente. L'usinier qui reste un certain temps sans en user s'expose à voir prononcer sa déchéance, sauf recours au Conseil d'État (18 nov. 1852, *Magnier*; V. *suprà*, n. 405, 416).

443. Il n'est dû indemnité à raison ni des mesures constituant l'exercice du pouvoir de police proprement dit, par exemple de celles qui ont pour but de faire obstacle aux inondations; ni de celles qui sont prises au point de vue de la répartition des eaux : le pouvoir d'y procéder a été implicitement et nécessairement réservé par l'autorisation (4 mai 1845, *Lechêne*; 30 janv. 1847, *Lambot*; 9 déc. 1858, *Raffray*; 14 nov. 1879, *Min. trav. pub. c. De Lavigne*; 16 juill. 1880, *Lecomte*; V. *suprà*, n. 422).

Dans tous les autres cas, la privation des avantages résultant d'une autorisation ne peut avoir lieu sans indemnité. Le droit enlevé au riverain résultait de sa qualité de riverain, et non de l'autorisation, uniquement motivée par la nécessité de concilier l'intérêt privé avec l'intérêt général. Ce droit est aussi respectable que tout autre, et ne peut lui être enlevé sans équivalent (L. 16 sept. 1807, art. 48; V. *suprà*, n. 421).

Ce principe a dicté la solution finale d'une question longtemps agitée : L'administration peut-elle insérer dans l'acte d'autorisation d'une usine ou d'une prise d'eau cette clause, que l'autorisation pourra être révoquée sans indemnité toutes les fois que l'administration jugera à propos de faire des dispositions nouvelles pour l'avantage de la navigation, du commerce ou de l'industrie (V. *suprà*, n. 423)?

La validité de la clause a été admise. On disait que l'autorisation était une sorte de libéralité, et que, maîtresse de la refuser, l'administration pouvait, à plus forte raison, la subordonner à telles conditions qu'il lui paraissait convenable. Postérieurement, le Conseil a reconnu l'erreur qui lui avait fait confondre un simple pouvoir de police et de répartition avec un droit analogue au droit de l'État sur les eaux du Domaine public. Il a déclaré la clause nulle (13 juin 1860, *Bouillant-Dupont*, *Clermont-Tonnerre*, et Concl. de M. le com. du Gouv. Leviez, *Rec.*, p. 456 ; 20 juin 1865, *Lesquilbet* ; 21 juin 1866, *Oudéa* ; 19 déc. 1879, *Département de l'Yonne*).

Avant de statuer sur la demande d'indemnité, il est nécessaire d'examiner si l'usine a une existence légale; car il ne peut être question d'indemnité pour celle qui n'est ni autorisée, ni ancienne (15 mars 1844, *Glais-Bizoin* ; 11 nov. 1881, *Folacci*). Une distinction est nécessaire entre les établissements antérieurs à la loi des 12-20 août 1790, et les établissements postérieurs (V. *suprà*, n. 427 et 428).

Pour ceux-ci, la représentation d'une autorisation régulière est la condition du droit à indemnité.

Quant à ceux-là, l'ancienneté suffit. Les anciens seigneurs étaient propriétaires des cours d'eau non navigables. Ont donc une existence régulière les établissements créés avec leur consentement, soit exprès, soit tacite (1er fév. 1855, *Comp. du canal de la Sambre à l'Oise*), c'est-à-dire tous les établissements antérieurs à 1790 (28 juill. 1866, *Ulrich, Schifferstein*).

444. En ce qui concerne les bases de l'indemnité, il nous faut renvoyer à ce qui a été dit plus haut à l'occasion des rivières navigables (V. *suprà*, n. 424 et suiv.).

Lors même que le dommage ne résultera que de faits successifs, comme les prises d'eau destinées à alimenter un canal, l'indemnité doit consister en une somme une fois payée. L'art. 48 de la loi du 16 septembre 1807 exige que l'usinier privé de sa force motrice en reçoive *le prix d'estimation* (V. *suprà*, n. 421), et il est vrai de dire que la valeur de l'établissement est immédiatement diminuée. La règle contraire serait à suivre dans le cas seulement où il y aurait impossibilité de déterminer le montant total de la dépréciation (21 juin 1855, *Roussille*).

445. Les cours d'eau non navigables étant choses *nullius*, et le droit des riverains n'étant pas susceptible d'assimilation au droit de propriété, l'indemnité due pour privation de force motrice ne doit pas être fixée par les tribunaux, mais par le conseil de préfecture (13 août 1851, *Hér. Rouxel;* 27 août 1857, *Robo*). Ici s'applique la jurisprudence qui réserve à ces conseils l'examen de la question d'existence légale des établissements (V. *suprà*, n. 425 et suiv.).

TITRE V

PRÊT

446. Le prêt à usage est à peu près inconnu de l'État.

447. Le prêt de consommation est fréquemment usité par l'État, qui n'y joue pas seulement le rôle d'emprunteur, mais aussi quelquefois celui de prêteur. Parlons d'abord de l'État prêteur.

Il faut citer pour mémoire les avances faites par l'État à des États étrangers, par exemple à la Grèce (LL. 14 juin 1833, 21 juin 1845); à la Turquie (Décr. 20 mars 1854; L. 17 juill. 1855). Ces contrats ne relèvent que du droit des gens.

L'État, à diverses reprises, a mis ses ressources à la disposition des particuliers. Le décret du 27 mars 1807 a autorisé la Caisse d'amortissement à faire, jusqu'à concurrence de six millions, des prêts aux industriels exposés à la nécessité de suspendre les travaux de leurs fabriques. Des dispositions analogues ont été prises par les lois du 17 octobre 1830 et du 6 novembre 1831, et le décret du 5 juillet 1848. La loi du 17 juillet 1856 a affecté une somme de cent millions à des prêts destinés à faciliter les opérations de drainage, et celle du 1er août 1860, une somme de quarante millions au renouvellement et à l'amélioration du matériel de l'industrie.

La loi du 17 juillet 1856 porte que le recouvrement des annuités sera fait comme en matière de contributions directes, ce qui implique la compétence du Conseil de préfecture et du Conseil d'État. On soutient qu'en principe, les conventions dont il s'agit sont des contrats privés, et que les contestations restent soumises à la compétence judiciaire (Dareste, p. 362 ; V. *suprà*, n. 51). Il y a cependant là un contrat d'une nature essentiellement administrative, et analogue à la concession (V. *suprà*, n. 232, 257, 260).

448. Depuis bien des années, l'État use largement, trop largement, de l'emprunt.

Avant 1789, une telle opération présentait des difficultés. Les finances, mal ordonnées, n'inspiraient aucune confiance. Il fallait donner en gage des meubles, des immeubles, jusqu'aux impôts à percevoir. Sous la Révolution, on dut recourir à l'emprunt forcé, déjà pratiqué plusieurs fois par la monarchie (Décr. 20-25 mai 1793 ; L. 10 mess. an vii). L'emprunt forcé fut encore mis en usage au commencement de la Restauration (Ord. 16-22 août 1815).

De nos jours, l'État a recours à divers modes d'emprunt, qui ont donné lieu à deux dettes : la dette exigible ou flottante, et la dette non exigible ou consolidée. Tous indistinctement sont soumis à la nécessité de l'autorisation législative. Cette nécessité n'est écrite dans aucune loi, mais dérive nécessairement du principe que l'impôt, seul mode de payement possible de l'emprunt, doit être voté par le pouvoir législatif. Tous ont été, en fait, dispensés de l'observation de la loi du 3 septembre 1807, relative à la limitation de l'intérêt : on a pu se dire que cette loi, dont l'unique but est d'empêcher l'usure, n'était pas faite pour l'État. Tous sont, au point de vue de la preuve, soumis à une règle générale : le simple versement des fonds n'est pas suffisant pour rendre l'État débiteur; le prêteur doit, de plus, se faire donner un récépissé à talon, et le présenter, dans les vingt-quatre heures, à Paris, au contrôleur central, et, dans les départements, au préfet ou sous-préfet, pour le faire viser et séparer du talon (Décr. 4 janv. 1808 ; L. 24 avr. 1833, art. 1er).

449. La dette flottante comprend, comme principaux éléments, les bons du Trésor, sorte d'effets publics payables à échéance fixe et portant intérêts, que, chaque année, la loi du budget autorise le ministre des finances à émettre jusqu'à concurrence d'une somme déterminée; les avances en compte courant, faites par les trésoriers-payeurs généraux sur le recouvrement des impôts; les obligations du Trésor, remboursables à échéances variables suivant les résultats d'un tirage au sort. Elle comprend encore les dépôts faits aux caisses d'épargne et les cautionnements des fonctionnaires publics ; mais ces ressources proviennent d'un dépôt, non d'un prêt (V. *infrà*, n. 458).

450. Jusqu'à une époque récente, les emprunts ont consisté dans la création de rentes perpétuelles.

Trois modes ont été successivement employés pour la réalisation de ces emprunts, toujours préalablement

autorisés par une loi spéciale. Tantôt le Gouvernement
a traité de gré à gré avec des capitalistes ; tantôt il a
adjugé l'emprunt aux enchères avec publicité et concurrence. Sous le second empire a été inauguré le système de l'emprunt par souscription publique, appliqué
d'abord aux emprunts autorisés par les lois des 11 mars
et 31 décembre 1854, à l'occasion de la guerre de
Crimée.

Chaque rente consiste en une inscription sur un registre appelé grand livre de la dette publique, et créé
par la loi du 24 août 1793 pour remplacer les titres jusqu'alors multiples des créanciers de l'État. Les rentes
sont nominatives ou au porteur ; les rentes au porteur
restent toujours susceptibles d'être converties en rentes
nominatives, et réciproquement, à moins cependant
qu'il ne s'agisse de rentes nominatives immobilisées.
Les arrérages sont payés, pour les rentes nominatives,
sur la présentation du titre ; pour les rentes au porteur,
contre la remise des coupons. Dans ces derniers temps,
il a été émis des titres mixtes, c'est-à-dire nominatifs et
accompagnés de coupons (Décr. 18 juin 1864).

La loi du 11 juin 1878 a créé des rentes amortissa-
bles en 75 ans, jouissant des privilèges et immunités
attachés aux rentes sur l'État.

451. La transmission des rentes s'opère différemment, suivant qu'elles sont au porteur ou nominatives.

Les rentes au porteur se transmettent de la main à
la main, comme les meubles et les autres valeurs au
porteur.

La transmission d'un titre de rente nominative exige
un acte soumis à des formes particulières, qui s'appelle
transfert. Toute vente d'inscription nominative donne

ainsi lieu à deux opérations : la négociation, simple préliminaire du transfert, qui crée des obligations entre les parties, et le transfert, qui seul réalise la négociation et opère le transport de la propriété (Cass. civ., 16 fév. 1848, D.48,1,67; 13 nov. 1867, D.67,1,445; Req., 5 juill. 1870, D.72,1,71).

Les formes du transfert sont réglées par la loi du 28 floréal an vii. Celui qui veut vendre son inscription, ou la personne munie de sa procuration spéciale, se présente au bureau des transferts, y déclare sa volonté de faire inscrire telle personne à sa place, signe le registre destiné à servir de minute aux transferts, et dépose l'extrait d'inscription contre un bulletin. Deux jours après, l'acheteur peut se présenter avec ce bulletin et retirer la nouvelle inscription à son nom (art. 2-4).

Lorsque la transmission résulte de succession, donation, legs ou jugement, le nouvel extrait d'inscription est délivré à l'ayant droit, sur le rapport de l'ancien extrait et d'un certificat de propriété ou acte de notoriété contenant ses noms, prénoms et domicile, la qualité en laquelle il procède, l'indication de sa portion dans la rente, et l'époque de sa jouissance. Le certificat est délivré par le notaire détenteur de la minute, s'il y a inventaire ou partage par acte public, donation ou testament ; par le juge de paix du domicile du défunt, sur l'attestation de deux citoyens, s'il n'existe aucun acte authentique ; par le greffier dépositaire de la minute, si la mutation résulte d'un jugement (art. 5).

En ce qui concerne les mineurs et interdits, le transfert pouvait être opéré par les administrateurs de leur patrimoine, sans autorisation, pour les inscriptions de 50 fr. et au-dessous. Au-dessus, l'autorisation était nécessaire (L. 24 mars 1806; avis C. d'État, 11 janv. 1808). La loi du 27 fév. 1880 exige l'autorisation du conseil de famille pour l'aliénation de tous meubles incorporels, et particulièrement de toutes rentes appartenant à un mineur ou à un interdit; au-dessus de 1500 fr. en capital, la délibération du conseil de famille est soumise à l'homologation du tribunal (art. 1er et 2). Le mineur émancipé doit observer les mêmes formalités (art. 4).

Ces principes sont applicables à l'héritier bénéficiaire (Avis C. d'État, 11 janv. 1808; Cass. civ., 4 avr. 1881, D.81,1,241).

452. Les rentes sur l'État sont insaisissables(L. 8 niv. an VI, art. 4). Il n'est donc reçu opposition au payement des arrérages que de la part du propriétaire de l'inscription (L. 22 flor. an VII, art. 7). Les rentes sont insaisissables d'une manière absolue. Elles ne peuvent pas plus être saisies sur une succession vacante que sur le titulaire lui-même (19 déc. 1839, *Bidot*). L'État, créancier d'un rentier, ne peut retenir les arrérages en compensation de sa créance (31 mars 1865, *Delafoy*; avis C. d'Ét.; 19 janv. 1864, *Rec. des arr.*, 1865, p. 381). Le ministre ne peut autoriser un créancier à faire opérer le transfert d'un titre en vertu du jugement déclarant que ce titre a été remis en nantissement à ce créancier et l'autorisant à en poursuivre la vente (6 août 1878, *Beauvois*; V. en matière de traitements et pensions, *infrà*, n. 508, 541, 609, 679).

Par exception, les comptables de l'État ne peuvent disposer de leur inscription avant l'apurement de leur compte (L. 8 niv. an VI, art. 4).

En cas de perte, le titulaire obtient, non pas un duplicata de son certificat d'inscription, mais l'extrait de l'inscription d'un nouveau compte (Décr. 3 mess. an XII). Le décret de messidor n'est applicable qu'aux rentes nominatives (27 août 1840, d'Arthey; Avis C. d'Ét., 23 août 1839, Rec. des Arr., 1840, p. 338).

Les arrérages sont payés au porteur, pour les rentes nominatives comme pour les rentes au porteur (L. 22 flor. an VII, art. 5). Mais celui qui ne peut toucher lui-même, et ne veut pas confier son titre à un tiers, a la faculté de lui donner une procuration spéciale, dans des formes et avec des effets particuliers (Ord. 1er mai 1816).

453. La prescription établie par l'art. 2277, Code civ., pour tout ce qui est payable par année ou à des termes plus courts, s'applique aux arrérages des rentes sur l'État. Le créancier ne peut réclamer que les cinq années avant le semestre courant (L. 24 août 1793, art. 156; V. en matière de traitements et pensions, *infrà*, n. 507, 541, 608, 681).

454. Aux termes de l'art. 1911, Code civ., la rente constituée en perpétuel est essentiellement rachetable, sauf le droit des parties de convenir que le rachat ne sera pas effectué avant un délai de dix ans. L'État peut-il invoquer le droit de se libérer en restituant au rentier le prix d'émission, soit, quand la rente 5. p. 100 vaut 110 fr., en payant au rentier 100 fr.?

La question a été vivement discutée. On a dit que le rentier ne pourrait invoquer l'art. 1912, C. civ., comme lui donnant droit d'exiger le remboursement au cas de non-payement ou de diminution des sûretés, et qu'il n'était pas possible, à moins de faire à l'État une situation léonine, de lui reconnaître le droit corrélatif établi par l'art. 1911. La faculté de remboursement est cependant difficile à contester. L'art. 81 de la loi du 24 août 1793, établissant le grand livre de la dette publique, déclare que les créances au-dessous de 1000 livres seront *remboursées* en assignats. Souvent, les rentes ont été constituées moyennant un capital nominal supérieur au capital réel, afin d'ôter à l'État tout intérêt à faire le remboursement : ainsi, le 3 p. 100, le 4 p. 100, le 4 1/2 p. 100 (V. le rapport qui a précédé le décret de conversion du 14 mars 1852).

En fait, le remboursement a été effectué par voie de conversion, laissant au créancier l'option entre le remboursement du capital reçu par l'État et une diminution d'intérêt (V. L. 1er mai 1825, ordonnant une conversion facultative ; Décr. 14 mars 1852, ordonnant une conversion obligatoire ; L. 27 avril 1883, réduisant la rente 5 p. 100 en rente 4 1/2 p. 100). La loi du 12 fév. 1862, donnant aux rentiers l'option entre la conservation de leurs titres 4 ou 4 1/2 p. 100 et leur conversion en rente 3 p. 100 moyennant le payement d'une soulte, n'a prescrit qu'une conversion facultative destinée à faciliter l'unification de la dette, et n'a imposé aucun remboursement.

Le remboursement s'applique à toutes rentes, sans aucune exception ; par exemple, à celles qui sont affectées à des majorats (13 mars 1874, *Coppens*).

455. En cette matière, la compétence est généralement administrative ; les tribunaux ne sauraient, sans entraver la marche des services, ordonner le remboursement d'une partie de la dette publique.

Sans doute, ils conservent le jugement de toutes les questions relatives à la négociation des titres ; des questions de propriété (14 avril 1839, *Min. fin. c. Damas*; Cass. civ., 20 juin 1876, D.77,1,378; V. *suprà*, n. 11, 54, 193, 268, 276); de dotalité (17 juill. 1843, *Debrée*). Au ministre seul il appartient d'ordonner le payement (23 juin 1846, *de Rancy*). A plus forte raison faut-il lui réserver le pouvoir d'apprécier la régularité et la validité des transferts, qui sont des actes administratifs (11 mars 1843, *Lepelletier de Mortefontaine*; 17 juill. 1843, *Debrée*; 5 janv. 1847, *Dutreich* (V. *suprà*, n. 54, 68, 79, 115, 212).

456. A côté des rentes perpétuelles, la dette inscrite comprend des rentes viagères.

Depuis longtemps, l'État a laissé de côté la constitution de ces rentes, considérée comme mauvaise opération financière. C'est uniquement dans un but de bienfaisance qu'une nouvelle dette viagère a été établie par la création de la caisse des retraites de la vieillesse (L. 18 juin 1850, 28 mai 1853, 7 juill. 1856). Les rentes viagères sont régies par le droit commun, sauf les conséquences du principe que l'État est toujours solvable. La compétence est la même que pour les rentes perpétuelles (23 août 1838, *Lelong*).

TITRE VI

DÉPOT.

457. Dépôt régulier.
458. Dépôt irrégulier.

457. L'État n'a que rarement occasion d'user du dépôt régulier : On peut citer comme exemple la remise, dans les entrepôts ou magasins de l'administration, des marchandises sujettes aux droits de douane, jusqu'à payement des droits ou réexportation.

Un tel contrat donne lieu généralement à la compétence judiciaire (V. *suprà*, n. 51).

458. Il en est, et surtout il en a été autrement du dépôt irrégulier.

Autrefois, les consignations judiciaires se faisaient entre les mains de personnes commises par le juge. Un édit de 1578 créa des receveurs des consignations, dont l'office était vénal et considéré par les jurisconsultes du temps comme une précieuse garantie pour les consignataires (Loyseau, *Offices*, 2.6.41-2). Le décret du 23 septembre 1793 ordonna le versement au Trésor des sommes consignées qui, par suite, se trouvèrent soumises au remboursement en assignats et aux déchéances prononcées par les lois sur l'arriéré. La loi du 8 nivôse an XIII substitua la caisse de l'amortissement au Trésor, et celle du 28 avril 1816, le Trésor à la caisse d'amortissement.

Les dépôts effectués sous cette législation donnaient lieu, d'après la règle qui réservait à l'autorité administrative le pouvoir de déclarer l'Etat débiteur, à la compétence du ministre des finances et du Conseil d'État (Dufour, t. 5, n. 143 ; V. *suprà*, n. 251; V. cep. 11 fév. 1820, *Hosp. de Mirande*).

Aujourd'hui, les consignations sont versées à une caisse spéciale, ayant une existence distincte, celle des Dépôts et consignations.

La déchéance quinquennale est inapplicable à un dépôt irrégulier (19 mai 1853, *Com. de Monneren*; 28 nov. 1879, *Gallo*; V., sur cette déchéance, *Traité des travaux publics*, t. 1, n. 426 et suiv.). Mais les lois de déchéance relatives à l'arriéré antérieur au 1er vendémiaire an v ont frappé les créances ayant pour objet des dépôts (5 juill. 1878, *De Cinna*), et la déchéance quinquennale a frappé pareillement, en vertu de l'art. 21 de la loi du 6 juin 1840, les dépôts à l'ancienne caisse d'amortissement, mis à la charge du Trésor par la loi du 28 avril 1816.

TITRE VII.

TRANSACTION.

459. Chaque ministre peut transiger quant aux affaires de son département. On aboutirait à une impossibilité de fait, s'il fallait appliquer l'art. 2045, Cod. civ., exigeant de celui qui transige le pouvoir de disposer.

460. En ce qui concerne le Trésor, la loi du 27 août 1791, art. 5, veut que les transactions soient consenties par l'agent judiciaire, avec l'autorisation du ministre et l'approbation du Corps législatif. Cette disposition, écrite en vue d'une Chambre souveraine, n'est pas exécutée. Les lois spéciales accordent même le pouvoir de transiger, sans le consentement du ministre, à plusieurs administrations faisant partie du ministère des finances. La multiplicité des procès et la sévérité des lois répressives ont fait sentir la nécessité d'une règle qui rendît les transactions faciles.

En matière de contributions indirectes, la transaction est admise, non pas sur les droits (l'administration ne peut faire abandon des impôts qui sont dus), mais sur le montant des condamnations prononcées. Elle peut être consentie par le directeur de département si la condamnation ne s'élève pas au-dessus de 500 fr.; par le directeur général si elle ne monte pas au-dessus de 3,000 fr. Elle doit l'être par le ministre quand la condamnation est supérieure à 3,000 fr. (Arrêté, 5 germ. an XII, art. 23), et quand il y a désaccord entre le directeur général et le conseil d'administration (Ord. 3 janv. 1821, art. 10). Le mot *condamnation* s'entend ici des doubles droits, amendes et confiscations. La transaction arrête même, en tant qu'il ne s'agit pas de délits de droit commun, les conséquences pénales de la poursuite, par exception à l'art. 4, Cod. inst. crim. (Cass. crim., 26 mars 1830, D.30,1,185).

Ceci est inapplicable aux délits et contraventions concernant la garantie des matières d'or et d'argent. Le décret du 28 floréal an XIII prohibe la transaction, qui est cependant admise sauf approbation du ministre des finances (Circ. dir. gén., 16 fév. 1823).

461. En matière de douanes, comme en matière de contributions indirectes, l'oubli non intentionnel d'une formalité peut être la cause d'une contravention. Les transactions délibérées en conseil d'administration sont définitives en vertu de l'approbation du directeur général, lorsque les condamnations n'excèdent pas 3,000 fr.; en vertu de celle du ministre des finances, lorsque le montant des condamnations est supérieur à 3,000 fr., ou qu'il y a dissentiment entre le directeur général et le conseil d'administration (Arr. consul., 10 fruct. an X, art. 22; Ord. 27 nov. 1816, art. 9; Ord. 30 janv. 1822, art. 10). Les transactions peuvent être consenties en tout état de cause, et arrêtent les poursuites, quant à l'application des peines pécuniaires et quant à celles des peines corporelles (Rej. crim., 30 juin 1820, Dall., *Rép.*, v° *Douanes*, n. 1014).

462. En matière forestière, la jurisprudence reconnaissait à l'administration le droit de transiger, à l'avance, sur les dommages civils résultant des délits forestiers (Cass. civ., 10 nov. 1847, D.47,1,358). En fait, l'administration transigeait chaque jour sur les nombreux délits auxquels donne lieu l'exploitation des bois de l'État (Meaume, t. 3, p. 4 et suiv.).

La loi du 18 janv. 1859 a régularisé la situation et permis la transaction, avant jugement définitif, sur la poursuite des délits et contraventions forestières ; après jugement définitif, sur les peines et réparations pécuniaires seulement (nouvel art. 159, Cod. for.). L'approbation de l'acte est donnée soit par le ministre, soit par le directeur général, soit par le conservateur, suivant certaines distinctions (V. Décr. 21 déc. 1859, art. 1ᵉʳ), et dans certaines formes (V. arr. min. fin., 30 janv. 1860, D.60,3,12 ; V. *suprà*, n. 106).

Ce pouvoir ne s'étend pas aux transactions relatives au défrichement des bois particuliers ; mais il comprend les délits de chasse commis dans les bois soumis au régime forestier, lesquels ont toujours été considérés comme délits forestiers (Avis C. d'Ét., 26 nov. 1860, D.61,3, 62 ; Cass. crim., 2 août 1867, D.67,1,459 ; 24 déc. 1868, et Rapport de M. le cons. Legagneur, D.69,1,209).

463. En matière de postes (V. *suprà*, n. 241 et suiv.), les pénalités frappent souvent un fait dû à l'inattention ou à l'ignorance, par exemple celui d'insérer des effets précieux ou des valeurs dans une lettre. L'ordonnance du 19 février 1843 donne à l'administration des postes le pouvoir de transiger, sauf l'approbation du ministre des finances, avant comme après jugement, dans toutes les affaires contentieuses. En ce qui concerne spécialement l'insertion dont nous venons de parler, la loi du 4 juin 1859, art. 9, reconnaît le droit de transiger, à « l'administration des postes », sans mentionner la nécessité de l'approbation ministérielle.

464. L'administration de l'enregistrement a le droit de transiger sur les suites des contraventions fiscales (Ord. 25 déc. 1816; Ord. 3 janv. 1821).

465. Quant au juge compétent, nous pensons qu'il faut distinguer.

La transaction doit être interprétée par l'autorité judiciaire, si la matière appartient à la compétence judiciaire (V. pour les transactions relatives à des contraventions de douane, 17 fév. 1865, *Landre;* Req., 20 déc. 1881, D.82,1,334; V. *suprà*, n. 51).

Si la matière appartient au juge administratif, la transaction, qui remplace sa décision, nous paraît devoir être appréciée par lui (V. les arrêts précités; V. le n. suiv.).

En tout cas, l'acte doit, quant à la forme, être examiné par l'autorité administrative (V. *suprà*, n. 54, 68, 79, 115, 212; V. aussi, pour les délits de chasse dans les bois de l'État, 7 déc. 1866, *Henrys;* Cass. crim., 7 avril 1866, D.66,1,359).

TITRE VIII.

CAUTIONNEMENT.

466. Cautionnement fourni par les particuliers.
467. Cautionnement fourni par l'État.

466. L'État exige caution de ses débiteurs à l'occasion de certains contrats; par exemple, des ventes de biens domaniaux et de coupes de bois, des marchés de travaux publics, des concessions de travaux publics, etc.... Le contrat de cautionnement est alors un accessoire du contrat principal, et son interprétation est soumise aux mêmes règles de compétence (V. *suprà*, n. 38, 132, 133, 465; *Traité des travaux publics*, t. 1, n. 92; t. 2, n. 615).

467. L'État n'a guère occasion de fournir un cautionnement. Si le cas se présentait, il y aurait ordinairement compétence du ministre et du Conseil d'État. A l'appui de cette manière de voir, on a rappelé qu'il s'agissait de déclarer l'État débiteur (Dareste, p. 538). Le cautionnement constituerait, le plus souvent, un marché passé par un ministre pour le service de son département, et ne saurait être apprécié par les tribunaux sans atteinte au principe de la séparation des pouvoirs (V. *suprà*, n. 159 et suiv., 251, 458).

TITRE IX.

NANTISSEMENT.

(CAUTIONNEMENT DE FONCTIONNAIRES PUBLICS.)

468. Le contrat de nantissement a ici pour application principale les cautionnements imposés à certains fonctionnaires.

Le but de leur exigence paraît être, et est, en effet, ordinairement, d'assurer une garantie à l'État ou aux tiers contre les malversations de ces fonctionnaires. Beaucoup d'entre eux, cependant, n'ont aucun maniement de fonds qui justifie une semblable précaution. L'idée d'exiger les premiers cautionnements en numéraire a été dictée par la pénurie du Trésor, au temps de la guerre d'Amérique (Dareste, p. 540). Et l'augmentation d'un grand nombre de cautionnements, particulièrement celle des cautionnements des officiers ministériels, qui a entraîné la consécration de la propriété de leurs charges, n'a eu d'autre cause que les besoins financiers de l'État (V. *Traité des Offices*, n. 192 et suiv.).

Versés d'abord à la caisse d'amortissement, les cautionnements le sont, aujourd'hui, directement au Trésor (Ord. 8 mai 1816). Ils rapportent un intérêt, d'abord fixé à 5 p. 100 pour certains fonctionnaires (L. 7 vent. an VIII), et à un taux plus élevé pour certains autres. La loi du 4 août 1844, art. 7, l'a ramené à 3 p. 100 pour tous, sans distinction. Les intérêts ne sont acquittés que sur la représentation du certificat d'inscription (Ord. 31 mai 1838, art. 246) : ils ne sont pas dus à raison du seul versement de la somme dans la caisse d'un receveur général (30 déc. 1858, *Redon*). Ils se prescrivent par cinq ans (Avis C. d'État, 24 mars 1809 ; 28 mai 1838, *dame Chevrier ;* 28 nov. 1839, *Papin*). A l'égard du capital, aucune prescription ne saurait être opposée ; car ce capital fait l'objet d'un dépôt nécessaire. Telle est la considération qui a fait rejeter, lors du vote de la loi du 9 juill. 1836, un article appliquant aux cautionnements la déchéance quinquennale (V. sur cette déchéance, *Traité des travaux publics*, t. 1, n. 426 et suiv.; V. *suprà*, n. 458).

469. Diverses lois ont accordé sur les cautionnements un privilège de premier ordre aux créanciers pour faits de charge (L. 25 niv. an XIII, art. 1 ; art. 2102, 7°, C. civ.); et un privilège de second ordre aux bailleurs de fonds (L. 25 niv. an XIII, art. 1; Décr. 28 août 1808, art. 1 ; Décr. 22 déc. 1812).

470. Les cautionnements peuvent être frappés de saisie-arrêt, conformément aux prescriptions de la loi du 25 niv. an XIII et des décrets des 12 déc. 1806 et 18 août 1807, et cela, bien que le remboursement en ait été autorisé suivant mandat dûment quittancé, tant que les fonds n'ont pas été versés au porteur du mandat (Cass. civ., 17 juill. 1849, D.50,1,131).

Ils peuvent faire l'objet d'un transport (Paris, 11 mars

1852, D.52,5,83; Lyon, 30 avril 1852, D.53,2,50; Paris, 29 juin 1863, D.63,2,195). Sans doute, l'art. 1er de la loi du 25 niv. an XIII les affecte subsidiairement au payement des créanciers particuliers du titulaire. Mais il n'y a là qu'un renvoi à l'art. 2093, Code civ., et aux principes généraux.

471. Le retrait du cautionnement n'est possible que sur le vu des pièces justifiant que le réclamant y a droit et que ce cautionnement est libre de toute charge.

Le premier point est établi par le certificat d'inscription délivré au nom du titulaire; si ce certificat a été perdu, par une déclaration de perte, faite sur papier timbré, et dûment légalisée; s'il n'y a jamais eu de certificat d'inscription, par les récépissés des versements ou certificats des comptables du Trésor (Arrêté 24 germ. an VIII). Les bailleurs de fonds produisent, de plus, leur certificat de privilège de second ordre, et, à défaut, une déclaration de perte. Les héritiers, légataires ou ayants cause, un certificat délivré par un notaire ou un greffier, et établissant leur qualité en vertu d'acte public ou de jugement; à défaut, un acte de notoriété délivré par le juge de paix du domicile du titulaire (Décr. 18 sept. 1806).

Quant au second point, les notaires, avoués, greffiers et huissiers doivent produire un certificat du greffier, visé par le président, et attestant que la déclaration de la cessation de leurs fonctions est restée affichée pendant trois mois dans le lieu des séances de la cour ou du tribunal devant lequel ils exercent, et qu'il n'existe pas d'opposition ou que les oppositions sont levées (L. 25 niv. an XIII, art. 5 et 7; V. pour les agents de change et courtiers, art. 6); les comptables, un certificat de non-opposition du greffier du tribunal de leur résidence (Ord. 25 juin 1835, art. 3).

Ces pièces sont jointes à la demande adressée au ministre des finances, qui statue sauf recours au Conseil d'État.

472. Ici s'appliquait, entre l'État et le fonctionnaire, le principe qu'il appartient à l'autorité administrative de déclarer l'État débiteur. Du moins, l'acte de cautionnement est un acte administratif, qui ne peut être apprécié que par le ministre et le Conseil d'État (V. *suprà*, n. 51, 54, 68, 79, 115, 212, 251, 257, 260, 458, 467).

Les contestations entre le titulaire du cautionnement et ses créanciers, ou même entre ceux-ci et l'État, sont des questions de droit civil, appartenant aux tribunaux (Req. 9 mars 1808, Dall., *Rép.*, v° *Priv.*, n. 233, 3°; 18 juill. 1838, *faill. Cournand;* V. *suprà*, n. 51, 68, 76, 209, 219; V. cep. à l'occasion du cautionnement d'un comptable, 27 juin 1867, *synd. Desbordes*).

TITRE X.

MANDAT.

473. Généralités.

473. En principe, le mandat donne lieu, vis-à-vis de l'État comme de toute autre personne, à l'application des règles du droit civil et à la compétence judiciaire (V. *suprà*, n° 51). Il a été jugé que la réclamation d'honoraires, formée par un avocat en vertu d'une convention, appartenait à la juridiction administrative (Req. 18 niv. an II, Dall. *Rép.*, v° *Comp. adm.*, n° 107) : cette manière de voir ne serait pas admise aujourd'hui. On a reconnu aux tribunaux le pouvoir de statuer sur une réclamation de salaires, présentée par un conservateur des hypothèques à l'occasion des formalités relatives à une expropriation (2 août 1878, *Michel*).

La juridiction administrative pourrait devenir compétente, si le mandat intervenait accessoirement à un contrat du ressort de cette juridiction (Cass. civ. 5 août 1874 ; D.75.1.58 ; V. *suprà*, n. 38, 132, 133, 465, 466, et *infrà*, n. 585 ; V. aussi *Traité des travaux publics*, t. I, n. 469 et suiv.).

Des règles particulières sont applicables aux comptables des deniers publics, ainsi qu'à la situation des fonctionnaires, officiers de l'armée, etc...

CHAPITRE I.

COMPTABLES DES DENIERS PUBLICS.

474. Les comptables de deniers publics sont, à certains égards, soumis aux règlements sur la comptabilité publique et à la juridiction de la Cour des comptes.

Cette compétence existe parallèlement à celle du ministre et du Conseil d'État (V. le n. suiv.). La Cour des comptes ne juge pas les comptables, mais les comptes (L. 16 sept. 1807, art. 11 ; décr. 31 mai 1862, art. 375).

Cette Cour n'a, d'ailleurs, juridiction que sur les comptables, c'est-à-dire sur les personnes qui manient les deniers de l'État (Le décret du 31 mai 1862, sur la comptabilité publique, assimile sous ce rapport, aux deniers de l'État, ceux des départements, des communes, etc... La Cour des comptes est alors juge tantôt en premier, tantôt en dernier ressort).

La Cour des comptes n'a point juridiction sur les ordonnateurs, c'est-à-dire sur les administrateurs chargés de faire emploi, en donnant l'ordre de payer, des crédits régulièrement ouverts par le pouvoir législatif (L. 16 sept. 1807, art. 18; Décr. 31 mai 1862, art. 426). Elle possède seulement, sur les actes des ordonnateurs, le droit de contrôle, qu'elle exerce en adressant un rapport annuel au chef de l'État et en prononçant une déclaration générale de conformité sur les opérations de l'année, sur les résultats définitifs de l'exercice expiré et sur la situation des finances.

La compétence de la Cour des comptes ne s'applique pas aux agents exclusivement chargés par la loi du maniement des deniers publics, mais aussi aux agents et préposés de ces derniers, quand ils ont personnellement fait ou géré la recette (Décr. 12 janv. 1811; L. 17 avr. 1832, art. 8, 3º). Elle s'applique de plus aux comptables de fait, c'est-à-dire aux ordonnateurs ou personnes privées qui, n'ayant point la qualité de comptables, se sont ingérées dans le maniement des deniers publics. (Ce genre de comptabilité, encore appelé comptabilité occulte, se présente principalement à l'occasion des deniers communaux, et a été, sous ce rapport, prévu par l'art. 64 de la loi du 18 juill. 1837.)

La Cour des comptes n'a point juridiction sur les comptables de matières, ou agents préposés à la garde des objets et matériaux appartenant à l'État et contenus dans ses magasins, arsenaux, chantiers, etc.... Longtemps même, cette comptabilité est restée en dehors de son contrôle. L'art. 14 de la loi du 6 juin 1843 l'y a soumise en ce sens, que la Cour rend des déclarations sur la conformité des comptes matières avec les comptes généraux des ministres (Ord. 26 août 1844; Décr. 31 mai 1862, art. 861 et suiv.).

Les comptables de l'État doivent, tous les ans, déposer leurs comptes, avec pièces à l'appui, dans les délais déterminés par la loi, sous peine de condamnations prononcées sur la poursuite du procureur général (L. 16 sept. 1807, art. 12).

475. La Cour des comptes ne peut mettre une dette à la charge de l'État. Elle ne peut que déclarer les comptables quittes, en débet ou en avance. Aussi, l'art. 17 de la loi du 16 septembre 1807 porte que les arrêts de la Cour sont exécutoires *contre les comptables*. Un décret inédit du 1er avril 1808 a prescrit à la Cour de rayer de leur dépense les avances qu'ils prétendraient avoir faites, pour quelque cause que ce fût. Cette exagération est abandonnée dans la pratique. La Cour admet les avances qui sont justifiées. Par là, elle ne donne pas un titre au comptable. Le ministre peut toujours opposer la déchéance, sauf recours au Conseil d'État (4 août 1819, *Dayries*).

Au surplus, le rôle de la Cour se réduit à vérifier, en ce qui concerne les comptes de recettes, si les comptables ont fait rentrer, dans les délais légaux, les sommes indiquées aux rôles ou aux états de produits, et si les pièces justificatives sont régulières ; en ce qui concerne les comptes de dépense, si la dépense a été faite et si elle est appuyée des pièces justificatives exigées par la loi. Lors donc que la situation d'un comptable est à apprécier sous un autre rapport; lorsque, par exemple, il repousse la responsabilité d'un cas de force majeure, la Cour est incompétente, et l'examen appartient au ministre et au Conseil d'État (Avis C. d'État 20 juill. 1808; Ord. 19 nov. 1826, art. 2; Décr. 31 mai 1862, art. 21 et 351; 4 sept. 1840, *Bricogne*). Il en est ainsi, même après un arrêt de *quitus*, et l'arrêt déchargeant le comptable de sa gestion ne fait pas obstacle au recours ultérieur de l'État (7 fév. 1848, *Duffo*).

Incompétente à l'égard de ces questions tout administratives, la Cour l'est à plus forte raison quand il s'agit de trancher une question de droit civil (1er mars 1815, *Chalopin*), ou d'établir la situation d'un comptable vis-à-vis d'un particulier (10 oct. 1811, *Laruelle*). Si elle rencontre des faux et concussions, elle doit en référer au ministre des finances, qui fait poursuivre les auteurs de ces faits devant les tribunaux (L. 16 sept. 1807, art. 16 ; Ord. 31 mai 1838, art. 376).

476. Dans l'instruction des affaires, la Cour peut-elle exiger la production des pièces déterminées par les lois et règlements ?

La négative est fondée sur l'art. 18 de la loi de 1807, portant que la Cour « ne pourra, en aucun cas, s'attribuer de juridicition sur les ordonnateurs, ni refuser « aux payeurs l'allocation des payements par eux faits « sur des ordonnances revêtues des formalités pre- « scrites et accompagnées des acquits des parties pre-« nantes, et *des pièces que l'ordonnateur aura prescrit d'y* « *joindre.* » L'art. 88 du décret du 31 mai 1862 ajoute que les pièces justificatives sont déterminées par nature de service dans les nomenclatures arrêtées de concert entre le ministre des finances et les ministres ordonnateurs. Enfin, le système contraire aboutirait à la destruction de la responsabilité ministérielle en faisant des ministres les justiciables de la Cour des comptes (Serrigny, t. 3, n. 1432 ; 8 sept. 1839, *Min. trav. pub.* 22 mars 1841, *Min. fin.*).

A cette jurisprudence, on oppose l'art. 10 de l'ordonnance du 14 septembre 1822, exigeant les pièces qui constatent *une dette de l'État régulièrement justifiée*. Il est certain qu'une ordonnance n'a pu déroger à la loi. Mais on ajoute que les actes d'organisation de la Cour des comptes ont voulu avant tout lui donner le pouvoir d'exercer un contrôle sérieux, ce qui est impossible si les conditions du contrôle sont déterminées par les ministres (Dufour, t. 2, n. 159).

Nous pensons qu'en bien d'autres circonstances, les lois administratives ont reçu une interprétation plus conforme à leur esprit qu'à leur texte. En fait, la difficulté est éludée par la rédaction de nomenclatures, arrêtées entre les ministres et les délégués de la Cour des comptes.

En tout cas, la Cour n'a pas le pouvoir d'exiger la production de pièces autres que celles dont il vient d'être parlé. Elle ne juge que les comptes, et l'appréciation de ces comptes est dans les pièces justificatives. Il n'en serait autrement qu'au cas de perte de ces pièces ; la loi ne peut interdire à la Cour, en présence d'une nécessité absolue, d'y suppléer à l'aide de tous autres documents (27 mai 1839, *Herbinot de Mauchamps*).

477. Le Trésor a un privilège sur les biens des comptables (art. 2098, Cod. civ.; L. 5 sept. 1087). Ce privilège ne frappe pas les biens des comptables de matières (Rej. civ., 19 fév. 1856, D.56,1,78).

478. Aucune remise totale ou partielle de débet ne peut être accordée à titre gracieux que par décret du chef de l'État, publié au *Journal officiel*, sur rapport du ministre liquidateur et avis du ministre des finances et du Conseil d'État (Décr. 31 mai 1862, art. 370).

La compensation est admise lorsqu'un comptable est,

tout ensemble, créancier et débiteur de l'État (4 août 1819, *Dayries*), mais à condition que la créance et la dette existent vis-à-vis du même département ministériel (29 déc. 1819, *Javal*).

Les débets des comptables portent intérêt de plein droit, par application de l'art. 1996, Cod. civ. La date à laquelle cet intérêt commence à courir est réglée, suivant certaines distinctions, par le décret du 30 mai 1862, art. 368. Quant à leurs avances, l'intérêt n'en est dû qu'en cas de stipulation expresse (16 fév. 1826, *Carayon-Latour*).

479. La Cour des comptes rend d'abord un arrêt provisoire, qui est notifié au comptable. Celui-ci peut, dans les deux mois, produire sa réclamation, faute de quoi l'arrêt devient définitif (Décr. 28 pluv. an III, ch. 2, art. 14). Les référendaires peuvent entendre les comptables ou leurs fondés de pouvoir (Décr. 28 sept. 1807, art. 21). Mais il n'y a ni débat oral devant la Cour, ni publicité des audiences : lacune évidente dans la loi, puisque la publicité et la liberté du débat oral sont les seules garanties d'une véritable justice (V. *suprà*, n. 313, 411). Et cette organisation n'a même pas l'excuse de remonter à un autre âge ; car les chambres des comptes de l'ancienne monarchie avaient leurs audiences et même leurs procureurs (Dareste, p. 669).

480. Les arrêts de la Cour des comptes admettent deux sortes de recours.

La demande en revision n'est qu'une application de l'art. 541, Cod. pr. civ. La revision a lieu, soit sur la demande du comptable, appuyée des pièces justificatives recouvrées depuis l'arrêt, soit d'office, soit à la réquisition du procureur général, pour erreurs, omis-

sions, faux ou doubles emplois reconnus par la vérification d'autres comptes. Il est procédé à la revision par
la Cour elle-même (L. 16 sept. 1807, art. 14; Décr.
31 mai 1862, art. 420). La revision n'est soumise à aucun délai (28 juill. 1817, *Catoire*). Mais un délai est
accordé à la partie pour fournir ses productions, et la
demande qui n'est pas régularisée dans le temps donné
est rejetée, et ne peut être reproduite (10 mai 1833,
Hériard).

Le pourvoi en cassation est ouvert contre les arrêts
de la Cour pour violation des formes ou de la loi, ce
qui comprend avant tout l'excès de pouvoir et l'incompétence. Il est formé devant le Conseil d'État, soit par
la partie, soit par le ministre, dans les trois mois de la
notification de l'arrêt (L. 16 sept. 1807, art. 17).

Le Conseil d'État statue comme Cour de cassation;
il n'a qu'à examiner s'il y a eu violation des formes ou
de la loi, et doit refuser d'entrer dans l'examen des
faits, souverainement appréciés par la Cour des comptes
(13 avr. 1870, *Com. de Combloux*).

Pour la même raison, le Conseil d'État ne saurait,
au cas de cassation, évoquer le fond de l'affaire. Cette
règle, qui domine sa compétence en matière d'excès
de pouvoir, est reconnue par l'art. 1er de l'ordonnance du 1er septembre 1819 et l'art. 424 du décret du
31 mai 1862, portant qu'après cassation et renvoi du
fond à la Cour, l'affaire sera portée devant une des
chambres qui n'en auront pas connu.

La notification de l'arrêt de la Cour, nécessaire pour
faire courir le délai de trois mois, doit évidemment
être remise par huissier, quand elle a lieu à la requête
de la partie. En est-il ainsi de la signification à la

partie? Dans l'usage, elle se fait par lettre chargée, et cette forme a été déclarée régulière (10 mai 1833, *Hériard*).

CHAPITRE II

ÉTAT DES FONCTIONNAIRES

481. Les fonctions publiques étaient d'abord à la pleine disposition du souverain. Charles le Chauve dérogea le premier à ce principe, en 877. Par le capitulaire de Kiersy, il concéda aux fils des comtes la continuation du pouvoir de leurs pères, et leur reconnut, dans une certaine mesure, le droit de disposer de leur dignité en faveur de leurs fils ou parents, même de leur vivant. Plus tard, Louis XII, obéré par les guerres d'Italie, commença à vendre les offices. Grâce à la prodigalité de ses successeurs, cette pratique s'étendit aux limites du possible. Sous Henri IV, toutes les fonctions publiques, à peu près sans exception, étaient vénales. Les sièges des magistrats, les compagnies et les régiments, même les places des grands-officiers de la couronne, se vendaient (Loyseau, *Offices*, liv. 4, ch. II, n. 81). Depuis longtemps, les bénéfices ecclésiastiques se transmettaient de cette manière. La vénalité devait être le point de départ de l'inamovibilité qui fut, en 1467, proclamée par Louis XI à l'égard de toutes les fonctions publiques, et qui devait, après la Révolution, devenir le privilège de la magistrature (V. *Traité des Offices ministériels*, n. 13 et suiv.; V. *infrà*, n. 488, 491).

En 1790, la vénalité fut abolie, et les fonctions publiques données partie à l'élection, partie au choix du Gouvernement. Elles furent plus tard rendues à la désignation du chef de l'État.

482. Quand on parle de fonctionnaires, on entend laisser généralement de côté les agents ou employés qui se bornent à préparer ou exécuter les décisions sans exercer aucun pouvoir propre; comme aussi les ministres des cultes, qui ne sont chargés ni d'agir, ni de parler au nom de l'État. A plus forte raison l'appellation de fonctionnaire est-elle étrangère aux membres des corps électifs délibérants, politiques ou non, mais dépourvus d'action administrative directe, tels que députés, sénateurs, etc.

Pour nous, qui avons à considérer seulement deux choses, le mandat donné et le salaire, traitement ou indemnité promis par l'État, toutes ces personnes sont, sinon fonctionnaires, du moins assimilables aux fonctionnaires. En sens inverse, nous n'avons pas à nous occuper des officiers ministériels, bien que certaines lois les qualifient fonctionnaires publics.

483. Les députés sont élus par le suffrage universel direct (L. 25 fév. 1875, art. 1er). Les sénateurs, pour les trois quarts, par des collèges composés des députés, conseillers généraux et conseillers d'arrondissement, ainsi que de délégués des conseils municipaux; pour l'autre quart, par le Sénat lui-même (L. 24 fév. 1875, art. 1er et 7). Chacune des Chambres est seule juge de l'éligibilité de ses membres et de la régularité de leur élection (L. 16 juill. 1875, art. 10). Le Président de la République est nommé par le Sénat et la Chambre des députés, réunis en Assemblée nationale (Const. 25 fév. 1875, art. 2).

484. *Nomination des fonctionnaires.*

Le Président de la République nomme à tous les emplois (L. 25 fév. 1875, art. 3). Cette règle reproduit l'art. 6 de la Constitution du 14 janvier 1852. Elle reçoit exception à l'égard d'un grand nombre d'emplois abandonnés par les lois spéciales au choix de certains hauts fonctionnaires, qui sont principalement les ministres, les directeurs généraux des administrations financières et les préfets.

485. Quant aux ministres des cultes, nous voulons dire des cultes reconnus, leur nomination n'est pas, en général, faite, mais seulement approuvée par le Gouvernement.

Parmi les ministres du culte catholique, les archevêques et évêques sont nommés par le chef de l'État, mais ne peuvent entrer en fonctions qu'après avoir été institués par le pape (L. 18 germ. an x, art. 16 à 18). En sens inverse, les curés sont nommés par les évêques, et institués par eux seulement lorsque leur nomination a été agréée par le chef de l'État (art. 19). Les desservants sont nommés par les évêques, sans nécessité de l'agrément du chef de l'État (art. 31 et 63).

Dans l'Église réformée, la nomination des pasteurs appartient aux Consistoires (Décr. 26 mars 1852, art. 5), sauf l'approbation du Gouvernement (L. 18 germ. an x, art. 26). Dans l'Église de la confession d'Augsbourg, au Directoire, sauf la même approbation (Décr. 26 mars 1852, art. 11; L. 1er août 1879, art. 4).

L'élection des rabbins israélites est soumise à l'approbation du ministre des cultes (Ord. 25 mai 1844, art. 48; Décr. 29 août 1862).

486. A plusieurs reprises, il a été question de régler d'une manière complète les conditions d'admission et d'avancement aux emplois publics, afin d'en assurer la meilleure distribution, dans l'intérêt de l'État comme dans l'intérêt des employés.

La nomination des fonctionnaires et employés est subordonnée à des conditions de nature diverse, qui varient suivant les emplois. Les plus habituellement exigées sont relatives à l'âge; au sexe (les femmes ne sont admises que dans certains services particuliers); à la qualité de Français; à la jouissance des droits civils.

L'admission à diverses fonctions est soumise à la représentation de diplômes ou de certificats de capacité. D'autres sont exclusivement réservées aux élèves de certaines écoles. Dans d'autres, les places vacantes font l'objet d'un concours. Enfin, il existe des incompatibilités (V. *infrà*, n. 514).

487. La nomination d'un fonctionnaire est généralement considérée comme un acte de pure administration, ne présentant d'autres garanties que la responsabilité ministérielle, et ne pouvant donner lieu à un recours par la voie contentieuse. C'est à ce point de vue qu'a été rejeté, en 1835, le pourvoi formé par les professeurs de droit de la Faculté de Paris contre la nomination de M. Rossi à une chaire de droit constitutionnel, pourvoi fondé sur ce que ce professeur n'était ni Français ni pourvu d'un diplôme de docteur en droit visé dans une école française (23 oct. 1835, *Bugnet*; V. 23 nov. 1825, *Delandine*; 12 mai 1846, *Peigné*; 7 mars 1849, *Bidard*).

Cette doctrine serait trop absolue. Ainsi, lorsqu'une fonction est mise au concours, le candidat exclu de la liste, contrairement à son droit, peut former un recours pour excès de pouvoir (21 mai 1873, *Trubert*). De même, les élèves admis dans les écoles du Gouvernement ont droit d'être classés, d'après leur mérite, dans les services publics qui se recrutent à ces écoles. Mais l'appréciation des titres d'un concurrent ne peut être contrôlée par le Conseil d'État (11 août 1869, *De Dampierre*).

L'avancement a ses règles, mais ne donne lieu ni à des droits acquis, ni à un recours par voie contentieuse

(V. cep. le décret du 25 décembre 1869, art. 3, portant que les auditeurs de première classe près la Cour des comptes auront *droit* à la moitié des places de référendaires de seconde classe, et l'art. 5 de la loi du 24 mai 1872, réservant aux auditeurs de première classe au Conseil d'État le tiers des places des maîtres des requêtes).

488. Un fonctionnaire ou employé de l'État ne saurait céder ses fonctions à prix d'argent. On a longtemps soutenu que l'avantage d'une démission pure et simple pouvait faire l'objet d'une convention licite ; l'administration a même autorisé les stipulations relatives aux emplois de percepteur, afin de favoriser la suppression d'une partie de ces emplois ; les arrêts ont déclaré ces stipulations licites, comme la promesse d'une somme en échange de la démission d'un garde général des forêts ou du titulaire d'un bureau de tabac (Amiens, 18 janv. 1820 et 18 juin 1822, Dalloz, *Anc. rép.*, v° *Obligations*, p. 174; Req., 2 mars 1825, D.25,1,150; Grenoble, 5 juill. 1825, D.26,2,52; Rennes, 13 juill. 1840, Dall., *Rép.*, v° *Obligations*, n. 562; Bordeaux, 5 déc. 1845, S.46,2,328; V. *suprà*, n. 481).

Cette jurisprudence avait soulevé de nombreuses objections. La défense de vendre les emplois serait lettre morte, si l'on admettait la vente des démissions (V. *Traité des Offices ministériels*, n. 232). Aujourd'hui, la question ne fait plus aucun doute en présence de la loi du 9 juin 1853, sur les pensions civiles, dont l'art. 27 assimile au fonctionnaire coupable de malversations celui qui se démet de son emploi à titre d'argent, et le prive de ses droits à la retraite (V. *infrà*, n. 617).

Seuls, les greffiers sont admis à céder leurs offices (L. 28 avr. 1816, art. 91).

489. *Révocation.*

Le pouvoir de révocation appartient au chef de l'État et aux chefs de service investis du droit de nomination. En principe, le fait d'enlever des fonctions à celui qui en est revêtu, sous quelque nom qu'il se produise, est un acte du pouvoir discrétionnaire, qui ne saurait être attaqué devant le Conseil (16 nov. 1835, *Jousselin*). Peu importe, d'ailleurs, que cet acte ait pour résultat de lui faire perdre ses droits à la retraite (30 déc. 1858, *Vaissié*).

490. Notons que cette doctrine a été appliquée, non seulement aux fonctionnaires du Gouvernement, mais aux maîtres de poste (27 avr. 1850, *Dyé*; 28 juill. 1853, *Rat*), et particulièrement aux greffiers qui, pourtant, jouissent du droit de présentation (V. le n. précédent). La situation de ces derniers, à ce point de vue, est certainement moins bonne que celle des autres titulaires d'offices. Les notaires ne sont destituables que par jugement du tribunal de leur résidence : la loi du 25 ventôse an XI, art. 53, consacre à leur égard, purement et simplement, l'ancien droit, qui n'admettait pas la perte d'un office en dehors du cas de *forfaiture jugée* (V. Ord. 1547, art. 85; Loyseau, *Offices*, liv. 1, ch. 13, n. 1 et 7). Les avoués, huissiers et commissaires-priseurs sont destitués par décret du chef de l'État (Décr. 30 mars 1808, art. 102 et 103). Les agents de change et courtiers sont destituables par le Gouvernement (Arr. 29 germ. an IX, art. 17 et 18), et par le tribunal correctionnel (art. 87, Cod. com.). Au moins faut-il, pour les officiers ministériels, qu'il y ait constatation d'une faute grave ayant donné lieu à l'action disciplinaire, et même, croyons-nous, décision judiciaire contenant condamnation et provocation d'un décret de destitution (V. *Traité des Offices ministériels*, n. 556 et suiv.). Les greffiers sont, d'après l'art. 92 de la loi du 27 ventôse an VIII, révocables *à volonté;* la constatation d'une faute n'est pas nécessaire en ce qui les concerne.

491. Le pouvoir discrétionnaire du Gouvernement en cette matière n'est pas sans recevoir quelques exceptions.

La plus importante est relative à l'inamovibilité de la magistrature. Cette inamovibilité, qui se rattache historiquement à l'ancienne vénalité des offices (V. *suprà,* n. 481), a été rétablie, après la Révolution, dans l'intérêt général et pour assurer l'indépendance des magistrats. Elle a été proclamée par la plupart des constitutions qui se sont succédé depuis le commencement du siècle (V. Charte de 1830, art. 49). Supprimée par le décret du 17 avril 1848, elle a été rétablie par la Constitution du 4 novembre 1848, art. 87, et consacrée à nouveau par l'art. 26 de la Constitution de 1852. La loi du 1er août 1883 l'a reconnue comme principe, en réservant au législateur le droit d'éliminer le nombre de magistrats nécessaire pour arriver à la réduction du personnel (V. *infrà,* n. 493).

L'inamovibilité appartient seulement aux magistrats qui prononcent des jugements, et non aux membres du ministère public. Elle appartient aux juges suppléants comme aux juges titulaires; mais elle a été refusée aux juges de paix, à raison de la latitude absolue laissée au Gouvernement pour leur choix et de la multiplicité de leurs attributions. La loi du 16 septembre 1807, art. 6, l'a étendue aux membres de la Cour des comptes. Elle n'a été donnée ni aux conseillers d'État ni aux conseillers de préfecture.

Les mesures portant révocation ou suspension d'un magistrat inamovible peuvent être déférées au Conseil d'État pour excès de pouvoir (7 mai 1852, *Saleta*). C'est en se plaçant au point de vue de la séparation des pouvoirs que la loi du 3 mai 1871 a déclaré nuls et non avenus les décrets des 28 janvier et 3 février 1871, prononçant la déchéance de quinze magistrats ayant fait partie des commissions mixtes (V. *infrà*, n. 493).

492. L'inamovibilité n'a jamais eu pour effet de maintenir les magistrats indignes. Leur déchéance est prononcée par le Conseil supérieur, c'est-à-dire la Cour de cassation, chambres réunies (Sén.–cons. 16 therm. an VIII, art. 88; L. 20 avr. 1810, art. 48 et suiv.; Décr. 1er mars 1852, art. 4 et 5; L. 1er août 1883, art. 14).

Les magistrats qui restent absents plus de six mois, ou plus d'un mois après la réquisition à eux adressée par le procureur général, peuvent être réputés démissionnaires (L. 20 avr. 1810, art. 48).

Le décret du 1er mars 1852 fixe une limite d'âge, 75 ans pour la Cour de cassation et 70 ans pour les Cours d'appel et tribunaux, à partir de laquelle les magistrats sont mis à la retraite (art. 1 et 2). Cependant, ceux qui sont atteints par la limite d'âge ne cessent leurs fonctions qu'après avoir été remplacés (art. 3).

Les magistrats que leurs infirmités mettent hors d'état de remplir leurs fonctions peuvent être mis à la retraite, dans les formes indiquées par la loi du 16 juin 1824, sur avis conforme du Conseil supérieur (L. 1er août 1883, art. 15).

La Cour des comptes exerce sur ses membres le

pouvoir de discipline. Ses délibérations portant déchéance ne sont exécutoires qu'en vertu d'un décret du chef de l'État, rendu sur le rapport du ministre des finances (Décr. 19 mars 1852, art. 1-4).

Les lois antérieures à 1883 reconnaissaient au juge compétent, agissant dans l'exercice du pouvoir disciplinaire, le droit de se saisir même d'office et d'autoriser, s'il le jugeait convenable, la publication de son arrêt (Ch. réun., 21 juill. 1871, D. 71,1,37). L'art. 16 de la loi de 1883 réserve au garde des sceaux le pouvoir de saisir le Conseil supérieur. Ce conseil ne peut statuer ou donner son avis qu'après que le magistrat a été entendu ou dûment appelé.

493. L'art. 11 de la même loi avait chargé le Gouvernement de procéder, dans un délai de trois mois à dater de sa promulgation, à la réduction du personnel des Cours et tribunaux. « Les éliminations, y « est-il dit, porteront sur l'ensemble du personnel in-« distinctement. Le nombre des magistrats éliminés, « soit parce qu'ils n'auront pas été maintenus dans les « fonctions judiciaires, soit parce qu'ils n'auront pas « accepté le poste nouveau qui leur aura été offert, ne « pourra dépasser le chiffre des sièges supprimés. Ne « seront pas maintenus, à quelque juridiction qu'ils « appartiennent, les magistrats qui, après le 2 dé-« cembre 1851, ont fait partie des commissions « mixtes. » L'art. 12 a réglé les pensions de retraite accordées aux magistrats éliminés (V. *infrà*, n. 588).

494. Les conseillers d'État ne peuvent être révoqués que par décret rendu en conseil des ministres (L. 25 fév. 1875, art. 4). Les maîtres des requêtes et auditeurs sont révoqués par décret individuel rendu, pour les premiers, sur avis des présidents, pour les seconds, sur avis du vice-président délibérant avec les présidents (L. 24 mai 1872, art. 5).

495. Les ingénieurs des mines et des ponts et chaussées ont, dans une certaine limite, une garantie équivalente à l'inamovibilité. Leur révocation ne peut être prononcée que par décret, sur proposition du ministre et *de l'avis*, c'est-à-dire conformément à l'avis du conseil général des ponts et chaussées ou de celui des mines (Décr. 13 oct. 1851, art. 25; 24 déc. 1851, art. 24). Ceux qui ont acquis, par trente ans de services effectifs, leurs droits à une pension de retraite, peuvent être admis à les faire valoir (Décr. 13 oct. 1851, art. 29; 24 déc. 1851, art. 28), sans recours par la voie contentieuse (16 nov. 1835, *Jousselin*; 30 nov. 1850, *Mondot de Lagorce*). Il y a, comme dans la magistrature, une limite d'âge. Sont nécessairement mis à la retraite, les ingénieurs ordinaires à soixante ans, les ingénieurs en chef à soixante-deux, les inspecteurs généraux de seconde classe à soixante-cinq et les inspecteurs généraux de première classe à soixante-dix (Décr. 13 oct. 1851, art. 30; 24 déc. 1851, art. 29; 30 août 1855).

496. L'inamovibilité appartient à une partie des ministres des cultes.

La loi du 18 germinal an x donne aux évêques le droit de révoquer les desservants (art. 31). Elle ne leur reconnaît pas ce pouvoir à l'égard des curés; et l'on a justement conclu de ce silence à l'inamovibilité des curés, admise par l'ordonnance du 29 janvier 1686 et l'édit de 1695 (Avis C. d'État 30 juill. 1824). Cette inamovibilité ne s'oppose pas à ce qu'un curé soit déposé canoniquement, c'est-à-dire par jugement rendu dans les formes canoniques. Mais la déposition ne peut devenir exécutoire, quant à ses effets civils, qu'en vertu d'un décret du chef de l'État, non susceptible de recours pour excès de pouvoir (29 mars 1851, *Audierne;* 20 juin 1867, *Roy*). Elle ne fait pas davantage obstacle à ce qu'un curé soit momentanément, pour cause de mauvaise conduite, éloigné de sa paroisse par l'évêque (Décr. 17 nov. 1811, art. 2).

Les évêques ne peuvent être déposés que par un con cile d'évêques dont la décision devrait certainement, si le cas se présentait, être approuvée par le chef de l'État (V. *suprà*, n. 485).

Les ministres de l'Église réformée sont destitués par délibération du conseil presbytéral, approuvée par le ministre des cultes (L. 18 germ. an x, art. 25; Décr. 26 mars 1852, art. 14; Arrêtés min. 10 sept. 1852 et 24 mai 1872; 1er fév. 1878, *Bruniquel*). Ceux de la confession d'Augsbourg, par décision du synode parti- culier, approuvée par le Gouvernement (L. 1er août 1879, art. 5).

497. En ce qui concerne les professeurs de l'en- seignement secondaire et supérieur, la loi du 19 mars 1873, art. 5, a rétabli les garanties résultant des art. 14 et 76 de la loi du 15 mars 1850, abrogés par les art. 1 et 3 du décret du 9 mars 1852. Aujourd'hui, les pro- fesseurs de l'enseignement secondaire et supérieur sont révoqués en vertu d'une décision du Conseil de l'ensei- gnement supérieur, qui doit être prise aux deux tiers des suffrages (L. 27 fév. 1880, art. 7). Ils ne peuvent être admis à la retraite que sur leur demande ou sur avis du Conseil supérieur (Décr. 4 nov. 1882).

498. *Traitement.*

En général, les fonctionnaires et employés de l'État sont rémunérés par un traitement.

Nous disons *en général*. Les juges suppléants et les membres des tribunaux de commerce n'en ont jamais eu. Les auditeurs de seconde classe au Conseil d'État n'en avaient pas sous l'Empire. Les membres du Tribunal des conflits remplissent une fonction gratuite. Les professeurs de certaines Facultés avaient droit à des rétributions éventuelles, qui ont été supprimées par le décret du 14 janvier 1876. Les greffiers perçoivent certains droits fixés par des tarifs. Les conservateurs des hypothèques et autres agents du ministère des finances sont rémunérés par des remises variables.

499. L'indemnité des députés a toujours été admise sous les régimes qui reconnaissaient le droit d'éligibilité à tous les citoyens sans condition de fortune. Supprimée sous la Restauration, elle a été rétablie par l'art. 38 de la Constitution du 4 novembre 1848. Supprimée une seconde fois par la Constitution du 14 janvier 1852, art. 37, elle a été rétablie par le sénatus-consulte du 25 décembre 1852, art. 14. Le décret du 29 janvier 1871, art. 5, a, sous ce rapport, déclaré applicables les art. 96 et 97, 2° de la loi du 15 mars 1849. Aujourd'hui, l'indemnité des députés est réglée par ces articles et par la loi du 16 février 1872 (L. 30 nov. 1875, art. 17).

La Constitution du 22 frimaire an VIII, art. 22, affectait au Sénat une dotation, sur laquelle étaient payés les traitements des sénateurs. La Restauration substitua à ces traitements des pensions accordées par le roi (Ord. 4 juin 1814, art. 2 ; 28 mai 1829). Sous le Gouvernement de juillet, les pensions et dotations antérieures furent conservées; mais la loi du 29 décembre 1831, § 31, portait qu'à l'avenir aucun traitement, aucune dotation, ne pourraient être attachés à la qualité de pair. La Constitution de 1852, art. 22, réservait au chef de l'État la faculté d'accorder une dotation personnelle aux sénateurs. Le Sénatus-consulte du 25 décembre 1852, art. 11, affectait à cette dignité une dotation annuelle et viagère. Aujourd'hui, les membres du Sénat reçoivent la même indemnité que ceux de la Chambre des députés (L. 2 août 1875, art. 26).

500. Un traitement est accordé par les lois aux ministres des cultes reconnus, bien qu'il ne servent pas l'État, et que la reconnaissance de ces cultes ne soit pas un titre à des allocations pécuniaires. Le traitement est ici payé moins dans l'intérêt du culte que dans celui de l'État, dont il autorise la surveillance. De plus, en ce qui concerne le culte catholique, le décret du 2 novembre 1789 a mis les biens ecclésiastiques à la disposition de la nation, à la charge de pourvoir d'une manière convenable aux frais du culte et à l'entretien de ses ministres.

Un avis du Conseil d'État du 26 avril 1883 porte « que le droit du Gouvernement de suspendre ou de « supprimer les traitements ecclésiastiques par mesure « disciplinaire s'applique indistinctement à tous les mi- « nistres du culte salariés par l'État » (*Journal officiel* du 29 ; V. le rapport annexé).

501. Indépendamment des textes établissant l'incompatibilité entre certaines fonctions et certaines autres (V. *infrà*, n. 514, 616), la loi prohibe le cumul tant des traitements entre eux que des traitements avec les pensions.

Aux termes de l'art. 44 du décret du 31 mai 1838, reproduisant la disposition des lois antérieures (V. notamment L. 28 avril 1816, art. 78), et reproduit par l'art. 65 du décret du 31 mai 1862, il est interdit de cumuler *en entier* les traitements de plusieurs places, emplois ou commissions. En cas de cumul de deux traitements, le moindre est réduit à moitié ; en cas de cumul de trois traitements, le troisième est en outre réduit au quart, et ainsi de suite en observant la même proportion. Cette réduction n'est faite ni pour les traitements cumulés qui sont au-dessous de 3,000 francs, ni pour les traitements plus élevés qui sont exceptés par les lois.

502. La principale exception a été établie par le décret du 16 fructidor an III, en ces termes : « Les sa- « vants, les gens de lettres et les artistes qui remplis- « sent *plusieurs* fonctions relatives à l'instruction pu- « blique, pourront en cumuler les traitements. » La loi du 12 décembre 1848, art. 5, a restreint le cumul à *deux* fonctions, en ajoutant que le montant des traitements, tant fixes qu'éventuels, ne devrait pas dépasser 12,000 fr. Le décret du 9 mars 1852, art. 9, a élevé ce maximum à 20,000 fr., et la loi du 8 juillet 1852, art. 28, a rétabli, tout en maintenant le maximum de 20,000 fr., la disposition générale du décret de fructidor.

L'indemnité de député ne peut être cumulée avec un traitement (L. 16 fév. 1872, art. 1er ; 30 nov. 1875, art. 17). Cette indemnité n'est pas pour cela un traitement ; elle peut être cumulée avec une pension de retraite (L. 16 fév. 1872, art. 6), et par suite avec les suppléments de pensions militaires accordés par la loi du 18 août 1881 (1er juin 1883, *Datas* ; V. *infrà*, n. 646).

La loi du 2 août 1875, relative au Sénat, n'ayant pas répété la prohibition de la loi de 1872, un sénateur peut cumuler son *traitement* avec *l'indemnité* de sénateur (26 janv. 1877, *De Bastard*).

Rappelons à ce sujet qu'un chanoine de Saint-Denis a été admis à cumuler son *allocation* avec le traitement d'aumônier en chef de la marine (31 août 1863, *Coquereau*). Aux termes du décret du 11 juin 1878, les fonctions des administrateurs des chemins de fer de l'État sont gratuites, et les *indemnités* à eux allouées sous forme de jetons de présence ne tombent pas sous l'application des lois prohibitives du cumul.

503. Le traitement ne court, en général, que du jour de la prise de possession des fonctions (Règl. de compt. du min. fin), même à l'égard des agents diplomatiques (1er déc. 1852, *Guillemot*). Il cesse de courir le lendemain de la cessation des fonctions.

504. La liquidation se fait par mois, chaque mois comptant pour trente jours et se divisant par trentièmes indivisibles (Même règl., art. 95). Le retard apporté au payement ne fait pas courir les intérêts (26 janv. 1877, *De Bastard*).

505. Les traitements supportent des retenues. Les unes sont destinées à alimenter le fonds des pensions de retraite ; les autres sont la compensation des congés dépassant un certain laps de temps, des absences non autorisées, ou même la conséquence de mesures disciplinaires (L. 9 juin 1853, art. 3 ; Décr. 9 nov. 1853, art. 5 et suiv. ; V. *infrà*, n. 559).

506. Un fonctionnaire peut-il renoncer à son traitement ? La Constitution de 1848 interdisait aux députés la renonciation à leur indemnité (art. 38). Nous ne pensons pas que le titulaire d'une fonction soit maître de l'occuper à des conditions autres que les conditions établies par la loi. La renonciation est donc nulle comme contraire à l'ordre public, à supposer, bien entendu, qu'elle se soit produite à l'avance.

507. Les traitements sont prescriptibles par cinq ans ou, pour parler plus exactement, soumis à la déchéance quinquennale, lorsque cinq ans se sont écoulés depuis le commencement de l'exercice auquel ils appartiennent, à moins toutefois que l'ordonnancement et le payement n'en aient pu être effectués par le fait de l'administration ou par suite de pourvois formés devant le Conseil d'État (L. 29 mai 1831, art. 9; V. *Traité des travaux publics*, t. 1er, n. 426 et suiv.).

508. Les traitements ne sont saisissables que pour partie, à savoir un cinquième sur les premiers 1000 fr., un quart sur les 5,000 fr. suivants, et un tiers sur la portion excédant 6,000 fr. (L. 21 vent. an IX). Les traitements ecclésiastiques sont insaisissables pour le tout (Arrêté 18 niv. an XI). Les indemnités des sénateurs et députés sont saisissables (L. 15 mars 1849, art. 97; Trib. de Doullens, 8 juill. 1870, D.71,3,55).

Les traitements sont saisissables pour cause alimentaire (Paris, 18 août 1842, Dalloz, *Rép.*, v° *Saisie-arrêt*, n. 164).

509. En cette matière, la compétence est essentiellement administrative. Autrefois, on disait que l'autorité administrative peut seule déclarer l'État débiteur. Aujourd'hui, il y a lieu de faire remarquer que, malgré le lien contractuel résultant des fonctions confiées et acceptées, il s'agit d'apprécier les conséquences de la nomination, qui est un acte essentiellement administratif (V. Décr. 11 juin 1806, art. 14; *suprà*, n. 51, 162, 232, 257, 260; et, à l'occasion, d'employés communaux, Trib. confl., 17 mai 1873, *Michallard*; 14 juin 1879, *Labrebis*; 27 déc. 1879, *Guidet*).

Cette compétence n'est applicable aux membres des Chambres législatives, que sauf le respect de leur pouvoir disciplinaire, qui peut donner lieu à une retenue d'indemnité (Paris, 14 fév. 1881, D.82,2,180).

510. *Responsabilité.*

Les infractions à la loi pénale commises par les fonctionnaires sont, bien souvent, punies de peines plus sévères que les infractions des simples citoyens.

Faut-il accorder à l'État le droit d'invoquer contre eux une responsabilité pécuniaire? Un tel droit appartient incontestablement aux particuliers, bien que la loi et la jurisprudence y aient constamment mis des bornes afin de rendre possible l'exercice des fonctions publiques. Il est difficile de refuser à l'État la faculté d'invoquer, en principe, l'art. 1382, Cod. civ. Mais, autant il serait naturel de le voir réclamer des dommages-intérêts à raison du tort causé par un fait criminel ou délictueux, autant sa réclamation paraîtrait rigoureuse à l'égard de fonctionnaires coupables d'une simple faute non punie par les lois.

CHAPITRE III.

ÉTAT DES MILITAIRES.

511. Les règles constituant l'état des officiers ne datent que des années postérieures à 1830. Avant 1789, les régiments se vendaient comme la plupart des offices publics (V. *suprà*, n: 481). Un pouvoir discrétionnaire

appartenait aux colonels sur les officiers d'un grade
inférieur, et au roi sur les officiers généraux. Les lois
de la Révolution ne laissèrent au Gouvernement que la
nomination des officiers généraux et d'une partie des
officiers supérieurs, et partagèrent les autres grades
entre l'ancienneté et l'élection par les soldats (L. 21 fév.
1793). L'art. 41 de la Constitution de l'an VIII donna
au Premier Consul le pouvoir de nommer et de révoquer les officiers. Sous la Restauration, diverses lois
formulèrent des règles sur l'avancement et la position
des officiers réformés, règles dépourvues de sanction.
Enfin intervinrent, en exécution de l'art. 69 de la
Charte de 1830, les lois du 14 avril 1832 sur l'avancement, et du 19 mai 1834 sur l'état des officiers.

La loi de 1834 n'est pas faite pour les sous-officiers,
à qui cependant des lois récentes ont constitué un
état (V. *infrà*, n. 545). Ses dispositions sont applicables au personnel administratif organisé militairement,
c'est-à-dire au corps de l'intendance, aux officiers de
santé, à ceux de l'administration des hôpitaux et aux
agents du service de l'habillement et du campement
(art. 26). Quant au corps du contrôle, il a une hiérar-
chie propre, ne comportant aucune assimilation avec
les grades de l'armée; ses membres jouissent toutefois
des bénéfices de la loi de 1834 relatifs à l'état des officiers (L. 16 mars 1882, art. 42).

512. La loi distingue dans la situation de l'officier
deux choses différentes : le *grade* et l'*emploi*. Ce qui constitue *principalement* l'état de l'officier, et en quelque
sorte sa propriété, c'est son grade, de sous-lieutenant,
lieutenant, etc... (V., de plus, *infrà*, n. 532 et suiv.).

Pour être titulaire d'un grade, il faut, avant tout,

être officier de l'armée française, c'est-à-dire avoir contracté l'engagement de servir l'État en cette qualité. Aussi le chef de l'État a-t-il pu supprimer purement et simplement, sans mise en disponibilité ni admission dans le cadre de réserve, l'emploi d'un ecclésiastique institué aumônier en chef de l'armée tout en restant à la disposition de ses supérieurs hiérarchiques (8 août 1873, *Laine*). C'est ainsi que les grades obtenus dans la légion étrangère, conformément à la loi du 9 mars 1831, n'appartiennent pas à ceux qui en sont revêtus avec les conséquences développées ici (14 déc. 1836, *Poërio*; 4 juill. 1838, *D'Aceto*). C'est encore ainsi qu'un prince, nommé général de division par décret, n'a pas été considéré comme titulaire d'un véritable grade, mais comme placé dans une situation subordonnée à la volonté du souverain alors régnant (19 fév. 1875, *Prince Napoléon-Joseph Bonaparte*). En sens inverse, les ordonnances du 31 août 1818 et du 16 mars 1838, art. 73, avaient établi des conditions spéciales pour les membres des familles régnantes, qui pouvaient être nommés colonels à dix-huit ans et étaient, pour l'avancement aux grades supérieurs, soumis aux conditions d'ancienneté énoncées en l'art. 10 de la loi de 1832 (V. *infrà*, n. 532 et suiv.).

513. *Grade.*

Le grade est conféré par le chef de l'État (L. 19 mai 1834, art. 1er). Il peut l'être exceptionnellement par le pouvoir législatif (V. l. 28 mars 1874). Il peut l'être provisoirement par le commandant d'une armée ou d'une place assiégée (V. *infrà*, n. 533). Il ne peut être accordé par décision du ministre (4 juill. 1838, *D'Aceto*; 4 juin 1842, *Garnier*). La nomination doit, de plus, être insérée au *Journal militaire officiel* (L. 14 avr. 1832, art. 22 ; 2 juin 1876, *Labussière*).

Le décret de nomination est irrévocable et constitue un droit acquis. L'officier régulièrement nommé ne saurait être privé de son grade que pour l'une des causes prévues par la loi (L. 1834, art. 1er ; V. les n. suiv.). La stabilité absolue qu'on a voulu assurer à son état passe avant toute considération. Est donc entaché d'excès de pouvoir le décret rapportant un décret de nomination, lors même que celui-ci n'aurait pas été exécuté par la remise à l'officier de sa lettre de nomination ; lors même que la nomination aurait eu lieu dans l'ignorance de faits de nature à y mettre obstacle (13 mars 1852, *Mercier*). Il en faut dire autant du décret qui, pour une cause quelconque, reporterait la nomination à une date postérieure, et ferait ainsi perdre au titulaire les avantages de l'ancienneté (6 fév. 1834, *Hounau* ; V. *infrà*, n. 538).

514. Le grade n'est pas indélébile.

Du moins, une fois acquis, il ne peut être perdu que par l'une des causes ci-après : 1° Démission acceptée par le chef de l'État ; 2° Perte de la qualité de Français prononcée par jugement ; 3° Condamnation à une peine afflictive et infamante ; 4° Condamnation à une peine correctionnelle pour les délits prévus par la sect. 1re et les art. 402, 403, 405, 406 et 407 du ch. 2 du tit. 2, liv. 3, du Cod. pén.; 5° Condamnation à une peine correctionnelle d'emprisonnement qui, en outre, a placé le condamné sous la surveillance de la haute police et l'a interdit des droits civiques, civils et de famille ; 6° Destitution par un conseil de guerre, en vertu des lois en vigueur, et spécialement, à l'égard de l'officier en activité, pour absence illégale de son corps après trois mois ; à l'égard de l'officier en non–activité, pour résidence à l'étranger sans autorisation du chef de l'État, après quinze jours d'absence (L. 1834, art. 1er).

La *démission* ne produit effet qu'après avoir été acceptée (V. *infrà*, n.598). On a voulu laisser au Gouvernement un pouvoir discrétionnaire pour donner, refuser ou retarder son acceptation. Son refus n'est donc pas de nature à être attaqué par la voie contentieuse (23 mars 1872, *Pichon*).

Sous la Constitution de 1852, toute fonction publique rétribuée était incompatible avec le mandat de député (Décr. 2 fév. 1852, art. 29) : l'acceptation de ce mandat par un officier emportait démission implicite. L'art. 15 du Sénatus-consulte du 25 décembre 1852 faisait exception en faveur des officiers généraux du cadre de réserve, et confirmait ainsi la règle, qui a été appliquée à un officier général en disponibilité (6 mars 1856, *Lebreton* ; V. *infrà*, n. 523, 524).

Aujourd'hui, aucun militaire ou marin, même en disponibilité ou en non–activité, ne peut être élu membre de la Chambre des députés (V. *infrà*, n. 616). L'incompatibilité n'a trait qu'à l'armée active ; elle reste étrangère à la réserve de l'armée active et à l'armée territoriale (V. *infrà*, n. 544). Sont d'ailleurs exceptés les officiers placés dans la deuxième section du cadre de l'état-major général (V. *infrà*, n. 524) ; ceux qui, maintenus dans la première section comme ayant commandé devant l'ennemi, ont cessé d'être employés activement (V. *eod.*) ; enfin, ceux qui, ayant des droits acquis à la retraite (V. *infrà*, n. 530), sont envoyés ou maintenus dans leurs foyers en attendant la liquidation de leur pension (L. 30 nov. 1875, art. 7). Il a été expliqué, dans la discussion de la loi de 1875, que les maréchaux, étant en activité permanente jusqu'à leur mort (V. *infrà*, n. 531), ne sauraient prétendre au bénéfice de l'exception (Duvergier, *Coll. des Lois*, 1875, p. 539).

En ce qui concerne le Sénat, aucune incompatibilité n'exclut jusqu'ici les officiers. Il existe seulement à leur égard des cas d'inéligibilité relative déterminés par la loi du 2 août 1875. Ne peuvent être élus par le département ou la colonie compris pour le tout ou en partie dans leur ressort, les officiers de l'armée de terre et de mer, les intendants divisionnaires et les sous-intendants militaires (art. 22, 8° et 9°).

Doit être réputé démissionnaire l'officier qui, se trouvant dans un des cas d'incompatibilité ou d'inéligibilité prévus par la loi, est admis à la Chambre des députés ou au Sénat.

La démission n'entraîne pas, comme la retraite, incapacité de rentrer dans l'armée (V. *infrà*, n. 530). L'officier démissionnaire peut donc y être replacé avec son grade. Mais il n'a aucun droit à réclamer cette réintégration, et le refus qui lui serait opposé ne saurait faire l'objet d'un recours par la voie contentieuse (28 janv. 1841, *Asselineau*; 27 avr. 1841, *Ducros*).

515. La *perte de la qualité de Français*, seconde cause de perte du grade, est constatée par jugement rendu à la requête du ministère public, dans la forme ordinaire des instances poursuivies par lui d'office (Ord. 30 août 1837).

516. La *condamnation*, dans les hypothèses prévues par l'art. 1er, 3°, 4° et 5° de la loi du 19 mai 1834, est ordinairement suivie d'une décision du ministre, déclarant la perte du grade et ordonnant la radiation de l'officier (21 avr. 1853, *Rigollot*). Elle n'en opère pas moins de plein droit (24 déc. 1863, *De Sercey*), et il semble que le résultat soit irrémédiable, sauf le cas d'amnistie (13 mars 1881, *Brissy*). Cependant, le Conseil d'État, statuant sur le recours d'un officier condamné à mort, dont la peine avait été commuée en celle de l'emprisonnement perpétuel, a poussé jusqu'aux plus extrêmes limites le respect des actes propres à constituer en cette matière un droit acquis. Il a décidé que les mesures prononçant ensuite à l'égard de cet officier la mise en non activité pour retrait d'emploi, puis la mise en réforme, lui avaient reconnu, d'une manière définitive et irrévocable, l'état d'officier (5 mars 1875, *Doineau*).

Nous avons indiqué les circonstances dans lesquelles a lieu la *destitution* (V. *suprà*, n. 514). En ce qui concerne les règles du jugement qui la prononce, on peut consulter, à titre d'analogie, ce qui est dit au sujet de la mise en réforme (V. *infrà*, n. 527).

517. Il est à peine nécessaire de dire que la privation du grade, en dehors des conditions indiquées, motive un recours devant le Conseil d'État par la voie contentieuse. Ce recours est ouvert aux personnes assimilées aux officiers, mais seulement depuis que la loi de 1834 leur est applicable (21 mai 1852, L...   ).

Les décrets des 12 septembre et 14 novembre 1870 ont réintégré dans leurs droits les militaires qui avaient perdu leur grade par suite des événements de décembre 1851, soit en vertu d'une mesure individuelle, soit en conséquence d'un refus de serment. Ces décrets ne sont pas faits pour les officiers rayés des cadres par suite de condamnation ou autre acte conforme aux prévisions de la loi de 1834 (12 nov. 1875, *Guillemin;* V. *infrà,* n. 548, 557, 559, 642, 650, 712, 715).

518. *Emploi.*

A la différence du grade, l'emploi reste à la pleine disposition du Gouvernement (27 juill. 1877, *Veillon;* 4 juill. 1879, *Roch;* V. les n. suivants).

519. *Différentes positions de l'officier.*

Les positions de l'officier sont au nombre de quatre : l'activité, la non-activité, la réforme et la retraite. De plus, il existe pour les officiers généraux, et il existait autrefois pour les officiers du corps d'état-major, supprimé par la loi du 20 mars 1880, une cinquième position, la disponibilité (L. 1834, art. 2). Enfin, les généraux de division et de brigade ne quittent la position d'activité ou de disponibilité que pour entrer dans la réserve (L. 4 août 1839; Décr. 1er déc. 1852; L. 13 mars 1875, art. 8; V. cep. *infrà,* n. 520, 524).

« L'*activité* est la position de l'officier appartenant à « l'un des cadres constitutifs de l'armée, pourvu d'em- « ploi, et de l'officier hors cadre employé temporaire- « ment à un service spécial ou à une mission » (L. 19 mai 1834, art. 3).

520. « La *non-activité* est la position de l'officier hors « cadre et sans emploi » (L. 1834, art. 3).

L'officier en non-activité conserve une solde, ainsi fixée : pour l'officier sorti de l'activité par suite de licenciement de corps, de suppression d'emploi, de rentrée de captivité ou d'infirmités temporaires, moitié de la solde d'activité dégagée de tous accessoires et de toute indemnité représentative (L. 1834, art. 16); par exception, et à raison de la modicité de leur solde d'activité, les sous-lieutenants et lieutenants en touchent les trois cinquièmes (art. 17). Pour l'officier sorti de l'activité par retrait ou suspension d'emploi, deux cinquièmes de la même solde (art. 16).

Les officiers en non-activité ne peuvent recevoir la solde que dans le lieu où le ministre de la guerre les a autorisés à établir leur résidence (Ord. 25 déc. 1837, art. 125, 232 et 233). Si donc ils se sont absentés de ce lieu sans autorisation régulière, ils n'ont droit à aucun rappel de solde pour le temps de leur absence (2 mai 1866, *Arnould-Rivière*).

« L'officier en activité ne peut être mis en non-acti-
« vité que par l'une des causes ci-après : licenciement
« de corps ; suppression d'emploi ; rentrée de captivité
« à l'ennemi, lorsque l'officier prisonnier de guerre a
« été remplacé dans son emploi ; infirmités tempo-
« raires ; retrait ou suspension d'emploi » (L. 1834, art. 5).

L'intérêt de la discipline n'en a pas moins fait reconnaître au chef de l'État le pouvoir de faire passer tout officier de l'activité à la non-activité. La mise en non-activité par retrait ou suspension d'emploi, c'est-à-dire la mise en non-activité pure et simple, n'exige qu'un décret sur rapport du ministre de la guerre (L. 1834, art. 6). Il a été entendu dans la discussion de cette loi que le retrait d'emploi, en tant qu'il aboutit simplement à la mise en non activité, n'est pas subordonné à l'avis d'un conseil d'enquête, à la différence de celui qui aboutit à la mise en réforme (V. *infrà*, n. 526). Aucune formalité n'est donc exigée en dehors de celles qui sont indiquées par l'art. 6 (27 juill. 1842, *Mareau*; 2 août 1851, *Frébault*).

Ceci n'est cependant vrai que de la mise en non-activité prononcée dans les formes de l'art. 6 de la loi de 1834, par décret sur rapport du ministre de la guerre. Un officier peut être mis en non-activité par mesure de discipline et par application de l'art. 13, sur avis d'un conseil d'enquête. Cet art. 13 porte, *in fine* : « La ré- « forme à raison de la prolongation de la non-activité « pendant trois ans ne pourra être prononcée qu'à « l'égard de *l'officier qui, d'après l'avis du même conseil* « (du conseil d'enquête), *aura été reconnu non suscep-* « *tible d'être rappelé à l'activité.* Les avis du conseil « d'enquête ne pourront être modifiés qu'en faveur de « l'officier. » L'officier mis en réforme dans ces cir- constances serait recevable à attaquer la décision pour irrégularité dans la composition du conseil d'enquête (V. *infrà*, n. 526, 527). Il ne doit pas être privé de ce droit à raison de ce que la peine est moins sé- vère; car c'est toujours une peine (20 nov. 1874, *De Cosnac*).

En dehors de ce cas particulier, la mise en non-acti- vité pour retrait d'emploi ne peut donner lieu à recours devant le Conseil d'État (6 mai 1881, *Espivent*), pas plus que la mise en non-activité pour infirmités tempo- raires (14 mars 1879, *Chazotte*).

La position de non-activité pour infirmités tempo- raires n'est pas applicable aux officiers généraux. Peu- vent être placés par anticipation dans le cadre de réserve, par décret du Président de la République, soit d'office, soit sur leur demande, ceux qui, pour cause de santé dûment constatée, ne sont pas susceptibles d'être main- tenus dans le service actif. Ces officiers généraux peu- vent être rappelés à l'activité, lorsque les raisons qui

ont motivé leur classement dans la deuxième section
ont cessé d'exister (L. 13 mars 1875, art. 8).

Les officiers généraux, même ceux du cadre de réserve, n'en peuvent pas moins être mis en non-activité
par retrait d'emploi (28 déc. 1877, *West*; V. *infrà*,
n. 524).

521. La situation n'est pas la même pour les officiers mis en non-activité par suite de licenciement
de corps, suppression d'emploi ou rentrée de captivité, et pour ceux qui y sont placés pour cause d'infirmités temporaires ou de retrait ou suspension d'emploi.

Ce n'est pas que les premiers, plus que les autres,
aient droit aux emplois vacants. L'art. 7 de la loi du
19 mai 1834 porte bien qu'ils sont appelés à remplir la
moitié des emplois de leur grade vacants dans l'arme à
laquelle ils appartiennent, et l'art. 8, que les officiers
en non-activité pour infirmités temporaires et par retrait ou suspension d'emploi, sont susceptibles d'être
remis en activité. Mais il a été demandé, dans la discussion de la loi, que les premiers fussent *appelés par
rang d'ancienneté*, et cette modification a été repoussée
comme imposant au Gouvernement l'obligation de
mettre en activité des officiers qu'il peut avoir des
raisons de tenir éloignés du service.

La différence consiste seulement en ce que le temps
passé en non-activité par suite de licenciement de corps,
suppression d'emploi ou rentrée de captivité, est·compté
comme service effectif pour les droits à l'avancement,
au commandement, à la réforme et à la retraite (L.
1834, art. 7; V. *infrà*, n. 532). Le temps passé en non-
activité pour cause d'infirmités temporaires, retrait ou

suspension d'emploi, n'est compté comme service effectif que pour la réforme et la retraite (art. 8).

522. D'après tout ce qui vient d'être dit, on voit que le rappel à l'activité est une mesure abandonnée au pouvoir discrétionnaire du chef de l'État (L. 1834, art. 7 et 8 ; 14 janv. 1842, *Perroty*).

523. La *disponibilité* est la position spéciale des officiers généraux appartenant au cadre constitutif, et momentanément sans emploi (L. 1834, art. 3). Cette position était, de plus, faite pour les officiers d'état-major : le corps spécial d'état-major a été supprimé par la loi du 20 mars 1880. Les officiers généraux en disponibilité touchent la moitié de leur solde d'activité (Ord. 25 déc. 1837, tableau 32).

524. La *réserve* est également une position spéciale aux officiers généraux, créée par la loi du 4 août 1839, supprimée par le décret du 11 avril 1848, et rétablie par le décret du 1er décembre 1852.

Le cadre de l'état-major général se divise en deux sections : la première comprend l'activité et la disponibilité ; la seconde, la réserve. Les généraux de division, à soixante-cinq ans accomplis, et les généraux de brigade à soixante-deux, sortent de la première section pour entrer dans la seconde. Toutefois, « pourront être maintenus, sans limite d'âge, dans la première section du cadre de l'état-major général, en vertu d'un décret du Président de la République délibéré en conseil des ministres et inséré au *Bulletin des lois*, et pourvus d'emplois en temps de paix jusqu'à l'âge de soixante-dix ans, les généraux de division qui, munis de lettres de commandement, auront rendu des services éminents en exerçant avec

« distinction devant l'ennemi l'une des fonctions ci-
« après désignées : 1° Commandant en chef d'une ar-
« mée composée de plusieurs corps d'armée ; 2° com-
« mandant en chef d'un corps d'armée composé de
« plusieurs divisions de différentes armes ; 3° major-
« général, commandant en chef de l'artillerie ou du
« génie dans une armée composée de plusieurs corps
« d'armée » (L. 13 mars 1875, art. 8).

Le commandement exercé devant les factieux est un
commandement devant l'ennemi (12 avr. 1851, *Foucher*). Mais la loi ne permet pas de maintenir dans la
première section le général qui a commandé, soit des
troupes de différentes armes, mais non constituées en
corps d'armée (25 avr. 1845, *Corbineau* ; 12 avr. 1851,
Foucher), soit l'arme de l'artillerie ou celle du génie
dans une armée non composée de plusieurs corps d'armée (17 juill. 1843, *Charbonnel*).

La réserve diffère essentiellement de la retraite. C'est
une position spéciale, dans laquelle l'officier général
reçoit les trois cinquièmes de la solde de son grade,
sans les accessoires, et peut être employé activement,
en temps de guerre, dans les commandements à l'intérieur (Décr. 1er déc. 1852, art. 5 ; V. *suprà*). Le Conseil
y voit une subdivision de l'activité (Avis 7 juin 1870) :
ce qui ne va pas sans difficulté, puisque la loi oppose
précisément la première section, comprenant l'activité
et la disponibilité, à la deuxième, comprenant la réserve
(L. 4 août 1839, art. 2 ; Décr. 1er déc. 1852, art. 2),
et que l'éventualité d'un rappel à l'activité n'est pas
l'activité. Quoi qu'il en soit, le Conseil a refusé la pension réclamée par la veuve d'un officier général de la
seconde section, mariée sans autorisation du ministre

de la guerre (13 juill. 1870, *Veuve d'Argout*; V. *infrà*, n. 667), déclaré la solde des officiers généraux de cette section incompatible avec un traitement à la charge de l'État ou des communes (11 avr. 1872, *Morin*; V. *infrà*, n. 542), et décidé que les mêmes officiers généraux peuvent être mis en non-activité par retrait d'emploi (28 déc. 1877, *West*; V. *suprà*, n. 520).

Au surplus, les officiers généraux, tant de la première que de la deuxième section, restent soumis à l'application de la loi de 1834 (L. 4 août 1839, art. 5; Décr. 1er déc. 1852, art. 3). S'il est vrai de dire qu'ils sont admis à la retraite sur leur demande seulement, cela s'entend à supposer qu'il ne leur soit pas fait application de la loi de 1834 (L. 4 août 1839, art. 7; Décr. 1er déc. 1852, art. 4). Lors de la discussion de la loi de 1839, il a été expliqué, devant la Chambre des pairs, par le baron Dupin, rapporteur, que l'application de cette loi est une faveur pouvant être refusée à ceux dont la conduite militaire, morale ou politique, ne serait pas irréprochable (Duvergier, *Collect. des lois*, 1839, p. 202). Du moins faut-il que la mise à la retraite soit ici prononcée dans un des cas et suivant les formes prévues par la section 3 du titre 2 de la loi de 1834 (V. *infrà*, n. 526 et suiv.), et notamment qu'il y ait avis d'un conseil d'enquête (28 déc. 1877, *West; Contrà*, 16 déc. 1852, *Chadeysson*).

Les officiers généraux peuvent enfin cesser de faire partie de l'armée par suite de démission (V. *infrà*, n. 531).

525. « La *réforme* est la position de l'officier sans « emploi qui, n'étant plus susceptible d'être rappelé à « l'activité, n'a pas de droits acquis à la pension de

« retraite » (L. 19 mai 1834, art. 9). A la différence de la mise en non-activité (V. *suprà*, n. 520), la réforme entraîne la perte du grade. Aussi le recours pour excès de pouvoir est-il ouvert à l'officier mis en réforme en dehors des cas prévus par la loi.

« La réforme peut être prononcée : 1° pour infirmités « incurables ; 2° par mesure de discipline » (art. 10).

« La réforme *pour infirmités incurables* sera pronon- « cée dans les formes voulues par la loi du 11 avril « 1831, sur les pensions de l'armée de terre » (L. 1834, art. 11). Ces formes ont été déterminées par l'ordonnance du 2 juillet 1831. Elles consistent particulièrement dans les certificats des officiers de santé militaires et dans l'avis du conseil de santé des armées (art. 1 et suiv.; art. 26 ; V. *infrà*, n. 674, 675). La violation de ces formes, en ce qu'elles ont de substantiel, donne lieu, sans nul doute, au recours devant le Conseil d'État.

« Un officier ne peut être mis en réforme, *pour cause* « *de discipline*, que pour l'un des motifs ci-après : In- « conduite habituelle; fautes graves dans le service ou « contre la discipline; fautes contre l'honneur... » (L. 1834, art. 12). Il est nécessaire de faire remarquer, en ce qui concerne les fautes, soit dans le service, soit contre l'honneur, qu'une seule est suffisante pour justifier la mise en réforme. Le projet de loi portait pour le troisième cas, et dans la discussion, il a été proposé, de dire pour les deux autres : *fautes répétées*. Ce mot *répétées* a été rejeté : car il a paru qu'une seule faute, si elle avait une gravité sérieuse, pouvait entraîner la mise en réforme.

L'art. 12 ajoute : « ... prolongation au delà de trois « ans de la position de non-activité, sauf les restrictions

« énoncées en l'article suivant. » L'art. 13 explique ces restrictions : il faut que le conseil d'enquête, dont il va être parlé, ait reconnu l'officier non susceptible d'être rappelé à l'activité. Mais cette déclaration suffit ; elle n'a nul besoin d'être motivée, et encore moins d'être motivée sur l'existence d'infirmités incurables ou d'une faute (3 mai 1839, *Chauvin* ; 21 nov. 1839, *Galvani*).

L'art. 27 porte de plus : « Tout officier condamné « par jugement à un emprisonnement de plus de six « mois sera suspendu de son emploi, ou mis en ré- « forme, en se conformant aux dispositions des art. 6 « et 13 de la présente loi. »

L'incapacité n'est pas une cause spéciale de mise en réforme. Il a été dit, dans la discussion de la loi, qu'elle se traduisait infailliblement en fautes contre le service.

526. La mise en réforme pour cause de discipline est prononcée par décision du chef de l'État, sur rapport du ministre de la guerre, et d'après l'avis d'un conseil d'enquête (L. 1834, art. 13).

C'est au conseil d'enquête et au chef de l'État qu'il appartient d'apprécier s'il y a inconduite habituelle, faute grave dans le service ou contre la discipline, faute contre l'honneur, enfin, si l'officier resté en non-activité pendant plus de trois ans est susceptible d'être rappelé à l'activité. Dans ce dernier cas seulement, le chef de l'État peut modifier la décision favorablement à l'officier. Dans les deux autres, il ne peut que s'y conformer (art. 14). Ces appréciations ne sauraient donner lieu à recours devant le Conseil d'État (2 janv. 1838, *Chaumet*). Le recours ne serait recevable à cet égard que si le chef de l'État avait modifié l'avis du conseil d'enquête dans le sens de la sévérité (Même arrêt).

527. La composition du conseil d'enquête et les formes d'y procéder sont déterminées par un règlement d'administration publique (L. 1834, art. 13). Ce règlement était d'abord l'ordonnance du 21 mai 1836, remplacée par le décret du 29 juin 1878, modifié lui-même par celui du 8 juin 1879.

La difficulté, comme toujours, est de discerner, parmi les règles relatives à la composition du conseil d'enquête et aux formes, celles qui sont substantielles et qui, par suite, emportent nullité de la décision.

Ainsi, le décret de mise en réforme est entaché d'excès de pouvoir, si le conseil d'enquête n'a pas été exclusivement composé d'officiers du régiment, à moins que la substitution n'ait été la conséquence d'un empêchement admis par le général de division (10 fév. 1882, *Brun*); si les membres absents du conseil d'enquête n'ont pas été remplacés par des officiers du même grade ou du grade immédiatement inférieur (22 juill. 1881, *Thile*); si ces officiers n'étaient pas les plus anciens de leur grade, ou appelés par leur tour de rôle (20 nov. 1874, *De Cosnac*).

Mais peu importe qu'un officier ait été appelé au conseil comme sous-lieutenant après sa nomination de lieutenant, s'il exerçait encore les fonctions de sous-lieutenant (16 août 1860, *Amy*), ou que la promotion de l'officier inculpé à un grade supérieur fût de nature à modifier la composition du conseil d'enquête, si, au moment où ce conseil s'est réuni, cette promotion n'était pas connue (26 juin 1869, *Lullier*). Peu importe encore qu'un officier ait été appelé en remplacement d'un officier du même grade ou du grade immédiatement supérieur *empêché*, sans constatation de l'empêchement dans l'acte désignant les membres du conseil, si cet empêchement reste constant (11 déc. 1848, *Hélie*).

528. En ce qui concerne la procédure, il y a excès de pouvoir évident si l'officier mis en réforme n'a pas eu connaissance, avant sa comparution devant le conseil, de l'objet pour lequel il y était traduit (11 janv. 1851, *Vannucci*). Toutefois, en présence de l'art. 18 de l'ordonnance du 21 mai 1836, prescrivant au président du conseil de poser séparément quatre questions relatives à l'inconduite habituelle, aux fautes graves dans le service, aux fautes graves contre la discipline et aux fautes graves contre l'honneur, il a été jugé que le conseil, saisi de l'inculpation d'inconduite habituelle, avait pu donner régulièrement son avis sur la question de fautes graves contre la discipline (11 déc. 1848, *Hélie*) : on peut se demander si, dans cette espèce plus que dans l'autre, l'inculpé avait eu la possibilité de réunir ses moyens de défense. Il y a excès de pouvoir, si une pièce communiquée par le ministre de la guerre au rapporteur n'a pas été lue en séance au conseil (27 déc. 1878, *Faucheux*).

Un officier rendu à la vie civile (dans l'espèce, à à la suite d'une décision de la commission de revision des grades, V. *infrà*, n. 539), a un intérêt moral assez grand à voir annuler la décision qui l'a mis en réforme, pour que son recours ne soit pas déclaré non recevable (14 mars 1873, *Grosse*).

529. L'officier mis en réforme cesse d'appartenir à l'armée, et ne peut être rappelé à l'activité (L. 1834, art. 9).

La loi du 29 août 1870, art. 3, a cependant déclaré

que les *anciens officiers*, sans distinction, pouvaient être
admis à servir pendant la durée de la guerre, dans les
emplois dont ils étaient titulaires. Mais le décret du
24 octobre 1870 reconnaît exclusivement, comme pouvant concourir pour l'avancement, les officiers *retraités
ou démissionnaires* employés à titre auxiliaire, et comme
pouvant être maintenus dans l'armée, les officiers *démissionnaires* (art. 1er et 3). Les officiers réformés n'ont
donc pu rentrer en possession de leurs anciens grades
qu'en exécution des décrets des 13 et 14 octobre 1870;
ces décrets permettaient de conférer aux personnes
n'appartenant pas à l'armée des grades qui pourraient
rester acquis seulement dans le cas d'action d'éclat ou
d'importants services (20 déc. 1872, *Allard*).

530. « La *retraite* est la position définitive de l'offi-
« cier rendu à la vie civile et admis à la jouissance
« d'une pension, conformément aux lois en vigueur »
(L. 1834, art. 14). Le ministre a pouvoir discrétionnaire de mettre à la retraite, sans condition d'âge, et
sans être astreint à aucune formalité, les officiers qui
ont accompli le temps de service nécessaire pour avoir
droit à la pension de retraite (29 nov. 1851, *Championnet-Rey*; 30 juin 1853, *Dumas*; 2 mars 1877, *De
Labrousse*). Seuls, les officiers généraux ne peuvent
être mis à la retraite que dans les cas et suivant les
formes prescrites pour la mise en réforme par la loi de
1834 (V. *suprà*, n. 524).

On sait, en sens inverse, qu'un officier ne saurait
contraindre le gouvernement à accepter sa démission.
Le droit qu'il aurait acquis à la pension de retraite ne
changerait rien à cette situation (V. *suprà*, n. 514).

L'officier admis à la retraite ne peut, en aucun cas,

être replacé dans les cadres de l'armée (L. 14 avril 1832, art. 23; V. cependant le n. précédent).

531. Ainsi qu'on l'a dit plus haut, la situation des officiers généraux est soumise à des règles spéciales : ils ne sortent du cadre d'activité et de disponibilité que pour entrer dans le cadre de réserve. Cette règle n'est pas applicable à l'officier général démissionnaire, par exemple, à raison de l'acceptation du mandat de député (6 mars 1856, *Lebreton;* V. *suprà,* n. 514), Elle ne fait obstacle ni à la mise à la retraite ni à la mise en non-activité par retrait d'emploi, prononcées en exécution de la loi de 1834 (V. *suprà,* n. 524).

Les règles sur la non-activité, la réforme et la retraite, ne sont pas faites pour les maréchaux de France. Aux termes de l'art. 1er de la loi du 4 août 1839, le maréchalat n'est pas un grade ; c'est une dignité. Les art. 2 et suivants de cette loi et les lois qui les ont modifiés sont uniquement rédigés en vue des officiers généraux et inapplicables à la situation des maréchaux (V. *suprà,* n. 524). La loi de 1834 l'est encore davantage. Bien qu'il n'y ait plus à tirer argument de la Constitution de 1852, qui reconnaissait les maréchaux comme sénateurs de droit, le caractère particulier du maréchalat n'a pas été changé.

532. *Avancement.*

Les officiers n'ont pas droit seulement à la conservation de leur grade, sauf les cas dans lesquels la loi ordonne ou permet qu'ils en soient privés. Ils ont, dans une certaine mesure, droit à l'obtention du grade supérieur à celui qu'ils occupent, en raison de leur ancienneté : le rang d'ancienneté fait partie de leur état (6 fév. 1874, *Hounau*).

Les promotions dans l'armée sont, d'abord, subordonnées à des conditions d'ancienneté absolue. Nul ne peut être sous-lieutenant, s'il n'est âgé d'au moins dix-huit ans et n'a servi au moins deux ans comme sous-officier dans un des corps de l'armée, ou encore s'il n'a été pendant deux ans élève des écoles militaire ou polytechnique, et n'a satisfait aux examens de sortie desdites écoles (L. 14 avr. 1832, art. 3). Nul ne peut être lieutenant ou capitaine, s'il n'a servi deux ans dans le grade inférieur ; chef de bataillon, chef d'escadron ou major, s'il n'a servi deux ans dans le grade de capitaine ; lieutenant-colonel, s'il n'a servi trois ans dans le grade de chef de bataillon, de chef d'escadron ou de major ; colonel, s'il n'a servi deux ans dans le grade de lieutenant-colonel. Nul ne peut être promu à un grade supérieur à celui de colonel, s'il n'a servi trois ans dans le grade inférieur (art. 5 à 10).

La dignité de maréchal de France ne peut être conférée qu'aux généraux de division ayant commandé en chef devant l'ennemi, soit une armée ou un corps d'armée composé de plusieurs divisions de différentes armes, soit les armes de l'artillerie ou du génie dans une armée composée de plusieurs corps d'armée (L. 4 août 1839, art. 1er).

Le temps de service exigé pour passer d'un grade à un autre peut être réduit de moitié à la guerre ou dans les colonies (L. 14 avr. 1832, art. 18).

Toute exigence relative au temps de service est supprimée en raison de l'une ou l'autre de ces deux circonstances : 1° action d'éclat dûment justifiée et mise à l'ordre du jour de l'armée ; 2° impossibilité de pourvoir autrement aux vacances qui se produisent dans un corps en présence de l'ennemi (L. 1832, art. 19).

533. Les promotions sont faites par le chef de l'État (L. 1834, art. 1ᵉʳ). Mais le pouvoir de nommer provisoirement aux emplois vacants, sauf approbation ultérieure, appartient au commandant d'une place assiégée, et peut être délégué au commandant en chef d'une armée (Ord. 16 mars 1838, art. 115 et 106).

534. Le droit que peut avoir un officier à l'obtention d'un grade supérieur a pour unique fondement l'ancienneté relative, c'est-à-dire la qualité d'officier le plus ancien parmi ceux qui sont aptes à concourir pour ce grade.

Sont donnés à l'ancienneté, en temps de paix, les deux tiers des grades de lieutenant et de capitaine, et la moitié des grades de chef de bataillon et d'escadron.

Aux termes de la loi de 1832, concourent entre eux à cet effet, pour les grades de lieutenant et de capitaine, dans l'infanterie et la cavalerie, les officiers de chaque régiment; dans l'artillerie et le génie, les officiers susceptibles de concourir entre eux (art. 12 et 13). Il a été expliqué, dans la discussion, qu'il n'y aurait, pour ces dernières armes, d'autre distinction que celle dont le Gouvernement jugerait l'introduction nécessaire. De plus, la loi du 5 janvier 1872 a établi, dans l'infanterie et la cavalerie, l'avancement sur toute l'arme. Pour les grades de chef de bataillon ou d'escadron, dans l'infanterie et la cavalerie, les capitaines sur la totalité de chaque arme; dans l'artillerie et le génie, les capitaines susceptibles de concourir entre eux (L. 1832, art. 14).

Les emplois de major, les grades de lieutenant-colonel et grades supérieurs sont donnés exclusivement au choix (L. 1832, art. 14 et 15).

En temps de guerre et dans les corps qui se trouvent

en présence de l'ennemi, les droits de l'ancienneté n'ont plus pour objet que les grades de capitaine, et sont réduits à la moitié de ces grades, au lieu des deux tiers. Tous autres grades sont donnés au choix (art. 20).

Lorsqu'une partie seulement d'un corps se trouve en campagne, chacune des deux parties est considérée, pour l'avancement, comme un corps séparé (Ord. 16 mars 1838, art. 96; 25 avr. 1867, *Collot*).

La loi fait exception à la règle pour les emplois spéciaux, à savoir ceux d'adjudant-major, de trésorier, d'officier d'habillement et d'officier instructeur dans la cavalerie. L'avancement des officiers nommés capitaines pour exercer ces emplois est considéré comme indépendant de l'avancement ordinaire. Afin de maintenir une juste proportion entre le choix et l'ancienneté, le nombre total des promotions aux emplois spéciaux et des promotions au choix ne doit pas dépasser le nombre des promotions à l'ancienneté (L. 23 juill. 1847, art. 1er).

535. Pour réglementer la disposition des art. 12 et 13 de la loi de 1832, l'ordonnance du 16 mars 1838, art. **40,** a établi une série de trois tours appartenant, le premier à l'ancienneté, le second au choix, le troisième à l'ancienneté, et ainsi de suite, en recommençant par l'ancienneté. En vain on a soutenu que la loi du 23 juillet 1847, dont il vient d'être parlé, substituait à cette série de trois tours une série de deux tours, portant alternativement sur l'ancienneté et sur le choix, et donnait ainsi au lieutenant le plus ancien droit à une nomination sur deux pour le grade de capitaine. Ce système a dû être repoussé, puisqu'il aboutirait à donner les emplois spéciaux à l'ancienneté (20 mars 1862, *Petit*).

536. Le rang d'ancienneté est déterminé par la date du brevet du grade ou, à date semblable, par celle du brevet du grade inférieur (L. 14 avr. 1832, art. 15). On a pu décider, conformément à l'esprit de la loi, que les sous-officiers de la garde royale, répartis dans l'armée en exécution de l'ordonnance du 11 août 1830, avec le grade dont ils portaient la marque distinctive, avaient pris rang au jour de l'ordonnance et non pas seulement à la date, nécessairement postérieure, de la délivrance de leur brevet (23 juill. 1841, *Darthesé*; 30 nov. 1841, *Cochard*). Mais, en présence de l'art. 15 de la loi de 1832 et du principe que l'ancienneté fait partie de l'état de l'officier, il paraît impossible de reconnaître à l'administration de la guerre le pouvoir de faire remonter le rang de l'officier promu à une date antérieure au décret de promotion (V. 27 mars 1874, *Faidherbe*). La question n'a pas été tranchée par le Conseil, qui a rejeté le recours par fin de non-recevoir (V. *suprà*, n. 513, et *infrà*, n. 528).

Le temps d'ancienneté ne doit être compté que sauf déduction du temps pendant lequel l'officier a pu cesser de faire partie des cadres, sauf les cas de mission pour service, de licenciement et de suppression d'emploi (L. 14 avr. 1832, art. 16; V. *suprà*, n. 521). Ainsi, un officier régulièrement mis en réforme, puis replacé dans le cadre d'activité par décret du Gouvernement provisoire de 1848, portant que son temps de service serait compté comme s'il n'y avait pas eu interruption, n'a pas été admis à invoquer le bénéfice de l'antériorité légale sur les officiers promus avant ce décret. La disposition dont il s'agit ne pouvait lui profiter que pour la liquidation de sa pension de retraite (1er juin 1854, *de Vernon*).

On doit déduire également le temps passé dans un service étranger au département de la guerre, sauf exception pour les services de la marine et des affaires étrangères ; enfin, le temps passé au service d'une puissance étrangère (L. 1832, art. 16).

Les officiers qui cessent de faire partie des cadres par suite de suppression d'emploi ou de licenciement (V. *suprà*, n. 521), sont répartis, pour l'avancement, entre les différents corps de l'arme à laquelle ils appartiennent et qui sont conservés ou créés (art. 16).

Les officiers prisonniers de guerre conservent leurs droits d'ancienneté pour l'avancement. Cependant, ils ne peuvent obtenir que le grade immédiatement supérieur à celui qu'ils avaient au moment où ils ont été faits prisonniers (art. 17 ; V. *suprà*, n. 521, 532).

Les officiers autorisés à changer d'arme renoncent par ce seul fait à leur ancienneté, en ce sens qu'ils prennent rang un jour plus tard que le dernier officier du corps où ils entrent (Ord. 16 mars 1838, art. 56). Bien que l'ordonnance ne vise que le cas de changement d'arme par voie de permutation, sa règle est tout aussi bien faite pour ceux de réorganisation et d'augmentation d'un corps : en de telles circonstances, l'entrée d'un nouvel officier dans l'arme avec son rang d'ancienneté serait de nature à blesser les droits qui y sont acquis (22 juill. 1848, *Tremblay*). Au contraire, l'officier qui change d'arme en entrant dans un corps de création nouvelle y conserve son rang d'ancienneté, qui ne peut nuire à personne (23 déc. 1842, *Fontan*).

Les officiers démissionnaires rentrés dans l'armée en 1870-71 (V. *suprà*, n. 529) peuvent compter, pour établir leur rang d'ancienneté, le temps de service passé dans la garde nationale mobile : la loi du 17 juillet 1870 a appelé cette troupe à l'activité, et le décret du 24 octobre 1870, art. 1 et 2, porte que les officiers démissionnaires ou retraités, employés comme auxiliaires pour la durée de la guerre, concourent pour l'avancement avec les autres officiers du même corps et de la même arme, et qu'on déduira de leur ancienneté de grade seulement le temps qu'ils ont passé hors du service (25 juill. 1873, *Simonin*).

537. Le droit à l'avancement s'ouvre exclusivement lorsqu'un emploi appartenant à l'ancienneté est donné à un autre que l'officier le plus ancien : ce droit peut donc être paralysé d'avance par le pouvoir supérieur de disposer des emplois, pouvoir réservé au chef de l'État par la loi de 1834, art. 1ᵉʳ, comme par les Chartes et Constitutions. Si donc un officier est appelé à un emploi où l'avancement n'existe pas, par exemple, au commandement d'une compagnie de vétérans, son droit à l'avancement est perdu sans réclamation possible, lors même que le ministre l'y aurait appelé, précisément, comme incapable d'occuper un grade plus élevé (30 juill. 1840, *Périès*; V. *suprà*, n. 513, 518).

Il en est ainsi lorsque le ministre appelle à l'emploi vacant un officier pris dans un autre régiment de la même arme, mais ayant le même grade. En ce cas, il y a, non promotion, mais simple mutation, ne pouvant porter atteinte au droit de l'ancienneté (12 mai 1868, *Renno*).

Comme première sanction des règles sur l'avancement, l'art. 22 de la loi de 1832 porte : « Toutes les « promotions d'officiers seront immédiatement insé- « rées au *Journal militaire officiel*, avec l'indication du « tour de l'avancement, du nom de l'officier qui était

« pourvu de l'emploi devenu vacant, et de la cause de
« la vacance. »

538. L'oubli de ces règles peut, de plus, donner
lieu à un recours par la voie contentieuse, mais seulement quand il porte atteinte à un droit acquis. Il ne
saurait donc être question de recours contre la nomination faite au tour du choix, même de la part d'un
officier qui se trouverait seul inscrit au tableau d'avancement (22 janv. 1863, *Gache*; 9 janv. 1868, *de Vittré*).

Au contraire, un officier peut réclamer contre la promotion faite contrairement à son droit d'ancienneté.
Sa réclamation doit être formée dans un délai de six
mois, à partir de la notification au corps de la promotion de l'officier moins ancien que lui; à moins qu'il
ne soit reconnu d'office, dans ce délai, que l'erreur a
été commise à son préjudice. Le délai de six mois
est porté à neuf mois pour les officiers employés
hors du territoire français (Ord. 16 mars 1838, art. 36).
Ce délai est de rigueur. La réclamation formée par
l'officier à l'occasion de sa propre nomination est tar-
divement produite (30 nov. 1841, *Cochard*; 24 juill.
1874, *Caillet*).

Un officier peut également réclamer par la voie contentieuse contre le décret qui, rapportant un premier
décret de promotion, le nomme pour prendre date à
une époque postérieure, et le prive ainsi des avantages
résultant de la possession de son grade dans l'intervalle
(6 fév. 1874, *Hounau*; V. *suprà*, n. 513).

Au contraire, un officier ne peut demander que son
rang d'ancienneté soit reporté à une date antérieure à
sa nomination. L'ancienneté est déterminée par la date
du brevet du grade (V. *suprà*, n. 536; mais V. *infrà*).

Celui qui critique une nomination, comme portant atteinte à son rang d'ancienneté, ne peut qu'attaquer cette nomination dans le délai prescrit par la loi (24 juill. 1874, *Caillet*; 27 mars 1874, *Faidherbe*). Celui qui se croit lésé par suite d'une modification à la liste d'ancienneté ou d'un acte analogue peut soumettre sa réclamation au ministre (Avis min. guerre, *Rec. des arrêts du Cons.*, 1874, p. 711). De telles mesures ne sauraient faire l'objet d'un recours par la voie contentieuse (V. cep. 12 mai 1842, *Duchemin*, et pour le temps antérieur à l'ordonnance du 16 mars 1838, 27 avr. 1841, *Gérard*; 8 mai 1841, *Devillard*; 30 nov. 1841, *Cochard*; 12 mai 1846, *Delattre*).

S'il est fait droit au recours, la promotion irrégulière n'est pas annulée : l'intérêt de la stabilité des grades a fait décider qu'elle subsiste. Du moins, l'officier, qui ne doit pas souffrir de la nomination faite à son détriment, est nommé à la première vacance, conformément aux art. 12 et suiv. de la loi de 1832 (V. *suprà*, n. 534). Sa nomination est imputée sur le tour d'avancement auquel revient la première nomination à faire. Il compte son ancienneté dans son nouveau grade au jour où l'emploi qui lui appartenait a été conféré à l'officier moins ancien, et celui-ci conserve son ancienneté (Ord. 16 mars 1838, art. 36).

539. Nous avons eu déjà l'occasion de parler des mesures extraordinaires auxquelles avait donné lieu, à la fin de 1870, la nécessité d'augmenter par tous les moyens les forces militaires de la France (V. notamment L. 29 août, Décr. 13 oct., 24 oct., 13 nov. 1870; V. *suprà*, n. 529, 536). La loi du 8 août 1871, abrogeant cette législation, désignait une commission de quinze membres nommés par l'Assemblée nationale pour statuer souverainement sur la position des officiers auxquels des grades avaient été conférés (art. 1 à 3).

La commission dont il s'agit n'était pas seulement une émanation du pouvoir politique, mais une autorité d'une nature spéciale, exerçant elle-même un pouvoir politique et nullement administratif. Ce caractère ressortait des circonstances dans lesquelles la commission avait été désignée, plus encore que du mot *souverainement*, maintes fois employé par la loi pour exclure le droit d'appel. En vain on a attaqué devant le Conseil d'État les décisions de la commission des grades. En vain on a invoqué le droit, que le Conseil s'est toujours reconnu, de distinguer, dans l'acte d'une autorité investie tout à la fois du pouvoir législatif et du pouvoir administratif, ce qui est législatif et ce qui est administratif (V. concl. de M. le com. du Gouv. Perret, *Rec.* 1872, p. 590; 22 janv. 1863, *Milon*). Le Conseil a déclaré non recevables les recours pour excès de pouvoir formés contre les décisions de cette commission (15 nov. 1872, *Carrey de Bellemare*; 3 janv. 1873, *Loizillon, Toulouse, Lépaulle*).

En statuant par fin de non-recevoir, le Conseil s'est reconnu incompétent pour décider si les pouvoirs de la commission comprenaient seulement la revision des grades accordés en vertu de la législation temporaire de 1870, ou si cette commission avait eu le droit de reviser une promotion justifiable au point de vue de la loi de 1832. Cette seconde manière de voir était celle de l'Assemblée nationale qui, postérieurement saisie de la question par voie de pétition, a voté l'ordre du jour pur et simple (séance du 22 mars 1873).

A plus forte raison était-il impossible de considérer comme susceptibles de donner lieu à un recours par la voie contentieuse, soit l'acte par lequel le ministre de la guerre soumettait un dossier à la commission des grades (3 janv. 1873, *Loizillon, Toulouse, Lépaulle*); soit la notification, par le ministre, de la décision de cette commission (15 nov. 1872, *Carrey de Bellemare*); soit le refus, par le ministre, de déférer à l'invitation d'élever un officier à un grade supérieur (28 mars 1873, *La Vieille*). La première de ces mesures n'était qu'un acte d'instruction; la seconde, un acte d'exécution. Quant à la troisième, il eût été difficile de n'y pas reconnaître un excès de pouvoir, s'il avait fallu considérer comme un ordre l'invitation adressée par la commission. Le Conseil n'y a vu qu'une recommandation.

540. *Solde.*

Le traitement des militaires porte le nom de solde. On distingue deux espèces principales de solde : la solde d'activité et la solde de non-activité (Ord. 25 déc. 1837, art. 15). La première se subdivise en solde de présence, solde d'absence et solde de disponibilité (art. 16). De plus, les officiers ont ou peuvent avoir droit aux accessoires, comprenant des suppléments de solde et indemnités de logement, de représentation, d'entrée en campagne, etc...

La solde n'est due qu'à l'officier faisant réellement partie de l'armée. Ont donc été rejetées les réclamations formées, soit par un officier rentré au service en vertu du décret du 12 septembre 1870 (10 mars 1876, *Vimont*; V. *suprà*, n. 517); soit par un officier condamné à raison des événements de 1871 et ensuite amnistié (13 mai 1881, *Brissy*; V. *suprà*, n. 516).

Nous parlerons de la solde de réforme à l'occasion des pensions de réforme (V. *infrà*, n. 662).

541. Les officiers n'entrent en solde que le jour où ils prennent possession de leur emploi ou sont reçus sous les drapeaux, ou du moins que le jour où ils se mettent en route pour se rendre à leur destination (Ord. 1837, art. 22 ; V. *suprà*, n. 503).

Les créances de solde, accessoires et indemnités quelconques, sont prescrites si, à défaut de justifications suffisantes, elles n'ont été liquidées, ordonnancées et payées dans un délai fixé à cinq années pour les créanciers domiciliés en Europe, et à six années pour les créanciers résidant hors du territoire européen. Ce délai court du 1ᵉʳ janvier de l'année à laquelle les créances appartiennent. Sont exceptées·les créances dont l'ordonnancement ou le payement aurait été différé par le fait de l'administration ou par suite de pourvois formés devant le Conseil d'État (Ord. 1837, art. 246 ; V. sur la déchéance quinquennale, *Traité des travaux publics*, t. 1, n. 426 et suiv.).

La solde est saisissable sous forme de retenues qui ne peuvent, en principe, excéder un cinquième (Décr. 19 pluv. an III ; Ord. 25 déc. 1837, art. 451). Mais le ministre peut ordonner une retenue plus forte (même article). Il peut, de plus, prescrire une retenue pour aliments, dans les cas prévus par les art. 203, 205 et 214, Cod. civ. (Ord. 25 déc. 1837, art. 444). Enfin, les chefs de corps peuvent ordonner des retenues pour le payement des dettes des officiers, en conformité des règlements sur le service intérieur des corps de troupes (art. 447 ; V. *suprà*, n. 508).

Les officiers destinés à aller en Corse, embarqués

pour toute autre destination que les colonies, et ceux qui font partie d'une armée employée en dehors du territoire français, peuvent déléguer leur solde jusqu'à concurrence du quart et, si le ministre en donne l'autorisation, d'une fraction plus forte (art. 126). La délégation n'est valable que pour une année (art. 129).

542. La solde, soit d'activité, soit de disponibilité, soit de non-activité, ne peut se cumuler ni avec une pension civile ou militaire, ni avec un traitement à la charge de l'État ou des communes, si ce n'est celui de la Légion d'honneur (Ord. 25 déc. 1837, art. 28). Mais les officiers, aussi bien que les fonctionnaires, peuvent invoquer le privilège permettant aux professeurs, gens de lettres, savants et artistes, de cumuler plusieurs traitements jusqu'à concurrence de 20,000 fr. (V. *suprà*, n. 501, 502, 524, et *infrà*, n. 544, 611, 706, 727, 743).

La solde ne peut se cumuler avec l'indemnité de député (L. 30 nov. 1875, art. 17). Elle se cumule avec l'indemnité de sénateur (26 janv. 1877, *De Bastard;* V. *suprà*, n. 502).

543. Les réclamations en matière de solde doivent être portées devant le ministre de la guerre et le Conseil d'État (V. *suprà*, n. 509).

544. *Réserve et armée territoriale.*

Jusqu'ici, nous nous sommes occupés particulièrement des officiers de l'armée active. Parlons des officiers de réserve et de ceux de l'armée territoriale.

Le cadre de réserve comprend le personnel nécessaire à la mobilisation de l'armée active (L. 24 juill. 1873). Les officiers de réserve sont nommés par le chef de l'État dans les conditions déterminées par les art. 38 et suiv. de la loi du 13 mars 1875, modifiés par l'art. 39 de la loi du 15 décembre 1875. Ils ont droit, lorsqu'ils sont employés, aux mêmes honneurs, soldes et prestations que les officiers de l'armée active. Leur solde peut se cumuler avec les traitements ou pensions de retraite (L. 1er juin 1878; V. *suprà*, n. 515, 533, 540, 542).

Aux termes de l'art. 45 de la loi du 13 mars 1875, l'état des officiers de réserve doit être réglé par la loi, et transitoirement par décret du président de la République. Leur position et leur état ont été fixés par les décrets du 15 juillet 1875 et du 31 août 1878, modifiés par le décret du 3 février 1880.

L'armée territoriale comprend un personnel permanent et soldé (L. 24 juill. 1873, art. 29; L. 13 mars 1875, art. 52), et des cadres dont le recrutement est déterminé par les art. 31, 36, 38 et 41 de la loi du 24 juillet 1873, 55 et 56 de la loi du 13 mars 1875.

Les décrets du 31 août 1878 et du 3 février 1880, relatifs à l'état des officiers, et celui du 1er juin 1878, relatif à la solde, sont communs aux officiers de réserve et à ceux de l'armée territoriale.

545. *Sous-officiers.*

Les sous-officiers n'ont pas, dans les anciens principes, un état assimilable à celui des officiers. La cassation d'un sous-officier ne peut donner lieu à recours devant le Conseil d'État (1er fév. 1878, *Clerc*).

La loi du 14 avril 1832, art. 12, porte : « Un tiers « des grades de sous-lieutenant vacants dans les corps « de troupe de l'armée sera donné aux sous-officiers des « corps où aura lieu la vacance. » Mais cette règle n'est pas de nature à fonder une réclamation particulière.

Cependant, le législateur s'est, à diverses reprises,

occupé d'améliorer la situation des sous-officiers en leur offrant, comme rémunération de leurs services, des indemnités, hautes-payes, pensions et emplois civils (L. 24 juill. 1873, 10 juill. 1874, 19 mars, 31 déc. 1875, 22 juin 1878, 23 juill. 1881).

La loi du 23 juillet 1881 contient un titre 1er intitulé : *État des sous-officiers rengagés ou commissionnés.*

Les sous-officiers sont admis à contracter, pour deux ans au moins et cinq ans au plus, des rengagements renouvelables, d'une durée totale de dix ans. Après dix ans de rengagement, ils peuvent être maintenus sous les drapeaux en qualité de commissionnés, jusqu'à l'âge de quarante-sept ans accomplis (art. 1er).

Les autorisations de rengagement ou les commissions ne peuvent être refusées aux sous-officiers, dans les limites de nombre fixées par le ministre, qu'en cas d'avis défavorable d'un conseil délibérant dans les mêmes formes que les conseils d'enquête des officiers. Ils ne peuvent être cassés, rétrogradés ou mis à la retraite que par le commandant de corps d'armée, sur avis conforme de ce conseil. La procédure est la même que pour les officiers (art. 4 ; V. *suprà*, n. 527).

CHAPITRE IV.

ÉTAT DES MARINS.

546. L'état des officiers de l'armée de mer est soumis à des règles analogues à celles qui régissent l'état des officiers de l'armée de terre. La loi du 19 mai 1834 leur est applicable comme à ces derniers, ainsi que la distinction entre les positions d'activité, de non-activité, de réforme, etc. (L. 19 mai 1834, art. 24 et 25). Il faut appliquer ici les lois des 30 novembre et 2 août 1875, sur les incompatibilités (V. *suprà*, n. 512 et suiv.).

547. L'avancement est soumis à des règles tout à fait analogues (V. *suprà*, n. 532 et suiv.). Mais, les grades et les conditions du service étant différents, ces règles n'ont pu être posées par le même texte législatif. La loi du 14 avril 1832, sur l'avancement dans l'armée de terre, a été suivie, à quelques jours d'intervalle, de la loi du 20 avril 1832, sur l'avancement dans l'armée de mer. Cette dernière loi a été modifiée par celles des 14 mai 1837 et 7 mai 1864, auxquelles il faut ajouter, pour l'état-major général, celles des 17 juin 1841, 28 mai 1853 et 22 mars 1877.

548. Les événements de 1870 ont eu sur la marine une influence moindre que sur l'armée, puisqu'il n'a pas été créé d'armée de mer auxiliaire. La législation de cette époque n'en est pas moins généralement commune à la marine. C'est ainsi qu'on a appliqué en cette matière la loi du 8 août 1871, sur la revision des grades, et les décrets des 12 septembre et 14 novembre 1870, rendant leurs grades aux officiers qui en avaient été privés pour cause politique à la suite des événements de 1851 (V. *suprà*, n. 517, 539, et *infrà*, n. 557, 559, 642, 650, 712, 715).

Les règles relatives à la solde sont les mêmes (Ord. 22 juin 1837 ; Décr. 19 oct. 1851).

549. Les officiers et assimilés de tous grades restent, pendant cinq années après leur mise à la retraite, à la disposition du ministre de la marine, qui peut leur donner un emploi de leur grade dans la réserve de l'armée de mer, ou les mettre à la disposition du ministre de la guerre (L. 5 août 1879, art. 12). L'état et l'avancement des officiers de réserve de l'armée de mer ont été, en exécution de l'art. 45 de la loi du 13 mars 1875, réglés par le décret du 8 mars 1884. La loi du 8 août 1883, établissant un nouveau tarif pour les pensions du personnel non officier de la marine (art. 1er, V. *infrà*, n. 692), ajoute : « Le per- « sonnel compris dans le tarif ci-annexé, restera, pen- « dant cinq années après sa mise à la retraite, à la dis- « position du ministre de la marine pour le service de « la flotte et des arsenaux » (art. 4).

CHAPITRE V.

PENSIONS CIVILES.

550. Ancien droit.
551. Loi du 22 août 1790.
552. Loi du 15 germinal an XI. — Décret du 16 septembre 1806.
553. Loi du 9 juin 1853.
554. Suppression des caisses de retenues.
555. Conditions générales du droit à pension.
556. Emploi directement rétribué par l'État.
557. Fonctionnaires privés de leur emploi en 1851.
558. Services rétribués par l'État.
559. Retenues.
560. Allocations non soumises à retenue.
561. Pensions à titre d'ancienneté.
   Age et durée de services. Service actif.
562. Dispense d'âge pour cause d'infirmités.
563. Date à partir de laquelle sont comptés les services.
564. Anciens employés des préfectures et sous-préfectures.
565. Services militaires.
566. Services rendus aux colonies.

550. *Ancien droit.*

La législation sur les pensions a été dictée par divers ordres de motifs. L'État ne peut laisser sans ressources, à la fin de leur carrière, des fonctionnaires auxquels un traitement trop modique ne permet pas de faire des épargnes suffisantes. La perspective d'une pension de retraite, en même temps qu'elle soutient leur zèle, retient au service de l'État les hommes les plus capables qui, sans cette espérance, seraient tentés d'aller chercher dans l'industrie et le commerce un emploi plus fructueux de leur savoir et de leur intelligence.

Ces considérations, qui résument l'exposé des motifs de la loi de 1853, n'étaient pas étrangères à l'ancienne législation. Dès le quatorzième siècle, l'usage s'était introduit de laisser leurs gages à vie aux officiers du roi, au moins lorsqu'ils l'avaient servi pendant vingt ans et se trouvaient, par vieillesse ou maladie, empêchés de remplir leurs offices. En 1789, les pensions à la charge du Trésor montaient à trente-six millions (Dareste, *Pensions civiles*, n. 1 et suiv.).

551. L'Assemblée constituante n'eut garde de supprimer cette tradition. Elle voulut seulement la régulariser en substituant la légalité à la faveur, principal titre, sinon de tous, du moins d'une notable partie des pensionnaires. La loi du 22 août 1790 déclare que l'État doit récompenser les services rendus au corps social, quand leur importance et leur durée méritent ce témoignage de reconnaissance (tit. 2, art. 1er). A la réalisation de ce but, elle affecte une somme de douze millions, dont dix millions seront employés en pensions et deux millions en gratifications. Les droits résultant de cette loi restent éventuels et mal définis.

Parmi les fonctionnaires qui pourront prétendre aux pensions, les plus anciens d'âge et de service auront la préférence, et les autres seulement l'expectative, avec l'assurance d'être les premiers employés successivement (art. 14). La limitation du fonds à dix millions ne laisse au plus grand nombre que l'expectative.

Les règles posées par la loi de 1790 se réduisent à quelques principes généraux, à peu près ceux que la législation postérieure a consacrées. Aucun fonctionnaire ne peut obtenir de pension s'il n'a trente ans de services et cinquante ans d'âge (art. 17), ou s'il n'a été obligé, par ses blessures ou ses infirmités, de quitter plus tôt ses fonctions (art. 21). La pension accordée à trente ans de services est du quart du traitement, sans pouvoir descendre au-dessous de cent cinquante livres. Chaque année en plus donne lieu à une augmentation progressive du vingtième des trois quarts restants du traitement, de sorte qu'à cinquante ans de service la pension soit égale au traitement (art. 19 et 20). La pension ne peut jamais excéder dix mille livres (art. 18). Aucune pension n'est reversible. Dans le cas cependant où un fonctionnaire est mort dans le cours de son service, sa veuve peut, seulement à défaut de patrimoine, obtenir une pension alimentaire et ses enfants être élevés aux frais de la nation (art. 7). Enfin, la loi prohibe le cumul de deux pensions (art. 9), comme celui d'une pension avec un traitement (art. 10).

552. Cette législation était absolument insuffisante, surtout en présence du nombre des fonctionnaires qui augmentait tous les jours. Le gouvernement fit tous ses efforts pour en étendre le bénéfice, en établissant un maximum de six mille francs et en décidant que le fonds des pensions formerait un article particulier de la loi sur les dépenses publiques (L. 15 germ. an xi, art. 2 et 3); en exigeant soixante ans d'âge, au lieu de cinquante (Décr. 16 sept. 1806, art. 3); en fixant le montant des pensions au sixième du traitement moyen des quatre dernières années, sauf augmentation, pour chaque année en sus, du trentième des cinq sixièmes restants (art. 3 et 4); enfin, en abaissant le maximum à six mille francs pour toutes les pensions, à douze cents francs pour les traitements n'excédant pas dix-huit cents francs, et aux deux tiers pour les traitements au-dessous de dix-huit cents francs (art. 5). Ces règles sont encore applicables aux fonctionnaires qui ne versent pas de retenues (V. *infrà*, n. 619 et suiv.).

En même temps, le Gouvernement favorisait, chez les diverses administrations, la création de *caisses de retenues*. La première en date fut établie en 1797, pour les employés de l'Enregistrement et des Domaines. Cet exemple fut suivi de tous côtés. Mais les retenues, fixées généralement à deux pour cent, étaient trop peu élevées pour alimenter le fonds, et, tous les ans, la législature votait les sommes nécessaires pour le compléter. Un avis du Conseil d'État, du 5 mars 1811, provoquant de la part de chaque ministre un règlement général, n'avait reçu aucune suite. Un projet de loi, présenté par le Gouvernement aux Chambres en 1843, n'avait pas abouti. La loi si longtemps attendue a été votée le 9 juin 1853 et a doublé le nombre des fonctionnaires et employés pouvant obtenir une pension, qui était d'environ quatre-vingt mille. Un décret du 9 novembre 1853 porte règlement d'administration publique pour l'exécution de cette loi, conformément à la disposition de son art. 35.

Les pouvoirs conférés au Gouvernement sont très larges. Le règlement doit déterminer : « 1° la portion « des rétributions diverses qui peut être affranchie de « la retenue mentionnée au § 1er de l'art. 3 ; 2° la fixa- « tion des retenues mentionnées au § 3e du même ar- « ticle et des prélèvements autorisés sur les amendes « et confiscations en matière de douanes, de contribu- « tions indirectes et de postes ; 3° les formes à suivre « pour déclarer l'incapacité du fonctionnaire dans le « cas prévu par le dernier § de l'art. 5 ; 4° les formes « et les délais dans lesquels seront justifiées les causes, « les natures et les suites des blessures et infirmités « pouvant donner droit à pension ; 5° le mode de consta- « tation des circonstances de nature à ouvrir des droits « aux veuves dans les cas prévus par les §§ 1er et 2e « de l'art. 14 ; 6° les formes suivant lesquelles le fonc- « tionnaire pourra être privé de sa pension dans les cas « prévus par l'art. 27 ; et 7° celles suivant lesquelles « aura lieu, entre les divers départements ministériels, « la répartition du crédit alloué chaque année pour le « service des pensions. Ce règlement déterminera, en « outre, les autres mesures propres à assurer l'exécu- « tion de la présente loi » (L. 1853, art. 35).

Le système de la loi de 1853 présente cet inconvé- nient, que le capital provenant des retenues versées par un fonctionnaire est perdu pour lui ou pour ses héritiers, s'il quitte le service ou décède avant d'avoir obtenu le droit à pension. Pour y remédier, un projet de loi a été rédigé, et voté par le Sénat seulement dans sa séance du 7 mars 1879. Ce projet assurerait aux fonctionnaires la propriété des retenues versées par eux.

553. La loi de 1853 a substitué l'État aux caisses de retenues (art. 1ᵉʳ). Cette substitution n'a pas été admise sans difficulté. La commission du Corps législatif proposait d'établir à cet effet une caisse spéciale, distincte du Trésor public, lequel n'aurait participé à ses dépenses que dans les limites fixées par la loi. On a répondu, non sans raison, croyons-nous, que; dans le cas d'insuffisance des ressources de la caisse, le législateur ne pourrait se refuser à combler le déficit, comme il l'avait toujours fait depuis la création des caisses de retenues. La dette de la caisse devant, finalement et nécessairement, être considérée comme dette de l'État, la prudence commandait d'inscrire dans la loi une réalité, plutôt qu'une illusion dont les conséquences seraient onéreuses pour le Trésor.

Le projet de loi adopté en 1879 par le Sénat a cependant cru devoir substituer à l'État une *Caisse de prévoyance.*

554. La loi du 9 juin 1853, à raison de la substitution opérée par elle, a déclaré acquis à l'État, à la date du 1ᵉʳ janvier 1854, l'actif des caisses désignées au tableau n° 1 annexé à la loi (art. 1ᵉʳ). Ce tableau ne comprend pas la caisse des instituteurs communaux, qui n'était pas une caisse de retenues, mais une véritable caisse d'épargne dont les fonds appartenaient en propriété aux instituteurs. Il ne comprend pas davantage la caisse de retenues de l'Imprimerie nationale : cette caisse était commune aux ouvriers et aux employés, et la loi de 1853 ne s'occupe pas des ouvriers ; elle est régie par l'ordonnance du 20 août 1824 et les décrets des 24 janvier 1860, 21 mars 1873 et 7 décembre 1878.

Quant au passif, l'art. 2 de la loi de 1853 porte :
« Seront inscrites au grand livre de la dette publique :
« 1° Les pensions existantes ou en cours de liquidation
« à la charge des caisses supprimées pour services ter-
« minés avant le 1ᵉʳ janvier 1854 ; 2° Les pensions et
« indemnités concédées, pour cause de réforme, en
« vertu de l'art. 4 de la loi du 1ᵉʳ mai 1822 et du dé-
« cret du 2 mai 1848 ; » (La loi de 1822 permettait, au
cas de réforme d'employés inutiles, de leur accorder
des indemnités temporaires sur le fonds provenant de
la moitié des économies ainsi réalisées. Le décret de
1848 prévoyait la réforme, entre le 25 février et le
25 juillet suivants, de fonctionnaires ou employés, pour
cause de suppression d'emploi, réorganisation ou autre
mesure administrative n'ayant pas le caractère de révocation ou destitution ; ces employés pouvaient obtenir
pension, s'ils avaient vingt-cinq ans de services, ou
vingt ans dont quinze au moins dans la partie active;)
« 3° Les pensions et les secours annuels qui seront
« concédés à titre de réversibilité aux veuves et aux
« orphelins des pensionnaires inscrits en vertu des
« deux paragraphes qui précèdent. »

555. *Conditions générales du droit à pension.*

Trois situations sont à considérer : 1° celle des fonctionnaires entrés au service après le 1ᵉʳ janvier 1854 :
leur pension est régie par la loi de 1853 (V. *infrà*,
n. 556 à 618) ; 2° celle des fonctionnaires entrés au service avant le 1ᵉʳ janvier 1854 : leur pension est régie en
partie par la loi de 1853, en partie par la législation
antérieure (V. *infrà*, n. 627 à 638) ; 3° celle des fonctionnaires entrés au service, soit avant, soit après 1854,

mais non assujettis au versement de retenues : leur pension reste régie par la loi du 22 août 1790, sauf l'application, à certains égards, de la loi de 1853 (L. 1853, art. 18; V. *infrà*, n. 619 à 626).

Parlons d'abord des fonctionnaires entrés au service après 1854 et assujettis au versement de retenues. Indiquons à cette occasion les conditions générales du droit à pension.

556. La première condition à remplir par celui qui prétend droit à pension, c'est d'être *fonctionnaire ou employé directement rétribué par l'État* (L. 1853, art. 3) : ce qui suppose, avant tout, que le fonctionnaire ou employé remplit les *conditions d'aptitude* exigées par la loi (28 mai 1880, *Foulquier*; 12 juill. 1882, *Krau*).

A ce sujet, l'administration a vainement refusé le droit à pension à un étranger qui avait pu, quoique étranger, être régulièrement admis dans le service intérieur des ponts et chaussées. La prétention du ministre des finances, discutable à la rigueur s'il se fût agi d'une pension sur fonds généraux, se concevait peu vis-à-vis d'un employé qui avait versé des retenues (14 mai 1863, *Sauphar*).

Les mots *fonctionnaires ou employés* supposent d'abord une institution émanant de l'État, et excluent les ouvriers, qui ne lui sont pas rattachés par un lien aussi étroit (V. *suprà*, 554).

Ils excluent celui qui, sans titre régulier, a remplacé provisoirement un employé absent (7 mai 1852, *Durieu*); les arpenteurs forestiers, qui ne sont pas au service spécial de l'État (10 janv. 1856, *Noirot*).

Ils excluent encore les employés qui ne sont pas, à proprement parler, au service de l'État, mais au service

d'un fonctionnaire se les adjoignant sous sa responsabilité. Cette règle a été appliquée au secrétaire d'un
général en chef (17 mai 1833, *de Bourrienne*); aux préposés des payeurs militaires, non commissionnés par
l'État (29 juin 1849, *Morel, Fumeron d'Ardeuil*); mais
non à celui qui pouvait invoquer un acte équivalant à
une commission (6 mars 1835, *Collin;* 8 mars 1844,
Chastanier). Elle a été appliquée au gérant intérimaire
d'un consulat, simple délégué institué provisoirement
par l'agent titulaire (28 août 1844, *Guys;* 26 mars 1850,
Cottard); à l'employé auxiliaire rémunéré par un salaire
mensuel ou journalier (8 janv. 1875, *Dabat*); au gardien
auxiliaire d'une maison d'arrêt (1er avr. 1868, *Lalle-
mand*); au surnuméraire employé du cadastre avec allocation d'une indemnité non soumise à retenue (15 nov.
1872, *Pluchart*); aux employés du directeur des contributions directes et du directeur de la loterie royale
(30 mars 1846, *Fabre*); aux commis d'économat, jusqu'à l'arrêté du ministre de l'instruction publique du
23 avril 1849, qui les a introduits dans le cadre hiérarchique (5 avr. 1862, *Descudet*).

557. Le décret du 12 septembre 1870 a réintégré
dans leurs droits les fonctionnaires qui avaient perdu
leur grade ou leur rang par suite des événements de
1851 (V. *suprà*, n. 517, 548, et *infrà*, n. 559, 642,
650, 712, 715). Ce décret rend aux fonctionnaires
dont il s'occupe leurs droits à l'ancienneté. Nous verrons plus loin qu'on ne peut leur réclamer le versement
de retenues imputables sur des sommes qui n'ont pas
été payées (V. *infrà*, n. 559). Ils peuvent donc compter
comme années de service le temps qu'ils ont passé sans
emploi (4 juill. 1879, *Darenne;* 3 janv. 1881, *Bernard*).

558. L'exigence d'une institution au nom de l'État se confond ordinairement avec celle d'une rétribution directement payée par l'État, dont il est cependant nécessaire de parler séparément.

La jurisprudence écarte les fonctionnaires qui, bien que commissionnés par le ministre, sont payés sur des fonds autres que ceux de l'État. Ainsi, les commissaires de police rétribués par les communes (14 déc. 1854, *Salvaige de la Cipière* ; 4 juill. 1862, *Lefebvre*) ; les agents forestiers dont le traitement reste au compte des communes (11 juill. 1845, *De Chabannes* ; 21 avr. 1853, *Morlet* ; 1er déc. 1853, *Leuger*).

Par exception, l'art. 4 reconnaît le droit à pension à plusieurs catégories de fonctionnaires qui, tout en tenant leur institution de l'État, ne sont pas rétribués par lui. L'exposé des motifs explique que ces fonctionnaires exercent leurs fonctions dans l'intérêt général, conservent leur titre et leur rang dans le cadre d'avancement et restent à la pleine disposition du Gouvernement qui peut les révoquer.

Ce sont d'abord les fonctionnaires de l'enseignement rétribués pour le tout ou en partie sur les fonds départementaux ou communaux ou sur le prix des pensions payées par les élèves ; puis les fonctionnaires et employés qui, sans cesser d'appartenir au cadre permanent d'une administration publique et en conservant leurs droits à l'avancement hiérarchique, sont rétribués, pour le tout ou en partie, sur les fonds départementaux ou communaux, sur les fonds des compagnies concessionnaires, ou même sur les remises et salaires payés par les particuliers. Il s'agit ici, par exemple, des ingénieurs autorisés à passer au service des compagnies, et des préposés en chef d'octroi, en même temps agents de l'État et agents communaux.

Astreints, par application de la loi de 1853, à supporter des retenues, ceux qui étaient entrés en fonctions avant cette époque ont été autorisés à verser les retenues correspondantes aux années écoulées de cette entrée en fonctions au 1er janvier 1854, ces années devant être comptées, non seulement pour la constitution du droit à la retraite, mais aussi pour la liquidation de la pension (7 mai 1857, *Brun;* V. *infrà,* n. 561 et suiv., 568 et suiv.).

A ces fonctionnaires et employés, l'art. 4 assimile ceux de la Liste civile. Cette administration, dit le rapport, a dû former son personnel en appelant des fonctionnaires qui étaient antérieurement au service de l'État, avaient subi des retenues, et ne pouvaient être privés de leurs droits acquis. On comprend, d'ailleurs, que les services rendus à la Dotation de la Couronne aient pu être considérés comme rendus à l'État (V. *suprà,* n. 23 et suiv.). Enfin, l'art. 4 n'a fait que formuler une règle admise à l'égard des employés de la Liste civile de Louis-Philippe. La loi du 8 juillet 1852, ouvrant un crédit pour le payement d'indemnités viagères à ces employés, a permis à ceux qui avaient été replacés dans des administrations publiques de compter leurs services dans la Liste civile comme services propres au département ministériel qui les employait, à charge de verser les retenues réglementaires proportionnelles à ces premiers services (art. 2). Ce bénéfice n'a pas été reconnu aux employés du domaine privé de Louis-Philippe (V. *suprà,* n. 25). Les décrets des 13 et 15 juin 1853, réglant la situation de ces employés, n'ont pas reproduit l'art. 2 de la loi du 8 juillet 1852 (28 mars 1873, *de Boudard*).

Enfin, l'art. 9 apporte au principe de l'art. 3 une dérogation plus profonde en autorisant, dans une certaine limite, les employés des préfectures et des sous-préfectures à compter leurs services comme s'ils étaient rétribués par l'État, pourvu qu'ils l'aient été sur le fonds d'abonnement. Il s'agit du cas où ces employés sont passés au service de l'État et y sont restés au moins douze ans dans la partie sédentaire ou dix ans dans la partie active. On verra plus loin que l'art. 9 déroge encore ici aux règles générales en mettant à la charge de l'État des services à l'occasion desquels il n'a pas perçu de retenues (V. *infrà*, n. 564). Cette faveur a paru nécessaire pour faciliter le passage du service des départements au service de l'État et mieux en assurer le fonctionnement réciproque. Les caisses spéciales des préfectures n'en subsistent pas moins.

559. La seconde condition du droit à pension consiste dans les *retenues* que les employés doivent supporter, indistinctement et sans pouvoir les répéter, et qui sont de trois sortes : 1° Une retenue de cinq pour cent sur les sommes payées à titre de traitement fixe ou éventuel, de préciput, de supplément de traitement, de remise proportionnelle, de salaire, ou constituant, à tout autre titre, un émolument personnel ; 2° une retenue du douzième des mêmes rétributions lors de la première nomination ou dans le cas de réintégration survenue à la suite de la cessation des fonctions, et du douzième de toute augmentation ultérieure ; 3° les retenues pour cause de congé ou d'absence, ou par mesure disciplinaire (L. 1853, art. 3 ; V. *infrà*, n. 568).

Les fonctionnaires politiques, ministres, sous-secré-taires d'État, membres du Conseil d'État, préfets et sous-préfets, ne supportent pas de retenues. Ils sont retraités sur fonds généraux (V. *infrà*, n. 619 et suiv.).

Ne sont pas astreints au versement de retenues, pour le temps pendant lequel ils ont été privés de leurs emplois, les fonctionnaires révoqués à l'occasion des événements de 1851 (V. *suprà*, n. 517, 548, 557, et *infrà*, n. 642, 650, 712, 715). Le décret du 12 septembre 1870 a eu pour but de les rétablir dans la situation qu'ils auraient acquise si leur emploi ne leur avait pas été retiré (24 janv. 1879, *Michelet;* 3 janv. 1881, *Bernard;* V. *suprà*, n. 557).

Les fonctionnaires rétribués sur des fonds autres que ceux de l'État, et néanmoins admis par l'art. 4 de la loi de 1853 à l'obtention d'une pension, supportent leurs retenues sur le montant de leurs rétributions (L. 1853, art. 4; v. le n. précédent).

Le mode de perception des retenues, ainsi que tout ce qui se rapporte aux retenues accidentelles, aux congés, etc..., prévus par l'art. 3-3° de la loi de 1853, est réglé par les art. 5 et suiv. du décret du 9 novembre 1853.

On verra plus loin qu'il n'y a jamais lieu au rappel de plus de trois ans d'arrérages dus à un pensionnaire (L. 1853, art. 25; V. *infrà*, n. 607). Cette règle ne saurait être étendue au rappel des sommes dues par les fonctionnaires à titre de retenue (6 mai 1881, *Veuve Descourrières*).

560. L'art. 3 vient d'énumérer les allocations qui sont assujetties à la retenue de cinq pour cent. Il déclare expressément en affranchir les commissions allouées en compte courant par le Trésor aux receveurs généraux (aujourd'hui trésoriers-payeurs généraux). Sans cette disposition, les retenues imposées à ces fonctionnaires eussent été hors de proportion avec des pensions que limite un maximum relativement peu élevé.

L'art. 3 ajoute que les receveurs généraux et particuliers, les percepteurs des contributions directes et agents ressortissant du ministère des finances, rétribués par des salaires ou remises variables, supportent les retenues sur les trois quarts seulement de leurs émoluments de toute nature : le dernier quart est considéré comme indemnité de loyer et frais de bureau.

Sont également exemptes de la retenue les sommes payées à titre d'indemnité pour frais de représentation et de stations navales, de gratifications éventuelles, de salaires de travail extraordinaire, d'indemnités de pertes, de frais de voyage, d'abonnements pour frais de bureau, de régie, de table, de loyer, de supplément de traitement colonial et de remboursement de dépenses (Décr. 9 nov. 1853, art. 21).

561. *Pensions à titre d'ancienneté.*

Le droit à la pension est acquis par ancienneté à *soixante ans d'âge* et après *trente ans accomplis de service* (L. 1853, art. 5).

Les soixante ans d'âge sont réduits à *cinquante-cinq*, et les trente ans de service à *vingt-cinq*, pour les fonctionnaires qui ont passé quinze ans dans la *partie active*.

La loi de 1853 appelle partie active ou service actif, le service de certains employés appartenant aux quatre administrations suivantes : douanes, contributions indirectes et tabacs, forêts, postes. Les employés de la partie active sont astreints à un service de jour et de nuit, fatigant et souvent dangereux, en compensation duquel ont été accordés des avantages spéciaux. La nomenclature de ces employés fait l'objet du tableau n° 2, annexé à la loi de 1853. Aucun emploi ne peut être assimilé au service actif qu'en vertu d'une loi (art. 5-4°; 9 juin 1882, *Dame Welsch*). Les services militaires ne peuvent donc être considérés comme rendus dans la partie active (10 juill. 1869, *Gury*), pas plus que les services classés dans le service actif par un arrêté du gouverneur général de l'Algérie (6 mars 1872, *Dupleix*).

La loi du 17 août 1876 a compris dans le service actif les inspecteurs de l'enseignement primaire, directeurs et directrices, maîtres adjoints et maîtresses adjointes des écoles normales primaires, instituteurs communaux et institutrices communales, titulaires ou adjoints, directrices de salles d'asile communales. Le bénéfice de cette loi a été accordé à un fonctionnaire de l'enseignement primaire, bien qu'il fût employé au collège Chaptal (14 nov. 1879, *Bruneau*).

On verra plus loin que les magistrats mis à la retraite par application de la limite d'âge ont droit à pension avant trente ans de services (V. *infrà*, n. 587; v. aussi n. 588).

562. Le fonctionnaire qui ne satisfait pas à la condition d'âge peut en être *dispensé* lorsqu'il est reconnu par le ministre hors d'état de continuer ses fonctions (L. 1853, art. 5). Cette situation peut résulter d'un état d'invalidité morale, inappréciable pour les hommes de l'art : elle est alors constatée par un rapport des supérieurs hiérarchiques. Elle peut être la conséquence de l'invalidité physique du fonctionnaire : en ce cas, l'acte prononçant son admission à la retraite est appuyé des mêmes justifications et, en outre, d'un certificat des médecins qui lui ont donné leurs soins et d'une attestation d'un médecin désigné par l'administration et assermenté, qui déclare le fonctionnaire hors d'état de continuer utilement son emploi (Décr. 1853, art. 30; V. *infrà*, n. 585). L'admission est prononcée par l'autorité compétente pour prononcer la révocation (art. 29).

563. Les services civils ne sont comptés que de la date du premier traitement d'activité, et le temps du *surnumérariat* ne l'est en aucun cas (L. 1853, art. 23). Cette règle est la mise en application du principe indiqué plus haut, et d'après lequel les services directement rétribués par l'État donnent seuls droit à pension (V. *suprà*, n. 558).

Elle reçoit exception à l'égard des fonctionnaires de l'enseignement primaire, qui peuvent compter les années passées à partir de vingt ans dans les écoles normales (L. 17 août 1876, art. 2). C'est ainsi que les ingénieurs sortant de l'École polytechnique sont admis, comme les officiers, à compter quatre ans d'études préliminaires au jour de leur entrée dans les services publics (L. 11 avr. 1831, art. 3 ; explications à la Chambre des députés, *Moniteur* des 16 et 17 mars 1831; V. *infrà*, n. 644).

Le fonctionnaire démissionnaire, destitué ou révoqué, perd ses droits à pension. S'il est remis en activité, son premier service lui est compté (L. 1853, art. 27)

Lorsque les services ont été interrompus, on ne tient pas compte du temps pendant lequel le fonctionnaire n'a pas exercé de fonctions et n'a pas touché de traitement (19 déc. 1873, *Lemontey*).

Les services civils ne sont comptés qu'à partir de vingt ans accomplis (L. 1853, art. 23 ; 11 mars 1881, *Dame Gorgues*). Ceci s'applique même aux fonctionnaires entrés au service avant la loi de 1853 (V. *infrà*, n. 629 et suiv.) ; car cette loi ne fait que reproduire la jurisprudence antérieure (2 juill. 1847, *Cogniard*). On verra bientôt qu'il en est autrement des services militaires (V. *infrà*, n. 565) et des services donnant droit à pension sur fonds généraux (V. *infrà*, n. 621).

564. Les anciens employés des préfectures et sous-préfectures, rétribués sur le fonds d'abonnement, peuvent réunir les services rendus en cette qualité à ceux qu'ils ont rendus à l'État, pourvu que la durée de ces derniers soit au moins de douze ans dans la partie sédentaire et de dix ans dans la partie active (L. 1853, art. 9 ; V. *suprà*, n. 558, 561). La loi dit : *ces derniers.* Il est donc bien entendu que la durée de douze ans est exigée, non pour les services rendus dans les bureaux de la préfecture, mais pour les services directement rétribués par l'État (12 mai 1848, *Chartrand*).

L'art. 9 ne peut être invoqué par les anciens employés de la préfecture de police, puisqu'ils sont payés sur le budget de la ville de Paris, et que l'art. 9 vise uniquement les employés rétribués sur le fonds d'abonnement (27 mars 1874, *Damesme*). Il ne peut être invoqué par celui qui n'a pas douze ans de services *civils* rendus directement à l'État, eût-il douze ans et plus de services *civils et militaires* (4 août 1866, *Delaunay*). Cette décision, conforme au texte de la loi, serait bien rigoureuse si la disposition de l'art. 9 n'avait elle-même un caractère exceptionnel.

565. Les *services militaires* concourent avec les services civils pour établir le droit à pension, pourvu que la durée des services civils soit au moins de douze ans dans la partie sédentaire et de dix ans dans la partie active (L. 1853, art. 8; V. *suprà*, n. 561). Il en est ainsi, lors même que les services militaires sont déjà rémunérés par une pension. En ce cas, ne pouvant être rémunérés deux fois, ils ne servent qu'à compléter le temps nécessaire à l'obtention d'une pension civile, et les années de services civils entrent seules dans la liquidation de cette pension.

Si les services militaires ne sont pas déjà rémunérés par une pension, il y a lieu à double liquidation. Les années de services civils sont liquidées suivant les règles ordinaires. Les années de services militaires, d'après le minimum attribué au grade par les tarifs annexés aux lois sur les pensions militaires (9 juill. 1875, *Clairac*; 17 nov. 1876, *Chaumy*; V. *infrà*, n. 640 et suiv.; 684 et suiv.).

Dans la discussion de la loi de 1853, il a été demandé qu'il n'y eût alors qu'une liquidation, et que les années de services militaires fussent assimilées aux années de services civils, ce qui produirait souvent un résultat plus avantageux au pensionnaire. On a répondu que la loi le favorise déjà singulièrement en lui permettant d'utiliser, au point de vue de l'obtention d'une pension civile, des services militaires insuffisants en eux-mêmes, et en lui accordant une pension supérieure à celle de son ancien grade (V. *infrà*, n. 643, 689).

Les services militaires comprennent indifféremment ceux qui sont rendus dans les armées de terre et de mer. La loi du 28 janvier 1850 leur a assimilé le temps passé dans la garde mobile en 1848. Mais l'as-

similation ne donne pas droit à une liquidation sur le
grade supérieur qui aurait été occupé dans cette troupe.
Elle ne permet pas non plus de compter le temps pendant lequel il n'a été touché qu'une solde de non-activité (31 juill. 1874, *Bauzon;* **V.** *infrà,* n. 650, 712).

Les services militaires sont comptés pour leur durée
effective (L. 1853, art. 8, 1°). Ils sont donc admissibles,
non seulement depuis l'âge de vingt ans, mais dès l'âge
fixé pour l'entrée au service (**V.** *infrà,* n. 644, 687).
Les années de campagne ne peuvent être comptées en
sus (6 déc. 1872, *Bondaz;* **V.** *infrà,* n. 645, 690).

566. Les services rendus *dans les colonies* sont régis
par une loi différente, suivant qu'il s'agit de fonctionnaires coloniaux proprement dits ou de fonctionnaires
envoyés d'Europe. La situation des premiers est réglée
par la loi du 18 avril 1831 (**V.** *infrà,* n. 684 et suiv.);
la seconde, par l'art. 10 de la loi du 10 juin 1853.
Quant aux fonctionnaires et magistrats d'Algérie, jamais
on ne leur a appliqué la loi de 1831, spéciale à
l'armée de mer et aux employés du ministère de la marine et des colonies (11 janv. 1855, *Marion*). A leur
égard, la loi de 1853 a remplacé les ordonnances et décrets particuliers à l'Algérie.

La pension des magistrats et autres fonctionnaires
de l'ordre judiciaire attachés au service des colonies
est, à parité d'office, réglée sur les mêmes bases et au
même taux que celle des magistrats restés en France,
sauf, pour ceux qui ont été envoyés d'Europe, les
bénéfices dont il va être parlé. La même assimilation est appliquée aux fonctionnaires civils des colonies autres que ceux qui sont compris dans l'organisation du département de la marine en France,

pourvu que ces fonctionnaires soient rétribués sur les deniers publics (L. 18 avr. 1831, art. 24). Le temps de service exigé est donc, en principe, le même qu'en France (7 juin 1836, *Guichard de Monguers*), et la liquidation doit s'effectuer sur le traitement des fonctionnaires de France auxquels les fonctionnaires coloniaux sont assimilés (17 fév. 1853, *Houpiart*).

Les bénéfices accordés sont les suivants : Les magistrats ou fonctionnaires qui réunissent six ans de navigation sur les vaisseaux de l'État, ou de services dans les colonies, sont assimilés aux marins et ont droit acquis à la pension après vingt-cinq années de services effectifs, à supposer qu'ils aient été envoyés d'Europe (L. 18 avr. 1831, art. 1er; L. 5 août 1879, art. 2). Le temps passé dans tout service civil donnant droit à pension est compté pour la pension de retraite, pourvu que la durée des services aux colonies soit au moins de dix ans (L. 1831, art. 4). Les magistrats et fonctionnaires peuvent, enfin, compter en sus de leurs années de services les bénéfices de campagne énumérés par l'art. 7 (V. *infrà*, n. 690).

Quant aux fonctionnaires et employés envoyés d'Europe par le Gouvernement français et non attachés au service des colonies, leurs services sont comptés pour moitié en sus de leur durée effective, sans toutefois que cette bonification puisse réduire de plus d'un cinquième le temps de services effectifs exigé pour constituer le droit à pension (L. 1853, art. 10, 1°). La condition d'âge est réduite à cinquante-cinq ans après quinze années de services rendus hors d'Europe (art. 10, 3°; V. Décr. 13 juill. et 6 sept. 1880).

567. Les agents extérieurs du département des affaires étrangères et les fonctionnaires de l'enseignement peuvent compter comme service effectif le temps d'inactivité pendant lequel ils ont été assujettis à la retenue; mais ce temps n'est admis dans la liquidation que pour cinq ans (L. 1853, art. 10, 4°).

568. Quelles sont les *bases de liquidation* des pensions à titre d'ancienneté ?

En principe, la pension est basée sur la *moyenne* des traitements et émoluments de toute nature, soumis à retenue, dont l'ayant droit a joui pendant les *six dernières années* de son exercice (L. 1853, art. 6, 1°). On prend la moyenne des dernières années de service, parce que la pension est destinée à permettre au fonctionnaire de conserver la situation à laquelle il est habitué. On prend la moyenne des six dernières années : la loi de 1790 prenait celle des trois dernières années; la plupart des règlements, celle des quatre dernières années ; et l'on a proposé dans la discussion celle des dix dernières années.

La moyenne est invariablement celle des six dernières années. Peu importe donc que, par suite de circonstances de force majeure, les émoluments de l'une de ces années se soient trouvés abaissés bien au-dessous du chiffre normal ; que, par exemple, un conservateur des hypothèques ait été privé d'une notable partie de ses remises proportionnelles par les décrets des 9 septembre et 3 octobre 1870, suspendant jusqu'à la fin de la guerre les délais en matière d'hypothèque (15 nov. 1872, *De Langle*); ou qu'un fonctionnaire se trouve, à la fin de sa carrière, occuper un emploi moins rémunéré que celui qu'il avait antérieurement, soit par suite de suppression d'emploi, soit par suite de nou-

velle nomination (17 fév. 1853, *Houpiart;* V. 25 juill.
1868, *Lehouelleur*), soit autrement ; ou que sa mise à la
retraite ait été motivée par des infirmités le mettant hors
d'état de continuer son service (17 nov. 1876, *Chaumy;*
14 déc. 1877, *Lavilatte*).

Les traitements et émoluments sujets à retenue sont
définis par les art. 3 et 10, 2°, de la loi de 1853, et par
l'art. 21 du décret du 9 novembre 1853. L'art. 3 de la loi
de 1853 y soumet « les sommes payées à titre de traite-
« ment fixe ou éventuel, de préciput, de supplément de
« traitement, de remises proportionnelles, de salaires,
« ou constituant, à tout autre titre, un émolument per-
« sonnel. » L'art. 10 porte que « le supplément ac-
« cordé à titre de traitement colonial n'entre pas dans le
« calcul du traitement moyen.» L'art. 21 du décret af-
franchit « les sommes payées à titre d'indemnité pour
« frais de représentation et de stations navales, de gra-
« tifications éventuelles, de salaire de travail extraordi-
« naire, d'indemnités pour missions extraordinaires,
« d'indemnités de pertes, de frais de voyage, d'abon-
« nements et d'allocation pour frais de bureau, de régie,
« de table et de loyer, de supplément de traitement
« colonial et de remboursement de dépenses » (V. *suprà*,
n. 556 et suiv. ; V. encore 7 mai 1852, *Durieu;* 14 janv.
1878, *Bellemare;* 6 août 1880, *Olive;* 24 déc. 1880,
Courbebaisse).

Le temps passé en congé ou disponibilité sans traitement; ne donnant pas lieu à retenue, n'entre pas
dans la liquidation (30 juill. 1863, *Raybaud;* 14 janv.
1881, *Mayeul-Simonin*).

Par exception, la pension des fonctionnaires de l'enseignement primaire est basée sur la moyenne des trai-

tements et émoluments dont ils ont joui pendant les
six années qui ont produit le résultat le plus élevé
(L. 17 août 1876, art. 2; V. *suprà*, n. 558, 561, 563).

569. La moyenne admise comme base du traitement est soumise à un maximum particulier, quant aux
fonctionnaires rétribués sur des fonds autres que ceux
de l'État, bien que continuant d'appartenir à l'administration. On a vu que l'art. 4 de la loi leur conserve le
droit à pension (V. *suprà*, n. 558). Leur moyenne ne
peut excéder celle des traitements et émoluments dont
ils jouiraient s'ils restaient directement rétribués par
l'État (L. 1853, art. 6, 2°; V. 6 fév. 1874, *Ignou*).

570. Pour les conseillers référendaires à la Cour
des comptes, le traitement sur lequel la moyenne est
calculée comprend le traitement fixe, plus l'émolument
formé par la somme allouée à titre de préciput et de
récompense de leurs travaux, divisée par le nombre
des conseillers référendaires. Pour les courriers et postulants courriers des postes, ce traitement comprend le
montant annuel des salaires qui leur sont payés, divisé
par leur nombre. Pour les principaux des collèges
communaux qui administrent le pensionnat à leur
compte, le traitement du régent le mieux rétribué, sur-
évalué d'un quart (Décr., 9 nov. 1853, art. 26).

Pour les agents extérieurs des affaires étrangères et
les fonctionnaires de l'enseignement admis à la retraite dans la position d'inactivité, le traitement moyen
s'établit sur les six dernières années de services qu'ils
ont rendus comme titulaires d'emploi avant leur mise
en inactivité (Décr. 1853, art. 27).

Pour les agents rétribués par des salaires ou remises
variables sujets à liquidation, il s'établit sur les six

années *antérieures à celle au cours de laquelle cesse l'activité* (Décr. 1853, art. 28) : ce qu'il n'est pas possible de confondre avec les six années antérieures *à la cessation de l'activité* (5 fév., 1867, *Saxe*). Cette disposition du règlement est inattaquable, comme régulièrement prise en exécution de l'art. 35 de la loi de 1853 (14 nov. 1873, *Périgault*; V. *suprà*, n. 552). Elle cesse de s'appliquer, et le traitement moyen se calcule sur les six années antérieures à la cessation de l'activité, si, à ce moment, les salaires ou remises variables ont été remplacés par un traitement fixe : car elle a pour unique but de permettre une liquidation immédiate, sans attendre le temps nécessaire à la liquidation de l'année courante (23 fév. 1870, *Colonieu*).

571. Le traitement moyen, qui sert de base, étant ainsi déterminé, « la pension est réglée, pour chaque « année de services civils, à *un soixantième du trai-* « *tement moyen*. Néanmoins, pour vingt-cinq ans de « services entièrement rendus dans la partie active, « elle est de la moitié du traitement moyen, avec ac- « croissement, pour chaque année de services en sus, « du cinquantième du traitement » (L. 1853, art. 7; V. *suprà*, n. 561).

572. Les pensions sont soumises à un double *maximum.*

Il y a un *maximum général;* aucune pension ne peut excéder les trois quarts du traitement moyen (art. 7).

573. Le même art. 7 ajoute que les pensions sont soumises aux *maximum spéciaux* déterminés, par nature ou catégorie d'emplois, au tableau n° 3 annexé à la loi. La pension étant la continuation du traitement, les maximum spéciaux ont été, comme le maximum général, établis proportionnellement aux traitements, en principe du moins. On s'est écarté de cette proportion dans la mesure nécessaire pour ne pas donner des pensions trop élevées aux positions supérieures, en accorder de suffisantes aux emplois faiblement rétribués, et tenir compte de la modicité relative de certaines rétributions eu égard aux obligations qu'elles imposent. Le tableau divise les fonctionnaires et employés en trois sections, non compris les fonctionnaires à salaires et remises variables.

574. La *première section* est spéciale aux *agents diplomatiques et consulaires*, dont les plus importants, à savoir les ambassadeurs et ministres plénipotentiaires (ainsi que les directeurs des travaux politiques, assimilés à la deuxième classe de ces derniers), sont les seuls fonctionnaires admis à recevoir une pension supérieure à six mille francs. Cette pension n'en est pas moins en disproportion énorme avec le traitement et la tenue de maison d'un ambassadeur ou d'un ministre plénipotentiaire. Les maximum de cette section sont ainsi fixés : ambassadeurs, 12,000 fr.; ministres plénipotentiaires de première classe, 10,000 fr.; ministres plénipotentiaires de deuxième classe et directeurs des travaux politiques, 8,000 fr.; chargés d'affaires en titre, 6,000 fr.; premiers secrétaires d'ambassade ou de légation de première classe et sous-directeurs des travaux politiques, 5,000 fr.; tous autres secrétaires d'ambassade ou de légation, 4,000 fr.; consuls généraux, 6,000 fr.; consuls de première classe, 5,000 fr.; consuls de deuxième classe, 4,000 fr.; premier drogman et secrétaire interprète à Constantinople, 5,000 fr.; second drogman à la même résidence et premiers drogmans des consulats généraux, 3,000 fr.; tous autres drogmans, chanceliers d'ambassade et de légation, 2,400 fr.; chanceliers des consulats généraux, 2,400 fr.; agents consulaires (vice-consuls) français de nation et rétribués directement par le Trésor au moyen d'une allocation ordonnée en leur nom, 2,000 fr.; chanceliers de consulat, 1800 fr.

575. La *deuxième section* comprend les *magistrats de l'ordre judiciaire*, ceux de la *Cour des comptes*, les *fonctionnaires de l'enseignement* et les *ingénieurs des ponts et chaussées et des mines*. Le maximum est des deux tiers du traitement moyen, sans pouvoir dépasser six mille francs. Il est donc plus élevé, au moins pour les traitements supérieurs à 3,200 fr., que celui de la plupart des fonctionnaires, rangés dans la troisième section avec un maximum de moitié du traitement moyen. Une note annexée à l'exposé des motifs justifie cette situation avantageuse par des raisons dont voici la substance :

Les magistrats de l'ordre judiciaire n'entrent dans leurs fonctions que fort tard, après des études dispendieuses. Leur avancement est lent et leurs émoluments modiques. Ils ne prennent leur retraite qu'à un âge avancé. Le nombre des pensions est très faible relativement au nombre des magistrats, et la durée de jouissance de ces pensions est courte. Les mêmes considérations s'appliquent aux membres de la Cour des comptes; la loi de 1790 leur accordait le droit à pension à titre gratuit, avec le maximum des deux tiers; il a paru trop rigoureux, quand on les soumettait à la retenue, d'abaisser encore leur maximum.

Quant aux fonctionnaires de l'enseignement, la faveur de la loi est motivée d'abord sur l'ancienne législation qui leur permettait d'obtenir, après trente-huit ans d'exercice, une pension égale à leur traitement ; ceci n'est vrai que des professeurs de l'enseignement supérieur et secondaire, qui sont le petit nombre. On a eu égard, de plus, soit pour eux, soit pour les instituteurs primaires, à la difficulté des épreuves professionnelles, aux études incessantes et aux fatigues inhérentes à ces fonctions (V. *suprà*, n. 561).

La loi dit : *fonctionnaires de l'enseignement*. Vainement donc on a voulu refuser le bénéfice du maximum de la deuxième section aux professeurs nommés par des ministres autres que le ministre de l'instruction publique. Le Conseil l'a accordé d'abord aux professeurs du prytanée militaire de La Flèche, nommés par le ministre de la guerre, mais pris parmi les fonctionnaires de l'Université et présentés par le ministre de l'instruction publique (20 fév. 1868, *Légé*) ; puis, d'une manière générale, à tout professeur nommé par le ministre compétent pour donner l'enseignement dans une des écoles de l'État ; par exemple, aux professeurs de l'école d'artillerie de Metz (29 nov. 1872, *Simon* ; 9 avr. 1873, *Mall*) ; et aux professeurs de l'école forestière (22 janv. 1875, *Meaume*).

En ce qui concerne les ingénieurs des ponts et chaussées et des mines, on s'est dit que, choisis parmi les élèves les plus distingués de l'École polytechnique, ils ne peuvent être réduits à une pension trop inférieure à celle de leurs condisciples qui ont embrassé la carrière militaire et qui, subissant une retenue de deux pour cent seulement, ont une pension souvent supérieure aux deux tiers du traitement d'activité. Faisons remarquer à ce sujet que le maximum admis pour un ingénieur ne peut être invoqué par un conducteur principal ayant reçu le titre de sous-ingénieur dans les termes du décret du 21 décembre 1867 (25 nov. 1881, *Catier*).

576. La *troisième section* embrasse tous les fonctionnaires non compris dans les exceptions consacrées par la première et la seconde, particulièrement ceux du ministère des finances. L'échelle de ses maximum est empruntée au règlement du 12 janvier 1825, auquel étaient soumis, avant 1854, les employés de ce ministère sujets à retenue. Les maximum sont ainsi fixés : Traitements de 1000 fr. et au-dessous, 750 fr.; de 1001 à 2,400 fr., deux tiers du traitement moyen, sans pouvoir descendre au-dessous de 750 fr.; il est bien entendu que ce qui ne peut descendre au-dessous de 750 fr., c'est le maximum, ou, en d'autres termes, que le chiffre de 750 fr. est le minimum du maximum; que ce chiffre ne peut donc être invoqué comme minimum de la pension (12 fév. 1863, *Martin*). De 2,401 à 3,200 fr., 1600 fr.; de 3,201 à 8,000 fr., la moitié du traitement moyen; de 8,001 à 9,000 fr., 4,000 fr.; de 9,001 à 10,500 fr., 4,500 fr.; de 10,501 à 12,000 fr., 5,000 fr.; au-dessus de 12,000 fr., 6,000 fr.

577. Les maximum sont fixés en raison *du traitement*. Est-ce en raison du traitement en fin d'activité, ou du traitement moyen des six dernières années? Les termes du tableau semblaient favoriser la première interprétation, avantageuse au pensionnaire. La seconde a été admise comme plus conforme à la pratique suivie sous l'ordonnance de 1825, et plus en harmonie avec les art. 6 et 7 de la loi, qui prennent pour base de liquidation le traitement moyen (22 janv. 1863, *Sainjon* ; 7 fév. 1867, *Guillot*).

578. Le tableau des maximum s'occupe enfin des *fonctionnaires et agents à salaires et remises.*

Le maximum des conservateurs des hypothèques et des receveurs de l'enregistrement et du timbre est fixé à 3,000 fr. pour ceux de première classe, et à 2,000 fr. pour ceux de seconde classe. Une instruction du directeur général de l'enregistrement et des domaines, du 23 mai 1854, approuvée par le ministre des finances, a déterminé la première et la deuxième classe d'après l'importance des émoluments des six dernières années, et suivant qu'ils sont ou non supérieurs, pour les conservateurs, à 15,000 fr. et pour les receveurs, à 4,500 fr. Cet acte a été régulièrement pris en exécution de la loi de 1863 (16 avr. 1853, *Agasson* ; 15 déc. 1865, *Theuriet, François*).

La loi n'a pas prévu le cas où un employé ferait en même temps fonction de conservateur et de receveur. Il ne serait pas autorisé à cumuler ses remises pour prétendre à une classe supérieure (16 avr. 1863, *Agasson*). Mais celui qui, pendant les six dernières années de son service, a successivement rempli deux fonctions rémunérées, l'une par un traitement fixe et l'autre par des remises, et donnant droit toutes deux au maximum de 3,000 fr., ne peut être ramené au maximum de 2,000 fr. par le motif que la moyenne des six dernières années, calculée sur le traitement et les remises réunis, le ferait descendre à la seconde classe (18 mars 1869, *Febvre*).

Le maximum de 3,000 fr. ne peut être invoqué par les receveurs d'enregistrement qui, comme ceux d'Al-

gérie, ne sont pas rémunérés par des remises variables
(23 mars 1880, *Fontaneau*).

Le maximum des courriers et postulants courriers
des postes est de 1200 fr.

579. *Pension pour infirmités, etc...*

Le droit à la pension peut être acquis, en dehors des
conditions de durée de services comme en dehors des
conditions d'âge, aux employés et fonctionnaires atteints
d'infirmités.

« Peuvent exceptionnellement obtenir pension, quels
« que soient leur âge et la durée de leur activité :
« 1° Les fonctionnaires et employés qui auront été mis
« hors d'état de continuer leur service, soit par suite
« d'un acte de dévouement dans un intérêt public ou
« en exposant leurs jours pour sauver la vie d'un de
« leurs concitoyens, soit par suite de lutte ou de com-
« bat soutenu dans l'exercice de leurs fonctions ; 2° ceux
« qu'un accident grave, résultant notoirement de l'exer-
« cice de leurs fonctions, met dans l'impossibilité de
« les continuer » (L. 1853, art. 11). Malgré les mots
peuvent obtenir, les fonctionnaires dont il s'agit sont certainement investis d'un droit. Leur prétention donne
lieu à une appréciation de faits qui n'appartient pas seulement au ministre, mais au Conseil d'État.

580. Il est impossible de définir *l'acte de dévouement*, si ce n'est par des exemples. Voici les plus carac-
téristiques de ceux que nous offre la jurisprudence :

Le Conseil a refusé de voir un acte de dévouement
dans le fait d'un employé blessé dans une chute en se
rendant sur le théâtre d'un incendie (29 mars 1853,
Peychaud); d'un fonctionnaire qui, retenu par son
service dans une ville assiégée, avait été atteint par un

obus lors du bombardement de cette ville (20 déc. 1872, *Roze*); et même d'un sous-brigadier des douanes frappé d'hypertrophie du cœur à la suite d'une marche de cent dix kilomètres, qu'il avait cru devoir accomplir pour arrêter et faire incarcérer un fraudeur (11 août 1866, *Cagniard*); d'un employé des forêts atteint d'infirmités en construisant des tranchées pour arrêter l'incendie d'une forêt (12 janv. 1877, *Santelli*; mais V. *infrà*, n. 582); d'un consul atteint d'une affection mortelle par suite de fatigues exceptionnelles et de l'insalubrité du climat (9 mars 1877, *Veuve Thénon*; mais V. *infrà*, n. 582); d'un juge de paix atteint d'infirmités dans une descente de justice (28 fév. 1879, *Aycard*; mais V. *infrà*, n. 582).

En sens inverse, il a considéré comme acte de dévouement le fait d'un fonctionnaire blessé le 15 mai 1848 dans les rangs de la garde nationale (12 fév. 1857, *Guesney*); d'un employé se mettant à la disposition de l'autorité pour soigner, comme officier de santé, les malades du choléra (27 août 1857, *Caton*); d'un homme de peine du palais des Tuileries resté à son poste au milieu de l'insurrection de 1871, sur l'ordre de ses chefs, et blessé en se rendant à Paris le jour de l'entrée des troupes (6 déc. 1872, *Bondaz*); d'un éclusier emporté par les eaux pour avoir voulu conjurer les effets d'une inondation imminente en tentant de manœuvrer seul un barrage, au lieu d'attendre les hommes dont le concours était indispensable (9 mai 1879, *Legros*).

581. Quant au cas de *lutte ou combat*, le Conseil a considéré comme mort par suite de lutte ou combat l'agent forestier assassiné, pendant qu'il prenait des notes, par des individus surpris en contravention (18 nov. 1881, *Veuve Streissel*).

582. Il est encore plus difficile de dire ce qu'il faut entendre par *accident grave* résultant notoirement de l'exercice des fonctions.

Le Conseil n'a voulu reconnaître comme ayant un tel caractère, ni l'inflammation de vessie contractée par un employé dans un travail continu et sédentaire (27 mars 1856, *Magdelaine*) ; ni l'apoplexie foudroyante à laquelle avait succombé un conseiller à la Cour de cassation occupé à ses travaux judiciaires dans son cabinet (22 avr. 1858, *Isambert*); ni la maladie dont un receveur des contributions indirectes avait été frappé en passant alternativement d'une atmosphère brûlante dans des caves froides et humides (4 juill. 1860, *Orphila-Lefèvre*); ni l'hépatite chronique gagnée par un sous-inspecteur des forêts dans ses courses sur les montagnes (8 mars 1860, *Fiat*); ni l'affection hémorroïdale, suite d'un travail continu et sédentaire (23 fév. 1861, *Delage*); ni l'affection rhumatismale et nerveuse prise par un substitut à l'occasion d'un travail assidu dans un parquet dont le local était humide et en sous-sol (2 mars 1870, *Margier*).

Au contraire, il a vu l'accident grave exigé par la loi dans l'apoplexie foudroyante d'un employé, survenue dons son bureau par suite d'un excès de travail (29 août 1843, *Radel*); dans la maladie dont un sous-inspecteur des forêts avait été frappé en se rendant la nuit dans un bois incendié et s'exposant à une pluie froide après une course précipitée (27 mars 1856, *Dejean*); dans la paralysie dont avait été frappé un vérificateur des domaines, vérifiant pendant l'hiver un bureau dont le local humide et ouvert aux vents n'était chauffé ni ne pouvait l'être (10 mai 1860, *Mantin*) ; dans l'apoplexie d'un préposé des douanes survenue à la suite de congélation des membres inférieurs dans ses tournées d'hiver (12 mai 1859, *Belle*); dans la foulure du pied contractée par un facteur tombé en faisant sa tournée (21 mars 1861, *Roger*); dans la maladie, suite de chute de voiture, d'un contrôleur des contributions directes en tournée (26 juin 1869, *Renouard*) ; dans les rhumatismes occasionnés à un préposé en chef de l'octroi par les fatigues inhérentes à ses fonctions (8 août 1865, *Revel*) ; dans la péritonite causée par une indigestion, résultant elle-même d'un refroidissement pris par un préposé des douanes dans un service d'observation (19 mai 1864, *Delenclos*); dans la néphrite suivie d'hydropisie, contractée par un sous-inspecteur des contributions indirectes en restant plusieurs jours les pieds dans l'eau et exposé à la pluie, pour présider à l'application de nouvelles mesures relatives à la visite des boissons importées dans une ville (16 déc. 1863, *Renault*) ; dans la maladie épidémique contractée dans l'exercice des fonctions (19 nov. 1875, *Eyssautier*); dans les infirmités contractées par un juge de paix dans une descente de justice (22 fév. 1879, *Aycard ; V. suprà*, n. 580), et par un employé des forêts en creusant des tranchées pour arrêter l'incendie d'un bois (12 janv. 1877, *Santelli ; V. eod.*); dans la maladie mortelle contractée par un consul à raison d'un climat insalubre et de grandes fatigues (9 mars 1877, *Veuve Théron ; V. eod.*), dans les infirmités causées par une collision de chemin de fer (30 janv. 1880, *Laubie*); dans la maladie mortelle occasionnée par le séjour continuel dans une pièce non chauffée (22 juill. 1881, *Veuve Kanengieser*); dans la maladie de cœur causée par des souffrances exceptionnelles à un fonctionnaire retenu par ses fonctions dans une ville assiégée (18 nov. 1881, *Veuve Verdun*).

583. Dans les situations qui viennent d'être examinées, l'événement donnant ouverture au droit à pension doit être constaté par un procès-verbal en due forme, dressé sur les lieux et au moment où survient cet événement. A défaut de procès-verbal, la constatation peut résulter d'un acte de notoriété, rédigé sur la déclaration des témoins de l'événement ou des personnes qui ont été à même d'en apprécier les conséquences. Cet acte doit être corroboré par les attestations conformes de l'autorité municipale (Décr. 9 nov. 1853, art. 35). Il était nécessaire, en effet, qu'un acte de notoriété fût admis comme remplaçant le procès-verbal. La maladie causée par l'acte de dévouement ou l'accident grave peut ne s'être développée que longtemps après l'événement : l'art. 11 ne s'en applique pas moins (27 mars 1856, *Dejean ;* 12 fév. 1857, *Guesney;* 4 juill. 1860, *Dupuy;* 17 juill. 1861, *Lejust*).

584. Mais la pension n'est pas la même dans les deux cas prévus par les deux premiers §§ de l'art. 11. L'acte de dévouement et les faits assimilés ouvrent droit à une pension *de la moitié du dernier traitement*, sans pouvoir excéder les maximum déterminés au tableau n° 3. (V. *suprà*, n. 573 et suiv.) L'accident grave donne lieu à liquidation, suivant que l'ayant droit appartient à la partie sédentaire ou à la partie active, à raison *d'un soixantième ou d'un cinquantième du dernier traitement* pour chaque année de service civil ; la pension ne peut être inférieure au sixième de ce traitement (L. 1853, art. 12).

Le décret du 9 novembre 1853 ajoute que « la liqui-« dation s'établit, dans les mêmes cas, sur le traite-« ment moyen, lorsqu'il est plus favorable à l'employé « que le dernier traitement d'activité. » De plus, il est tenu compte des services militaires, suivant le mode spécial de rémunération établi par l'art. 8 de la loi (Décr. 9 nov. 1853, art. 36; V. *suprà*, n. 565).

585. « Peuvent également obtenir pension, s'ils « comptent cinquante ans d'âge et vingt ans de service « dans la partie sédentaire, ou quarante-cinq ans d'âge « et quinze ans de service dans la partie active, ceux « que des *infirmités graves, résultant de l'exercice de leurs* « *fonctions*, mettent dans l'impossibilité de les conti-« nuer.... » (L. 1853, art. 11). « Ces infirmités et leurs « causes sont constatées par les médecins qui ont donné « leurs soins au fonctionnaire, et par un médecin dé-« signé par l'administration et assermenté. Ces cer-« tificats doivent être corroborés par l'attestation de « l'autorité municipale et celle des supérieurs immé-« diats du fonctionnaire » (Décr. 9 nov. 1853, art. 35; « V. 16 déc. 1881, *Romeuf, Picart*).

Ici, comme au cas d'accident grave résultant de l'exercice des fonctions (V. le n. précédent), la pension est liquidée à raison d'un cinquantième ou d'un soixantième du traitement pour chaque année de services (L. 9 juin 1853, art. 12). Mais la loi ne dit plus du *dernier traitement*, elle dit : du *traitement moyen*, c'est-à-dire de la moyenne des six dernières années.

Les honoraires du médecin qui a constaté les infirmités sont réglés par le ministre et le Conseil d'État

(Cass. civ., 5 août 1874, D.75.1.58; V. *suprà*, n. 473).

586. La loi assimile absolument aux employés atteints d'infirmités graves ceux « *dont l'emploi aura été supprimé* » (L. 1853, art. 11). La pension leur est acquise à cinquante ou quarante-cinq ans d'âge et après vingt ou quinze ans de services, suivant qu'ils appartiennent à la partie sédentaire ou à la partie active (art. 12), et pourvu qu'ils n'aient pas accepté de nouvelles fonctions (28 nov. 1861, *Liskenne*).

587. L'art. 11 de la loi de 1853 confère le droit à pension, après vingt ans de services, aux *magistrats mis à la retraite* en vertu du décret du 1er mars 1852 (V. *suprà*, n. 492). Ce droit exceptionnel compense en partie l'atteinte portée par ce décret au principe de l'inamovibilité; il est d'autant mieux justifié qu'un grand nombre de magistrats, anciens avocats ou officiers ministériels, entrent au service trop tard pour pouvoir, en présence de la limite d'âge, y acquérir le droit à pension dans les conditions normales; que la loi de 1853 déroge à l'ordonnance du 23 septembre 1814, art. 5, accordant une pension après dix ans de services aux magistrats incapables de continuer leur service ou réformés par suite de suppression d'emploi; et que cette loi élève contre les magistrats atteints par la limite d'âge une présomption d'invalidité physique ou morale et les assimile aux fonctionnaires atteints d'infirmités graves (V. *suprà*, n. 585).

Il ne s'agit ici que des magistrats nommés postérieurement au 1er janvier 1854. Ceux qui l'étaient à cette époque ont eu droit à pension après quinze ans de services (L. 1853, art. 18; V. *infrà*, n. 636).

588. La loi du 1er août 1883, sur la *réforme de l'or-*

ganisation judiciaire (V. *suprà*, n. 493) accorde une pension « aux magistrats qui, par application de la présente
« loi, n'auront pas été maintenus ou n'auront pas ac-
« cepté le poste nouveau qui leur aura été offert. »

Ces magistrats reçoivent en conséquence « au-dessus
« de vingt ans et au-dessous de trente ans de services,
« la moitié ; au-dessus de dix ans et au-dessous de
« vingt ans, les deux cinquièmes ; au-dessus de six ans
« et au-dessous de dix ans, le quart du traitement
« moyen dont ils ont joui pendant les six dernières an-
« nées. Au-dessous de six ans de services, ils recevront
« le cinquième du traitement moyen dont ils ont joui
« depuis leur entrée en fonctions.

« Les dispositions qui précèdent ne sont pas appli-
« cables aux magistrats qui, s'ils restaient en fonc-
« tions jusqu'à l'âge fixé par le décret du 1er mars 1852
« (V. *suprà*, n. 492), ne pourraient acquérir droit à
« pension aux termes de l'art. 5 de la loi du 9 juin 1853
« (V. *suprà*, n. 561), ni invoquer la disposition finale
« de l'art. 11 de ladite loi (V. le n. précédent) pour
« être admis exceptionnellement à une pension de re-
« traite. Il sera alloué à ces magistrats, jusqu'à cet âge,
« une indemnité annuelle, calculée sur les bases ci-
« dessus.

« Les magistrats qui ne seront pas maintenus auront
« droit, s'ils comptent plus de trente ans de services, et
« quel que soit leur âge, à un soixantième de leur trai-
« tement moyen de retraite par année de service en sus
« de trente. En aucun cas, les pensions et indemnités
« qui précèdent ne pourront excéder le maximum fixé
« par la loi du 9 juin 1853 » (L. 1er août 1883, art. 13 ;
V. *suprà*, n. 561, 571, 572, 575).

589. La loi du 30 mars 1872 a eu pour but de faciliter la diminution du nombre des employés, en accordant des pensions et indemnités temporaires à ceux qui seraient *supprimés* entre le 12 février 1871 et le 31 décembre 1872. Aux termes de l'art. 1er de cette loi, la pension appartient aux employés réformés pour cause de suppression d'emploi, de réorganisation, ou pour toute autre mesure administrative n'ayant pas le caractère de révocation ou de destitution (elle n'est pas due au cas de démission, 30 janv. 1874, *Pascalis*); pourvu, de plus, que ces employés aient vingt ans de services. Elle est liquidée, pour chaque année de services civils, à raison d'un soixantième du traitement moyen des quatre dernières années, lequel est calculé conformément à la loi de 1853 (6 fév. 1874, *Ignou*). Elle ne peut excéder le maximum de la pension de retraite de l'emploi (V. *suprà*, n. 571 et suiv.).

590. L'art. 2 de la même loi accorde une indemnité temporaire aux employés supprimés à la même époque et n'ayant pas vingt ans de services. Il faut du moins qu'ils aient quatre ans de services, puisque cet article fixe l'indemnité au tiers du traitement moyen des quatre dernières années (9 janv. 1874, *Lefébure de Saint-Maur*). Dans le silence de la loi, le Conseil a appliqué à cette indemnité le maximum de la loi de 1853 (25 juill. 1873, *Maigne;* 8 août 1873, *Lalou*). L'indemnité est due pour un temps égal à la durée des services, mais seulement pour la moitié de cette durée s'il y a dix ans de services et plus.

Ni la pension, ni l'indemnité ne se cumulent avec le nouveau traitement obtenu par le fonctionnaire postérieurement replacé dans une administration de l'État

(L. 1872, art. 3); à moins qu'il ne s'agisse d'académiciens ou gens de lettres invoquant, d'après l'art. 12, § 2 de la loi du 15 mai 1818, le droit de cumuler une pension avec un traitement d'activité dans le service de l'instruction publique (30 avr. 1875, *Jules Sandeau, Ruprich Robert*; V. *suprà*, n. 502, et *infrà*, n. 613).

591. *Veuves.*

La veuve d'un fonctionnaire peut obtenir pension, soit à titre de réversibilité de la pension de son mari, soit en vertu d'un droit propre.

Tant qu'il ne s'agit pas de pension à titre d'ancienneté, la réversibilité n'est accordée qu'à la veuve dont le mari *a obtenu* pension (L. 9 juin 1853, art. 13), c'est-à-dire, dont la pension a été réglée par décret du chef de l'État (V. *infrà*, n. 598 et suiv.). La veuve d'un fonctionnaire atteint d'infirmités graves et décédé avant la liquidation n'a aucun droit à faire valoir, puisqu'elle ne peut invoquer ni la réversibilité reconnue par l'art. 13, ni le droit propre établi par l'art. 14 (7 mai 1857, *Gillon*; V., quant au droit propre, *infrà*, n. 595).

La règle est différente à l'égard de la pension à titre d'ancienneté. Cette pension appartient à la veuve de celui « qui a accompli la durée de service exigée par « l'art. 5 » (L. 1853, art. 13). On verra bientôt la situation plus favorable encore qui est faite à la veuve dans un cas particulier (V. *infrà*, n. 594).

592. Le droit de la veuve est subordonné à la condition que le mariage ait été contracté six ans avant la cessation des fonctions du mari. Il faut de plus qu'il n'y ait pas eu séparation de corps prononcée *sur la demande du mari* (L. 1853, art. 13).

La réconciliation efface les effets de la séparation de

corps (art. 309, C. civ.) ; il y a donc lieu de décider, comme en matière de pensions militaires, que la pension devient alors réversible sur la tête de la femme (V. *infrà*, n. 667).

L'ordonnance du 12 janvier 1825 était plus sévère. Elle considérait la réversibilité de la pension comme absolument liée à la continuation de la vie commune jusqu'au décès du mari, et refusait la pension à la femme qui avait obtenu la séparation : règle inadmissible aujourd'hui (14 août 1865, *Abrial*). Elle la refusait pareillement à la veuve remariée, qui ne saurait être considérée comme privée de sa pension sous la loi de 1853. La veuve remariée ne perd aujourd'hui sa pension que dans le cas où elle a épousé un étranger ; et encore, il ne résulte de ce fait qu'une suspension, et non une perte définitive de son droit (V. L. 1853, art. 29, et *infrà*, n. 610).

La loi n'exige pas que le mari, dont la veuve réclame une pension à titre d'ancienneté, ait rempli la condition d'âge imposée au fonctionnaire lui-même (V. *suprà*, n. 561, et *infrà*, n. 598 et suiv.).

593. La pension de la veuve est du tiers de celle que le mari avait obtenue ou à laquelle il aurait eu droit. Elle ne peut être inférieure à cent francs, sans toutefois excéder celle que le mari aurait obtenue ou pu obtenir (L. 1853, art. 13).

La pension de la veuve n'étant qu'une partie de celle du mari, la liquidation faite au profit de celui-ci est censée faite au profit de sa veuve : une nouvelle liquidation ne peut être demandée par elle (11 avr. 1837, *Brunet;* 1er nov. 1843, *du Teil;* V. *infrà*, n. 638).

594. Comme on l'a dit *suprà* (n. 591), le droit à

la pension *d'ancienneté* existe au profit de la veuve,
même lorsque son mari n'a pas obtenu pension de son
vivant : « a droit à pension la veuve du fonctionnaire…
« qui a accompli la durée de service exigée par l'art. 5 »
(L. 1853, art. 13).

La loi accorde même à la veuve un *droit propre* à la
pension d'ancienneté, dans un cas où son mari ne pouvait pas encore y prétendre. L'hypothèse est celle d'un
employé décédé avant trente ans de services et ayant
servi alternativement dans la partie active et dans la
partie sédentaire. Il faut supposer, de plus, que cet employé n'avait pas vingt-cinq ans de services, dont quinze
ans dans la partie active, ce qui eût suffi à constituer en
sa faveur le droit à pension (V. *suprà,* n. 561). Afin
que les fatigues de ses fonctions ne restent pas sans
récompense, sa veuve est autorisée à ajouter fictivement
au temps effectif un cinquième du temps de service
dans la partie active, mais seulement pour compléter
les trente ans nécessaires à la constitution du droit :
la liquidation ne s'opère que sur la durée des services
effectifs (L. 1853, art. 15).

595. La veuve est investie d'un droit propre lorsque
l'employé a perdu la vie à l'occasion d'un fait qui eût
établi en sa faveur le droit à pension, s'il eût été simplement mis hors d'état de continuer son service : on
sent qu'en une telle circonstance la mort du mari rend,
tout à la fois, la veuve plus digne d'intérêt et l'État plus
strictement obligé.

Il en est ainsi :

1° Lorsqu'un fonctionnaire, « dans l'exercice ou à
« l'occasion de ses fonctions, a perdu la vie *dans un*
« *naufrage* ou dans un des cas spécifiés au § 1er de

« l'art. 11, soit immédiatement, soit par suite de l'évé-
« nement » (L. 1853, art. 14). Le naufrage est assimilé à la lutte ou au combat dans l'exercice des fonctions (V. *suprà*, n. 579 à 581, 584). Il suppose la perte
d'un bateau ou bâtiment (26 déc. 1879, *Binvel*). Mais
peu importe que cet événement se produise en mer ou
dans une rivière (14 juin 1878, *Veuve Hournon*) ou
même dans un port (14 mars 1879, *Veuve Bourgaud*).
La pension est des deux tiers de celle que le mari aurait
obtenue ou pu obtenir (L. 1853, art. 14).

2° Lorsque le mari a « perdu la vie par un des acci-
« dents prévus au § 2 de l'art. 11, ou par suite de cet
« accident » (V. *suprà*, n. 579, 582, 584). La pension
est seulement du tiers de celle que le mari aurait pu
obtenir (art. 14).

Dans ces deux situations, il suffit que le mariage ait
été contracté avant l'événement qui a amené la mort ou
la mise à la retraite du mari (art. 14).

596. *Orphelins.*

« L'orphelin ou les orphelins mineurs d'un fonction-
« naire ou employé ayant obtenu sa pension ou ayant
« accompli la durée de services exigée par l'art. 5 de
« la présente loi, ou ayant perdu la vie dans un des cas
« prévus par les §§ 1 et 2 de l'art. 14, ont droit à un
« secours » (L. 1853, art. 16).

Il en est ainsi lorsque la mère est décédée, ou qu'elle
se trouve inhabile à recueillir la pension ou déchue de
ses droits, par exemple, lorsqu'elle a perdu la qualité
de Française (V. *suprà*, n. 592); lorsque la séparation
de corps a été prononcée contre elle et non suivie de
réconciliation (V. *eod.*); lorsqu'elle n'a pas présenté sa
demande avec les pièces à l'appui dans les cinq ans du

décès de son mari (L. 1853, art. 22 ; V. *infrà*, n. 602).

Le droit des orphelins ne s'ouvre pas, croyons-nous, lorsque la pension est refusée à la veuve à raison de ce que le mariage n'a pas été contracté six ans avant la cessation des fonctions de son mari (V. *suprà*, n. 592) : il y a plutôt là défaut d'une condition qu'inhabileté personnelle de la veuve.

Ce droit suppose, de plus, que le mariage ait précédé la mise à la retraite du père (Décr. 9 nov. 1853, art. 34).

Il ne s'agit que des *enfants légitimes*. Le § 3 de l'art. 16 de la loi de 1853, parlant des enfants provenant d'un *mariage antérieur* (V. *infrà*), montre qu'on ne s'est pas occupé des enfants naturels.

Les enfants d'une femme fonctionnaire peuvent invoquer l'art. 16 (3 mars 1882, *Rigaud*).

Le secours, quel que soit le nombre des enfants, est égal à la pension que la mère aurait obtenue ou pu obtenir, conformément aux art. 13, 14 et 15 (V. *suprà*, n. 593 et suiv.). Il est partagé entre les enfants par égales portions, s'ils sont plusieurs, et payé jusqu'à ce que le plus jeune ait atteint l'âge de vingt et un ans accomplis, la part de ceux qui décéderaient ou deviendraient majeurs faisant retour aux mineurs (L. 1853, art. 16).

Si l'employé laisse une veuve et un ou plusieurs enfants nés *d'un mariage antérieur*, il est prélevé en faveur de ceux-ci, sur la pension de la veuve, sauf réversibilité, un quart ou moitié, suivant qu'il en existe un ou plusieurs en âge de minorité (art. 16).

597. Lorsqu'un fonctionnaire a *disparu* et que plus de trois ans se sont écoulés sans qu'il ait réclamé les arrérages de sa pension, sa femme ou ses enfants peuvent obtenir, à titre provisoire, la liquidation des droits de réversion qui leur seraient ouverts par le décès de leur mari ou de leur père (Décr. 9 nov. 1853, art. 45).

598. *Liquidation.*

« Aucune pension n'est liquidée qu'autant que le « fonctionnaire aura été préalablement *admis à faire* « *valoir ses droits à la retraite* par le ministre au dépar- « tement duquel il ressortit » (L. 1853, art. 19).

Cette règle ne veut pas dire seulement qu'un employé ne pourrait, sous prétexte de mauvaise santé ou autrement, se soustraire aux conditions d'âge pour réclamer pension après trente ans de services (7 avr. 1846, *Bart*). Même à l'égard de celui qui réunit les conditions d'acquisition du droit à pension, le ministre est maître de déterminer le moment où il croit pouvoir se priver de ses services (2 sept. 1862, *Descrimes*; 28 mai 1868, *Gougeon*). Il en serait autrement, si la loi fixait une limite d'âge et la fixait d'une manière impérative.

Il va de soi que le Gouvernement ne peut mettre à la retraite, avant la limite d'âge, un fonctionnaire inamovible, tel qu'un magistrat. Les lois spéciales ont prévu le cas où il lui serait impossible de continuer son service (V. *suprà*, n. 491 et suiv.).

599. La règle de l'art. 19, d'ailleurs, n'est faite que pour les pensions à titre d'ancienneté. Elle est inapplicable aux pensions de réforme accordées par l'art. 11 aux fonctionnaires mis hors d'état de continuer leur service par suite d'un acte de dévouement, d'un accident grave, d'infirmités, et à ceux dont l'emploi est supprimé (V. *suprà*, n. 579 et suiv). Les faits indiqués par l'art. 11 constituent des titres, malgré ces mots impropres :

peuvent obtenir pension. La doctrine qui revendiquait pour le Gouvernement le droit souverain d'accorder ou de refuser pension, notamment au cas d'infirmités, était autrefois celle du Conseil (17 juill. 1822, *Moreau*). Elle a été bientôt abandonnée en présence, notamment, de la loi du 16 juin 1824, art. 13, portant que les magistrats atteints d'infirmités constatées *auront droit* à pension (2 juin 1837, *Guillet;* 19 juill. 1837, *Goirand de Labaume ;* 9 mai 1838, *Guerry de Champneuf;* 22 juill. 1839, *Empereur;* 5 fév. 1849, *de la Tournelle*). Malgré la longue résistance de l'administration, malgré les termes surannés de l'art. 11, il n'est pas possible de prêter au législateur de 1853 l'intention de faire revivre la jurisprudence antérieure à 1830.

Compétent pour déclarer s'il y a acte de dévouement, accident grave, infirmité, etc..., le Conseil l'est nécessairement aussi pour dire si le fait se lie aux fonctions. Les deux points à apprécier sont de même nature, et l'attribution du second au pouvoir administratif rendrait illusoire l'examen contentieux du premier. La plupart des arrêts qui viennent d'être cités ont jugé à la fois les deux questions.

600. L'admission à la retraite est prononcée par l'autorité compétente pour prononcer la révocation (Décr. 9 nov. 1853, art. 29; V. *suprà*, n. 489 et suiv.). Elle doit être refusée provisoirement au fonctionnaire qui a perdu la qualité de Français (V. L. 1853, art. 29; *infrà*, n. 610), et définitivement au fonctionnaire destitué, révoqué ou même démissionnaire (art. 27). C'est ainsi qu'un juge de paix ayant donné, après trente ans de services et à l'âge de plus de soixante ans, sa démission acceptée comme telle, puis ayant demandé

la liquidation de sa pension, s'est vu opposer une fin
de non-recevoir (2 sept. 1862, *Descrimes*). Mais on ne
doit pas considérer comme révoqué le fonctionnaire
auquel il a été simplement donné un successeur (24 mai
1836, *Desclaux*; 22 juill. 1839, *Empereur*; V., au sur-
surplus, en ce qui concerne spécialement la perte du
droit à pension, *suprà*, n. 563; *infrà*, n. 616 et suiv.).

Admis à la retraite, le fonctionnaire peut encore,
si l'intérêt du service l'exige, être maintenu momentanément en activité. Dans cette situation, la prolongation de ses services ne donne pas lieu à un supplément
de liquidation (Décr. 9 nov. 1853, art. 47; 15 nov.
1878, *Cabet*). Malgré l'admission à la retraite, la révocation est encore possible, mais ne suffit plus à entraîner
perte du droit à pension (7 juill. 1870, *Moris*; V. 9 fév.
1850, *De Wailly*), sauf l'application du 2e et du 3e § de
l'art. 27 (V. *infrà*,, n. 617 et 618).

601. Il ne peut être concédé de pensions que dans
la *limite des extinctions réalisées* sur les pensions inscrites. Lorsque cette limite doit être dépassée par suite
de l'accroissement de liquidation auquel donnent lieu
les nouvelles catégories de pensionnaires appelées par
la loi, une loi spéciale est nécessaire (L. 1853, art. 20).
A cet effet, un compte est rendu annuellement à la
législature, lors de la présentation du budget (art. 21).
Les bases de ce compte sont arrêtées par les art. 38 et
39 du décret du 9 novembre 1853.

602. La *demande de pension* est adressée au ministre
au département duquel appartient le fonctionnaire,
dans un délai de cinq ans dont voici le point de départ :
pour les droits ouverts antérieurement à la promulgation de la loi de 1853, le jour de cette promulgation ;

pour les droits ouverts postérieurement, si c'est le titulaire même qui agit, le jour où il a été admis à faire valoir ses droits à la retraite, jour remplacé par celui de la cessation des fonctions pour le titulaire qui aurait été autorisé à les continuer; et, si l'action est exercée par une veuve, le jour du décès de son mari. Les demandes de secours annuels pour les orphelins doivent également être présentées dans les cinq ans à partir, soit de la promulgation de la loi, soit du décès du père ou de la mère. Le délai est prescrit à peine de déchéance (L. 1853, art. 22).

603. L'art. 22 de la loi de 1853 exige enfin que la demande soit présentée avec pièces à l'appui. Le décret du 9 novembre 1853 énumère de la manière la plus détaillée les pièces justificatives (art. 31, 32 et 33). La date de la demande est inscrite sur un registre spécial tenu dans chaque ministère (art. 42).

Le ministre compétent procède à la liquidation en négligeant, sur le résultat final du décompte, les fractions de mois et de franc (L. 1853, art. 23). Sa proposition est transmise au ministre des finances, qui y joint son avis et soumet le tout au Conseil d'État, c'est-à-dire à la section des finances. Il intervient alors : ou un décret de concession, rendu sur la proposition du ministre compétent, contresigné par lui et par le ministre des finances, inséré au *Bulletin des lois* et suivi de l'inscription de la pension sur le grand livre de la dette publique ; ou une décision ministérielle portant refus (L. 1853, art. 24 ; Décr. 9 nov. 1853, art. 40 et 41).

604. Avant la loi de 1853, la pension était concédée par un premier décret, rendu sur le rapport du ministre compétent et l'avis du ministre des finances.

L'inscription n'avait lieu qu'en vertu d'un second décret, sur rapport du ministre des finances (L. 25 mars 1817; Ord. 20 juin 1817, art. 3; 2 août 1820). Le ministre pouvait refuser la mise à exécution de l'acte du chef de l'État (23 fév. 1850, *De Larochefoucauld;* 28 juin 1851, *Sapia*). En présence de ce refus, le fonctionnaire était-il recevable à former devant le Conseil un recours pour excès de pouvoir? Nié par un premier arrêt (31 juill. 1820, *Arnault*), son droit a été postérieurement reconnu (25 fév. 1850, *De Larochefoucauld;* 28 janv. 1851, *Sapia, De Ségur-Duperron, Baudesson de Richebourg*). La question n'en est plus une aujourd'hui que tout est décidé par un même décret, incontestablement susceptible de recours par la voie contentieuse.

Au fond, l'on recherchait la ligne de démarcation entre le pouvoir du ministre liquidateur et le droit de revision du ministre des finances, et l'on répondait : Les questions relatives à la liquidation sont tranchées par le premier décret, mais non celles qui se rattachent à l'inscription et au payement. Si donc le projet de liquidation n'a pas été soumis à l'examen du ministre des finances, si le décret n'énonce pas les motifs et les bases légales de la liquidation, si la création de la pension n'est pas justifiée dans les formes prescrites, si le maximum légal a été dépassé, s'il n'y a pas de fonds libres, le ministre peut et doit se refuser à inscrire ou à payer, sauf pourvoi selon les cas (Arrêts précités; Concl. de M. le com. du Gouv. Reverchon, *Rec.*, 1851, p. 470). Cette distinction est encore vraie, mais semble dépourvue d'intérêt au point de vue contentieux. Le fonctionnaire n'a qu'à attaquer la décision portant refus, ou le décret portant concession d'une pension insuffisante. Nous ne pensons pas que le ministre des finances puisse déférer au Conseil d'État le décret qu'il a contresigné. En tout cas, il faut toujours décider que l'avis donné par lui sur la liquidation proposée par le ministre compétent n'est pas une décision et ne saurait être attaqué isolément (6 janv. 1849, *Delamarre*).

605. Le *recours au Conseil d'État* doit être formé dans les trois mois de la notification de la décision attaquée.

Cette notification peut résulter, quant au décret de concession, de la réception du certificat d'inscription (4 déc. 1856, *Vassal*; 17 août 1866, *Dausse*; V., quant à l'insertion au *Bulletin des lois*, ces arrêts et 23 avr. 1837, *De Clermont-Tonnerre*); mais non de la lettre invitant le pensionnaire à retirer son certificat d'inscription (17 août 1866, *Dausse*).

Quant à la décision ministérielle portant refus, sa notification n'est soumise à aucune forme; mais il faut qu'elle soit constante, et elle n'est pas remplacée par la connaissance acquise du refus de la pension, qui résulterait, par exemple, d'un refus de payement (18 nov. 1869, *Henquel*). En tout cas, le réclamant ne saurait faire revivre le délai expiré en réclamant devant le ministre et en formant un recours dans les trois mois de la décision portant refus de procéder à une nouvelle revision (4 déc. 1856, *Vassal*; V. *suprà*, n. 171; V. *Traité des travaux publics*, t. 1, n. 576 et suiv.).

Le recours est non recevable lorsque la partie a acquiescé à la décision (18 nov. 1869, *Henquel*), par exemple, en touchant les arrérages de sa pension (29 déc. 1853, *Molard*). Il est soumis aux formes ordi-

naires et, par suite, non recevable si la décision attaquée n'y est jointe. Il est dispensé du ministère d'a-
vocat (Décr. 2 nov. 1864, art. 1). Il n'y a pas, en cette
matière, de condamnation aux dépens (15 mai 1869,
Rion; 22 nov. 1872, *Deloche*).

Le Conseil d'État, s'il fait droit au recours, ne procède pas à la liquidation. Il annule l'acte attaqué et
renvoie la partie devant le ministre compétent.

606. *Jouissance.*

La jouissance de la pension commence au lendemain
du jour de la cessation du traitement ou du décès du
pensionnaire; celle du secours annuel, au lendemain
du décès du fonctionnaire ou de la veuve (L. 1853,
art. 25). La nature alimentaire de la prestation veut
que la pension succède au traitement sans retard. Le
ministre des finances n'a cependant pas qualité pour
modifier à ce point de vue la date de jouissance fixée
par le décret (4 avr. 1879, *De Soland*).

607. Les fonctionnaires ne sauraient sans inconvénient attendre, pour demander la liquidation, les cinq
ans accordés par l'art. 22 de la loi de 1853 (V. *suprà*,
n. 602). En aucun cas, dit l'art. 25, il ne peut y avoir
lieu au rappel de plus de trois années d'arrérages antérieures à la date de l'insertion au *Bulletin des lois* du
décret de concession. *En aucun cas :* donc, point d'exception en faveur du fonctionnaire qui, maintenu en
jouissance d'un traitement d'inactivité, aurait cru les
effets de l'admission à la retraite suspendus à son égard
(11 mars 1869, *Jaubert*), et moins encore en faveur de
celui qui aurait été mis en disponibilité sans traitement.

La déchéance établie par l'art. 25 a pour fondement
la négligence présumée du fonctionnaire. Aussi la ju-

risprudence en a-t-elle restreint l'application à celui
qui doit s'imputer d'avoir donné lieu au retard. Pour
avoir droit aux arrérages de la pension au jour de la
cessation du traitement, il suffit d'avoir formé la demande et présenté les pièces nécessaires dans le délai
de trois ans (25 fév. 1864, *Sauphar*; 27 juill. 1870,
Germain).

Et ce n'est pas à dire que celui qui a fait ces justifications après trois ans, mais avant cinq ans, soit privé
de *tout rappel d'arrérages* par application de l'art. 30
(V. le n. suiv.) Ce dernier article n'est pas fait pour les
pensions à liquider, mais pour les pensions déjà liquidées et inscrites. Le fonctionnaire dont nous parlons
n'est privé que des arrérages excédant trois années
(26 déc. 1856, *Floret*; 23 juill. 1857, *Fromant*).

608. Les *arrérages* sont payés par trimestre (L.
1853, art. 30), sur la production du certificat de vie
délivré par un notaire (Décr. 9 nov. 1853, art. 46). Ils
sont payés aux dates des 1er mars, juin, septembre et
décembre (L. 12 août 1876, art. 13).

Lorsque trois ans se sont écoulés sans réclamation
d'arrérages, la pension ou le secours annuel est *rayé*
des livres du Trésor, sans que son rétablissement puisse
donner lieu à aucun rappel d'arrérages antérieurs à la
réclamation (L. 1853, art. 30). Cette déchéance diffère
de la prescription de l'art. 2277, Cod. civ., non seulement en ce que le délai est réduit de cinq à trois ans,
mais en ce qu'elle frappe indistinctement les arrérages
dus depuis trois ans et ceux qui sont dus depuis un
temps moindre. Elle est applicable aux héritiers et
ayants cause des pensionnaires qui n'auraient pas produit la justification de leurs droits dans les trois ans

du décès de leur auteur (art. 30 ; V. *suprà*, n. 602).

609. Les pensions sont, à raison de leur caractère alimentaire, *incessibles et insaisissables* (L. 1853, art. 26; V. *infrà*, n. 679). Par exception, elles peuvent être saisies ou retenues, pour débet envers l'État ou pour créances privilégiées d'après l'art. 2101, Cod. civ., jusqu'à concurrence d'un cinquième ; et dans les circonstances prévues par les art. 203, 205, 206, 207 et 214, Cod. civ., c'est-à-dire pour aliments, jusqu'à concurrence d'un tiers (art. 26).

Les titres de pension ne peuvent être remis en nantissement, ni transmis à des tiers en garantie (Paris, 19 mai 1877, D.79,2,84).

610. La jouissance de la pension est *suspendue* si le pensionnaire vient à perdre la qualité de Français. Elle lui est rendue s'il la recouvre (L. 1853, art. 29). C'est aux tribunaux civils qu'il appartient de décider si un Français a perdu la qualité de Français et, plus généralement, de statuer sur les questions d'état et de nationalité (10 août 1844, 27 avr. 1847, *Clouet* ; V. *suprà*, n. 232).

La jouissance de la pension est également suspendue pour le tout ou en partie par l'effet des art. 28 et 31 de la loi de 1853, qui prohibent dans une certaine mesure le cumul, soit d'un traitement avec une pension, soit de deux pensions (V. sur le cumul des traitements, *suprà*, n. 501).

611. *Prohibition du cumul.*

Le cumul d'une pension avec un traitement était prohibé, d'une manière absolue, par la loi des 3-22 août 1790, tit. 1er, art. 10. La législation postérieure l'admit jusqu'à concurrence d'une certaine somme

(V. notamment décr. 13 mars 1848). La loi de 1853
distingue suivant que le pensionnaire est remis en
activité dans le même service ou dans un service différent. Au premier cas, le payement de la pension
est suspendu. Au second, le cumul est admis jusqu'à
concurrence de quinze cents francs seulement (art. 28).
L'art. 46 du décret du 9 juin 1853 ordonne, en conséquence, que le certificat de vie de tout pensionnaire
contienne déclaration, dans les termes de l'art. 14 de
la loi du 15 mai 1818, qu'il ne jouit d'aucun traitement ni d'aucune pension ou solde de retraite. L'art. 44
veut, de plus, que, toutes les fois qu'un pensionnaire
sera remis en activité, il en soit immédiatement donné
avis au ministre des finances par le ministre compétent (V. *infrà*, n. 680, 706).

La prohibition vise, aux termes de l'art. 14 de la loi
de 1818, tout traitement, *sous quelque dénomination que
ce soit*, c'est-à-dire toute rémunération, ce qui a été
appliqué aux droits d'assistance attribués aux juges par
la loi du 27 ventôse an VIII (29 avr. 1829, *De Verneilh*).
Elle est opposable aux veuves de fonctionnaires, qui
peuvent cumuler leur pension avec un traitement personnel jusqu'à concurrence de quinze cents francs
seulement (Avis C. d'Ét., 30 oct. 1855, D.78,3,5,
note; 3 août 1877, *Veuve Mennequin*).

612. La prohibition n'est faite que pour les pensionnaires de l'État recevant un traitement sur les fonds
de l'État. Cette règle était admise sous l'ancienne législation : on décidait alors que l'art. 27 de la loi du
15 mars 1817 et l'art. 14 de la loi du 15 mai 1818
avaient été rendus dans le seul intérêt du Trésor public et ne s'opposaient ni au cumul d'un traitement sur

fonds municipaux avec une pension sur fonds de l'État,
ni, réciproquement, au cumul d'un traitement sur
fonds de l'État avec une pension sur fonds municipaux
(17 mai 1826, *Laffont de Ladebat* ; 17 avr. 1834, *Préfet
de la Seine c. Faure*). Le décret du 13 mars 1848 portait
une règle contraire : il a été abrogé par l'art. 27 de la
loi du 8 juillet 1852 (V. cep., à l'égard du cumul d'une
pension sur la caisse de vétérance de l'ancienne Liste
civile avec un traitement dans l'administration des hospices civils de Paris, et de l'application de l'art. 10
de la loi du 29 juin 1835, 6 avr. 1854, *Delannoy*).

La prohibition s'applique, sans violer les droits acquis, au cumul d'un traitement avec une pension liquidée avant 1853 : car le droit à pension n'éprouve aucune atteinte des conditions auxquelles vient à être
subordonnée l'allocation d'un traitement d'activité
(10 sept. 1855, *Corneille*).

613. Une exception à l'art. 28 ressort de l'art. 12
de la loi du 15 mai 1848, qui autorise le cumul des
pensions ecclésiastiques avec les traitements d'activité
des vicaires généraux, chanoines et curés de canton
septuagénaires, jusqu'à deux mille cinq cents francs, et
celui des pensions des académiciens et hommes de
lettres avec leurs traitements d'activité dans le service
de l'instruction publique, à la Bibliothèque nationale, à
l'Observatoire et au Bureau des longitudes, jusqu'à six
mille francs. Cette exception est encore en vigueur
pour les pensions ecclésiastiques (14 juin 1862, *Ala-
zard*), comme pour les académiciens et hommes de
lettres (30 avr. 1875, *Jules Sandeau, Ruprich Robert* ;
V. *suprà*, n. 502, 590).

614. Le cumul de deux pensions est autorisé jusqu'à

concurrence de six mille francs, pourvu qu'il n'y ait pas
double emploi dans les années de services présentées
pour la liquidation. Il reste permis, sans limite, à l'é-
gard des pensions que des lois spéciales ont affranchies
de la prohibition du cumul (L. 1853, art. 31). Telles
sont, d'après la loi du 29 juin 1835, les pensions des
anciennes Listes civiles ; d'après la loi du 8 juillet 1852,
les indemnités viagères des employés de la Liste civile de
Louis-Philippe (2 août 1854, *Godard–Dubuc*); et la
plupart des pensions accordées à titre de récompenses
nationales (V. *infrà*, n. 719; V. notamment loi du
13 déc. 1830, relative aux combattants de Juillet, art. 7;
V. quant aux sénateurs et députés, *suprà*, n. 502).

La loi de 1853 n'a pas entendu toucher aux droits
acquis. Elle n'interdit donc pas le cumul de deux pensions liquidées avant sa promulgation comme pouvant
alors être cumulées, par exemple, celui d'une pension
sur fonds généraux avec une pension sur fonds de retenue (16 nov. 1854, *d'Haubersart*; V. le n. précédent).

Celui qui a usurpé plusieurs pensions ou un traitement avec pension est rayé de la liste des pensionnaires
et poursuivi en restitution des sommes perçues (L. 15 mai
1818, art. 15). La décision du ministre des finances,
rendue par application de cet article, peut être l'objet
d'un recours au Conseil d'État (17 déc. 1841, *Lacaille*;
16 juill. 1842, *Spinola*).

615. Le pensionnaire remis en activité peut, à son
choix, quand il a cessé ses nouvelles fonctions, demander une nouvelle liquidation basée sur l'ensemble
de ses services, ou conserver son ancienne pension en
faisant liquider une pension séparée pour les services
postérieurs à sa remise en activité (L. 1853, art. 28).

Le premier mode est ordinairement plus avantageux (16 janv. 1862, *Guynet*). Il va de soi qu'en suivant le second, on ne doit compter les anciens services que pour la constitution du droit et non pour la liquidation (art. 31; 17 janv. 1861, *Cluzel*; V. *suprà*, n. 565).

L'option ainsi établie n'est cependant pas toujours laissée au pensionnaire. Ainsi, les fonctionnaires du département de l'intérieur qui avaient accompli, au 1er janvier 1854, la durée de services exigée par le décret du 13 septembre 1806, n'ont eu droit qu'à une nouvelle liquidation, comprenant tous leurs services. Car leur situation était régie par la législation antérieure à 1854, c'est-à-dire par un avis du Conseil d'État approuvé le 15 février 1811 et inséré au *Bulletin des lois*, qui rendait cette liquidation obligatoire (18 juin 1868, *De Clauzade*). En sens inverse, il ne peut être question d'une liquidation nouvelle applicable à l'ensemble des services, lorsque les nouveaux l'ont été dans une fonction qui, d'après les anciens règlements, ne donnait pas droit à pension. On ne peut qu'ajouter à la pension originaire une pension pour les services nouveaux, par application de l'art. 18 (17 janv. 1861, *Faucon-Delalonde*).

616. *Perte du droit à pension.*

Le droit à pension est *perdu* pour tout fonctionnaire *démissionnaire, destitué* ou *révoqué*. S'il est remis en activité, son premier service lui est compté (L. 1853, art. 27; V. *suprà*, n. 489, 600).

Les fonctions publiques sont *incompatibles* avec le mandat de député, sauf les exceptions indiqués par les art. 8 et 9 de la loi du 30 novembre 1875 (V. *infrà*, n. 514). Mais le fonctionnaire élu député conserve ses

droits à la retraite (V. *suprà*, n. 502). Il peut même réclamer une pension de retraite exceptionnelle, si, ayant
vingt ans de services à la date de l'acceptation de son
mandat, il justifie de cinquante ans d'âge lors de la
cessation de ce mandat. Cette pension est réglée conformément au troisième § de l'art. 12 de la loi du 9 juin
1853, c'est-à-dire à raison d'un soixantième ou d'un
cinquantième du traitement moyen pour chaque année
de service civil, suivant que les fonctions ont été exercées dans la partie sédentaire ou dans la partie active
(L. 30 nov. 1875, art. 10 ; V. *suprà*, n. 585 et suiv.). Le
pensionnaire n'a droit aux arrérages que lorsqu'il peut
demander la liquidation de sa pension, c'est-à-dire à
l'expiration de son mandat de député (4 avr. 1879,
Challamet).

617. Le droit à pension est également perdu pour
le fonctionnaire *constitué en déficit* pour détournement de
deniers ou matières, ou convaincu de *malversations*
(L. 1853, art. 27). Cette disposition est de droit nouveau.

618. L'art. 27 innove encore en privant de sa pension le fonctionnaire convaincu de s'être *démis de son
emploi à titre d'argent* (V. sur le caractère d'une telle
stipulation, *suprà*, n. 488), et celui qui a été *condamné
à une peine afflictive ou infamante*. Les droits de ce condamné peuvent toujours être rétablis par la réhabili-
tation.

La grâce et la commutation, même intervenues avant
l'exécution de la peine principale, ne font pas obstacle
à la déchéance, qui résulte de la dégradation civique
encourue dès le jour où la condamnation est devenue
irrévocable (Avis C. d'État, 8 janv. 1823 ; 14 nov. 1873,

Lacroix). L'amnistie pourrait produire un tel effet (V. *infrà*, n. 650, 682, 741).

La perte du droit, dans les cas de déficit, malversations, démission à prix d'argent et condamnation, ne peut être prononcée que par décret rendu sur la proposition du ministre des finances, l'avis du ministre liquidateur et celui de la section des finances du Conseil d'État (Décr. 9 nov. 1853, art. 43). Cette disposition est spéciale aux situations en vue desquelles elle a été édictée (7 mai 1837, *Beirand*).

619. *Pensions sur fonds généraux.*

La loi de 1853 laisse en dehors de son application générale, même pour l'avenir, toute une classe de fonctionnaires qui, avant sa promulgation, n'étaient pas soumis aux retenues et n'étaient retraités que sur fonds généraux. Ce sont les *fonctionnaires politiques.* « Le Gouvernement, a dit l'exposé des motifs, doit conserver à « leur égard une indépendance absolue, à laquelle « pourrait porter atteinte le versement d'une retenue. » La loi déclare, en conséquence, que « les disposi- « tions de la loi du 22 août 1790 et du décret du « 13 septembre 1806 continueront à être appliquées « aux ministres secrétaires d'État, aux sous-secrétaires « d'État, aux membres du Conseil d'État, aux préfets « et sous-préfets » (art. 32).

L'exposé des motifs ajoutait : « En même temps qu'on « ne leur accorde pas le bénéfice de la loi nouvelle, on « les soumet à celles de ses dispositions qui contien- « nent des règles d'ordre et de comptabilité. » L'art. 34 précise cette idée en déclarant applicables aux fonctionnaires politiques les art. 19 (admission à la retraite, V. *suprà*, n. 598 et suiv.); 22, 23 et 24 (formes et règles de la demande et de la liquidation, V. *suprà*, n. 602 et suiv.); 25 (jouissance, V. *suprà*, n. 606 et suiv.); 26 (incessibilité et insaisissabilité, V. *suprà*, n. 609); 29 (suspension, V. *suprà*, n. 610); 28 et 31 (cumul, V. *suprà*, n. 611 et suiv.); 27 (effets de la démission et de la destitution, V. *suprà*, n. 616 et suiv.); et 30 (radiation à défaut de réclamation des arrérages pendant trois ans, V. *suprà*, n. 607 et 608).

Restent donc étrangères aux pensions sur fonds généraux les règles de la loi de 1853 sur les retenues, les conditions de service et d'âge, les bases et le règlement de la pension, les droits des veuves et des orphelins, et la règle de l'art. 20, portant qu'il n'est concédé de pensions que dans la limite des extinctions réalisées sur les pensions concédées.

Résumons les points principaux de cette matière.

620. Les services admissibles pour constituer le droit à pension sont déterminés par l'art. 32 de la loi de 1853 : ce sont ceux des ministres secrétaires d'État, sous-secrétaires d'État, membres du Conseil d'État, préfets et sous-préfets. Le ministre des finances a soutenu qu'il y avait lieu d'exclure, même pour le temps antérieur à 1853, ceux des auditeurs de seconde classe et des maîtres des requêtes en service extraordinaire de l'Empire, parce qu'ils étaient gratuits (V. décr. 25 janv. 1852, art. 25), parce que l'art. 23 de la loi de 1853 n'admet les services civils qu'à partir de la date du premier traitement d'activité (V. *suprà*, n. 556 et suiv.), et parce que cet article est déclaré, par l'art. 34, applicable aux pensions sur fonds généraux. Cette manière de voir a été repoussée par le motif que les auditeurs sont membres du Conseil d'État (V. *suprà*, n. 494), et que les lois antérieures à 1864 n'exigent rigoureusement que des services effectifs (8 août 1873, *Pagès* ; 30 juill. 1875, *Crignon de Montigny* ; V. *infrà*, n. 628).

621. Les conditions d'âge et de durée de services, quant à la pension d'ancienneté, sont déterminées par l'art. 3 du décret du 13 septembre 1806, exigeant soixante ans d'âge et trente ans de services effectifs. Cet article a modifié l'art. 17 de la loi de 1790, qui se contentait de cinquante ans d'âge. Il est complété par l'art. 5 du tit. 2 de la même loi, portant que « les années de service qu'on aurait remplies dans les « emplois civils hors de l'Europe seront comptées « pour deux années, lorsque les trente ans de services « effectifs seront d'ailleurs complets. » Ainsi, les années passées hors d'Europe comptent double, pour la liquidation du droit seulement. Les années passées en Algérie sont passées hors d'Europe (14 août 1865, *Boulenger*). Il n'est pas interdit de tenir compte des services rendus, jusqu'en 1854, antérieurement à l'âge de vingt ans (10 déc. 1880, *Grandval* ; V. *suprà*, n. 561 et suiv. ; *infrà*, n. 630 et suiv.).

622. L'art. 17 du titre 2 de la loi des 3-22 août 1790 admet les pensions pour « blessures reçues ou « infirmités contractées dans l'exercice de fonctions « publiques, et qui mettent le fonctionnaire hors d'état « de les continuer » (V. encore art. 21). L'art. 3 du décret de 1806, après avoir formulé les conditions d'âge et de service de la pension d'ancienneté, ajoute simplement « à moins que ce ne soit pour cause d'in- « firmités, » et laisse ainsi toute latitude à la jurisprudence. Il suffit que les infirmités aient été contractées dans l'exercice des fonctions, et il n'est pas nécessaire qu'elles soient résultées de cet exercice, comme l'exige l'art. 11 de la loi de 1853 (28 juill. 1852, *Jourdan* ; 13 juill. 1853, *Chevalier de Caunan* ; V. *suprà*, n. 579 et suiv.).

623. La constatation des infirmités devait, aux termes de la loi du 19 mai 1849, résulter de l'examen de trois médecins désignés par le ministre compétent et assermentés. Le Conseil d'État, avant de donner son avis, pouvait faire procéder à un nouvel examen par trois médecins désignés par lui (art. 26 et suiv.). Ces dispositions ont été abrogées par l'art. 36 de la loi de 1853.

Citons à ce sujet l'art. 3 de la loi du 17 mars 1875, qui invitait le Gouvernement à soumettre à un nouvel examen la liquidation de pensions pour lesquelles un crédit avait été demandé (V. 16 nov. 1877, *De Maupas, Riché, De la Noue-Billault, Berthier, Fortoul.*

624. La suppression d'emploi ne suffit pas à donner droit à une pension sur fonds généraux (7 juin 1836, *Guichard de Montguers*), pas plus que le remplacement pour cause politique, fût-il intervenu sans destitution ou révocation formelle (V. 28 nov. 1839, *De Petriconi* ; V. *suprà*, n. 586).

625. La pension est liquidée au *sixième du traitement des quatre dernières années* de service (Décr. 13 sept. 1806, art. 3). Chaque année de service en sus des trente ans de services effectifs produit une augmentation, qui est du trentième des cinq sixièmes restants (art. 4). La pension ne peut dépasser le *maximum* de 1200 fr. pour les traitements qui n'excèdent pas 1800 fr.; les deux tiers du traitement pour les traitements supérieurs à 1800 fr.; et 6,000 fr., à quelque somme que monte le traitement (art. 5 ; V. *suprà*, n. 572 et suiv.).

Doivent être liquidées suivant ces bases, non seulement les pensions acquises par trente ans de services, mais celles qui sont allouées pour infirmités après soixante ans d'âge et trente ans de services. L'art. 21 de la loi de 1790 a bien réservé la fixation de la pension pour infirmités d'après la nature et la durée des services et l'état des infirmités, mais seulement pour le cas où ces infirmités obligeraient le fonctionnaire à se retirer avant trente ans de services (8 août 1873, *Pagès*). Dans cette situation, il y a lieu d'appliquer les art. 11 et 12 de la loi de 1853 (V. *suprà*, n. 585 et suiv.)

La liquidation doit comprendre les services militaires, qui sont réglés à part d'après la législation sur les pensions militaires, c'est-à-dire les art. 1 et 7 de la loi du 11 avril 1831 (V. *infrà*, n. 640 et suiv.; *suprà*, n. 565). L'employé qui a trente ans de services effectifs, dont vingt ans au moins de services militaires, peut compter les années de campagne en sus (30 nov. 1850, *Cuson, Poinsot*; V. *infrà*, n. 645).

626. La pension n'est, en aucun cas, reversible sur les veuves et enfants (V. *suprà*, n. 591 et suiv.). Les veuves de fonctionnaires morts de blessures reçues dans l'exercice de leurs fonctions, ou de maladies causées par l'exercice de ces fonctions, peuvent obtenir une pension alimentaire et les enfants être élevés aux frais de la nation (L. 1790, tit. 1, art. 7; L. 18-22 août 1791; V. *infrà*, n. 670, 719). Mais il n'y a là qu'une faculté pour le Gouvernement, et non un droit que les intéressés puissent faire valoir par la voie contentieuse (17 juin 1820, *Grattery*; 22 avr. 1842, *Bessières*; 9 juin 1842, *Champ*).

627. *Législation antérieure à 1853.*

Nous venons d'examiner la législation relative aux

pensions sur fonds généraux dans son application aux
services postérieurs au 1er janvier 1854. Cet exposé
s'applique aussi, généralement, aux services antérieurs.
Il faut le compléter en résumant les règles restées en
vigueur à l'égard de ces derniers services.

En premier lieu, quels étaient les fonctionnaires retraités sur fonds généraux ? Ni la loi des 3-22 août 1790,
ni le décret du 13 septembre 1806, ne répondent à
cette question. Mais les pensions sur fonds généraux
n'étaient pas faites pour les employés déjà retraités sur
des caisses de retenues spéciales (Décr. 13 sept. 1806,
art. 6 ; 21 janv. 1842, *Morisset*).

Ce n'est pas à dire que le droit à pension sur fonds
généraux fût reconnu au profit de tous les employés
non retraités sur de telles caisses. La pratique et la
jurisprudence ne l'admettaient qu'en faveur de 1329
fonctionnaires désignés dans l'annexe n° 1 au projet de
loi présenté le 15 février 1853. C'étaient principalement, outre ceux dont la situation est encore aujour-
d'hui régie par la loi de 1790 et le décret de 1806, les
directeurs généraux des administrations, les conseillers
à la Cour des comptes, les commissaires de police,
quand leur traitement était à la charge de l'État, mais
non quand il était payé par une commune (15 mai 1869,
Rion, Lemarchand, Cazaintre); les professeurs et savants
attachés au Collège de France, au Muséum d'histoire
naturelle, au Bureau des longitudes, à l'Observatoire
de Marseille et à l'École des langues orientales vivantes.

Parmi les fonctionnaires qui n'avaient aucun droit à
pension, on peut citer ceux du ministère des travaux publics non retraités sur caisses de retenue, par
exemple les commissaires de surveillance administra-

tive des chemins de fer (29 mai 1874, *Mornand*); les employés des contributions directes.

628. La pension sur fonds généraux n'était due que pour les services ayant le caractère de *services publics* (V. *suprà*, n. 556), ce qui, par exemple, s'appliquait à un membre du Conseil privé supprimé en 1830 (29 mai 1833, *Benoist*), et excluait ceux des employés des préfectures (22 fév. 1838, *Farnaud*).

Fallait-il que ces services fussent rétribués par l'État? Le Conseil a admis ceux d'un auditeur et d'un maître des requêtes en service extraordinaire, quoique gratuits (8 août 1873, *Pagès, Crignon de Montigny;* V. *suprà*, n. 558, 620).

629. On ne saurait examiner ici l'organisation des diverses caisses de retenue supprimées par la loi de 1853. L'énumération de ces caisses fait l'objet du tableau n° 1, annexé à cette loi.

630. La loi des 3-22 août 1790 permettait aux *fonctionnaires coloniaux* de compter chaque année de service pour deux années, pourvu que les trente ans de services fussent complets (tit. 2, art. 5; V. *suprà*, n. 621). Cette loi est applicable aux pensions sur fonds généraux pour les services antérieurs au 1er janvier 1854; car les pensions des fonctionnaires en exercice à cette époque sont liquidées, pour cette partie de leurs services, d'après les lois et règlements alors en vigueur (L. 1853, art. 18; V. *infrà*, n. 633 et suiv.). Mais le bénéfice du doublement peut-il, dans cette limite, être invoqué par les fonctionnaires dont les pensions étaient payables sur fonds de retenue?

La négative a d'abord été adoptée par ce motif, que la loi de 1790 est spéciale aux pensions sur fonds généraux, et que la législation des pensions à titre gratuit n'a rien de commun avec celle des pensions à titre onéreux (29 juill. 1858, *Vanvinck;* avis C. d'État, 30 nov. 1860, Rec., 1862, p. 233). Cette manière de voir aboutissait à un résultat inique : on ne comprend pas une situation privilégiée accordée aux pensionnaires à titre gratuit vis-à-vis des pensionnaires assujettis à retenue. On pouvait ajouter que la loi de 1790 a été faite pour toutes les pensions indifféremment, et que le principe établi par elle domine la matière, malgré les modifications résultant des lois postérieures. Le Conseil d'État a donc modifié sa jurisprudence et décidé que le bénéfice du doublement peut être invoqué par les fonctionnaires dont les pensions étaient servies sur fonds de retenue, à moins que leur règlement spécial ne contienne une disposition contraire (9 fév. 1860, *Béguin;* 6 déc. 1860, *Couronne;* 20 mars 1862, *Large;* 31 juill. 1862, *Negrel*). Les trente ans de service peuvent, indifféremment, avoir été accomplis avant ou après le 1er janvier 1854 (mêmes arrêts).

La disposition contraire existe pour les magistrats coloniaux. Aux termes des art. 7 de l'arrêté du 7 fructidor an II, 7 et 24 de la loi du 18 avril 1831, chaque année de service aux colonies compte seulement pour une année et demie, comme bénéfice de campagne (2 août 1860, *Bonnet;* V. *supra*, n. 566).

631. Toutefois, le Conseil s'est refusé à admettre, en principe, que la loi de 1790 puisse être invoquée dans toutes ses dispositions par les ayants droit à des pensions à titre onéreux. L'art. 3 du décret de 1806 veut que la pension soit liquidée au sixième du traitement des quatre dernières années, et l'art. 4, que chaque année en sus produise une augmentation du trentième des cinq sixièmes restants, le tout pour les fonctionnaires ayant trente ans de services effectifs. L'application de cet article a été restreinte aux fonctionnaires qui ont accompli les trente ans de services sous l'empire de ce décret, et refusée à ceux qui ne les ont accomplis que postérieurement au 1ᵉʳ janvier 1854 (14 avr. 1864, *Mertz*; 14 août 1865, *Boulenger*; 30 janv. 1868, *Dussert*; 1ᵉʳ avr. 1868, *Lallemant*).

632. Le *bénéfice du doublement* des années antérieures à 1854, accordé par la loi des 3-22 août 1790, tit. 2, art. 5, pour les services rendus hors d'Europe, appartient aux employés qui, n'ayant pas trente ans de services effectifs, ne complètent trente ans de services qu'à l'aide de la bonification de moitié en sus accordée par l'art. 10 de la loi de 1853 (V. *suprà*, n. 566; 14 août 1865, *Boulenger*).

633. La loi de 1853 envisage séparément les fonctionnaires qui, au 1ᵉʳ janvier 1854, avaient accompli la durée de services alors exigée pour la pension à titre d'ancienneté, et ceux qui ne l'avaient pas accomplie.

Quant aux premiers, la pension est liquidée conformément aux lois et règlements en vigueur avant la loi de 1853. Peu importe qu'ils n'eussent pas soixante ans à cette époque : l'art. 18, 3°, de la loi de 1853, exige seulement qu'ils aient accompli *la durée de services* exigée, et ces mots ont remplacé un membre de phrase qui parlait tout à la fois de la durée de services et de la condition d'âge (17 janv. 1861, *d'Armengaud*; 15 janv. 1868, *Leverdier*). Peu importe qu'ils soient restés en fonctions après avoir accompli cette durée de services (28 nov. 1861, *de Lesseps*). Du reste, la législation antérieure s'applique pour le maximum comme pour les autres bases de la liquidation (26 avr. 1855, *Frémont*).

634. Quant aux fonctionnaires qui n'avaient pas accompli, au 1er janvier 1854, la durée de services exigée, la loi envisage d'abord ceux qui étaient tributaires de caisses de retenue supprimées, auxquels elle assimile ceux qui obtenaient pension sur fonds généraux. Il y a lieu, en ce qui les concerne, à une double liquidation : les services postérieurs sont liquidés conformément à la loi de 1853, et les services antérieurs conformément soit aux règlements anciens, soit à la loi du 22 août 1790 et au décret du 13 sept. 1806 (L. 1853, art. 18, 2°). Cette disposition peut être invoquée par les employés qui ont versé des retenues à des caisses non supprimées (12 juill. 1878, *Hildibrand*).

L'exposé des motifs a expliqué l'avantage que donne aux fonctionnaires la *double liquidation*. D'après la loi de 1853, la pension est réglée sur la moyenne des *six* dernières années (art. 6) ; d'après les anciens règlements, sur la moyenne des *trois ou quatre* dernières années. Si donc le traitement a été augmenté quatre, cinq ou six ans avant la cessation de l'activité, le traitement moyen des trois ou quatre dernières années est plus élevé que celui des six dernières années, et le fonctionnaire a intérêt à être liquidé d'après l'ancienne législation (V. *suprà*, n. 568).

L'exposé des motifs a pareillement expliqué que les services antérieurs à 1854 n'en doivent pas moins être liquidés, comme les services postérieurs, sur les dernières années d'activité, et non sur les dernières années d'exercice accomplies en 1854. Le traitement du fonctionnaire, antérieurement à 1854, aura été ordinairement moins élevé qu'à la fin de son activité, et l'art. 18 n'a pas songé à prendre une base aussi désavantageuse. Mais la loi ne distingue pas, et la base admise doit s'appliquer, fût-elle contraire à l'intérêt du fonctionnaire (13 déc. 1872, *Poyer*).

635. L'art. 18 s'occupe enfin des fonctionnaires qui, avant la loi de 1853, n'étaient ni admis à la pension, ni soumis aux retenues. Pour eux, il faut distinguer la constitution du droit à pension et la liquidation de la pension. La constitution du droit à pension résulte de tous les services admissibles, c'est-à-dire de tous les services rendus à l'État et rétribués par lui (V. *suprà*, n. 556 et suiv.). La liquidation ne porte que sur les années pour lesquelles les fonctionnaires ont subi la retenue, c'est-à-dire sur le temps postérieur au 1er janvier 1854 et sur le temps pendant lequel, avant d'occuper l'emploi ne donnant pas droit à pension, ils auraient occupé un emploi y donnant droit (22 juill. 1857, *Gaulthier*; 10 déc. 1857, *d'Audiffred*).

La loi établit ici un mode de liquidation particulier. Au lieu d'être réglée à un soixantième du traitement moyen par année de services, la pension est d'abord réglée au cent vingtième, après quoi l'on ajoute encore, pour chaque année de services liquidée, un trentième du chiffre ainsi obtenu. On obtient ainsi une progression donnant, pour une année seulement de services, un chiffre presque moindre de moitié que celui que produirait la liquidation conforme à l'art. 7 (V. *suprà*, n. 571), et, pour trente ans, le chiffre de trente soixantièmes, égal à celui que donnerait une telle liquidation. Ce mode de procéder n'existait pas dans le projet de loi, qui accordait en tous cas l'application de l'art. 7. Il a été introduit pour établir un rapport entre le montant de la pension et la contribution du pensionnaire, contribution qui consiste non seulement dans les retenues, mais dans leur capitalisation et dans les chances de décès, et qui s'accroît progressivement avec le nombre des années (29 mai 1874, *Mornand*).

Cette disposition n'était pas susceptible d'application aux employés de la partie active, auxquels le droit à pension est acquis à vingt-cinq ans de services (V. *suprà*, n. 561). L'art. 37 du décret réglementaire la complète en disant que la liquidation se fera pour les employés du service actif à raison d'un centième au lieu d'un cent vingtième, et que l'augmentation par année sera d'un vingt-cinquième au lieu d'un trentième.

Le droit de faire valoir la totalité de leurs services admissibles pour obtenir la liquidation d'une pension sur les années postérieures au 1er janvier 1854 n'appartient qu'aux fonctionnaires dont la loi de 1853 a changé la situation en leur imposant, à partir de 1854, le versement de retenues qu'ils ne versaient pas auparavant (13 avr. 1870, *Veyrier de Maleplane*), et qui, d'ailleurs, n'étant pas placés sous le régime de la loi du 22 août 1790 et du décret du 13 septembre 1806, ont été appelés par l'art. 18, 5°, de la loi de 1853 à pension à titre nouveau (15 mai 1869, *Cazaintre*).

636. L'art. 18 reconnaît même le droit à pension, après quinze ans de services, aux magistrats nommés avant le 1er janvier 1854 et mis à la retraite en vertu du décret du 1er mars 1852 (V. *suprà*, n. 492), restreignant le terme de vingt ans à ceux qui entreront en fonctions postérieurement à la mise à exécution de la loi (V. *suprà*,

n, 587). Cet article n'est fait que pour les magistrats
versant des retenues et ayant au moins droit éventuel
à pension au 1er janvier 1854. Il est donc inapplicable
au juge de paix qui était alors juge suppléant (3 juill.
1874, *Rougeot*).

Les conseillers de préfecture ne sauraient prétendre
à une pension d'ancienneté après quinze ans de services. L'art. 18 est spécial aux magistrats de l'ordre
judiciaire. Aucune assimilation ne résulte, en faveur
des conseillers de préfecture, du décret du 1er mai
1868, qui leur impose la limite d'âge de soixante-dix
ans (3 août 1865, *Ducôté*; 29 août 1865, *Marre*).

Les pensions des magistrats mis à la retraite après
quinze ans de services sont liquidées à raison d'un
soixantième du traitement moyen pour chaque année
(L. 1853, art. 12).

637. Lorsqu'un fonctionnaire passe d'un service
sujet à retenue dans un service qui en est affranchi, et
réciproquement, sa pension est liquidée d'après la loi
qui régit son dernier service, à moins qu'il n'ait accompli dans le premier les conditions d'âge et de durée
de services exigées. En ce cas, il a droit de choisir le
mode de liquidation de sa pension (L. 1853, art. 33).
Au fonctionnaire qui passe d'un service non sujet à un
service sujet à retenue, le Conseil assimile celui qui,
d'abord assujetti à retenue sur la moindre partie de son
traitement, y est assujetti par la loi de 1853 sur son
traitement intégral (9 avr. 1868, *Delpech*); à celui qui
a rempli les conditions d'âge et de services, celui qui a
droit à pension pour infirmités (30 avr. 1868, *Germain*).

638. Lorsque la pension d'un fonctionnaire a été

liquidée antérieurement à la loi de 1853 et qu'il est décédé depuis, la pension de sa veuve ne peut être liquidée que d'après les anciens règlements; car l'art. 13 de la loi de 1853 n'est fait que pour la veuve dont le mari a obtenu pension *en vertu de la présente loi* (11 déc. 1856, *Bizot, Repécaud;* 28 janv. 1858, *Pichot;* V. *suprà,* n. 593).

En est-il de même, s'il n'y a pas eu de liquidation antérieure à 1854? Le Conseil a d'abord considéré que le droit de la veuve (ou des orphelins) était un droit personnel, ne s'ouvrant qu'au décès du mari. En conséquence, il a décidé qu'il y avait lieu d'appliquer la loi de 1853 (21 juin 1855, *Maussion de Candé;* 24 fév. 1856, *Desgrange;* 7 août 1856, *Lévisse;* 10 mars 1859, *Lefol*). Postérieurement, il a été jugé que la pension du mari sert de base à celle de sa veuve, et que la pension de celle-ci doit, comme dans la première situation, être liquidée conformément aux règlements anciens (6 déc. 1865, *Flandin;* 13 déc. 1866, *Clavel;* V. encore 22 nov. 1872, *Deloche*).

CHAPITRE VI.

PENSIONS MILITAIRES.

639. Sous une forme ou sous une autre, les pensions militaires ont existé de tout temps chez les peuples civilisés. Sans rappeler les concessions de terres faites par les Romains aux vétérans et les libéralités d'Auguste envers ses soldats, sans parler de la création de l'Hôtel des Invalides et des règlements de Louis XIV, il nous suffira de dire que, jusqu'à la Révolution, cette matière appartint au pouvoir discrétionnaire du Gouvernement (V. *suprà*, n. 550, 551).

La loi des 3-22 août 1790, qui est encore la base de la législation des pensions civiles sur fonds généraux (V. *suprà*, n. 551, 619 et suiv.), s'appliquait aux services militaires comme aux services civils. La loi des 14-25 décembre 1790 déclarait les sous-officiers et soldats susceptibles d'obtenir pension, soit après trente ans de services effectifs et cinquante ans d'âge, soit pour blessures ou infirmités. Sous la République et la Restauration, divers actes des pouvoirs législatif et réglementaire sont venus poser les bases de la législation nouvelle, qu'a consacrées la loi du 11 avril 1831, modifiée par des lois plus récentes.

640. *Pensions à titres d'ancienneté.*

Aux termes de la loi du 11 avril 1831, art. 1er, « le « droit à la pension de retraite par ancienneté est acquis « à *trente ans* accomplis de service effectif. » Ces trente ans ont été réduits à vingt-cinq ans pour les sous-officiers, caporaux, brigadiers et soldats (L. 26 avr. 1855, art. 19).

En ce qui concerne les officiers et assimilés, une semblable diminution de la durée de service exigée avait été admise *provisoirement* par la loi du 5 janvier 1872. Sous cette loi, ont pu être admis à la pension de retraite à titre d'ancienneté, après vingt-cinq ans accomplis de services effectifs, les officiers et assimilés en activité de service, sur leur demande ; et, d'office, les officiers et assimilés en non-activité pour infirmités temporaires ou par mesure de discipline (art. 1er). Les uns et les autres ont eu droit, quelle que fût leur ancienneté de grade, au minimum de la pension du grade, augmenté, pour chaque campagne, d'un vingtième de la différence du minimum au maximum (art. 2).

La loi de 1872 était motivée sur le nombre considérable d'officiers placés à la suite des corps, à raison des nominations faites pendant la guerre de 1870-71, nombre dont la réduction était commandée par les intérêts du budget et de l'armée. Elle a été rapportée par celle du 29 mai 1875. Toutefois, cette dernière loi a autorisé le ministre de la guerre à procéder à la liquidation des pensions des officiers et assimilés en activité qui, avant sa promulgation, lui auraient adressé leur demande par la voie hiérarchique, et des officiers ou assimilés en non-activité à l'égard desquels le ministre croirait devoir prendre cette mesure ayant la même date (4 août 1876, *Crist*).

641. Dans une situation particulière, le droit reste ouvert après ving-cinq ans de services. La loi du 25 juin 1861, art. 2, porte : « Auront droit exceptionnelle- « ment, après *vingt-cinq ans* de services effectifs, au « minimum de la pension de retraite attribuée à leur « grade, les officiers *mis en non-activité pour infirmités* « *temporaires*, lorsqu'ils auront été reconnus, par un « conseil d'enquête (V. *suprà*, n. 527), conformément

« aux prescriptions de la loi du 19 mai 1834, non sus-
« ceptibles d'être rappelés à l'activité. » L'innovation
résultant de cet article a eu pour but principal de
donner aux officiers dont il s'agit une pension reversible sur leurs veuves et leurs enfants, à la place de la
pension de réforme, qui s'éteint avec le pensionnaire
(V. *infrà*, n. 662). Bien que les conditions mises à son
acquisition se rapprochent de celles des pensions de
réforme, la loi dit clairement qu'il y a là une pension
de retraite.

Nous parlerons plus loin des pensions proportionnelles acquises aux sous-officiers et soldats après quinze
ans de services (V. *infrà*, n. 651).

642. La loi de 1831 exige trente ou vingt-cinq ans
de *services effectifs*. Ne sont pas à considérer comme tels
les services rendus par un militaire à la suite de l'engagement pris sous le nom d'un tiers (16 déc. 1881, *De
Woyan*). Le temps passé en non-activité pour infirmités
temporaires compte comme service effectif (L. 19 mai
1834, art. 8; V. *suprà*, n. 521), même à l'égard de
l'officier placé dans cette position par la décision qui
l'admet à faire valoir ses droits à la retraite (15 nov.
1872, *Grandjean*; V. *suprà*, n. 530). Le temps passé
hors de l'activité, avec jouissance d'une pension de retraite, ne peut entrer dans la supputation du service
effectif (L. 11 avril 1831, art. 6), et la disposition
contraire de la loi du 28 fructidor an VII est sans nul
doute abrogée (3 mai 1839, *Hensy*). Le temps passé en
non-activité sans solde n'y entre pas davantage (13 nov.
1841, *De Saint-Chamans*; V. *suprà*, n. 521); ni le
temps pendant lequel une pension militaire a été cumulée avec la solde d'activité dans les corps détachés

de la garde nationale comme auxiliaires de l'armée ; à moins que le pensionnaire n'ait acquis dans ces corps, par les causes énoncées au titre 2 de la loi de 1831, c'est-à-dire pour blessures ou infirmités, des droits à une pension plus élevée (V. *infrà*, n. 652 et suiv.), ou qu'il n'y ait fait campagne, auquel cas il jouit du bénéfice de l'art. 7 de la loi de 1831 (L. 1831, art. 6; V. *infrà*, n. 645).

Est compté comme service militaire le temps passé dans la *garde nationale mobile*, en 1848 et 1849, c'est-à-dire le temps passé au service, mais non celui pendant lequel a été touchée une solde de non-activité (31 juill. 1874, *Bauzon*). On compte aussi le temps passé en 1870 dans la garde nationale mobile (V. L. 29 août 1870), et dans la garde nationale mobilisée des départements (Décr. 11 oct. et 2 nov. 1870), assimilées à l'armée active (Décr. 14 oct. 1870, art. 2 ; V. *suprà*, n. 536).

Les militaires qui ont perdu leur grade par suite des événements de 1851, soit en vertu d'une mesure individuelle, soit en vertu du refus de serment, ont été réintégrés dans tous leurs droits et titres par le décret du 12 septembre 1870, qui les a rétablis dans leur ancienneté (V. *suprà*, n. 517, 548, 557, 559, et *infrà*, n. 650, 712, 715). Le temps passé par eux hors de l'armée depuis leur radiation des cadres doit leur compter pour l'admission à la retraite (12 mars 1875, *Vimont*). Le décret de réintégration une fois rendu, la pension ne peut être refusée à raison de ce que, en réalité, le militaire réintégré aurait été mis en réforme pour faute contre l'honneur (30 nov. 1877, *Violet*; V. *suprà*, n. 513).

En principe, il ne peut s'agir ici que de services mili-

taires, c'est-à-dire rendus par des militaires ou personnes formellement assimilées aux militaires par les
lois et règlements; et l'on doit écarter, en conséquence,
les services rendus autrefois dans les subsistances, uniquement susceptibles d'être invoqués à titre de services
civils et à fin d'obtention d'une pension civile (16 av.
1841, *d'Escrivan;* 27 mai 1848, *Beck;* 19 mars 1849,
Arthur); comme les services rendus par les rapporteurs
ou commissaires du gouvernement devant les conseils
de guerre, choisis parmi les officiers retraités (23 déc.
1881, *Jacquet, Berger*); comme enfin les services rendus
dans le personnel administratif de l'armée territoriale,
en dehors du cas de mobilisation, par des officiers retraités (4 av. 1879, *Cravin*). Ces officiers ne sont donc
pas fondés à faire reviser leurs pensions par application de l'art. 40 de la loi du 24 juillet 1873, qui donne
ce droit aux officiers auxiliaires et à ceux de l'armée
territoriale à raison de leur *présence sous les drapeaux.*

Dans les services effectifs, il faut nécessairement
compter ceux des marins incorporés à l'armée de terre,
pour le temps antérieur à cette incorporation, d'après
les lois qui régissent les pensions de l'armée de mer
(L. 11 av. 1831, art. 3; V. *infrà*, n. 685 et suiv.).
L'art. 5 veut qu'il soit compté quatre années de service
effectif, à titre d'études préliminaires, aux élèves de
l'École polytechnique, au moment où ils entrent dans
les armes spéciales (V. *suprà*, n. 563, et *infrà*, n. 688).
Enfin, l'art. 31 réserve, sauf certaines restrictions indiquées par l'art. 32, tous les droits acquis en vertu de
dispositions antérieures à la loi de 1831.

643. La règle qui vient d'être développée est confirmée implicitement par l'art. 4 de la loi de 1831, qui

permet de compter pour la pension militaire le temps passé dans un *service civil* donnant droit à pension, lorsque la durée des services militaires est au moins de vingt ans (V. pour le cas inverse, où l'on invoquerait des services militaires à fin de liquidation d'une pension civile, *suprà*, n. 565).

Les services civils donnant droit à pension, dont parle l'art. 4, ne sont que les services publics directement rétribués par l'État (V. *suprà*, n. 556 et suiv), par exemple ceux d'un employé des contributions indirectes (11 janv. 1838, *Caille-Desmares*). Il faut évidemment tenir pour tels les services des employés des préfectures et sous-préfectures, quand ils se réunissent à douze ans de services civils ou dix ans dans la partie active, rendus directement à l'État (L. 9 juin 1853, art. 9; V. *suprà*, n. 558). Mais on ne peut considérer comme donnant droit à pension, et comme s'ajoutant aux services militaires, les services dans une préfecture ou sous-préfecture suivis de moins de dix ou douze ans de services rendus à l'État (4 sept. 1856, *Risberg*; 18 mars 1858, *Vaux*).

644. Aucune *condition d'âge* n'est imposée au militaire qui fait valoir son droit à pension (V. la règle contraire admise en matière de pensions civiles, *suprà*, n. 561).

Quant à l'âge à partir duquel les services peuvent être comptés, c'est, en règle générale, celui où la loi permet de contracter un engagement volontaire (L. 11 avr. 1831, art. 2). Plusieurs exceptions sont admises : ainsi, en faveur des marins incorporés dans l'armée de terre, qui peuvent compter le temps antérieur à leur incorporation d'après les lois qui régissent les pen-

sions de l'armée de mer ; c'est-à-dire depuis seize ans
(art. 3; V. *infrà*, n. 687); des élèves de l'École polytechnique, qui peuvent, sans considération d'âge,
compter quatre années de services effectifs au moment
où ils entrent dans les armes spéciales (art. 5 ; V. *suprà*,
n. 642.); des militaires qui ont servi antérieurement à
la promulgation de la loi de 1831 (V. art. 31). Ces
derniers ont pu invoquer utilement leurs services,
comme tambours et trompettes à partir de quatorze
ans, et comme militaires ou élèves des écoles spéciales à
partir de seize ans (art. 29). Il n'y a pas même eu
lieu de restreindre cette dernière exception aux services antérieurs à la loi du 10 mars 1818, qui n'admettait les engagements qu'à partir de dix-huit ans (15 juill.
1852, *Gaudry*).

645. Les militaires qui ont le temps de service exigé
pour la constitution du droit à la pension d'ancienneté
peuvent y ajouter des *bénéfices de campagne*, c'est-à-dire
compter un certain nombre d'années en sus, suivant
les distinctions suivantes, formulées par l'art. 7 de la
loi du 11 avril 1831 :

Est compté pour la totalité en sus de sa durée effective le service militaire qui a été fait : 1° sur le pied de
guerre ; 2° dans un corps d'armée occupant un territoire étranger, en temps de paix ou de guerre (mais
V. ce qui sera dit plus loin au sujet des services rendus
à l'armée d'Orient); 3° à bord, pour les troupes embarquées en temps de guerre maritime ; 4° hors d'Europe, en temps de paix, pour les militaires envoyés
d'Europe (L. 11 avr. 1831, art. 7); 5° en Algérie,
quelles que soient les circonstances, depuis le 1er janvier 1862 (L. 25 juin 1861, art. 3); 6° lorsqu'une

troupe organisée a contribué par des combats à rétablir l'ordre sur un point quelconque du territoire (Décr. 5 déc. 1851); l'année 1851 est donc comptée comme bénéfice de campagne aux militaires qui, au 2 décembre, se trouvaient en garnison dans les localités où des troubles ont éclaté, ou qui y ont été appelés à cette occasion (Décr. 23 avr. 1852); 7° le temps de captivité, à l'étranger, des militaires prisonniers de guerre (L. 11 avr. 1831, art. 7).

Est compté pour le double, en sus de sa durée effective, le temps passé hors d'Europe, en temps de guerre, pour les militaires envoyés d'Europe. Cette règle suppose que le militaire a été envoyé dans une contrée où se passaient des faits de guerre : celui qui, pendant la guerre de Crimée, a été employé à Taïti, ne peut faire valoir que des services rendus hors d'Europe *en temps de paix*, et les compter que pour la totalité, non pour le double en sus (23 nov. 1865, *Alfonsi*). Les services militaires en Algérie, où la guerre se maintenait à l'état permanent, ont donné lieu au bénéfice de campagne du double en sus jusqu'au 1er janvier 1862 (V. *suprà*). En sens inverse, un décret du 4 août 1855 assimile le service fait à l'armée d'Orient au service fait *hors d'Europe*, et ordonne qu'il sera compté pour le double en sus de sa durée effective.

Est enfin compté pour moitié en sus de sa durée effective : 1° le service militaire sur la côte, en temps de guerre maritime, comme, par exemple, celui des camps de Saint-Omer et de Boulogne, de 1805 à 1807 (L. 11 avr. 1831, art. 7 ; 5 déc. 1839, *Cathala*); 2° le service militaire à bord, pour les troupes embarquées en temps de paix (L. 11 avr. 1831, art. 7).

Dans la supputation des bénéfices de campagne, chaque période de moins de douze mois est comptée comme une année accomplie. Néanmoins, il ne peut être compté plus d'une année de campagne dans une période de douze mois. La fraction qui excède chaque période dont la durée a été de plus d'une année est comptée comme une année entière (L. 1831, art. 8).

Les campagnes faites au service d'une puissance étrangère, par un officier envoyé en mission et conservant ses droits dans l'armée française, ne donnent pas lieu au bénéfice des art. 7 et 8, tant qu'il n'existe aucune loi, ordonnance ou règlement, qui permette de le lui accorder (6 janv. 1853, *Gallice*).

646. La fixation de la pension d'un militaire, officier, sous-officier ou soldat, est basée sur deux éléments : la *durée des services* et le *grade*. Lorsque ces deux éléments sont connus, il ne reste qu'à se reporter au *tarif*, déterminé d'abord par la loi du 11 avril 1831, puis augmenté par des lois postérieures.

Quant aux officiers et assimilés, le tarif établi par la loi du 11 avril 1831 a été une première fois élevé par celle du 25 juin 1861. Plus récemment, la loi du 22 juin 1878 a appliqué un nouveau tarif à ceux qui seraient admis à faire valoir leurs droits à la retraite après sa promulgation, ou dont la pension ne serait pas inscrite au moment de cette promulgation (art. 7). La loi du 18 août 1881 a accordé un supplément de pension aux officiers et assimilés et à leurs veuves, retraités en vertu des lois antérieures à celle du 22 juin 1878 ; supplément dont le payement resterait suspendu pour les pensionnés pourvus d'emplois civils rétribués par l'État, les départements ou les communes, ou de débits de tabac, tant que les pensionnaires seraient en possession de ces emplois ou débits (art. 1er; V. pour les anciens officiers sardes, L. 8 juillet 1882, art. 15).

En ce qui concerne les sous-officiers, caporaux, brigadiers et soldats, le minimum et le maximum avaient été augmentés de 165 fr. par l'art. 19 de la loi du 26 avril 1855. Le tarif a été élevé par celle du 18 août 1879. La loi du 18 août 1881 ajoute que les pensions des militaires retraités sous tous les régimes antérieurs à celle du 18 août 1879 seront payées selon le tarif établi par cette dernière loi.

647. Quant à la *durée des services*, le *minimum* de la pension du grade est acquis aux officiers après trente ans de services effectifs (L. 11 avr. 1831, art. 9). Chaque année au delà de trente ans et chaque année de campagne, supputée conformément aux art. 7 et 8 (V. *suprà*, n. 645), ajoute à la pension un vingtième de la différence du minimum au maximum. Le *maximum* est acquis à cinquante ans de services, campagnes comprises (L. 1831, art. 9).

Pour les sous-officiers et soldats, le minimum est acquis à vingt-cinq ans de services effectifs. Le maximum est acquis à quarante-cinq ans de services, campagnes comprises. Chaque année de service en sus des vingt-cinq années et chaque campagne augmentent le minimum d'une somme égale au vingtième de la différence du maximum au minimum (L. 26 avr. 1855, art. 19; L. 18 août 1879, art. 5).

648. Quant au *grade*, la pension d'ancienneté se règle sur celui dont le militaire est titulaire (L. 11 avr. 1831, art. 10) au moment où il est admis à faire valoir ses droits à la retraite, et non sur celui qu'il occupait au temps où il a demandé à y être admis (12 mars 1872, *Ruellan*), ou à une époque antérieure, ce dernier grade fût-il plus élevé que l'autre (1er fév. 1878, *Clerc*; 2 juill. 1880, *Valentin*).

Le règlement sur le grade actuel est soumis à une condition : c'est que le militaire ait au moins deux ans d'activité dans ce grade au moment où il forme sa demande. Dans le cas contraire, sa pension est réglée sur le grade immédiatement inférieur (L. 1831, art. 10; 9 fév. 1877, *Chrétien, Rhumeau*).

Le règlement sur le grade inférieur est applicable à l'officier qui *demande* sa retraite avant d'avoir deux ans d'activité, mais non à celui qui, à ce moment, est mis d'office à la retraite. Il l'est, précisément pour cette raison, à l'officier général qui accepte le mandat de député et qui, en conséquence, est réputé démissionnaire (6 mars 1856, *Lebreton*; V. *suprà*, n. 514).

Le règlement se fait encore sur le grade immédiatement inférieur, lorsque ce mode de liquidation est plus avantageux par suite de l'augmentation du cinquième, accordée par l'art. 11 de la loi de 1831 au militaire ayant douze ans accomplis d'activité dans son grade (L. 25 juin 1861, art. 4; V. le n. suiv.).

649. Aux termes de l'art. 11 de la loi du 11 avril 1831, la pension de tout militaire ayant douze ans accomplis d'activité dans son grade était augmentée d'un cinquième. Cette disposition a été abrogée à l'égard des officiers par l'art. 5 de la loi du 22 juin 1878, qui, en même temps, a abrogé l'art. 4 de la loi du 25 juin 1861. Au contraire, l'art. 8 de la loi du 18 août 1879 déclare ces dispositions maintenues en ce qui concerne les sous-officiers, caporaux et brigadiers.

L'existence du grade n'est établie que par la représentation d'un brevet, d'un décret ou d'une ordonnance (14 fév. 1839, *Aimino*). On ne saurait considérer comme équivalant au titre légal ni le port des insignes pendant trente ans, ni la reconnaissance du grade résultant d'actes du chef de l'État (30 mars 1838, *Billière*), ni l'emploi dans un grade non régulièrement conféré (30 août 1842, *Noël;* V. *suprà*, n. 513).

650. Les événements de 1870 ont, au point de vue du grade, soulevé différentes questions.

Le décret du 24 octobre 1870 dispose que les officiers retraités, employés dans l'armée active comme auxiliaires pour la durée de la guerre, concourent pour l'avancement avec les autres officiers du corps ou de l'arme dont ils font partie, et, qu'une fois la guerre terminée, il sera procédé à une nouvelle liquidation de leur pension (V. *suprà*, n. 529). Le bénéfice de cette disposition appartenait certainement aux anciens officiers ayant servi en 1870-71 dans la garde nationale mobile et dans la garde nationale mobilisée, corps assimilés à l'armée active (Décr. 14 oct. 1870; V. *suprà*, n. 536). Il devait être refusé à l'officier qui, promu à un grade supérieur, n'en avait pas obtenu la confirmation de la commission de revision des grades (15 nov. 1872, *Piétri;* V. *suprà*, n. 539), comme à celui qui avait obtenu un grade dans une compagnie de volontaires non incorporée à l'armée active (29 janv. 1875, *Clouet*). Il n'a pas été reconnu à ceux qui avaient servi dans la garde nationale de Paris ou même dans les régiments de marche formés par cette garde nationale, ces troupes étant restées sous les ordres du ministre de l'intérieur et n'ayant pas été légalement assimilées à l'armée active (21 fév. 1873, *Lambert*).

On sait que les décrets des 12 septembre et 14 novembre 1870 ont rétabli dans tous leurs droits, au point de vue de la pension comme au point de vue du grade, les officiers privés de leurs grades en 1851 (V. *suprà*, n. 517, 548, 557, 559, 642, et *infrà*, n. 712, 715).

L'amnistie accordée en vertu de la loi du 4 mars 1879 ne permet pas aux militaires condamnés, puis amnistiés, de faire compter comme services effectifs le temps postérieur à leur condamnation; bien qu'elle ait fait cesser les conséquences juridiques de cette condamnation, l'amnistie n'a pu, faute d'une déclaration formelle analogue à celle des décrets rappelés tout à l'heure, effacer les faits matériels qui l'ont suivie, et qui ont placé ces militaires en dehors des diverses situations constituant la position d'officier (13 mai 1881, *Brissy*; V. 17 mai 1880, *Solinhac*; V. *suprà*, n. 516, et *infrà*, n. 682, 741).

Nous avons vu qu'en 1871, une commission parlementaire avait été chargée, par l'Assemblée nationale, de reviser tous les grades conférés pendant la guerre (V. *suprà*, n. 539). En matière de pensions comme en matière de grades, les décisions de cette commission n'étaient pas susceptibles de recours devant le Conseil d'État (22 janv. 1875, *Pouey*; 2 juill. 1880, *Valentin*; V. 25 nov. 1872, *Carrey de Bellemare*; 25 juill. 1873, *Simonin*).

651. *Retraites proportionnelles.*

Les retraites proportionnelles ont été établies pour retenir les sous-officiers au service, en leur offrant la perspective de pensions acquises après un temps peu considérable.

« Ont droit à une pension proportionnelle à la durée
« de leur service : 1° les sous-officiers comptant dix
« ans de rengagement et moins de vingt-cinq ans de
« service; 2° les caporaux ou brigadiers et soldats,
« maintenus sous les drapeaux comme commissionnés
« par application de l'art. 35 de la loi du 13 mars 1875,
« modifiée par la loi du 15 décembre suivant, ainsi que
« les militaires de tous grades de la gendarmerie, et qui
« comptent au moins quinze années de service et moins
« de vingt-cinq années de service accompli sous les
« drapeaux. L'art. 19, n. 4, de la loi du 11 avril 1831
« n'est pas applicable aux veuves des sous-officiers,
« caporaux, brigadiers et soldats morts en jouissance
« de la pension proportionnelle concédée en vertu du
« présent article ou en possession de droits à cette
« pension » (art. 3 de la loi du 18 août 1879, modifié
par l'art. 26 de la loi du 23 juill. 1881 ; V. l'art. 19 de
la loi du 11 août 1831, *infrà*, n. 666).

« Les sous-officiers qui ont accompli les deux ren-
« gagements avec indemnités prévus par les art. 1er et
« 6 de la loi du 22 juin 1878 ont droit, à l'expiration
« de leur deuxième rengagement de cinq ans, au mini-
« mum de la pension proportionnelle. Les sous-offi-
« ciers maintenus jusqu'à trente-cinq ans sous les dra-
« peaux, par suite de rengagements contractés dans les
« conditions des lois des 27 juillet 1872 et 10 juillet
« 1874, et qui n'ont pas quinze ans de service, ont
« droit au minimum de la pension proportionnelle de
« leur grade, diminué, pour chaque année accomplie
« en moins, d'une somme égale au quinzième du mi-
« nimum de ladite pension proportionnelle. Les sous-
« officiers, caporaux ou brigadiers, et les soldats main-

« tenus sous les drapeaux comme commissionnés, ont,
« à quinze ans de service effectif, droit au minimum
« de la pension proportionnelle de leur grade » (L.
18 août 1879, art. 6).

« Chaque année de service accomplie en sus de
« quinze ans, ainsi que chaque campagne, donne droit
« à une augmentation égale à un dixième de la diffé-
« rence entre le minimum de la pension d'ancienneté
« et le minimum de la pension proportionnelle. Tou-
« tefois, si les campagnes ajoutées aux années de ser-
« vice forment un total de plus de vingt-cinq ans, les
« années ou campagnes en sus sont calculées sur le
« tour d'accroissement des pensions d'ancienneté de
« vingt-cinq à quarante-cinq ans » (art. 7 ; V. *suprà*,
n. 645).

Les pensions proportionnelles sont calculées sur le
grade dont le militaire est titulaire depuis deux années
consécutives ; à défaut, sur le grade inférieur. Elles se
cumulent avec les traitements civils (L. 23 juill. 1881,
art. 13 ; V. *suprà*, n. 648 et *infrà*, n. 662, 680).

Il faut leur appliquer l'art. 1er de la loi du 18 août
1881, portant qu'à partir du 1er janv. 1881, les pensions de retraite des sous-officiers et soldats retraités
sous les régimes antérieurs aux lois des 5 et 18 août
1879 seront payées d'après le taux établi par ces dernières lois (15 déc. 1882, *Grévin* ; V. *suprà*, n. 646).

652. *Pensions pour blessures et infirmités.*

De même que l'ancienneté, les blessures et les infirmités ouvrent droit à une pension de retraite : les blessures, « lorsqu'elles sont graves et incurables, et qu'elles
« proviennent d'événements de guerre ou d'accidents
« éprouvés dans un service commandé » ; les infir-

mités, « lorsqu'elles sont graves et incurables, et qu'elles
« sont reconnues provenir des fatigues ou dangers du
« service militaire » (L. 1831, art. 12). Notons à ce
sujet qu'on ne doit pas considérer comme accident
éprouvé dans un service commandé l'accident survenu
en descendant d'omnibus au retour d'une tournée d'inspection (23 déc. 1881, *Laubier*).

653. De ces blessures et infirmités, les unes ouvrent un droit immédiat à la pension, les autres y donnent lieu seulement à certaines conditions.

Ouvrent un *droit immédiat* celles qui « ont occa-
« sionné la cécité, l'amputation ou la perte absolue de
« l'usage d'un ou plusieurs membres » (L. 11 avr. 1831,
art. 13). Il y a là un point de fait à constater, point qui
présente des difficultés, sinon pour l'amputation, du
moins pour la cécité et la perte de l'usage des membres. Cette constatation exige avant tout l'examen des
gens de l'art (V. *infrà*, n. 675, 677). L'avis du Conseil
de santé des armées exerce la plus grande influence sur
l'appréciation des blessures et infirmités. Cette appréciation n'en appartient pas moins au Conseil d'État.

L'ouverture du droit immédiat n'est pas, en principe,
admissible en dehors des cas prévus par la loi. Ainsi,
une difformité du genou avec atrophie du membre a
été considérée comme équivalant à une perte *partielle* de
l'usage du membre et ne constituant donc pas la perte
absolue dont parle la loi (23 août 1836, *Caille-Desmares*; V.
14 juill. 1838, *Delacroix*). Mais la jurisprudence admet,
en conséquence de l'assimilation établie par l'art. 16
(V. *infrà*, n. 658), à côté de la perte absolue de l'usage
d'un membre, les blessures et infirmités *équivalentes à
cette perte absolue* (V. les décisions précitées). Elle con-

sidère comme équivalant à cette perte absolue une blessure ayant occasionné la perte totale d'un œil ou de la vision d'un œil (19 déc. 1838, *This;* 10 mars 1865, *Maurié;* 9 janv. 1868, *Jénot*); mais non l'affaiblissement des facultés mentales, lors même qu'il mettrait le militaire hors d'état de pourvoir à sa subsistance (23 nov. 1877, *Pannier*).

Peu importe, dans le silence de la loi, et conformément du reste à son esprit, que la situation dont il s'agit soit la conséquence immédiate ou lointaine de la blessure ou de l'infirmité (Arrêts précités; V. en matière de pensions civiles, *suprà*, n. 583).

654. Le droit immédiat dont nous nous occupons est-il indépendant des événements ultérieurs, de telle sorte que, si le militaire vient à rentrer en activité, il ne puisse plus, en ce qui le concerne, être question de mise à la réforme, mais seulement de règlement d'une pension embrassant les services anciens et nouveaux? La jurisprudence a d'abord refusé de voir ici un droit absolument acquis (28 nov. 1839, *Ledru*). Postérieurement, la comparaison des art. 13 et 14 (V. le n. précédent et le n. suivant) l'a amenée à reconnaître que le droit à pension n'y est pas, comme au cas d'infirmités non graves et incurables, subordonné à l'impossibilité de rester ou de rentrer ultérieurement au service. Il y a ici un droit à pension absolu, équivalant au droit par ancienneté, et dont la rentrée ultérieure au service ne saurait entraîner la perte (22 août 1853, *Rinderhagen;* 18 mars 1858, *Vaux*).

655. Les *blessures et infirmités moins graves,* c'est-à-dire non reconnues graves et incurables, ne donnent lieu à pension que sous les conditions suivantes :

« 1° pour l'officier, si elles le mettent hors d'état de
« rester en activité et lui ôtent la possibilité d'y rentrer
« ultérieurement; 2° pour le sous-officier, caporal, bri-
« gadier ou soldat, si elles le mettent hors d'état de ser-
« vir et de pourvoir à sa subsistance » (L. 1831, art. 14).

656. De cette disposition, la jurisprudence a conclu
que l'officier rentré au service n'a pas droit à liquidation d'une pension nouvelle, s'il est obligé de le quitter
par suite de ses anciennes blessures ou infirmités. Sans
doute, il peut invoquer les art. 12 à 14 s'il lui survient
de nouvelles infirmités ou de nouvelles blessures. Sans
doute encore, l'aggravation de ses anciennes blessures
ou de ses anciennes infirmités par suite de son nouveau
service lui permet de demander pension (30 juill.
1840, *Pétry*; V. aussi le n. suiv.). Celui qui a continué
ou même repris son service a donné la preuve qu'il
n'était pas fondé à invoquer l'art. 14, et la pension qu'il
avait pu déjà obtenir est perdue pour lui (23 août 1838,
Leprêtre; 14 fév. 1839, *Aimino*; 3 mai 1839, *Hensy*;
21 juin 1839, *Duvernoy*; 28 nov. 1839, *Ledru*; 8 juill.
1840, *Thomassin*).

La loi a dû limiter l'accroissement des pensions.
A-t-elle cependant voulu priver de ses droits, et même
d'une pension déjà concédée, l'officier qui n'a pas dé-
mérité et dont le seul tort est d'avoir trop présumé de
ses forces? Il nous semble que celui qui s'est cru en
état de rentrer au service, et qui s'est trompé, était
bien en réalité, comme l'exige l'art. 14, hors d'état
d'y rentrer.

657. Le décret du 20 août 1864, qui modifie l'art. 2
de l'ordonnance du 2 juillet 1831, réglant les formes
de la demande, autorise à réclamer une nouvelle liqui-

dation le militaire retraité à qui les blessures ou infirmités, ayant précédemment donné droit à pension,
occasionnent la perte d'un membre par une *aggravation consécutive*. Le même décret autorise à demander
une pension de retraite le militaire réformé pour blessures ou infirmités qui, par suite d'aggravation consécutive, se trouve placé dans un des cas prévus par les
art. 12 à 14 de la loi de 1831 (V. quant aux formes
des demandes et constatations, *infrà*, n. 672 et suiv.).

658. La pension pour blessures et infirmités se
règle sur le grade dont le militaire est titulaire. Elle est
augmentée d'un cinquième dans l'hypothèse indiquée
suprà, n. 649 (L. 1831, art. 18).

Quant à sa fixation, les lois de 1831 et de 1861 dis-
tinguent quatre situations :

1° « Pour l'amputation d'un membre ou la perte
« absolue de l'usage de deux membres, les officiers,
« sous-officiers, caporaux, brigadiers et soldats, ainsi
« que leurs assimilés, reçoivent le maximum de la pen-
« sion qui leur est attribuée par la présente loi ou par
« la loi du 26 avril 1855 » (aujourd'hui par les lois
indiquées sous le n. 646).

2° « En cas d'amputation de deux membres ou de
« perte totale de la vue, ce maximum est augmenté,
« pour les officiers et assimilés, de 20 p. 100, et pour
« les sous-officiers, caporaux, brigadiers et soldats et
« assimilés, de 30 p. 100. Dans cette dernière aug-
« mentation se trouve compris le supplément alloué
« par l'art. 33 de la loi du 28 fructidor an VII » (L.
25 juin 1861, art. 5).

3° « Les blessures ou infirmités qui occasionnent la
« perte absolue de l'usage d'un membre, ou qui y sont

« reconnues équivalentes, donnent droit au minimum
« de la pension d'ancienneté (V. suprà, n. 646 et suiv),
« quelle que soit la durée des services. Chaque année
« de service, y compris les campagnes supputées selon
« les art. 7 et 8 (V. suprà, n. 645), ajoute à cette pen-
« sion un vingtième de la différence du minimum au
« maximum d'ancienneté. Le maximum est acquis à
« vingt ans de services, campagnes comprises » (L.
11 avr. 1831, art. 16).

4° « Pour les blessures ou infirmités qui mettent le
« militaire dans une des positions prévues par l'art. 14
« (V. suprà, n. 655), les pensions sont fixées pareille-
« ment au minimum d'ancienneté ; mais elles ne sont
« augmentées dans la proportion déterminée par l'ar-
« ticle précédent que pour chaque année de service au
« delà de trente ans, campagnes comprises. Le maxi-
« mum est acquis à cinquante ans de service, y com-
« pris les campagnes » (art. 17).

659. En 1855, il avait été accordé aux militaires
amputés, sur les fonds de la Liste civile, un supplément
destiné à élever leur pension au chiffre de 600 fr., et
cette allocation avait été, en 1864, étendue aux blessés que leur invalidité rangeait dans les cinq premières
classes de l'échelle de gravité des blessures ; à savoir :
cécité absolue, amputation de deux membres, amputation d'un membre, perte de l'usage de deux membres
et perte de l'usage d'un membre (Rapport sur la loi du
27 novembre 1872). Cette loi porte que les militaires
admis à la retraite pour blessures reçues devant l'ennemi ou pour infirmités contractées en campagne et
ayant entraîné un tel état d'invalidité recevront une
allocation élevant leur pension à 600 francs.

660. Les lois du 12 août 1870, art. 4, et du 29 août 1870, art. 5, ont déclaré les lois sur les pensions militaires applicables aux *gardes nationaux* mobiles et sédentaires blessés au service du pays, ainsi qu'aux veuves et enfants de ceux qui seraient morts dans des circonstances de guerre (16 mai 1879, *Crusem*).

661. Le décret du 12 juin 1852, réorganisant la *milice d'Algérie* et l'appelant à former des détachements au cas d'insuffisance des troupes soldées, porte que les miliciens blessés dans leur service, et leurs veuves et enfants, auront droit à des pensions qui seront déterminées par un sénatus-consulte (V. encore Décr. 9 nov. 1859, art. 98). L'acte dont il s'agit n'a pas été rendu. Un milicien, ayant reçu des blessures qui ont entraîné la cécité, s'est vu refuser la pension qu'il réclamait. L'arrêt porte que, si le sieur Iresch a droit à pension, il n'est pas fondé, en l'absence d'un sénatus-consulte, à attaquer par la voie contentieuse le refus de règlement de cette pension (12 janv. 1870, *Iresch*).

662. *Soldes et pensions de réforme.*

Après les pensions pour blessures et infirmités, il faut parler des soldes et pensions de réforme (V. sur la mise en réforme, *suprà*, n. 526 et suiv.).

L'officier réformé a droit, suivant les cas, à une solde ou à une pension, que règle l'art. 18 de la loi du 19 mai 1834, successivement modifié par l'art. 6 de la loi du 22 juin 1878 et la loi du 17 août 1879.

L'officier réformé n'a droit ni à la solde, ni à la pension, s'il n'a accompli le temps de service imposé par la loi de recrutement.

S'il a moins de vingt ans de service, il reçoit, pendant un temps égal à la moitié de la durée de ses services effectifs, une solde de réforme égale aux deux tiers du minimum de la pension de retraite de son grade (V. *suprà*, n. 646 et suiv.). Cette solde n'est que de la moitié de ce minimum, si la réforme a été prononcée pour cause de discipline.

S'il a vingt ans ou plus de service effectif, il reçoit une pension de réforme, dont la quotité est déterminée d'après le minimum de la retraite de son grade, à raison d'un trentième pour chaque année de service effectif. Au cas de réforme pour cause de discipline, cette pension n'est que de la moitié du minimum de la pension de retraite du grade, augmenté, pour chaque année de service effectif au delà de vingt ans, de l'annuité d'accroissement fixée pour la pension d'ancienneté.

La solde ou pension de l'officier réformé pour prolongation de la position de non-activité au delà de trois ans est réglée conformément aux dispositions qui précèdent, suivant qu'il a été mis en non-activité pour cause d'infirmités ou pour cause de discipline (L. 17 août 1879).

Si l'officier réformé pour infirmités a plus de vingt-cinq ans de services, il peut invoquer l'art. 2 de la loi du 25 juin 1861 (V. *suprà*, n. 641).

Les pensions et même, jusqu'à un certain point, les soldes ou traitements de réforme sont des pensions et non des traitements ; car l'officier en réforme a cessé de faire partie de l'armée et n'y peut rentrer (V. *suprà*, n. 529) : il est permis de les cumuler avec un traitement civil (L. 19 mai 1834, art. 19 ; V. *infrà*, n. 680).

Les pensions sont incessibles et insaisissables, comme les pensions de retraite (art. 20 ; V. *infrà*, n. 679). Elles ne sont pas réversibles sur la tête des veuves et orphelins (L. 1834, art. 21; mais V. *suprà*, n. 641).

Les soldes de réforme sont saisissables pour un cinquième au cas de débet envers l'État, et pour un tiers au cas de dette alimentaire (Ord. 25 déc. 1837, art. 633).

La loi fixe simplement la quotité de la pension ou de la solde de réforme au minimum ou à une fraction du minimum de la pension de retraite. Les officiers réformés n'ont donc pas droit aux bénéfices de campagne (14 févr. 1839, *Aimino;* V. *suprà*, n. 645). On leur a même refusé la faculté d'invoquer l'art. 4 de la loi de 1831, qui compte pour la pension militaire le temps passé dans un service civil donnant droit à pension, s'il y a vingt ans de services militaires (V. *suprà*, n. 643; 16 avril 1841, *d'Escrivan*).

663. *Veuves et orphelins.*

La veuve d'un militaire, pourvu qu'elle justifie de l'accomplissement des conditions générales indiquées *infrà*, n. 667, a droit à pension dans ces quatre cas, prévus par l'art. 19 de la loi du 11 avr. 1831:

1º Lorsque le militaire a été tué sur le champ de bataille ou dans un service commandé (L. 1831, art. 19). Pas de conditions spéciales.

664. 2º Lorsqu'il a péri à l'armée ou hors d'Europe, et que sa mort a été causée, soit par un événement de guerre, soit par une maladie *contagieuse ou endémique*, aux influences de laquelle il a été soumis par les exigences de son service (L. 1831, art. 19).

A ce sujet, on s'est demandé si la disposition de la loi devait être rigoureusement restreinte aux maladies qui se transmettent par contact médiat ou immédiat, ou qui semblent inhérentes à certains lieux, ou bien s'il fallait l'étendre aux maladies qui, tout en frappant à la fois un grand nombre de personnes, sont dues à une cause accidentelle et passagère. Interprétant la loi dans le premier sens, conformément à l'avis du Conseil de santé des armées, l'administration refusait la pension aux veuves des militaires morts du choléra, que ce conseil avait déclaré simplement épidémique.

Cette distinction, plus ou moins certaine au point de vue scientifique, et à laquelle le législateur n'avait pas vraisemblablement songé, a été repoussée en ce qui concerne le choléra (8 févr. 1838, *Ruffet*; 19 déc. 1838, *Rosso*; 21 juin 1839, *Pouilly*; 21 nov. 1849, *Bourg*).

Plus récemment, le Conseil a interprété largement la loi, en considérant comme maladie endémique une pneumonie contractée à la suite du froid et de la faim supportés pendant la campagne de 1870-71 (15 nov. 1872, *Vignet*).

En tout cas, il n'est pas nécessaire que le décès se soit produit sous l'influence directe et immédiate d'une maladie aiguë amenant la mort en quelques jours, comme le choléra, le typhus ou la fièvre jaune. L'art. 19 reçoit satisfaction lorsqu'un militaire, atteint d'une fièvre endémique et évacué sur une autre résidence, n'a cessé d'en éprouver les symptômes jusqu'à son décès, survenu après dix mois (5 sept. 1836, *Clémandot*; V. cep. 8 févr. 1838, *Rousseau*; V. *suprà*, n. 653).

Il n'y a pas lieu d'assimiler au militaire mort par suite d'événements de guerre, ou de maladie contagieuse ou endémique, celui qui est mort d'une maladie contractée aux avant-postes pendant un siège (22 juin 1877, *veuve David*).

665. 3º Lorsque le militaire est mort des suites de blessures reçues soit sur le champ de bataille, soit dans un service commandé. Il est nécessaire que le mariage soit antérieur aux blessures (L. 1831, art. 19), et que le décès ne leur soit pas postérieur de plus d'un an (Ord. 2 juill. 1831, art. 21).

666. 4º Lorsque le militaire est mort en jouissance de la pension de retraite ou en possession de droits à cette pension. Il faut alors que le mariage ait été contracté deux ans avant la cessation de l'activité ou du traitement militaire du mari, ou qu'il y ait un ou plusieurs enfants issus du mariage antérieur à cette cessation (L. 1831, art. 19).

Il ne s'agit ni ne peut s'agir ici que de la pension d'ancienneté (V. *suprà*, n. 640 et suiv.), ou de la pension pour blessures ou infirmités incurables accordée en vertu des art. 12 et suiv. de la loi de 1831, c'est-à-dire provenant d'événements de guerre, d'accidents éprouvés dans un service commandé, ou des fatigues et dangers du service militaire (V. *suprà*, n. 652 et suiv.). Les pensions de réforme ne sont réversibles en aucun cas (L. 19 mai 1834, art. 21; V. *suprà*. n. 662).

Rappelons, à ce sujet, qu'on ne peut considérer comme mort de blessures reçues sur le champ de bataille le militaire mort plus d'un an après sa blessure (Ord. 2 juill. 1831, art. 21 ; 6 août 1878, *Veuve Scordia;* V. le n. préc.). Mais la déchéance établie par l'art. 21 n'est opposable qu'à l'établissement de la pension demandée par une veuve en son nom propre, et non à la réclamation d'une veuve dont le mari est décédé titulaire de pension (23 avr. 1880, *Veuve Choblet*).

Le droit à pension est ouvert à la veuve de l'officier

admis à la pension de retraite après vingt-cinq ans de service actif, à la suite d'une mise en non-activité pour infirmités temporaires (V. L. 25 juin 1861, art. 2, et *suprà*, n. 641).

Le droit à pension appartient même à toute veuve dont le mari est mort en activité après vingt-cinq ans de services, bien qu'il n'ait pas été mis en non-activité pour infirmités temporaires. Ce droit a été accordé en pareil cas aux veuves des officiers de l'armée de mer (L. 10 avr. 1869, art. 2 ; V. *infrà*, n. 700). Le dernier § de cet article le déclare commun aux veuves des officiers de l'armée de terre mentionnés dans l'art. 2 de la loi du 25 juin 1861, et il a été entendu dans la discussion que la veuve peut obtenir pension, lors même que le mari n'aurait pas obtenu le bénéfice de ces lois (V. encore L. 29 mai 1875, art. 2).

667. Voici maintenant les conditions à remplir par toute veuve de militaire, réclamant une pension en cette qualité.

Elle doit d'abord établir son état de veuve : si cet état est contesté, il est sursis à statuer jusqu'à ce que les tribunaux aient prononcé (23 juin 1846, *De Vaudoncourt*). Si le mariage a été célébré pendant que le mari était en activité de service, la veuve doit justifier d'une autorisation conforme au décret du 16 juin 1808 (L. 1831, art. 19), c'est-à-dire d'une permission par écrit du ministre de la guerre (26 déc. 1837, *Guéroult*) ; cette obligation incombe à la veuve d'un officier général du cadre de réserve (13 juill. 1870, *D'Argout*): car les officiers généraux du cadre de réserve sont en activité de service (V. *suprà*, n. 524).

La veuve d'un militaire ne peut prétendre à pension

si elle est séparée de corps (L. 1831, art. 20), c'est-à-dire si la séparation a été prononcée contre elle (L. 25 juin 1861, art. 6). Mais peu importe que la séparation ait été demandée par la femme contre le mari sans l'être reconventionnellement par le mari contre la femme, du moment qu'elle a été prononcée contre la femme (26 fév. 1870, *Allais;* V. la règle différente admise en matière de pensions civiles, *suprà*, n. 592). S'il y a eu réconciliation, l'art. 20 est sans application, puisqu'il statue *en cas de séparation de corps* et que la réconciliation fait cesser toutes les conséquences de la séparation (7 avr. 1841, *Mazian;* V. *eod.*).

Aucune déchéance n'est opposable à la veuve qui s'est remariée (V. en matière de pensions civiles, *suprà*, n. 592).

668. La pension de veuve était fixée uniformément, par l'art. 22 de la loi de 1831, au quart du maximum de la pension d'ancienneté affectée au grade dont le mari était titulaire. Ce quart a été porté au tiers (L. 20 juin 1878, art. 1er).

La pension des veuves des maréchaux de France est fixée à 6,000 fr. Celle des veuves de caporaux, brigadiers, soldats et ouvriers, ne peut être moindre de 100 fr. (L. 1831, art. 22).

La loi du 26 avril 1856, art. 1er, a élevé la pension de veuve à la moitié du maximum de la pension d'ancienneté, dans trois hypothèses correspondant imparfaitement aux trois premiers cas visés par l'art. 19 de la loi de 1831 (V. aussi L. 20 juin 1878, art. 2; *suprà*, n. 663 et 664). Ont droit à cette moitié : 1° les veuves des militaires tués sur les champs de bataille; la loi de 1856 ne parle pas de la veuve dont le mari a été tué dans un service commandé ; 2° les veuves des militaires qui ont péri à l'armée et dont la mort a été causée par des événements de guerre : la loi de 1856 n'ajoute pas, comme celle de 1831, *soit par des maladies contagieuses et endémiques*, etc...; la mort causée par ces maladies n'ouvre donc en faveur de la veuve que le droit au tiers du maximum de la pension d'ancienneté (15 nov. 1872, *Vignet*); 3° les veuves des militaires morts des suites de blessures reçues dans les circonstances prévues par les deux paragraphes précédents, pourvu que le mariage soit antérieur à ces blessures.

669. *Orphelins.*

L'enfant ou les enfants mineurs d'un militaire ont droit, lorsque la mère est décédée ou déchue par l'effet de la séparation de corps, à un secours annuel égal à la pension qu'elle aurait pu obtenir.

Ce secours est payé jusqu'à ce que le plus jeune des enfants ait atteint l'âge de vingt et un ans accomplis ; la part des majeurs est réversible sur les mineurs (L. 1831, art. 20 et 21).

Le rapprochement de l'art. 21 et des art. 19 et 20 (V. *suprà*, n. 663 et suiv.), montre qu'il s'agit exclusivement ici des enfants d'une mère mariée et que la loi ne s'occupe pas des enfants naturels (V , en matière de pensions civiles, *suprà*, n. 596).

670. *Services éminents et extraordinaires.*

L'ancienneté, les blessures ou infirmités, la mise en réforme dans les conditions prévues par la loi, sont les seuls titres qu'un militaire puisse faire valoir pour réclamer une pension. On vient de voir en quelles circonstances la mort du mari ou du père ouvre un droit en faveur de la veuve ou des enfants.

En dehors des cas ainsi déterminés, les services militaires éminents ou extraordinaires peuvent mériter
une pension. Mais cette pension n'est pas due, et ne
saurait être accordée qu'en vertu d'une loi spéciale
(L. 11 avr. 1831, art. 23). Sous ce rapport, les services
militaires ne créent pas une autre situation que les services rendus par les fonctionnaires civils ou par les
simples particuliers (V. sur les récompenses nationales
infrà, n. 719).

671. *Liquidation.*

La liquidation des pensions militaires est soumise à
des formalités analogues à celles qui régissent les pensions civiles (V. *suprà*, n. 598 et suiv.)

En ce qui concerne la *pension d'ancienneté*, tout militaire, toute veuve, tout orphelin de militaire, doit se
pourvoir en liquidation auprès du ministre de la guerre
dans les cinq ans (L. 17 avr. 1833, art. 6 ; 4 avr. 1879,
Cravin). Ces cinq ans datent, pour le militaire, de la
cessation de son activité ; pour les veuves et orphelins,
du décès ou fait emportant déchéance qui donne ouverture à leur droit.

La déchéance s'applique lorsque le droit à pension
a été longtemps dénié par la jurisprudence et que cette
dénégation a été la cause du retard apporté à la demande (6 août 1881, *Flouril*).

Quant à la pension pour *blessures* ou *infirmités*, le militaire doit former sa demande avant de quitter le service (Ord. 2 juill. 1831, art. 1er), ou du moins faire
constater ses infirmités avant d'être rayé des contrôles
de son corps (6 août 1881, *Boyer*). Par suite, un officier
est non recevable à réclamer une pension pour infirmités, lorsqu'il a été réformé et a laissé passer les dé-

lais du recours contre le décret de mise en réforme
(3 août 1877, *Lesage ;* 10 mai 1878, *Chevé ;* 5 juill. 1878,
Escolle ; V. *suprà,* n. 525 et 526).

672. On sait que l'*aggravation consécutive* des blessures ou infirmités peut donner aux militaires réformés
le droit d'obtenir une pension de retraite, et aux militaires retraités dans les conditions de l'art. 14 de la
loi de 1831 celui de réclamer une nouvelle liquidation aux termes des art. 13 et 14 (V. *suprà,* n. 657,
655). Ces militaires ont, pour former la demande,
un délai de deux ans à partir de la cessation de leur
activité ; délai porté à trois ans si les blessures ou infirmités ont occasionné l'amputation d'un membre où
la perte de la vue. En tout cas, la demande n'est pas
admissible si les blessures et infirmités n'ont été régulièrement constatées avant que le militaire ait quitté
le service (Décr. 20 août 1864 ; 14 nov. 1879, *Dieu-
lafait*).

673. A la suite de la guerre de 1870-1871, l'administration avait apporté de grands tempéraments à la
mise à exécution des lois et règlements prescrivant les
délais dans lesquels doivent être formées les demandes
de pensions pour blessures ou infirmités et les demandes
en revision pour cause d'aggravation consécutive. Un
décret du 22 septembre 1876 a indiqué, comme limite
extrême, le 31 mars 1877. Mais la demande formée
dans les délais n'a pu être déclarée non recevable à
raison de ce que le réclamant n'avait pas, dans ces
délais, produit les pièces justificatives (20 mai 1881,
Débiolles), ou, au moins, fait constater l'aggravation
(25 fév. 1881, *Marquet*).

Le décret de 1876, d'ailleurs, n'a pu être invoqué

par les officiers réformés qui n'avaient pas, dans les délais légaux, attaqué la décision prononçant leur mise en réforme (5 juill. 1878, *Escolle*; V. *suprà*, n. 671).

674. Les *formes de la demande* ont été déterminées par l'ordonnance du 2 juillet 1831, indiquant les pièces et justifications à y joindre.

Ce sont notamment, pour la pension d'ancienneté, les états de service du militaire. La demande de pension pour blessures et infirmités doit, de plus, être appuyée des rapports et autres actes authentiques constatant le fait qui donne lieu à la demande, du procès-verbal de l'information ou enquête prescrite par les autorités militaires, enfin du certificat de l'officier de santé en chef de l'hôpital ou de l'hospice où le militaire a été traité, ou, à défaut, de l'officier de santé en chef désigné par le ministre de la guerre (art. 3 à 7). Les veuves doivent produire leur acte de mariage, et les orphelins l'acte de décès de leur mère et leur acte de naissance. La demande est formée par la voie hiérarchique, sauf exception pour les généraux de division, admis à se pourvoir directement devant le ministre de la guerre (art. 18).

Lorsqu'il s'agit de pensions pour blessures ou infirmités, le ministre de la guerre demande l'avis du Conseil de santé des armées (art. 26). Cet avis a été souvent considéré comme décisif en ce qui concernait l'appréciation des faits invoqués (22 août 1838, *Gastaud*; 18 déc. 1839, *Danel*). Il ne l'est pas nécessairement (V. les arrêts cités *suprà*, n. 652 et suiv.).

675. Toute demande est soumise à l'examen de la section de la guerre du Conseil d'État (Ord. 20 juin 1817, art. 3). L'instruction terminée, il est statué par un décret du chef de l'État qui accorde la pension, ou par une décision du ministre de la guerre qui la refuse.

676. Le recours contre le décret de concession doit, à peine de déchéance, être formé dans les trois mois du jour du premier payement des arrérages, pourvu qu'avant ce payement les bases de liquidation aient été notifiées (L. 1831, art. 25; 24 août 1836, *Mulson*; 5 sept. 1836, *Pichault de la Martinière*; 15 avr. 1858, *Cambier*; 2 juill. 1880, *Valentin*; V. 23 avr. 1837, *Duc de Clermont-Tonnerre*). Des réserves seraient inefficaces pour prolonger ce délai (2 avr. 1852, *Delioux de Savignac*). En vain on a soutenu que le décret laissait place à une revision administrative qui pourrait être sollicitée devant le ministre de la guerre et donner lieu à un pourvoi contre la décision intervenue. Cette prétention a été condamnée par la jurisprudence (8 janv. 1836, *Barjon*).

Le recours contre la décision ministérielle portant refus de pension doit être formé dans les trois mois de la notification faite au réclamant (13 fév. 1840, *Hude*; 14 mars 1845, *Palanquet*; V. 13 août 1840, *Gasselin*; V. *suprà*, n. 605).

Le recours ne peut avoir pour objet l'admission du réclamant à faire valoir ses droits acquis à la retraite, ni encore moins le refus de le réintégrer dans l'armée, actes rendus par le ministre dans la plénitude de ses pouvoirs administratifs (8 janv. 1841, *Asselineau*; 27 avr. 1841, *Ducros*; 27 avr. 1847, *Auricoste de Lazarque*; V. *suprà*, n. 530, 514).

Le recours serait rejeté faute d'intérêt, s'il arguait de l'inobservation des formalités légales sans conclure à une augmentation du chiffre de la pension

(15 juin 1850, *D'Agard* ; 29 déc. 1851, *Championnet-Rey*).

677. Le décret portant concession d'une pension contestée dans son chiffre, comme la décision portant refus de pension, doit être annulé s'il y a eu omission des formalités substantielles, par exemple, de l'avis du Conseil d'État ou, en matière de pensions pour blessures ou infirmités, de l'avis du Conseil de santé des armées (V. *suprà*, n. 675, 419).

Le Conseil d'État, pas plus que le ministre liquidateur, n'est lié, dans l'appréciation des titres à la pension de retraite, par l'appréciation dont ces mêmes titres ont fait l'objet à l'occasion de l'admission à la solde (V. *suprà*, n. 540 et suiv.) ou à la pension de réforme (V. *suprà*, n. 525 et suiv.; 29 janv. 1839, *Delmas de Grammont* ; 4 juin 1841, *Legras de Vaubercey* ; 17 déc. 1841, *Franceschetti*). Ces arrêts déclarent que le ministre a le droit et l'obligation d'examiner à nouveau le temps de service dans ses rapports avec la pension de retraite, et peuvent donc être invoqués par les prétendants droit à pension aussi bien que contre eux.

En matière de pensions pour infirmités, le Conseil d'État, si les allégations du demandeur sont pertinentes et admissibles, a le pouvoir d'ordonner son examen et celui de ses infirmités, conformément aux art. 10, 13 et 26 de l'ordonnance du 2 juillet 1831, bien que ces formalités ne soient pas obligatoires pour le ministre (13 avr. 1881, *Reybaud*).

678. *Jouissance.*

Les pensions sont personnelles et viagères, et doivent être inscrites au grand livre de la dette publique (L. 11 avr. 1831, art. 24). Cette règle s'applique aux pensions de réforme, mais non aux soldes de réforme accordées aux officiers qui n'ont pas vingt ans de service (L. 19 mai 1834, art. 20; V. *suprà*, n. 662). Les pensions militaires sont soumises aux mêmes règles que les pensions civiles quant au payement des arrérages et à la délivrance des certificats de vie (V. *suprà*, n. 608).

679. Les pensions de retraite sont *incessibles et insaisissables*, sauf le cas de débet envers l'État, qui peut donner lieu à une retenue du cinquième, et les cas prévus par les art. 203 et 205, Cod. civ. (dette alimentaire), motivant une retenue du tiers (L. 11 avr. 1831, art. 28; V. Toulouse, 18 janv. 1840; Paris, 26 juill. 1847, D. 47,2,151; V. *suprà*, n. 609). Cette disposition s'étend aux pensions de réforme (19 mai 1834, art. 20; V. *suprà*, n. 662).

680. Les pensions de retraite ne peuvent être cumulées avec les traitements *militaires* d'activité (L. 25 mars 1817, art. 27). L'interdiction du cumul a été appliquée aux officiers préposés à la surveillance d'établissements pénitentiaires aux colonies (13 déc. 1878, *Outrequin*). Elle l'a été pareillement aux officiers retraités qui avaient repris du service dans la garde nationale mobile pendant la guerre de 1870-71. L'art. 159 de la loi du 22 mars 1831 permettait le cumul aux anciens militaires servant dans les corps détachés de la garde nationale, et était rappelé par l'art. 6 de la loi de 1831; mais cet article a été implicitement abrogé par l'art. 12 de la loi du 1er février 1868 (15 nov. 1872, *De Place*). L'interdiction dont il s'agit ne permet pas qu'un militaire fasse remonter la date des arrérages par lui réclamés à une époque où il était placé en subsistance dans un corps et y touchait sa solde (27 août 1857, *Renner*).

Par exception, la loi du 10 juillet 1874, art. 3, permettait aux sous-officiers retraités après trente-cinq ans accomplis de cumuler, jusqu'à douze cents francs, leur pension proportionnelle avec le traitement même militaire qu'ils peuvent obtenir en vertu de la loi du 24 juillet 1873. Cette disposition était inapplicable aux officiers retraités en vertu de la loi de 1831 (13 déc. 1878, *Outrequin*). La loi du 23 juillet 1881, art. 13, porte simplement que les pensions proportionnelles se cumulent avec les emplois *civils*. L'art. 27 de la même loi abroge celle du 10 juillet 1874.

Les pensions de retraite peuvent être cumulées avec les traitements civils d'activité (L. 25 mars 1871, art. 27), pourvu qu'on n'ait pas compté dans leur liquidation le temps passé dans un service civil (L. 11 avr. 1831, art. 27; V. *suprà*, n. 643, 565).

Les pensions de retraite se cumulent avec la solde et les prestations attribuées en temps de paix, pendant les exercices et manœuvres, aux officiers de la réserve et de l'armée territoriale autres que ceux mentionnés à l'art. 53 de la loi du 13 mars 1875 (L. 1er juin 1878, art. 1er; V. *suprà*, n. 544).

On sait que les pensions et traitements de réforme se cumulent avec les traitements civils (L. 19 mai 1834, art. 19; V. *suprà*, n. 662).

681. Il y a lieu ici, comme en matière civile, à *radiation* de la [pension dont les arrérages n'ont pas été réclamés pendant trois ans (L. 9 juin 1853, art. 30; V. *suprà*, n. 608), et le rétablissement n'en donne lieu à aucun rappel d'arrérages (14 janv. 1876, *Fass*). Cette déchéance est opposable seulement à ceux qui négligent de faire valoir leurs droits et de justifier de leurs titres dans le délai de trois ans à dater du jour où s'est ouvert leur droit à pension. Elle ne l'est pas à la veuve d'un militaire disparu, qui a fait toutes ses diligences pour obtenir un jugement de déclaration d'absence dans le plus bref délai et n'a pu l'obtenir dans les trois ans (10 avr. 1867, *Damiens*). Elle n'est pas faite pour le cas de retard imputable à la négligence de l'administration (16 mars 1870, *Meunier*).

682. La jouissance d'une pension, comme son obtention, est *suspendue* par trois causes que fait connaître l'art. 26 de la loi du 11 avril 1831.

La première cause de suspension est la condamnation à une peine afflictive et infamante, entraînant privation de la pension pendant la durée de la peine. La loi de 1831 a été, sous ce rapport, modifiée par le Code de justice militaire, loi du 9 juin 1875. L'art. 190 de ce code ne fait résulter la perte du droit à pension que de la dégradation militaire, peine accessoire aux peines afflictives et infamantes, mais appliquée séparément dans les formes indiquées par cet art. 190. Partant de là, le Conseil a dû décider que le ministre de la guerre ne peut refuser la liquidation de sa pension à un militaire condamné aux travaux forcés, si, avant que la dégradation n'ait eu lieu, sa peine a été commuée en une autre peine n'emportant pas dégradation (27 juin 1867, *Chaspoul*).

La seconde cause de suspension est la perte de la qualité de Français; la jouissance de la pension est suspendue jusqu'à ce que le pensionnaire ait recouvré cette qualité (L. 1831, art. 26). Les tribunaux seuls ont compétence pour reconnaître si elle a été perdue ou recouvrée (V. *suprà*, n. 610, 515).

La troisième cause de suspension est la résidence hors du territoire français sans l'autorisation du chef de l'État. Peu importe que cette résidence ait eu pour cause une condamnation par contumace effacée par une amnistie postérieure : l'amnistie efface la condamnation, mais non le fait de résidence irrégulière à l'étranger (7 mai 1880, *Solinhac;* V. 13 mai 1881, *Brissy;* V. *suprà,* n. 650, et *infrà,* n. 741).

683. L'art. 37 de la loi de 1831 abroge toutes lois et tous règlements antérieurs, relatifs tant aux droits et titres à pension qu'au mode de fixation des pensions, sauf les cas prévus aux art. 29 à 35. Plusieurs de ces dispositions ont cessé d'avoir une application possible, et nous avons tenu compte des autres. Il importe seulement de noter l'art. 31, aux termes duquel tous les droits acquis relativement aux services admissibles sont conservés, sauf les restrictions spécifiées par l'art. 32 à l'égard des services dans les armées étrangères.

CHAPITRE VII.

PENSIONS DE LA MARINE.

684. La législation sur les pensions de la marine est faite non seulement pour les *marins* proprement dits, mais aussi pour un grand nombre de *fonctionnaires, agents et ouvriers assimilés*. Mais cette assimilation n'est complète qu'à l'égard de ceux qui remplissent les conditions de navigation ou de séjour aux colonies déterminées par l'art. 1er de la loi du 18 avril 1831 (V. les n. suiv.)

La législation sur les pensions de la marine est pleinement applicable aux officiers du commissariat, du service de santé, et autres complètement assimilés aux officiers de mer par leurs règlements organiques.

Elle est étrangère aux troupes de la marine, dont la situation est, sous tous les rapports, comme celle de l'armée de terre, régie par la loi du 11 avril 1831 (V. *su-prà*, n. 640 et suiv.), sauf le bénéfice résultant de l'art. 1er de la loi du 18 avril 1831, en ce qui concerne l'époque à laquelle peut être acquise la pension d'ancienneté (L. 18 avr. 1831, art. 23 ; l. 5 août 1879, art. 17 ; V. le n. suiv.).

Elle s'applique seulement dans une certaine mesure aux fonctionnaires de l'ordre judiciaire dans les colonies, et aux fonctionnaires civils des colonies, autres que ceux qui sont compris dans l'organisation de la marine en France (L. 18 avril 1831, art. 24 ; V. *suprà*, n. 566).

Enfin, elle a été récemment appliquée par la loi du 28 juin 1862, sauf quelques modifications, aux contre-maîtres, aides-contre-maîtres, ouvriers, apprentis et journaliers des professions non soumises à l'inscription maritime, ainsi qu'aux agents inférieurs désignés au tarif n° 1, annexé à cette loi (V. *infrà*, n. 710).

685. *Pensions d'ancienneté.*

Le droit à la pension d'ancienneté est acquis pour les officiers de la marine et les marins de tous grades et pour les personnes complètement assimilées, à *vingt-cinq ans* accomplis (L. 18 avr. 1831, art. 1er).

Ce droit n'est acquis dans les autres corps de la marine qu'après *trente ans* de services effectifs. Les individus faisant partie de ces corps sont cependant, sous ce rapport, assimilés aux marins, s'ils réunissent six ans de navigation sur les vaisseaux de l'État ou de séjour dans les colonies. Mais le service des colonies ne motive de réduction sur la durée légale des services que pour les individus envoyés d'Europe (L. 18 avr. 1831, art. 1er ; L. 5 août 1879, art. 2). Les aumôniers

de la flotte ont droit à cette pension à vingt et un ans de
services effectifs, s'ils comptent douze ans de navigation sur les bâtiments de l'État (L. 26 juin 1861,
art. 3).

686. Jusqu'à trente ans de service donc, les officiers qui ne pouvaient invoquer le bénéfice de l'art. 1er
de la loi du 18 avril 1831 n'avaient droit, si leurs
infirmités les obligeaient à quitter le service, qu'à une
pension de réforme. On sait qu'une telle pension n'est
pas réversible sur la veuve et les enfants (V. *suprà*,
n. 662, 666, et *infrà*, n. 698). La loi du 25 juin 1861,
art. 2, accorde exceptionnellement aux officiers de l'armée de terre, après vingt-cinq ans de services effectifs,
le minimum de la pension de retraite attribuée à leur
grade, lorsque, après avoir été mis en non-activité pour
infirmités temporaires, ils ont été reconnus par un
conseil d'enquête, selon les prescriptions de la loi du
19 mai 1834, non susceptibles d'être rappelés à l'activité (V. *suprà*, n. 641). Une semblable disposition était
moins nécessaire pour les pensions de la marine, puisque
les officiers de marine et ceux qui leur sont complètement assimilés ont droit à la pension de retraite à
vingt-cinq ans, et que l'art. 1er de la loi de 1831 ne
laissait en dehors de cette règle qu'une catégorie exceptionnelle de fonctionnaires. La loi du 10 avril 1869
n'en est pas moins venue accorder à ces derniers le
bénéfice reconnu à tous les officiers de l'armée de
terre, et l'a étendu aux maîtres principaux et maîtres
entretenus, conducteurs principaux et conducteurs des
diverses directions de travaux dans les ports et établissements de la marine (art. 1er).

687. Les années de service effectif se comptent seu-

lement à partir de *l'âge de seize ans* (**L. 18 avr. 1831,**
art. 2).

Cette restriction n'a trait qu'aux services postérieurs
à la promulgation de la loi. On doit compter comme service effectif la navigation antérieure sur les bâtiments
de l'État à partir de dix ans (art. 31). La loi de 1831
réserve d'ailleurs tous les droits acquis antérieurs à sa
promulgation (art. 33). On doit compter, par conséquent, à partir de cet âge de dix ans, le temps de service passé, soit à bord des navires, soit même à terre
(Arrêté 11 fruct. an xi ; 30 août 1842, *De Perrin*), mais
seulement depuis le premier embarquement, condition
qui exclut les assimilés non embarqués (9 mai 1834,
Lafond). On doit compter aussi le temps passé par les
élèves sur le vaisseau-école à partir de leur entrée à
l'École navale (Décr. 27 déc. 1810 ; 25 janv. 1839,
Dauthiet).

En dehors des situations qui viennent d'être indiquées, la navigation de dix à seize ans ne peut servir à
établir les trente ou vingt-cinq ans de services effectifs
nécessaires à l'établissement du droit à pension. Elle
peut, du moins, comme bénéfice de campagne, être
comptée dans la liquidation de la pension à laquelle un
officier, marin ou autre a droit acquis (**L. 18 avr. 1831,**
art. 7, et *infrà*, n. 690).

688. Le *service des militaires* est compté pour le
temps antérieur à leur admission dans la marine, mais
compté d'après les lois qui régissent l'armée de terre
(V. *suprà*, n. 640 et suiv.). L'assimilation devient
complète, et le temps entier de leur service est compté
d'après les lois relatives aux pensions de la marine, si,
avant ou après cette admission, ils ont satisfait aux

conditions de l'art. 1er, indiquées *suprà*, n. 685 (L.
18 avr. 1831, art. 3). Le temps passé à l'École navale
est compté comme service effectif. Il est compté aux
élèves de l'École polytechnique quatre années de service effectif, à titre d'études préliminaires, au moment
où ils entrent dans la marine (art. 5 ; V. *suprà*, n. 643).

689. En ce qui concerne les *services civils*, l'art. 4
de la loi du 18 avril 1831 reproduit, en donnant aux
marins un avantage particulier, l'art. 4 de la loi du
11 avril 1831 : est compté pour la pension de retraite
le temps passé dans un service civil qui donne droit à
pension pourvu, toutefois, que la durée des services
dans le département de la marine soit au moins de
vingt ans en France, *ou de dix ans dans les colonies,
pour les individus envoyés d'Europe*. A part cette différence, nous ne pouvons que nous référer à ce qui a été
dit *suprà*, n. 643.

Le temps passé hors de l'activité, avec jouissance
d'une pension de retraite, ne peut entrer dans la supputation du service effectif. Il en est de même du temps
pendant lequel une pension a été cumulée avec la solde
d'activité dans les corps détachés de la garde nationale
comme auxiliaires de l'armée, à moins que le pensionnaire n'ait acquis dans ces corps des droits pour blessures ou infirmités ou des bénéfices de campagne (L.
18 avr. 1831, art. 6 ; V. L. 11 avr. 1831, art. 6, *suprà*,
n. 642).

690. Les officiers, marins et autres, qui ont le
temps de service exigé pour la pension d'ancienneté,
peuvent compter en sus les *bénéfices de campagne*, conformément à l'art. 7 de la loi du 18 avril 1831, modifiant, dans la mesure commandée par la différence

des services, les règles des pensions militaires (V. L.
11 avr. 1831, art. 7, *suprà*, n. 645).

Est compté pour la totalité en sus de sa durée effective le service qui a été fait : 1° en temps de guerre
maritime, à bord d'un bâtiment de l'État ; 2° à terre,
en temps de guerre, soit dans les colonies françaises,
soit sur d'autres points hors d'Europe ; 3° le temps de
captivité à l'étranger des officiers, marins et autres,
faits prisonniers sur les bâtiments de l'État ou sur les
prises faites par les bâtiments de l'État ; 4° le temps de
navigation des voyages de découverte ordonnés par le
Gouvernement (L. 18 avr. 1831, art. 7).

Est compté pour moitié en sus de sa durée effective :
1° le service en paix maritime à bord d'un bâtiment de
l'État. Longtemps la jurisprudence a ajouté au texte de
cette disposition en exigeant, non seulement le service
à bord, mais le service à bord *d'un navire faisant campagne*. Il semblait contradictoire d'accorder un bénéfice
de campagne à celui qui n'a ni fait la guerre, ni voyagé.
Ce bénéfice a donc été refusé aux marins embarqués
sur les navires employés comme stationnaires sur la
rade des ports (25 déc. 1840, *Blanlot;* 9 mai 1845,
Gaillard). Plus tard, on a considéré que le service des
bâtiments stationnaires, placés sur les points les plus
périlleux des rades et en faisant la police, doit rationnellement être considéré comme un service à la mer :
l'art. 8 est conforme à cette manière de voir, puisque
c'est du jour de la mise en rade qu'il fait courir le bénéfice de campagne. Ce bénéfice a donc été reconnu
aux équipages des bâtiments en commission ou en disponibilité de rade, et appliqué à ceux des vaisseaux-
écoles, dont la situation légale est analogue (9 mars

1850, *Franco*). 2° Le service à terre en temps de paix, soit dans les colonies françaises, soit sur d'autres points hors d'Europe, pour les individus envoyés d'Europe (L. 18 avr. 1831, art. 7).

Est compté pour moitié de sa durée effective (et non pour la moitié en sus), le service fait, en guerre comme en paix, sur les bâtiments ordinaires du commerce (L. 18 avr. 1831, art. 7).

On a vu que la navigation de dix à seize ans n'entre pas dans les services effectifs nécessaires pour établir le droit à pension (*suprà*, n. 687). L'art. 7 porte que cette navigation est comptée à titre de bénéfice de campagne pour sa durée effective.

Enfin, disposition spéciale à la navigation sur tous bâtiments autres que ceux de l'État : les bénéfices qui en résultent ne peuvent entrer pour plus d'un tiers dans l'évaluation totale des services donnant droit à la pension (L. 18 avr. 1831, art. 7).

691. Dans la supputation des bénéfices de campagne, l'art. 8 de la loi du 18 avril 1831 introduit une disposition qui n'a pas d'analogue dans la loi sur les pensions militaires. On compte pour une année entière la campagne dans laquelle l'officier, marin ou autre a été blessé et mis hors de service. En tout autre cas, on suppute le temps écoulé depuis la mise en rade jusqu'à la rentrée dans un port de France, et, sur cette période, le mois commencé est compté comme fini. Néanmoins, si l'officier, marin ou autre retourne immédiatement à la mer, il ne peut compter qu'une année de campagne pour chaque période de douze mois, plus le mois commencé lors du désarmement (art. 8).

Le service, tant sur les bâtiments armés en course

que sur les navires de commerce, n'est compté que du
jour du départ du bâtiment pour sa destination. Il ne
comprend ni le temps de l'équipement, ni celui de relâche dans un port de France, toutes les fois que cette
relâche a excédé quinze jours (art. 8 ; V. en matière de
pensions militaires, *suprà*, n. 645).

692. La fixation de la pension est, comme pour les
militaires, basée sur deux éléments : la *durée des services*
et le *grade*. Le minimum est acquis aux officiers de la
marine et marins après vingt-cinq ans de services effectifs ; aux individus appartenant aux autres corps, après
trente ans. Chaque année de service en sus ou chaque
année de campagne ajoute un vingtième de la différence
du minimum au maximum. Le maximum est acquis,
pour les officiers de la marine et marins, à quarante-
cinq ans, et pour les individus des autres corps de la
marine, à cinquante ans de service, campagnes comprises (L. 18 avr. 1831, art. 9 ; V., en matière de pensions militaires, *suprà*, n. 646).

L'art. 9 renvoie au *tarif* annexé à la loi, qui a été
remplacé, quant aux officiers, par le tarif annexé à la
loi du 26 juin 1861, et dont le minimum et le maximum, pour les officiers mariniers, marins et assimilés,
a été augmenté de 165 fr. (L. 26 avr. 1855, art. 19 ;
L. 21 juin 1856). Le tarif a été élevé par les lois du
5 août 1879, du 18 août 1881 et du 8 août 1883.
Les pensions sont liquidées sur le grade dont les ayants
droit sont titulaires depuis deux ans au moins, sauf le
cas de retraite d'office (L. 1883, art. 2).

693. La pension se règle sur le grade dont l'officier, marin ou autre, est titulaire. Par exception, elle
se règle sur le grade immédiatement inférieur, lors-

qu'un officier demande sa retraite avant d'avoir au moins deux ans d'activité dans son grade (L. 18 avr. 1831, art. 10). Elle se règle encore sur le grade immédiatement inférieur, si ce mode de liquidation est plus avantageux à raison de l'augmentation du cinquième (L. 10 avr. 1869, art. 3 ; V. le n. suiv. et *suprà*, n. 648).

Le grade est constaté dans les mêmes formes qu'en matière de pensions militaires (19 juin 1838, *Touzet* ; V. *suprà*, n. 649).

694. L'art. 11 de la loi du 18 avril 1831 a accordé une *augmentation du cinquième* à tout officier, sous-officier, quartier-maître ou caporal, ayant douze ans accomplis d'activité dans son grade.

Le bénéfice de cette augmentation, ajoute l'art. 11, est acquis même aux individus *désignés par le précédent paragraphe*, qui ont droit au maximum déterminé par le tarif annexé à la présente loi. Il s'agit des *individus des autres corps de la marine* dont parle l'art. 9, c'est-à-dire de fonctionnaires et agents sans caractère militaire et sans chance de destinations périlleuses, tels que les trésoriers des Invalides, examinateurs et préposés des écoles d'hydrographie, chefs de comptabilité des services publics, commis dessinateurs, commis de direction des ports, etc... Ici, la jurisprudence a subordonné l'assimilation de ces individus aux marins à l'accomplissement des conditions indiquées par l'art. 1er de la loi du 18 avril 1831 et l'art. 2 de la loi du 5 août 1879, à savoir : six ans de navigation sur les vaisseaux de l'État ou de service dans les colonies, le service dans les colonies ne motivant, d'ailleurs, la réduction que pour les individus envoyés d'Europe (V. *suprà*, n. 685). Ceux qui remplissaient cette condition ont eu droit à

l'augmentation du cinquième (29 janv. 1839, *Pontus*).
Ceux qui ne l'avaient pas remplie ne pouvaient l'obtenir (19 mai 1834, *Lafond*; 27 fév. 1835, *Piécour*;
9 mai 1845, *Gaillard*; 8 juin 1847, *Leguen-Kerneizon*;
24 janv. 1849, *Veillon*). Cette distinction est restée
inapplicable aux officiers du commissariat et autres,
assimilés aux militaires par les lois organiques de leur
corps, comme étant appelés dans les colonies et sur les
bâtiments de la flotte (V. *suprà*, n. 684).

La loi du 5 août 1879, art. 5, restreint l'application
de l'art. 11 aux officiers-mariniers, quartiers-maîtres
et assimilés, et la loi du 8 août 1883, art. 3, la subordonne à la condition que les douze années d'activité
aient été accomplies dans les grades qui figurent à la
première section du nouveau tarif annexé à cette loi
(V. *suprà*, n. 692). Les officiers et assimilés ne sont plus
reçus à réclamer l'augmentation du cinquième (V. *suprà*,
n. 649).

695. *Pensions pour blessures et infirmités.*

Les art. 12, 13 et 14 de la loi du 18 avril 1831, indiquant les cas dans lesquels est due la pension de
retraite pour blessures ou infirmités, reproduisent presque littéralement les art. 12, 13 et 14 de la loi du
11 avril précédent (V. *suprà*, n. 652 et suiv.). Le
règlement d'administration publique auquel la loi se
réfère pour les formes et délais de justification des blessures ou infirmités est l'ordonnance du 26 janvier 1832.

696. La base de la pension pour blessures et infirmités est déterminée par les art. 15 à 18 de la loi du
18 avril 1831, presque identiques aux art. 15 à 18 de
la loi du 11 avril 1831 (V. *suprà*, n. 658), et modifiés
par la loi du 26 juin 1861, de la même manière que ces

derniers par la loi du 25 juin 1861. Les mêmes situations sont prévues :

1° « Pour l'amputation d'un membre ou la perte ab-
« solue de l'usage de deux membres, les officiers, offi-
« ciers-mariniers, assimilés et autres agents du dépar-
« tement de la marine et des colonies, reçoivent le maxi-
« mum de la pension qui leur est attribuée par la pré-
« sente loi ou par la loi du 21 juin 1856. »

2° « En cas d'amputation de deux membres ou de la
« perte totale de la vue, ce maximum est augmenté
« de 20 p. 100 pour les officiers et fonctionnaires
« assimilés compris dans la première section du tarif
« annexé à la présente loi, et de 30 p. 100 pour
« les marins et autres assimilés dont les pensions sont
« réglées par la loi du 21 juin 1856, ainsi que pour
« les agents compris dans la deuxième section du
« tarif ci-dessus. Dans cette dernière augmentation
« se trouve compris le supplément alloué par l'art.
« 33 de la loi du 28 fructidor an VII » (L. 26 juin
1861, art. 4).

697. Voilà pour les deux premières situations.
Quant aux deux autres, les art. 16 et 17 de la loi du
18 avril 1831 reproduisent les art. 16 et 17 de la loi
du 11 avril 1831 (V. *suprà*, n. 658). Deux règles spéciales ont dû être ajoutées ici. L'augmentation du
vingtième de la différence du minimum au maximum
a lieu pour chaque année de service au delà de vingt-
cinq ou trente ans, campagnes comprises, suivant qu'il
s'agit des marins ou des individus des autres corps
de la marine (V. *suprà*, n. 685). Le maximum est
acquis à quarante-cinq ans de service, campagnes comprises, pour les premiers, et à cinquante ans pour les

derniers (L. 1831, art. 16 et 17; V. *suprà*, n. 692).

La pension se règle sur le grade actuel. On applique aussi l'art. 11, relatif à l'augmentation du cinquième (Art. 18; V. *suprà*, n. 693, 694).

Le minimum de la pension des marins amputés ou grièvement blessés est de 600 francs (L. 27 nov. 1872, art. 1er; V. *suprà*, n. 659).

Enfin, tout officier marinier, magasinier de la flotte, premier ou second commis aux vivres, réunissant quinze ans de services effectifs et reconnu impropre à l'embarquement par suite des fatigues de la navigation, sans avoir droit à une pension pour infirmités, *peut obtenir* une pension proportionnelle, dont le taux est fixé à raison d'un vingt-cinquième du minimum de la pension d'ancienneté de son grade pour chaque année de services, campagnes comprises. Au delà de vingt-cinq ans, campagnes comprises, la pension est réglée comme celle d'ancienneté (L. 5 août 1879, art. 3). Cette pension ne saurait être réclamée. Elle est concédée sur proposition motivée (Décr. 18 août 1879, art. 1er; V. *suprà*, n. 651).

698. *Soldes et pensions de réforme.*

Les soldes et pensions de réforme de la marine suivent les mêmes règles que celles des militaires. Les art. 18 et 19 de la loi du 19 mai 1834 sont communs aux services de terre et de mer (art. 24 et 25). La loi du 17 août 1879 est faite pour les officiers de l'armée de mer comme pour ceux de l'armée de terre. En ce qui concerne les officiers ayant plus de vingt ans de service, la quotité de la pension est déterminée, dans la marine, non plus à raison d'un trentième pour chaque année de service effectif, mais à raison d'un vingt-cinquième. En ce qui concerne les officiers réformés pour cause de discipline, la moitié du minimum de la pension de retraite du grade est augmentée, pour chaque année de service effectif au delà de vingt ans, non plus de l'annuité d'accroissement fixée pour la pension d'ancienneté, mais de deux annuités (V., quant au surplus, *suprà*, n. 662).

699. *Veuves*.

La loi du 18 avril 1831 accorde pension aux veuves dans quatre cas, à peu près identiques à ceux qui sont prévus par la loi sur les pensions militaires (V. *suprà*, n. 663 et suiv.). Ont droit à pension (art. 19) :

« 1º Les veuves d'officiers, marins ou autres qui ont « été tués dans un combat, ou qui ont péri dans un « service commandé *ou requis*. » Le service requis est l'assistance donnée par un bâtiment de commerce à un bâtiment de guerre, sur réquisition de ce dernier.

« 2º Les veuves d'officiers, marins ou autres, qui « ont péri sur les bâtiments de l'État ou dans les colo- « nies, et dont la mort a été causée, soit par des évé- « nements de guerre, soit par des maladies contagieuses « ou endémiques aux influences desquelles ils ont été « soumis par les obligations de leur service. »

« 3º Les veuves d'officiers, marins ou autres, qui « sont morts des suites de blessures reçues soit dans « un combat, soit dans un service commandé ou requis, « pourvu que le mariage soit antérieur à ces bles- « sures. » Les justifications ont lieu dans les formes et délais prescrits par le règlement du 26 janvier 1832 (V. *suprà*, n. 695).

« 4º Les veuves d'officiers, marins ou autres per- « sonnes mentionnées dans le tarif, morts en jouis-

« sance de la pension de retraite ou en possession de
« droits à cette pension, pourvu que le mariage ait été
« contracté deux ans avant la cessation de l'activité du
« mari, ou qu'il y ait un ou plusieurs enfants issus du
« mariage antérieur à cette cessation ». Cette dernière
disposition ne peut être invoquée par les veuves des
officiers-mariniers, magasiniers de la flotte, premiers
commis aux vivres et seconds commis aux vivres, morts
en jouissance de la pension proportionnelle concédée
par l'art. 3 de la loi du 5 août 1879, ou en possession
de droits à cette pension (L. 5 août 1879, art. 10 ; V.
suprà, n. 697, 651).

700. La loi du 18 avril 1831 n'assurait la pension
de retraite après vingt-cinq ans de service qu'aux
veuves des officiers de la marine, marins et fonctionnaires complètement assimilés (V. *suprà*, n. 684). Mais
on a vu que le minimum de la pension de retraite est
accordé à vingt-cinq ans de service aux autres officiers
des corps de la marine, etc., lorsqu'ils ont été mis en
non-activité pour infirmités temporaires et qu'un conseil d'enquête les a reconnus non susceptibles d'être
rappelés à l'activité (L. 10 avr. 1869, art. 1er ; V. *suprà*,
n. 686). On sait que le même bénéfice appartient aux
officiers de l'armée de terre (L. 25 juin 1861, art. 2 ;
V. *suprà*, n. 641). On sait enfin que les veuves de tous
les officiers de l'armée de terre ont droit à pension par
cela seul que leur mari est mort en activité après vingt-
cinq ans de service (V. *suprà*, n. 666). Le même bénéfice a été étendu en dernier lieu aux veuves des officiers
des corps de la marine, etc..., non complètement assimilés par l'art. 1er de la loi du 18 avril 1831 (L. 5 août
1879, art. 7).

701. Le mariage n'ouvre de droits en faveur de la veuve, comme aussi des enfants, que lorsqu'il a été autorisé dans les formes prescrites par les décrets des 16 juin et 3 août 1808 (L. 18 avr. 1831, art. 19). La séparation de corps emporte déchéance contre la veuve, dont les enfants sont considérés comme orphelins (art. 20), pourvu qu'elle ait été prononcée contre elle (L. 26 juin 1861, art. 2). Le convol en secondes noces ne fait pas perdre le droit à pension (V., en matière de pensions militaires, *suprà*, n. 667).

702. D'après la loi du 18 avril 1831, la pension des veuves était fixée au quart du maximum de la pension d'ancienneté affectée au grade dont le mari était titulaire, quelle que fût la durée de son activité dans ce grade ; sauf exception pour la pension des veuves des amiraux, fixée à 6,000 francs, et pour celles des marins ou autres au-dessous du rang d'officier, qui ne pouvait être moindre de 100 francs (L. 18 avril 1831, art. 22 ; V. en matière de pens. mil., *suprà*, n. 668).

La loi du 20 juin 1878 a porté ce quart au tiers pour les pensions non encore inscrites (art. 1er). La loi du 5 août 1879 a élevé la pension des veuves des officiers-mariniers, marins et autres, compris à son tarif n° 2, à la moitié, sans qu'elle puisse dépasser la pension attribuée aux veuves d'officiers ou assimilés, ni être inférieure à 300 francs (art. 8). Les veuves de marins ou assimilés tués sur le champ de bataille, ou dont la mort a été causée par des événements de guerre, ont droit aux trois quarts du maximum de la pension d'ancienneté affectée au grade du mari (L. 26 avr. 1856, art. 1er ; L. 20 juin 1878, art. 2 ; L. 5 août 1879, art. 9). La veuve n'a pas droit à la liquidation sur le grade immédiatement inférieur lorsque cette liquidation est plus avantageuse (L. 10 avr. 1869, art. 3; V. *suprà*, n. 693).

Les pensions antérieurement concédées aux veuves d'officiers-mariniers, marins et assimilés, sont réglées selon les tarifs de 1879 (L. 18 août 1881, art. 3).

703. *Orphelins.*

Les enfants, lorsque leur mère est décédée ou frappée de déchéance, ont droit à un secours annuel, égal à sa pension, dans les mêmes conditions que ceux d'un militaire (L. 18 avr. 1831, art. 21 ; V. *suprà*, n. 669).

704. *Services éminents et extraordinaires.*

Les services éminents et extraordinaires, en dehors des cas prévus par la loi du 18 avril 1831, ne peuvent donner lieu qu'à une pension accordée par la loi (L. 18 avr. 1831, art. 25; V. *suprà*, n. 670, et *infrà*, n. 719).

705. *Liquidation.*

Les formes de la demande et les justifications à fournir suivent des règles analogues à celles des pensions militaires (V. *suprà*, n. 671 et suiv.; V. pour la justification des blessures et infirmités, Ord. 26 janv. 1832, et pour la justification du décès d'un officier ou marin ayant péri dans un service commandé ou requis, Ord. 18 janv. 1839). Mais les pensions militaires doivent, à peine de déchéance, être réclamées dans les cinq ans (*suprà*, n. 671) ; les demandes de pensions de la marine ne sont assujetties à l'observation d'aucun délai particulier, et, en conséquence, peuvent être formées pendant trente ans (21 mai 1852, *De Leyritz*).

Le recours contre le décret de concession ou la décision portant refus est soumis aux mêmes règles (L. 18 avr. 1831, art. 27 ; V. *suprà*, n. 676).

L'instruction suit une marche semblable. Ainsi, la

décision portant refus de la pension demandée pour
infirmités doit être annulée, s'il n'y a eu instruction
dans les formes prescrites par les art. 8 et suivants de
l'ordonnance du 26 janvier 1832 (11 juin 1875, *Pierre;*
V. *suprà*, n. 677). Cependant, la liquidation est faite
par le ministre de la marine seul, sans que le ministre
des finances ait à y intervenir.

Comme les pensions militaires, les pensions de la
marine sont personnelles et viagères. A la différence
de celles-là, qui sont inscrites sur le grand livre de la
dette publique (V. *suprà*, n. 678), celles-ci sont
payables, comme dettes de l'État, sur la caisse des Invalides de la marine (L. 18 avr. 1831, art. 26).

706. Les règles sont les mêmes quant au cumul
(L. 18 avril 1831, art. 29, et *suprà*, n. 680). Une veuve
ne peut cumuler plusieurs pensions (L. 5 août 1879,
art. 11).

707. Les règles sont les mêmes quant à l'incessibilité et l'insaisissabilité (L. 18 avril 1831, art. 30, et
suprà, n. 679).

708. *Jouissance.*

Comme les pensions militaires, les pensions de la
marine sont sujettes à radiation (L. 9 juin 1853, art. 30;
suprà, n. 681). La jouissance et l'obtention en sont
suspendues dans trois circonstances identiques à celles
qu'énumère la loi du 11 avril 1831 (L. 18 avr. 1831,
art. 28, et *suprà*, n. 682).

L'ordonnance du 11 septembre 1832 a réglé les autorisations à obtenir par les pensionnaires résidant en
pays étranger.

709. L'art. 37 de la loi du 18 avril 1831 abroge
les lois et règlements antérieurs, sauf les cas prévus

aux art. 31 à 36. L'art. 33, notamment, réserve tous droits acquis relativement aux services susceptibles d'être admis en liquidation, sauf les restrictions formulées par l'art. 34 à l'égard des services rendus dans les armées étrangères (V. en matière de pensions militaires, *suprà*, n. 683).

710. La loi du 28 juin 1862 a soumis au régime de celle du 18 avril 1831 les contre-maîtres, aides-contre-maîtres, ouvriers, apprentis et journaliers des professions non soumises à l'inscription maritime, et les autres agents du département de la marine compris au tarif n° 1 annexé à cette loi, qui n'avaient auparavant que des demi-soldes, conformément à la loi du 13 mai 1791. Le droit à pension est acquis, pour les contre-maîtres, aides-contre-maîtres, ouvriers, apprentis et journaliers, après vingt-cinq ans accomplis de service effectif (art. 2); pour les autres agents, après trente ans seulement (V. *Exposé des motifs*). La pension d'ancienneté ne peut être réclamée avant cinquante ans, à moins d'incapacité définitive de travail ou de service, dûment constatée (art. 3). La loi de 1862 s'applique à toutes pensions non inscrites avant sa promulgation, sauf réserve des droits acquis aux veuves des individus dont le décès a eu lieu ou dont la demi-solde a été inscrite avant sa promulgation (art. 8).

711. Nous n'avons pas à nous occuper des demi-soldes payées par la caisse des Invalides aux marins réunissant vingt-cinq ans, soit de services pour le compte de l'État, soit de navigation sur les bâtiments du commerce, lorsqu'ils ont cinquante ans d'âge ou justifient d'infirmités contractées au service de l'État; demi-soldes réversibles pour le tiers sur les veuves et orphelins (L. 28 juin 1862, art. 4 et suiv. ; L. 11 avr. 1881). Bien que le personnel de l'inscription maritime reste à la disposition de l'État, les demi-soldes ne sont pas la rémunération de services dérivant d'un contrat, mais la compensation d'une obligation imposée par la loi.

712. En ce qui concerne les événements de 1870 et 1871, nous n'avons qu'à renvoyer aux observations présentées *suprà*, n. 650 et 673. Il faut appliquer ici les décrets des 12 septembre et 14 novembre 1870, rendant leurs grades aux officiers qui en avaient été privés pour cause politique après 1851 (V. *suprà*, n. 517, 548, 557, 559, 642, 650, et *infrà*, n. 715). Notons également que les demandes de pensions, comme les demandes à fin de revision de pensions déjà accordées, ont profité des facilités alors admises en leur faveur. Les lois du 23 janvier 1875 et du 22 septembre 1876, assignant à ces demandes le 31 mars comme dernier délai, visaient également les pensions militaires et celles de la marine (V. *suprà*, n. 673).

TITRE XI.

ACTES A TITRE GRATUIT ET RÉCOMPENSES NATIONALES.

713. *Libéralités faites à l'État.*

L'État reçoit des libéralités. Aucune loi n'indique les formes dans lesquelles doit intervenir leur acceptation. Il faut appliquer, en quelque sorte *à fortiori*, la loi du 2 avril 1817, relative aux libéralités faites aux établissements publics, c'est-à-dire exiger un décret rendu en Conseil d'État.

L'acte n'est qu'un contrat de droit commun, donnant lieu à la compétence judiciaire. Cette compétence a été reconnue à l'occasion d'un legs (Cass. civ., 9 août 1809, Dalloz, *Jur. gén.*, v° *Comp. adm.*, n. 170; V. *suprà*, n. 51).

714. *Libéralités faites par l'État.*

L'État n'aurait pas occasion de faire des libéralités, si l'on n'appelait libéralité que l'acte par lequel une personne se dépouille de son bien dans le seul désir d'en gratifier une autre. Mais l'État donne souvent sans y être forcé, dans un but d'assistance, pour récompenser des services rendus, etc...

715. Parlons d'abord des *actes d'assistance* proprement dits.

Chaque ministre dispose d'un fonds destiné à secourir certaines infortunes. Aux termes de la loi du 17 août 1822, art. 21, un centime prélevé sur le fonds de non-valeurs des contributions foncière, personnelle et mobilière est réparti entre les départements dans les cas de grêle, incendie, inondation et autres cas fortuits : il est attribué par les préfets. Lorsqu'un désastre extraordinaire vient frapper une population, le législateur vote les sommes nécessaires pour en atténuer les effets (V. L. 18 janv. et 24 mars 1868, ouvrant un crédit pour secourir les populations d'Algérie éprouvées par le manque de récoltes; L. 21 déc. 1872, ouvrant un crédit pour les victimes des inondations). L'attribution individuelle de ces secours présente un caractère essentiellement administratif, et ne saurait donner lieu à une réclamation contentieuse.

C'est encore ainsi que les communes, dans l'impuissance de payer des réparations, peuvent demander qu'un secours leur soit alloué sur le budget de l'État. Il est statué sur rapport du ministre de l'intérieur ou de celui des cultes (Décr. 30 déc. 1809, art. 100).

La loi permet au chef de l'État d'accorder à titre gracieux la remise des débets constatés par les ministres. Le décret est rendu sur rapport du ministre liquidateur et sur avis du ministre des finances et du Conseil d'État (L. 29 juin 1852, art. 13).

On ne peut qu'assimiler aux secours dont il vient d'être parlé les sommes votées par les lois des 6 septembre 1871, 7 avril 1873 et 28 juillet 1874, à titre de dédommagement des pertes causées par la guerre, le second siège de Paris et la Commune. L'art. 39 du décret du 10 août 1853 refuse toute indemnité pour faits de guerre ou mesures de défense pendant l'état de siège ou en face de l'ennemi. Les sommes allouées par les lois précitées ne représentaient pas une indemnité due, mais un dédommagement accordé à titre gracieux.

Aussi, la répartition a-t-elle été faite entre les ayants droit, à Paris, définitivement, par des commissions que présidait le préfet de la Seine; dans les départements, par les conseils généraux, sauf approbation du ministre de l'intérieur (L. 7 avr. 1873, art. 2 et 7; L. 16 juin 1875).

C'est toujours en vertu des mêmes principes que les lois des 30 juillet 1881 et 7 août 1882 ont accordé des rentes et pensions viagères aux victimes du coup d'État de 1851 et de la loi de sûreté générale de 1858 (V. *suprà*, n. 517, 548, 557, 642, 650, 712).

De tels dédommagements ne peuvent être accordés que par le pouvoir législatif, et non par le ministre ou le chef de l'État (18 mai 1877, *Banque de France*).

716. On doit considérer comme des libéralités les *pensions ecclésiastiques*.

La pensée d'étendre au clergé la législation sur les pensions civiles a été écartée pour divers motifs : la subordination exclusive de leurs fonctions à l'autorité des évêques; la difficulté d'assujettir aux retenues des traitements souvent très faibles, etc... Cependant, une somme annuelle, montant en 1851 à plus de 500,000 fr., était distribuée par l'administration des cultes à des ecclésiastiques pauvres, à qui l'autorité diocésaine avait permis de résigner leurs fonctions (V. aussi Décr. 22 janv. 1852, art. 8). Cette situation a été régularisée par un décret du 28 juin 1853, fondant une caisse spéciale et y réunissant cette subvention aux ressources créées par le décret du 22 janvier 1852 (V. *suprà*, n. 24, et *infrà*, n. 724) et aux produits des donations privées.

Les pensions dont il s'agit sont accordées par le ministre des cultes, sur avis de l'évêque diocésain, aux prêtres âgés et infirmes, entrés dans les ordres depuis plus de trente ans (V. Décr. 28 juin 1853, art. 1er, et Rapport du ministre). Elles ne peuvent excéder le montant des ressources de la caisse dont il a été question plus haut. Leur obtention n'est qu'une faveur. Le refus du ministre ne peut, en aucun cas, donner lieu à un recours par la voie contentieuse.

717. L'indemnité accordée par le Gouvernement aux créanciers du titulaire destitué d'un office ministériel serait une sorte de libéralité, s'il était possible de prendre à la lettre les décisions ministérielles qui prescrivent l'allocation de cette indemnité et les arrêts qui refusent d'y voir la représentation des droits du titulaire destitué. En pareil cas, la valeur du droit de présentation serait confisquée et remise au titulaire nouveau moyennant une indemnité, dont le chef de l'État ferait ensuite présent aux créanciers du titulaire destitué. Il y a évidemment là une fiction; en réalité, les créanciers du titulaire reçoivent purement et simplement le prix de l'office de leur débiteur (V. *Traité des offices ministériels,* n. 583 et suiv.).

718. On reconnaît au chef de l'État et aux ministres le droit de distribuer des *encouragements scientifiques et littéraires.* Le législateur intervient lorsqu'il s'agit de sommes considérables (V. L. 22 juill. 1874, prix de 300,000 fr. promis à l'inventeur d'un moyen de destruction du phylloxera). Cette matière appartient au pouvoir discrétionnaire. Ainsi, la loi de 1874 porte qu'une commission nommée par le ministre sera chargée de déterminer les conditions à remplir et de décider s'il y a lieu de décerner le prix et à qui il doit être attribué.

719. Le caractère rémunératoire apparaît dans les *récompenses nationales*, accordées quelquefois aux hommes qui ont servi ou honoré leur pays d'une manière éclatante ; bien plus souvent aux veuves et héritiers de ceux qui lui ont sacrifié leur vie ou qui l'ont perdue dans des circonstances faites pour toucher le pouvoir souverain (V. *suprà*, n. 670, 704). Ces récompenses peuvent consister en allocations pécuniaires, monuments et funérailles, ou bien encore en pensions et adoptions d'orphelins. On ne peut qu'en rappeler les principaux exemples, liés à des faits de l'histoire nationale la plus récente (V. en matière de pensions, LL. 30 août et 13 déc. 1830, veuves et enfants des citoyens morts en défendant la cause nationale ; L. 21 avr. 1833, gardes nationaux blessés et veuves, enfants, orphelins, sœurs et ascendants des gardes nationaux tués dans les départements de l'Ouest et dans les journées de 1832, à Paris ; L. 4 sept. 1835, gardes nationaux blessés et veuves, enfants et parents des victimes de l'attentat de Fieschi ; L. 14 mai 1856, blessés et familles des victimes des journées de Mai et Juin ; LL. 18 mai 1858 et 16 avr. 1859, victimes de l'attentat d'Orsini ; L. 11 janv. 1871, victimes du bombardement de Paris ; L. 1er mars 1872, veuves et orphelins des personnes tuées comme otages pendant l'insurrection de 1871). A côté de ces actes, ayant une portée générale, d'autres ont concédé des pensions à des personnes nommément désignées (V. L. 7 août 1839, inventeurs du daguerréotype ; L. 18 mars 1840, veuve du colonel Combe ; L. 24 juill. 1848, veuve du représentant Dornès ; Décr. 9 août 1848, veuve du général Damesme ; L. 12 fév. 1855, veuve du maréchal Bugeaud ; L. 12 fév. 1855, veuve du maréchal de Saint-Arnaud ;

L. 6 juill. 1862, veuve de M. Halévy ; L. 31 mars 1859, veuve du vice-amiral Dubourdieu ; L. 20 avr. 1859, Mlle Éveillard ; L. 12 juin 1861, Mme Bosquet ; L. 16 mars 1864, M. Crespel-Delisse ; L. 15 sept. 1871, veuve et enfants du commandant De Sigoyer ; L. 1er mars 1872, veuves du général Lecomte et du colonel Billet ; L. 22 mars 1872, veuve du général Clément Thomas ; L. 18 juill. 1874, M. Pasteur ; L. 3 août 1875, M. Feray-Bugeaud d'Isly ; L. 12 août 1876, Mme Ricard ; L. 20 juin 1878, veuves du général d'Aurelles de Paladines et du colonel Denfert-Rochereau ; L. 22 août 1881, veuve du colonel Flatters ; L. 11 mai 1883, veuve du général Chanzy).

On voit, par les exemples qui précèdent, que jusque en 1856, comme après 1870, toutes les pensions à titre de récompense nationale ont été votées par la législature. Les lois des 3-22 août 1790, le décret du 13 sept. 1806 et la loi du 9 juin 1853 déterminent strictement les conditions auxquelles une pension doit ou peut être accordée par le chef de l'État (V. *suprà*, n. 550 à 712, 716).

Par dérogation à ce principe, la loi du 17 juill. 1856 avait permis au Gouvernement d'accorder, par décret, aux ministres et grands fonctionnaires de l'Empire, à leurs veuves et enfants, aux veuves et enfants des maréchaux et amiraux, des pensions dont le maximum n'excéderait pas 20,000 francs, lorsque, par des services éminents rendus à l'État, ces fonctionnaires auraient mérité une récompense extraordinaire et que l'insuffisance de leur fortune rendrait cette récompense indispensable. Ces pensions ne pouvaient être cumulées avec d'autres pensions sur fonds généraux, et le montant des pensions inscrites en vertu de la loi de 1856 ne devait pas excéder la somme de 500,000 francs (V. les décrets suivants : 12 mars 1867, veuve de M. de Martignac; 23 mai 1857, M. le comte de Lacépède et veuve du général Aupick; 15 nov. 1864, veuve du maréchal Pélissier; 17 déc. 1864, veuve de l'amiral Romain–Desfossés; 1er fév. 1865, veuve du comte Rossi; 21 fév. 1866, Mlle de Lacrosse; 24 fév. 1866, veuve du général d'Hautpoul; 20 déc. 1866, fils de M. Thouvenel; 20 nov. 1868, veuve du comte Walewski; 27 janv. 1869, Mme Ohier, fille du maréchal Magnan; 27 mars 1869, veuve de l'amiral Charner; 15 mai 1869, Mme de Thorigny et Mme Troplong; 4 mai 1870, veuve du maréchal Niel).

La loi du 27 juillet 1870, art. 33, abaissa le maximum de ces pensions à 12,000 francs, en disposant que leur montant total ne dépasserait pas 350,000 francs. L'art. 25 de la loi du 16 sept. 1871 a abrogé la loi du 17 juillet 1856. Cet article dispose que les pensions accordées en exécution de cette loi seront revisées dans les six mois, et déclare révoquées, sans restitution des arrérages, celles qui n'auraient pas, comme l'exigeait la loi de 1856, été accordées à la distinction des services et à l'insuffisance de la fortune.

La loi du 5 mai 1869 accorde une pension annuelle et viagère de 250 francs aux anciens sous-officiers et soldats de la République et de l'Empire qui, manquant de ressources personnelles, peuvent invoquer deux années de service militaire, ou deux campagnes, ou une blessure reçue au service et dûment constatée.

720. Dans certaines circonstances, la récompense nationale a consisté en une somme une fois payée

(V. L. 8 mai 1867, votant en faveur de Lamartine une somme de 500,000 francs, exigible à son décès, incessible et insaisissable; L. 26 mai et 3 juin 1871, portant que la maison de M. Thiers sera reconstruite aux frais de l'État).

721. En toutes ces matières, le caractère essentiellement administratif de l'acte implique évidemment la compétence administrative, c'est-à-dire celle du ministre et du Conseil d'État (V. *suprà*, n. 51, 159 et suiv., 257, 260).

722. *Légion d'honneur.*

La Constitution du 22 frim. an VIII portait : Art. 87 : « Il sera décerné des récompenses nationales aux guerriers qui auront rendu des services éclatants en combattant pour la République. » La loi du 29 floréal an X créa la Légion d'honneur, non sans rencontrer une vive opposition au Conseil d'État, au Tribunat et au Corps législatif; beaucoup y voyaient l'établissement d'un corps privilégié et un retour aux traditions de l'ancienne monarchie.

L'art. 1er de la loi définissait ainsi le caractère de l'institution nouvelle : « En exécution de l'art. 87 de la « Constitution, concernant les récompenses militaires, « et pour récompenser aussi les services et vertus ci- « viles, il sera formé une Légion d'honneur. » La légion était composée d'un grand conseil d'administration et de quinze cohortes, dont chacune devait avoir son chef-lieu particulier et recevait une affectation de biens nationaux, portant 200,000 francs de rente. Chaque cohorte était composée de sept grands-officiers, vingt commandants, trente officiers et trois cent cinquante légionnaires. Chaque grand-officier avait droit à un traitement de 5,000 francs; chaque commandant à 2,000 francs; chaque officier à 1000 francs; chaque légionnaire à 250 francs (tit. Ier, art. 2-7).

Étaient membres de droit de la Légion tous les militaires qui avaient reçu des armes d'honneur. Pouvaient y être nommés, après la première organisation, les militaires, en temps de guerre, pour toute action d'éclat, et, en temps de paix, après vingt-cinq années de service, chaque année de guerre comptant double; les personnes ayant rendu de grands services à l'État dans les fonctions législatives, l'administration, la justice et les sciences, pourvu que ces services eussent duré vingt-cinq ans et que le titulaire eût fait partie de la garde nationale (tit. II, art. 1 à 8).

723. Louis XVIII maintint la Légion d'honneur (Charte de 1814, art. 72), dont il modifia les règlements intérieurs et la décoration (Ord. 21 juin et 19 juill. 1814). Aux Cent-Jours, un décret du 13 mars 1815 supprima ces modifications. Elles furent rétablies, lors de la seconde Restauration, par l'ordonnance du 26 mars 1816, qui substitua aux titres de grand-cordon et de commandant ceux de grand-croix et de commandeur et fixa à nouveau le nombre des membres, celui des chevaliers devant être illimité. Les traitements étaient supprimés pour l'avenir, sauf exception en faveur des sous-officiers et soldats (Ord. 19 juill. 1814, art. 4; L. 6 juill. 1820, art. 1er). La durée des services nécessaires pour l'admission dans l'ordre fut réduite de 25 à 20 ans (Ord. 18 oct. 1829).

La Légion d'honneur a été conservée par le Gouvernement de Juillet (Charte de 1830, art. 63), avec peu de modifications (V. Ord. 25 août 1830; 28 nov.-

18 déc. 1831; L. 19-26 avr. 1832; L. 16-22 juin 1837).

Il en a été de même sous la République de 1848 (Constitution du 4 nov. 1848, art. 108).

724. La législation a été profondément modifiée en 1852.

Le décret du 22 janvier 1852, déclarant restitués au domaine de l'État les biens donnés le 7 août 1830 par le roi Louis-Philippe (art. 1er; V. *suprà*, n. 24), réunit à la dotation de la Légion d'honneur ce qui restera de ces biens après le prélèvement de 35 millions alloués aux sociétés de secours mutuels, à l'amélioration des logements des ouvriers et à l'établissement d'institutions de crédit foncier et d'une caisse de retraite pour les desservants (art. 5-9) : « Tous les officiers, « sous-officiers et soldats de terre et de mer en acti- « vité de service qui seront, à l'avenir, nommés ou « promus dans l'Ordre national de la Légion d'hon- « neur, recevront, selon leur grade dans la Légion, « l'allocation annuelle suivante : les légionnaires « (comme par le passé), 250 fr.; les officiers, 500 fr.; « les commandeurs, 1000 fr.; les grands-officiers, « 2000 fr.; les grands-croix, 3000 fr. » (art. 10). Le bénéfice de ce décret a été étendu aux officiers, déjà décorés, qui seraient postérieurement mis à la retraite (Décr. 25 janv. 1852).

Un décret organique du 16 mars 1852 a réglé à nouveau l'organisation de la Légion d'honneur. Ce décret décide que le nombre des chevaliers, quoique non limité, étant trop considérable, il ne sera fait, dans le civil, qu'une promotion sur deux extinctions (art. 5). Il fixe le nombre des officiers à 4,000; celui des commandeurs à 1000 ; celui des grands-officiers à 200 ; celui des grand-croix à 80. Ce nombre étant dépassé pour les grands-officiers, commandeurs et officiers, il ne sera fait dans ces divers grades, au civil comme au militaire, qu'une nomination ou promotion sur deux vacances, jusqu'à ce qu'on soit rentré dans le cadre (art. 6 ; V. encore Décr. 15 nov. 1856).

Le décret du 16 mars 1852 a été complété par plusieurs autres, parmi lesquels il faut citer celui du 24 novembre 1852, sur la discipline, modifié par celui du 8 décembre 1859.

Enfin, la loi du 29 août 1870 a déclaré le décret du 16 mars 1852 applicable aux gardes nationaux mobiles et sédentaires décorés pendant la guerre.

725. Après la Révolution du 4 septembre 1870 ont été rendus divers actes législatifs et réglementaires (V. notamment : Décr. 28 oct. 1870, réservant exclusivement la décoration de la Légion d'honneur à la récompense des services militaires devant l'ennemi, décret bientôt resté sans exécution ; Décr. 20 mars 1873, étendant aux armées de terre et de mer l'art. 5 du Décr. du 16 mars 1852, aux termes duquel il ne doit être fait qu'une nomination sur deux extinctions pour le grade de chevalier ; L. 24 juill. 1873, art. 40, assimilant aux officiers de l'armée active les officiers auxiliaires et ceux de l'armée territoriale, pendant qu'ils sont sous les drapeaux ; L. 25 juill. 1873, confirmant les décisions précédemment rapportées en ce qui concerne la réduction du nombre des membres de la Légion d'honneur (art. 1er) ; exigeant, sous peine de nullité, l'insertion de chaque nomination ou promotion au *Journal officiel* et au *Bulletin des lois*, et ordonnant que

chaque nomination ou promotion soit accompagnée de
l'exposé sommaire des services qui l'ont motivée, particulièrement quand il s'agit d'un fait méritant une récompense exceptionnelle (art. 2); enfin, abrogeant, dans le
passé comme pour l'avenir, le décret du 28 oct. 1870,
qui réservait la Légion d'honneur aux services militaires (art. 7 et 8); Décr. 14 avr. 1874, réglant la discipline de l'Ordre en vertu de la délégation formulée
dans l'art. 6 de la loi du 25 juill. 1873 ; Décr. 28 oct.
1879, étendant le bénéfice du traitement aux gardes
nationaux mobiles, mobilisés ou assimilés, nommés
pendant la guerre de 1870-1871 et justifiant de blessures reçues devant l'ennemi).

726. Les *nominations et promotions* dans la Légion
d'honneur sont faites par décret du chef de l'État,
après communication au Conseil de l'Ordre, qui vérifie
si elles sont conformes aux lois et règlements (L.
25 juill. 1873, art. 3). Nul ne peut y être admis
qu'avec le premier grade (Décr. 16 mars 1852, art. 12).
La promotion à un grade supérieur exige un certain
nombre d'années passées dans le grade inférieur
(art. 13). Pour être admis, il faut, en principe, avoir
exercé pendant vingt ans, avec distinction, des fonctions civiles ou militaires (art. 11). A l'égard des militaires, chaque campagne compte double dans cette
évaluation sans que, à moins d'exception déterminée
par un décret spécial, on puisse compter plus d'une
campagne par année (art. 14). En temps de guerre,
les actions d'éclat et blessures dispensent des conditions relatives au temps (art. 15). Pour les militaires
comme pour les non-militaires, tous services extraordinaires entraînent pareille dispense (art. 16).

727. Le *traitement* est établi, par le décret du 22 janvier 1852, en faveur des officiers, sous-officiers et soldats des armées de terre et de mer en activité de service (art. 10).

Il est dû, par conséquent, non seulement aux militaires proprement dits, mais encore aux assimilés, pourvu qu'il soit réclamé à l'occasion de services véritablement militaires, comme ceux des officiers de l'intendance, des chirurgiens et médecins militaires (Concl. de M. le comm. du Gouv., *Robert, Rec.*, 1861, p. 52); des aumôniers de la flotte embarqués sur les navires de l'État (2 août 1860, *Cresp*); des aumôniers de l'armée de terre qui ont rempli leurs fonctions en campagne (6 août 1861, *Guiraud*; 15 fév. 1872, *Darnis*); des commis du commissariat de la marine embarqués à bord des bâtiments de la flotte (24 mai 1859, *Isaac*); des capitaines au long cours requis de servir sur les bâtiments de l'État (9 fév. 1860, *Cormier*); des officiers nommés, le jour de leur mise à la retraite, à des fonctions qui, aux termes de la loi, devaient être remplies par des officiers en activité de service (18 avr. 1861, *Laouënan*). Le décret du 20 octobre 1862 porte que les contrôleurs des fonderies et les contrôleurs d'armes des manufactures et des directions auront droit au traitement. Il étend sa disposition à ceux qui ont été admis à la retraite depuis le 26 janvier 1862 (art. 1 et 2).

Le traitement n'est pas dû aux légionnaires qui ne sont pas, à raison de leurs fonctions, assimilés aux militaires, par exemple, aux professeurs de l'École navale de Brest, assimilés aux professeurs des Écoles d'hydrographie (15 juin 1861, *Collet-Corbinière*); à l'officier en retraite appelé à remplir les fonctions de commissaire du Gouvernement près d'un conseil de guerre (6 déc. 1860, *Leroch*); au capitaine au long cours décoré quand il remplissait les fonctions de syndic des gens de mer (13 déc. 1860, *Touffet*).

Le traitement n'est même pas dû aux fonctionnaires assimilés aux militaires sous le rapport du grade, de la solde et de la pension, mais dont les services n'ont cependant rien de militaire, tels que les agents du personnel administratif des directions des travaux dans les établissements de la marine (24 janv. 1861, *Septans, Bazan*).

728. Le traitement n'est pas dû au militaire décoré après sa mise à la retraite, puisqu'alors il n'est plus en activité de service. Cette règle est inapplicable aux militaires maintenus en activité malgré leur mise à la retraite (18 avr. 1861, *Laouënan*). Elle reçoit exception pour les militaires amputés par suite de blessures, sans distinction entre les sous-officiers et soldats (L. 16 juin 1837) et les officiers (Décr. 27 déc. 1861). Dans le même ordre d'idées, le traitement ne reçoit aucune augmentation à l'égard des officiers généraux promus après leur entrée dans le cadre de réserve (Décr. 25 juill. 1853).

729. Le traitement n'est dû qu'aux Français et non aux étrangers, qui sont admis et non reçus, ne prêtent aucun serment et ne figurent pas dans le cadre (Décr. 16 mars 1852, art. 7). Le décret des 2-14 août 1860 l'a attribué aux légionnaires qui, ayant perdu la qualité de Français, l'avaient recouvrée par suite de l'annexion de Nice et de la Savoie.

730. Le traitement est dû, à partir du 1er janvier

1854, aux légionnaires nommés pendant les Cent-Jours, et dont la nomination, non reconnue par la Restauration, ne l'avait pas été d'une manière absolue par le gouvernement de 1830 (Décr. 12 août 1853).

On sait que l'art. 5 de la loi du 29 août 1870 a étendu le bénéfice du décret du 16 mars 1852 aux gardes nationaux mobiles et sédentaires « décorés pour « faits militaires pendant la présente guerre » (V. *suprà*, n. 724). Un décret du 16 décembre 1871, rendu pour l'exécution de cette loi, a déterminé les conditions à remplir par ceux auxquels ce privilège était accordé, et a fixé au 31 décembre de la même année l'époque à laquelle le traitement cesserait d'être attaché à ces nominations et promotions. Ont donc été déclarés non fondés à réclamer le traitement les légionnaires nommés, même pour faits militaires, postérieurement au 31 décembre 1871, dans la garde nationale (6 déc. 1872, *Quinquet*), et dans la garde nationale mobile (27 juin 1873, *Gaury*; V. encore 9 avr. 1875, *Lezeret de la Maurinie*).

731. Lorsqu'un légionnaire a laissé passer trois ans sans réclamer son traitement, l'inscription est *rayée* des livres de la grande chancellerie. La réclamation ultérieure ne saurait donner lieu qu'au rétablissement de l'inscription, sans rappel d'arrérages. Le grand chancelier peut cependant relever de la prescription celui dont la non-réclamation a eu pour cause le service de l'État (Décr. 2 août 1860, art. 1er; V. *suprà*, n. 608, 681). La déchéance est encourue par les héritiers qui n'ont pas justifié de leurs droits dans les trois ans du décès de leur auteur (art. 2). Les traitements sont, du reste, soumis à la règle com-

mune de la déchéance quinquennale (Décr. 9 déc. 1862;
V. *Traité des travaux publics*, t. 1er, n. 426 et suiv.).

732. La matière dont nous nous occupons appartient au pouvoir discrétionnaire en ce qui concerne les
nominations. Personne n'est fondé à réclamer, par la
voie contentieuse, contre une nomination ou un refus
de nomination.

Au contraire, la révocation peut léser un droit acquis
et donner lieu au recours pour excès de pouvoir (30 mai
1873, *Burgues*; 11 juill. 1873, *Pignot*), mais seulement
quand elle intervient après la réception. Car la nomination seule ne confère pas le titre, et ne devient effective que par la réception (22 févr. 1838, *Gérard*).

733. « La qualité de membre de la Légion d'hon-
« neur se perd par les mêmes causes que celles qui
« font perdre la qualité de citoyen français » (Décr.
16 mars 1852, art. 38). Est donc rayé des matricules,
à la diligence du grand chancelier et le Conseil de
l'ordre entendu, tout membre qui a perdu la qualité de
Français, ou qui a été condamné à une peine afflictive
ou infamante ou emportant la dégradation militaire
(Décr. 24 nov. 1852, art. 1er).

734. L'art. 46 du décret du 16 mars 1852 donne
au chef de l'État le pouvoir de suspendre de l'exercice
de tout ou partie de ses droits et prérogatives, et même
d'exclure de la Légion, tout membre frappé d'une peine
correctionnelle, lorsque la nature du délit et la gravité
de la peine paraissent rendre cette exclusion nécessaire (15 janv. 1875, *Ballue*; 26 mai 1876, *Lefebvre-
Duruflé, De Coëtlogon, Randoing*).

Le décret du 24 novembre 1852, art. 5, autorisait
également le grand chancelier, après avoir pris l'avis

du Conseil de l'ordre, à proposer au chef de l'État
l'exclusion de tout officier des armées de terre ou de
mer « mis en retrait d'emploi pour inconduite habi-
« tuelle ou pour faute contre l'honneur. » Il confondait
ainsi la position de l'officier mis en retrait d'emploi
avec celle de l'officier mis en réforme d'après l'avis
d'un conseil d'enquête, et statuait en vue d'une position
qui n'a pas d'existence légale (V. *suprà*, n. 520, 526
et suiv.; 2 juin 1859, *Gosse*). Un décret du 8 décembre
1859 a substitué aux expressions *mis en retrait d'emploi* ces autres mots : *mis en réforme*.

735. Sous cette législation et en dehors des cas
ainsi déterminés, le Conseil a décidé qu'il n'appartenait pas au chef de l'État de révoquer une nomination,
soit à raison de l'erreur commise dans l'appréciation
des titres qui l'avaient motivée (30 mai 1873, *Burgues;*
11 juill. 1873, *Pignot*), soit à raison de faits relevés
dans une instruction judiciaire (12 nov. 1875, *Maréchal*), soit même à raison d'une condamnation correctionnelle autre que celles dont parle l'art 5 du décret
du 24 novembre 1852, par exemple, à raison d'une
condamnation à l'amende (15 janv. 1875, *Ballue*). Nous
croyons, quant à nous, que le décret du 24 novembre
1852, simple règlement, n'avait pu déroger au décret
organique du 16 mars 1852, ayant force légale à raison
de sa date (V. Concl. de M. le com. du Gouv. David,
Rec., p. 44).

Quoi qu'il en soit, il n'y a plus lieu de distinguer aujourd'hui. L'art. 6 de la loi du 25 juillet 1873 et le règlement d'administration publique du 14 avril 1874,
dont nous nous occuperons tout à l'heure, impliquaient
déjà l'abrogation de l'art. 5 du décret du 24 novembre

1852 et du décret du 8 décembre 1859. Cette abrogation a été formellement prononcée par le décret du
9 mai 1874, art. 2. La révocation peut donc intervenir à raison d'une condamnation correctionnelle à
l'amende, par application de l'art. 46 du décret du
16 mars 1852. Le Conseil a même jugé que la disposition de l'art. 5 du décret de 1852 était une règle de
procédure, et qu'une fois rapportée, elle avait cessé de
régir les faits intervenus entre sa promulgation et son
abrogation : de là il a conclu à la légalité du décret
révoquant trois nominations à raison de condamnations
à l'amende prononcées dans l'intervalle (26 mai 1876,
Randoing, De Coëtlogon, Lefebvre-Duruflé). A notre sens,
il est impossible de voir un règlement de procédure
dans celui qui fixe les conséquences légales d'une
peine. Mais nous venons de dire que le règlement dont
il s'agit était à nos yeux sans valeur.

L'exclusion prononcée en vertu de la loi du 25 juillet
1873 et du décret du 14 avril 1874 ne peut avoir pour
base des faits antérieurs à ces actes (13 mai 1881,
Brissy), à moins qu'ils n'aient un caractère successif et
que leurs effets ne se soient continués postérieurement
au décret (26 janv. 1877, *Vincent*). Le Conseil n'admet
pas le principe de rétroactivité absolue, appliqué en
matière de discipline par la Cour de cassation, et fondé
sur cette idée que tous les faits de nature à être punis
par voie disciplinaire ont un caractère successif et
permanent (V. Ch. réun. 9 nov. 1852, rapporté par
Morin, *Discipline*, t. 2, p. 201).

736. En ce qui concerne les légionnaires civils,
l'autorité compétente pour prononcer l'exclusion est
absolument libre d'apprécier les faits (Règl. d'adm.

pub. 14 avr. 1874). Les préfets, sous-préfets, maires
et officiers de police judiciaire, et en pays étranger les
ambassadeurs, ministres plénipotentiaires et consuls,
doivent rendre compte au grand chancelier, par la voie
hiérarchique, des faits graves de nature à entraîner la
censure, la suspension ou l'exclusion d'un légionnaire
(art. 3). Le grand chancelier fait procéder sommaire-
ment à une information préalable et décide s'il y a lieu
ou non de donner suite à la plainte : décision qui doit,
à l'égard des fonctionnaires, être précédée de l'avis du
ministre compétent (art. 4). S'il y est donné suite, le
grand chancelier désigne les membres d'une commission d'enquête, qui est formée de trois légionnaires
d'un grade au moins égal à celui de l'inculpé, à moins
que ce dernier ne soit établi à l'étranger (art. 5). L'inculpé est invité à produire ses moyens de défense
(art. 6). Le Conseil de l'ordre émet un avis. Cet avis,
s'il conclut à l'exclusion, doit être pris à la majorité des
deux tiers des votants. Le chef de l'État ne peut le modifier qu'en faveur du légionnaire (art. 2 et 8).

737. Quant aux légionnaires militaires, le décret vise
d'abord les officiers de terre et de mer mis en réforme
ou mis à la retraite d'office à la suite de l'avis d'un
conseil d'enquête, pour inconduite habituelle ou faute
contre l'honneur (art. 9), et les sous-officiers, soldats,
officiers-mariniers et marins, contre lesquels des peines
disciplinaires ont été prononcées pour des faits portant
atteinte à l'honneur (art. 10). L'inculpé ayant été déjà
mis en situation de s'expliquer, il n'y a, ni lieu à la
procédure des art. 3 à 7, ni droit de défense. Le décret
applique les peines de l'art. 1er, la compétence de
l'art. 2, et s'en rapporte au Conseil de l'ordre quant au

surplus (art. 9 et 10). Il n'est même pas indispensable
que le légionnaire soit averti de la plainte, suffisamment
connue de lui (7 juin 1878, *Thiéry*). Les officiers mis
en non-activité à la suite d'un avis de conseil d'enquête
portant qu'ils sont susceptibles d'être mis en réforme
pour inconduite habituelle, ou pour faute contre l'honneur, peuvent être frappés de la censure ou suspendus
dans les mêmes formes.

738. En présence du pouvoir souverain d'appréciation laissé au Conseil de l'ordre, le décret de révocation
est nécessairement annulable pour excès de pouvoir,
quand il y a eu omission des règles et formalités substantielles (V. *suprà*, n. 527). Il faut au moins que
l'inculpé, s'il est légionnaire civil, produise ses moyens
de défense ou soit invité à les produire, que l'avis soit
pris à la majorité des deux tiers, et qu'il ne soit pas modifié contre le légionnaire. Le décret doit être motivé,
au moins par référence à des plaintes et rapports antérieurs (26 janv. 1877, *Vincent*).

739. La suspension suit des règles analogues à celle
de l'exclusion. Elle résulte des causes qui suspendent
la qualité de citoyen français (Décr. 16 mars 1852,
art. 39), et de l'envoi du légionnaire dans une compagnie
de discipline (Décr. 24 nov. 1852, art. 4). Elle peut être
prononcée au cas de peines correctionnelles et porter
alors sur l'exercice entier des prérogatives, y compris
le traitement, ou sur partie seulement de ces prérogatives (Décr. 16 mars 1852, art. 46). Elle est prononcée
par le Président de la République, sur rapport du grand
chancelier (Décr. 14 avr. 1874, art. 2).

Le décret du 14 avril 1874 étend les cas de suspension comme ceux d'exclusion. Les faits contraires à l'hon-

neur, qui motiveraient l'exclusion, motivent aussi la suspension qui intervient dans les mêmes formes (art. 1er; V. les arrêts cités sous les n. préc.).

740. Le décret de 1874 a introduit, pour les faits dont il s'occupe, une troisième peine : la censure. Elle est prononcée par le grand chancelier (art. 1er et 2).

741. L'amnistie, rétablissant ceux qui en sont l'objet dans l'entier exercice de leurs droits civils et politiques, emporte réintégration des droits et prérogatives attachés à la qualité de membre de la Légion d'honneur (13 mai 1881, *Brissy ;* V. *suprà,* n. 650, 682).

742. *Médaille militaire.*

A côté de la décoration de la Légion d'honneur, le décret du 22 janvier 1852 a créé, en faveur des soldats et sous-officiers de l'armée de terre et de mer, une médaille militaire donnant droit à cent francs de rente viagère (art. 11). Cette disposition est applicable à tous les employés, gardes et agents militaires qui ne sont pas traités ou considérés comme officiers (Décr. 29 fév. 1852, art. 6). Un décret du 15 janvier 1859 l'étendait aux douaniers. Il a été rapporté le 5 novembre suivant. La médaille militaire peut être conférée par le chef de l'État, sur proposition du ministre de la guerre ou de celui de la marine : 1º à ceux qui se sont rengagés après un congé, ou qui ont fait quatre campagnes simples ; 2º à ceux dont les noms ont été cités à l'ordre de l'armée ; 3º à ceux qui ont été blessés en combattant devant l'ennemi ou dans un service commandé ; 4º à ceux qui se sont signalés par un acte de courage ou de dévouement méritant récompense (Décr. 29 fév. 1852, art. 5). Elle peut l'être aux généraux ayant commandé en chef, mais non aux autres officiers (V. cep. *infrà,* n. 743).

743. Le traitement est, comme celui de la Légion d'honneur, incessible et insaisissable. Il se cumule avec toute allocation ou pension sur les fonds de l'État autre que le traitement de la Légion d'honneur (Décr. 29 janv. 1852, art. 3). Il est dû seulement aux militaires à qui la médaille est conférée pendant leur activité de service, et non à ceux qui en sont décorés après leur mise à la retraite (2 fév. 1860, *Cahuzac;* 15 déc. 1876, *Marolle;* V. *suprà,* n. 727), sauf exception en faveur des militaires amputés par suite de blessures reçues pendant leur activité de service (Décr. 9 fév. 1855).

La loi du 29 août 1870 a déclaré le décret de 1852 applicable aux gardes nationaux mobiles et sédentaires médaillés pendant la guerre de 1870-71 (art. 5; V. *suprà,* n. 724). Un décret du 29 janvier 1871 a permis de conférer la médaille militaire, pour faits de guerre, aux officiers de la garde nationale non membres de la Légion d'honneur. Les officiers de la garde nationale médaillés ont pu réclamer le traitement, aussi bien que les simples gardés (22 nov. 1872, *Leclerc*). Mais ce traitement n'est dû que pour faits militaires. Le décret de 1871 a fixé au 31 décembre de la même année l'époque à laquelle il cesserait d'être attaché à la décoration. Les décorations postérieures n'ont donc pas donné lieu au traitement (18 juill. 1873, *Lavieille*).

744. Les règles sur l'exclusion et la suspension des légionnaires, formulées par l'art. 46 du décret du 16 mars 1852 et par le décret du 24 nov. 1852, s'appliquent aux décorés de la médaille militaire (Décr. 24 nov. 1852, art. 6; 12 janv. 1877, *Weiss;* V. *suprà,* n. 734). De même, le décret du 14 avr. 1874, qui règle à nouveau la discipline de la Légion d'honneur et autorise, dans certaines formes, l'exclusion et la suspension pour tout fait grave contraire à l'honneur, s'applique aux décorés de la médaille militaire (Décr. 9 mai 1874, art. 1er; V. *suprà*, n. 735 et suiv.). Ici s'applique enfin l'abrogation de la distinction entre l'effet des condamnations correctionnelles à l'amende et celui des autres condamnations correctionnelles (Décr. 9 mai 1874, art. 2; V. n. 735).

745. Parlons des *pouvoirs du grand chancelier.*

La grande chancellerie était, en 1870, dans les attributions du ministère des beaux-arts. Elle en a été distraite et placée dans les attributions du ministre de la justice (Décr. 31 janv. 1870). Le grand chancelier a l'administration de l'ordre (Décr. 16 mars 1852, art. 47 et suiv.). Il présente les projets de décrets (art. 52). Il fait rayer des matricules les légionnaires qui ont perdu la qualité de Français et mentionner sur ces matricules la suspension des droits de citoyen des légionnaires. Il propose l'exclusion et la suspension, et prononce la censure (Décr. 14 avr. 1874, art. 2).

Ses attributions en matière de discipline s'étendent aux décorés de la médaille militaire (Déc. 24 nov. 1852, art. 6). Le décret du 9 mai 1874, art. 1er, ayant appliqué à cette décoration le nouveau règlement sur la discipline (Décr. 4 avr. 1874), c'est le grand chancelier qui prononce la censure et fait le rapport sur lequel interviennent l'exclusion et la suspension.

Chargé de l'administration de l'ordre, le grand chancelier a qualité pour exercer les actions relatives à la conservation de ses biens (17 fév. 1869, *Grand chancelier c. Riquet de Caraman;* 5 juin 1874, *Rouxel*).

746. Faut-il conclure de là que le grand chancelier.

possède un pouvoir de juridiction propre, et que la décision par laquelle il statue sur une question de traitement doive être déférée, non au garde des sceaux, mais au Conseil d'État?

L'affirmative a été admise implicitement par un arrêt, statuant directement sur le recours formé contre une décision du grand chancelier (14 janv. 1839, *Wattebled*). Elle a été longtemps soutenue par la grande chancellerie et appuyée par le garde des sceaux (V. l'avis rapporté sur 1er mai 1874, *Lezeret de la Maurinie, Rec.*, p. 409). On dit, en ce sens, que la pleine indépendance de la grande chancellerie est consacrée par l'ordonnance du 26 mars 1816 et le décret du 16 mars 1852, et que la loi de finances du 9 juillet 1836 la rattache au ministère des finances, seulement *pour ordre*. Le Conseil a consacré l'opinion contraire (15 sept. 1848, *Gallet;* 24 déc. 1863, *Malude Richard;* 15 févr. 1872, *Darnis;* 1er mai 1874, *Lezeret de la Maurinie*). Au-dessus de l'indépendance de l'ordre est la responsabilité ministérielle; dans le silence de la loi, les décisions d'une autorité administrative ne sont prises que sous l'autorité du ministre.

N'ayant pas de pouvoir propre qui lui permette d'agir et de défendre devant le Conseil d'État, le grand chancelier ne saurait davantage y intervenir (26 mai 1876, *Randoing*).

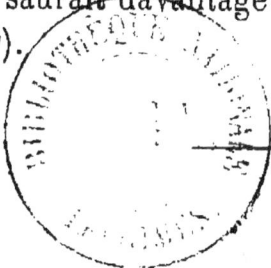

TABLE DES MATIÈRES

TITRE Ier.

VENTE.

CHAPITRE Ier.

VENTE DES IMMEUBLES DE L'ÉTAT.

CHAPITRE II.

VENTE DES MEUBLES DE L'ÉTAT.

CHAPITRE III.

ACHAT D'IMMEUBLES PAR L'ÉTAT.

CHAPITRE IV.

ACHAT DE MEUBLES PAR L'ÉTAT.

CHAPITRE V.

PARTAGE ET LICITATION.

TITRE II.

ÉCHANGE.

TITRE III.

LOUAGE.

CHAPITRE Ier.

LOUAGE DE CHOSES.

CHAPITRE II

LOUAGE D'OUVRAGE

TITRE IV.

CONCESSION.

CHAPITRE Iᵉʳ.

CONCESSION DE PROPRIÉTÉ.

TITRE V.

PRÊT.

TITRE VI.

DÉPÔT.

TITRE VII.

TRANSACTION.

TITRE VIII.

CAUTIONNEMENT.

TITRE IX.

NANTISSEMENT.

(CAUTIONNEMENT DE FONCTIONNAIRES PUBLICS.)

TITRE X.

MANDAT.

CHAPITRE Iᵉʳ.

COMPTABLES DES DENIERS PUBLICS.

CHAPITRE II.

ÉTAT DES FONCTIONNAIRES.

CHAPITRE III.

ÉTAT DES MILITAIRES.

CHAPITRE IV.

ÉTAT DES MARINS.

CHAPITRE V.

PENSIONS CIVILES.

CHAPITRE VII.

PENSIONS DE LA MARINE.

TITRE XI.

ACTES A TITRE GRATUIT ET RÉCOMPENSES NATIONALES.

FIN DE LA TABLE DES MATIÈRES.

TABLE ALPHABÉTIQUE

FIN DE LA TABLE ALPHABÉTIQUE.

www.ingramcontent.com/pod-product-compliance
Lightning Source LLC
Chambersburg PA
CBHW061957220326
41599CB00015BA/2028